Wirtschaft + Gesellschaft

Reihe herausgegeben von
Andrea Maurer, FB IV Sociologie, Universität Trier, Trier, Deutschland
Uwe Schimank, Universität Bremen, Bremen, Deutschland

Wirtschaft und Gesellschaft ist ein wichtiges Themenfeld der Sozialwissenschaften. Daher diese Buchreihe: Sie will zentrale Institutionen des Wirtschaftslebens wie Märkte, Geld und Unternehmen sowie deren Entwicklungsdynamiken sozial- und gesellschaftstheoretisch in den Blick nehmen. Damit soll ein sichtbarer Raum für Arbeiten geschaffen werden, die die Wirtschaft in ihrer gesellschaftlichen Einbettung betrachten oder aber soziale Effekte des Wirtschaftsgeschehens und wirtschaftlichen Denkens analysieren. Die Reihe steht für einen disziplinären wie theoretischen Pluralismus und pflegt ein offenes Themenspektrum.

Weitere Bände in der Reihe http://www.springer.com/series/12587

David J. Petersen · Daniel Willers ·
Esther M. Schmitt · Robert Birnbaum ·
Jan H. E. Meyerhoff · Sebastian Gießler ·
Benjamin Roth
(Hrsg.)

Perspektiven einer pluralen Ökonomik

Springer VS

Hrsg.
David J. Petersen
Universität Jena
Jena, Deutschland

Esther M. Schmitt
Universität Valencia
Valencia, Spanien

Jan H. E. Meyerhoff
University College Dublin
Dublin, Irland

Benjamin Roth
Universität Halle-Wittenberg
Halle (Saale), Deutschland

Daniel Willers
Universität Hannover
Hannover, Deutschland

Robert Birnbaum
Duisburg, Deutschland

Sebastian Gießler
Universität Hannover
Hannover, Deutschland

ISSN 2626-6156 ISSN 2626-6164 (electronic)
Wirtschaft + Gesellschaft
ISBN 978-3-658-16144-6 ISBN 978-3-658-16145-3 (eBook)
https://doi.org/10.1007/978-3-658-16145-3

Die Deutsche Nationalbibliothek verzeichnet diese Publikation in der Deutschen Nationalbibliografie; detaillierte bibliografische Daten sind im Internet über http://dnb.d-nb.de abrufbar.

Springer VS

Verantwortlich im Verlag: Cori Antonia Mackrodt

Springer VS ist ein Imprint der eingetragenen Gesellschaft Springer Fachmedien Wiesbaden GmbH und ist ein Teil von Springer Nature.
Die Anschrift der Gesellschaft ist: Abraham-Lincoln-Str. 46, 65189 Wiesbaden, Germany

Vorwort

Unzweifelhaft gehören das wirtschaftliche Handeln und die Organisationsformen der Wirtschaft zum Themenkanon der modernen Sozialwissenschaft. Der Blick zurück offenbart, dass auch die Auseinandersetzung mit dem Wirtschaften mit der Moderne eine bemerkenswerte Verschiebung erfährt. Der Sozialphilosoph Adam Smith hat mit seiner Schrift über den ‚Reichtum der Nationen' (1776) die positiven Effekte der Marktkoordination für die materielle Versorgung von Gesellschaften hervorgehoben. Karl Marx hat ein Jahrhundert später im ‚Kapital' (1867; 1885; 1894) eine objektive Werttheorie zur Analyse der kapitalistischen Produktionsweise entwickelt, welche neben der Auflösung der feudalen Fesseln die Ausbeutung und Entfremdung in dieser Wirtschafts- und Gesellschaftsform aufzeigt.

Das Studium der modernen kapitalistischen Wirtschaft stand bis Anfang des 19. Jahrhunderts im Zentrum der politischen Ökonomie wie auch der Sozial- und Staatstheorien. Zu dieser Zeit war es noch selbstverständlich, dass abstrakte Theorie, Wirtschaftsgeschichte und Wirtschaftspolitik verbunden sowie immer auch erkenntnistheoretische Prinzipien reflektiert wurden. Dies änderte sich mit der zunehmenden Ausdifferenzierung der Sozialwissenschaften in Soziologie, Politikwissenschaft und Ökonomik und der Institutionalisierung der Neoklassik als Hauptvertreterin der Wirtschaftstheorie und -analyse. Zwar gelang es Ökonomen damit ein Kernprogramm auszuarbeiten, das die Stärken formaler Modellierung nutzt und durch das das Kriterium der Effizienz gebündelt wird. Auch hat sie immanente Erweiterungen wie die Transaktionskostentheorie oder die Informationsökonomik hervorgebracht. Aber der Preis dafür war, dass ein Austausch mit anderen sozialwissenschaftlichen Disziplinen nicht mehr länger möglich und nötig erschien. Vielmehr noch wurde die sozial-institutionelle Einbettung der Wirtschaft in den Datenkranz verbannt und damit die Analyse solcher sozialer Faktoren übersehen, welche unternehmerisches Handeln und Markttausch oftmals erst ermöglichen und erleichtern. Die Arbeit konzentriert sich stattdessen auf einzelne Marktmodelle, sodass nicht nur alternative Koordinationsformen wie Kooperativen oder staatliche Wirtschaftspolitik außen vor bleiben, sondern vielmehr noch die Stärken und Schwächen des Systems der Marktkoordination als Ganzes unbehandelt bleiben.

Gegen diese Entwicklungslinie und vor allem gegen den Verlust gesellschaftstheoretischer Perspektiven und die Aufgabe inter- und transdisziplinären Austausches wenden sich seit einigen Jahren, und spätestens seit der Finanzkrise von 2007/2008, mit zunehmender gesellschaftlicher Resonanz auch Initiativen wie das *Netzwerk Plurale Ökonomik,* die als Verbund verschiedener Lokalgruppen für eine offene Wissenschaft der Wirtschaft eintritt. Die studentische Initiative der Plurale Ökonomik an der Universität Hannover hat im Jahr ihrer Gründung 2015 eine interdisziplinäre Ringvorlesung organisiert, um ihre Forderungen nach Theorien- und Methodenvielfalt, der Einordnung wirtschaftlicher Phänomene in gesellschaftliche Kontexte und insbesondere nach einer Erweiterung des Lehrangebotes um Ideengeschichte und Wissenschaftstheorie vorzutragen und im wissenschaftlichen Diskurs zu begründen.

Aus dieser Vortragsreihe ging die Idee und Initiative zu dem vorliegenden Band über die *Perspektiven einer pluralen Ökonomik* hervor. Ich möchte insbesondere David J. Petersen, Daniel Willers, Esther M. Schmitt, Robert Birnbaum, Jan H. E. Meyerhoff, Sebastian Gießler und Benjamin Roth sehr herzlich dafür danken, dass sie das Anliegen einer offenen Wissenschaft von der Wirtschaft bis heute mit so viel Engagement betreiben und diesen Band hochprofessionell und solidarisch erstellt haben. Cori Mackrodt und das Team von Springer VS haben dabei durch ihre Unterstützung das Projekt überhaupt erst ermöglicht.

Andrea Maurer
Professur für Soziologie mit dem
Schwerpunkt Wirtschaftssoziologie
Universität Trier

Endlich „Made in Germany"

Ich hoffe, Sie verzeihen es mir, wenn ich mit einer persönlichen Bemerkung anfange. Ich hadere seit Jahrzehnten mit der deutschen Sprache. Während dieser Zeit bin ich regelmäßig in Deutschland zu Besuch gewesen, um in Archiven zu arbeiten, zu recherchieren, Freunde zu treffen und die Kunst und die Landschaft zu genießen. Aber so sehr ich auch so viele Elemente der deutschen Kultur bewundere, so sehr staune ich doch über das außerordentlich enge, fast hermetische Wirtschaftsdenken, das nicht nur in den Universitäten, sondern sowohl in der etablierten Presse als auch in der Regierung vorherrscht. Ich spreche nicht nur von den sogenannten ‚Ordoliberalen'– jeder kann sehen, dass ihr Einfluss auf die akademische Ökonomie nachgelassen hat. Das eigentliche Problem ist die Enge des wirtschaftlichen Mainstreams. Was ich als normale intellektuelle Neugierde bezeichnen würde, scheint in den Wirtschaftsfakultäten der meisten Universitäten kaum zu existieren. Nur sehr wenige Ökonom*innen glauben, dass die Vergangenheit irgendeine nützliche Ökonomik enthält oder die Bandbreite der alternativen Ansichten versteht, die routinemäßig in weniger klösterlichen Umgebungen gelehrt werden.

Seit der *Großen Rezession* hat die ganze Welt erkannt, dass Keynes in den Dreißigerjahren in Deutschland oft mehr aufmerksame Leser*innen gehabt zu haben scheint als heute. In einer Zeit, in der selbst mit einem sehr einfachen Input-Output-Modell veranschaulicht werden könnte, wie eine koordinierte Reflation die gesamte Eurozone stärken könnte, ist es erstaunlich, immer wieder auf Ökonom*innen zu treffen, die selbst den Kandidat*innen der sozialdemokratischen Partei raten, dass jede Erhöhung der Nettoverschuldung tabu sein muss. Generell ist die Geschichte des ökonomischen Denkens ein Mausoleum, obwohl es in Deutschland immer noch viele angesehene Wirtschaftshistoriker*innen gibt. Es gibt kaum einen sinnvollen Vergleich des Angebots in den meisten deutschen Wirtschaftslehrbüchern mit anderen Ansätzen. Österreichische oder post-keynesianische Standpunkte werden kurzgefasst, und der neoklassische Keynesianismus des MIT wird zu den Säulen des Herkules für abenteuerlustige Studierende erhoben.

Ich freue mich daher, diese Sammlung wirklich unterschiedlicher Standpunkte und die Energie und das Interesse an einem echten Pluralismus im Wirtschaftsdenken einzuleiten, die sie reflektiert. Angesichts der entscheidenden Rolle, die Deutschland heute sowohl in der Eurozone als auch in der internationalen Wirtschaft spielt, kann diese Botschaft nicht schnell genug verbreitet werden.

Thomas Ferguson
Director of Research
Institute for New Economic Thinking
New York

Zehn Jahre nach der Krise

Vor zehn Jahren wurden die scheinbar ehernen Gedankengebäude der vorherrschenden ökonomischen Denkrichtungen in ihren Grundfesten erschüttert. Dies geschah nicht durch brillante Denkerinnen und Denker, deren unwiderstehliche Logik die intellektuelle Anziehungskraft der dominierenden Ansätze spontan erkalten ließ, nein es geschah durch die brutale Realität ökonomischen Geschehens. Die Finanzmarktkrise, gefolgt von einer tiefen Rezession, die im angelsächsischen Sprachraum zu Recht als *Große Rezession* bezeichnet wird, widerlegten auf offener Bühne für alle sichtbar das Paradigma von in sich stabilen Märkten.

„Why did no one see this coming?", fragte seinerzeit die kluge Queen die ökonomische Intelligenz ihres Landes – und erntete betretenes Schweigen. David Colander schrieb gar von einem moralischen Versagen der ökonomischen Wissenschaft. Der Schock saß tief. Besonders tief saß er in Deutschland, wo eine große Zahl von Ökonomen sich in besonderer ideologischer Festigkeit übte, in dem sie die Existenz einer Krise noch leugneten, als Exportmärkte und Investitionsdynamik längst zusammengebrochen waren. Ihre größte Sorge war, dass man nunmehr mittels doch längst zu den intellektuellen Akten gelegter Konjunkturprogramme versuchen könnte, die Wirtschaft zu stabilisieren.

Zehn Jahre sind seither vergangen und man kann heute mit Fug und Recht sagen, dass aus den Trümmern der eingestürzten Altbauten ökonomischen Denkens durchaus Neues entsteht und auch manch Altes in neuem Glanz erscheint. Es gibt mittlerweile eine Fülle von Publikationen, die sich in mehr oder minder großer Nähe zum alten Mainstream mit der inhärenten Instabilität der Märkte, insbesondere der Finanzmärkte, auseinandersetzen. Neue Vorgehensweisen im Rahmen von Komplex- und Verhaltensökonomie wurden erkundet und schließlich stehen die ursprünglich keynesianischen Ansätze in weitaus höherem Ansehen als noch vor zehn Jahren.

Besonders bemerkenswert ist jedoch ein aufkeimendes anderes Grundverständnis unseres Fachs. In den vergangenen Jahrzehnten herrschte ein gewissermaßen naturwissenschaftliches Verständnis von Ökonomie vor. Das hat das Fach einerseits zweifellos methodisch beflügelt. Andererseits sind aus diesem Verständnis heraus auch viele Irrwege eingeschlagen worden. Dazu gehören die Verselbstständigung der Methoden über die ökonomischen Inhalte ebenso wie eine naturgesetzliche Interpretation von Ergebnissen. Dies hat zur Verengung des Fachs und zu seiner Dogmatisierung beigetragen. Hier setzt sich nunmehr, ohne die methodische Rigidität aufzugeben, ein verändertes, in Richtung Sozialwissenschaften gehendes Verständnis durch. Dies scheint mir ein sehr fruchtbarer Weg zu sein.

Dass sich unser Fach in diese Richtung bewegt, ist nicht zuletzt auf die Forderungen vieler Studierender zurückzuführen, die vor der Kulisse der Krisentendenzen völlig zu Recht weitreichende Reformen in der ökonomischen Lehre eingefordert haben. Das ist Kern und Antrieb der Pluralen Ökonomie. Dieser Prozess hat zwar erst begonnen und ist noch weit davon entfernt, abgeschlossen zu sein. Ich möchte Sie aber ausdrücklich ermutigen, auf diesem Weg weiterzugehen und dabei immer offen zu bleiben. Bleiben Sie fordernd und mutig.

Gustav Horn
ehemaliger Wissenschaftlicher Direktor
Institut für Makroökonomie und Konjunkturforschung
Düsseldorf und Professor für Volkswirtschaftslehre
an der Universität Duisburg-Essen

Vorneweg: Ein riesen Dankeschön!

Ohne institutionelle Unterstützung hätte dieses Projekt, trotz hohen ehrenamtlichen Einsatzes, nicht erfolgreich sein können: Ein sehr großer Dank gebührt dabei **Prof. Dr. Andrea Maurer,** die mit ihrem Angebot, in der von ihr und **Prof. Dr. Uwe Schimank** verantworteten Reihe *Wirtschaft + Gesellschaft* ein Buch veröffentlichen zu können letztlich den Anstoß für unser Projekt gab. Sie und **Dr. Cori Mackrodt** von *Springer VS* standen uns als Ansprechpersonen immer Rede und Antwort. Das breite Vertrauen in unsere Arbeit, die großen Freiräume sowie die wertschätzende und unaufgeregte Zusammenarbeit haben wir sehr geschätzt. Hervorgehoben gehört an dieser Stelle aber auch die finanzielle Unterstützung durch die **Leibniz Universität Hannover** sowie der **Young Scholars Initiative des Institute for New Economic Thinking** und der **GLS Treuhand Stiftung.**

Ferner gebührt ein ganz großer Dank unserem engagierten **Redaktionsteam** und den Mitgliedern unseres **wissenschaftlichen Beirats** (namentlich siehe folgende Seite) sowie unseren **Autor*innen**. Ohne all diesen ehrenamtlichen Einsatz wäre uns die Realisierung dieses einzigartigen Projektes niemals möglich gewesen. Zudem möchten wir uns abschließend noch bei **Robert Roth** bedanken, der als Lektor für den letzten Feinschliff unseres Manuskripts sorgte.

Vielen Dank an die Mitglieder unseres …

Redaktionsteams: David J. Petersen • Daniel Willers • Esther M. Schmitt • Robert Birnbaum • Jan H. E. Meyerhoff • Sebastian Gießler • Benjamin Roth • Lea Allers • Felix Vala • Christian Resch • Deborah Sielert • Conrad Baumgart • Corinna Dengler • Clemens Hirsch • Jannis Eicker • Konrad Heinz • Yuliana Griewald • Natalie Menn • Caspar-Fridolin Lorenz • Myriam Kaskel • Carry Zimmermann

Wissenschaftlichen Beirats: Miriam Beblo • Frank Beckenbach • Dirk J. Bezemer • Simone Claar • Adelheid Biesecker • Maria Daskalakis • Leonhard Dobusch • Klaus Dörre • Silke van Dyk • Wolfram Elsner • Nils Goldschmidt • Claudius Gräbner • Tino Heim • Arne Heise • Fritz Helmedag • Kathrin Hirte • Jakob Kapeller • Athanasios Karathanassis • Steve Keen • Ulrike Knobloch • Hagen Krämer • Robert Lepenies • Hans-Walter Lorenz • Katharina Mader • Jens Maeße • Franziska Martinsen • Christian May • Barbara Muraca • Hanno Pahl • Helge Peukert • Birger P. Priddat • Friedrun Quaas • Michael Roos • Johannes Schmidt • Ulrich Thielemann • Jan Toporowski • Theo Wehner • Brigitte Young • Bettina Zurstrassen • Joachim Zweynert

Einleitung

> I suppose it is tempting, if the only tool you have is a hammer, to treat everything as if it were a nail (Abraham Maslow).

Dieses bekannte Zitat des Psychologen Abraham Maslow „Law of the Instrument" genannt, bringt einen komplexen Sachverhalt auf den Punkt: Zu großes Vertrauen in ein bekanntes Werkzeug führt zu der Vorliebe, dieses bekannte Werkzeug auch bei zukünftigen Problemen zu benutzen, auch wenn ein anderes womöglich besser geeignet wäre. Im Zuge der globalen Wirtschaftskrise von 2007/2008 erstarkte im deutschsprachigen Raum eine Bewegung, die durch die damalige Debatte in Frankreich inspiriert und mit ihrer Kritik an den Wirtschaftswissenschaften diesen ein neues Leitbild entgegenstellte, welches mittlerweile unter dem Label „Plurale Ökonomik" firmiert. Mit einem offenen Brief[1] der International Student Initiative For Pluralism in Economics (ISIPE) im Jahre 2014 bekam diese Debatte auch eine stärkere internationale Dimension.

Was sind aber die Ziele dieser Initiative, die sich mit *Pluralismus* einen wissenschaftsphilosophisch komplizierten Begriff zum Namen gewählt hat? Zunächst wird die Initiative durch die Unzufriedenheit mit der gegenwärtigen Lehre und Forschung in der Ökonomik geeint. Theoretische, konzeptionelle und methodische Zugänge zu wirtschaftswissenschaftlichen Fragestellungen, die vom disziplinären Standard abweichen, werden demnach nicht hinreichend gelehrt (vgl. Aigner et al. 2018; Beckenbach et al. 2016; Fricke 2017; Heise et al. 2017). Insbesondere ist bei Studierenden der Eindruck entstanden, dass in Lehrbüchern[2] und (Grundlagen-)Vorlesungen vorwiegend ein bestimmter Forschungsstil gelehrt wird, der eng mit der neoklassischen Volkswirtschaftslehre verbunden ist. Dies wird als eine problematische Verengung der Ökonomik thematisiert. Der Begriff der Neoklassik ist allerdings nicht gänzlich klar umrissen und wird durchaus unterschiedlich verwendet. Er wurde 1990 von Thorstein B. Veblen in seinem Artikel „The preconceptions of economic science" geprägt und bezog sich vor allem

[1]ISIPE (2014): Open Letter. http://www.isipe.net/open-letter/. Zugegriffen: 03.09.2018.

[2]Vgl. beispielsweise Samuelson & Nordhaus; Mankiw & Taylor; Varian.

auf das Marshallsche Marktdiagramm von Angebot- und Nachfrage. Die meisten Lehrbücher und Vorlesungen konzentrieren sich demnach auf diesen paradigmatischen Kern der Neoklassik. Dieser Forschungsstil hat zugleich durchaus verschiedene Ansätze integriert, die jedoch weiterhin den paradigmatischen Kern teilen. Zu diesen gemeinsamen Merkmalen zählt etwa Johannes Becker „Optimierung in mikroökonomischen Modellen des Haushalts oder des Unternehmens, Partielle & Allgemeine Gleichgewichtstheorie, Spieltheorie, Solow-Wachstumsmodell etc., dazu grundlegende statistische Methoden“ (Becker 2017, S. 825). Studierende vermissen darüber hinaus eine wissenschaftstheoretische und -historische Einordnung, das Aufzeigen der Grenzen der ökonomischen Wissenschaft und ihrer Ansätze sowie eine Darstellung der Bezüge zu Nachbarwissenschaften, insbesondere verwandten Sozialwissenschaften wie der Soziologie oder Politikwissenschaft. Auch wir sind davon überzeugt, dass fundiertes Wissen in Wissenschaftstheorie und Philosophie der Ökonomik elementar ist, um die eigenen Grundannahmen und die Grenzen von Erkenntnis sinnvoll diskutieren zu können. Das Anliegen der pluralen Ökonomik ist also nicht der Austausch der einen ökonomischen ‚Ideologie‘ gegen eine andere, sondern „der Vielfalt ökonomischer Theorien Raum zu geben, die Lösung realer Probleme in den Vordergrund zu stellen sowie Selbstkritik, Reflexion und Offenheit in der VWL zu fördern“ (vgl. NPÖ 2018). Plurale Ökonomik ist somit ein Leitbild für Lehre und Forschung, in der ein breites Spektrum an theoretischen und methodischen Perspektiven zur Untersuchung wirtschaftlicher Phänomene verwendet wird. Dieses Leitbild impliziert, dass auch heterodoxe Ansätze (griech. *heterodoxía* = abweichende, verschiedene Meinung), also vom gegenwärtig dominierenden Forschungsstil abweichende ökonomische Theorien, Methoden und Forschungsrichtungen, miteinbezogen werden. Eine größere Vielfalt in der ökonomischen Forschungs-, Lehr- und Bildungslandschaft, soll dabei die Entstehung neuartiger Ideen, Konzepte und Problemlösungen fördern, indem die Kenntnis alternativer Perspektiven und angrenzender Wissenschaftsgebiete den Transfer von Ideen, Konzepten und methodischen Ansätzen erleichtert. Die Kritik an der Einseitigkeit der ökonomischen Lehre an den Universitäten wurde daher von der internationalen Studenteninitiative ISIPE in die Forderung nach drei Pluralismen überführt: Pluralismus der Theorien, Pluralismus der Methoden und Interdisziplinarität (ISIPE 2014, S. 1).

Bei Betrachtung verschiedener Diskurse über die Wirtschaftswissenschaften hinweg lassen sich unzählige gesellschaftliche Herausforderungen für das 21. Jahrhundert identifizieren, wie beispielsweise wirtschaftliche Entwicklung und Produktivitätswachstum, Demografie, Armut und soziale Ungleichheit, Umwelt-, Klima- und Naturschutz, Reproduktionsarbeit sowie technischer Fortschritt und Strukturwandel. Nicht zuletzt das Erreichen der *Sustainable Development Goals* macht neuartige Kombinationen von Konzepten aus unterschiedlichen wirtschaftswissenschaftlichen Denktraditionen dringend erforderlich, wie Kate Raworth (2018, S. 21, 62) hervorhebt. Das Netzwerk Plurale Ökonomik (NPÖ) hat daher beispielsweise mit der Online-Bildungsplattform „Exploring Economics“ (www.exploring-economics.org) ein Projekt initiiert, welches die wachsende Zahl an im Internet abrufbaren Vorträgen und anderen Materialien sammeln und systematisieren soll, um Wissen über ökonomische Theorien und empirische Wirtschaftsforschung jenseits des standardisierten Lehrbuchwissens sichtbarer zu machen. Durch die Vermittlung von Literatur, Vortrags- und Vorlesungsinhalten wird ein Wissensaustausch über die Grenzen unterschiedlicher Denkschulen, Disziplinen und Literaturstränge ermöglicht. Studierende können so Zugang zu Inhalten der Postkeynesianischen, Ökologischen und Feministischen Ökonomik, Komplexitätsökonomik oder anderen Theorien bekommen, insbesondere wenn diese an ihrer jeweiligen Universität nicht gelehrt oder erst im späteren Verlauf des Studiums vorkommen. Die Rolle des NPÖ besteht somit nicht nur darin, die etablierte Volkswirtschaftslehre „herauszufordern und damit stärker zu machen" (Becker 2017, S. 12), sondern auch in der Vermittlung und Vernetzung von Wissen über wirtschaftliche Zusammenhänge, das ansonsten über Fachcommunities und Denkschulen hinweg verstreut ist und nur in sehr begrenztem Maße in Form von Lehrveranstaltungen angeboten wird.

Plurale Ökonomik – Eine Annäherung

Während die Volkswirtschaftslehre in vielen Lehrbüchern als kohärentes Theoriegebäude dargestellt wird, verweist die pluralen Ökonomik explizit darauf, dass es alternative ökonomische Ansätze und Denktraditionen gibt (ISIPE 2014, S. 1). Diese alternativen Strömungen werden von Vertreter*innen der pluralen Ökonomik häufig in Forschungsstile eingeteilt, wobei sich eine Gruppierung in Post-Keynesianische Ökonomie, Feministische Ökonomie, Komplexitätsökonomie, Evolutionsökonomie, Institutionalismus, Verhaltensorientierte Ökonomik, Ökologische Ökonomie, Österreichische Schule der Ökonomie sowie Marxistische Politische Ökonomie (Historischer Materialismus) etabliert hat. Mittlerweile ist eine Reihe an Ökonomie-Lehrbüchern verfügbar, die einen pluralen Ansatz wählen und dabei verschiedene wirtschaftswissenschaftliche Denktraditionen gegenüberstellen (vgl. The Core Team 2017; Dullien 2017; Elsner et al. 2014; Goodwin et al. 2015; Harvey 2015; Staveren, I. v. 2014; Stretton 2007; Fischer et al. 2018). Derartige Denkschulen haben jeweils ihre eigenen Forschungsrichtungen, Konzepte, Erklärungsansätze, charakteristische Methoden und politische Implikationen. Eine Möglichkeit, diese voneinander zu unterscheiden, ist, die ontologischen, methodologischen und epistemologischen Grundlagen verschiedener ökonomischer Denkschulen systematisch zu vergleichen, beispielsweise im Hinblick darauf, ob Hypothesen deduktiv oder induktiv gewonnen werden oder welche Analyseebene (z. B. Mikro-, Meso- oder Makroebene) für die Untersuchung wirtschaftlicher Zusammenhänge gewählt wird (Dimmelmeier et al. 2017, S. 256–259). Die ökonomischen Standardlehrbücher sind jedoch laut Silja Graupe (2017, S. 848–850) in hohem Maße durch Rhetorik und metaphorisches Framing gekennzeichnet. Hinzu kommt eine unscharfe Trennung zwischen empirischen und theoretischen Konzepten, wie zum Beispiel Jakob Kapeller (2016, S. 111) am Beispiel des Gravitationsmodells im Lehrbuch für Internationale Wirtschaftsbeziehungen von Paul Krugman und Maurice Obstfeld (2014) zeigt. Einen aufschlussreichen Überblick über die verschiedenen Schwächen der Standardlehrbücher für Volkswirtschaftslehre sowie hilfreiche Erläuterungen bietet der Sammelband ‚Wirtschaft Neu Denken' (vgl. Treeck und Urban 2016).

Das Anliegen des vorliegenden Werkes ist es, eine Vielzahl unterschiedlicher Forschungsrichtungen und Disziplinen, die sich mit wirtschaftlichen Fragen auseinandersetzen, zusammenzubringen und für angrenzende Forschungsfelder sowie deren Konzepte und Methoden zu sensibilisieren. Er soll dabei verdeutlichen, welche unterschiedlichen Perspektiven Wissenschaftler*innen einnehmen können, wenn sie wirtschaftliche Phänomene untersuchen.

Teil I: Begründungen für eine plurale Ökonomik

Im ersten Abschnitt setzt sich Frank Beckenbach mit den Merkmalen der zeitgenössischen Ökonomik auseinander und untersucht die Frage, ob die Forderung nach pluraler Ökonomik noch zeitgemäß ist oder bereits eine weitreichende Pluralisierung der Wirtschaftswissenschaften stattgefunden hat. In seinem Beitrag „Paradigmadominanz in der modernen Ökonomik und die Notwendigkeit eines kompetitiven Pluralismus" nimmt er eine komplexitätstheoretische Perspektive ein, mit der er die Wissenschaft als Subsystem der Gesellschaft begreift. Seine These ist, dass die ökonomische Wissenschaft durch ihre formal-mathematische Grundlage, methodologischen Individualismus, Gleichgewichtsmodelle sowie die Annahmen der Rationalität und der Knappheit einen eigenen Standard entwickelt hat, der ihr eine hohe Konsistenz ermöglicht und sie von ihren sozialwissenschaftlichen Nachbardisziplinen abgrenzt. Diesem formalisierten und deduktiven Forschungsansatz stellt Beckenbach das Leitbild eines „kompetitiven Pluralismus" gegenüber, bei dem eine (empirische) Problemlösungsfähigkeit zentral ist.

Im nächsten Beitrag zeigen Andreas Dimmelmeier, Jakob Hafele und Hendrik Theine mithilfe einer Diskursanalyse, dass sich inhaltliche Konflikte zwischen Standardökonom*innen und pluralen Ökonom*innen meist an verschiedenen Wissenschaftsverständnissen entzünden. In ihrem Beitrag „Die Daten sind nun einmal die Daten – Legitimationsmuster und Wissenschaftsverständnisse in der Pluralismusdebatte" untersuchen die Autoren die mediale Debatte um plurale Ökonomik im deutschsprachigen Raum. Ihre Analyse stützt die These, dass dem Mainstream zugeneigte Ökonom*innen tendenziell ein positivistisches Verständnis von Wissenschaft haben, während das derjenigen, die für eine plurale Ökonomik eintreten, eher zwischen kritischem Realismus und Konstruktivismus eingeordnet werden kann. Dabei setzen sich die Autoren auch mit den rhetorischen Stilmitteln und Diskursstrategien auseinander, die in dieser Diskussion bisher angewendet wurden.

Die Vorstellung der Herausgebenden des epistemischen Projekts Plurale Ökonomik zielen auch auf die explizite Anerkennung des Einflusses ökonomischer Wissensbestände auf Politik und Gesellschaft ab. Dieser Einfluss besteht nicht nur darin, dass ökonomische Theorie und Empirie zur Rechtfertigung wirtschaftspolitischer Maßnahmen verwendet werden können – wie zum Beispiel die Theorie des Marktversagens, die staatliche Eingriffe im Falle von externen Effekten legitimiert (Mazzucato 2016, S. 143) –, sondern auch darin, dass wirtschaftswissenschaftliche Ideen auf vielen anderen Wegen Einfluss auf menschliches Handeln nehmen können, was unter dem Begriff der *Performativität* diskutiert wird. Performativität bedeutet hier, dass ökonomische Modelle, Theorien, empirische Erkenntnisse und Narrative reale wirtschaftliche Phänomene verändern oder überhaupt erst erschaffen können (Aspers und Beckert 2017, S. 232). Dadurch können wirtschaftswissenschaftliche Theorien zu sich selbst erfüllenden Prophezeiungen werden oder die Prozesse in der wirtschaftlichen Realität an die theoretischen Annahmen annähern (MacKenzie 2006, S. 17). So schreibt Michel Callon (1998, S. 2): „economics [...] performs, shapes and formats the economy, rather than observing how it functions". Darüber hinaus kann die Anwendung ökonomischen Wissens auch zur Konstruktion und zum Funktionieren von Märkten beitragen (Aspers und Beckert 2017, S. 232).

In ihrem Beitrag „Macht Ökonomie Gesellschaft? Zur Wirkmacht ökonomischen Wissens" stellen Anja Breljak und Felix Kersting das Konzept der Performativität wirtschaftswissenschaftlichen Wissens in seinen verschiedenen Ausprägungen dar. Zunächst gehen sie auf den oben genannten Performativitätsansatz im Sinne von Michel Callon und Donald MacKenzie ein. Im weiteren Verlauf ihres Beitrags erläutern die Autor*innen verschiedene Kritiken an der Diskussion um Performativität, insbesondere basierend auf den von Philip Mirowski aufgeworfenen Kritikpunkten. Darüber hinaus führen sie eine dritte Perspektive zur Wirkmacht ökonomischen Wissens ein, die auf den Arbeiten von Michel Foucault basiert.

Teil II: Reflexionen über Theorie und Methodologie in der Ökonomik

Nach Karl Polanyi (1957, S. 243) kann zwischen einer „formal definition of economics" und einer „substantive definition of economics" unterschieden werden. Nach der formalen Definition, die von Lionel Robbins stammt, ist Ökonomie „the science which studies human behavior as a relationship between ends and scarce means which have alternative uses" (1932, S. 47–48). Mit dieser Definition kann die ökonomische Perspektive auf die Gesamtheit menschlichen Verhaltens ausgedehnt werden, da jegliche Entscheidungen als Entscheidung über die Allokation knapper Mittel zu alternativen Zielen aufgefasst werden können, womit das Konzept der Knappheit (Robbins 1932, S. 16) wesentliche Bedeutung für die Ausrichtung wirtschaftswissenschaftlicher Forschung bekam. Polanyi charakterisiert die (neoklassische) Ökonomik als „Anwendung formaler Ökonomik auf eine Wirtschaft eines bestimmten Typs, nämlich der Marktwirtschaft" (Polanyi 1957, S. 247). Demgegenüber umfasst ein substantives Konzept der Wirtschaft deren empirische Wirklichkeit als „instituierte Interaktion des Menschen mit seiner Umwelt, die in einer kontinuierlichen Bereitstellung Bedürfnisse befriedigender materieller Mittel resultiert" (Polanyi 1957, S. 248).

Marc Drobot und Tino Heim greifen diese konzeptionelle Unterscheidung auf und setzen sich in ihrem Beitrag „Scarcity Inc. Die Knappheitsparadoxie als ein Hintergrundproblem pluraler Ökonomie“ mit dem Grundproblem der Knappheit auseinander. Dabei stellen sie zunächst die Ursprünge des Diskurses über das Problem der Knappheit dar. Aus dieser Genealogie[3] folgern die Autoren, dass Knappheit (auch) als gesellschaftliche Konstruktion verstanden werden muss. Das macht sie einerseits zum Untersuchungsgegenstand und öffnet andererseits den Raum für eine plurale Perspektive, mit der wirtschaftliche Phänomene der Untersuchungsgegenstand der Ökonomie als Wissenschaft sind. Damit würde der Gegenstandsbereich Wirtschaft nicht nur Entscheidungen über die Verwendung knapper Ressourcen umfassen, sondern allgemein wirtschaftliche Prozesse wie Konsum und Produktion, ohne diese jedoch nur im Hinblick auf ihre Effizienz-Eigenschaften zu untersuchen.

Im Beitrag „Zur Konzeptualisierbarkeit einer Postwachstumsökonomie: Die Grenzen des wirtschaftswissenschaftlichen Mainstreams und die Potenziale theoretischer Multiperspektivität“ wird dieser Aspekt aufgegriffen, indem Steffen Lange, Jonathan Barth und Johannes Euler, diskutieren wie eine Postwachstumsökonomie modelliert werden könnte. Dabei gehen sie zuerst auf den Modellrahmen neoklassischer Theorien ein. Eine ihrer zentralen Schlussfolgerungen ist, dass eine Wirtschaft ohne Wachstum im Rahmen neoklassisch geprägter Wachstumstheorien durch entsprechende Annahmen theoretisch durchaus abgebildet werden kann. Um jedoch die komplexen Voraussetzungen zu verstehen, die theoretisch zu einer stabilen Postwachstumsökonomie führen könnten, sei darüber hinaus ein besseres Verständnis der Zusammenhänge zwischen Geldsystem, Sozialsystemen und Reproduktionsarbeit, Privateigentum und Wettbewerb, politischer Ökonomie und der Rolle von Macht in der Wirtschaft notwendig. Hierzu schlagen die Autoren eine Reihe weiterer theoretischer Ansätze vor, die zu diesem Verständnis hilfreich sein können. Dadurch demonstrieren die Autoren, welche Möglichkeiten sich aus einem pluralen Ansatz zur Erforschung von Wirtschaftssystemen ergeben.

Der Beitrag „Märkte als transaktionale Netze. Zu einer ökonomischen Theorie marktlicher Interaktion“ von Birger P. Priddat handelt von Märkten, einem der zentralen Untersuchungsgegenstände der Ökonomik. Indem er Ideen aus Ökonomik, Soziologie und Rechtswissenschaft miteinander verbindet, entwickelt der Autor einen konzeptionellen Bezugsrahmen, der den Fokus von isolierten Marktteilnehmer*innen zu einem Netzwerk aus vertraglichen Transaktionen verschiebt. Durch eine konzeptionelle Integration von Vertrags- und Kommunikationstheorien, sowie Theorien der Kommunikation in sozialen Netzwerken, stellt der Beitrag eine neue Perspektive für das Verständnis von Marktprozessen bereit. Der konzeptionelle Ansatz beansprucht einen Beitrag zum Verständnis der Funktionsweise von Märkten und insbesondere der digitalen Wirtschaft zu liefern.

---

[3]Im Sinne einer interdisziplinären, historischen Methode aus den Geisteswissenschaften, die den Wert einer Institution bzw. einer Praxis infrage stellt, indem sie deren historische Wurzeln freilegt.

Anne Löscher zeigt in ihrem Beitrag „Conceptions of Money. Assessing Textbook Economics in the Light of Pluralism of Money Theories" anhand von Geldtheorien auf, dass sich in Teilgebieten der Ökonomik durchaus interessante Ausdifferenzierungen von verschiedenen Denktraditionen finden. So gibt es unterschiedliche Theorien darüber, in welchem Maße Zentralbanken den zirkulierenden Geldbestand kontrollieren können und welche Rolle private Banken in der Geldschöpfung spielen, ob ein Anstieg der Geldmenge langfristig nur zu einem Anstieg des Preisniveaus führt; oder Auswirkungen auf die Realwirtschaft hat und ob Geld als rationale Reaktion der Wirtschaftssubjekte auf die Effizienzprobleme in der Tauschwirtschaft entstanden ist; oder den Wirtschaftssubjekten durch staatliche Autorität aufgezwungen wurde, um Steuern zu erheben und von Geldschöpfungsgewinnen (Seignorage) zu profitieren. Die unterschiedlichen theoretischen Zugänge zu diesen Fragen werden von Löscher systematisch gegenübergestellt und diskutiert.

Im zweiten Teil behandelt eine Reihe weiterer Beiträge den methodischen Werkzeugkasten, den eine plurale Ökonomik beinhalten sollte. Plurale Ökonomik bedeutet nämlich nicht, dass die formal-analytische Arbeitsweise der Ökonomik zugunsten einer rein verbalen Analyse aufgegeben werden soll. Im Gegenteil ist formale, mathematische Modellierung ebenso ein unerlässliches Forschungsinstrument, um die Bedingungen offenzulegen, unter denen die Schlussfolgerungen von Forschenden gültig sind. Die ausschließliche Begrenzung auf diese spezifische Form des Erkenntnisgewinns schöpft das Potenzial an Erkenntnismöglichkeiten über die wirtschaftliche Wirklichkeit jedoch nicht aus. Wirtschaftliche Phänomene können beispielsweise auch mittels qualitativer Verfahren (wie Interviews, teilnehmenden Beobachtungen oder Fokusgruppen) untersucht werden. Ihr Vorteil liegt darin, dass induktiv neue Theorien und Hypothesen gebildet oder neue Aspekte eines Phänomens aufgedeckt werden können, ohne dass das Spektrum an berücksichtigten Erklärungsvariablen im Vorhinein durch die Überlegungen und das theoretische und empirische Vorwissen der Forschenden, d. h. ihre „Brille" oder Perspektive, begrenzt wird (Sturm 1994, S. 94).

Die methodisch orientierten Beiträge werden durch den Beitrag „Ökonomische Ideengeschichte. Eine Verbündete der Pluralen Ökonomik?" durch Reinhard Schumacher eingeleitet. Schumacher argumentiert, dass die Vorstellung von rein kumulativem Fortschritt in der Wissenschaft nicht haltbar ist. Nach einer solchen wäre der aktuelle Forschungsstand derjenige, der alle richtigen Einsichten bisheriger Forschung beinhaltet, und somit die größte Annäherung an die Wahrheit darstellt. Demgegenüber argumentiert Schumacher, dass wirtschaftliche Phänomene immer in einen historischen Kontext eingebettet seien. Er weist somit darauf hin, dass das Wissen über die historische Entwicklung ökonomischen Denkens von großer Bedeutung ist, um wirtschaftswissenschaftliche Theorien, Modelle und empirische Untersuchungen in ihren Entstehungszusammenhang einordnen, und somit einen differenzierten Blick auf komplexe, wirtschaftliche Phänomene erlangen zu können. Welche Erkenntnismöglichkeiten die ökonomische Ideengeschichte bietet, und wie ihr Verhältnis zur pluralen Ökonomik ist, zeigt er anhand von Richard Rortys historiografischen Kategorien auf.

Der Beitrag „Mehr als nur Werkzeuge: Kritik an Experimenten in der Ökonomik" von Robert Lepenies, Felix Kersting und Theresa Neef umfasst eine kritische Auseinandersetzung mit der Rolle von Experimenten in der Ökonomik. Experimentelle Wirtschaftsforschung und insbesondere randomisierte kontrollierte Studien (RCTs) haben laut Joshua Angrist und Jörn-Steffen Pischke (2010, S. 4) zu einer „Glaubwürdigkeits-Revolution" in der empirischen Wirtschaftsforschung geführt. Die Autor*innen zeigen Kritiken an dieser methodischen Herangehensweise auf und erörtern das Verhältnis zwischen Experimenten und den Wirtschaftswissenschaften. Sie argumentieren für eine Sensibilisierung bei der Auswahl wissenschaftlicher Methoden, indem wissenschaftstheoretische und politisch-normative Aspekte entsprechend beachtet werden sollten. Im Anschluss wird die Verwendung von Experimenten in sozialpolitischen und entwicklungspolitischen Studien diskutiert. In diesem Zusammenhang wird sowohl auf das von Richard Thaler und Cass Sunstein entwickelte Konzept der Nudges als auch auf eine Projektevaluation der Entwicklungszusammenarbeit in Ländern des Globalen Südens eingegangen.

Gleichwohl sind auch quantitativ-empirische Forschungsmethoden, wie die klassische Regressionsanalyse, wichtige Instrumente in der Werkzeugkiste von Ökonom*innen. In „Mehr als Durchschnittsstatistik. Eine kritische Einführung in Regressionsmethoden jenseits des Mittelwertes" zeigen Alexander Sohn, Maike Hohberg und Thomas Kneib, welchen Platz weitere Formen von Regressionsanalysen in dieser Werkzeugkiste haben. Deshalb stellen Sie in Ihrem Beitrag die Grundzüge der Quantils- und Verteilungsregression als Alternative zur (linearen) Mittelwertregression vor. Bei diesen Methoden liegt der Fokus nicht mehr auf Effekten auf den Mittelwert, sondern der gesamten Verteilung einer Zielgröße. Die Autor*innen legen nahe, dass derartige Methoden insbesondere zur Forschung im Bereich der Komplexitätsökonomik beitragen können, beispielsweise um Nichtlinearitäten abzubilden und komplexe Größen in selbst organisierenden Netzwerken zu beschreiben. Es wird deutlich gemacht, wann die Verwendung von Quantils- und Verteilungsregressionen sinnvoll ist, und anhand eines Beispiels der Current Population Survey (CPS) auch praktisch demonstriert.

Teil III: Ein- und Ausblicke in ökonomische Perspektiven und Diskurse

Den dritten Teil dieses Sammelbandes eröffnen wir mit einer grundlegenden Kontroverse. Steffen Bettin, Florentin Glötzl und Hendrik Theine stellen in ihrem Beitrag „Strategische Perspektiven für die Zukunft des Pluralismus" fest, dass sich die Verhältnisse an den wirtschaftswissenschaftlichen Fakultäten trotz der stärker werdenden Debatte um einen Pluralismus in der Ökonomik kaum verändern. Als Grund sehen sie die strukturelle Verfassung der Ökonomik an, in der Kennzahlen wie Impact-Faktoren, Rankings und Zitationen über Karrieren entscheiden. Sie zeichnen dabei die historische Entwicklung des Pluralismus in den Wirtschaftswissenschaften grob nach und setzen sich mit den möglichen Gründen für diesen Zustand auseinander. Vor dieser Ausgangslage stellen die Autoren verschiedene Strategien zur Diskussion, mit denen zukünftige Forscher*innen möglicherweise den Wandel hin zu einer pluralen Ökonomik befördern könnten. Eine der von ihnen vorgeschlagenen Strategien ist beispielsweise der Wechsel in andere, angrenzende Sozialwissenschaften. Doch es gilt ebenso auch, das Potential einer pluralen Ökonomik aufzuzeigen. Deswegen wird anschließend exemplarisch die Bandbreite von ökonomischen Zugängen und Perspektiven aufgezeigt, abseits der an den Hochschulen gelehrten Volks- und Betriebswirtschaftslehre. Während der Psychologie mit dem Aufkommen der Verhaltensökonomie mittlerweile von vielen Ökonom*innen eine große Bedeutung beigemessen wird, beschäftigen sich beispielsweise auch Soziolog*innen, Politolog*innen und Geograf*innen mit Wirtschaft. In diesem Zusammenhang wird auch zwischen einer kontextualen und isolierenden Ökonomik unterschieden. Unter kontextualer Ökonomik wird eine Wissenschaft verstanden, die sich mit den Schnittstellen zwischen dem Wirtschaftssystem und anderen Subsystemen der Gesellschaft befasst. Isolierende Ökonomik hingegen bezeichnet eine Wirtschaftswissenschaft, deren Vertreter*innen sich überwiegend mit den „innerhalb des wirtschaftlichen Systems geltenden Gesetzmäßigkeiten" beschäftigen; weshalb das Wirtschaftssystem als von anderen Teilsystemen isoliertes System modelliert wird (Zweynert et al. 2016, S. 2). Dabei wird argumentiert, dass kontextuale Fragen aus den Wirtschaftswissenschaften zunehmend ausgegliedert wurden, sodass dieser Teil der wirtschaftlichen Wirklichkeit heutzutage stärker von anderen Wissenschaftler*innen erforscht wird, wie zum Beispiel Wirtschaftssoziolog*innen (Zweynert et al. 2016, S. 2). Während wirtschaftliche Zusammenhänge in der Ökonomik überwiegend isoliert betrachtet werden, untersuchen Wirtschaftssoziolog*innen im Rahmen des Embeddedness-Ansatzes die Einbettung der Wirtschaftssubjekte in soziale Strukturen und Netzwerke sowie institutionelle Regeln (vgl. Krippner und Alvarez 2007; Schmid 2017). Zu den gegenwärtigen Forschungsrichtungen der Wirtschaftssoziologie zählen unter anderem die Neue Marktsoziologie (vgl. beispielsweise Aspers und Beckert 2017), der Performativitätsansatz (vgl. beispielsweise Callon 1998; MacKenzie et al. 2007), die soziologische Finanzmarkt- (vgl. beispielsweise Knorr Cetina und Preda 2006) und Arbeitsmarktforschung (vgl. beispielsweise Köhler et al. 2017) sowie Beiträge über den Einfluss sozialer Institutionen auf wirtschaftliches Handeln (vgl. beispielsweise Maurer 2017). Im Forschungsprogramm der Neuen Marktsoziologie rückt nicht nur die empirische Realität von Märkten stärker in den Fokus, sondern es werden auch die Voraussetzungen für die Entstehung von Märkten untersucht (Aspers und Beckert 2017, S. 232).

An der Schnittstelle zwischen Ökonomik und Politikwissenschaft befindet sich u. a. die Disziplin „Komparative Politische Ökonomie", welche sich beispielsweise mit der Erklärung der Unterschiede zwischen wirtschaftlichen Systemen befasst. So argumentieren Peter A. Hall und David Soskice (vgl. 2001), dass zwischen liberalen Marktwirtschaften (z. B. USA, Großbritannien) und koordinierten Marktwirtschaften (z. B. Deutschland, Skandinavien) unterschieden werden kann. Eine wesentliche Rolle spielen dabei Institutionen, die nach Douglas North (1990, S. 97) als die „Spielregeln einer Gesellschaft“ interpretiert werden. Sie umfassen formale Regeln, wie z. B. eine (rechtsstaatliche) Verfassung, (private) Eigentumsrechte und Verträge, aber auch informelle Regeln wie kulturelle Gewohnheiten, Tabus oder Verhaltenskodizes.

An dieser Schnittstelle bewegen sich Thomas Eibl und Nils Röper mit ihrem Beitrag „Die Suche nach Homo Ideologicus und anderen Gestalten. Was die Komparative Politische Ökonomie zu einem pluralistischen ökonomischen Diskurs beitragen kann“, in dem sie verschiedene Ansätze der Komparativen Politischen Ökonomie (KPÖ) im Hinblick auf deren Fähigkeit zur Erklärung von Akteurshandeln im institutionellen Kontext und zur Erklärung von institutionellem Wandel gegenüber stellen. Dabei gehen sie zunächst auf den Varieties-of-Capitalism-Ansatz von Hall und Soskice ein, dessen zentrale Annahmen kritisch hinterfragt werden. Darauf aufbauend erläutern sie zwei theoretische Alternativen aus dem sogenannten Neo-Institutionalismus: den historischen Institutionalismus und den ideenorientierten Institutionalismus. Bei letzterem stehen der Einfluss von Ideen und Diskursen und die kausalen Beziehungen zwischen institutionellen Domänen im Vordergrund. Die Autoren legen nahe, dass Policy-Logiken, wie z. B. die Privatisierung von staatlichen Leistungen, unter bestimmten Umständen innerhalb einer ‚Politie‘ von einer institutionellen Domäne in andere Domänen transferiert werden können.

Einen wirtschaftssoziologischen Beitrag liefert Manuel Schulz mit seinem Artikel „Finanzialisierung als monetäre Zeitreise. Eine zeitsoziologische Betrachtung intertemporaler Abhängigkeiten“, in dem er eine sozialwissenschaftliche Analyse der Zeitstrukturen in kreditgetriebenen Wirtschaftssystemen und der daraus resultierenden gesellschaftspolitischen Dynamiken vornimmt. Den Ausgangspunkt bildet das neoklassische Modell intertemporaler Entscheidungen, in dem der Zins als Preis interpretiert wird, der von der Gläubiger*in für die befristete Überlassung von Kapital und die damit verbundene Möglichkeit der Nutzung dieses Kapitals in der Gegenwart gefordert wird. Dieses Modell ist auch als „Robinsonade“ bekannt, da es der Geschichte von Robinson Crusoe ähnelt, der als isoliertes Individuum auf einer Insel überleben und dabei auch intertemporale Entscheidungen über die Zuordnung seiner knappen Ressourcen treffen muss. Er setzt sich darüber hinaus kritisch mit dem Phänomen der Finanzialisierung und der Rolle von Institutionen des Geld- und Finanzsystems für die Verteilung von Einkommen und Vermögen und die Nachhaltigkeit des Wirtschaftssystems auseinander.

Wolfram Elsner argumentiert in seinem Beitrag „Complexity Economics as Heterodoxy. A New Integrative Paradigm, Beyond Market Equilibrium and Optimality“, dass die Komplexitätsökonomik sich als neues, übergreifendes Paradigma eignen würde, mit dem Konzepte und Methoden aus anderen heterodoxen Ansätzen und anderen Sozialwissenschaften integriert werden können. Elsner stellt die Grundannahmen der Komplexitätsökonomik, deren methodischen Werkzeugkasten sowie politische Implikationen überblickshaft dar. Die Vertreter*innen der Komplexitätsökonomik begreifen dabei das Wirtschaftssystem als komplexes, adaptives System. Hierbei modellieren sie selbstverstärkende Prozesse, Pfadabhängigkeiten sowie interaktive Lernprozesse und Routinen. Ihre Vertreter*innen greifen dabei auf Methoden wie Agentenbasierte Modellierung (ABM), Evolutionäre Spieltheorie und Soziale Netzwerkanalyse (SNA), aber auch formalisierte Modelle zurück. Computergestützte Verfahren, wie z. B. die ABM, können einerseits zur Überprüfung von Hypothesen, andererseits aber auch induktiv-hypothesengenerierend angewendet werden.

Sorge- oder auch Reproduktionsarbeit ist ein Untersuchungsschwerpunkt in der Feministischen Ökonomik, welche die wechselseitigen Zusammenhänge von Geschlechterverhältnissen und Ökonomie ins Blickfeld nimmt (vgl. Urban und Pürckhauer 2016). Die Sorgearbeit umfasst sowohl bezahlte als auch unbezahlte Arbeiten, wobei diese Leistungserbringung sowohl über einen Markt als auch ohne Marktbeziehung stattfinden kann. Hierzu gehören das Aufziehen von Kindern, das Betreuen von (bedürftigen) Erwachsenen und die generative Reproduktion, d. h. das Zeugen und Gebären von Kindern (Bauhardt 2012, S. 5–6). Das gegenwärtige Problem, dass Menschen, die von der Fürsorge, Versorgung und Zuwendung anderer Personen abhängig sind, diese Leistungen nicht mehr erhalten, wird unter dem Begriff der „Care-Krise" thematisiert (Gubitzer und Mader 2011, S. 8). Symptome einer solchen Krise sind beispielsweise Mehrfachjobs und die damit verbundenen Probleme bei der Versorgung von Kindern oder das häufige Auftreten von Schwarzarbeit in der Pflege (Klawatsch-Treitl 2009, S. 149).

In ähnlicher Weise konstatiert Anna Saave-Harnack in ihrem Beitrag „Die Care-Abgabe. Ein Instrument Vorsorgenden Wirtschaftens?" eine „Krise des Reproduktiven", die neben umweltbezogenen Krisenerscheinungen auch aus einer Care-Krise besteht. Im Angesicht dieser Probleme beschreibt und diskutiert Saave-Harnack, wie die Care-Arbeit so organisiert und finanziert werden könnte, dass das Ziel Vorsorgenden Wirtschaftens erreicht werden könnte. Als politisches Instrument schlägt die Autorin eine Care-Abgabe vor. Eine solche Abgabe soll die gesellschaftliche Finanzierung von Care-Arbeit, d. h. Sorgearbeit für andere Menschen, verbessern.

Ebenso wie Lange et al. (in diesem Band) beschäftigt sich Hanna-Maria Ketterer in ihrem Beitrag „Bedingungsloses Grundeinkommen und Postwachstum" mit dem Konzept einer Postwachstumsökonomie. Letztere ist sowohl eine politische Idee als auch ein Konzept, das wissenschaftlich untersucht werden kann (siehe Petridis et al. 2015). Hierbei geht es um die Frage, wie sich eine Gesellschaft technologisch, ökonomisch und sozial weiterentwickeln kann, ohne strukturell auf Wirtschaftswachstum (im Sinne einer Zunahme des realen Bruttoinlandsproduktes) angewiesen zu sein. In ihrem Beitrag untersucht die Autorin, ob ein bedingungsloses Grundeinkommen die Entstehung einer Postwachstumsgesellschaft ermöglichen könnte. Während Lange et al. einen allgemeinen Überblick über theoretische Ansätze zum Thema Postwachstumsökonomie geben, behandelt Ketterer somit eine spezifische politische Gestaltungsoption und deren mögliche Konsequenzen für die Schaffung eines nachhaltigen Wirtschaftssystems. Sie stellt zunächst verschiedene Formen von Grundeinkommensmodellen dar und entwickelt die These, dass ein Grundeinkommen in bestimmten Fällen eine dekommodifizerende Wirkung auf menschliche Arbeit haben und auf diesem Wege sogenannte Wachstumssubjektivitäten beeinflussen könnte. Dabei setzt sie dies in Kontext zu wesentlichen Ursachen, die momentan die Notwendigkeit unaufhörlichen Wirtschaftswachstums in kapitalistischen Wirtschaftssystemen hervorrufen würden. Ein zentraler Ausgangspunkt ihrer

Untersuchung ist somit, inwiefern es gelingen könnte jene systemischen Wachstumszwänge zu überwinden.

Die Ökonomik befindet sich in einer für eine Wissenschaft, und insbesondere für eine Wissenschaft über soziale Phänomene, einzigartigen Position. Sie produziert weitreichende wissenschaftliche Aussagen und Schlussfolgerungen; gestützt durch formale Methoden, eine strikte Ausrichtung der Disziplin auf wenige prestigeträchtige zentrale Institutionen wie Zeitschriften, Universitäten und Forschungszentren; und es gibt allgemein einen hohen Bedarf an Ökonom*innen auf dem Arbeitsmarkt. Dieser Bedarf besteht insbesondere bei Regierungen, NGOs, Unternehmen und weiteren mächtigen und wohlhabenden Akteuren (vgl. Fourcade et al. 2015, S. 2). Diese besondere epistemische Position der Ökonomik hat weitreichenden Einfluss auf die Theoriebildung innerhalb der Disziplin, sowie auf die wissenschaftliche Praxis. Eine solche Privilegstellung beeinflusst insbesondere den Status in Politik, Gesellschaft und Wissenschaft (vgl. Fourcade et al. 2015). Ökonom*innen gelten durch diese Mechanismen zugleich als besonders glaubwürdig. So gibt es institutionalisierte Beratungsgremien, die ausschließlich von Ökonom*innen besetzt werden. Warum ist das so, und inwiefern ist das ein Problem?

Im Kern stehen sich in dieser Debatte verschiedene normative und analytische Ideen von Wissenschaft gegenüber. Daher geht der Ansatz der Pluralen Ökonomik über eine reine rationale Rekonstruktion der Standardökonomik hinaus. Es sollte also nicht nur gefragt werden, wie die Ökonomik zu ihrem Wissen kommt, sondern auch wie sie dieses rechtfertigt und woraus sie ihre (im Vergleich zu anderen sozialwissenschaftlichen Disziplinen) besonders hohe gesellschaftliche und wissenschaftliche Glaubwürdigkeit zieht. Es ist somit auch ein Kampf um Deutungshoheit: *Wer darf eigentlich, wie, über Ökonomie reden?* Dieser Konflikt lässt sich durchaus auch zwischen Verfechter*innen einer pluralen Ökonomik beobachten.

Die Bandbreite der Beiträge in diesem Sammelband lässt jene Frage somit bewusst aufwerfen. Wir möchten also nicht nur exemplarisch aufzeigen, wie eine vielfältige Auseinandersetzung mit wirtschaftlichen Themen aussehen könnte – in denen auch ökologische und soziale Dimensionen mitverhandelt werden. Ebenso geht es uns nicht nur um eine bloße Diskussion von Grenzen und Potenziale unterschiedlicher Perspektiven. Die Erkenntnis, dass wir ein neues Verständnis von Wirtschaft benötigen, führt logischerweise genau zu jener übergeordneten Kontroverse. Wirtschaft neu zu denken, bedeutet sich dieser aktiv zu stellen. Wir hoffen, dass uns dieses Wagnis gelingt. In diesem Sinne wünschen wir Ihnen ein spannendes Lesevergnügen mit, wie man so schön sagt, möglichst ungetrübten Augen.

Hannover
den 08.12.2018

Die Herausgebenden

Literatur

Aigner, Ernest, Matthias Aistleitner, Florentin Glötzl, und Jakob Kapeller. 2018. The focus of academic economics: Before and after the crisis. *Institute for New Economic Thinking. Working Paper No. 75.*

Angrist, Joshua und Jörn-Steffen Pischke. 2010. The credibility revolution in empirical economics. How better research design is taking the con out of Econometrics. *Journal of Economic Perspectives,* 24 (2):3–30.

Aspers, Patrik und Jens Beckert. 2017. Märkte. In *Handbuch der Wirtschaftssoziologie,* Hrsg. A. Maurer, 215–240. Wiesbaden: Springer Fachmedien.

Bauhardt, Christine. 2012. Feministische Ökonomie, Ökofeminismus und Queer Ecologies – feministisch-materialistische Perspektiven auf gesellschaftliche Naturverhältnisse. Gender.Politik. Online- sozialwissenschaftliches Gender-Portal der Freien Universität Berlin. https://www.fu-berlin.de/sites/gpo/pol_theorie/Zeitgenoessische_ansaetze/Bauhardtfemoekonomie/Bauhardt_Inhalt.pdf. Zugegriffen: 23. Mai 2018.

Beckenbach, Frank, Maria Daskalakis und David Hofmann. 2016. *Zur Pluralität der volkswirtschaftlichen Lehre in Deutschland. Eine empirische Untersuchung des Lehrangebotes in den Grundlagenfächern und der Einstellung der Lehrenden.* Marburg: Metropolis.

Callon, Michel. 1998. Introduction: the embeddedness of economic markets in economics. *The sociological review,* 46 (1): 1–57.

Elsner, Wolfram, Torsten Heinrich und Henning Schwardt. 2014. *The microeconomics of complex economies: Evolutionary, institutional, neoclassical, and complexity perspectives.* Academic Press.

Fischer, Liliann, Joe Hasell, J. Christopher Proctor, David Uwakwe, Zach Ward Perkins, und Catriona Watson. 2018. *Rethinking economics. An introduction to pluralist economics.* London: Routledge.

Fourcade, Marion, Etienne Ollion, und Yann Algan. 2015. The superiority of economists. *Journal of Economic Perspectives,* 29 (1): 89–114.

Fricke, Thomas. 2017. Altes Einheitsdenken oder neue Vielfalt? Eine systematische Auswertung der großen Umfragen unter Deutschlands Wirtschaftswissenschaftler_innen. FGW-Studie. Düsseldorf: Forschungsinstitut für gesellschaftliche Weiterentwicklung.

Goodwin, Neva, Jonathan M. Harris, Brian Roach, und Mariano Torras. 2015. *Microeconomics in context.* London: Routledge.

Graupe, Silja. 2017. „Wie konnte es passieren?" – Ökonomische Bildung als Boden einer geistigen Monokultur. *Wirtschaftsdienst, 97* (12): 835–853.

Gubitzer, Luise, und Katharina Mader. 2011. Care-Ökonomie. Ihre theoretische Verortung und Weiterentwicklung. *Kurswechsel,* (4): 7–21.

Hall, Peter A., und David Soskice. 2001. *Varieties of capitalism: The institutional foundations of comparative advantage.* Oxford: Oxford University Press.

Heise, Arne, Henrike Sander, und Sebastian Thieme. 2017. *Das Ende der Heterodoxie? Die Entwicklung der Wirtschaftswissenschaften in Deutschland.* Wiesbaden: Springer VS.

Kapeller, Jakob. 2016. Ein philosophischer Blick auf die Grundlagen internationaler Ökonomie. In *Wirtschaft neu denken: Blinde Flecken in der Lehrbuchökonomi,* Hrsg. Till v. Treeck und J. Urban. Berlin: iRights Media.

Klawatsch-Treitl, Eva. 2009. Vom Sorgen und Teilen – Care Ökonomie. In *Wirtschaft anders denken. Handbuch Feministische Wirtschaftsalphabetisierung,* Hrsg. Verein Joan Robinson Institut für Institutionelle und Heterodoxe Ökonomie und WIDE Netzwerk, 147–150. Wien: Eigenverlag.

Knorr Cetina, Karin und Alex Preda. 2006. *The sociology of financial markets.* Oxford University Press.

Köhler, Christoph, Stefan Schröder, und Simon Weingärtner. 2017. Arbeitsmärkte. In *Handbuch der Wirtschaftssoziologie,* Hrsg. A. Maurer, 275–305. Wiesbaden: Springer VS.

Krippner, Greta R. und Anthony S. Alvarez. 2007. Embeddedness and the intellectual projects of economic sociology. *Annual Review of Sociology,* 33: 219–240.

Krugman, Paul R. und Maurice Obstfeld. 2014. *International economics: Trade and policy.* Cape Town: Pearson.

MacKenzie, Donald. 2006. Is economics performative? Option theory and the construction of derivatives markets. *Journal of the history of economic thought* 28 (1): 29–55.

Mader, Katharina und Jana Schultheiss. 2011. Feministische Ökonomie – Antworten auf die herrschenden Wirtschaftswissenschaften? *PROKLA164,* 41 (3): 405–422. Münster: Westfälisches Dampfboot.

Maurer, Andrea. 2017. Wahlverwandtschaften: neue Institutionentheorien und neue Wirtschaftssoziologie. In *Handbuch der Wirtschaftssoziologie,* Hrsg. Andrea Maurer, 127–150. Wiesbaden: Springer VS.

Mazzucato, Mariana. 2016. From market fixing to market-creating: A new framework for innovation policy. *Industry and Innovation* 23 (2): 140–156.

Mirowski, Philip und Edward Nik-Khah. 2007. Markets made flesh. In *Do Economists Make Markets?* Hrsg. Donald MacKenzie, Fabian Muniesa, und Lucia Siu, 190–224. Princeton: Princeton University Press.

Netzwerk Plurale Ökonomik (NPÖ). 2018. Das Netzwerk. https://www.plurale-oekonomik.de/das-netzwerk/ziele-und-aktivitaeten/. Zugegriffen: 20. Apr. 2018.

North, Douglas. 1991. Institutions. *Journal of Economic Perspectives* 5 (1): 97 – 112.

Petridis, Panos, Barbara Muraca, und Giorgos Kallis. 2015. Degrowth: Between a scientific concept and a slogan for a social movement. In: *Handbook of ecological economics,* Hrsg. Joan Martínez-Alier und Roldan Muradian, 176–200. Cheltenham: Edward Elgar Publishing.

Polanyi, Karl. 1957. The economy as instituted process. In *Trade and market in the early empires,* Hrsg. Karl Polanyi, Conrad M. Arensberg, Harry W. Pearson, 243–270. Chicago: Henry Regnery Company.

Raworth, Kate. 2017. *Die Donut-Ökonomie.* München: Hanser.

Robbins, Lionel. 1932. An essay on the nature and significance of economic science. In *The Philosophy of Economics. An Anthology.* 3. Auflage, Hrsg. Daniel M. Hausman, Cambridge: Cambridge University Press.

Schmid, Michael. 2017. Individuelle Entscheidungsrationalität und soziale Einbettung. Zum Verhältnis von Ökonomie und Wirtschaftssoziologie. In *Handbuch der Wirtschaftssoziologie.* 2. Auflage Hrsg. A. Maurer. Wiesbaden: Springer.

Schneebaum, Alyssa. 2016. Die Rolle von Gender in der Wirtschaft. In *Wirtschaft neu denken: Blinde Flecken in der Lehrbuchökonomie.* Hrsg. Till v. Treeck und Janina Urban. Berlin: iRights Media.

Staveren, Irene v. 2014. *Economics after the crisis: an introduction to economics from a pluralist and global perspective.* Abingdon-on-Thames: Routledge.

Sturm, Gabriele. 1994. Wie forschen Frauen? Überlegungen zur Entscheidung für qualitatives oder quantifizierendes Vorgehen. In *Erfahrung mit Methode: Wege sozialwissenschaftlicher Frauenforschung.* Hrsg. Angelika Diezinger, Hedwig Kitzer, Ingrid Anker, Simone Odierna, Erika Haas, und Irma Bingel, 85–104. Freiburg: Kore.

Thaler, Richard, und Cass Sunstein. 2008. *Nudge.* New Haven: Yale University Press.

The Core Team. 2017. *The economy. Economics for a changing world.* Oxford: coreecon.

Treeck, Till v., und Janina Urban. 2016. *Wirtschaft neu denken: Blinde Flecken in der Lehrbuchökonomie.* Berlin: iRights Media.

Urban, Janina, und Andrea Pürckhauer. 2016. Feministische Ökonomik. https://www.exploring-economics.org/de/orientieren/feministische-oekonomik/. Zugegriffen: 08. Sept. 2018.

Veblen, Thorstein. 1990. The preconceptions of economic science. *The Quarterly Journal of Economics,* 14 (2): 240–269.

Zweynert, Joachim, Stefan Kolev, und Nils Goldschmidt. 2016. Neue Ordnungsökonomik. *Untersuchungen zur Ordnungstheorie und Ordnungspolitik 69.* Tübingen: Mohr Siebeck.

Inhaltsverzeichnis

Teil III Ein- und Ausblicke in ökonomische Perspektiven und Diskurse

Autor*innenverzeichnis, Herausgebende & Redaktionsteam

Autor*innenverzeichnis

Jonathan Barth Geschäftsführer von ZOE. Institut für zukunftsfähige Ökonomien, Mitglied im tt30 der deutschen Gesellschaft des Klub of Rome, der wissenschaftlichen Arbeitsgruppe nachhaltiges Geld und dem Netzwerk Plurale Ökonomik. Forschungsschwerpunkte: Wachstumszwänge, Transformationstheorien, Plurale Ökonomik, Transformative Wirtschaftswissenschaft.

Ausgewählte Veröffentlichungen:

- Pfriem, Reinhard / Schneidewind, Uwe / Barth, Jonathan / Graupe, Silja / Korbun, Thomas (Hrsg.) (2017): *Transformative Wirtschaftswissenschaft im Kontext nachhaltiger Entwicklung.* Marburg: Metropolis-Verlag.

Dr. Frank Beckenbach bis 4/2018 Professor für Umwelt- und Verhaltensökonomik an der Universität Kassel; seit 10/2018 an der Cusanus Hochschule. Forschungsschwerpunkte: Komplexität ökologischer und ökonomischer Systeme, heterodoxe ökonomischen Theorie, Theoriegeschichte der Ökonomik, Agentenbasierte Modellierung.

Ausgewählte Veröffentlichungen:

- Beckenbach, Frank (2018): Warenreproduktion mittels Waren? Eine kritische Würdigung des ökonomietheoretischen Ansatzes von Marx. In: Lucas, Rainer/Pfriem, Reinhard/Thomasberger, Claus (Hrsg.), *Auf der Suche nach dem Ökonomischen. Karl Marx zum 200. Geburtstag.* Marburg: Metropolis, S. 43–81.
- Beckenbach, Frank (2017): Die (Re-)Produktion der modernen Standardökonomik als Problem für eine transformative Umorientierung. In: Reinhard Pfriem, Uwe Schneidewind, Jonathan Barth, Silja Graupe und Thomas Korbun (Hrsg.), *Transformative Wirtschaftswissenschaft im Kontext nachhaltiger Entwicklung.* Marburg: Metropolis, S. 165–212.

Steffen Bettin Doktorand am Department für Environmental Sciences and Policy und der Energy Policy Research Group an der Central European University (CEU) sowie Wissenschaftlicher Mitarbeiter am Institut für Technikfolgenabschätzung (ITA) an der Österreichischen Akademie der Wissenschaften. Forschungsschwerpunkte: Energiewende und technologischer Wandel, Diffusion von Batteriespeichertechnologien sowie Energie-Innovationen.

Anja Breljak Wissenschaftliche Mitarbeiterin an der Universität Potsdam und Promovendin am Forschungskolleg „SENSING: Zum Wissen sensibler Medien". Mitglied in der Initiative „Was ist Ökonomie?". Forschungsschwerpunkte: Politische Ökonomie, Medien- und Machttheorien, Philosophie des 20. Jahrhunderts und zeitgenössische Philosophie.

Andreas Dimmelmeier GEM-STONES Doctoral Fellow in Politikwissenschaften und Internationaler Politischer Ökonomie an der University of Warwick und der Copenhagen Business School. Forschungsschwerpunkte: Nachhaltiges Finanzwesen, ökonomische Ideen, Finanzsoziologie.

Marc Drobot Dipl.- Ing. (FH) für Maschinenbau und Dipl. Soziologe. Gegenwärtig Doktorand am Institut für Soziologie der TU Dresden. Stipendiat der Hans-Böckler-Stiftung. Promoviert zur Ambivalenz der Kontingenzformel ‚Solidarität' im Kontext der europäischen Wissensordnung nach 1750. Forschungsschwerpunkte: Sozial- und Gesellschaftstheorie, Kulturwissenschaft, Protest- und Bewegungsforschung, Allgemeine Ökonomie, Solidarity Studies.

Ausgewählte Publikationen:

- Drobot, Marc/Schroeder, Martin (2016): Wie man bekämpft, was man selbst repräsentiert. Pegida – eine fundamentalistische Gruppierung. In: Heim, Tino (Hrsg.), *Pegida als Spiegel und Projektionsfläche.* Wiesbaden: Springer VS.
- Ackermann, Jan/Behne, Katharina/Buchta, Felix/Drobot, Marc/Knopp, Philipp (2015): *Metamorphosen des Extremismusbegriffes. Diskursanalytische Untersuchungen zur Dynamik einer funktionalen Unzulänglichkeit.* Wiesbaden: Springer VS.

Thomas Eibl Wissenschaftlicher Mitarbeiter für Forschung und Lehre am Lehrstuhl für Politikwissenschaft und Koordinator des Helmut-Schmidt-Programms des DAAD an der Universität Passau. Forschungsschwerpunkte: Wirtschafts- und Sozialpolitik Deutschlands, European Economic Governance, Internationale Handels- und Finanzbeziehungen, Kritische Politische Ökonomie.

Dr. Wolfram Elsner Professor für VWL (i. R.), Universität Bremen, seit 1995. Habilitation Universität Bielefeld. 1986–1989 Leiter Wirtschaftsförderung und Beschäftigungspolitik der Stadt Bielefeld, 1989–1995 Leiter der Planungsabteilung des Bremer Wirtschaftssenators und Leiter des Bremer Ausschuss für Wirtschaftsforschung (Landesinstitut). 2012–2014 und 2014–2016 Präsident der European Association for Evolutionary Political Economy–EAEPE, Gastprofessor an der Jilin University in China, seit 2012 Managing Editor des ‚Forum for Social Economics', seit 2018 Editor-in-Chief des Review of Evolutionary Political Economy. Zahlreiche internationale Veröffentlichungen in Journals und Sammelbänden sowie internationale Herausgeberprojekte. Forschungsschwerpunkte: Evolutionäre und institutionelle Ökonomik, ökonomische Komplexität, institutionelle Emergenz, Meso-Ökonomik, Netzwerke und regionale Cluster.

Ausgewählte Publikationen:

- Elsner, Wolfram/Heinrich, Torsten/Schwardt, Henning (Hrsg.) (2014): *Microeconomics of Complex Economies. Evolutionary, Institutional, Neoclassical, and Complexity Perspectives.* Oxford, San Diego; New York, Amsterdam: Elsevier/Academic Press.

Johannes Euler Wissenschaftlicher Mitarbeiter am Kulturwissenschaftlichen Institut Essen und aktiv im Commons-Institut sowie im ZOE. Institut für zukunftsfähige Ökonomien. Forschungsschwerpunkte: Commons, sozial-ökologische Transformationen, Plurale Ökonomik, Degrowth.

Ausgewählte Veröffentlichungen:

- Euler, Johannes (2018): Conceptualizing the Commons. Moving Beyond the Goods-based Definition by Introducing the Social Practices of Commoning as Vital Determinant. *Ecological Economics,* Jg. 143, S. 10–16.
- Dürmeier, Thomas/Euler, Johannes (2013): Warum in der Wirtschaftswissenschaft keine Pluralität entsteht. Eine Zwischenbilanz nach zehn Jahren Real World Economics in Deutschland. *Kurswechsel,* Jg. 1/2013, S. 24–40.

Florentin Glötzl Universitätsassistent prae-doc am Institute for Ecological Economics an der Wirtschaftsuniversität Wien (WU). Forschungsschwerpunkte: Makroökonomische Ungleichgewichte, Sektorale Verschuldungsdynamiken, Zitationsnetzwerkanalysen der Ökonomik.

Ausgewählte Veröffentlichungen:

- Glötzl, Florentin/Rezai, Armon (2017): A Sectoral Net Lending Perspective on Europe. *Cambridge Journal of Economics,* Jg. 42 (Heft 3), S. 779–795.

- Gächter, Martin/Geiger, Martin/Glötzl, Florentin/Schuberth, Helene (2015): Sectoral Deleveraging and its Economic Implications. *Focus on European Economic Integration*. Wien: Österreichische Nationalbank, S. 8–23.
- Glötzl, Florentin/Marterbauer, Markus/Rehm, Miriam/Rezai, Armon (2014): Finanzierungssalden und die Krise in Europa. In: Dullien, Sebastian/Hein, Eckhard/Truger, Achim (Hrsg.), *Makroökonomik, Entwicklung und Wirtschaftspolitik/Macroeconomics, Development and Economic Policies. Festschrift für/for Jan Priewe*. Marburg: Metropolis-Verlag, S. 263–276.

Jakob Hafele Geschäftsführer ZOE. Institut für zukunftsfähige Ökonomien. Forschungsinteressen: Industriepolitik, sozial-ökologische Entwicklungsperspektiven.

Dr. Tino Heim Sozialwissenschaftler mit Forschungsschwerpunkten in der Kritik der politischen Ökonomie, kritischer Diskursanalyse, Ungleichheits-, Konflikt- und Protestforschung sowie der Kultur- und Geschlechtersoziologie.
Ausgewählte Publikationen:

- Heim, Tino (2017): Der politische Rechts(d)ruck, die prozessierten Widersprüche des Neoliberalismus und die Strukturkrise kapitalistischer Vergesellschaftung. In: Jobst Paul/Wamper, Regina/Aigner, Isolde (Hrsg.), *Autoritäre Zuspitzung. Rechtsruck in Europa*. Münster: Unrast, S. 17–73.
- Heim, Tino (2016): *Pegida als Spiegel und Projektionsfläche. Wechselwirkungen und Abgrenzungen zwischen Pegida, Politik, Medien, Zivilgesellschaft und Sozialwissenschaften*. Wiesbaden: Springer VS.
- Heim, Tino (2013): *Metamorphosen des Kapitals. Kapitalistische Vergesellschaftung und Perspektiven einer kritischen Sozialwissenschaft nach Marx, Foucault und Bourdieu*. Bielefeld: transcript.

Maike Hohberg Wissenschaftliche Mitarbeiterin und Doktorandin am Lehrstuhl für Statistik, Georg-August-Universität Göttingen. Forschungsschwerpunkt: Verteilungsregression, Semiparametrische Regression, Anwendungen in Entwicklungsökonomik und Medizin. Davor Consultant und Carlo-Schmid-Fellow bei der Weltbank.
Ausgewählte Publikationen:

- Hohberg, Maike/Landau, Katja/Kneib, Thomas/Klasen, Stephan/Zucchini, Walter (2018): Vulnerability to poverty revisited. Flexible modeling and better predictive performance. *Journal of Economic Inequality*, Jg. 16 (Heft 3), S. 439–454.
- Hohberg, Maike/Lay, Jann (2015): The Impact of Minimum Wages on Informal and Formal Labor Market Outcomes. Evidence from Indonesia. *IZA Journal of Labor & Development*, Jg. 4 (Heft 1), S. 1–25.

Felix Kersting Wissenschaftlicher Mitarbeiter am Institut für Wirtschaftsgeschichte an der Humboldt-Universität zu Berlin, Mitglied in der Initiative „Was ist Ökonomie?".

Forschungsschwerpunkte: Wirtschaftsgeschichte und Politische Ökonomie.

Hanna Ketterer Studium der Soziologie (MPhil) an der Universität Cambridge, aktuell wissenschaftliche Mitarbeiterin und Doktorandin am Kolleg Postwachstumsgesellschaften der Friedrich-Schiller-Universität Jena. Forschungsschwerpunkte: Soziologie des Grundeinkommens, Sozial- und Gesellschaftstheorie, Freiwilligenforschung.

Ausgewählte Publikationen:

- Ketterer, Hanna/Becker, Karina (2019): *Was stimmt nicht mit der Demokratie? Eine Debatte mit Klaus Dörre, Nancy Fraser, Stephan Lessenich und Hartmut Rosa.* Berlin: Suhrkamp Verlag.
- Ketterer, Hanna/Güntert, Stefan T., Oostlander, Jeannette/Wehner, Theo (2015): Das „Schweizer Milizsystem". Engagement von Bürgern in Schule, Kirche und politischer Gemeinde. In: Wehner, Theo/Güntert, Stefan T. (Hrsg.), *Psychologie der Freiwilligenarbeit. Motivation, Gestaltung und Organisation.* Wiesbaden: Springer Verlag.

Dr. Thomas Kneib Professor für Statistik an der Wirtschaftswissenschaftlichen Fakultät der Georg-August-Universität Göttingen. Forschungsschwerpunkte: Semiparametrische Regression, Räumliche Statistik, Regressionsmodelle mit zufälligen Effekten, Verteilungsregression.

Ausgewählte Veröffentlichungen:

- Klein, Nadja/Kneib, Thomas/Lang, Stefan/Sohn, Alexander (2015): Bayesian Structured Additive Distributional Regression with an Application to Regional Income Inequality in Germany. *Annals of Applied Statistics,* Jg. 9 (Heft 2), S. 1024–1052.
- Fenske, Nora/Kneib, Thomas/Hothorn, Torsten (2011): Identifying Risk Factors for Severe Childhood Malnutrition by Boosting Additive Quantile Regression. *Journal of the American Statistical Association,* Jg. 106, S. 494–510.
- Kneib, Thomas (2013): Beyond Mean Regression (with discussion and rejoinder). *Statistical Modelling.* Jg. 13 (Heft 4), S. 373–385.

Dr. Steffen Lange Post-Doc am Institut für ökologische Wirtschaftsforschung im Forschungsfeld Umweltökonomie und -politik. Forschungsschwerpunkte: Ökologische Makroökonomik, Digitalisierung, Postwachstumsökonomie, Plurale Ökonomik.

Ausgewählte Veröffentlichungen:

- Lange, Steffen (2018): *Macroeconomics Without Growth. Sustainable Economies in Neoclassical, Keynesian and Marxian Theories.* Marburg: Metropolis Verlag.
- Lange, Steffen/Santarius, Tilman (2018): *Smarte grüne Welt?* München: oekom.

Dr. Robert Lepenies Postdoktorand am Helmholtz-Zentrum für Umweltforschung im Department Umweltpolitik sowie Mitglied der Global Young Academy. Dozent an der Hertie School of Governance und der ESCP Berlin. Forschungsschwerpunkte: Wirtschaftsphilosophie, Nudging, Umweltpolitik.

Ausgewählte Veröffentlichungen:

- Lepenies, Robert/Malecka, Magdalena (2018): Is the behavioural approach a form of scientific imperialism? An analysis of law and policy. In: Mäki, Uskali/Walsh, Adrian/Fernández Pinto, Manuela (Hrsg.), *Scientific imperialism: exploring the boundaries of interdisciplinarity.* Oxford: Routledge Studies in Science, Technology and Society.
- Lepenies, Robert/Malecka, Magdalena (2015): The Institutional Consequences of Nudging. Nudges, Politics, and the Law. *Review of Philosophy and Psychology,* Jg. 6, (Heft 3), S. 427–437.

Anne Löscher Mitglied im Netzwerk Plurale Ökonomik und der Wissenschaftlichen Arbeitsgruppe Nachhaltiges Geld. Derzeit verfolgt sie ein Promotionsvorhaben zu Finanzialisierung an der Universität Siegen.

Theresa Neef Promotionsstudentin im Kolleg „Steuer- und Sozialpolitik bei wachsender Ungleichheit" an der Freien Universität Berlin. Forschungsschwerpunkte: Ökonomische Ungleichheit, insbesondere in Bezug auf Gender, empirische Finanzwissenschaft sowie kritische Perspektiven auf Entwicklungsökonomik.

Dr. Birger P. Priddat Senior-Professor für Wirtschaft und Philosophie, Wirtschaftsfakultät der Universität Witten/Herdecke. Forschungsschwerpunkte: Wirtschaftsphilosophie, Theoriegeschichte der Ökonomie, politischen Ökonomie, institutional economics.

Ausgewählte Veröffentlichungen:

- Priddat, Birger P. (2016): *Erwartung, Prognose, Fiktion, Narration. Zur Epistemologie des Futur in der Ökonomie.* Marburg: Metropolis.
- Priddat, Birger P. (2015): *Economics of Persuasion. Ökonomie zwischen Markt, Kommunikation und Überredung.* Marburg: Metropolis.

Nils Röper Doktorand an der University of Oxford, Department of Politics and International Relations. Forschungsschwerpunkte: Politische Ökonomie von Renten- und Finanzystemen, Ideenorientierter Institutionalismus.

Anna Saave-Harnack Studium der Umwelt- und Wirtschaftswissenschaften (B.Sc.) an der Leuphana Universität Lüneburg und Studium der Sustainability Economics (M.A.)

an der Universität Oldenburg. Aktuell Doktorandin am Institut für Soziologie der Friedrich-Schiller-Universität Jena.

Forschungsschwerpunkte: Feministische und Ökologische Ökonomik, Politische Ökonomie, Nachhaltigkeit.

Manuel Schulz derzeit Doktorand am Institut für Soziologie der Friedrich-Schiller-Universität Jena. Neben einem Promotionsstipendium seitens der Studienstiftung ist er zeitweise als Lehrbeauftragter am Marburger Institut für Soziologie tätig. Die Arbeit an seiner Dissertation vertiefte er zwischen Oktober und Dezember 2018 im Rahmen eines Forschungsaufenthaltes an der London School of Economics. Forschungsschwerpunkte: Theoretische Soziologie, politische Ökonomie, Zeitsoziologie und Neue Phänomenologie.

Ausgewählte Veröffentlichungen:

- Schulz, Manuel (2016): *Die Privatisierung der Zukunft. Zur Genese finanzmarktinduzierter Herrschaftsverhältnisse.* München: AVM.

Dr. Reinhard Schumacher wissenschaftlicher Mitarbeiter am Lehrstuhl für Internationale Wirtschaftspolitik an der Wirtschafts- und Sozialwissenschaftlichen Fakultät der Universität Potsdam. Twitter: @_RSchumacher Forschungsschwerpunkte: Ökonomische Ideengeschichte, Internationale Politische Ökonomie, Handelstheorie und -politik, Entwicklungsökonomie.

Ausgewählte Publikationen:

- Schumacher, Reinhard (2016): Adam Smith and the „Rich Country – Poor Country" Debate. 18th Century Views on Economic Progress and International Trade. *European Journal of the History of Economic Thought,* Jg. 23 (Heft 5), S. 764–793.
- Schumacher, Reinhard (2013): Deconstructing the Theory of Comparative Advantage. *World Economic Review,* Jg. 2, S. 83–105.
- Schumacher, Reinhard (2012): Adam Smith's Theory of Absolute Advantage and the Use of Doxografy in the History of Economics. *Erasmus Journal for Philosophy and Economics,* Jg. 5 (Heft 2), S. 54–80.

Dr. Alexander Silbersdorff Lehrstuhl für Statistik, Georg-August-Universität Göttingen. Postdoc am Zentrum für Statistik der Georg-August-Universität Göttingen. Forschungsschwerpunkte: Verteilungsregression, State Space Modelle, Einkommens- und Gesundheitsungleichheit.

Ausgewählte Veröffentlichungen:

- Silbersdorff, Alexander/Lynch, Julia/Klasen, Stephan/Kneib, Thomas (2017): Reconsidering the Income-Health Relationship using Distributional Regression. *Health Economics,* Jg. 27 (Heft 5).

Hendrik Theine Universitätsassistent prae-doc am Institut für Institutionelle und Heterodoxe Ökonomie an der Wirtschaftsuniversität Wien. Forschungsschwerpunkte: Dimensionen der ökonomischen Ungleichheitsforschung in Bezug auf Medienberichterstattung zu ökonomischer Ungleichheit, Verteilung von Einkommen und Emissionen, polit. ökonomische Analyse von emissionsintensiven Lebensstilen.

Ausgewählte Veröffentlichungen:

- Spash, Clive L./Theine, Hendrik (2018): Voluntary Individual Carbon Trading. Friend or Foe? (2018; mit). In: Alan Lewis (Hrsg.), *Cambridge Handbook of Psychology and Economic Behaviour.* Cambridge: Cambridge University Press.
- Soder, Michael/Niedermoser, Kathrin/Theine, Hendrik (2018): Beyond growth. New Alliances for Socio-Ecological Transformation in Austria. *Globalizations,* Jg. 15 (Heft 4), S. 520–535.
- Grisold, Andrea/Theine, Hendrik (2018): Zur Vermittlungsrolle von Massenmedien und Ökonomie am Thema „Ungleichheit". Die Piketty-Rezeption. *Wirtschaft und Gesellschaft,* Jg. 44 (Heft 2), S. 191–218.
- Grisold, Andrea/Theine, Hendrik (2017): How Come We Know? The Media Coverage of Economic Inequality. *International Journal of Communication,* Jg. 11, S. 4265–4284.

Herausgebende & Redaktionsmitglieder

Lea Allers Wissenschaftliche Mitarbeiterin im Arbeitsbereich Politische Ideengeschichte und Theorien der Politik am Institut für Politische Wissenschaft an der Leibniz Universität Hannover.

Conrad Baumgart Studium der Erziehungs- und Bildungswissenschaft (M.A.) an der Universität Hamburg; B.A. Staatswissenschaften, Wirtschaftswissenschaft und Erziehungswissenschaft (Universität Erfurt).

Robert Birnbaum Lehrer für Sozialwissenschaften und Mathematik an der Sekundarschule Rheinhausen in Duisburg; M.Sc. Wirtschaftsingenieurwesen (Leibniz Universität Hannover); B.Sc. Wirtschaftsingenieurwesen (Universität Magdeburg).

Corinna Dengler Wissenschaftliche Mitarbeiterin und Doktorandin am Fachbereich Wirtschaft und Ethik der Universität Vechta. Vorher Studium der Volkswirtschaftslehre (B.Sc.), Internationale Entwicklung (B.A.) und Socio-Ecological Economics (M.Sc.) in Wien, Moskau und Quito. Forschungsinteressen: Ökologische Ökonomie, Feministische Ökonomie, kritisch-feministische Perspektiven auf Degrowth.

Jannis Eicker M.A. Global Political Economy (Universität Kassel) und Mitglied des ILA-Kollektivs ‚Auf Kosten anderer? Wie die imperiale Lebensweise ein gutes Leben für alle verhindert' (erschienen 2017 im oekom-Verlag).

Sebastian Gießler M.A. Wissenschaftsphilosophie (Leibniz Universität Hannover); B.A. Kulturanthropologie und Soziologie (Friedrich-Schiller-Universität Jena). Forschungsinteressen: Allgemeine Wissenschaftsphilosophie, Philosophie der Sozialwissenschaften, Science and Technology Studies.

Yuliana Griewald Referentin im Ministerium für Ländliche Entwicklung, Umwelt und Landwirtschaft des Landes Brandenburg. PhD in Ressourcenökonomik von der Humboldt-Universität zu Berlin, M.A. in Global Political Economy von der Universität Kassel, Diplom in International Economics von der Staatlichen Technischen Universität Murmansk.

Konrad Heinz Studium der Wirtschaftswissenschaft (B.Sc.) an der Universität Tübingen.

Clemens Hirsch Diplom-Kaufmann und Doktorand in Philosophy of Economics (Erasmus Universität Rotterdam, Niederlande).

Myriam Kaskel Studium des Nachhaltigen Wirtschaften (M.Sc.) an der Universität Kassel. Aktiv im Netzwerk Plurale Ökonomik und beschäftigt am Center for Environmental Systems Research (CESR), Kassel in einem Projekt zum Monitoring der deutschen Bioökonomie. Forschungsinteressen: Commons-Forschung, Verhaltensökonomik, postkoloniale Ansätze.

Caspar-Fridolin Lorenz Geschäftsführer einer radiologischen Praxis und selbstständiger Organisationsberater; Vorsitzender des Aufsichtsrates der Studierenden-Gesellschaft Witten/Herdecke e.V.; Studium der Kulturwissenschaft (M.A.) an der Humboldt-Universität zu Berlin; der Wirtschaftswissenschaften (B.A.) sowie Philosophie und Kulturreflexion (B.A.) an der Universität Witten/Herdecke. Forschungsinteressen: Theorien der Individualisierung in, für und durch Organisationen, Formen der Selbstbeschreibung (Tagebücher, Anträge, Pitches, Kalender u. a.) und Praktiken ihrer Kapitalisierung, Markt- und Geldtheorien als kulturelle Praktiken.

Natalie Menn Studium Labour Studies and Social Policy (M.A.) an der Universität Bremen; B.A. Europäische Studien an der Universität Osnabrück.

Jan H. E. Meyerhoff Doktorand in Wirtschaftsgeografie an der School of Architecture, Planning and Environmental Policy, University College Dublin. M.A. Wirtschaftsgeografie und B.A. Geografie (Leibniz Universität Hannover).

David J. Petersen Studium der Gesellschaftstheorie (M.A.) an der Friedrich-Schiller-Universität in Jena; B.A. Politikwissenschaften (Leibniz Universität Hannover). Mitglied im Netzwerk Plurale Ökonomik und aktuell in der Lokalgruppe Plurale Ökonomik Jena engagiert. Forschungsinteressen: Öffentliche Wissenschaft, Diskurse um Nachhaltigkeit und (Post-)Wachstumsgesellschaften, Erosionen und Transformationsprozesse in Demokratien.

Esther M. Schmitt Research und Community Coordinator beim Institute for Social Banking in Berlin; Doktorandin in Social Economics (Universität Valencia); M. A. Social Economics (Universität Valencia); Magister Politikwissenschaften, Neuere und Neueste Geschichte, Staats- & Völkerrecht (Universität Augsburg). Forschungsinteressen: Nachhaltigkeit im Banken- und Finanzwesen, finanzielle Commons, Gendered Finance.

Deborah Sielert Wissenschaftliche Mitarbeiterin am Institut für Soziologie der Leibniz Universität Hannover; Studium der Sozialwissenschaften in Hannover und Master „Gender & Ethnicity" an der Universität Utrecht. Forschungsschwerpunkte: Soziologische Theorie, Feministische (Wissenschafts-)Theorie und Geschlechterforschung (insbesondere zur Care-Ökonomie & Geschlecht, sowie dem „Diskursfeld Care"), Migrations – und Ethnizitätsforschung, Kultursoziologie.

Christian Resch Studium der Wirtschafts- und Finanzsoziologie (M.A.) an der Goethe-Universität Frankfurt am Main.

Benjamin Roth Studium an der Universität Augsburg (B.Ed. in der Kombination kath. Theologie und Germanistik) und der Martin-Luther-Universität Halle-Wittenberg (Master of Medicine, Ethics and Law; M.mel.). Aktuell Promotionsstudent am dortigen Lehrstuhl für Praktische Philosophie. Forschungsinteressen: Ethik und Ökonomik des Gesundheitswesens unter besonderer Berücksichtigung der Bio- und Pharmaethik.

Felix Vala Studium (M.Sc.) Economics/Volkswirtschaftslehre an der Humboldt-Universität zu Berlin.

Daniel Willers Studium der Wirtschaftswissenschaften (M.Sc.) an der Leibniz Universität Hannover; B.Sc. Wirtschaftswissenschaften (Leibniz Universität Hannover).

Carry Zimmermann Carry Zimmermann seit Oktober 2018 wissenschaftliche Mitarbeiterin in der Arbeitsgruppe „Konsumentenverhalten". B.Sc. Betriebswirtschaftslehre mit dem Schwerpunkt Verhaltensorientierte Wirtschaftswissenschaften und M.Sc. Wirtschaftspsychologie mit dem Schwerpunkt Nachhaltigkeit (Universität Bremen). Studienaufenthalt an der University of the Free State in Südafrika und Graduate Teaching Assistant an der Business School der University of Auckland (Neuseeland). Forschungsinteressen: Gesellschaftliche Transformationsprozesse, nachhaltige Transformationsprozesse innerhalb von Unternehmen und gesellschaftliches, nachhaltiges Konsumverhalten.

Teil I
Begründungen für eine plurale Ökonomik

Paradigmadominanz in der modernen Ökonomik und die Notwendigkeit eines kompetitiven Pluralismus

Frank Beckenbach

Zusammenfassung

Mit Blick auf die neueren Entwicklungen in der Ökonomik stellt sich die Frage, wie die Forderung nach einem Pluralismus legitimiert werden kann und welche Konturen für diesen Pluralismus in dieser Situation angemessen sind. In Bezugnahme auf die Komplexitätstheorie, dergemäß die Wissenschaft in der modernen Gesellschaft zu einem selbstständigen Subsystem geworden ist, wird dieser Frage nachgegangen. Es wird skizziert, wie die Ökonomik innerhalb dieses Subsystems einen eigenen Standard entwickelt hat. In diesem Standard wird eine sehr spezielle formal-mathematische Fundierung des ökonomietheoretischen Räsonierens einerseits zur Grundlage für dessen größere Konsistenz und andererseits für dessen Abgrenzung von den sozialwissenschaftlichen Nachbardisziplinen gemacht. Entsprechend werden in diesem Beitrag nicht nur die feststellbaren Verdichtungen des neoklassischen Paradigmas fokussiert, sondern ebenso die innerhalb dieses Rahmens erfolgten Variationen herangezogen, um die Behauptungen einer neuerdings stattgefundenen Auflösung des ökonomietheoretischen Mainstreams zu evaluieren. Vor diesem Hintergrund wird anschließend begründet, warum in einer Situation der Paradigmadominanz, speziell die kompetitive Variante des Pluralismus ein angemessenes Postulat darstellt, um die wissenschaftliche Erkenntnisgewinnung auf Dauer sicherzustellen. Ein kurzer Ausblick auf die Entwicklungsaussichten einer pluralistischen Ökonomik schließt die Betrachtung ab.

Den Herausgebenden dieses Bandes bin ich für nützliche Verbesserungshinweise zu Dank verpflichtet.

F. Beckenbach (✉)
Cusanus-Hochschule, Bernkastel-Kues, Deutschland
E-Mail: frank.beckenbach@cusanus-hochschule.de

D. J. Petersen et al. (Hrsg.), *Perspektiven einer pluralen Ökonomik*, Wirtschaft + Gesellschaft, https://doi.org/10.1007/978-3-658-16145-3_1

1 Einleitung

In diesem Beitrag wird die Frage diskutiert, wie die Forderung nach einem Pluralismus vor dem Hintergrund der neueren Entwicklung der Ökonomik legitimiert werden kann und welche Konturen für den Pluralismus in dieser Situation angemessen sind. Dabei wird von der Hypothese ausgegangen, dass die moderne Entwicklung der Ökonomik vor allem geprägt ist durch die Separierung des Wissenschaftssystems zu einem weitgehend selbstreferenziellen Subsystem der Gesellschaft, d. h. zu einem mit eigenen Orientierungen und Praktiken ausgestatteten gesellschaftlichen Aktivitätsfeld. Innerhalb dieses Subsystems hat die Ökonomik einen eigenen Standard entwickelt, indem eine spezifische formal-mathematische Fundierung die Herstellung interner Konsistenz einerseits und die Abgrenzung von den sozialwissenschaftlichen Nachbardisziplinen andererseits erlaubte. Dieser Standard lässt sich durch ein distinktes Merkmalsensemble charakterisieren, das für die wirtschaftswissenschaftliche Kommunikation Anschlussmöglichkeiten ebenso wie Ausdifferenzierungen ermöglicht. Die Passgerechtigkeit dieser Entwicklung in der gegenwärtigen Ökonomik zu den Anforderungen eines modernen Wissenschaftssystems sollte aber nicht darüber hinwegtäuschen, dass sie ihren Ursprung einer historisch kontingenten Wissenschaftspolitik in den USA während und nach dem Zweiten Weltkrieg verdankt und mit der Dominanz dieses Standards die Gefahr der Verhinderung neuer wissenschaftlicher Erkenntnisse verbunden ist.

Entsprechend dieser Fragestellung und Hypothesenbildung wird in dem Beitrag zunächst die Besonderheit der modernen Wissenschaften herausgearbeitet (Abschn. 2.1) und durch Verwendung komplexitätstheoretischer Überlegungen fundiert (Abschn. 2.2). Im Anschluss daran wird die Eigentümlichkeit des Entwicklungspfades, den die Ökonomik in diesem Rahmen aufweist, genauer charakterisiert (Abschn. 3.1). Die dabei feststellbaren Verdichtungen des neoklassischen Paradigmas ebenso wie die innerhalb dieses Rahmens erfolgten Variationen (Abschn. 3.2) werden herangezogen, um die Behauptungen einer neuerdings stattgefundenen Auflösung des ökonomietheoretischen Mainstreams zu evaluieren (Abschn. 3.3). Diese Diskussion führt zu dem Ergebnis, dass die – durchaus spannungsreichen – normalwissenschaftlichen Ausdifferenzierungen innerhalb des neoklassischen Paradigmas zu dessen Dominanz beitragen und damit die spezielle Konstellation der Paradigmadominanz[1] begründen. Vor diesem Hintergrund wird schließlich die Notwendigkeit eines kompetitiven Pluralismus und einer heterodoxen Alternative zur Standardökonomik diskutiert, um die wissenschaftliche Erkenntnisgewinnung auf Dauer sicherzustellen (Abschn. 4). Ein kurzer Ausblick auf die Aussichten einer derartigen Entwicklung schließt die Betrachtung ab (Abschn. 5).

[1]Dieser (faktische) Monismus als Wissenschaftspraxis ist von einem wissenschaftstheoretisch fundierten (normativen) Monismus zu unterscheiden, der auf einem Alleinerklärungsanspruch innerhalb eines Wissensgebietes beruht.

2 Merkmale einer modernen „Normalwissenschaft"

Die wesentlichen Merkmale einer modernen „Normalwissenschaft" lassen sich durch eine Verbindung der Überlegungen von Kuhn (vgl. 1978) mit der neueren Komplexitätstheorie spezifizieren.

2.1 Selbstreferenzielle Wissenschaft und Paradigmabildung

Die Auskunft darüber, wie eine moderne – von religiösen Vorgaben und politischen Wünschbarkeiten gleichermaßen gelöste – Erkenntnisgewinnung stattfindet, lassen sich am ehesten von der Erkenntnistheorie, der Wissenschaftstheorie und der Wissenschaftssoziologie erwarten. Während in der Erkenntnistheorie die Frage im Vordergrund steht, wie eine vorwiegend von einzelnen Wissenschaftler*innen betriebene Gewinnung neuer Einsichten überhaupt möglich ist, rückt mit der Wissenschaftstheorie die Institutionalisierung der Erkenntnisgewinnung (vor allem in Gestalt der modernen Universität) in den Mittelpunkt der Betrachtung. Nunmehr geht es vorrangig um die Frage, nach welchen Gütekriterien, die sich aus den professionellen Forschungsleistungen ergebenden Theorien beurteilt und auf dieser Grundlage gegebenenfalls verworfen oder weiterentwickelt werden sollen. Die im Rahmen der traditionellen Wissenschaftstheorie unternommenen Versuche, den Fortschritt der wissenschaftlichen Erkenntnisgewinnung von der Verpflichtung des Erkenntnissubjekts auf eine inkrementell verbesserte Verständigung über das getrennt von ihm gedachte Erkenntnisobjekt abhängig zu machen, waren aber offenbar nur von untergeordneter Relevanz für die faktische moderne Wissenschafts- und Erkenntnisdynamik. Insofern ist es nicht überraschend, dass die moderne wissenschaftliche Selbstreflexion nicht mehr durch eine anzustrebende Kongruenz von Erkenntnis und Erkenntnisobjekt geprägt ist, sondern von einer Verständigung über die sozialen Praktiken in der Wissenschaft selber, und damit letztlich von der Wissenschaftssoziologie (vgl. Schülein und Reitze 2012; Hands 2001).

Hinter dieser Verschiebung des Fokus der wissenschaftlichen Selbstreflexion steht zunächst die – erst in der modernen bürgerlichen Gesellschaft möglich werdende – Absonderung wissenschaftlicher Aktivitäten zu einem hauptamtlich betriebenen, eigenen gesellschaftlichen Praxisfeld (Kuhn 1978, S. 175, 179–185; Bernal 1970, S. 37–44[2]). Die dafür erforderlichen Voraussetzungen – in Gestalt einer (verfassungs-)rechtlich garantierten Freiheit von Forschung und Lehre, der Möglichkeit, wissenschaftliche Selbstorganisation auch institutionell abzusichern und der ergebnisunabhängigen, fiskalischen

[2]Bernal sieht diese Absonderung wissenschaftlicher Aktivitäten nicht daran gebunden, dass die moderne Wissenschaft eine vorher nicht gegebene Eigenständigkeit erlangt. Dem steht in seiner Sicht ihre Unterordnung unter gesellschaftliche Machtgruppen entgegen (Bernal 1970, S. 37–40, 1180–1181).

Alimentierung der Wissenschaft (und ihrer Institutionen) – sind das Ergebnis eines konfliktreichen (und keineswegs irreversiblen) historischen Prozesses (Wilholt 2012, S. 209–225; Mirowski 2004, S. 51–71). Diese Absonderung wissenschaftlicher Aktivitäten in der modernen Gesellschaft eröffnet die Möglichkeit, dass die Wissenschaft nicht mehr primär im Dienste nichtwissenschaftlicher Institutionen bzw. Zwecke steht, sondern vor allem auf sich selbst bezogen ist. Sie dient dann primär der Wissenschaft und ihrer eigenen Reproduktion.[3] Wissenschaft ist dann autonom, wenn die Standards für das, was als wissenschaftlich gilt, von der Wissenschaft selber definiert werden. Dies ist aber nicht gleichbedeutend mit der Autarkie der Wissenschaft: Zum einen würde dies Bedingungen voraussetzen, die sie nicht selber produzieren kann (z. B. Papier, Schreibmaterial, Computer, Strom und vor allem lernfähige Menschen); zum anderen hat sie durchaus Einfluss auf andere gesellschaftliche Bereiche (z. B. als Ideologielieferende für die Politik, als Beratende für die Wirtschaft).

Unter diesen Bedingungen werden wissenschaftliche Aktivitäten durch ihre institutionelle Einbettung geprägt (etwa in Gestalt der Vorgaben einer Universität oder einer eigenständigen Forschungseinrichtung). Zugleich ist die Produktion wissenschaftlicher Erkenntnisse unter diesen Bedingungen darauf bedacht, an bereits vorhandene Erkenntnisse anzuschließen bzw. selbst Anschlussmöglichkeiten für andere erkenntnissuchende Wissenschaftler*innen zu bieten. Dies kann durch Spezialisierung oder durch inkrementelle Variation in einem gegebenen Forschungsfeld geschehen. Je nach Resonanz, die durch die generierten Erkenntnisse hervorgerufen werden können, entwickelt und prägt dies bestimmte *Entwicklungspfade* in den einzelnen Fachgebieten. Je mehr sich solche Pfade sichtbar profilieren, desto mehr werden diese von Wissenschaftler*innen tendenziell befolgt werden. Einerseits, da dies die Kosten[4] ihrer Beteiligung am Wissenschaftssystem vermindern kann (Vermeidung von sunk costs, Skaleneffekte bei der Erstellung verschiedener Beiträge und Netzwerkeffekte), und andererseits, da die Ertragswahrscheinlichkeit einer solchen Beteiligung vergrößerbar ist (Verminderung des Risikos bei der Reputationserzielung).

Einzelne Wissenschaftler*innen oder Institutionen können und werden in dem Prozess der Pfadgestaltung und der begleitenden Reputationserzielung unterschiedlich erfolgreich sein.[5] Dadurch entsteht eine nach ihrem Einfluss auf die Pfadbildung bzw. der Reputation sortierte *Hierarchie* von Wissenschaftler*innen, wissenschaftlichen

---

[3]Wie aus der Eigenständigkeit wissenschaftlicher Aktivitäten sich deren Verselbstständigung in Form eines Dominantwerdens des Selbstbezugs entwickelt, kann hier nicht im Einzelnen wissenschaftshistorisch dargestellt werden.

[4]Die Annahme, dass derartige Kosten und Erträge von Wissenschaftler*innen bewusst oder unbewusst kalkuliert werden, schließt nicht aus, dass diese Kalküle für die Mitglieder einer gegebenen Forschendenpopulation unterschiedlich ausgeprägt sein können.

[5]Diese Folgerung lässt sich aus der (modelltheoretischen) Erforschung von Pfaddynamiken etwa im Bereich der Ausbreitung neuer Technologien (vgl. Arthur 1989) aber auch in der Wissenschaft selbst (vgl. Sterman und Wittenberg 1999) ableiten.

Gemeinschaften (die namhaften Angehörigen eines Fachgebiets) und Institutionen (etwa Universitäten mit hohem Renommee). Diese fungieren dann als Meinungsführende bzw. Diffusionsagent*innen[6] oder als Gestaltende eines Mainstreams in der entsprechenden Fachwissenschaft. Durch diese Strukturierung des Erkenntnisfeldes in einer Fachwissenschaft werden zum einen aus der Vielzahl der konkurrierenden Pfade die erfolgreichen Pfade selektiert und zum andern Teile dieser erfolgreichen Pfade verknüpft und synthetisiert, indem ihr gemeinsamer Nenner fokussiert wird. Damit ist die Möglichkeit gegeben, dass ein dominanter Pfad entsteht. Für eine derartige Dominanzstruktur ist der Begriff des *Paradigmas* (Kuhn 1978, S. 186–203) geprägt worden. Er umschreibt die von der Mehrheit einer Wissenschaftsgemeinde in einem Fachgebiet akzeptierten Problemformulierungen, Problemlösungen, Theorien, Konzepte und Methoden sowie die daraus abgeleiteten generalisierten Kommunikationsmedien.

2.2 Komplexitätstheoretische Fundierung

Pfadentwicklung, Hierarchiebildung und Paradigmenorientierung können insoweit als Merkmale einer *modernen Normalwissenschaft* (Kuhn 1978, S. 25–36) festgehalten werden. Diese Merkmale lassen sich daraus ableiten, dass die Wissenschaft historisch erstmalig als Teil eines ausdifferenzierten gesellschaftlichen Kontextes gegeben ist, der aus vielen jeweils selbstbezüglichen Komponenten besteht. Diese interne Ausdifferenzierung des gesellschaftlichen Kontextes tritt an die Stelle seiner vorbürgerlichen zentralistischen Gestaltung, in der etwa die Durchgriffsmacht zentraler politischer Instanzen das gesellschaftliche Geschehen dominierte. Die erkämpfte und in der Folge auch garantierte Entfaltung der Eigenlogik verschiedener gesellschaftlicher Bereiche (Wirtschaft, Politik, Recht, Wissenschaft, Kunst usw.) hat ihre Grundlage nicht nur in der Aufwertung und Sicherung individueller Aktivitäten (politischer Liberalismus), sondern auch in den von diesen individuellen Aktivitäten jeweils in den verschiedenen Bereichen ausgehenden positiven Rückkopplungen für diese Bereichsaktivitäten (und damit für deren weitere Separierung). Auf jeweils unterschiedliche Weise wurde in diesen Bereichen durch die (in der Regel konfliktreiche) Ausbildung spezifischer Interaktions- und Kommunikationsmedien eine Verknüpfung zwischen individuellen Aktivitäten und gesellschaftlicher Akzeptanz ermöglicht. Durch Bezug auf diese Medien lässt sich die Anschlussfähigkeit individueller Aktivitäten ebenso austesten wie die Spielräume für weitere Professionalisierung und Spezialisierung. Außer diesen mikro- und mesosozialen Treibern für eine derartige gesellschaftliche Ausdifferenzierung kann damit auch ein makrosozialer Vorteil verbunden werden: Krisen und Entwicklungsstörungen in

[6]Siehe die Beobachtung dieser Charaktere in der Innovationsforschung (vgl. Rogers 1995) und der Marketing-Forschung (vgl. Gladwell 2000) sowie die Untersuchungen der Diffusion des Wissens in der Wissenschaft (vgl. Crane 1972; Peacock 2009).

einzelnen Bereichen führen nicht zu einem Kollaps des gesamten Gesellschaftssystems, da es davon nicht oder nur marginal betroffene Bereiche gibt und diese gegebenenfalls kompensierende Aktivitäten entfalten können (vgl. Simon 2002).

Diese Auflösung eines zentralistischen gesellschaftlichen Kontextes in der Moderne ist auf unterschiedliche Weise in der *Komplexitätstheorie* konzeptualisiert worden. Zum einen hat Simon mit seinen Überlegungen zu den ‚fast zerlegbaren Systemen' darauf hingewiesen, dass die mit dem Wegfall zentraler Regulationsinstanzen exponentiell zunehmenden Möglichkeiten der Verknüpfung individueller Aktivitäten durch die Herausbildung von Aktivitätsclustern bewältigt werden kann, wenn diese untereinander locker verbunden sind, aber intern eine große Verknüpfungsdichte aufweisen (Simon 1996, 1977, S. 193, 197–201, 2002). Allerdings ist bei Simon nicht klar, wie diese Systemstruktur zustande kommen kann, wenn eine übergreifende systemgestaltende Instanz ausgeschlossen werden muss.[7] Weder diese noch deren Hervorbringung werden bei ihm spezifiziert.[8] Zum andern hat Luhmann mit seinem ‚Konzept der funktionalen Differenzierung' moderner Gesellschaften versucht, eine Antwort auf die Frage zu geben, wie moderne Gesellschaften ihre Komplexitätsherausforderung bewältigen (vgl. Luhmann 1997). Ausgehend von einer Beschränkung auf Kommunikationsaktivitäten, wird deren Clusterung durch Verweis auf die für die verschiedenen gesellschaftlichen Bereiche relevanten Leitdifferenzen erklärt. Dadurch entstehen für Luhmann kommunikative Subsysteme. Aufgrund des Bezugs auf unterschiedliche Leitdifferenzen, sind diese Subsysteme funktional differenziert und operational geschlossen. Der gesellschaftliche Zusammenhang stellt sich dann über eine lockere, wechselseitige Belieferung dieser intern operational eng verknüpften Subsysteme her.[9] Deren selbstreferenzielle Eigenlogik wird als hauptsächlicher Treiber der gesellschaftlichen Dynamik angesehen.

Sollte diese komplexitätstheoretische Einordnung moderner Gesellschaften zutreffen, dann kann erstens gefolgert werden, dass das Dominantwerden eines Subsystems (etwa der Wirtschaft) sehr risikobehaftet ist, da damit nicht nur eine (konfliktgeladene) Zurückdrängung der Leitdifferenzen in den dominierten Subsystemen erforderlich wäre, sondern auch das Ausfallrisiko für das dominierende Subsystem größer wird (Luhmann 1997, S. 769–770). Allerdings ist mit der Diagnose der ‚Fast-Zerlegbarkeit' bzw. der Lücken in der operationalen Schließung das Problem verbunden, dass es Konfliktlinien bei der Abgrenzung der subsystemischen Eigenlogiken geben kann. Dies ist etwa der Fall, wenn unterschiedliche Leitdifferenzen für die Bearbeitung nicht eindeutig

[7]Die von Simon herangezogenen Beispiele setzen ein vorgegebenes, geplantes Systemdesign voraus (Simon 1996, S. 198–199).

[8]Die Möglichkeit, diese Erklärungslücke durch die Einbeziehung seines Konzepts der „hierarchy" bzw. der „nested systems" (Simon 1996, S. 183–188) ansatzweise zu schließen, hat Simon nicht genutzt.

[9]Luhmann hat unter Verwendung dieses konzeptionellen Rahmens auch eine ausführliche Analyse des Subsystems Wissenschaft vorgelegt (vgl. Luhmann 1992).

zurechenbarer Aktivitätsbereiche herangezogen werden. Daher liegt es nahe, die zeit- und erfahrungsabhängige Bearbeitung dieser Konflikte im Rahmen eines Koevolutionsprozesses unterschiedlicher Subsysteme zu betrachten.[10] Die zweite Folgerung dieser komplexitätstheoretischen Einordnung besteht darin, dass sie einen Zugang für die konzeptionelle Behandlung der modernen Wissenschaftsentwicklung erlaubt: Sowohl ihre selbstbezügliche Binnenorganisation als auch ihre lockere Verknüpfung mit anderen Subsystemen kann auf dieser Grundlage erklärt werden. Damit kann die Hypothese formuliert werden, dass das Spezifikum der modernen Wissenschaft gerade in ihrer selbstreferenziellen Kommunikation besteht.[11] Damit sind sowohl die Unterordnung anderer Subsysteme unter die Maßgaben der Wissenschaft limitiert als auch die Unterwerfung der Wissenschaft (oder deren Indienststellung) durch andere Subsysteme weitgehend ausgeschlossen.[12] Allerdings sind auch die Grenzen zwischen einer dem Subsystem Wissenschaft zuzurechnenden erkenntnisgenerierenden Grundlagenforschung und der in diversen anderen Subsystemen stattfindenden Anwendung wissenschaftlicher Erkenntnisse insoweit fließend, als auch hier neue Erkenntnisse gemacht werden können.

3 Moderne (neoklassische) Ökonomik

Die Genese und die Merkmale der modernen Neoklassik lassen sich durch die in Abschn. 2 hergestellte Verknüpfung von Wissenschaftssoziologie und Komplexitätstheorie genauer charakterisieren.

---

[10] Eine derartige konfliktgetriebene subsystemische Koevolution zwischen den Subsystemen Wirtschaft und Politik lässt sich in Bezug auf die Elemente Arbeit, Geld und Umwelt (Boden) feststellen. Die schon von K. Polanyi (1978, S. 102–112, 332–333) diagnostizierte Unmöglichkeit, diese Elemente im Wirtschaftssystem als Waren zu generieren, kann als Grundlage dafür angesehen werden, dass (teilweise entgegengesetzt zu Polanyis Prognose) Kommodifizierung und Regulierung bei der Bereitstellung dieser Elemente unterschiedlich kombiniert wurden und damit die Abgrenzung zwischen den genannten Subsystemen nur in historisch wechselvoller Weise vorgenommen werden kann.

[11] Diese Begründung einer überwiegend selbst organisierten Wissenschaft aus den in modernen Gesellschaften entstehenden Anforderungen zur Komplexitätsbewältigung ist strikt zu unterscheiden von einem normativ inspirierten Design für die Wissenschaft, das als Analogie zur Funktionsweise von Märkten verstanden wird und den Glauben an effiziente Märkte als Glauben an eine effiziente Wissenschaft dupliziert (vgl. M. Polanyi 1962; zur Kritik siehe Mirowski 2004, S. 51–71; Wilholt 2012, S. 86–87).

[12] Ein Paradebeispiel für diese Vorstellung ist die vulgärmarxistische Behauptung einer tendenziellen Unterwerfung der Wissenschaft unter ‚das Kapital' (vgl. Münch 2011), die Wirtschaft oder ‚die herrschende Klasse' (Bernal 1970, S. 947–949). Dies geht nicht nur an den differenzierteren Überlegungen von Marx selbst vorbei (vgl. Marx 1983, passim), sondern verkennt auch die Spezifik des modernen Subsystems der Wissenschaft.

3.1 Pfadentwicklung und Pfaddominanz

Die moderne neoklassische Ökonomik ist das Ergebnis einer Entwicklung der Wissenschaftspraxis in Richtung auf eine moderne Normalwissenschaft (zunehmende Absonderung wissenschaftlicher Aktivitäten, selbstreferenzielle Kommunikation sowie Pfad- und Paradigmenbildung) einerseits und einer inhaltlichen Impulssetzung durch die kriegsbedingte amerikanische Wissenschaftspolitik in und nach dem Zweiten Weltkrieg andererseits. Diese Koinzidenz hat eine in dieser Form einmalige Entwicklung einer Einzelwissenschaft begründet. Insoweit ist die moderne Neoklassik das Ergebnis einer Entwicklung, die während des Zweiten Weltkriegs begonnen und erst in der Nachkriegszeit eine normalwissenschaftliche Kontur angenommen hat.[13]

Durch die in den meisten Ländern vor dem Zweiten Weltkrieg noch nicht (gleichzeitig) realisierte rechtliche Eigenständigkeit, institutionelle Selbstorganisation und fiskalische Alimentierung der Wissenschaft waren die Vorbedingungen für die Herausbildung einer normalwissenschaftlichen Praxis zumeist noch nicht gegeben (Wilholt 2012, S. 209–225). Zudem waren die ökonomietheoretischen Diskurse noch weitgehend nationalstaatlich geprägt. Dafür waren nicht nur institutionelle Unterschiede verantwortlich, sondern auch die – teilweise durch Sprachbarrieren gesicherten – unterschiedlichen ideen- und theoriegeschichtlichen Traditionen (vgl. Fourcade 2009). Dem entsprach eine Vielfalt dieser Diskurse sowohl innerhalb eines Landes als auch zwischen den Ländern. Empirisch orientierten Strömungen wie dem amerikanischen Institutionalismus oder der deutschen historischen Schule standen mathematisch unterfütterte konzeptionelle Bestrebungen wie in den Anfängen des neoklassischen Räsonierens in der Schweiz, Österreich und in England gegenüber.[14] In dieser Vielfalt war eine klare Demarkationslinie zwischen der Ökonomik einerseits und ihren sozialwissenschaftlichen Nachbardisziplinen (Psychologie, Soziologie, Politologie) andererseits nicht vorhanden. Die Ökonomik selber war ansatzweise interdisziplinär.[15]

Die in dieser Zeit vor dem Zweiten Weltkrieg existierende (ältere) neoklassische Denkströmung bestand aus vielen disparaten Elementen und war alles andere als ein in sich geschlossenes Paradigma: Einer utilitaristisch fundierten Betrachtung des Konsums stand die grenzproduktivitätstheoretische Analyse der Produktion gegenüber, Märkte wurden entlang einer unterschiedlich weit reichenden Einschränkung des Wettbewerbs

---

[13]Diese Sichtweise steht im krassen Gegensatz zu der in der theoriegeschichtlichen Literatur oft kolportierten Behauptung, es habe gegen Ende des 19. Jahrhunderts eine neoklassische Revolution (und damit eine entsprechende Paradigmenbildung) im Kuhnschen Sinne gegeben (Howey 1989, S. 210–218).

[14]Einen Überblick über die Vielfalt der deutschen Ökonomik im ersten Drittel des 20. Jahrhunderts gibt Stavenhagen (1969, S. 191–226). Zur Vorkriegsdiskussion in den USA, vgl. Morgan und Rutherford 1998.

[15]Im deutschsprachigen Raum sei hier exemplarisch auf die zahlreichen Beiträge von Max Weber und Werner Sombart verwiesen.

klassifiziert (Marktformenlehre) und das ökonomische Gleichgewicht war in Bezug auf seine Existenz, Eindeutigkeit und Stabilität noch eine konzeptionelle Baustelle (vgl. Howey 1989; Giocoli 2003).

Während und nach dem Zweiten Weltkrieg haben sich die Bedingungen für die wissenschaftliche Praxis (vor allem in den USA) grundlegend geändert. Zum einen war mit der Kriegswirtschaft eine umfangreiche Förderung bestimmter kriegsrelevanter Forschungen verbunden. In Bezug auf die Sozial- und Wirtschaftswissenschaften ist hier vor allem die Initialisierung der Untersuchung strategischer Fragen in Gestalt der Spieltheorie und die Optimierung bei multidimensionalen Beschränkungen (Operations-Research) zu nennen (vgl. Mirowski 1991; ders. 2002). Zum anderen wurde mit dem Wegfall dieser Kriegsforschungsbedarfe nach dem Zweiten Weltkrieg die Wissenschaft zu weiten Teilen sich selbst überlassen und damit eine selbstreferenzielle Wissenschaftsdynamik[16] in Gang gesetzt (Wilholt 2012, S. 209–210; siehe auch Abschn. 2.1 und 2.2). Durch die Verknüpfung dieser beiden Sachverhalte wurde in der Folge eine Pfaddynamik begründet, als deren wesentliches Element die Auskonturierung der Neoklassik zu einem modernen Paradigma angesehen werden kann. Diese Auskonturierung fand zum einen in Gestalt einer Verdichtung der – bis dato disparaten – Elemente der neoklassischen Denkströmung zu einem in sich geschlossenen Konzept statt *(Intensivierungsdimension der Paradigmenbildung).* Die Fortschreibung der durch die Kriegsforschung hervorgebrachten Konzepte erfolgte durch ihre Integration in einen mathematischen Rahmen, der nicht mehr nur als Abbildungshilfe für diese Konzepte fungierte, sondern zu einer Konstruktionsanleitung für diese Elemente selber wurde.[17] Die Handlungsräume der ökonomischen Akteure (Haushalte und Unternehmen) werden auf dieser Grundlage so spezifiziert, dass bei Unterstellung von als unhintergehbar angenommenen Rationalitätsannahmen (in Gestalt von Axiomen) und bei Verwendung des Konzepts des vollständigen Marktwettbewerbs die Bedingungen für das ökonomische Gleichgewicht konsistent konstruiert werden können (vgl. Debreu 1959; Arrow und Hahn 1971; kritisch vgl. Blaug 2003). Andererseits fand die Auskonturierung des modernen neoklassischen Paradigmas in Gestalt einer Erweiterung statt, indem neue Theorie- und Problemgebiete mit diesem neu entwickelten Instrumentarium rekonstruiert und auf diese Weise unter das Paradigma subsumiert wurden *(Extensivierungsdimension der Paradigmabildung).* Beispiele dafür sind die Behandlung der Finanzmärkte, die zur modernen Finanzmarktanalyse geführt hat, die Analyse der das ökonomische Handeln leitenden Institutionen, die die ökonomische Institutionentheorie begründet hat, und die Einbeziehung der natürlichen Umwelt ökonomischer Aktivitäten, die die Umwelt- und Ressourcenökonomik hervorgebracht hat. Damit war es auch möglich, diese Art der Ökonomik scharf von den sozialwissenschaftlichen Nachbardisziplinen

[16]In diesem Prozess haben mit anderen Subsystemen verbundene Institutionen wie die Rockefeller Stiftung, die Cowles Commission sowie die RAND Corporation eine wichtige Anschubrolle gespielt (vgl. Mirowski 2002).

[17]Die Inspirationsquelle für diesen mathematischen Konstruktivismus war die Bourbaki-Schule der Mathematik, die einer strikten axiomatischen Logik folgte (Mirowski 2002, S. 390–394).

abzugrenzen (und teilweise diese selbst sogar in Analogie zur mathematischen Formalisierung in der Ökonomik umzuorganisieren). Der dem neuen Paradigma inhärente methodologische Individualismus erspart die Einbeziehung gesellschaftlicher Vorgaben, wie sie in der Soziologie bemüht werden; die nunmehr konsistent formulierbare Wohlfahrtstheorie oder wahlweise die Rationalitätsanalogisierungen des public-choice-Ansatzes machen jedwede Form politikwissenschaftlicher Begleitforschung überflüssig; letztendlich wird mit der Verabschiedung von der älteren kardinalen (utilitaristisch fundierten) Nutzentheorie zugunsten des modernen ordinalen Präferenzkonzepts jede Beleihung der Psychologie hinfällig.

In einer zunehmend auf sich selbst bezogenen wissenschaftlichen Kommunikation werden bei einer allfälligen Befolgung dieses Pfades der modernen Neoklassik die in Abschn. 2.1 genannten komparativen Kosten- und Ertragsvorteile wirksam. Dadurch sind nicht nur zu Beginn die mit den intellektuellen Anschlussaufwendungen[18] verbundenen Risiken vermindert; die mit diesen Aufwendungen einhergehende Pfadbindung wegen hoher Wechselkosten wird in der Folge zu einem Element der weiteren Stabilisierung dieses Pfades (Dobusch und Kapeller 2009, S. 877–889). Dazu kommt, dass mit der Übernahme dieser Orientierung durch Meinungsführende und Diffusionsagent*innen (seien dies Einzelpersonen oder Institutionen) ein weiterer Verstärkereffekt für die Pfadausbreitung zu verzeichnen ist. Die damit einhergehende Durchsetzung von Englisch als international übliche Wissenschaftssprache in Verbindung mit einer an Zitationshäufigkeiten gekoppelten Performanzmessung führt darüber hinaus dazu, dass nationale Diskursstrukturen weitgehend ausgetrocknet werden und eine globale Konformisierung der Ausrichtung der Ökonomik mit einer tonangebenden Rolle großer Zitationsgemeinden wie etwa der American Economic Association stattfindet.[19]

Diese Entwicklung deutet darauf hin, dass mit der Verständigung eines großen Teils der Wissenschaftsgemeinde der Ökonom*innen auf gemeinsam geteilte Leitvorstellungen, Konzepte, Theorien, Modelle und Anwendungsfelder, die Herausbildung eines dominanten Paradigmas stattfindet. Dies ist nicht überraschend, wenn man auch für die Wissenschaft – entsprechend der Herausbildung von fast zerlegbaren bzw. funktional differenzierten Subsystemen (siehe Abschn. 2.2) – von einer vorwiegend selbstreferenziellen Orientierung in Verbindung mit den von Kuhn diagnostizierten normalwissenschaftlichen Prozeduren ausgeht. Gleichzeitig wird aber deutlich, dass die in Gestalt des erfolgreichen „puzzle solving" (Kuhn 1978, S. 49–56) bzw. der Limitierung der „Anomalien" (Kuhn 1978, S. 65–78) angeführten Kriterien für ein erfolgreiches Paradigma im Fall der Nachkriegs-Neoklassik nicht greifen. Hier geht es nicht um die

[18]Vor allem die mit der mathematischen Grundkonstruktion verbundenen Theoreme (z. B. die Fixpunkt-Theoreme).

[19]Beispeisweise in den USA: etwa die American Economic Association, die Universitäten von Chicago, Stanford und das MIT. Mehr zu deren modern-neoklassischer Konvertierung, vgl. Mirowski (2006). Für die deutsche Entwicklung, vgl. Hesse (2010).

von Kuhn überwiegend als Anschauungsbeispiel verwendeten mehr oder weniger empirisch angebundenen Naturwissenschaften, sondern einen neuen Typ eines weitgehend von empirischen Erklärungsaufgaben gelösten konstruktivistischen Paradigmas in einer Sozialwissenschaft.[20] Die Kehrseite dieser konstruktivistischen Seite der modernen Neoklassik sind Versuche, die idealtypischen Merkmale dieser gedanklichen Konstrukte in Realitätskonstruktionen zu überführen.[21] Diese in der einschlägigen Literatur als Performativität charakterisierte Eigenschaft der modernen (neoklassischen) Ökonomik ist in gewisser Weise eine logische Fortführung ihrer Konstruktivität. Die Genese, Persistenz ebenso wie die allfällige Erosion dieser Art von Paradigma zu erklären, erfordert daher ein Hinausgehen über das von Kuhn formulierte Entwicklungsmodell. Die überwiegend selbstreferenzielle Orientierung in den modernen Wissenschaften ist auf das Erschließen von möglichst ubiquitär anschluss- und ausbaufähigen Erkenntnissen angelegt. Mit der Bereitstellung von speziellen mathematischen Konzepten und Methoden, mit deren Hilfe nicht nur verschiedene Wissensgebiete scheinbar konsistent reformuliert, sondern auch besser aufeinander bezogen werden können, hat die moderne Neoklassik diese wissenschaftliche Selbstreferenz in eine Pfaddominanz ummünzen können.

3.2 Essenzielle Merkmale der modernen Neoklassik und deren Ausdifferenzierung[22]

Entsprechend der in Abschn. 3.1 genannten paradigmatischen Intensivierungs- und Extensivierungsdimension lässt sich die moderne Neoklassik einerseits durch Kernmerkmale und andererseits durch eine anwendungsabhängige Differenzierung dieser Kernmerkmale charakterisieren.[23] Als derartige Kernmerkmale lassen sich benennen:

- [M1]: Die Definition des Gegenstandsbereichs der Ökonomik als *Allokation knapper Ressourcen*. Diese auf Robbins zurückgehende Definition (vgl. 1935) unterstellt, dass der Ausgangspunkt der ökonomischen Betrachtung ein Individuum ist, das unbegrenzte Bedürfnisse hat und nur über begrenzte Ressourcen verfügt. Aus dieser Perspektive der Knappheit sollen sich alle ökonomischen Operationen ableiten lassen.

---

[20]Insofern sind auch Versuche der Modellierung der Kuhnschen Wissenschaftsdynamik nur eingeschränkt für die Erklärung der Entwicklung in der Nachkriegsökonomik tauglich (vgl. Sterman und Wittenberg 1999).

[21]Vgl. Callon (2006); exemplarisch für die Probleme von Realitätskonstruktion, vgl. MacKenzie (2008); Beckenbach (2016b).

[22]Die folgenden Überlegungen in diesem Abschnitt greifen auf Ausarbeitungen des Verfassers im Rahmen des Projekts ‚Zur Pluralität der volkswirtschaftlichen Lehre in Deutschland‘ zurück (vgl. Beckenbach et al. 2016).

[23]Siehe auch ähnliche Auflistungen (Lawson 2015, S. 94; Hodgson 2013, S. 7; Hodgson 1999, S. 29; Arnsperger und Varoufakis 2006, S. 7; vgl. Weintraub 2002). Ein für die Herleitung dieser Merkmale erforderlicher Literaturvergleich kann an dieser Stelle nicht geleistet werden.

- [M2]: Die von der Ökonomik verfolgte Erklärungsmethode folgt der Maßgabe des *methodologischen Individualismus*, indem vom einzelnen Akteur ausgehend gesellschaftliche Sachverhalte erklärt werden sollen (und nicht umgekehrt). Sie bedient sich dafür einer speziellen mathematischen Modellierung (aus dem Bereich der Funktionsalgebra und der Differenzialrechnung bzw. der Mengenlehre und der Vektorrechnung). Dem entspricht eine additive Konstruktion ökonomischer Gesamtgrößen.
- [M3]: Ökonomische Akteure sind (nur) insoweit rational, als sie ihre Ziele sowie unterschiedliche Zielerreichungsgrade spezifizieren können und den maximal möglichen Zielerreichungsgrad anstreben. Dabei lassen sich die Akteure von einer feststehenden und konsistenten Präferenzordnung leiten und wählen die zielmaximierende Alternative bewusst aus. Dies ist die moderne Konkretisierung der seit langem in der Ökonomik gebräuchlichen Kunstfigur des *homo oeconomicus*.
- [M4]: Die Handlungsmöglichkeiten der Akteure werden durch vorgegebene und das Auswahlverfahren nicht beeinflussende Ausstattungen *(Budgets)* beschränkt. Dies sind in der Regel finanzielle und zeitliche Restriktionen.
- [M5]: Der Handlungsraum der Akteure wird durch *mathematische Stilisierungen* normiert. Diese Vorgaben können sich auf eine Menge oder eine Funktion beziehen. Beliebige Teilbarkeit (und Addierbarkeit), Kontinuität sowie oftmals Konvexitätsanforderungen seien hier als Beispiele genannt.[24]
- [M6]: Die Interaktion der Akteure wird aus der Perspektive der Sicherstellung eines möglichst weitgehend zielkompatiblen Zustandes, dem des *Gleichgewichts,* untersucht. Dies bezieht sich vor allem auf die Analyse der Bedingungen für die Existenz und die Eindeutigkeit eines Gleichgewichts.

Damit wird die interne Handlungslogik der ökonomischen Akteure (Mikroebene) stark vereinfacht. Interaktionsdynamiken zwischen diesen Agents (und deren Rückwirkungen auf die Agents selbst) werden damit ebenso ausgeblendet wie die Moderierung dieser Dynamiken durch Institutionen (Mesoebene).[25] Die jenseits einer einfachen additiven Aggregation liegenden Effekte für die Gesamtbetrachtung (Makroebene) werden daher ebenfalls ignoriert.[26] Durch die Merkmale M1–M6 werden somit Mikro- und Makroebene einfach aufeinander beziehbar. Mikro- und Makroökonomik thematisieren diesbezüglich aus der neoklassischen Perspektive denselben Sachverhalt und unterscheiden sich lediglich durch die Reichweite der Betrachtung.

---

[24]Diese Stilisierung der Handlungsräume dient der Sicherstellung einer allgemeinen formal-mathematischen Lösbarkeit. Damit geht paradoxerweise eine Entspezifizierung des dargestellten Problems einher. Der Trade-off zwischen Generalisierung und Spezifikation einer Problemstellung wird hier zugunsten der Ersteren aufgelöst. Dies markiert eine essenzielle Differenz zur Komplexitätsökonomik (vgl. Foley 2000).

[25]Dazu dient vor allem die Annahme der rationalen, durch ein richtiges Modell der Wirtschaft geleiteten, Erwartungen.

[26]Vor allem durch die die Heterogenität der Akteure ausblendende Annahme von repräsentativen Individuen.

Einerseits erhält mit diesen Merkmalen die moderne, vom neoklassischen Paradigma dominierte Ökonomik eine über die verschiedenen Wissensgebiete reichende Einheitlichkeit, die in dieser Form eine neue Konstellation in der Geschichte der Ökonomik darstellt. Andererseits kann nicht bestritten werden, dass es insbesondere für M3 (und in der Folge für M5 und für M6) unterschiedliche Ausprägungsvarianten gibt. Diesen unterschiedlichen Ausprägungen lassen sich die verschiedenen Forschungsgebiete der modernen neoklassischen Ökonomik zuordnen. Systemtheoretisch formuliert wird dadurch die operationale Spezialisierung innerhalb der Ökonomik abgebildet, die ihrerseits einen Teilbereich der funktional differenzierten Normalwissenschaft darstellt.

Analog zur nach wie vor bestehenden Unterscheidung zwischen Mikro- und Makroökonomik lassen sich zunächst *Rationalitätskonzepte* für individuelle und für repräsentative Akteure unterscheiden. Den Ausgangspunkt für die individuellen – in mikroökonomischen Kontexten verwendeten – Rationalitätskonzepte bildet die ‚isolierte deterministische Rationalität'. In diesem Fall werden unter vereinfachten Annahmen in Bezug auf die Informationsverfügbarkeit der Akteure und den Einfluss der anderen Akteure die Bedingungen für die individuelle und gesellschaftliche Rationalität spezifiziert. Die Grundform der mikroökonomischen Partial- und Totalanalyse ist diesem Bereich zuzurechnen.[27] Für dieses Standardkonzept der mikroökonomischen Rationalität haben sich nach dem Zweiten Weltkrieg Differenzierungen entwickelt. In der ‚isolierten probabilistischen Rationalität' wird davon ausgegangen, dass die Wahlentscheidungen des Akteurs in Umfeldzuständen stattfinden, die nicht sicher vorhergesagt werden können, aber wahrscheinlichkeitstheoretisch kalkulierbar sind. Dies ist die Grundlage der Erwartungsnutzentheorie. In den verbleibenden Varianten der mikroökonomischen Rationalität wird der Einfluss der anderen Akteure auf die Rationalität des betrachteten Akteurs berücksichtigt. In der ‚strategischen Rationalität' ist dieser Einfluss in Gestalt des Einflusses des Handelns der Akteure auf das Ergebnis des betrachteten Akteurs gegeben. Zielmaximierendes Handeln erfordert dann die Kalkulation aller Handlungen unter Einbezug der Optionen, die die Mitspieler*innen haben. Das ist Gegenstand der Spieltheorie. Während in diesem Fall alle Akteure im Prinzip noch dieselbe Informationsbasis haben (‚common knowledge'), wird diese Voraussetzung bei der ‚opportunistischen Rationalität' aufgegeben. Hier wird davon ausgegangen, dass die Informationen asymmetrisch zwischen den ökonomisch Interagierenden verteilt sind und dass der zielmaximierende Akteur bestrebt ist, diese Asymmetrie zu schaffen bzw. auszubeuten. Dieses Rationalitätskonzept ist Grundlage der Transaktionskostenökonomik. Schließlich wird in der ‚fehlerhaften Rationalität' die für alle bisherigen mikroökonomischen Rationalitätskonzepte konstitutive Annahme der perfekten Informationsverarbeitung durch die Akteure aufgegeben. Neben Informationsasymmetrien können auch beobachtbare

[27]Dieses Grundkonzept wurde ursprünglich mithilfe von mathematischen Funktionen modelliert. Diese Variante dominiert bis dato die Lehrbücher. In der Forschung haben die Schwierigkeiten dieser Modellierung zu einer mengentheoretischen Reformulierung geführt (Mandler 1999, S. 3–15).

Reaktionen anderer Akteure das Handeln beeinflussen. Diese Zusammenhänge werden in der Verhaltensökonomik thematisiert. In der modernen neoklassischen Makroökonomik dagegen wird nicht ein einzelner Rationalakteur und gegebenenfalls dessen Zusammenwirken mit anderen Akteuren betrachtet, sondern Einzelakteure werden zu Aggregaten zusammengefasst und zur Erklärung wird ein repräsentativer Akteur als Erklärungsfaktor unterlegt. Diese ‚repräsentative Rationalität' lässt sich – entsprechend der neueren Entwicklung in der Makroökonomik – danach unterscheiden, ob Zukunftserwartungen im Gegenwartshandeln eine Rolle spielen oder nicht (‚erwartungsunabhängige repräsentative Rationalität' bzw. ‚erwartungsabhängige repräsentative Rationalität'). Während das erstgenannte Konzept etwa in den Güter-Geldmarkt-Modellen (IS-LM) verwendet wird, ist das letztgenannte in den neueren Dynamic-Stochastic-General-Equilibrium-Modellen (DSGE) zu finden.

Verknüpft man diese Varianten von M3 mit den unterschiedlichen Reichweiten der ökonomischen Analyse, dann lassen sich die wichtigsten Varianten der modernen neoklassischen Ökonomik in Gestalt eines Tableaus[28] zusammenfassen (siehe Tab. 1).

3.3 Kritik der These eines neuen Pluralismus innerhalb des Mainstreams

Diese methodische und anwendungsbezogene Ausdifferenzierung des Rationalitätskonzepts (sowohl in der Mikroökonomik als auch in der Makroökonomik) ist in der aktuellen Pluralismusdiskussion Anlass für die These, dass es nunmehr einen – jenseits traditioneller neoklassischer Überlegungen anzusiedelnden – Pluralismus innerhalb des Mainstreams der Ökonomik gebe (vgl. Colander et al. 2004).[29]

Der gemeinsame Nenner solcher Entwicklungen ist die Fokussierung auf die Informationsverfügbarkeits- und die Informationsverarbeitungsanforderungen von Akteuren in dezentralen und interdependenten (Markt-)Kontexten. Dabei geht es allerdings nicht darum, die empirische Überprüfbarkeit oder die konzeptionelle Plausibilität der Merkmale M1–M6 zu eruieren. Vielmehr sollen diese Merkmale dadurch legitimiert

[28]Dieses Tableau kann als ‚disziplinäre Matrix' verstanden werden, die Kuhn als Konkretisierung seines Paradigmenbegriffs vorgeschlagen hat (vgl. Kuhn 1977). In ihr sollen symbolische Generalisierungen (z. B. Formalia), Modelle und konkrete Problemlösungen verbunden werden. Dabei sind jeweils nur die typischen Kombinationen aus Rationalitätstyp und Anwendungsgebiet aufgeführt. Daher gibt es in manchen Tabellenfeldern keine Einträge.

[29]Neben den hier skizzierten Differenzierungen werden als Beleg für diese These noch die Evolutions- und die Komplexitätsökonomik herangezogen. Dies ist nicht nur deswegen schwer nachzuvollziehen, weil deren Zitationshäufigkeiten weit unter den Zitationshäufigkeiten für die Standardtheorie liegen. Es bleibt auch schleierhaft, wie eine sinnvolle Brücke zwischen den in diesen Ansätzen favorisierten starken Einschränkungen der Rationalität und den Rationalitätskonzepten in Tab. 1 hergestellt werden könnte.

Tab. 1 Varianten der modernen Neoklassik in Abhängigkeit vom Rationalitätstyp und dem Anwendungsfeld

Rationalitätstyp / Reichweite	isoliert			strategisch	opportunistisch	fehlerhaft	repräsentativ	
	deterministisch		probabilistisch					
	funktionsbasiert	mengenbasiert					nicht erwartungsabhängig	erwartungsabhängig
Einzelakteur	Utilitarismus	Präferenzkonzept	(Subjektiver) Erwartungsnutzen (Bayes, Savage)	Auszahlungsinterdependenz	Informationsasymmetrie	Verhaltenseffekte/ Anomalien		rationale Erwartungen (Muth, Lucas, Sargent)
Haushalt	Nutzenfunktion/ Substituierbarkeit	Konvexe Konsummengen				Framing-Effekt Ausstattungseffekt		repräsentative Nutzenfunktion
Unternehmen	Produktionsfunktion/ Grenzproduktivität	Konvexe Produktions -mengen		Unternehmen als Spiel (Schelling, Aoki)	Principal-Agent (Alchian, Demsetz, Williamson)	Überoptimismus		repräsentative Produktionsfunktion
Gruppe/ Marktsegment				Koalitionsbildung/ Koordinationsspiele	Principal-Agent - adverse selection - moral hazard	other regarding preferences		
Einzelmarkt	alte Partialanalyse GG	neue Partialanalyse GG	CAPM Derivatepreisbildung	Oligopolmarkt	Transkaktionskostenökonomik - „Market of the lemons" (Akerlof)	Märkte mit fehlerhaften Konsumenten und perfekten Unternehmen		
Multiple separierte Märkte							- Neoklassische Synthese (IS-LM) - Patinkin Modell - Monetarismus	Neue neoklassische Synthese (DSGE) - Real business cycle (Kydland/Prescott) - New Keynesianism (Woodford)
Multiple integrierte Märkte	alte allgemeine GG-analyse (Pareto, Walras)	neue allgemeine GG-analyse (Debreu, Arrow)		Core-Konzept (Shubik) Nash- GG				

(Quelle: Eigene Darstellung, erweitert & weiterentwickelt; in Anlehnung an De Vroey vgl. 2004, 2016, S. 57–91)

werden, dass sie als brauchbare Richtschnur für die Analyse und Prognose unter erschwerten Bedingungen (insbesondere für M3) nachgewiesen werden. Zwar werden insoweit Interaktionseffekte, asymmetrische Informationen und kognitive Beschränkungen in der modernen Ökonomik thematisiert; es geht dabei aber darum, dass diese Sachverhalte so selektiert, stilisiert und modelliert werden, dass sie mit dem Merkmalskanon der modernen neoklassischen Ökonomik kompatibel gemacht werden können. Die daraus resultierenden Konstrukte werden entweder den Akteuren selbst als Orientierung zugeschrieben (wie im Fall der ‚rationalen Erwartungen' oder des ‚Nash-Gleichgewichts') oder aber in den Bereich der marktbegleitenden Regelungen verschoben (vertragliche Anreizsetzungen bei Vorliegen der ‚opportunistischen Rationalität' oder verhaltenskorrigierende ‚Stupser' bei der ‚fehlerhaften Rationalität'). Insoweit sind dies grosso modo Variationen innerhalb eines gegebenen paradigmatischen Rahmens, nicht aber dessen Überwindung (vgl. Dobusch und Kapeller 2009; Guerrien und Jallas 2009; Benicourt und Guerrien 2008a, b). Die damit zusammenhängenden Diskussionen können dem von Lakatos zur Charakterisierung der Dynamik von Forschungsprogrammen eingeführten „protective belt" (vgl. Lakatos 1977) zugeordnet werden. Das schließt ein, dass in den hier geführten Diskussionen partiell auch

Absetzungen vom Kern des Paradigmas enthalten sein können. Dies gilt insbesondere für die noch unabgeschlossenen Diskussionen in der Verhaltensökonomik zum Thema Erweiterung oder Ersetzung des Homo-oeconomicus-Konzeptes.

Vor diesem Hintergrund löst sich der proklamierte neue Pluralismus in die jeweils ins Visier genommenen unterschiedlichen Gegenstandsbereiche auf sowie in die Annahme unterschiedlicher Randbedingungen für das im Kern bestehenbleibende Rationalitätskonzept. All dies jedoch schließt eben einen Pluralismus aus, der die Relativierung des o. g. Rationalitätskonzepts selber zum Gegenstand hat.

4 Kompetitiver Pluralismus und heterodoxe Ökonomik

Aus den in Abschn. 3 skizzierten Entwicklungen lässt sich folgern, dass die Freiheit der Wissenschaft von externer Subordination nicht unbedingt zu einem herrschaftsfreien pluralistischen Diskurs in der Wissenschaft führt. Das Beispiel der Nachkriegsökonomik zeigt vielmehr, dass die interne Entwicklung einer selbstreferenziell ausgerichteten Wissenschaft zur Dominanz spezifischer Sichtweisen und zur Exklusion abweichender Sichtweisen führen kann. Insofern diesem Prozess eine moderne Gesellschafts- und Wissenschaftsorganisation zugrunde liegt, erscheint es erforderlich, darauf hinzuweisen, dass die Herausbildung der Dominanz der neoklassischen Ökonomik gerade auch die Grundlagen der modernen Wissenschaftsorganisation in mehrfacher Weise gefährdet:

1. Die ausdrückliche Legitimation der Separierung und Selbstbezüglichkeit wissenschaftlicher Aktivitäten liegt in der Maßgabe, dass damit neues Erkenntniswissen hervorgebracht und diffundiert wird.[30] Mit der Orientierung auf eine spezielle Sichtweise und entsprechende Methoden droht aber gerade die Erschöpfung des ökonomietheoretischen Erkenntnisgewinnungsprozesses.
2. Es kann nicht ausgeschlossen werden, dass es für die Ökonomik in Zukunft neue Beobachtungsmöglichkeiten gibt und in Bezug auf ihren Gegenstand neue Erklärungsbedarfe entstehen. Die damit geforderte Wandlungsfähigkeit der Wissenschaft ist aber mit der Orientierung auf nur ein Paradigma blockiert oder zumindest stark eingeschränkt (vgl. Veblen 1898; Georgescu-Roegen 1966; Dow 2008).
3. Gegenüber den sozialwissenschaftlichen Nachbardisziplinen ist mit der weitgehenden Autarkie der neoklassischen Konstrukte in der Ökonomik die Behauptung verbunden, dass die beobachtbaren (losen) Verkopplungen der Ökonomie zu den in diesen Nachbardisziplinen thematisierten anderen Subsystemen ausgeblendet werden können. Damit dürften auf lange Sicht Legitimationsprobleme für diese Art der Wissenskonstruktion einhergehen.

[30]So etwa ausdrücklich V. Bush in seinem Bericht an Präsident Truman über die künftige Orientierung der Wissenschaften in den USA (Wilholt 2012, S. 210; Mirowski 2002, S. 166–169).

4. Schließlich bringt die Ökonomik als eine Sozialwissenschaft mit sich, dass sich ihre Beobachtungen auf menschengemachte Sachverhalte beziehen und auch, dass Erkenntnisse über diese Sachverhalte zum Zwecke der Verständigung unter Wissenschaftlern*innen formuliert werden müssen. Insofern ist die mitlaufende Reflexion über die (doppelte) Angemessenheit dieser Erkenntniskonstrukte ein unabweisbares Erfordernis. Dem steht aber die weitgehende Ausblendung dieser Selbstreflexion in der modernen Neoklassik gegenüber.

Es ist offenkundig, dass die Postulierung eines herrschaftsfreien Diskurses in der Ökonomik (und damit ein eher diskursiv angelegter Pluralismus) oder die Propagierung alternativer, vernachlässigter Themen bzw. ergänzender Veranstaltungen zur Selbstreflexion der Ökonomik (und damit ein eher komplementär angelegter Pluralismus) nicht hinreichend sind, um die mit der Dominanz des modernen neoklassischen Paradigmas in der Ökonomik (Monismus) gegebene wissenschaftsinterne Machtstruktur aufzulösen. Diese Machtstrukturen stellen sich dann ein, wenn die Orientierung an den Festlegungen, die sich in der selbst organisierten wissenschaftlichen Diskussion herausgeschält haben, zu einem bewusst verfolgten Gestaltungselement in der Wissenschaftsorganisation wird. Erforderlich erscheint vor diesem Hintergrund ein kompetitiver Pluralismus, der mit wissenschaftsinternen Mitteln bestrebt ist, diese Dominanz zu bestreiten. Diese Variante des Pluralismus versucht, zu den hauptsächlichen Themen des modernen neoklassischen Paradigmas, konkurrierende Erklärungen anzubieten. Dafür ist eine Entmystifizierung in Gestalt einer Kritik dieses Paradigmas[31] unabkömmlich. Gegenstand dieser Kritik sollten die durchaus vorhandenen Probleme der inneren Konsistenz, der mangelhaften Plausibilität und der beschränkten Reichweite der neoklassischen Konzepte sein (vgl. Beckenbach 2016a; Bénicourt und Guerrin 2008a, b; Ganßmann 1979; Fradin 1976; Albert 1967; Kade 1962). Zudem ist es geboten, zu denselben Themen (Haushalte, Unternehmen, Märkte aus integrierter Mikro- und Makroperspektive) konkurrierende Erklärungsmuster vorzulegen, die zumindest konsistenter und/oder plausibler bzw. reichweitiger sind, als die vorherrschenden Standards. In erster Annäherung kann das Profil einer derartigen heterodoxen Ökonomik in kritischer Abarbeitung an den oben genannten Merkmalen des neoklassischen Standards erfolgen:

- [M1‘]: Diese Ökonomik folgt in ihrer Gegenstandsfestlegung keiner überhistorischen und individuenzentrierten Sichtweise, sondern stellt die historischen Spezifika moderner Ökonomien (Waren, Märkte, Kapital usw.) in den Mittelpunkt der Betrachtung

---

[31]Diese Kritik an der konstruktivistischen Seite des Paradigmas hat auch Implikationen für die ebenfalls erforderliche Kritik an der performativen Seite dieses Paradigmas, die hier nicht weiter behandelt wird (vgl. Beckenbach 2016b; MacKenzie 2008).

und schließt dabei systematisch die Interaktionsdynamiken zwischen den ökonomischen Akteuren sowie deren Moderierung durch soziale Institutionen (Geld, Organisationen, Netzwerke usw.) mit ein.[32]

- [M2']: Methodisch folgt dieser Ansatz einer rekursiven Erklärungsstruktur, die den methodologischen Individualismus (der Standardökonomik) und den methodologischen Holismus (eines großen Teils der benachbarten Sozialwissenschaften) als Sonderfälle enthält. Dabei geht es zum einen um die Analyse, wie individuelle Aktivitäten gesellschaftliche Ergebnisse hervorbringen (wie z. B. Preise und Technologien), und zum andern darum, wie diese gesellschaftlichen Ergebnisse die individuellen Aktivitäten beeinflussen.[33]
- [M3']: Die präferenzgeleitete perfekt rationale Wahlhandlung stellt in dieser Sichtweise eine – allenfalls unter sehr speziellen Bedingungen brauchbare – artifizielle Referenzgröße für die Charakterisierung von Rationalität dar.[34] Alternativ lässt sich letzteres aus dem rationalen Umgang mit den unabweisbaren Beschränkungen bei der Informationsaufnahme und/oder der Informationsverarbeitung (beschränkte Rationalität) ableiten. Diese Art der Rationalitätsbeschränkung unterscheidet sich grundlegend von den in Abschn. 3.2 dokumentierten Versuchen, das neoklassische Rationalitätskonzept auch für kritische Randbedingungen zu legitimieren. Vor diesem Hintergrund können in Bezug auf den Umgang mit diesen Beschränkungen unterschiedliche Handlungsmodi abgegrenzt werden: a) beschränkt rationales Wahlhandeln, b) heuristische Situationsvereinfachungen (wie z. B. Routinen und Daumenregeln) und c) die Suche nach neuen Handlungsoptionen (Innovation bzw. Problemlösungshandeln).[35]
- [M4']: In diesem Rahmen erscheint es überflüssig, die – zum Zwecke einer stilisierten Vorhersagemöglichkeit postulierte – künstliche Trennung von Restriktionen und Handlungsselektion in der Standardökonomik beizubehalten. Situationsmerkmale (wie etwa ein großer oder ein komplexer Handlungsraum) und Beschränkungen (unter Einschluss der genannten informationsbezogenen Beschränkungen) sind dann umgekehrt ein wichtiges Erklärungselement für die Selektion des Handlungsmodus und der Handlungsoption.[36]

---

[32]Hier sei auf die diesbezüglichen Ansätze einer komplexitätstheoretisch aufgeklärten modernen Institutionenökonomik verwiesen.

[33]Derartige rekursive Erklärungsmuster lassen sich vor allem mit der agentenbasierten Modellierung verbinden.

[34]Diese Referenzgröße bleibt in allen Rationalitätsvarianten der Standardökonomik erhalten (siehe Tab. 1).

[35]Sowohl die neuere Diskussion von ‚fast and frugal heuristics' als auch die ältere Verhaltensökonomik bilden diese Erweiterungen ab.

[36]Entsprechende Erkenntnisse lassen sich aus der älteren und neueren verhaltensökonomischen Forschung ableiten.

- [M5']: Mit der Fixierung auf bevorzugte Ordnungsmerkmale (siehe [M6']) entfällt auch die Vorgabe ‚schöner' topologischer Eigenschaften für den Handlungs- bzw. Zielraum. Nicht-Konvexitäten, Diskontinuitäten und steigende Skaleneffekte seien hier beispielhaft als Eigenschaften genannt, die systematisch in die Betrachtung einbezogen werden können.[37]
- [M6']: Bei Gegebensein der bisher genannten alternativen Merkmale stellt das Gleichgewicht (oder eine Situation mit kompatiblen interdependenten Einzelentscheidungen) einen nur unter ausnahmsweisen Bedingungen erzielbaren Ordnungszustand dar. Vielmehr legt es der aus den oben genannten Merkmalen ergebende dynamische Betrachtungsansatz nahe, die Perspektive für die Ermittlung von (selbst erzeugten) Ordnungen auf die Einbeziehung zyklischer, chaotischer und statistisch ermittelbarer Muster in den Aktivitäten der Wirtschaftsakteure zu erweitern.[38]

Schließlich wird es unabkömmlich sein, im Rahmen des kompetitiven Pluralismus die Orientierung auf (empirische) Problemlösungsfähigkeit als Element der ökonomietheoretischen Diskussion zu stärken. Damit werden nicht nur weitere Erosionsressourcen für die neoklassischen Forschungsdiskussionen zugänglich, sondern gegenwärtig weitgehend gekappte Verbindungen zwischen der ökonomietheoretischen Forschung und der akademischen Berufsausbildung wiederhergestellt. Kompetitiver Pluralismus und die Entwicklung alternativer (heterodoxer) Konzepte stellen insoweit essenzielle Komponenten für die Auflösung einer Situation der Paradigmendominanz dar, wie sie gegenwärtig in der Ökonomik beobachtet werden können.[39]

5 Ausblick

Die Erfolgsaussichten eines derartigen kompetitiven Pluralismus können an dieser Stelle nicht abschließend beurteilt werden. Der wissenschaftsexterne ebenso wie der wissenschaftsinterne Problemdruck für den modernen neoklassischen Monismus in Verbindung mit dem gegenwärtig zu verzeichnenden systematischen Versagen der Ökonomik in der akademischen Berufsausbildung lassen aber die Vermutung zu, dass heterodoxe Entwicklungspfade an Bedeutung gewinnen können. Allerdings scheint es dafür erforderlich zu sein, dass sich die – oft schon als Selbstwert ausgegebene – Vielgestaltigkeit dieser

[37]Diese Eigenschaften spielen in der neueren Komplexitätsökonomik eine große Rolle.

[38]Entsprechende Überlegungen finden sich in der modernen postkeynesianischen Akkumulations- und Wachstumstheorie.

[39]Weitere Gründe für den Pluralismus bzw. die Entwicklung einer Heterodoxie in der Ökonomik auch unabhängig von dieser speziellen Situation sollen hier nicht diskutiert werden. Dies würde eine grundlegende Verständigung über den Modus der sozialwissenschaftlichen Erkenntnisgewinnung erfordern.

Entwicklungspfade in Richtung gemeinsamer Grundmerkmale weiterentwickelt und die Formulierung von Alternativen mit der Kritik der gegenwärtig dominierenden Ökonomik verbunden wird. Diesen offenen Entwicklungsaussichten mit dem Einwand zu begegnen, dass darin die Gefahr eines neuen heterodoxen Monismus liegen könnte, erscheint genauso abwegig wie der Hinweis, dass eine beabsichtigte Einschränkung eines Marktmonopols mit der Gefährdung eines Marktes verbunden sein könnte.

Literatur

Albert, Hans. 1967. *Marktsoziologie und Entscheidungslogik. Ökonomische Probleme in soziologischer Perspektive*. Neuwied: Luchterhand.

Arnsperger, Christian, und Yanis Varoufakis. 2006. What is neoclassical economics? The three axioms responsible for its theoretical oeuvre, practical irrelevance and thus, discoursive power. *Panoeconomicus* 1: 5–18.

Arrow, Kenneth J., und F.H. Hahn. 1971. *General competitive analysis*. Amsterdam: North-Holland.

Arthur, W. Brian. 1989. Competing technologies, increasing returns and lock-in by historical events. *Economic Journal* 99 (394): 116–131.

Beckenbach, Frank. 2016a. Mathematisch rationalisierte Ideologieproduktion statt Marktanalyse. Zur Kritik der Denkform der neoklassischen (Lehrbuch-)Mikroökonomik. In *Wirtschaft neu denken. Blinde Flecken der Lehrbuchökonomie*, Hrsg. Till van Treeck und Janina Urban, 82–97. Berlin: iRights Media.

Beckenbach, Frank. 2016b. Krise und ‚Normalwissenschaft'. Konstruktion und Performativität in der modernen Ökonomik. In *Ökonomie! Welche Ökonomie? Stand und Status der Wirtschaftswissenschaften,* Hrsg. Jakob Kapeller, Stephan Pühringer, Katrin Hirte, Walter O. Ötsch. Marburg: Metropolis.

Beckenbach, Frank, Maria Daskalakis, und David Hofmann. 2016. *Zur Pluralität der volkswirtschaftlichen Lehre in Deutschland. Eine empirische Untersuchung der Grundlagenveranstaltungen und der Einstellung der Lehrenden*. Marburg: Metropolis.

Benicourt, Emmanuelle, und Bernhard Guerrin. 2008a. Is anything worth keeping in microeconomics? *Review of Radical Political Economics* 40 (3): 317–323.

Benicourt, Emmanuelle, und Bernhard Guerrin. 2008b. *La Théorie Économique Néoclassique. Microéconomie, Macroéconomie et Théorie des Jeux*. Paris: La Découverte.

Bernal, John Desmond. 1970. *Sozialgeschichte der Wissenschaft*. Reinbek: Rowohlt.

Blaug, Mark. 2003. The formalist revolution of the 1950s. *Journal of the History of Economic Thought* 25 (2): 145–156.

Callon, Michel. 2006. what does it mean to say that economics is performative? In *Do economists make markets? On the performativity of economics*, Hrsg. Donald MacKenzie, Fabian Muniesa, und Lucia Siu, 311–357. Princeton: Princeton University Press.

Colander, David, Richard Holt, und Barkley Rosser. 2004. The changing face of mainstream economics. *Review of Political Economy* 16 (4): 485–499.

Crane, D. 1972. *Invisible colleges: Diffusion of knowledge in scientific communities*. Chicago: University of Chicago Press.

Debreu, Gerard. 1959. *Theory of value an axiomatic analysis of economic equilibrium*. New Haven: Yale University Press.

De Vroey, Michel. 2004. The history of macroeconomics viewed against the background of the Marhall-Walras divide. In *The IS-LM model. Its rise, fall, and strange persistence,* Hrsg. Michel De Vroey, Kevin D. Hoover, 57–91. Durham: Duke University Press.

De Vroey, Michel. 2016. *A history of macroeconomics from Keynes to Lucas and beyond.* Cambridge: Cambridge University Press.

Dobusch, Leonhard, und Jakob Kapeller. 2009. Why is economics not an evolutionary science. New answers to veblen's old question. *Journal of Economic Issues* XLIII (4): 867–898.

Dow, Sheila C. 2008. Plurality in orthodox and heterodox economics. *The Journal of Philosophical Economics* I (2): 73–96.

Foley, Duncan K. 2000. Complexity and economic education. In *The complexity vision and the teaching of economics*, Hrsg. David Colander, 167–173. Cheltenham: Elgar.

Fourcade, Marion. 2009. *Economists and societies discipline and profession in the United States, Britain and France, 1890s to 1990s*. Princeton: Princeton University Press.

Fradin, Jacques. 1976. *Les Fondements Logiques de la Théorie Néoclassique de l'Échange*. Grenoble: Presses Universitaire de Grenoble.

Ganßmann, Heiner. 1979. *On the Reconstruction of Economics as a Social Science. Beiträge zur Politischen Ökonomie.* Diskussionsbeiträge zur Politischen Ökonomie. New School for Social Research, New York.

Georgescu-Roegen, Nicholas. 1966. *Analytical economics. Issues and problems.* Cambridge: Havard University Press.

Giocoli, Nicola. 2003. *Modeling rational agents. From interwar economics to early modern game theory.* Cheltenham: Elgar.

Gladwell, Malcolm. 2000. *Der Tipping Point: Wie kleine Dinge Großes bewirken können.* Berlin: Berlin Verlag.

Hands, D. Wade. 2001. *Reflection without rules. Economic methodology and contemporary science theory.* Cambridge: Cambridge University Press.

Hesse, Jan-Otmar. 2010. *Wirtschaft als Wissenschaft Die Volkswirtschaftslehre in der frühen Bundesrepublik.* Frankfurt a. M.: Campus.

Hodgson, Geoffrey M. 1999. *Evolution and institutions: On evolutionary economics and the evolution of economics.* Cheltenham: Elgar.

Hodgson, Geoffrey M. 2013. *From pleasure machines to moral communities. An evolutionary economics without homo oeconomicus.* Chicago: The University of Chicago Press.

Howey, RichardS. 1989. *The rise of the marginal utility school 1870–1889.* New York: Columbia University Press.

Kade, Gerhard. 1962. *Die Grundannahmen der Preistheorie – Eine Kritik an den Ausgangssätzen der mikroökonomischen Modellbildung.* Berlin: Vahlen.

Kuhn, Thomas. 1977. Second thoughts on paradigms. In *The essential tension,* Hrsg. F. Suppe, 293–319. Chicago: University of Chicago Press.

Kuhn, Thomas S. 1978. *Die Struktur wissenschaftlicher Revolutionen.* Frankfurt a. M.: Suhrkamp.

Lakatos, Imre. 1977. *The methodology of scientific research programmes: Philosophical papers.* Cambridge: Cambridge University Press.

Lawson, Tony. 2015. *The nature and state of modern economics.* Abingdon: Routledge.

Luhmann, Niklas. 1992. *Die Wissenschaft der Gesellschaft.* Frankfurt a. M.: Suhrkamp.

Luhmann, Niklas. 1997. *Die Gesellschaft der Gesellschaft.* Frankfurt a. M.: Suhrkamp.

MacKenzie, Donald. 2008. *An engine, not a camera – How financial models shape markets.* Cambridge: The MIT Press.

Mandler, Michael. 1999. *Dilemmas in economc theory – Persisting foundational problems in microeconomics.* New York: Oxford University Press.

Marx, Karl. 1983. Grundrisse der Kritik der Politischen Ökonomie. In *Friedrich Engels: Werke*, Hrsg. Karl Marx, Bd. 42. Berlin: Dietz.
Mirowski, Philip. 1991. When games grow deadley serious. The military influence on the evolution of game theory. *History of Political Economy* 23: 227–260.
Mirowski, Philip. 2002. *Machine dreams. Economics becomes a cyborg science*. Cambridge: Cambridge University Press.
Mirowski, Philip. 2004. *The effortless economy of science?* Durham: Duke University Press.
Mirowski, Philip. 2006. Twelve theses concerning the history of postwar neoclassical price theory. In *Agreement on demand. consumer theory in the twentieth century*, Hrsg. Philip Mirowski und D. Wade Hands, 343–379. Durham: Duke University Press.
Morgan, Mary S., und Malcom Rutherford, Hrsg. 1998. *From interwar pluralism to postwar neoclassicism. History of political economy annual supplement*, Bd. 30. Durham: Duke University Press.
Münch, Richard. 2011. *Akademischer Kapitalismus Über die politische Ökonomie der Hochschulreform*. Frankfurt a. M.: Suhrkamp.
Peacock, Mark S. 2009. Path dependence in the production of scientific knowledge. *Social Epistemology* 23 (2): 105–124.
Polanyi, Karl. 1978. *The Great Transformation Politische und ökonomische Ursprünge von Gesellschaften und Wirtschaftssystemen*. Frankfurt a. M.: Suhrkamp.
Polanyi, Michael. 1962. The republic of science. Its political and economic theory. *Minerva* 1: 54–74.
Robbins, Lionel. 1935. *An essay on the nature and significance of economic science*. London: MacMillan Press.
Rogers, Everett M. 1995. *Diffusion of innovations*. New York: The Free Press.
Schülein, Johann August, und Simon Reitze. 2012. *Wissenschaftstheorie für Einsteiger*. Wien: facultas.
Simon, Herbert A. 1996. *The sciences of the artificial*. Cambridge: MIT Press.
Simon, Herbert A. 1977. The organization of complex systems. In *Hierarchy theory. The challenge of complex systems*, Hrsg. HowardH Pattee, 1–27. New York: George Braziller.
Simon, Herbert A. 2002. Near decomposability and the speed of evolution. *Industrial and Corporate Change* 11 (3): 587–599.
Stavenhagen, Gerhard. 1969. *Geschichte der Wirtschaftstheorie*. Göttingen: Vandenhoeck & Ruprecht.
Sterman, John D., und Jason Wittenberg. 1999. Path dependence, competition, and succession in the dynamics of scientific revolution. *Organization Science* 10 (3): 322–341.
Veblen, Thorstein. 1898. Why is economics not an evolutionary science? *Quarterly Journal of Economics* 4: 373–397.
Weintraub, E. Roy. 2002. Neoclassical economics. Concise encyclopedia of economics. http://www.econlib.org/library/Enc1/NeoclassicalEconomics.html.
Wilholt, Torsten. 2012. *Die Freiheit der Forschung – Begründungen und Begrenzungen*. Frankfurt a. M.: Suhrkamp.

„Die Daten sind nun einmal die Daten"

Legitimationsmuster und Wissenschaftsverständnisse in der Pluralismusdebatte

Andreas Dimmelmeier, Jakob Hafele und Hendrik Theine

Zusammenfassung

In Deutschland wird teils heftig und zunehmend auch medial zwischen Vertreter*innen der Pluralen Ökonomik und der Mainstreamökonomik über den Zustand der Wirtschaftswissenschaften gestritten. In diesem Beitrag werden mithilfe einer qualitativen Analyse wesentliche Legitimationsmuster und Wissenschaftsverständnisse dieser Debatte identifiziert und analysiert. Es wird geprüft, inwiefern unterschiedliche implizit vertretene wissenschaftstheoretische Positionen die Kommunikation der Diskursteilnehmer*innen beeinflussen und zu Ausgrenzungsrhetoriken beitragen. Durch die Analyse tragen wir zu einer Reflexion der jüngsten Pluralismusdebatte bei und beleuchten Potenziale, aber auch Hürden und Grenzen eines Austausches.

Wir danken Luise Gubitzer sowie den drei anonymen Gutachter*innen für ein kritisches und detailliertes Feedback. Besonderer Dank gebührt dem gesamten Sammelbandteam, das uns stets kompetent und geduldig betreut hat.

A. Dimmelmeier (✉)
UK und Copenhagen Business School, University of Warwick, Coventry, Kopenhagen, Dänemark
E-Mail: a.e.dimmelmeier@warwick.ac.uk

J. Hafele
ZOE. Institut für zukunftsfähige Ökonomien, Bonn, Deutschland
E-Mail: jakob.hafele@plurale-oekonomik.de

H. Theine
Wirtschaftsuniversität Wien, Wien, Österreich
E-Mail: htheine@wu.ac.at

D. J. Petersen et al. (Hrsg.), *Perspektiven einer pluralen Ökonomik,* Wirtschaft + Gesellschaft, https://doi.org/10.1007/978-3-658-16145-3_2

1 Einleitung

Aktuelle Arbeiten im Bereich der Wissenschaftssoziologie haben sich jüngst verstärkt der Rolle und dem Einfluss von Ökonom*innen in der Gesellschaft zugewandt. Es zeigt sich, dass Ökonom*innen eine wichtige Rolle in wirtschafts- und gesellschaftspolitischen Debatten spielen und sich durch eine Übermacht in der Deutungshoheit gegenüber anderen Wissensformen, wie auch gegenüber anderen Sozialwissenschaften auszeichnen (vgl. Fourcade et al. 2015; Maeße 2015). Laut den Soziolog*innen Elizabeth P. Berman und Daniel Hirschman ist dies vor allem darauf zurückzuführen, dass Ökonom*innen ein besonders hohes Prestige besitzen, stark mit politischen Entscheidungsträger*innen vernetzt sind und ökonomische Konzepte wie das BIP oder die Kosten-Nutzen-Analyse fester Teil der politischen und gesellschaftlichen Praxis geworden sind (vgl. Berman und Hirschman 2014; Ban 2016 zur empirischen Forschung).[1]

Doch eine solche Vormachtstellung ökonomischer Expertise ist nicht unhinterfragt. Insbesondere seit der Finanz- und Wirtschaftskrise 2007/2008 kommt es immer wieder zu Debatten über den Zustand der Wirtschaftswissenschaften, das Versagen des Mainstreams in der Vorhersage und adäquaten Beschreibung der Krise sowie zu einer Infragestellung der Legitimität von Ökonom*innen als „universelle Intellektuelle" (Maeße 2017, S. 274). Kontroversen um die disziplinäre Ausrichtung der Wirtschaftswissenschaften als Nachbeben der Krise finden sich zum Beispiel im ‚Neuen Methodenstreit' zwischen ordnungsökonomisch geprägten Ökonom*innen und Vertreter*innen des Mainstreams (vgl. Pahl 2011). Dies ist aber nicht gleichbedeutend mit einer tief greifenden Veränderung der Ökonomik, wie u. a. die Ökonom*innen Stephan Pühringer und Katrin Hirte zeigen (vgl. 2015). Die Finanz- und Wirtschaftskrise wurde im medialen Diskurs von Ökonom*innen überwiegend als externes, ‚exogenes' Ereignis gedeutet, wodurch das dominante Paradigma der Mainstreamökonomie trotz intensiver Debatte stabil blieb. Stattdessen fand vielmehr eine weitere Festigung von Mainstreamansätzen statt, während die Marginalisierung heterodoxer Forschung[2] weiter voranschritt (vgl. Kapeller 2010). Ähnliches weisen auch Joseph Fitzgerald und Brendan O'Rourke in ihrer Analyse von Radiointerviews mit irischen Ökonomen mit Hinblick auf potenziellen Legitimitätsverlust ökonomischer Expert*innen vor dem Hintergrund der Wirtschafts- und Finanzkrise nach. Sie stellen fest:

> Nearly a decade after the economic crisis that signaled the start of the Great Recession, the dominance of mainstream economics expertise in public discourse seems to have had a strange ‚non-death' (Fitzgerald und O'Rourke 2016, S. 279).

---

[1] Siehe auch → ‚Macht Ökonomie Gesellschaft?' in diesem Sammelband.

[2] Zur Diskussion potenzieller Gegenstrategien siehe → ‚Strategische Perspektiven für die Zukunft des Pluralismus' in diesem Sammelband.

Dieser „strange non-death" mainstreamökonomischer Dominanz in öffentlichen Debatten (insbesondere gegenüber alternativen bzw. heterodoxen Ökonomieverständnissen) speist sich vor allem aus der Struktur der Ökonomik, welche von der Evaluation akademischer Forschung durch Rankings und Zitationen geprägt ist. Forschende aus dem Mainstream zitieren dabei vor allem andere Forschende aus dem Mainstream und Forschende, die sich auf alternative, heterodoxe Denkschulen berufen, tragen durch das kritische Zitieren des Mainstreams ebenfalls unbewusst zu dessen kontinuierlicher Reproduktion bei. Eine verstärkte Interaktion vonseiten des Mainstreams mit heterodoxen Ansätzen findet oft nicht statt (vgl. Kapeller 2010; Dobusch und Kapeller 2009). So wird der hohe Grad an Hierarchisierung innerhalb der Ökonomik reproduziert und die Dominanz des Mainstreams gegenüber anderen Ansätzen stabilisiert (vgl. Harley und Lee 1997; Lee und Elsner 2008; Lee 2006; Dobusch und Kapeller 2012).

Hier setzt unser Beitrag an: Die Legitimität der mainstreamökonomischen Expertise wird nämlich zunehmend von Initiativen wie der Pluralen Ökonomik, welche in den letzten Jahren an medialer Aufmerksamkeit gewonnen haben, hinterfragt. Als ein wichtiges diskursives Ereignis kann dabei die Veröffentlichung des offenen Briefes ‚An International Student Call for Pluralism in Economics' (vgl. ISIPE 2014) gelten. In diesem internationalen Aufruf fordern Studierende aus der ganzen Welt eine tief greifende Veränderung der Volkswirtschaftslehre hin zu einer pluralen Ökonomik. In Deutschland wurde der offene Brief maßgeblich vom Netzwerk Plurale Ökonomik e. V. initiiert, das im deutschsprachigen Raum seit einigen Jahren für eine Verankerung von pluralen Inhalten in Forschung und Lehre eintritt. Der offene Brief wurde dabei nicht nur in der journalistischen Berichterstattung aufgegriffen, sondern hat auch zu einer verstärkten Debatte unter Ökonom*innen über den Zustand ihrer Disziplin geführt. Genau diese öffentliche Debatte zwischen Vertreter*innen der Pluralen Ökonomik und der Mainstreamökonomik stellt der Untersuchungsgegenstand unseres Beitrages dar. In Anlehnung an Yonay (vgl. 1994) und Pahl (vgl. 2011) werden wir eine vertiefende Analyse mit Fokus auf die spezifischen Wissenschaftsauffassungen vornehmen. Überprüft wird die These, dass unterschiedliche und oftmals latente Auffassungen über Wissenschaft maßgeblich den Diskurs prägen und damit zugleich eine Verständigung der beiden Diskursparteien behindern. Es stellt sich heraus, dass einerseits unterschiedliche Auffassungen hinsichtlich der Wissenschaftsverständnisse den Diskurs strukturieren. Andererseits werden auch Auseinandersetzungen über die Legitimität der jeweiligen (wissenschaftsphilosophischen) Position geführt.

2 Wissenschaftsverständnisse

In diesem Beitrag wird auf unterschiedliche Wissenschaftstheorien Bezug genommen. Verschiedene Wissenschaftsauffassungen treten in den Disputen unter Wirtschaftswissenschaftler*innen immer wieder zutage (Pahl 2011, S. 268–271; Yonay 1994, S. 51–55).

Für die vorliegende Debatte scheint eine Einordnung anhand von grundlegenden Positionen der folgenden Wissenschaftstheorien vielversprechend, um Rückschlüsse auf das Wissenschaftsverständnis der Konfliktparteien zu ziehen: Positivismus, radikaler Relativismus, Pragmatismus und kritischer Realismus.[3] Unter *Wissenschaftsverständnissen* verstehen wir die ontologischen Annahmen sowie das erkenntnistheoretische Verständnis über die Beziehungen von realer Welt und wissenschaftlicher Erkenntnis. Letzteres beinhaltet die Dichotomie zwischen wertender und wertfreier Wissenschaft. Darüber hinaus spielen methodologische Prinzipien eine wichtige Rolle, welche erörtern, wie Wissensproduktion vorgehen muss, um Wissenschaftlichkeit zu erlangen.

2.1 Positivismus

Der Positivismus entwickelte sich im 19. Jahrhundert – ausgehend von den Schriften August Comtes – in Abgrenzung zu kirchlichen Dogmen und autoritärer Willkür. Zentral ist dabei die Annahme, dass Realität ausschließlich das ist, was beobachtbar und quantifizierbar ist. Die Existenz von wertfreien Gesetzmäßigkeiten wird angenommen, wodurch Normativität aus dem wissenschaftlichen Erkenntnisprozess ausgeschlossen wird. Erkenntnistheoretisch steht daraus folgend eine induktiv empiristische Suche nach raum- und zeitübergreifenden kausalen Gesetzmäßigkeiten im Vordergrund. Dabei gilt das Verifikationsprinzip: Aussagen, die durch empirische Beobachtung bestätigt werden, können als wahr gelten. Durch Beobachtungen können damit sukzessive schlechte Theorien ausgeschlossen werden, während gute oder wahre Theorien validiert werden. Dies ist ein linear progressives Verständnis von Wissensproduktion. Dafür grundlegend ist die Annahme, dass eine unbeteiligte Beobachtung möglich ist und die Realität direkt, also unvermittelt durch Sprache, Ideologie oder Normen, erkannt werden kann. Methodologisch gehen positivistische (Sozial-)Wissenschaften zumeist individualistisch vor. Akteure (Individuen, Haushalte, etc.) bilden die Grundeinheit jeder Analyse. Komplexe Konstrukte wie Märkte oder Staaten werden lediglich als Aggregate von individuellen Handlungen verstanden. Das Verifikationsprinzip wurde Anfang des 20. Jahrhunderts von Karl Popper als unzureichend kritisiert und um eine falsifikatorische Epistemologie erweitert, was in die Wissenschaftstheorie des kritischen Rationalismus mündete, welche als Teil des Positivismus betrachtet werden kann (Pühretmayer 2012, S. 39–45; Milonakis und Fine 2009).

---

[3]Es ist anzumerken, dass Wissenschaftstheorien nur Annäherungen und Idealtypen beinhalten können, die eine mehr oder weniger konsistente Art und Weise repräsentieren, wie Wissenschaft verstanden wird. Als solche bilden diese weder eine Praxis des Wissenschaftsbetriebs, noch die individuellen Ansichten von Forschenden ab. Gleichwohl bieten Wissenschaftstheorien wichtige analytische Einsichten, insofern diese uns erlauben, die herangezogenen Artikel anhand stringenter Kriterien einzuordnen, sowie Unterschiede und Gemeinsamkeiten herauszuarbeiten.

2.2 Relativismus und Pragmatismus

Radikal relativistische Standpunkte gehen davon aus, dass es keine allgemeingültige Wahrheit geben kann. Diese Position findet sich in unterschiedlicher Ausprägung in diversen sozialwissenschaftlichen Ansätzen wieder. Radikal (sozial-)konstruktivistische Standpunkte, wie sie zum Beispiel in einigen poststrukturalistischen oder hermeneutischen Ansätzen zu finden sind, heben die Trennung von Ontologie und Epistemologie auf. Der Erkenntnisprozess konstruiert demnach die Realität, womit jede Aussage, ob wissenschaftlich, religiös oder gar nicht fundiert, gleich wahr ist. Feyerabend (vgl. 1993) postuliert, dass verschiedene Theorien miteinander unvereinbar sind (Inkommensurabilität), weshalb es keine universellen Regeln und Methoden geben kann. Rationales wissenschaftliches Vorgehen ist somit unmöglich, woraus sich sein berühmtes methodologisches ‚anything goes' ableitet.

Für den hier betrachteten Diskurs sind jedoch vor allem pragmatische Standpunkte von besonderer Relevanz. Vertreter*innen des Pragmatismus argumentieren zwar ebenfalls häufig relativistisch, jedoch wird der Wahrheitsgehalt einer Theorie an ihrem praktischen Erfolg bemessen, was in gewisser Weise vom anything-goes-Diktum abweicht (Pühretmayer 2005, S. 35, 2012, S. 41–45). Der Pragmatismus wird oft mit den Überlegungen von John Dewey und Charles Sanders Peirce assoziiert und fand in der Ökonomik im ‚Original Institutionalism' amerikanischer Prägung große Beachtung. Zentrale Elemente des Pragmatismus sind dabei einerseits ein historisches und kontingentes Zeitverständnis, das sich gegen jede Art von Determinismus ausspricht. Die Veränderbarkeit sozialer Prozesse durch Akteure wird so hervorgehoben. Darüber hinaus herrscht andererseits ein Wissenschaftsverständnis vor, das die Fragen nach (ewigen) Wahrheiten und der Erkenntnis von Gesetzmäßigkeiten verwirft und sich stattdessen auf reale Probleme konzentriert (Reuter 1996, S. 81–100).

2.3 Kritischer Realismus

Der kritische Realismus baut auf den Ausführungen Roy Bhaskars auf (vgl. 1997) und entwickelte sich aus der expliziten Kritik sowohl am Positivismus als auch am relativistischen Poststrukturalismus. Zwischen relativistisch-konstruktivistischen Ontologien und positivistischen Epistemologien steht diese Wissenschaftstheorie, welche einen ontologischen Realismus mit einem epistemologischen Relativismus verbindet. Der kritische Realismus ist ein Wissenschaftsverständnis, das explizit von einer Definition der Ontologie ausgeht, welche eine mehrschichtige Realität konzeptualisiert. Verschiedene reale Organisationsstufen (z. B. Moleküle, Lebewesen, menschliche Gesellschaften) interagieren miteinander ohne dabei aufeinander reduzierbar zu sein. Für die Ausprägung der sozialen Realität sind im kritischen Realismus Strukturen von zentraler Bedeutung. Diese beeinflussen tendenziell den Handlungsspielraum von Akteuren, indem sie Handlungen (nicht deterministisch) ermöglichen oder verunmöglichen. Akteure haben aber auch einen Einfluss auf Strukturen. Folglich ergibt sich ein interdependentes Struktur-Handlungsverhältnis. Von diesem ontologischen Verständnis ausgehend, kann die Wissenschaft keine allgemeingültigen Gesetzmäßigkeiten ausarbeiten, auf die sich letztlich alles reduzieren lässt. Stattdessen können verschiedene Zugänge auf den jeweiligen Organisationsstufen Erklärungen liefern, indem sie deren Mechanismen analysieren (Collier 1994, S. 107–150). Der kritische Realismus bricht dabei mit der epistemologischen Vorstellung, dass alle für Wissenschaft relevante Realität beobachtbar ist. So sind beispielsweise Diskriminierungsstrukturen nicht beobachtbar, haben aber einen realen Einfluss auf die Welt. Daraus folgt, dass reine Observation von statistischen Regelmäßigkeiten nicht ausreicht, um reale Phänomene zu verstehen. Vielmehr müssen Strukturen, deren Verhältnisse zueinander sowie deren Wirkweise auf das beobachtete Ereignis miteinbezogen werden, was mit der Methodologie der „Retroduktion" möglich wird (Sayer 1992, S. 140–152). Da Wissenschaft als Teil der sozialen Realität betrachtet wird, werden Erkenntnisse immer in einem bestimmten ideologisch, sprachlich und machtförmig vermittelten Kontext gewonnen. Somit wird von einer epistemologischen Relativität ausgegangen, ohne dabei jedoch einen methodologischen oder ontologischen Relativismus anzunehmen.[4] Die Bewertung von besseren und schlechteren Erkenntnissen sowie Theorien bleibt also möglich (Heise 2016, S. 30; Sayer 2000, S. 47–60).

3 Methodisches Vorgehen

Methodisch orientieren wir uns an Mayrings qualitativer Inhaltsanalyse (vgl. 2015). Darüber hinaus knüpfen wir an Methoden der kritischen Diskursanalyse an, indem wir ein breiteres Kontext- und Diskurswissen miteinbeziehen.

Mithilfe der qualitativen Inhaltsanalyse wurden zuerst die zentralen Aussagen der analysierten Artikel in eine überschaubare Form gebracht. In einem weiteren Schritt haben wir, mit Rückbezug auf die vorgestellten Wissenschaftsverständnisse, zentrale Aussagen identifiziert, die uns eine Zuordnung zu diesen ermöglichen. Im Gegensatz zum klassisch induktiven und deduktiven Vorgehen, haben wir uns an einer ‚retroduktiven' Vorgehensweise orientiert. Dies bedeutet ein konstantes Hin und Her zwischen dem Testen des analytischen Konzepts und der Aktualisierung eines solchen auf Basis der empirischen Daten (vgl. Danermark et al. 2002).

Während der Analyse ist immer wieder deutlich geworden, dass es sich beim Untersuchungsgegenstand um keine rein wissenschaftliche Debatte handelt. Denn neben der Frage, wie wissenschaftliches Arbeiten in der Ökonomik funktioniert und funktionie-

[4]Ein ontologischer Pluralismus ist hingegen möglich, da mehrere Ebenen ontologischer Existenz anerkannt werden. Jede dieser Ebenen ist jedoch ontologisch existent und kann somit nicht als relativ angesehen werden.

ren sollte, wurden unterschiedliche Wissenschaftsverständnisse auch für Legitimationsstrategien genutzt (vgl. van Leeuwen 2016; Pahl 2011).

Der Textkorpus setzt sich aus schriftlichen Meinungsartikeln und Kommentaren der Vertreter*innen des Mainstreams sowie des Netzwerks Plurale Ökonomik zwischen 2014 und 2016 zusammen. Diese haben wir mithilfe der Presseschau des Netzwerks Plurale Ökonomik (vgl. 2016) sowie der Datenbank LexisNexis mit den Stichwörtern „Netzwerk Plurale Ökonomik",und „Ökonomie Pluralismus" identifiziert. Die Zuordnung der Autor*innen zum Mainstream bzw. der Pluralen Ökonomik basiert auf der Identifikation verschiedener Paradigmen[5] in Anlehnung an Kapeller und Dobusch (vgl. 2012). Unter *Mainstreamökonom*innen* verstehen wir Wissenschaftler*innen, die sich der Neoklassik oder partiell von ihr abweichenden Ansätzen (z. B. Verhaltensökonomik) zuordnen lassen. *Plurale Ökonomik* wird dagegen als eine alternative Position zur institutionellen und konzeptionellen Dominanz neoklassisch geprägter Ökonomik verstanden. Advokat*innen des Pluralismus stehen der Dominanz des neoklassischen Ansatzes oft kritisch gegenüber und setzen sich für eine veränderte Lehre und Forschung innerhalb der Ökonomik ein (Dobusch und Kapeller 2012, S. 1036).

Der empirische Korpus setzt sich aus insgesamt 14 Artikeln zusammen. Insgesamt acht Artikel wurden Vertreter*innen des Mainstreams zu geordnet. Für die Vertreter*innen der Pluralen Ökonomik lagen hingegen wesentlich mehr Artikel vor. Nach Durchsicht wurde allerdings schnell klar, dass dort häufig eine Wiederholung der für unsere Analyse relevanten Argumente und Informationen stattfindet. Daher wurden insgesamt sechs Artikel von Vertreter*innen der Pluralen Ökonomik analysiert. Diese wurden in unterschiedlichen Medien veröffentlicht: in überregionalen und regionalen Zeitungen, Blogs (z. B. der Ökonomenstimme) sowie auf der Website des Vereins für Socialpolitik. Die Blogartikel bereichern die Analyse insofern, als dass sie die Meinung der Schreibenden ohne größere Intermediation durch das Medium (bzw. Redakteur*innen o. ä.) wiedergeben und als eine Art modernes Äquivalent zur Briefkorrespondenz der älteren Debatten verstanden werden können.

Nach Zusammenstellung des empirischen Korpus haben wir in einem ersten Analyseschritt den Ablauf der Debatte nachvollzogen. In einem zweiten Schritt haben wir dann spezifische Abschnitte aus einzelnen Artikeln herausgefiltert, welche Aussagen im Hinblick von wissenschaftstheoretischen Verständnissen sowie daran anschließende Legitimationsmuster enthielten.

---

[5]Grundsätzlich ist denkbar, dass sich wissenschaftstheoretische Aussagen und Ausgrenzungsmuster nicht zwischen Mainstream und Pluraler Ökonomik unterscheiden, sondern anhand anderer Faktoren zustande gekommen sind. Diesen Umstand haben wir während der Analyse immer wieder kritisch reflektiert. Unterschiede innerhalb der beiden Lager haben wir außerdem versucht, in der Ergebnisbeschreibung zu berücksichtigen.

4 Ergebnisse

In dem von uns betrachteten Diskurs lassen sich mehrere zentrale umkämpfte Felder identifizieren. Es ist umstritten, welcher Erkenntnisprozess als legitim gilt und somit wissenschaftlich anerkannt ist. Eine Strategie der Pluralen Ökonom*innen ist es, die Legitimität des im Mainstream anerkannten Erkenntnisprozesses infrage zu stellen. Damit wird zugleich auch die Vormachtstellung des Mainstreams problematisiert. Im Folgenden werden zunächst die zentralen Argumente und Positionen der Pluralen Ökonomik[6] herausgearbeitet. Daraufhin werden wir die im Mainstream als legitim geltende Positionen zum Erkenntnisgewinn (also der Epistemologie) analysieren und insbesondere Ausgrenzung- und Legitimationsmuster berücksichtigen.

4.1 Vertreter*innen der ‚Pluralen Ökonomik'

Die Artikel von Pluralen Ökonom*innen geben Hinweise auf wissenschaftstheoretische Positionen, die wir in Tab. 1 zusammengefasst haben.

Eine in unterschiedlichen Artikeln geäußerte Position ist, dass Annahmen in der Ökonomik eine wichtige Rolle spielen. Die Wichtigkeit von Annahmen bezieht sich dabei nicht nur auf Grundpositionen innerhalb der Theoriebildung, denn auch die Wahl der Methode impliziert letztendlich bestimmte theoretische Überzeugungen. Jede ökonomische Schule hat bestimmte Annahmen (z. B. bezüglich dem Verhalten von Individuen oder der Rolle von Märkten). Diese Annahmen transportieren demnach gewisse Wertvorstellungen, weshalb das Postulat der Wertneutralität zurückgewiesen wird. Im Mainstream sei es typischerweise der Fall, dass Ökonomik über eine bestimmte methodische Herangehensweise definiert wird, was gewisse Erkenntnisse, durch bestimmte Annahmen im Stadium des Forschungsdesigns, nicht mehr möglich mache. Eine solche Position verweist auf der epistemologischen Ebene auf ein relativistisches Wissenschaftsverständnis. Dabei können zwei Spielarten unterschieden werden: Zum einen in Kombination mit einem ontologischen Realismus. Diese Position folgt der Vorstellung, dass eine reale Wirtschaft existiert, auch unabhängig von der spezifischen wissenschaftlichen Analyse. Zum anderen existieren Positionen innerhalb der Pluralen Ökonomik, die auch auf der ontologischen Ebene relativistisch argumentieren.

[6]Die Artikel der Vertreter*innen der Pluralen Ökonomik wurden ausschließlich von Hendrik Theine und Andreas Dimmelmeier analysiert, um eine adäquate Analyse zu gewährleisten. Bei den hier vorgestellten Ergebnissen gilt es zu beachten, dass ein definitiver Rückschluss auf die Wissenschaftsverständnisse der Autor*innen anhand der analysierten Texte nicht vollständig möglich ist. Trotzdem lassen sich anhand der genannten Anforderungen an Wissenschaft Hinweise finden, wie wissenschaftlicher Erkenntnisgewinn aus den jeweiligen Perspektiven möglich sein kann, bzw. wie Wissenschaft konzeptualisiert wird.

Tab. 1 Wissenschaftstheoretische Verortungen der ‚Pluralen Ökonom*innen‘

	Ontologische Ebene		Epistemologische Ebene	
	Vorstellung	Realitätsverständnis	Vorstellung	Wissenschaftsverständnis
Typ 1a	• Reale Wirtschaft existiert auch unabhängig von der Analyse • Realität ist zu komplex, um diese aus einer Perspektive zu verstehen	→ realistisch	• Erkenntnisprozess von Methodenwahl und Annahmen abhängig • Es gibt bessere und schlechtere Theorien	→ relativistisch
Typ 1b	• Die Realität ist beeinflusst von Wissenschaft • Beeinflussung von Wirtschaftspolitik durch Wissenschaft	→ performativ/ konstruktivistisch	• Verschiedene Sichtweisen sehen unterschiedliche Realitäten	→ relativistisch

(Quelle: Eigene Darstellung)

Wissenschaftstheoretisch gehen die Vertreter*innen einer Pluralen Ökonomik also von einer relativistischen Epistemologie aus. Im Bereich der Ontologie tut sich hingegen ein Spannungsfeld zwischen Realismus und Relativismus auf. Die Kombination einer relativistischen Epistemologie mit einer realistischen Ontologie reflektiert hierbei eine kritisch-realistische Position, während die Kombination relativ-relativ auf eine relativistische wissenschaftstheoretische Position schließen lässt. Die analysierten Artikel plädieren jedoch an keinem Punkt für ein ‚anything goes‘. Stattdessen sollen gesellschaftlich relevante Phänomene besser erkennt bzw. erklärt werden. Ebenso scheinen auch die Vertreter*innen der Pluralen Ökonomik weiterhin zwischen besseren und schlechteren Theorien unterscheiden zu wollen. Die lässt den Rückschluss zu, dass hier eine pragmatische Position vertreten wird und keine radikal relativistische.

Die wissenschaftstheoretischen Positionen (Tab. 1) können somit auch als Ausdruck verstanden werden, den positivistischen Erkenntnisprozesses der Mainstreamökonomik explizit infrage zu stellen. Ein Kristallisationspunkt ist hierbei vor allem eine Kritik an dem positivistischen Wertfreiheitspostulat. Letztendlich wird hier also auch um ein Wissenschaftsverständnis gestritten: Eine multiperspektivische Herangehensweise und relativistische Epistemologie steht dem Verständnis einer wertfreien Wissensakkumulation gegenüber.

Diese Auseinandersetzung um legitime Positionen wird allerdings nicht nur direkt auf der Ebene des Wissenschaftsverständnisses geführt, sondern auch indirekt. So kritisieren die Vertreter*innen der Pluralen Ökonomik mehrfach, dass die 2007/2008 beginnende Finanzkrise von der Mainstreamökonomik nicht vorhergesehen wurde (vgl. Hafele 2014;

Schreiner 2015; Weihmayr 2014). Eine Verbesserung dieser Situation sei durch eine Pluralisierung der Wirtschaftswissenschaften zu erreichen:

> Hätten wir diese Vielfalt in Lehre und Forschung, gäbe es einen Wettbewerb um die besten Ideen und Lösungen. Die Ansätze würden sich gegenseitig befruchten und ergänzen. Pluralismus erweitert damit das wirtschaftspolitische Repertoire und hilft uns, wirtschaftliches Handeln besser zu verstehen (Weihmayr 2014).

Dies steht im Widerspruch zu der ontologischen Position einer komplexen, historisch geformten Realität, in der soziale Konstruktion und Performativität existieren. Außerdem wird von Kritiker*innen die Legitimation des inhaltlichen Fokus infrage gestellt. So sollten die „aktuellen Probleme der Menschheit nicht vergessen“ werden:

> Herr Drehers Beschreibung einer Ökonomik als im guten Zustand befindlich, steht im Kontrast zu einer Weltwirtschaft, die nicht in der Lage ist, die gewaltigen Probleme zu lösen und die Ökonomen treiben müsste, mit aller Entschlossenheit Lösungen für diese Probleme zu erarbeiten. Aber anstatt nach neuen Antworten auf diese Probleme mit dem intellektuellen Reichtum aller wirtschaftswissenschaftlichen Theorien und Methoden zu suchen, lehnen sie sich zufrieden auf ihren neoklassischen Sesseln zurück (Hafele 2014).

4.2 Vertreter*innen des Mainstreams

Die Artikel von Vertreter*innen des Mainstreams geben Hinweise auf wissenschaftstheoretische Positionen, die wir in Tab. 2 zusammengefasst haben.

Die von Mainstreamökonom*innen geäußerten Positionen beinhalten tendenziell ein positivistisches Wissenschaftsverständnis.[7] Auf epistemologischer Ebene wird argumentiert, dass Abweichungen vom Normalzustand objektiv festgestellt werden können und nicht durch Modelle, Annahmen oder ähnliches beeinflusst werden. Märkte existieren beispielsweise unabhängig von sozialen Konstruktionen, womit auch zugleich der Vorwurf zurückgewiesen wird, dass der Mainstream aus ideologischen Gründen marktgläubig sei. Es werden somit die positiven Effekte von Märkten betont, welche das Ergebnis von „theoretischer Überlegungen“ sind und so keineswegs ein „Glaubensbekenntnis“ darstellen (vgl. Erlei 2015).

Es wird also angenommen, dass ein ideologiefreier – und somit positivistischer Erkenntnisprozess – generell möglich ist. Gekennzeichnet ist dieses Denken durch einen linear-progressiven Erkenntnisprozess in der vorherrschenden ökonomischen Forschung und Lehre. Wissenschaftliche Erkenntnis schreitet demnach stetig voran, da bessere Theorien quasi automatisch schlechtere Theorien ablösen. Für die ontologische Ebene finden sich hingegen kaum explizite Aussagen. Aus den vorliegenden Äußerungen über den

[7] Vgl. Kapeller (2012) zum Widerspruch der wissenschaftstheoretischen Selbstwahrnehmung des Mainstreams und der Realität im wissenschaftlichen Prozess des Mainstreams.

Tab. 2 Wissenschaftstheoretische Verortungen von ‚Mainstream'-Ökonom*innen

	Ontologische Ebene		Epistemologische Ebene	
	Vorstellung	Realitätsverständnis	Vorstellung	Wissenschaftsverständnis
Typ 2a	• Wissenschaft hat keinen Einfluss auf Realität • Vorhersage von Krisen ist möglich	→ positivistisch	• Abweichungen sind objektiv feststellbar • Märkte existieren unabhängig von sozialen Konstruktionen • ideologiefreie Forschung ist möglich • linear progressiver Erkentnissprozess	→ positivistisch
Typ 2b	• Kultur und Geschichte beeinflussen Realität • Soziale Konstruktion hat Einfluss auf Realität	→ unsystematische Abweichungen	• Theorie hat normative Elemente	

(Quelle: Eigene Darstellung)

Erkenntnisprozess und die Epistemologie lässt sich aber ein tendenziell positivistisches Realitätsverständnis folgern. Unter anderem wird argumentiert, dass die ökonomische Forschung keinen Einfluss auf Realität hat. Insgesamt lassen sich somit deutliche Indizien auf ein tendenziell positivistisches Wissenschaftsverständnis ausmachen.

Auf der ontologischen Ebene wird von einer sozialen Realität ausgegangen, die per se existiert und nicht weiter problematisiert werden muss. Auf der Ebene der Epistemologie implizieren die Äußerungen der Mainstream-Vertreter*innen, dass die Erklärung wirtschaftlicher Phänomene durch die rigorose Anwendung von Theorien und Methoden möglich ist. Die Evaluation von besseren und schlechteren Theorien erfolgt hierbei gegen universelle (wirtschafts-)wissenschaftliche Standards wie etwa die Vorhersagbarkeit. Eine tiefere Reflexion von Wechselwirkungen zwischen wissenschaftlicher Praxis und Realität sowie der Bedeutung von Normen und Befangenheiten (Bias) für die Forschung wird nicht thematisiert.

Jedoch werden durchaus auch Äußerungen getätigt, die teils von einem rein positivistischen Wissenschaftsverständnis abweichen (Typ 2b). Beispielsweise bricht Dreher mit der positivistischen Vorstellung einer ahistorischen Allgemeingültigkeit, indem er die „punktgenaue" Vorhersage von Wirtschaftskrisen für unmöglich erklärt (vgl. 2014). Auch die von Erlei beschriebene Einbeziehung von historischen und kulturellen Rahmenbedingungen im Kontext der neuen Institutionenökonomik deutet auf ein nicht rein positivistisches Wissenschaftsverständnis hin (vgl. Erlei 2015). Ähnlich argumentiert Rüdiger Bachmann, dass sich eine gute Theorie nicht nur dadurch auszeichnet, dass sie mit der Empirie übereinstimmt (vgl. Bachmann 2016b), sondern, dass sie zudem nicht frei von ideologischen Vormeinungen sein kann (vgl. Bachmann 2016a). Weiterhin sind soziale Rückkopplungsphänomene ontologisch von Relevanz, denn Realität ist immer auch durch soziale Konstruktion konstituiert.

Alle Autor*innen grenzen sich jedoch klar von radikalen Relativismen ab. Sehr deutlich macht das beispielsweise Bachmann: „die Daten sind nun einmal die Daten" (vgl. Bachmann in Pennekamp 2015). Außerdem gehen alle Autor*innen von einer progressiven Kumulation des Wissens aus. Die Unterscheidung von besseren und schlechteren Erkenntnissen wird als Bedingung für eine Wissenschaft verstanden, die sich dann durch (vermeintlich) immer besser werdende Theorien quasi automatisch stetig selbst verbessert.

In den Argumenten der Mainstreamökonom*innen lassen sich zudem Hinweise auf Ausgrenzungsversuche des diskursiven Gegenübers feststellen, was Rückschlüsse auf die Machtstruktur innerhalb der Wirtschaftswissenschaft möglich macht. Die vonseiten des Mainstreams geäußerte Vorstellung einer linear progressiven Entwicklung von Wissenschaft beinhaltet neben dem wissenschaftstheoretischen Standpunkt auch die Ausgrenzung anderer Theorieschulen. So ist eine Argumentation, dass sich das beste Wissen durchgesetzt habe, ein wissenschaftstheoretischer Standpunkt und kann zugleich auch eine Legitimierungsstrategie für die Dominanz der aktuellen Mainstreamökonomik darstellen. Eine solche Vorstellung delegitimiert die Erkenntnisse derjenigen, die sich auf andere Paradigmen berufen und grenzt sie von wirtschaftswissenschaftlichen Ressourcen aus:

> Solange man auch noch marxistische Analysen durchführen darf, ist doch alles gut, selbst wenn man das vielleicht heute nicht mehr als Ökonomik bezeichnet im Mainstream (Bachmann in Pennekamp 2015).

Der vom Mainstream formulierte Anspruch eines linear progressiven Wissensproduktionsprozesses ist nur dann denkbar, wenn eine Falsifizierung bzw. die Aufdeckung von Anomalien möglich ist. Dieser Anspruch ist von wissenschaftsphilosophischen Forschungen für die Wissenschaft allgemein sowie für die Forschungspraxis der Ökonomik immer wieder als nicht zutreffend kritisiert worden (Heise 2017, S. 59; Dobusch und Kapeller 2009, S. 7–8; vgl. Lakatos und Musgrave 1970). Somit werden hier also Theorieansätze unter Berufung auf eine Wissenschaftlichkeit ausgeschlossen, die im Mainstream selbst nicht eingehalten wird.

Darüber hinaus wird, ähnlich wie im Disput mit dem Ordoliberalismus (vgl. Pahl 2011, S. 267), mehrfach geäußert, dass der Mainstream ja schon plural sei, womit der Versuch unternommen wird, sich gegen die Kritik an fehlender Pluralität zu immunisieren. Diese Inklusionsstrategie zielt darauf ab, Kritiker*innen den Wind aus den Segeln zu nehmen, indem argumentiert wird, dass der Mainstream sehr wohl in der Lage ist, substanzielle Themen der heterodoxen Schulen wie z. B. Institutionen oder Unsicherheit aufzunehmen, und diese dann auch noch methodisch besser bearbeiten zu können:

> Die Diskussion, die der Profession unter dem Banner der ‚Pluralität' aufgedrängt wird, lenkt ab von der Tatsache, dass die Volkswirtschaftslehre sich in den vergangenen 35 Jahren zu einer Wissenschaft entwickelt hat, in der es eine zuvor kaum für möglich gehaltene Pluralität der Methoden und der Forschungsthemen gibt (Weimann 2016).

Neben der wissenschaftstheoretischen Dimension der Ausgrenzung lassen sich in diesem Diskurs auch noch andere Ausgrenzungsrhetoriken durch den Mainstream feststellen. Zum einen sind Formen der direkten Diffamierung des Gegenübers zu nennen: „Überhaupt nehme ich manchmal ein etwas pegidaähnliches ‚Man wird doch mal sagen dürfen'-Syndrom bei manchen Vertretern der Heterodoxie wahr" (vgl. Bachmann in Pennekamp 2015) oder „[ich will] die Kritiker des Fachs ansprechen, denn viele der von ihnen vorgetragenen Bedenken beruhen auf Missverständnissen oder Unkenntnis" (vgl. Sinn 2014).

Zudem werden die Vertreter*innen der Pluralen Ökonomik als linksalternative Ideolog*innen diskreditiert, welche implizit nicht den wertfrei gedachten wissenschaftlichen Fortschritt verfolgen, sondern ein politisches Ziel: „Im Wesentlichen beschränkt sich die Forderung darauf, linksalternative Themen in einer den Geisteswissenschaften entlehnten Methodik zu behandeln." (vgl. Weimann 2016).

Aus dem im Mainstream vorherrschenden Wissenschaftsverständnis leitet Sinn ein Selbstverständnis von Ökonom*innen ab, das er mit Metaphern aus der Medizin illustriert. Ein*e Ökonom*in kann laut Sinn einen Fehler auf Märkten, d. h. eine Abweichung von deren normaler Funktion, feststellen (vgl. Sinn 2014). Der Gebrauch von Metaphern ist dabei nicht nur ein rhetorisches Mittel zur anschaulichen Darstellung des eigenen Standpunkts, sondern bedeutet auch einen unbewussten Transfer von Wissen und Vorstellungen auf andere Zusammenhänge. Dies zieht Konsequenzen auf der ontologischen, epistemologischen und methodologischen Ebene nach sich, die oft unreflektiert bzw. implizit bleiben (vgl. McCloskey 1995; Hodgson 2008). In den Äußerungen von Sinn geht die oben aufgeführte Darstellung der medizinischen Abweichung beispielsweise auf eine naturwissenschaftliche Vorstellung eines abgeschlossenen Systems „Markt" zurück. Diese Metapher und die ihr zugrunde liegenden Annahmen haben wiederum Implikationen für die Wahl der Analysemethoden. In Sinns Äußerungen lässt sich anhand seines Plädoyers für Experimente beobachten, wie die Kategorisierung des Objekts Markt die Erkenntnis strukturiert.

So wird unter anderem eine Allianz mit den Naturwissenschaften beschworen. Eine Strategie, die in der Geschichte der Wirtschaftswissenschaften immer wieder auftaucht. So versuchten beispielsweise Anfang des 20. Jahrhunderts sowohl Neoklassiker*innen wie auch US-amerikanische Institutionalist*innen in einem Disput, spezifische Analogien zwischen ihrer Arbeit und naturwissenschaftlicher Forschung aufzuzeigen (Yonay 1994, S. 52). Auch im Rahmen des neuen Methodenstreits sind Verweise auf aktuelle naturwissenschaftliche Praktiken zu finden, um das Vorgehen der Mainstreamökonomik zu rechtfertigen (Pahl 2011, S. 268).

Die hier identifizierte Ausgrenzung kann als Verteidigung der Machtposition des ökonomischen Mainstreams verstanden werden.[8] Die dominante Position, welche die Mainstreamökonomik innerhalb der Wirtschaftswissenschaft einnimmt, wird somit diskursiv legitimiert und das Gegenüber gleichzeitig ausgegrenzt. Dies kann als aktiv geführter Machtkampf im weiteren sozialen und politischen Kontext verstanden werden. So weist u. a. Wolfram Elsner darauf hin, dass es essenziell ist, diese Machtperspektive mitzudenken, um die widersprüchlichen und chaotischen Verteidigungen des Marktprozesses in der Neoklassik erklären zu können (Elsner 2015, S. 241).

5 Fazit

Es lassen sich unterschiedliche wissenschaftstheoretische Positionen in der Debatte ausmachen. Die Positionen der Pluralen Ökonom*innen unterscheiden sich in den Wissenschaftsverständnissen. Diese lassen sich zwischen Relativismen und dem kritischen Realismus verorten. Mainstreamökonom*innen argumentieren hingegen tendenziell auf Basis einer positivistischen Epistemologie.

Darüber hinaus zeigt sich, dass diese Wissenschaftsverständnisse vom Mainstream explizit genutzt werden, um die eigene Position im Diskurs zu legitimieren, sowie abweichende Positionen auszugrenzen (z. B. durch die postulierte Wertfreiheit). Dies wird insbesondere deutlich, da der Mainstream in seiner Forschungspraxis nicht positivistisch vorgeht, sich jedoch auf positivistische Argumente beruft. Andere Positionen und insbesondere Positionen, die ihren normativen Anspruch transparent machen und einen politischen Einfluss von Wissenschaft in ihrem Erkenntnisprozess problematisieren, werden als unwissenschaftlich delegitimiert. Dabei lassen sich auch direkte Ausgrenzungsrhetoriken ausmachen. Die Vertreter*innen der Pluralen Ökonomik versuchen hingegen, die im Diskurs als legitim geltenden Wissenschaftsverständnisse anzugreifen und stellen damit die Vormachtstellung des Mainstreams infrage.

Ganz allgemein zeigt sich außerdem, dass die offensichtliche Notwendigkeit der Nutzung verschiedener Ausgrenzungsrhetoriken und Delegitimierungsstrategien von Vertreter*innen des Mainstreams als eine teilweise Öffnung einer zuvor geschlossenen Debatte begriffen werden kann. Aufseite der Pluralen Ökonom*innen lässt sich keine Ausgrenzungsrhetorik feststellen, jedoch widersprechen diese sich in ihrer Argumentation. Einerseits wird kritisiert, dass die Krise nicht vorhergesehen wurde; andererseits argumentieren sie jedoch auf Grundlage einer wissenschaftstheoretischen Position, in der Vorhersagen nicht oder nur sehr eingeschränkt möglich sind.

[8] Vgl. Grimm et al. (2014, S. 158–160) zur Immunisierungsstrategie der Mainstreamökonomik.

Letztendlich zeigt unsere Analyse, dass der kritische Realismus ein möglicher gemeinsamer wissenschaftstheoretischer common ground für zukünftige fruchtbare Debatten sein könnte. Diese Position wird am ehesten sowohl dem Anspruch an eine Epistemologie, welche eine normative Beeinflussung des Wissensproduktionsprozesses anerkennt, gerecht, aber auch dem Vorsatz, besseres Wissen über die Realität gewinnen zu können. Außerdem lassen sich weder eine positivistische Epistemologie noch eine radikal relativistische Position (vgl. Chalmers 2009) in den Sozialwissenschaften gut begründen (Clarke 2009, S. 30; Kliman und Freeman 2005, S. 10).

Literatur

Bachmann, Rüdiger. 2016a. Gegen einen Pluralismus-Kodex. Ökonomenstimme. http://www.oekonomenstimme.org/artikel/2016/07/gegen-einen-pluralismus-kodex. Zugegriffen: 1. Aug. 2016.

Bachmann, Rüdiger. 2016b. Was eine gute Ökonomik erkennen muss. Verein für Socialpolitik. https://www.socialpolitik.de/De/was-eine-gute-%C3%B6konomik-erkennen-muss. Zugegriffen: 15. Aug. 2016.

Ban, Cornel, Hrsg. 2016. *Ruling ideas. How global neoliberalism goes local.* New York: Oxford University Press.

Bhaskar, Roy. 1997. *A realist theory of science.* London: Routledge (Erstveröffentlichung 1975).

Chalmers, Alan F. 2009. *What is this thing called science?* 3. Aufl. Buckingham: Open University Press.

Clarke, Chris. 2009. Paths between positivism and interpretivism. An appraisal of Hay's via media. *Politics* 29 (1): 28–36.

Collier, Andrew. 1994. *Critical realism. An introduction into Roy Bhaskar's philosophy.* London: Verso.

Danermark, Berth, Mats Ekstrom, Liselotte Jakobsen, und Jan Karlsson. 2002. *Explaining society critical realism in the social sciences.* Oxon: Routledge.

Dobusch, Leonhard, und Jakob Kapeller. 2009. Why is economics not an evolutionary science new answers to Veblen's old question. *Journal of Economic Issues* 43 (4): 867–898.

Dobusch, Leonhard, und Jakob Kapeller. 2012. Heterodox United vs. Mainstream City? Sketching a framework for interested pluralism in economics. *Journal of Economic Issues* 46 (4): 1035–1058.

Dreher, Axel. 2014. Verteidigung der Ökonomie. Capital. http://www.capital.de/meinungen/verteidigung-der-wirtschaftswissenschaft.html. Zugegriffen: 22. Dez. 2015.

Elsner, Wolfram. 2015. Sozioökonomie und Evolutorischer Institutionalismus: Elemente und Konvergenzen moderner ‚Heterodoxien‘. In *Was ist und wozu Sozialökonomie?* Hrsg. Reinhold Hedtke, 231–260. Wiesbaden: Springer.

Erlei, Mathias. 2015. Plurale Ökonomik (2): Was ist richtig an der Kritik heterodoxer Ökonomen? Wirtschaftliche Freiheit. Das ordnungspolitische Journal. http://wirtschaftlichefreiheit.de/wordpress/?p=18020. Zugegriffen: 10. Aug. 2016.

Feyerabend, Paul. 1993. *Against method. Outline of an anarchist theory of knowledge.* London: Verso (Erstveröffentlichung 1975).

Fitzgerald, Joseph K., und Brendan K. O'Rourke. 2016. Legitimising expertise: analysing the legitimation strategies used by economics experts in broadcast interviews. *Journal of Multicultural Discourses* 11 (3): 269–282.

Fourcade, Marion, Etienne Ollion, und Yann Algan. 2015. The superiority of economics. *Journal of Economics Perspectives* 29 (1): 89–114.

Freeman, Alan, und Andrew Kliman. 2005. Beyond talking the talk. Towards a critical pluralist practice. *Post-Autistic Economics Review* 40: 26–53.

Grimm, Christian, Jakob Kapeller, und Florian Springholz. 2014. Führt Pluralismus in der ökonomischen Theorie zu mehr Wahrheit? In *Wissen! Welches Wissen?* Hrsg. Katrin Hirte, Sebastian Thieme, und Walter Ötsch, 147–163. Marburg: Metropolis.

Hafele, Jakob. 2014. Für eine fundamental andere Ökonomik. Capital. http://www.capital.de/meinungen/fuer-eine-fundamental-andere-oekonomik-3028.html. Zugegriffen: 22. Dez. 2015.

Harley, Sandra, und Frederic S. Lee. 1997. Research selectivity, managerialism, and the academic labor process. The future of nonmainstream economics in UK universities. *Human Relations* 50 (11): 1427–1460.

Heise, Arne. 2016. Pluralismus in den Wirtschaftswissenschaften: Klärung eines umstrittenen Konzepts. *IMK Study 47*. Berlin: Hans-Böckler-Stiftung.

Heise, Arne. 2017. Die Ökonomik als wissenschaftliches Macht- und Schlachtfeld. In *Die Innenwelt der Ökonomie*, Hrsg. Jens Maeße, Hanno Pahl, und Jan Sparsam, 55–81. Wiesbaden: Springer VS.

Hirschman, Daniel, und Elizabeth P. Berman. 2014. Do economists make policies? On the political effects of economics. *Socio-Economic Review* 12 (4): 779–811.

Hodgson, Geoffrey. 2008. Metaphor and Pluralism. In *Pluralist economics*, Hrsg. Edward Fullbrook. Basingstoke: Palgrave Macmillan.

ISIPE. (2014). An international student call for pluralism in economics. http://www.isipe.net/open-letter. Zugegriffen: 22. Aug. 2016.

Kapeller, Jakob. 2010. Citation metrics. Serious drawbacks, perverse incentives, and strategic options for heterodox economics. *American Journal of Economics and Sociology* 69 (5): 1376–1408.

Kapeller, Jakob. 2012. *Modell-Platonismus in der Ökonomie. Zur Aktualität einer klassischen epistemologischen Kritik*. Frankfurt a. M.: Lang.

Lakatos, Imre, und Alan Musgrave, Hrsg. 1970. *Criticism and the growth of knowledge*. London: Cambridge University Press.

Lee, Frederic S. 2006. The research assessment exercise, the state and the dominance of mainstream economics in British universities. *Cambridge Journal of Economics* 31 (2): 309–325.

Lee, Frederic S., und Wolfram Elsner. 2008. Publishing, ranking, and the future of heterodox economics. *On the Horizon* 16 (4): 176–184.

Maeße, Jens. 2015. Economic experts. A discursive political economy of economics. *Journal of Multicultural Discourses* 10 (3): 279–305.

Maeße, Jens. 2017. Ökonomisches Expertentum. In *Die Innenwelt der Ökonomie*, Hrsg. Jens Maeße, Hanno Pahl, und Jan Sparsam. Springer VS: Wiesbaden.

Mayring, Phillip. 2015. *Qualitative Inhaltsanalyse. Grundlagen und Techniken*, 12. Aufl. Weinheim: Beltz.

McCloskey, Deirdre N. 1995. Metaphors economists live by. *Social Research* 62 (2): 215–237.

Milonakis, Dimitris, und Ben Fine. 2009. *From political economy to economics. Method, the social and the historical in the evolution of economic theory*. London: Routledge.

Netzwerk Plurale Ökonomik. 2016. https://www.plurale-oekonomik.de/presse/pressekontakt. Zugegriffen: 22. Aug. 2016.

Pahl, Hanno. 2011. Die Wirtschaftswissenschaften in der Krise. *Swiss Journal of Sociology* 37 (2): 259–281.

Pennekamp, Johannes. 2015. Bachmanns Konferenzgeflüster (5). Was heißt hier Mainstream? Fazit. FAZ-Wirtschaftsblog. http://blogs.faz.net/fazit/2015/09/14/bachmanns-konferenzgeflues-ter-5-was-heisst-hier-mainstream-6514. Zugegriffen: 15. Aug. 2016.

Pühretmayer, Hans. 2005. Über das Politische des Wissenschaftlichen. Interventionen des Critical Realism in verschiedene Ökonomietheorien. *Kurswechsel* 2005 (4): 28–44.

Pühretmayer, Hans. 2012. Bedeutung wissenschaftstheoretischer Reflexionen für den politikwissenschaftlichen Erkenntnisproduktionsprozess. In *Theoriearbeit in der Politikwissenschaft*, Hrsg. Eva Kreisky, Marion Löffler, und Georg Spitaler, 33–50. Wien: Facultas.

Pühringer, Stephan, und Kathrin Hirte. 2015. The financial crisis as a heart attack: Discourse profiles of economists in the financial crisis. *Journal of Language and Politics* 14 (4): 599–625.

Reuter, Norbert. 1996. *Der Institutionalismus. Geschichte und Theorie der evolutionären Ökonomik*, 2. Aufl. Marburg: Metropolis.

Sayer, R.Andrew. 1992. *Method in social science: A realist approach*. London: Routledge.

Sayer, R.Andrew. 2000. *Realism and social science*. London: Sage.

Schreiner, Patrick. 2015. AK Plurale Ökonomik. Ökonomik funktioniert nicht wertneutral und losgelöst von Gesellschaft. Blog Annotazioni. http://www.annotazioni.de/post/1666. Zugegriffen: 22. Dez. 2015.

Sinn, Hans-Werner. 2014. Ignorante Kritik an Ökonomen. Sie sind wie Spürhunde. Süddeutsche Zeitung. http://www.sueddeutsche.de/wirtschaft/kritik-an-oekonomen-der-grosse-irr-tum-1.2198333. Zugegriffen: 22. Dez. 2015.

van Leeuwen, Theo. 2016. Discourse as the recontextualization of social practice. A guide. In *Methods of critical discourse studies*, 3. Aufl, Hrsg. Ruth Wodak und Michael Meyer. London: Sage.

Weihmayr, Benedikt. 2014. Aufstand an den deutschen Unis. Capital. http://www.capital.de/meinungen/aufstand-an-den-deutschen-unis.html. Zugegriffen: 10. Aug. 2016.

Weimann, Joachim. 2016. Die Ökonomik ist weiter als manche ihrer Kritiker. Frankfurter Allgemeine Zeitung. http://plus.faz.net/evr-editions/2016-07-25/37895/257338.html. Zugegriffen: 10. Aug. 2016.

Yonay, Yuval P. 1994. When black boxes clash. Competing ideas of what science is in economics, 1924–39. *Social Studies of Science* 24 (1): 39–80.

Macht Ökonomie Gesellschaft?

Zur Wirkmacht ökonomischen Wissens

Anja Breljak und Felix Kersting

Zusammenfassung

Dieser Beitrag diskutiert drei Ansätze, wie die gesellschaftliche Wirkmacht ökonomischen Wissens analysiert werden kann. Im ersten Teil steht die wirtschaftssoziologische Diskussion zur Wirkmacht (verstanden als Performativität) ökonomischer Modelle im Fokus, wie sie Michel Callon und Donald MacKenzie vorgelegt haben. Der zweite Teil beschäftigt sich mit der Kritik Philip Mirowskis an der Performativitätsdiskussion und seinem Ansatz, die Wirkmacht der Ökonom*innen und ihrer Netzwerke zu untersuchen. Eine dritte Perspektive diskutiert entlang der Arbeiten von Michel Foucault einerseits die Bedingungen der Möglichkeit von Diskursen wie demjenigen der Wirtschaftswissenschaften und andererseits die Rolle der politischen Ökonomie für Regierungstechniken. In diesem Beitrag verfolgen wir die These, dass die gesellschaftliche Wirkmacht ökonomischen Wissens auf drei Ebenen adressierbar ist, nämlich auf Ebene der wissenschaftlichen Aussagen und Modelle, der Protagonist*innen und des Diskurses.

Wir möchten Ivan Boldyrev, Georg Simmerl, Matthias Lüthjohan, Jorinde Schulz, Rainer Mühlhoff, Jona Bauer und den Teilnehmer*innen des Interdisziplinären Studentischen Kolloquiums (ISK) der Initiative *Was ist Ökonomie?* (HU Berlin) für wertvolle Kommentare und Anmerkungen danken.

A. Breljak (✉)
Forschungskolleg SENSING, ZeM – Brandenburgisches Zentrum für Medienwissenschaften, Berlin, Deutschland
E-Mail: a.breljak@sensing-media.de

F. Kersting
Humboldt-Universität zu Berlin, Berlin, Deutschland
E-Mail: f.kersting@hu-berlin.de

D. J. Petersen et al. (Hrsg.), *Perspektiven einer pluralen Ökonomik,* Wirtschaft + Gesellschaft, https://doi.org/10.1007/978-3-658-16145-3_3

1 Einleitung

Queen Elizabeth II. fragte 2008 bei einer Veranstaltung zur Finanzkrise an der London School of Economics: „Why did nobody notice it?“ Damit stellte sie implizit, aber öffentlichkeitswirksam, die Frage nach der Verantwortung der Wirtschaftswissenschaften für die und während der Krise; ein Frage, die bis heute die Diskussionen zur Pluralität der Ökonomik maßgeblich beschäftigt. Doch woher kam die Überzeugung von führenden Makroökonom*innen wie Robert Lucas (vgl. 2003), der noch Mitte der 2000er davon ausging, dass alle Probleme der Rezessionsbekämpfung gelöst seien? Oder die Auffassung von Robert Shiller (vgl. 2003), der zur Beseitigung von Ungleichheit die Verbreitung von Finanzmärkten und Versicherungen forderte?

Seit 2004 wird in Krankenhäusern in Deutschland nicht mehr bloß auf Basis einer Einzelfallbetrachtung diagnostiziert, sondern mittels eines standardisierten Vergütungssystems von Fallpauschalen, die nach Diagnosegruppen klassifiziert sind. Diese sogenannten ‚Diagnosis Related Groups‘ (DRG) sind ein Konzept, welches in den 1980er Jahren in den USA von Betriebswirt*innen entwickelt wurde. Das Ziel dabei ist es, Kosten zu senken, Transparenz zu schaffen und den Wettbewerb anzukurbeln (vgl. Vera 2009). Allerdings hat die Klassifikation und Abrechnung von Patient*innen in Diagnosen in erster Linie die Qualität der Behandlungen vermindert, das Stresslevel erhöht und die Machtverhältnisse im Krankenhaus zugunsten des Managements verändert (vgl. Feißt und Molzberger 2016). Ein Prozess, der in der sozialwissenschaftlichen Literatur als Ökonomisierung des Krankenhauses bezeichnet wird.

Der deutsche Finanzminister Wolfgang Schäuble hat in seiner Rechtfertigung[1] für die von der Troika auferlegte Austeritätspolitik immer wieder auf eine Studie verwiesen: ‚Growth in a Time of Debt‘ von Carmen Reinhart und Kenneth Rogoff (vgl. 2010). Darin wird gezeigt, dass ab einer Staatsverschuldung von 90 % ein negativer Zusammenhang von Staatsverschuldung und Wirtschaftswachstum vorliegt. Mit diesem Befund wurde immer wieder auf die Notwendigkeit von weiteren Kürzungen öffentlicher Ausgaben verwiesen. Dabei hatten sich die Befunde schon 2013 als falsch erwiesen (vgl. Herndon et al. 2014).

Diese drei recht unterschiedlichen Schauplätze haben eines gemeinsam: Sie legen die Frage nach der Rolle von Ökonom*innen, von ökonomischen Konzepten und von der Ökonomik als Wissenschaft für gesellschaftliche, soziale und politische Prozesse nahe. Im Mainstream der Wirtschaftswissenschaften[2] dominieren bei der Frage nach

[1]Beispielsweise in seiner Rede vor dem Bundestag am 17. Januar 2013 (vgl. Schäuble 2013).

[2]Unter dem Begriff „Mainstream der Wirtschaftswissenschaften“ verstehen wir, Colander et al. (2004, S. 490–491) folgend: „Mainstream consists of the ideas that are held by those individuals who are dominant in the leading academic institutions, organizations, and journals at any given time, especially the leading graduate research institutions. Mainstream economics consists of the ideas that the elite in the profession finds acceptable, where by ‚elite‘ we mean the leading economists in the top graduate schools. It is not a term describing a historically determined school, but is instead a term describing the beliefs that are seen by the top schools and institutions in the profession as intellectually sound and worth working on.“

der eigenen Rolle innerhalb der Gesellschaft zwei entgegengesetzte Einstellungen. Einerseits gibt es das Selbstverständnis einer positiven Wissenschaft, die spätestens seit Lionel Robbins (vgl. 1932) danach strebt, positive von normativen Aussagen zu trennen. Andererseits gibt es offen vorgetragene Bestrebungen, menschliches Verhalten und Politik zu beeinflussen: So forderte etwa der renommierte Stanford-Ökonom Raj Chetty (vgl. 2015) in seiner Ely-Lecture bessere methodische Tools zu entwickeln, um so menschliches Verhalten nicht nur besser vorhersagen, sondern auch besser beeinflussen zu können.[3] Genau dieses Spannungsfeld – zwischen positivistischem Wissenschaftsbild und dem selbst proklamierten Einfluss in der Gesellschaft – macht es nötig, sich mit der Frage nach der gesellschaftlichen Rolle der Wirtschaftswissenschaften eingehend zu beschäftigen. Das Erkenntnisziel dieses Beitrags ist es daher, Ansätze vorzustellen, die sich mit der Wirkung von Ökonom*innen und ökonomischem Wissen[4] auf soziale und politische Prozesse beschäftigen. Wie aber lässt sich diese Wirkung (er-)fassen? Welche Mittel und Methoden erlauben es, so verschiedene Schauplätze wie beispielsweise den Alltag in Krankenhäusern, die Rechtfertigung von Austeritätspolitik oder das Vertrauen in Finanzmärkte zu betrachten? In diesem Beitrag möchten wir drei Perspektiven diskutieren, die auf unterschiedlichen Ebenen Antworten auf diese Frage bieten.

Eine solche Antwort wurde in den letzten Jahren in einem Bereich der Soziologie diskutiert, der sich dem sogenannten ‚performative turn' angeschlossen hatte – eine theoretische Wende, die Ende der 1990er Jahre aufkam und dazu anregte, jedes Sprechen und Handeln in seiner Wirkung auf soziale Strukturen und damit auf die Konstitution von Wirklichkeit hin zu untersuchen. Performativität – ursprünglich ein Konzept der Sprachphilosophie – wurde in den 2000ern schließlich auch auf die Ökonomik angewendet, um die Wirkung von Ökonom*innen, ihrer Modelle und Theorien thematisieren zu können. Ausgehend von der sprachphilosophischen Idee der Performativität werden wir im ersten Teil dieses Beitrags die soziologische Diskussion zur Performativität ökonomischer Modelle, wie sie Michel Callon und Donald MacKenzie vorgelegt haben, vorstellen. Grund dafür ist die Prominenz dieses Ansatzes vor allem in der Wirtschaftssoziologie, wie auch die Möglichkeit, damit das Zusammenspiel von ökonomischen Modellen, Technologien und Akteur*innen (den sogenannten ‚Agencements') zu analysieren. Im zweiten Teil wenden wir uns der Kritik an der Performativitätsdiskussion und dem Ansatz Philip Mirowskis zu (siehe Abschn. 3). Die Hinzunahme der Überlegungen Mirowskis erlauben erstens eine kritische Einordnung der Arbeiten von Callon und MacKenzie und zweitens die Rolle von mächtigen Protagonist*innen und ihren Netzwerken in den Blick zu nehmen. Eine dritte Perspektive stellen wir entlang der Arbeiten

[3]Dazu passt auch folgende berühmte Aussage von Paul Samuelson (1990): „I don't care who writes a nation's laws – or crafts its advanced treatises – if I can write its economics textbooks".

[4]Unter „ökonomisches Wissen" verstehen wir allgemein all jene Konzepte, Theorien, Modelle und andere wissenschaftliche oder Wissensprodukte, die aus der Wirtschaftswissenschaft oder der Wirtschaft als Praxisfeld stammen bzw. in diesen verhandelt werden.

von Michel Foucault vor: Hier wird es zum einen um die Bedingungen der Möglichkeit von Diskursen wie demjenigen der Wirtschaftswissenschaften gehen (siehe Abschn. 4.1), zum anderen werden wir auch die Gouvernementalitätsstudien als Analyseperspektive hinzuziehen, wo nach der Rolle der Politischen Ökonomie für Regierungstechniken gefragt wird (siehe Abschn. 4.2). Die Überlegungen Foucaults erlauben es nämlich, über die Verbindung von Macht, Wissen und Regierungstechniken nachzudenken, eine Frage, die insbesondere bei Callon und MacKenzie ausgelassen wird und zugleich auch Mirowskis Ansatz anders perspektiviert. Am Ende geben wir einen Ausblick (siehe Abschn. 5).

Üblicherweise werden diese drei Perspektiven nicht gemeinsam diskutiert.[5] Dennoch eignen sie sich, um nach der Wirkmacht von ökonomischem Wissen (und seiner Träger*innen, der Ökonom*innen) zu fragen, gerade weil diese die Frage auf unterschiedlichen Ebenen und von verschiedenen theoretischen Standpunkten aus angehen. Daher verfolgen wir in unserem Beitrag die These, dass die Wirkmacht ökonomischen Wissens auf drei Ebenen adressierbar ist: (1) auf der Ebene der sogenannten Agencements, (2) auf der Ebene der Netzwerke und deren Protagonist*innen und (3) auf der Ebene des Diskurses und seiner Machteffekte.

Bei den vorgestellten Perspektiven handelt es sich also weder um ein geschlossenes Forschungsprogramm, noch stellen wir hier Modelle oder Theorien vor, die es dann einfach nur noch anzuwenden gilt. Die von uns diskutierten Perspektiven eint in erster Linie die Frage nach der Wirkmacht ökonomischen Wissens in gesellschaftlichen und politischen Prozessen. Diese Diskussionen firmieren aber keineswegs alle unter dem Label Performativität. Das Konzept der Performativität nehmen wir vielmehr als Ausgangspunkt, um über die Frage nachzudenken, in welcher Weise ökonomisches Wissen gesellschaftlich wirkt und wirkmächtig werden kann. Dabei verstehen wir unter *Wirkmacht* in die Wirklichkeit tretendes, also aktualisiertes Machtpotenzial. Somit gehen wir davon aus, dass Dinge, Menschen, Gruppen ebenso wie Umstände oder Relationen wirkmächtig werden können. Wie wirkmächtig sie sind, liegt in der jeweiligen Konfiguration, in der sie auftreten und in der sie das mit ihnen verbundene Vermögen (Potenzial) verwirklichen.[6] Die drei nachfolgend vorgestellten Perspektiven setzen auf verschiedenen Ebenen ein, um eine solche Wirkmacht zu thematisieren.

Dieser Beitrag hat zum Ziel, entlang einer Ideenschau zur Wirkmacht ökonomischen Wissens zu einer grundlegenden theoretischen Reflexion über Politische Ökonomie zu bewegen. Dem liegen folgende Annahmen und Implikationen zugrunde: Erstens bedeutet die Analyse der Wirkmacht eine Neubestimmung des Verhältnisses von Ökonomik und Ökonomie (also von Theorie und Praxis). Dies ist aus zwei Richtungen her gedacht

---

[5]Ausnahmen bilden die Kritik Philip Mirowskis und Edward Nik-Khahs (vgl. 2007) an der Performativitätsdiskussion sdiskussion sowie Mirowskis (2015, S. 97–158) Kritik am Ansatz Foucaults.

[6]Diese Vorstellung von Macht rührt aus einer Theorietradition nach Spinoza, vgl. Saar (2013, S. 137–142).

wichtig: Zum einen soll damit die Vorstellung und Annahme von neutraler oder bloß deskriptiver Wirtschaftswissenschaft, die sich immer wieder im Mainstream, aber auch in der Heterodoxie,[7] findet, hinterfragt werden. Zum anderen verstehen sich zunehmend mehr Ökonom*innen in der Rolle von ‚(sozialen) Ingenieur*innen' und analysieren selbst ihre eigene Wirkmacht unter dem Schlagwort ‚evidence based economics'. Auch hierfür braucht es Ansätze, die eine kritische Reflexion ermöglichen. Zweitens implizieren die vorgestellten Beiträge, neue theoretische Einsätze aus anderen Disziplinen für Fragen der Politischen Ökonomie zuzulassen und somit auch die Interdisziplinarität pluraler Ökonomik zu vergrößern.

2 Zur Performativität der Ökonomie

Performativität ist ein Begriff, den der Philosoph John L. Austin 1955 im Rahmen seiner Vorlesung ‚How to Do Things with Words' einführte: Darin argumentiert Austin anfangs für eine Unterscheidung zwischen konstativen und performativen Sprechakten. Während konstative Sprechakte in der Vermittlung eines Inhalts bestehen, der wahr oder falsch sein kann, sind all jene Sprechakte performative, die im Sprechen zugleich die Situation verändern (also gelingen oder misslingen) können. Das passiert beispielsweise beim Ja-Wort einer Eheschließung oder auch bei einer Entschuldigung, wo mittels bestimmter Worte zugleich auch eine Tat vollbracht wird (Austin 1975, S. 28).

Auch wenn Austin diese Unterscheidung im Laufe seiner Vorlesung zugunsten einer generelleren Unterscheidung wieder verwirft,[8] wurde die Idee der Performativität über sprachphilosophische Diskussionen hinaus aufgegriffen (vgl. Wirth 2002): Damit einher ging die zentrale Schlussfolgerung, dass das Sprechen nicht nur einen ritualisierten Kontext (etwa bei der Eheschließung den Personenstand), sondern auch die Sprache ein wenig verändert und auch auf diese Weise eine Handlung vollführt. Demnach kopieren wir eine Aussage oder die Sprache beim Sprechen nicht einfach nur mehr oder weniger gut, vielmehr wird in jedem Benutzen Sprache reaktualisiert, mal ein wenig abgeändert,

[7]Auch hier folgen wir dem Begriffsverständnis von Colander et al. (2004, S. 491): „[Heterodoxy] is usually defined in reference to orthodox, meaning to be ‚against orthodox,' and defines itself in terms of what it is not rather than what it is [...] heterodox economists refuse to work within the framework of mainstream economics whether because of the nature of the modeling process used, or because of the assumptions made."

[8]In der siebten Vorlesung stellt Austin fest, dass er weder ein linguistisches noch ein grammatikalisches Kriterium ausmachen kann, wann eine Äußerung sicher als performativ gelten kann (Austin 1975, S. 91). Daher ersetzt er diese durch eine Unterscheidung von lokutionären (etwas sagen), illokutionären (etwas bezwecken) und perlokutionären (etwas bewirken) Aspekten, die jeden Sprechakt begleiten. In Mäki (vgl. 2013) findet sich eine Auseinandersetzung mit Austins weiteren Unterscheidungen und deren Effekt auf die Idee der Performativität.

mal in ihrer Benutzung zementiert (Krämer 2001, S. 271).[9] Eben diese Überlegung zur Rolle von Wiederholung und Differenz im Sprechen regte Judith Butler in den 1990er Jahren an, das Konzept auch in die politische Theorie und Kulturwissenschaften zu übertragen (vgl. Butler 1995). Butler widmete sich in ihren Untersuchungen vor allem der Performativität von Geschlecht: Durch zum Beispiel den Ausruf „Es ist ein Mädchen!" wird eben nicht nur ein Geschlecht konstatiert, sondern performativ mitgeschaffen und auch (immer wieder) reaktualisiert. Der Alltag, so die Feststellung Butlers, besteht aus tausenden solcher Ausrufe, Zeichen und Wiederholungen, Kleidung, Zuschreibung und Wiederaufführung, sodass neben Sprechakten auch andere (symbolische) Handlungen Anteil haben am gesellschaftlichen Ent- und Bestehen von Identitäten und Normen – aber eben dadurch, dass diese immer wieder aufgeführt und damit reaktualisiert oder auch unterlaufen werden (vgl. Butler 2002).

2.1 Aktanten, Akteur*innen und Agencements

Um die Jahrhundertwende schwappte der *performative turn* auch in die Wirtschaftssoziologie über: Spätestens mit Michel Callons ‚The Laws of the Markets' (vgl. 1998) wurde die Performativität der Ökonomik zu einem relevanten Forschungsfeld. Dabei wurde die Frage gestellt, was Ökonom*innen zudem noch schaffen, wenn sie Theorien entwickeln oder Modelle erarbeiten bzw. ob sie (damit) den Markt oder die Ökonomie machen.[10] Entscheidend für die systematische Rolle der Performativität ist auch hier das, was bereits im Anschluss an Austin und Butler diskutiert wurde: Performativität beschreibt auch das sukzessive, sich re-aktualisierende Werden eines Gebildes wie der Sprache oder der Ökonomik. Darin sind Dinge wie Markt und Ökonomie nicht mehr einfach als gegebene Entitäten verstehbar, sondern müssen auf die konkreten Akte und Bedingungen ihres Werdens hin befragt werden. Callon versteht einen Diskurs sodann als performativ, „if it contributes to the construction of the reality that it describes" (Callon 2007, S. 316). Die Art und Weise, in der Ökonom*innen zur Ökonomie beigetragen und sie geformt haben, ist Callon zufolge nicht nur objektiv-beschreibend, sondern vielfältig wirkend und damit der näheren Untersuchung wert. Vor allem aber gilt es, sich die Problematik und Ansprüche dieses im Grunde sozialkonstruktivistischen Ansatzes der Performativität vor Augen zu führen:

> Is it reasonable to consider that a scientific theory can alter the nature of the object that it describes? Can economics act on the behavior of real economic agents, which it claims to analyze objectively and from a distance? Wouldn't this be tantamount to claiming that physics and physicists are able to influence the laws governing the course of planets? (Callon 2007, S. 313).

[9] Dies ist im Übrigen auch einer der Grundgedanken Jacques Derridas (vgl. 2004), auf dessen Überlegungen zur Iterabilität sich auch Judith Butler bezieht.

[10] Für weitere Beiträge siehe die Sammelbände von MacKenzie et al. (2007); Boldyrev und Svetlova (2016); Maeße et al. (2017).

Diese grundlegenden epistemologischen und auch wissenschaftstheoretischen Fragen[11] zielen also auf das Verhältnis der Wirtschaftswissenschaften zu ihrem Gegenstand: Ist sie nur Spiegel und beschreibt objektiv oder hat sie auch transformierende und gestaltende Wirkung auf die Ökonomie? Oder lässt sich beides – Beschreibung und Wirkung – zugleich denken? Diese Frage beantwortet Callon mithilfe von Austins Performativitätskonzept: Denn performativitätstheoretisch müsste auch eine wissenschaftliche Aussage im Wirkungsgefüge ihres Kontextes gesehen werden. Und daher gilt Callon zufolge: „a scientific statement can be compared to the instructions for use (that is, for action)" (Callon 2007, S. 319). Dabei werden die wissenschaftlichen Sprechakte auch in ihrem Zusammenspiel mit den im Wissenschaftsprozess genutzten und entwickelten *devices,*[12] den Apparaten, Instrumenten, Theorien und Modellen gesehen (Callon et al. 2007, S. 2). Gerade in diesem Zusammenspiel entsteht ein gegenseitiges Wirkungsverhältnis, welches Effekte auf die Realität hat. Deutlich wird dies beispielsweise in der Entwicklung von ‚accounting tools', die nicht nur von einer Vielzahl verschiedener Akteur*innen – seien es Ökonom*innen, Buchhalter*innen oder Unternehmer*innen – eingesetzt werden. Um diese Tools erfolgreich einsetzen zu können, müssen diese auch neue Strategien lernen, welche ihr Handeln prägen:

> Not only do accounting tools constitute spaces of calculability and define the way the calculation is made up, but also, through the reactions they provoke, new calculative strategies emerge which lead to the changing of goals (Callon 1998, S. 24).

Um dieses Ineinander von Diskurs und Device theoretisch zu fassen, bietet Callon den aus der Philosophie von Gilles Deleuze und Félix Guattari stammenden Begriff des ‚Agencements' (vgl. Deleuze 2006) an: „It conveys the idea of a combination of heterogeneous elements that have been carefully adjusted one another [sic]" (Callon 2007, S. 319). Aber im Gegensatz zum ‚Arrangement' (Einrichtung) enthält der Begriff des ‚Agencement' den Aspekt der ‚agency' und gesteht somit der (sonst passiv gedachten) Einrichtung eine aktivische, also mitformende, Dimension zu. Damit macht Callon also auch geltend, dass ein Modell oder eine Theorie nicht nur von ihren Urheber*innen in einer bestimmten Weise eingesetzt werden kann; sie wirken auch jenseits ihres designierten Feldes, können sich im Diskurs und im Handlungsfeld verselbstständigen, wirken immer wieder aktiv auf die Nutzer*innen ein, indem sie fortwährend eine Rolle spielen (z. B. indem sie von den Nutzer*innen eine Anpassung ihrer Handlungsweisen einfordern). Callon betont damit

[11]Und in der Tat verweist Callon darauf, dass diese Frage nach der Produktion von Fakten und ihrer Beschreibung eine Frage ist, die „through all the disciplines" (Callon 2007, S. 313) läuft. Interessant sind zu dieser Frage auch die Überlegungen Ian Hackings (vgl. 1983).

[12]Diese Überlegung Callons entstammt der sogenannten „Actor-Network-Theory", einer sozialwissenschaftlichen Strömung, die in den 1980er Jahren im Bereich der Science and Technology Studies aufkam und das vernetzte Zusammenwirken von verschiedenen Elementen und Akteur*innen in den Fokus rückte. Michel Callon war, neben Bruno Latour, maßgeblich an der Entwicklung dieser Theorieströmung beteiligt.

also nicht nur die Wiederholung in der Benutzung von Sprache und damit einhergehende Reaktualisierung, sondern vor allem die Interaktion zwischen Modell und Mensch, also auch die Aktivität von sonst als passiv betrachteten Elementen (wie etwa dem Modell oder der Theorie), weshalb sie, obwohl es sich dabei um (wissenschaftliche) Gegenstände handelt, in diesem Zusammenhang als Aktanten[13] bezeichnet werden.

2.2 Performativitäten auf Finanzmärkten

Ein Beispiel dafür, wie ein Modell aktiv wirken kann, hat der Wirtschafts- und Wissenssoziologe Donald MacKenzie (vgl. 2006) erarbeitet: 1973 entwickelten die Ökonomen Fischer Black, Myron Scholes und Robert C. Merton ein Modell zur Berechnung von Optionen bei Finanzgeschäften. Mithilfe einer Differentialgleichung erlaubt dieses Modell den Akteur*innen auf Finanzmärkten, die Entscheidung zu treffen, wann ein Optionsgeschäft[14] abzuschließen ist.

Wie MacKenzie zeigen konnte, fand dieses (im Übrigen mit dem Alfred-Nobel-Gedächtnispreis für Wirtschaftswissenschaften gekürte) Modell von Black, Scholes und Merton schnell Anwendung auf Finanzmärkten. Einen solchen Umstand könnte man, MacKenzie folgend, als ein paradigmatisches Beispiel von generischer, das heißt *allgemeiner Performativität* verstehen: Elemente ökonomischen Wissens, seien es Theorien, Modelle oder Datensätze, werden (jenseits des akademischen Betriebs) angewandt, ohne indes einen Effekt aufweisen zu müssen. Diese Anwendung bestand aber nicht nur darin, dass das Black-Merton-Scholes-Modell wieder und wieder mit unterschiedlichen finanzökonomischen Parametern durchgerechnet wurde. Vielmehr hat Fischer Black selbst in den 1970ern monatlich Tabellen mit den Werten für die gängigen Optionsgeschäfte herausgegeben. Diese öffentliche (und auch kostengünstige) Bekanntmachung bezeichnete MacKenzie (2006, S. 43) als eine „condition of felicity", also soziale Bedingung, die neben dem Sprechakt gegeben sein muss, damit Performativität gelingen kann.[15] Als weitere solche Bedingungen nennt MacKenzie die akademische Anerkennung des Modells und die kognitive Einfachheit, die auch dadurch sichergestellt

[13]Das Konzept des Aktanten haben Latour und Callon aus der Literaturtheorie übernommen: Nach Latour ist ein „Akteur", „what is made to act by many others" (2005, S. 46). Im Gegensatz dazu sind Aktanten jene Entitäten, egal ob menschliche oder nicht-menschliche, die Agierende zum Handeln bringen (Latour 2005, S. 52–55).

[14]Unter einem Optionsgeschäft versteht man einen Vertrag zwischen zwei Akteur*innen, in dem eine Seite die Möglichkeit, aber nicht die Pflicht hat, ein bestimmtes Asset zu kaufen (oder zu verkaufen).

[15]Im Übrigen bezieht sich MacKenzie damit subtil auf Austins ‚doctrine of the infelicities', einen von ihm aufgestellten Kriterienkatalog für das Gelingen von performativen Äußerungen (Austin 1975, S. 14).

wird, dass nur beobachtbare Variablen enthalten sind und Akteur*innen auf den Finanzmärkten damit leichter arbeiten konnten. In der schematischen Darstellung von MacKenzie lässt sich dieser Aspekt als *effektive Performativität* verstehen: Ökonomisches Wissen ist dann effektiv, wenn es Konsequenzen für die Realität aufweist (MacKenzie 2006, S. 31).

Im Laufe der Zeit konnte beobachtet werden, dass sich die Optionspreise immer mehr den Werten von Black, Scholes und Merton anpassten. Diese Beobachtung fasste MacKenzie schließlich mit dem Begriff der *Barnesianischen Performativität:*[16] Ökonomisches Wissen macht die Realität immer mehr zu einer Abbildung der Theorie, die Realität passt sich dann zunehmend dem Modell an. Allerdings änderte sich dies mit dem Börsencrash von 1987 („Schwarzer Montag"): Weil die realen Optionspreise danach stark vom Modell abwichen, entwickelte MacKenzie den Begriff der „counter performativity", wonach sich Realität und theoretische Abbildung immer weniger entsprechen.[17]

Die Performativitätsperspektive aus der Wirtschaftssoziologie, wie sie bei Callon oder MacKenzie zu finden ist, rückt das Zusammenspiel von Akteur*innen, materieller Welt (vor allem Technik) und Sprache (in Form von wissenschaftlichen Äußerungen, Theorien und Modellen) ins Zentrum ihrer Überlegungen. Darin verschiebt sich aber auch das Verhältnis von Theorie und Praxis: Mit der Frage danach, wie Ökonom*innen und ihre Modelle, Theorien und Apparate den Markt, die Wirtschaft oder gar die Realität formen und gestalten, ist das Feld der Wirtschaftswissenschaften und seiner Wirkmacht in einer neuen Weise thematisierbar geworden.

3 Zur Rolle der Protagonist*innen: Netzwerke der Macht

Eine scharfe Kritik dieses wissenschaftssoziologischen Zugangs zur Performativität, die zugleich eine entscheidende Perspektivverschiebung in eine machttheoretische Richtung anbietet, findet sich in den Arbeiten von Philip Mirowski und Edward Nik-Khah. Es sind vor allem zwei methodische und in letzter Konsequenz auch politische Probleme, die sie in den Ansätzen von Callon und MacKenzie sehen: Für Mirowski und Nik-Khah liegt ein wesentliches Problem von Callons Überlegungen in der zu geringen Distanz zur Mainstream-Ökonomik. So wird der Fokus auf „zertifizierte Wirtschaftswissenschaftler*innen"[18] (Mirowski und Nik-Khah 2007, S. 199) zum Orientierungsanker für die Frage, wie (von wem) ökonomische Realitäten miterzeugt werden, ohne die Rolle

[16]Benannt nach dem Wissenschaftssoziologen Barry Barnes, auch um damit einer möglichen Engführung auf Sprachphilosophie zu entkommen (MacKenzie 2006, S. 55).

[17]Auch weil die Wahrscheinlichkeit eines Crashs unter der angenommenen Verteilung und der ebenfalls angenommenen fixen Volatilität von Black, Scholes und Merton bei quasi null liegt, mathematisch ausgedrückt bei 10^{-160}.

[18]Fourcade et al. (vgl. 2015) untersuchen, was das „certified" am „economist" genau ausmacht.

von zum Beispiel Buchhalter*innen, Regualtor*innen und Manager*innen für eben diese ökonomische, politische und soziale Realität zu sehen.[19] Dies ist eine Vorgehensweise, die Callon laut Mirowski und Nik-Khah (vgl. 2007) aus den Science and Technology Studies übernommen hat, die sich vornehmlich mit den Naturwissenschaften beschäftigen. Zum anderen nähmen diese Ansätze eine Gleichheit bzw. Symmetrie zwischen den menschlichen wie nicht-menschlichen Aktanten an. Diese Symmetrie sollte eigentlich den Fokus auf das materielle Geschehen jenseits des menschlichen Individuums lenken, hätte damit aber auch die Protagonist*innen der Macht ausradiert: „if everything is an ‚actant', then it is hard to fill in the dance card with identifiable protagonists" (Mirowski und Nik-Khah 2007, S. 203).[20]

Mirowskis Ansatz ist es hingegen, anhand der Reaktionen auf die Finanzkrise der vergangenen Jahre, aufzuzeigen, wie Ökonom*innen und ihre Netzwerke, Alltagskultur und Mainstream-Ökonomik zusammenwirken (Mirowskis 2015, S. 19–20). Entscheidend für Mirowskis Zugriff auf und Verständnis von Neoliberalismus ist der Begriff des *Neoliberalen Denkkollektivs (NDK),* das als ein transnationales politisches Netzwerk, als eine historisch zu fassende Denkströmung verstanden wird, die sich Mitte des 20. Jahrhunderts entwickelt hat (Mirowski 2009, S. 426–440).[21] Um das NDK eingrenzen zu können, nimmt sich Mirowski die Mont Pèlerin Society vor, eine 1947 auf Einladung des Ökonomen Friedrich von Hayek gegründete Vereinigung zur Förderung des Wirtschaftsliberalismus. Personen, Gruppen und Organisationen, die in einer intellektuellen Linie oder persönlichen Verbindung zur Mont Pèlerin Society standen oder stehen, werden von Mirowski zum NDK dazugezählt.

Ein Aspekt dieses Ansatzes ist auch, dass ein historisches Vorgehen möglich wird, welches nicht nur die Geschichte eines Netzwerks und seiner Vernetzungsweisen aufzeigt, sondern zudem auch die darin entscheidenden Protagonist*innen benennt. Gerade das Benennen von Personen, Institutionen und Organisationen und ihrer Verbindungen zueinander ist in Mirowskis Arbeit ein Schlüsselstein für das Verständnis der Konstituierung unserer politischen und ökonomischen Wirklichkeit. Die Protagonist*innen in

---

[19]Einschränkend sei darauf hingewiesen, dass Callon (2007, S. 336) auch „economists in the wild" in seinen Analysen aufnimmt, wobei das „in the wild" zugleich auch andeutet, dass es sich dabei um eine abweichende Form der Beschäftigung für Ökonom*innen handelt, die zudem nicht näher qualifiziert wird.

[20]Eine ähnliche Kritik liefert Mäki (vgl. 2013). Bei MacKenzie, so seine Entgegnung, fehlen die Akteur*innen, die die Modelle anwenden und umsetzen.

[21]Mirowski (vgl. 2015) setzt das NDK nicht mit dem Mainstream der VWL gleich. Mirowskis Verständnis von Neoliberalismus, wie die nachfolgenden Ausführung im Text zeigen werden, setzt an verschiedenen Ebenen an: Erstens an den Netzwerken der Mont Pèlerin Society, zweitens an den Strategien dieser (wie z. B. doppelten Wahrheiten), drittens an deren Zielen, nämlich der Hoheit über Wissen und viertens an bestimmten Ideen wie z. B. dass Politik Märkten ein möglichst gutes Funktionieren erlauben sollte. Einen historischen Überblick liefert der Sammelband von Mirowski und Plehwe (vgl. 2009).

Mirowskis Analyse machen also nicht nur wissenschaftliche Aussagen, die sich dann in die Realität übersetzen (oder auch nicht). Vielmehr geht es um deren spezifische Positionen (zum Beispiel in Finanzinstitutionen), mit denen Einfluss und Macht verbunden sind. Damit sind dann auch die personellen Überschneidungen zwischen vermeintlich getrennten Sphären, wie Staat und Markt, Politik und Ökonomie, thematisierbar, wie sie in Form von Politikberatung, Lobbyismus, Thinktanks und Instituten aller Art bestimmend sind.[22]

Dennoch spielen auch für Mirowski die Aussagen der Protagonist*innen eine wichtige Rolle, z. B. in wissenschaftlichen Veröffentlichungen oder Beiträgen in Zeitungen, um daraus deren Strategien, Meinungen und Einflüsse herausarbeiten zu können. Versteht man das übergreifende Ziel des NDK mit Mirowski (2015, S. 55) als einen Versuch, Hegemonie über das Wissen zu erlangen, wird auch dessen politische Bedeutung deutlich. Zwei Elemente erachtet er dabei für die Wirkmacht von Wissen als zentral: 1) die Vermittlung und Verankerung bestimmter Ideen und Annahmen in den geistigen Trends der Kultur und 2) entsprechend (mächtige) Finanzgeber*innen, die für deren Verbreitung aufkommen können (Mirowski 2015, S. 20–26).

Theoretisch lässt sich Mirowskis Ansatz mit den Überlegungen aus der historischen Epistemologie Ludwik Flecks, der bereits 1935 das Denkkollektiv als Träger eines Denkstils bezeichnete, besser verstehen (Fleck 1980, S. 146–164). Nach Fleck ist ein *Denkkollektiv* eine Gemeinschaft von Menschen, die in gedanklicher Wechselwirkung zueinander stehen und eine Tendenz zur Harmonisierung, Vereinheitlichung und Beharrlichkeit von Gedanken und Wissen aufweisen, was zu einem „gerichtete[n] Wahrnehmen, mit entsprechendem gedanklichen und sachlichen Verarbeiten" führt und mitunter zwanghafte Formen annehmen kann (Fleck 1980, S. 130). Charakteristisch für ein Denkkollektiv sind Fleck zufolge Formen der Einweihung in das gemeinsame Denken sowie eine Unterteilung in einen kleinen „esoterischen Zirkel der Gebildeten" und einen größeren „exoterischen Kreis der gebildeten Laien" (Fleck 1980, S. 139–140).

Analog zu dieser Unterteilung geht auch Mirowski von einer Struktur der Schachtelpuppe aus: Das Neoliberale Denkkollektiv kennt verschiedene Schichtungen und Hierarchieebenen, die auch zu je entsprechendem Grad an der Produktion politischer Ideen Anteil haben. Effekt dieser Hierarchisierung ist auch eine Unterteilung von Wahrheit zu dem, was Mirowski als *„doppelte Wahrheit"* bezeichnet (Mirowski 2015, S. 74–90). In Bezug auf das NDK besteht eine solche doppelte Wahrheit beispielsweise zum einen in der Erzählung vom „guten Markt" und „bösen Staat", der zufolge allein der Markt effizient Probleme regeln könne, während staatliches Handeln zu Verzerrungen führe. Diese Dichotomie hat sich vor allem in ökonomischen Theorien und öffentlichen

[22]Dazu passt auch, dass sich die Mont Pèlerin Society seit ihren Anfängen an der Schnittstelle von Wissenschaft und Politik verortet hat (Mirowski 2015, S. 49).

Diskussionen niedergeschlagen.[23] Zum anderen gehört es Mirowski zufolge zu den Strategien des NDK, darauf hinzuwirken, staatliche Strukturen nicht etwa zu beseitigen, sondern derart umzustrukturieren (Re-Regulierung), dass primär die Bedürfnisse des Marktes erfüllt werden (Mirowski 2015, S. 62–63).[24] Um diese Struktur der „doppelten Wahrheit" aufrechterhalten und die eigene Position trotz dieser Widersprüche verteidigen zu können, setzt das NDK auf „die gezielte Produktion [von Unwissen und Zweifel] zu bestimmten Zwecken", was Mirowski (2015, S. 213) als „Agnotologie" bezeichnet.

Für die Sicherstellung und Verbreitung ihrer politischen Vorstellungen geht es dem NDK also weniger um das Überzeugen mittels „der" Wahrheit, als vielmehr um eine in den jeweiligen (aber im Denkkollektiv zu denkenden) *Performanzen der Protagonist*innen* liegende Wirkung, die gerade dadurch erreicht wird, dass sie Anteil haben an Prozessen und Ereignissen der öffentlichen Meinungsbildung und Entscheidungsfindung und ihre Ideen in Reformprogrammen, Auktions- und Wettbewerbsmechanismen, Austeritätspolitiken oder gar der Alltagskultur einpflanzen können. Gerade deshalb lohnt sich der historische wie zeitgenössische Blick auf die Details dieser häufig im Hintergrund oder in den Lobbys stattfindenden Vorgänge, damit verstehbar wird, *wer* genau *wie*, mit welchen Strategien und Formationen, im Rahmen welcher Netzwerke, Verbindungen und Ereignisse, letztlich auch Realität mitgestaltet. Das bedeutet zudem, dass Mirowski nicht nur eine historische Arbeit und Analyse dieser Vorgänge im Sinn hat, sondern mittels dieses Narrativs selbst auf Wirkung aus ist, er selbst agitieren und verändern möchte.

Aus diesem Anspruch heraus hat Mirowskis Werk dann auch etwas Überbordendes: Die Ansammlung von Personen- und Institutionennamen, von Zusammenhängen und Verbindungslinien sprengt teilweise jede Aufnahmefähigkeit. Zugleich bricht Mirowski auch aus dem Genre des akademischen Schreibens aus: Die wortgewaltigen Texte Mirowskis sprudeln nicht nur vor lauter Details, sondern haben zudem auch mal polemische, mal unterhaltende Züge. Dies verweist mit Blick auf die Frage der Wirkmacht auf einen wichtigen Aspekt: Die vorgestellten Ansätze untersuchen nicht nur die Frage nach der Wirkmacht ihres Gegenstandes, sondern müssen sich zugleich auch die Frage nach ihrer eigenen Wirkmacht stellen. Um diese vor allem für eine umfassende gesellschaftliche Diskussion zu erreichen, ist es nicht immer geboten, für die eigene Disziplin zu schreiben und in ihren Codes zu verharren.

Ein weiterer Ansatz der Protagonistenperspektive findet sich in verschiedenen Untersuchungen zur Rolle der Netzwerkmacht, wie sie in den letzten Jahren gerade auch in der soziologischen Forschungslandschaft, aber auch in aktivistischen und künstlerischen

---

[23]Fleck hätte dies als das „populäre Wissen" bezeichnet, welches primär von den exoterischen Kreisen des Denkkollektivs bearbeitet wird (Fleck 1980, S. 148).

[24]Entsprechend macht Mirowski (2015, S. 60–61) eine doppelte Wahrheit auch bezüglich der neoliberalen Marktkonzeption aus: Einerseits werden Märkte als der menschlichen Erkenntnis weit überlegen dargestellt (vgl. Hayek 1945), andererseits müssen auch sie konstruiert und geschützt werden.

Bereichen in den Fokus geraten sind. Da wäre zum einen die in der Netzwerk- und kritischen Machtstrukturforschung entstandenen Untersuchungen von Wirtschaftseliten und Lobbyorganisationen, wie sie im deutschsprachigen Raum beispielsweise anhand der Bertelsmann-Stiftung (vgl. Wernicke und Bultmann 2007), der Bilderberggruppe (vgl. Wendt et. al. 2016) oder Netzwerken in der deutschen Volkswirtschaftslehre (vgl. Hirte und Pühringer 2017) vorgenommen worden sind. Die Frage nach den Protagonist*innen politischer und ökonomischer Prozesse hat sich insbesondere auch im Dokumentarfilmgenre, im investigativen Journalismus und politischen Aktivismus als wirkungsvoll erwiesen: Da wäre beispielsweise Charles H. Fergusons Oscar prämierter Dokumentarfilm ‚Inside Job' zu nennen, der sich mit der Finanzkrise seit 2007 in eben dieser Weise beschäftigt hat. Ein weiterer Dokumentarfilm, ‚Goldman Sachs' von Jerome Fritel und Marc Roche, ist ein anderes Beispiel für eine Protagonistenperspektive, aber auch die Arbeit von Watch-Blogs wie Finance-Watch.org ist hier zu nennen. Im künstlerischen Kontext hat Mark Lombardi mit seinem Lebenswerk ‚BCCI, ICIC & FAB 1972–1991' in Form von Soziogrammen politischer Machtstrukturen hunderte von Karten geschaffen, die polit-ökonomische Skandale, Finanzintrigen und politische, ökonomische und terroristische Netzwerke visualisieren, Personen, Institutionen und ihre Beziehungen untereinander benennen und näher beschreiben. Lombardi nannte diese Diagramme „narrative structures", die er aus öffentlich zugänglichen Informationen zusammenstellte, um so eine Kartografie der zeitgenössischen Machtstrukturen „wie eine Art Historiengemälde" (dOCUMENTA (13) 2012, S. 84) darstellen zu können.

4 Zur Rolle des Diskurses: Die Macht ökonomischen Wissens

Eine theoretische Grundlage der Überlegungen Mirowskis (2015, S. 97–159) ist das Werk Michel Foucaults, der mit seinen Analysen zum Verhältnis von Wissen und Macht auch verschiedene Forschungsfelder für machttheoretische Überlegungen zur Ökonomie und zur Ökonomik[25] angeregt hat.

Foucault hat sich in seinem Werk an zwei Stellen mit dem Feld des ökonomischen Wissens beschäftigt: Zum einen in Form einer Untersuchung der Entstehung der klassischen Ökonomik, wie er sie in ‚Die Ordnung der Dinge' (vgl. Foucault 1974) parallel zur Entstehung von Philologie und Biologie untersucht hat. Zum anderen fokussiert Foucault sich auf die Politische Ökonomie[26] und insbesondere den Liberalismus im Zusammenspiel mit

[25]Wenngleich Ökonomie im weitesten Sinne für Foucault eine durchaus wichtige Rolle spielte, beziehen wir uns hier nur auf seine explizite Auseinandersetzung mit den Wirtschaftswissenschaften im engeren Sinne (vgl. Tellmann 2009). Allerdings macht Foucault auch geltend, dass eine einfache Unterscheidung von Wissenschaft und ihrem Gegenstand problematisch ist, weil damit deren gegenseitige Ko-Konstitution außer Acht gelassen wird (Foucault 1974, S. 436–437).

[26]Politische Ökonomie bei Foucault ist nicht von der Nähe zu Karl Marx bestimmt, sondern meint vielmehr ökonomisches Wissen im Allgemeinen.

der Entstehung und Transformation des modernen Staates, wie dies in seinen Vorlesungen zur ‚Geschichte der Gouvernementalität' (vgl. Foucault 2006a, b) zu finden ist. Für ein Verständnis von Wirkmacht in Foucaults Werk sind insbesondere seine Überlegungen zum Nexus von Wissen und Macht von zentraler Bedeutung, die wir nachfolgend thematisieren wollen.

Das Konzept der *Macht* bei Foucault kommt nicht als geschlossene Definition daher, vielmehr umkreist Foucault das Thema Macht immer wieder und auf vielfältige und oftmals uneinheitliche Weise. Sein prinzipielles Vorhaben aber, Macht als beziehungsförmig, kraftmäßig und produktiv zu denken, ist auch für das bessere Verständnis von Wirkmacht interessant:

> Unter Macht, scheint mir, ist zunächst zu verstehen: die Vielfältigkeit von Kräfteverhältnissen, die ein Gebiet bevölkern und organisieren; das Spiel, das in unaufhörlichen Kämpfen und Auseinandersetzungen diese Kraftverhältnisse verwandelt, verstärkt, verkehrt; die Stützen, die diese Kraftverhältnisse aneinander finden, indem sie sich zu Systemen verketten – oder die Verschiebungen und Widersprüche, die sie gegeneinander isolieren; und schließlich die Strategien, in denen sie zur Wirkung gelangen und deren große Linien und institutionellen Kristallisierungen sich in den Staatsapparaten, in der Gesetzgebung und in den gesellschaftlichen Hegemonien verkörpern. […] Nicht, weil sie alles umfasst, sondern weil sie von überall kommt, ist die Macht überall. […] Zweifellos muss man Nominalist sein: die Macht ist nicht eine Institution, ist nicht eine Struktur, ist nicht eine Mächtigkeit einiger Mächtiger. Die Macht ist der Name, den man einer komplexen strategischen Situation in einer Gesellschaft gibt (Foucault 1983, S. 93–94).

Damit sieht Foucault Macht als etwas, das prinzipiell allen Dingen, Wesen und Prozessen zukommt, aber sich in verschiedenen Konstellationen als verschieden wirksam zeigen und strategisch eingesetzt werden kann. Macht liegt dann nicht nur in den Händen einer Regierung, sie unterdrückt nicht nur oder ist als rein repressives Phänomen zu verstehen, vielmehr kommt verschiedenen Elementen in einer konkreten (historischen) Konfiguration verschiedene Mächtigkeit zu. Daraus schließt Foucault dann, dass Macht von überall kommt, es sich dabei zugleich auch um eine produktive Kraft handeln muss. Macht bringt auch hervor und ermöglicht. Macht ist lokal, situativ und mikropolitisch zu denken, sie ist auch z. B. in dem Verhältnis eines Hausmeisters zu anderen Bewohner*innen, in den Kräfteverhältnissen eines Liebespaares oder gar in einer Wohnungseinrichtung, der Architektur eines öffentlichen Raumes oder instituierten Rollen zu finden (Deleuze 2003, S. 308–309). Machtbeziehungen sind daher „gleichzeitig intentional und nicht-subjektiv" (Foucault 2005, S. 94). Im Gegensatz zu Mirowski, der explizit das subjektive Moment der Protagonist*innen thematisiert und stark macht, um auf deren Verantwortung und singuläre Rolle im Machtgefüge fokussieren zu können, geht es Foucault nicht nur um die konkreten Subjekte. Vielmehr geht er von dem sie durchziehenden Komplex „wechselseitig induzierter und aufeinander reagierender Handlungen" (Foucault 2005, S. 95) aus, die Möglichkeitsfelder erzeugen und darin dauerhafte Strukturen festsetzen.

4.1 Macht und Episteme: Die Bedingungen der Möglichkeit ökonomischer Wissensordnungen

In ‚Die Ordnung der Dinge' versucht Foucault eine ‚Archäologie der Humanwissenschaften' zu erarbeiten, indem er die Entstehung und Umbrüche der Philologie, Biologie und Ökonomie näher untersucht. Ziel dieser Untersuchung ist es, Ähnlichkeiten im Entstehen dieser Wissenschaftsbereiche und in Beziehung zum philosophischen Diskurs auszumachen, um ihre Transformationen besser zu verstehen (Foucault 1974, S. 10–11). Dabei geht es Foucault nicht um die Individuen oder formalen Strukturen im Diskurs, sondern vielmehr um die Frage, welche Regeln und Bedingungen für die Teilnahme am Diskurs entscheidend (und also wirkmächtig) sind und dadurch welches Wissen ermöglichen. Dies bezeichnet Foucault als *Episteme,* also als Bedingungen des Wissens einer Epoche, „in der die Erkenntnisse […] ihre Positivität eingraben und so eine Geschichte manifestieren, die nicht die ihrer wachsenden Perfektion, sondern eher die der Bedingungen ist, durch die sie möglich werden" (Foucault 1974, S. 24–25).

Für die Entstehung der Ökonomie (und damit auch der klassischen Nationalökonomie) sieht Foucault eine epistemische Verschiebung in der Wissensordnung als entscheidend an: Bis ins 18. Jahrhundert hinein, war es die „Analyse der Reichtümer", die im Zentrum ökonomischer Fragen stand, und durch die auch Kategorien wie Geld, Preis oder Markt bestimmt wurden (Foucault 1974, S. 211). So zeigt Foucault in seiner Untersuchung auf, wie sich die Vorstellungen vom Geld in den ökonomischen Wissensordnungen verschoben haben: Im 16. Jahrhundert wurde dem Edelmetall, mit Verweis auf seine Schönheit, noch ein immanenter Wert zugestanden und daraus ein Preis abgeleitet. Dagegen betonte man im 17. Jahrhundert im Zuge der Verbreitung merkantilistischer Ideen immer stärker die Tauschfunktion, um davon ausgehend dann auch den Wert des Geldes zu bestimmen (Foucault 1974, S. 220). Diese Umkehrung ist auch die Voraussetzung dafür, das Interesse von den kostbaren Reichtümern auf die Gegenstände der Bedürfnisse und Wünsche umlenken zu können. Damit gerät die Produktion und in letzter Konsequenz die menschliche Arbeitskraft in den Fokus (Foucault 1974, S. 12–13). Diese Verschiebung zur Produktion und damit zum Menschen will Foucault aber nicht als Fortschrittsgeschichte hin zur Nutzenfunktion und schließlich heutigen neoklassischen Ökonomik verstanden wissen. Vielmehr geht es ihm darum, diejenigen Verschiebungen in den Diskursen freizulegen, anhand derer sich zeigen lässt, wie verschiedene Wissensgebiete miteinander verschaltet sind. Denn im Raum dieser Überschneidungen wurde auch unser heutiges Menschenbild mit hervorgebracht. Das ökonomische Wissen spielt also eine entscheidende Rolle in unseren Vorstellungen vom Menschen, ja gar von uns selbst.

Dass sich mit der Ordnung des Wissens also auch die Seinsweise der Dinge, unsere Wahrnehmung von der Realität, geändert und verändert hat, ist die zentrale Erkenntnis. Sie schließt auch an jene Machtkonzeption an, die Foucault eng an das Wissen gekoppelt hat, denn es gibt keine Machtbeziehungen, „ohne dass sich ein entsprechendes Wissensfeld konstituiert, und kein Wissen, das nicht gleichzeitig Machtbeziehungen voraussetzt und konstituiert“ (Foucault 1993, S. 39). Und so haben die Ordnungen des Wissens immer sowohl epistemische als auch materielle Voraussetzungen und Konsequenzen, die viel grundlegender zu untersuchen sind – insbesondere in Bereichen wie der Politischen Ökonomie, die im hohen Maße unsere Lebensbedingungen bestimmt.[27]

4.2 Macht und Regierung: Zur Gouvernementalität der Gegenwart

Die Gouvernementalitätsstudien sind eine Forschungsrichtung, die Foucault in seinen Auseinandersetzungen mit der Rolle der Ökonomie und der Entstehung des modernen Staates begründet hat.[28] Ausgangspunkt dafür ist der Begriff der Regierung, der bei Foucault ab den späten 1970er Jahren zum „Leitfaden“ (Lemke 2008, S. 260) avancierte, weil er eine Scharnierfunktion zwischen den diffusen Macht-Wissen-Formationen und den starren Strukturen und Institutionen von Herrschaft erlaubte. *Regierung* steht hier nicht nur für die Repräsentation einer Menge von Einzelwissen oder dem Staatsapparat, vielmehr wendet sich Foucault damit auch explizit dem „Selbstbewusstsein des Regierens“ (Foucault 2006b, S. 481) zu, also dem Nachdenken über die beste Form der Regierung, Lenkung und Führung von Menschen. Interessant ist der Regierungsbegriff zudem, weil er auch eine systematische Einbeziehung des Subjekts erlaubt, gerade dort, wo Regierung verstärkt über Selbstregierung funktioniert. Und so beschreibt Foucault auch die Entstehung des modernen Staates als „verwickelte Kombination von Individualisierungstechniken und Totalisierungsverfahren“ (Foucault 1983, S. 248), die eben nicht nur immer umfassender werden, sondern vor allem auch das Individuum, das Subjekt, in ihren Fokus rücken. Daher versteht Foucault unter *Gouvernementalität*[29] eine

> Gesamtheit, gebildet aus den Institutionen, den Verfahren, Analysen und Reflexionen, den Berechnungen und den Taktiken, die es gestatten, diese recht spezifische und doch komplexe Form der Macht auszuüben, die als Hauptzielscheibe die Bevölkerung, als Hauptwissensform die politische Ökonomie und als wesentliches technisches Instrument die Sicherheitsdispositive hat (Foucault 2005, S. 171).

Foucaults Untersuchung der Geschichte der Gouvernementalität setzt beim ‚Gerechtigkeitsstaat‘ des Mittelalters an und verfolgt dessen Gouvernementalisierung im

[27]Eine in diesem Geist und auf das Wissen ausgerichtete Untersuchung jüngeren Datums hat Joseph Vogl mit ‚Das Gespenst des Kapitals‘ vorgelegt. Dort wird primär der theologische Gehalt finanzökonomischen Wissens untersucht und als „Oikodizee“ diskutiert, in welcher der Markt die zentrale „Hoffnungsfigur“ des ökonomischen Denkens darstellt (Vogl 2010, S. 31).

[28]Wobei diese Analyseperspektive Foucaults durchaus in Beziehung steht zu seinen Überlegungen in der ‚Ordnung der Dinge‘ (Foucault 2006a, S. 118–119).

[29]Näheres zum Begriff der Gouvernementalität findet sich auch in den Erklärungen Michel Sennelarts im Nachwort zur zweiten Gouvernementalitätsvorlesung (Foucault 2006b, S. 482–489).

Zusammenspiel mit dem Liberalismus im 18. Jahrhunderts.[30] Denn in eben dieser Zeit entsteht ein politischer Diskurs über die Freiheit des Einzelnen, deren Förderung jedoch umso ausgefeiltere Maßnahmen der Sicherheit erfordert. Diese sogenannten Sicherheitsdispositive operieren in erster Linie mittels statistischer Erhebungen und Berechnungen von Wahrscheinlichkeiten, entwickeln also einen wissenschaftlichen und technischen Apparat, der genaue Daten über Geburten, Todesfälle, Epidemien und andere Gefahren liefern soll, um entsprechende Maßnahmen ergreifen zu können. Im 20. Jahrhundert und spätestens seit der ‚Großen Depression' verschiebt sich dieses Paradigma entlang der neoliberalen Diskussion in zwei Richtungen: Es kommt erstens zu einer Neuausrichtung des Verhältnisses von Staat und Markt, wobei der Markt selbst zum organisierenden Prinzip des Staates wird.[31] Zweitens kommt es zu einer Neuausrichtung der Freiheit des Individuums, nunmehr verstanden als Unternehmer*in (Bröckling et al. 2000, S. 15). Gerade letzteres macht die Verbindung von Wissen, Macht und dem Subjekt deutlich: Die Freiheit individueller Entscheidungen werden im neoliberalen Setting wie Unternehmensentscheidungen mit einem Trade-Off zwischen Nutzen und Kosten konzeptualisiert, und so eine Anrufung des Subjekts als Unternehmer*in möglich. Die Grundlage aus der Ökonomik bildet die Humankapitaltheorie, wie sie z. B. von Gary Becker (vgl. 1964) vorgelegt wurde. Das Subjekt wird zum Produzenten des eigenen Kapitals, das es effizient zu verwalten hat, wobei es damit auch zu einer Ausweitung des Kapitalbegriffs kommt: So werden selbst Fragen der Ernährung und Erholung zu Investitionsentscheidungen in das eigene körperliche und soziale Kapital.

Es ist eben diese in unsere Gegenwart reichende Entwicklung von Regierungspraktiken, welche die Gouvernementalitätsstudien seit den 1990er Jahren in den Blick genommen haben und damit Foucaults fragmentarisch gebliebene Überlegungen nun stetig erweitern. Die Untersuchungen reichen dabei von der Ökonomisierung von Krankenhaus und Universität, der gesellschaftlichen Rolle der Versicherungsmathematik bis hin zur Neuausrichtung von oft prekären Arbeitsverhältnissen der ‚Unternehmer*innen ihrer Selbst' (vgl. Lessenich 2008). Die Wirkmacht neoliberaler Konzepte und Ideen werden in diesem Forschungsfeld als diskursive Einsätze analysiert. Ihre Verkopplung mit neuen Technologien bringt dabei immer neue Wege und Formen hervor, auf die Subjekte einzuwirken, sie zum Handeln zu bewegen, und ihre Motivationen, ihre Beziehungen zu Institutionen und Selbstvorstellungen zu formen.

---

[30] Wobei Foucault den Liberalismus als „Prinzip und Methode der Rationalisierung der Regierungsausübung" (Foucault 2006b, S. 436) und gleichzeitig als Kritikform versteht, und nicht einfach nur als eine Ideologie.

[31] Hierzu hat auch Joseph Vogl in ‚Der Souveränitätseffekt' gezeigt, wie sich die „Legende des Liberalismus" (Vogl 2015, S. 8) als ein Gegensatz von Markt und Staat historisch entwickelt und manifestiert hat. Dabei bezieht Vogl im Gegensatz zu Foucault auch das Finanzwesen, insbesondere Zentralbanken, mit ein.

5 Ausblick – Krise und Performativität

Eine der wichtigsten Erkenntnisse aus Foucaults ‚Die Ordnung der Dinge‘ ist, dass die Episteme erst dann greifbar werden, wenn sie in die Krise geraten. Diese Erkenntnis haben nicht zuletzt auch MacKenzies Performativitätskonzepte oder Mirowskis Analyse des Neoliberalismus in der Finanzkrise geprägt. Erst in den Krisen der letzten Jahrzehnte zeigte sich in aller Offenheit, was bis dahin eher latent oder unter der Oberfläche wirkte. Aber nicht nur dieser epistemische Realitätseffekt macht die Frage virulent, welche Rolle Krisen für Performativität spielen. Gerade die Krisen der letzten Jahrzehnte haben sich als Motoren ökonomischer Umgestaltung und Großprojekte erwiesen, haben Rechtfertigungen und Gründe geliefert für Reformprogramme (wie z. B. die Agenda 2010 oder die Einführung der DRGs) und Austeritätsmaßnahmen. Im Nachgang dieser wurden Akteur*innen ins Spiel geholt (wie Thinktanks und Ratingagenturen) und Kräfteverhältnisse neu geordnet.[32] Untersuchungen eben dieser Vorgänge, der darin wirkmächtigen Elemente, Protagonist*innen, Technologien und Konzepte, und insbesondere ihrer Funktionen, Effekte und Resultate, sind heute wichtiger denn je, auch mit Blick auf die Geschwindigkeit technologischen Wandels und finanzialisierten Kapitalismus. Krisen bilden daher nicht nur ein interessantes Feld, die verschiedenen Ansätze zur Wirkmacht von ökonomischen Wissen und von Ökonom*innen zu analysieren, sie sind gleichzeitig als Krisennarrative selbst höchst performative Angelegenheiten. Denn auch Krisen beruhen auf Sprechakten, und oftmals entscheidet sich erst im öffentlichen Diskurs, ob und um was für eine Krise es sich handelt.

Eine Möglichkeit für weitere Untersuchungen deutet sich im Bereich der Verhaltensökonomie an: Der Breakdown der letzten Finanzkrisen forderte auch neue Erklärungsangebote im Mainstream der Wirtschaftswissenschaften heraus. Eine dominante Erklärung betitelte der Ökonom Robert Frank in der New York Times als „Flaw in Free Markets: Humans“ (vgl. Frank 2009). So wurde mit Schlagworten wie „Herdenverhalten“, „Blasenbildung“ und „menschliche Schwäche“ versucht, das Krisengeschehen zu erklären und mithilfe verhaltensökonomischer Evidenz auf eine individuelle Ebene zu verlagern (Akerlof und Shiller 2010, S. IV–XIX; Thaler und Sunstein 2008, S. 260). Doch verhaltensökonomisches Wissen erweist sich nicht nur als Erklärungsansatz für die Krisenentstehung und als Zeichen von Veränderung. Vielmehr scheint es auch zu einer neuen ‚Regierungstechnologie‘ zu avancieren und verweist auf seine gesellschaftliche Wirkmacht. Insbesondere in den USA und Großbritannien erfuhr verhaltensökonomisches Regieren unter dem Stichwort *Nudging* (vgl. Thaler und Sunstein 2008) in den letzten Jahren großen Zuspruch; und auch das Bundeskanzleramt hat Ende 2014 drei verhaltensökonomische Referent*innen eingestellt. Das ‚Behavioral Insights Team‘

[32]Das Verständnis von ‚Krise als Chance‘ findet sich bereits bei Friedman (vgl. 1962). Kritische Gegenwartsbeobachter*innen gehen sogar schon so weit, ‚Krise als Regierungskunst‘ aufzufassen (vgl. Unsichtbares Komitee 2014).

in Großbritannien hat dabei besonders nachdrücklich auf die Notwendigkeit neuer Regierungspraktiken, die nicht am homo oeconomicus ansetzen, hingewiesen.[33] Statt klassischen monetären Anreizen rückt mit dem Nudging die Entscheidungsarchitektur ins Blickfeld. Während in den Vorstellungen neoklassischer Ökonomie die Situation der Entscheidung keine Rolle spielte, weil die Figur der Neoklassik diese ‚durchschaute', setzen Nudges genau dort an. Thaler und Sunstein bestimmen Nudges als „any aspect of the choice architecture that alters behavior in a predictable way without forbidding any options or significantly changing their economic incentives" (Thaler und Sunstein 2008, S. 6). Default-Einstellungen bei privaten Rentenversicherungen, die Anordnung von Gemüse in Cafeterien und die zeitliche Entscheidungsarchitektur bei der Vergabe von Düngemitteln in Kenia: All dies sind Einsätze von Nudges. Und gerade deshalb sollte das Nudging auch in Analysen ökonomischer Wirkmacht eingehen, stellt es nicht zuletzt auch einen Ansatz dar, mit dem *über die Situation* einer Entscheidung auf die Entscheidung einzelner Subjekte einzuwirken versucht wird. Dabei stützt sich dieses Vorgehen wesentlich auf Big-Data-Technologien und steht offensichtlich in Allianz mit Regierungsinstitutionen. Gleichwohl bleibt der Maßstab in Form des ‚homo oeconomicus' als normative Zielgröße unumwunden bestehen (vgl. Thaler 2016). Was diese Allianz genau bedeutet, wie sie sich ausgestaltet, wie harmlos oder problematisch Nudging in dieser Hinsicht ist und welche Vorstellungen von und Wirkungen auf Subjekte damit einhergehen, all das scheinen Fragen zu sein, denen sich künftige Untersuchungen gewinnbringend in Bezug auf deren Wirkmacht widmen könnten.[34]

Für diese Themen – die Veränderungen in Krisen und die Rolle der Verhaltensökonomik darin – bieten die vorgestellten Perspektiven auf die Wirkmacht ökonomischen Wissens spannende Anknüpfungspunkte. Callon und MacKenzie erlauben dabei einen Blick auf die ‚Agencements', mit Mirowski lassen sich die Protagonist*innen mächtiger Netzwerke und deren Strategien analysieren, während Foucaults Theorien neue ökonomische Regierungstechniken identifizieren lassen. Ohne Zweifel weisen diese Ansätze auch Grenzen auf. Offen bleibt die Rolle für und Wirkung von gesellschaftlichen Entwicklungen auf die Wirtschaftswissenschaft selbst. So könnte zudem das Zusammenspiel realökonomischer Entwicklungen mit ökonomischen Wissen, eine Leerstelle in den Analysen Mirowskis, genauer analysiert werden. Zudem kritisiert Butler (vgl. 2010), dass die Rolle des Scheiterns insbesondere in den Arbeiten Callons eine zu geringe Rolle spielt und stärker die politischen und normativen Aspekte ökonomischer Wirkmacht beleuchtet werden sollten.

---

[33]Zentrale Figuren, um auf die Protagonisten zu verweisen, sind der Ökonom Richard Thaler und der Rechtswissenschaftler Cass Sunstein. Während Thaler die US-Regierung unter Obama bei der Einführung einer neuen Form der Rentenversicherung beraten hat (basierend auf verhaltensökonomischer Evidenz), war Sunstein von 2009 bis 2011 Chef der obersten Regierungsbehörde in den USA (ebenfalls unter Obama).

[34]Siehe dazu den Beitrag → ‚Mehr als nur Werkzeuge. Kritik an Experimenten in der Ökonomik' in diesem Sammelband.

Was also lässt sich mit der Frage nach der Wirkmacht ökonomischen Wissens erreichen? Welche Möglichkeiten bietet dieser Ansatz für eine plural verstandene Ökonomik? Mit der Frage nach der Wirkmacht wird nicht nur das Verhältnis von Ökonomik, Ökonom*innen und Ökonomie, von Praxis und Theorie neu geordnet und prozessual miteinander verschränkt, sondern auch eine Perspektive ermöglicht, mittels derer das Thema Macht in einer neuen Weise in den Fokus der Politischen Ökonomie genommen werden kann. Denn um zu verstehen, warum bestimmte Theorien, Modelle und Akteur*innen in welcher Weise Ökonomie mitgestalten und in welcher Weise Ökonom*innen damit Gesellschaft beeinflussen, müssen wir die Frage nach den Machtverhältnissen stellen. Die aufgezeigten Ansätze bergen eine solche Möglichkeit: Über die konkreten Praktiken, Theorien und Akteur*innen Aufschluss darüber zu erhalten, wie in welcher Weise diese in politische und gesellschaftliche Prozesse eingreifen und Gesellschaft mitkonstituieren. Konsequenterweise geht damit auch einher, dass sich die Kritik an ökonomischen Modellen, sie seien unrealistisch, als problematisch erweist. Denn damit wird einerseits eine stabil gegebene Realität und ein rein deskriptiver Zugriff der Theorie auf diese vorausgesetzt, während andererseits dadurch der Wirkmacht von Modellen keine Beachtung zukommt. Das Nachdenken über Wirkmacht impliziert zudem, dass sich eine plurale Ökonomik davor hüten muss, in die ‚neoklassische Falle' zu tappen, die gerade darin besteht, dass Politische aus der Ökonomie herauszunehmen und aus politischen Fragen technische zu machen. Dafür ist es aber umso wichtiger, nicht an Disziplingrenzen stehen zu bleiben. Letztlich, so ließe sich folgern, implizieren die vorgestellten Ansätze auch die Frage nach der Haltung derjenigen, die Wissenschaft betreiben: Denn wenn jedes wissenschaftliche Statement auch eine bestimmte Wirksamkeit hat, wenn wissenschaftliche Erkenntnisse nicht nur einer „Politik der Wahrheit" (Foucault 1978, S. 51) verpflichtet sind, sondern auch im politisch-ökonomischen Feld einsetzbar sind und eingesetzt werden, dann ist niemand davor gefeit, politisch wirksam zu sein (und sein zu können). Und das hat zwei Konsequenzen: Zum einen fordert es Wissenschaftler*innen in besonderer Weise heraus, ihre Arbeit *als Praxis* und den Diskurs in seinen Bedeutungslinien zu reflektieren und sich zu deren Verwertbarkeit und Verkopplung mit Regierungstechnologien zu verhalten. Zum anderen macht es gerade die Wirtschaftswissenschaften als jenes akademische Feld mit besonders großer gesellschaftlicher Bedeutung und Wirkmacht wieder als *Politische* Ökonomie sichtbar, die es im Grunde schon immer war und fordert dazu auf, diese Sichtbarkeit und die Strategien ihrer Verschleierung herauszustellen.

Literatur

Akerlof, George, und Robert Shiller. 2010. *Animal spirits. How human psychology drives the economy, and why it matters for global capitalism.* Princeton: Princeton University Press.

Austin, John L. 1975. *How to do things with words. The William James lectures delivered at Harvard University in 1955.* Oxford: Oxford University Press.

Becker, Gary. 1964. *Human capital. A theoretical and empirical analysis, with special reference to education.* Chicago: University of Chicago Press.

Boldyrev, Ivan, und Ekaterina Svetlova, Hrsg. 2016. *After the turn: How the performativity of economics matters.* New York: Palgrave Macmillan.

Bröckling, Ulrich, Susanne Kassmann, und Thomas Lemke. 2000. Gouvernementalität, Neoliberalismus und Selbsttechnologien. Eine Einleitung. In *Gouvernementalität der Gegenwart: Studien zur Ökonomisierung des Sozialen,* Hrsg. Ulrich Bröckling, Susanne Kassmann, und Thomas Lemke, 7–40. Frankfurt a. M.: Suhrkamp.

Butler, Judith. 1995. *Körper von Gewicht: Die diskursiven Grenzen des Geschlechts.* Berlin: Berlin Verlag.

Butler, Judith. 2002. Performative Akte und Geschlechterkonstitution. Phänomenologie und feministische Theorie. In *Performanz. Zwischen Sprachphilosophie und Kulturwissenschaften,* Hrsg. Uwe Wirth, 301–322. Frankfurt a. M.: Suhrkamp.

Butler, Judith. 2010. Performative agency. *Journal of Cultural Economy* 3 (2): 147–161.

Callon, Michel. 1998. Introduction: The embeddedness of economic markets in economics. In *The laws of the markets,* Hrsg. Michel Callon, 1–57. Oxford: Blackwell.

Callon, Michel. 2007. What Does it Mean to Say That Economics is Performative? In *Do economists make markets?* Hrsg. Donald MacKenzie, Fabian Muniesa, und Lucia Siu, 311–357. Princeton: Princeton University Press.

Callon, Michel, Yuval Millo, und Fabian Muniesa. 2007. An introduction to market devices. In *Market devices,* Hrsg. Michel Callon, Yuval Millo, und Fabian Muniesa, 1–12. Oxford: Wiley Blackwell.

Chetty, Raj. 2015. Behavioral economics and public policy: A pragmatic perspective Ely Lecture. *American Economic Review Papers and Proceedings* 105 (5): 1–33.

Colander, David, Richard Holt, und Rosser Barkley. 2004. The changing face of mainstream economics. *Review of Political Economy* 16 (4): 485–499.

Deleuze, Gilles. 2003. Die Intellektuellen und die Macht. In *Die einsame Insel. Texte und Gespräche von 1953 bis 1974,* Hrsg. David Lapoujade, 301–312. Frankfurt a. M.: Suhrkamp.

Deleuze, Gilles, und David Lapoujade, Hrsg. 2006. *Two regimes of madness: Texts and interviews, 1975–1995.* Los Angeles: Semiotext(e).

Derrida, Jacques. 2004. Signatur Ereignis Kontext. In *Die différance. Ausgewählte Texte,* Hrsg. Peter Engelmann, 68–109. Stuttgart: Reclam.

dOCUMENTA, Hrsg. 2012. *Das Begleitbuch,* Bd. 3/3. Ostfildern: Harje Cantz Verlag.

Feißt, Martin, und Kaspar Molzberger. 2016. Die Praxis der Zahlen im Krankenhausmanagement. Fakt oder Fetisch? In *Mutationen des Krankenhauses,* Hrsg. Ingo Bode und Werner Vogd, 119–142. Wiesbaden: Springer.

Fleck, Ludwig, Lothar Schäfer, und Thomas Schnelle, Hrsg. 1980. *Entstehung und Entwicklung einer wissenschaftlichen Tatsache. Einführung in die Lehre vom Denkstil und Denkkollektiv.* Frankfurt a. M.: Suhrkamp.

Foucault, Michel. 1974. *Die Ordnung der Dinge: eine Archäologie der Humanwissenschaften.* Frankfurt a. M.: Suhrkamp.

Foucault, Michel. 1978. *Dispositive der Macht.* Berlin: Merve.

Foucault, Michel. 1983. *Der Wille zum Wissen. Sexualität und Wahrheit I.* Frankfurt a. M.: Suhrkamp.

Foucault, Michel. 1993. *Überwachen und Strafen: Die Geburt des Gefängnisses.* Frankfurt a. M.: Suhrkamp.

Foucault, Michel. 2012. *Die Regierung des Selbst und der Anderen.* Frankfurt a. M.: Suhrkamp.

Foucault, Michel. 2006a. *Geschichte der Gouvernementalität I – Sicherheit, Territorium, Bevölkerung.* Frankfurt a. M.: Suhrkamp.

Foucault, Michel. 2006b. *Geschichte der Gouvernementalität II – Die Geburt der Biopolitik.* Frankfurt a. M.: Suhrkamp.

Foucault, Michel, Daniel Defert, und Francois Ewald, Hrsg. 2005. *Analytik der Macht.* Frankfurt a. M.: Suhrkamp.

Fourcade, Marion, Etienne Ollion, und Yann Algan. 2015. The superiority of economists. *Journal of Economic Perspectives* 29 (1): 89–114.

Frank, Robert. 2009. Flaw in free markets: Humans. The New York Times. http://www.nytimes.com/2009/09/13/business/economy/13view.html. Zugegriffen: 13. Okt. 2016.

Friedman, Milton. 1962. *Capitalism and freedom.* Chicago: University of Chicago Press.

Hacking, Ian. 1983. *Representing and intervening: Introductory topics in the philosophy of natural science.* Cambridge: Cambridge Univerity Press.

Hayek, Friedrich August. 1945. The use of knowledge in society. *The American Economic Review* 35 (4): 519–530.

Herndon, Thomas, Michael Ash, und Robert Pollin. 2014. Does high public debt consistently stifle economic growth? A critique of Reinhart and Rogoff. *Cambridge Journal of Economics* 38 (2): 257–279.

Hirte, Katrin, und Stephan Pühringer. 2017. Zur Performativität ökonomischen Wissens und aktuellen ÖkonomInnen-Netzwerken in Deutschland. In *Die Innenwelt der Ökonomie. Wissen, Macht und Performativität in der Wirtschaftswissenschaft,* Hrsg. Jens Maeße, Hanno Pahl, und Jan Sparsam, 363–390. Wiesbaden: Springer.

Krämer, Sybille. 2001. *Sprache, Sprechakt, Kommunikation. Sprachtheoretische Positionen des 20. Jahrhunderts.* Frankfurt a. M.: Suhrkamp.

Latour, Bruno. 2005. *Reassembling the social: An introduction to actor-network-theory.* Oxford: Oxford University Press.

Lemke, Thomas. 2008. Gouvernementalität. In *Foucault-Handbuch. Leben, Werk, Wirkung,* Hrsg. Clemens Kammler, 260–263. Stuttgart: Metzler.

Lessenich, Stephan. 2008. *Die Neuerfindung des Sozialen. Der Sozialstaat im flexiblen Kapitalismus.* Bielefeld: Transcript.

Lucas, Robert E. 2003. Macroeconomic priorities. *American Economic Review* 93 (1): 1–14.

MacKenzie, Donald. 2006. Is economics performative? Option theory and the construction of derivatives markets. *Journal of the History of Economic Thought* 28 (1): 29–55.

MacKenzie, Donald, Fabian Muniesa, und Lucia Siu, Hrsg. 2007. *Do economists make markets?* Princeton: Princeton University Press.

Maeße, Jens, Hanno Pahl, und Jan Sparsam, Hrsg. 2017. *Die Innenwelt der Ökonomie.* Wiesbaden: Springer.

Mäki, Uskali. 2013. Performativity. Saving Austin from MacKenzie. In *EPSA11 perspectives and foundational problems in philosophy of science,* Hrsg. Vassilios Karakostas und Dennis Dieks, 443–453. Cham: Springer.

Mirowski, Philip. 2009. Postface. In *The road from Mont Pèlerin. The making of the neoliberal thought collective,* Hrsg. Philip Mirowski und Dieter Plehwe, 417–455. Cambridge: Harvard University Press.

Mirowski, Philip, Hrsg. 2015. *Untote leben länger. Warum der Neoliberalismus nach der Krise noch stärker ist.* Berlin: Matthes & Seitz.

Mirowski, Philip, und Edward Nik-Khah. 2007. Markets made flesh. In *Do economists make markets?* Hrsg. Donald MacKenzie, Fabian Muniesa, und Lucia Siu, 190–224. Princeton: Princeton University Press.

Mirowski, Philip, und Dieter Plehwe, Hrsg. 2009. *The road from Mont Pèlerin: The making of the neoliberal thought collective.* Cambridge: Harvard University Press.

Reinhart, Carmen, und Kenneth Rogoff. 2010. Growth in a Time of Debt. *The American Economic Review* 100 (2): 573–578.
Robbins, Lionel. 1932. *An Essay on the Nature and Significance of Economic Science*. London: Macmillan.
Saar, Martin. 2013. *Immanenz der Macht. Politische Theorie nach Spinoza*. Frankfurt a. M.: Suhrkamp.
Samuelson, Paul. 1990. Foreword. In *The principles of economics course,* Hrsg. Phillips Saunders und William Walstad. New York: McGraw-Hill.
Schäuble, Wolfgang. 2013. Rede des Bundesministers der Finanzen, Dr. Wolfgang Schäuble, zur Fortsetzung der schärferen und effektiveren Regulierung der Finanzmärktevor dem Deutschen Bundestag am 17. Januar 2013 in Berlin. Bulletin 06-2. https://www.bundesregierung.de/Content/DE/Bulletin/2010-2015/2013/01/06-2-bmf-bt.html. Zugegriffen: 13. Okt. 2016.
Shiller, Robert. 2003. *The new financial order. Risk in the 21st century*. Princeton: Princeton University Press.
Tellmann, Ute. 2009. Foucault and the invisible economy. *Foucault Studies* 6 (1): 5–24.
Thaler, Richard. 2016. Behavioral economics: Past, present, and future. *American Economic Review* 106 (7): 1577–1600.
Thaler, Richard, und Cass Sunstein. 2008. *Nudge*. New Haven: Yale University Press.
Unsichtbares, Komitee. 2014. *An unsere Freunde*. Hamburg: Nautilus.
Vera, Antonio. 2009. Die ‚Industrialisierung' des Krankenhauswesens durch DRG-Fallpauschalen. Eine interdisziplinäre Analyse. *Das Gesundheitswesen* 71 (3): 10–17.
Vogl, Joseph. 2010. *Das Gespenst des Kapitals*. Zürich: Diaphanes.
Vogl, Joseph. 2015. *Der Souveränitätseffekt*. Zürich: Diaphanes.
Wendt, Björn, Marcus Klöcker, Sascha Pommrenke, und Michael Walter. 2016. *Wie Eliten Macht organisieren: Bilderberg & Co. Lobbying, Thinktanks und Mediennetzwerke*. Hamburg: VSA Verlag.
Wernicke, Jens, und Torsten Bultmann. 2007. *Netzwerk der Macht – Bertelsmann. Der medial-politische Komplex aus Gütersloh*. Marburg: Bund demokratischer Wissenschaftlerinnen und Wissenschaftler.
Wirth, Uwe. 2002. *Performanz. Zwischen Sprachphilosophie und Kulturwissenschaften*. Frankfurt a. M.: Suhrkamp.

Teil II

Reflexionen über Theorie und Methodologie in der Ökonomik

Scarcity Inc.

Die Knappheitsparadoxie als ein Hintergrundproblem pluraler Ökonomie

Tino Heim und Marc Drobot

> *Erst eine Gesellschaft mit Geldwirtschaft kann den phantastischen Gedanken aufbringen, Arbeit sei knapp und deshalb begehrenswert.*
> Niklas Luhmann

Zusammenfassung

Der Beitrag zeigt zunächst, wie die Annahme, eine unhintergehbare Knappheit sei der Hintergrund und Beweggrund jeglichen Handelns, prägend für politisch-ökonomische Leitbegriffe und Deutungsmuster der kapitalistischen Moderne wurde. Epistemologische Paradoxien und Grenzen entsprechender Konzeptionen von Knappheit – die (nicht nur) in den Wirtschaftswissenschaften einen prägenden Charakter behalten – werden herausgearbeitet, um eine genuin soziologische Perspektive auf das Knappheitsproblem zu entwickeln. In dieser wird Knappheit, in Differenz zum Begriff des Mangels, als gesellschaftliche Konstruktion mit spezifischen Funktionen analysierbar. Ausgehend von dieser soziologischen Dekonstruktion grundlegender Selbstverständnisse der neoklassischen Ökonomie, wird auch ein plurales Verständnis ökonomischer Prozesse abseits der Knappheitslogik ermöglicht. Abschließend wird skizziert, inwiefern auf Basis bestehender gesellschaftlicher Organisationsformen und Technologien eine Ökonomie ohne Knappheit denkbar wäre und inwiefern alternative Distributionsformen (wie sie in lokalen Nischen bereits existieren) auch Ansatzpunkte für eine andere Makroökonomie bieten könnten.

T. Heim (✉)
TU Dresden, Institut für Soziologie, Dresden, Deutschland
E-Mail: TinoHeim@web.de

M. Drobot
Dresden, Deutschland
E-Mail: marc.drobot@tu-dresden.de

D. J. Petersen et al. (Hrsg.), *Perspektiven einer pluralen Ökonomik,* Wirtschaft + Gesellschaft, https://doi.org/10.1007/978-3-658-16145-3_4

1 Einleitung: Von der totalen zur pluralen Ökonomie

„In der ganzen Gegend kann sich an Wohlstand kaum einer mit ihm messen. Je reicher er wurde, desto sparsamer und geiziger wurde er auch. Er kennt nur ein Vergnügen – sein Geld zu zählen. Und er hat nur eine Leidenschaft, der er aber nur heimlich frönt – das Spiel“ (May 2003, S. 5). In vielerlei Hinsicht erinnert die Gesellschaft der Gegenwart an Karl Mays Figur des Wurzelsepps. Einerseits scheint der globale Reichtum an Gütern und frei verfügbarer Zeit so unermesslich gewachsen, dass die Nationen des kapitalistischen Zentrums nichts Besseres damit anzufangen wissen, als ihn in nicht nur spielerischer Form zu vernichten.[1] Andererseits predigen wirtschaftspolitische Expert*innen allerorts, dieselbe Gesellschaft könne sich angemessene Gesundheitsversorgung, Altenpflege, Bildung, Wohnraum und soziale Teilhabe für alle ‚nicht mehr leisten‘. Das Paradoxon einer Gesellschaft, die sich mitten im wachsenden Überfluss allerorts von Knappheit bedroht sieht und im Effekt oft realitär Güter und Lebenschancen verknappt, findet seine Entsprechung und Begründung in der für die Wirtschaftswissenschaften konstitutiven „voranalytischen Vision“ (Schumpeter 1998, S. 123) einer *universellen Knappheit* und in den daran orientierten Imperativen der Askese, Sparsamkeit und Effizienz, die schon Marx ironisch sezierte.[2] Die unhinterfragte Prämisse, eine Konkurrenz um knappe Güter sei das Grundprinzip aller Ökonomie und letztlich jeder menschlichen Tätigkeit, bleibt konstitutiv für hegemoniale Theoriepositionen des neoklassischen Mainstreams (vgl. Claassen 2009; Xenos 1987). Eine Dekonstruktion dieses Knappheitsdenkens bildet insofern auch eine Voraussetzung, um eine pluralere, im besten Sinne allgemeine Ökonomie zu ermöglichen.

Anders als die utilitaristisch orientierte Neoklassik, die nur marktförmige Austauschbeziehungen kennt, diese primär in Kategorien von Ressourcenkonkurrenz, Nutzenkalkülen und Effizienz denkt und „ökonomisches Handeln […] getrennt vom sozialen

[1]So gehen 56 % der globalen Kalorienproduktion in den Distributionsketten verloren (Kreutzberger und Thurn 2013, S. 50–69). Von der Immobilienblase hinterlassene Bausubstanz wird abgerissen, die Gütervernichtung dank Wegwerfkultur und beschleunigter Obsoleszenz wird durch politische Konjunkturpakete zusätzlich angereizt und Programme zur Arbeitsbeschaffung dienen oft nur der Lebenszeitvernichtung in „Bullshitjobs“ (vgl. Graeber 2015).

[2]„Die Nationalökonomie, diese Wissenschaft des Reichtums“ und „der wunderbaren Industrie“ sei „zugleich die Wissenschaft des Entsagens […] und ihr wahres Ideal ist der asketische, aber wuchernde Geizhals und der asketische, aber produzierende Sklave. […] Die […] Entsagung des Lebens […] ist ihr Hauptlehrsatz. Je weniger du ißt, trinkst, Bücher kaufst, in das Theater, auf den Ball, zum Wirtshaus gehst, denkst, liebst, theoretisierst, singst, malst, fichtst etc., um so [mehr] sparst du, um so größer wird dein Schatz, den weder Motten noch Raub fressen, dein Kapital. Je weniger du bist, je weniger du dein Leben äußerst, um so mehr hast du, um so größer ist dein entäußertes Leben, um so mehr speicherst du auf von deinem entfremdeten Wesen“ (MEW 40 1985, S. 549).

Kontext“ interpretiert, muss eine solche allgemeine Ökonomie weitere Formen des Wirtschaftens in den Blick nehmen „wie die Subsistenzwirtschaft, das Schenken, systemfunktionale Verschwendung oder vielfältige Allokationsmodi und Tauschverhältnisse ohne Marktkoordination“ (Wex 1999, S. 188). Nicht zuletzt müsste sie aber auch die von der Neoklassik unterschlagene „‚andere Seite‘ des Kapitalismus“ berücksichtigen, „die verschwenderische und destruktive, die zwar nicht mehr thematisiert wird, jedoch spürbar vorhanden ist“ (Wex 1999, S. 188).

Die Knappheit, die in mikroökonomischen Modellen der Marktkonkurrenz als unhintergehbare Voraussetzung aller Ökonomie gilt, ist in den obigen Beispielen anderer Modi sozialer Austauschbeziehungen kein primäres Bezugsproblem. Vielmehr erweist sie sich selbst als Produkt spezifischer Formen des Austauschs in einer Marktgesellschaft, deren fundierende Paradoxie es bleibt, „daß knappe Güter im Überfluss vorhanden sind“ (Luhmann 1988, S. 229) und erst durch soziale Regulierungen und Kontexte knapp werden.

In unserem Beitrag möchten wir vor diesem Hintergrund die epistemologischen Grenzen und Paradoxien des Knappheitsparadigmas in dominanten Strömungen der Wirtschaftswissenschaften aufzeigen und zugleich Ansätze eines anderen Verständnisses gesellschaftlicher Produktions- und Austauschbeziehungen ausloten. Methodologisch orientieren wir uns dabei an Analyserastern der Ideologiekritik (Marx), der Diskursanalyse (Foucault) und der Analyse historischer Semantiken (Koselleck und Luhmann). Diese Ansätze mögen im Einzelnen disparat erscheinen – und wurden einander oft unfruchtbar entgegengesetzt –, sind aber in grundlegenden Prämissen hinreichend kompatibel, um sie als sich sinnvoll ergänzende Werkzeuge zur Erschließung sozialwissenschaftlicher Problemfelder zu behandeln.[3]

Im Folgenden wird zunächst die ‚Erfindung der Knappheit‘ im 18. Jahrhundert und die Universalisierung des Knappheitsdenkens in den Wirtschaftswissenschaften des 20. Jahrhundert nachgezeichnet. Im Anschluss werden Ansätze zur Auflösung dieses

[3]Zu diesen Grundannahmen zählt, dass diskursive Formationen und konkrete Begriffsbedeutungen als historische Verarbeitungsformen und als Momente der gesellschaftlichen Konstruktion von Wirklichkeit verstanden werden müssen. Als solche verweisen die an der Oberfläche der Aussagensysteme und Wortbedeutungen hervortretenden Logiken und Strukturprinzipien in ihrem historischen Wandel stets auf eine dahinterliegende Tiefenstruktur gesellschaftlicher Verhältnisse mit spezifischen Funktionslogiken, Strukturprinzipien und darum zentrierten Konfliktlagen und Kämpfen. Letztere können nur indirekt – eben durch die kritisch reflexive Analyse der Aussagensysteme – erschlossen werden. Dabei erlaubt erst die dekonstruktive Analyse der dort hervortretenden Dichotomien, Paradoxien und Widersprüche die Konstruktion alternierender Kategoriensysteme und Beobachtungsmöglichkeiten, die ihrerseits – indem sie den „Seitenblick auf andere Möglichkeiten“ öffnen (Luhmann 1987, S. 85) – auch als reflexive Momente der konflikthaften Suche nach alternierenden Möglichkeiten der Gestaltung der gesellschaftlichen Verhältnisse fungieren können. Vgl. zur ausführlichen methodologischen Hintergrundreflexion unter Bezugnahme auf die Selbstverortungen und wechselseitigen Bezüge zwischen den genannten Analyserastern: Heim und Wöhrle 2015, S. 19–26; zur theoriesystematischen Einbettung: Heim 2013, v. a. 41–163.

Paradigmas in der sozialwissenschaftlichen Tradition und in Niklas Luhmanns radikaler Analyse der Knappheitsparadoxie diskutiert. Aus unserer Sicht ermöglicht gerade diese Perspektive eine grundlegende Kritik hegemonialer Theorien und Begrifflichkeiten der ökonomischen Neoklassik. Sie kann damit auch eine in den Wirtschaftswissenschaften selbst vermehrt artikulierte Kritik an der „quasi-religiöse[n] Orthodoxie" eines „wissenschaftlichen ‚Monotheismus'" (Pausch 2016, S. 246) unterstützen.[4] Indem Knappheit als gesellschaftliche Konstruktion mit spezifischen Funktionen gefasst wird, die nicht auf einem natürlichen Mangel, sondern auf der sozialen Begrenzung von Zugriffsmöglichkeiten – durch Geldvermittlung und Eigentum – beruht, wird sie zum zu erklärenden Problem, das nicht als universelle Erklärungsgrundlage vorausgesetzt werden kann. Dies ermöglicht auch ein pluraleres Verständnis ökonomischer Prozesse – im Sinne von haushalten, produzieren und (ver)teilen – jenseits der Knappheitslogik. Auf dieser Basis wird abschließend konturiert, inwiefern bestehende Technologien und alternative Distributionsformen, Elemente für andere Formen makroökonomischer Praxis und Theorie bereitstellen könnten.

2 Die Erfindung der Knappheit

Während es Erfahrungen und Semantiken der Begrenztheit von Dingen oder konkrete temporäre Mangelsituationen in allen Gesellschaften gegeben haben dürfte, ist die Vorstellung, Knappheit sei das konstitutive Prinzip aller Vergesellschaftung, „a modern invention" (Xenos 1989, S. 3). Das die Wirtschaftswissenschaften bis heute bestimmende Knappheitspostulat ist also keineswegs selbstverständlich, sondern bildete sich erst ab dem 18. Jahrhundert heraus. In der merkantilistischen und physiokratischen Analyse der Reichtümer lag das Primat noch auf dem von der Natur gewährten Überfluss an Gütern, während der Mangel als ein stets nur relativ zu den Bedürfnissen auftretendes temporäres Phänomen galt, das im Tausch zugleich überwunden wird (vgl. Foucault 1974, S. 211–264). Erst in den Analysen von Adam Smith und David Ricardo, in denen die Arbeit als Quelle aller Wertschöpfung vor dem Hintergrund einer ‚geizigen' Natur galt und anstelle der Bedürfnisvermittlung ein unablässiges Profitstreben als konstitutives Prinzip wirtschaftlicher Tätigkeit trat, wurde eine unaufhebbare Knappheit zum geschichtsphilosophischen Anfangspunkt und zum Prinzip aller Ökonomie (Foucault 1974, S. 307–322). Indem die neue Semantik der politischen Ökonomie „evolutionäre Veränderungen antizipiert, mitherbeiführt und beantwortet, die den gesellschaftlichen

[4]Dass die universellen Knappheitsannahmen der ökonomischen Orthodoxie auf fragwürdigen oder kontrafaktische Prämissen beruhen, zeigt aus makroökonomischer Perspektive u. a. auch Helmedag (vgl. 2015).

Primat des Politischen durch einen Primat der Wirtschaft ablösen" (Luhmann 1972, S. 187), stieg diese „Abstraktion der Knappheit zur universellen, einen Gesellschaftstypus kennzeichnenden Formel" auf (Luhmann 1972, S. 190).

Nicholas Xenos unterscheidet daher den im Plural auftretenden älteren Knappheitsbegriff für temporäre und spezifische Phänomene akuter Disproportionen zwischen objektiv begrenzten Dingen und konkreten Bedürfnissen vom historisch jüngeren, im Singular auftretenden universellen und abstrakten Knappheitsbegriff: „Before there was scarcity there were scarcities" (Xenos 1989, S. 3). Zur besseren Unterscheidbarkeit sprechen wir von *Knappheit* im Folgenden nur im letzteren Sinne des universell-abstrakten Knappheitsbegriffs, der laut Luhmann (vgl. 1988) auf eine soziale Konstruktion verweist, die Eigentum, Geldwirtschaft und ein ausdifferenziertes Wirtschaftssystem voraussetzt. Für plurale konkrete Phänomene im Sinne der ‚scarcities' scheint es uns hingegen sinnvoll, den Begriff des *Mangels* zu verwenden.

Der semantischen Entwicklung des universellen Knappheitsbegriffs entsprechen tief greifende gesellschaftliche Transformationen, in denen Massenproduktion und marktförmige Distribution die subsistenzwirtschaftliche Eigenproduktion verdrängten und die klaren stratifikatorischen Grenzziehungen der Ständegesellschaft durchlässiger machten. War die Abstimmung des Bedarfs mit den zugänglichen Produkten in der feudal-absolutistischen Gesellschaft weitgehend direkt von den Erträgen und den Maßgaben einer ‚standesgemäßen Lebenshaltung' bestimmt, führt die Verallgemeinerung des durch das abstrakte Medium Geld vermittelten marktförmigen Tauschs dazu, dass alle Güter und Leistungen auf dem Markt prinzipiell für jeden verfügbar sind.[5] Erst dadurch kann alles für alle potenziell zum Objekt eines Begehrens werden, ohne dass mit den gegebenen Geldmitteln alles für alle erreichbar ist: „[P]eople were increasingly confronted by things they desired but did not have" (Xenos 1989, S. 10). Die Verallgemeinerung des Marktverkehrs steigert so die Verfügbarkeit der Dinge im selben Maße, wie sie die Erfahrung ihrer Knappheit allgegenwärtig macht (vgl. Schrage 2009). Eine alltägliche Reflexion des Verhältnisses eigener Bedürfnisse zu den individuell verfügbaren Mitteln wird damit für (fast) alle gesellschaftlichen Gruppen relevant. Besonders in England beförderte zudem bereits um 1750, das Obsoletwerden eindeutiger ständischer Zugehörigkeiten das Aufkommen neuer statusgeleiteter Bedürfnisse, welche sich durch die zunehmende soziale Notwendigkeit eines ostentativen Konsums rasch dynamisierten. Dank billigerer Rohstoffe und Produktionsverfahren schloss die großindustrielle Produktion von Substituten für zuvor handwerklich oder luxusindustriell gefertigte hochpreisige Waren ab dem 19. Jahrhundert dann auch den Massenkonsum an beschleunigte Modezyklen an (vgl. Sombart 1927, S. 603–616). Damit wurden auch Bedürfnisse verallgemeinert, die

[5]Grundlegend für das Verständnis der Rolle des Geldes als Katalysator der hier angesprochenen Transformationen ist nach wie vor Simmel (vgl. 1989). Zu den entsprechenden neuen Formen und Funktionen des Konsums, vgl. Schrage 2009.

sich darauf richteten, prinzipiell noch funktionsfähige, aber veraltete Güter, durch neue, modischere Varianten zu ersetzen.

Der ökonomische Knappheitsdiskurs erscheint insofern als Ausdrucks- und Reflexionsform allgemeiner lebensweltlicher Erfahrungen einer parallelen Zunahme von Überfluss und Knappheit. Ähnliches gilt für den parallel entstandenen, ebenfalls abstrakt-allgemeinen Begriff des *Bedürfnisses,* in dem sich die älteren Semantiken von Notdurft und Begierde in einer paradoxen Struktur synthetisieren (vgl. Kim-Wawrzinek 1972). Einerseits impliziert der Begriff eine radikale Erwartungsentgrenzung, da prinzipiell alles zum Objekt unendlicher Begierden werden kann. Andererseits verallgemeinert er verschiedenste Mangelerfahrungen zu einer anthropologischen Konstante, in der letztlich jedes Bedürfnis mit der dringlichen Notdurfterfahrung des Hungers verschaltet wird:

> Die Erfahrung der Dringlichkeit […] wird somit zu einer quasi-naturalen Referenzinstanz auch für solche Bedürfnisse, die gar nicht auf solch physiologische Notsituationen bezogen sind (Schrage 2009, S. 95, 93–100).

Damit werden die Begierden gegen jede tugendethische Kritik immunisiert, Ausdruck eines nicht standesgemäßen Luxusbedürfnisses zu sein. Zugleich steigert sich dadurch die Allgegenwart einer unspezifischen Knappheit, da die Begierden im Unterschied zur (überwindbaren) Notdurft prinzipiell unendlich sein können.

An den Differenzen der Werke von Adam Smith [1723–1790] und David Ricardo [1772–1823] zeigt sich, wie ein diesen Verschiebungen entsprechender Knappheitsbegriff zum integralen Bestandteil des sich konstituierenden Theoriefeldes der politischen Ökonomie wurde. Im Sinne eines ‚Ursprungsmythos'[6] kennzeichnete Smith das Leben der Menschen der Vorzeit durch einen permanenten Mangel am Notwendigsten (Smith 1974, S. 3), der erst durch eine anthropologisch verankerte „natürliche Neigung des Menschen, zu handeln und Dinge gegeneinander auszutauschen" (Smith 1974, S. 16) überwunden werde, da diese die Arbeitsteilung und Spezialisierung befördere. Insofern eine von moralischen Erwägungen befreite Eigennutzmaximierung die Märkte dynamisiert, weitere Arbeitsteilung anregt und die Arbeitsproduktivität steigert, gilt diese als positiver Impulsgeber.[7] Im Kontext eines sich mit der kapitalistischen Ökonomie generell öffnenden „Erwartungshorizonts" (vgl. Koselleck 1989) verbindet sich die anthropologische Mangelannahme so mit dem Versprechen einer Steigerung des Wohlstands.

---

[6]Marshall Sahlins sieht hierin ein langlebiges Vorurteil hinsichtlich steinzeitlicher Gemeinwesen, deren Erfahrungsweltwohl keinen Begriff von Knappheit implizierte: „[S]carcity is not an intrinsic property of technical means. It is a relation between means and ends. We should entertain the empirical possibility that hunters are in business for their health, a finite objective, and that bow and arrow are adequate to that end" (Sahlins 1972, S. 5).

[7]„Nicht vom Wohlwollen des Metzgers, Brauers und Bäckers erwarten wir das, was wir zum Essen brauchen, sondern davon, dass sie ihre eigenen Interessen wahrnehmen" (Smith 1974, S. 17). Aufgrund dieser Argumentation gilt Adam Smith auch als „geistiger Vater" des *homo oeconomicus* (Habermann 2008, S. 132), obwohl er diesen Begriff selbst nicht verwendet.

Dies impliziert auch eine semantische Umstellung vom Begriff eines unmodulierbaren Tatbestands des Mangels auf den Begriff einer Knappheit, die im Schmelztiegel der nun menschengemachten Geschichte als ein durch die richtige Regierungskunst oder das freie Spiel der Marktkräfte permanent zu bearbeitendes Problem erscheint.

Die Aufgabe der Knappheitsbekämpfung wird so diskursiv von konkreten Mangelsituationen entkoppelt, was die Reflexion und Orientierung der wirtschaftspolitischen Interventionsinstanzen permanent auf Knappheit als allgemeines Problem von Gesellschaft fixiert.[8] War das Leben zuvor von einem als unbeeinflussbares Schicksal geltenden periodischen Wechsel von Mangel und Überfluss bestimmt (Braudel 1985, S. 66–91), führte die Revolutionierung der Anbaumethoden und Lebensgewohnheiten (Braudel 1985, S. 169–177), die systematische Ausbeutung der kolonialen Peripherie (Wallerstein 2004a, S. 184–275) und der Beginn des Industriekapitalismus ab dem 18. Jahrhundert zu einem langfristig positiven Wirtschafts- und Bevölkerungswachstum. Gerade der wachsende Überfluss geht aber in der Wirtschaftstheorie mit einer Universalisierung der Knappheitsdrohung einher, die noch im existenzialistischen Marxismus Sartres als Ausgangspunkt und Motor der Geschichte gilt (vgl. Sartre 1967, S. 129–162).

Dafür prägend war das Werk Ricardos, in dem der für die kapitalistische Ökonomie konstitutive Zwang zur Akkumulation und zum permanenten monetären Wachstum letztlich dazu führt, dass jeder erreichte Überfluss mit einer bedrohlichen Verschärfung des Knappheitsproblems im Hinblick auf die angestrebten Zukunft der Akkumulation einhergeht. Daher verortet auch Foucault (vgl. 1974) den eigentlichen Bruch hin zum modernen Knappheitsdenken erst hier, obwohl dessen Ansätze bis ins 17. Jh. zurückreichen[9] und seine anthropologische Generalisierung auch bei Adam Smith bereits angelegt war. Noch für die Physiokratie galten Mangelphänomene nur als plurale Abweichungen einer von Überfluss geprägten singulären Normalität, wobei jeder konkrete, temporäre Mangel

---

[8] So werden die zyklischen Kornkrisen und die Erfahrung der ‚Kleinen Eiszeit' Ende des 17. Jahrhundert im ökonomischen Denken und Regierungshandeln des 18. Jahrhundert verallgemeinert. Aufgrund der Ungewissheit konkreter Knappheitsereignisse habe eine kompetente Regierung davon auszugehen, dass diese stets drohen, und Knappheitsbekämpfung daher zu einem der „principles […] of general policy" zu machen (Burke 1999, S. 81; Drobot 2015, S. 19 f., 30–35).

[9] Beispielsweise können bereits in der Differenz von Thomas Hobbes [1588–1679] und John Locke [1632–1704] entsprechende Ansätze gesehen werden (Achterhuis 1994, S. 140–143). Hobbes ging von einer prinzipiell positiven ‚Mutter der Natur' aus und sah Knappheiten primär in der konkreten historischen Verfasstheit der Gesellschaft begründet. Demgegenüber deckte Locke als Erster den „knappheitserzeugenden Mechanismus des Geldes auf", das „unlimitiertes Besitzstreben und damit ein Knappwerden aller Güter, unabhängig von Ausmaß und Qualität des natürlichen (biblischen!) Reichtums" ermöglicht (Luhmann 1988, S. 195); unter der für Locke unhintergehbaren Voraussetzung des Geldes wird aber die Natur selbst gegenüber der unerschöpflichen Reichtumsquelle der käuflichen produktiven Arbeit zur antagonistischen Quelle der Knappheit. So „wird die Natur […] zum Hauptfeind". Sie „gibt nicht genug her, und deshalb hat die Menschheit sie zu bearbeiten, mit ihr zu kämpfen und sich die Erde unterzuordnen, damit mehr und mehr produziert werden kann" (Achterhuis 1994, S. 140).

nur als Korrelat konkreter Bedürfnisse erscheint, die durch richtige Verteilung des allgemeinen Reichtums befriedigt werden. Die Natur als universelle Reichtums-Quelle erlaubt es hier potenziell – bei richtiger Abstimmung von Produktion und Distribution – dauerhaft Überschüsse zu generieren und zu verteilen (Foucault 1974, S. 314). Für Smith galt der allgemeine Mangel zwar als geschichtsphilosophischer Ausgangspunkt, insgesamt fügte sich der *Wohlstand der Nationen* aber in einen Fortschrittsdiskurs, in dem Naturbeherrschung, Arbeitsteilung und gesellschaftliche Organisation die Überwindung der Knappheit verheißen. Demgegenüber wird die Knappheit bei Ricardo endgültig generalisiert und verweist auf die „natürliche Endlichkeit des Menschen" (Foucault 1974, S. 315).

Für Foucault ist die Basis dieser epistemologischen Verschiebung eine radikale Veränderung der Temporalstruktur, die sich aus der Bestimmung von Arbeit und Akkumulation ergibt. Noch Quesnays berühmtes ‚ökonomisches Tableau' war durch ein zyklisches Zeitverständnis charakterisiert. Die Stabilität des wirtschaftlichen Kreislaufs erfordert es dabei, dass die Jahreserträge so unter den ökonomisch bestimmten Gesellschaftsklassen verteilt werden, dass in einem einfachen Reproduktionszyklus deren spezifischer Bedarf (an Konsumgütern und Produktionsmitteln, die Quesnay nicht klar unterscheidet) derart gedeckt wird, dass im nächsten Jahreszyklus eine adäquate Menge neu zu verteilender Erträge erwirtschaftet werden kann. Dabei entspricht das über den Reproduktionsbedarf der Landarbeitsbevölkerung und der Handwerker hinausgehende Mehrprodukt gleichzeitig dem Verbrauch der Grundeigentümer und dem monetären Ausdruck der an sie gezahlten Grundrente, die als solche nur ein Vorschuss auf ihren Bedarf und ihre für die Güterdistribution konstitutive Nachfrage im nächsten Zyklus ist (vgl. Foucault 1974, S. 239–246). In diesem stationären Kreislaufdenken fügte sich somit auch die Verteilung des Mehrprodukts in ein „Gesamtsystem der Äquivalenzen" (Foucault 1974, S. 311) ein. Darin repräsentiert der in Geld ausgedrückte Wert vor allem die prinzipielle Reziprozität der nützlichen Dinge und der Bedürfnisse, wobei das Ziel der Zirkulation die Vermittlung vorhandener Güter mit den zu erfüllenden Bedürfnissen bleibt.[10] In Differenz dazu wird in der politischen Ökonomie Ricardos – in der „die Arbeit als Produktionstätigkeit" als „Quelle jeden Wertes" (Foucault 1974, S. 311) und die profitorientierte

[10]„Das Ziel des Warentauschs ist der Genuß". Daher gilt „der Handel" als „Austausch von nützlichen Dingen, damit diese [...] in die Hände ihrer Konsumenten gelangen." (P. P. M. de la Rivière [1767], zit. in: Foucault 1974, S. 242). Trotz der Zentralstellung der geldvermittelten Zirkulation liegt hier eine wesentliche Differenz der Physiokratie zur die Geldvermehrung innerhalb der Zirkulation als Selbstzweck fassenden politischen Ökonomie. Auch das über den Reproduktionsbedarf der Arbeitskräfte hinausgehende Mehrprodukt dient hier nicht der Akkumulation, sondern fügt sich in die Logik einer einfachen Zirkulation. Der durch die Bodenerträge gewährte Überfluss ermöglicht es, die für die Distribution erforderten Transport-, Lager-, Transformations- und Verkaufskosten aufzubringen und auch die von den Grundeigentümern bezogenen Revenuen dienen keiner Akkumulation, sondern bilden – unter Voraussetzung des angemessenen „Rückfluss[es] des Geldes zum Land" – nur den „Vorschuß, der für die künftige Ernte erfordert ist" (Foucault 1974, S. 246, 242–246).

Wertvermehrung als treibendes Motiv gefasst wird –„eine große lineare und homogene Folge […] der Produktion" bestimmend:[11]

> Jede Arbeit hat ein Resultat, das […] auf eine neue Arbeit angewendet wird, deren Kosten sie definiert. Diese neue Arbeit tritt ihrerseits in die Wertbildung ein etc. Diese serielle Akkumulation bricht […] mit der reziproken Bestimmung, die in der klassischen Analyse der Reichtümer allein eine Rolle spielte. Sie führt dadurch selbst die Möglichkeit einer historisch kontinuierlichen Zeit ein […]. Die ‚Reichtümer' […] akkumulieren sich in einer zeitlichen Kette, statt sich in einem Tableau zu verteilen und dadurch ein Äquivalenzsystem zu konstituieren (Foucault 1974, S. 313).

An die Stelle der Vermittlung gegebener Reichtümer mit zu erfüllenden Bedürfnissen als „außerhalb der Zirkulation liegende[m] Endzweck" tritt die Logik einer endlosen „Verwertung des Werts" als „Selbstzweck", der als solcher „maßlos" ist (MEW 23 2013, S. 167) und dem gegenüber kein Resultat vergangener Arbeit die Knappheit überwinden kann. Innerhalb des ökonomischen Wissens wird der Grund dieser universellen Knappheit aber nicht, wie später bei Marx, in der Akkumulationslogik selbst gesehen, sondern auf eine generell geizige und feindliche Entität projiziert: die Natur. Vormals Garant von Überfluss und Wohlstand, gilt diese nun als Antagonist im Ringen um eine stets zu spärliche Ausbeute (Foucault 1974, S. 314–315).[12]

Obwohl die produktionszentrierte Zentralstellung der Arbeit und die lineare Logik der Akkumulation den Eindruck wecken mögen, die Güter und der Wert seien durch Arbeit beliebig vermehrbar, fügt sich Ricardos Arbeitswerttheorie so gerade nicht in das Narrativ einer aufsteigenden Gerade der Geschichte ein, die uns mit der Überwindung der Knappheit erlösen wird. Vielmehr mündet die Akkumulation in eine unausweichliche negative Homöostase. Deutlich wird dies in Ricardos ‚Gesetz der fallenden Profitrate'[13], welches sich aus dem Zusammenspiel von Malthus' Bevölkerungsgesetz und den Grenzen des Agrarertrags ergibt. Die Akkumulation erzwinge eine stetige Ausdehnung der Produktion, was mehr zu ernährende Arbeiter und Rohprodukte erfordere. So müsse auf

[11]Hier liegt für Foucault eine wesentliche Binnendifferenz der ‚Arbeitswerttheorien' bei Ricardo und Smith. Insofern Smith die Arbeit v. a. als generellen ‚Maßstab' des Wertes in einer letztlich auf die Vermittlung von Gebrauchswerten bezogenen Zirkulation fasste, bleibt er eine Grenzfigur zwischen der physiokratischen Logik der Repräsentation und der für Ricardo zentralen Logik der Akkumulation (Foucault 1974, S. 274–279, 310–322).

[12]Hier liegt auch ein Schnittpunkt zur vermehrten Verschiebungen des Regierungshandelns auf biologische Prozesse auf der Ebene der Bevölkerung, da die Ansammlung von Produzenten und Konsumenten ausschlaggebend für die Wohlstandssteigerung eines Landes ist. Als biosoziales Interventions-Subjekt-Objekt erscheint sie dabei als prinzipiell mangelhaft, weshalb ihre Quantität und Qualität ‚biopolitisch' gesteigert werden muss (Foucault 2004a, S. 157–165), sei es durch Optimierung von Hygiene, Gesundheit, Versorgung und Bildung; sei es durch die Bekämpfung einer Armengesetzgebung, die unproduktive Bevölkerungsteile am Leben hält. Letzteres lehnte etwa Ricardo mit Bezug auf Malthus klar ab (Ricardo 1972, S. 90–91).

[13]Vgl. zu Ricardos Profitratenfallgesetz und der marxschen Kritik: Heim 2013, S. 213–228.

zunehmend ertragsärmeren Böden immer mehr Arbeit für Rohstoffe und Nahrung aufgewendet werden, weshalb Preise und Löhne stiegen, was die Profitrate fallen lasse. Schließlich würde das Gesamtprodukt von der Bevölkerung verzehrt und aller Fortschritt hätte ein Ende, da die „niedrige Profitrate alle Kapitalanhäufung zum Stillstand“ bringe (Ricardo 1972, S. 101, 81–106).

In Differenz zu Smith, für den Knappheit (anders als der Mangel am Nullpunkt der Geschichte) noch ein im engen Sinne ökonomisches (also durch Verbesserungen von Produktion und Distribution überwindbares) Problem ist, erzeugt Ricardo hier eine Art Hybrid aus den Vorstellungen eines allgemeinen Mangels der Natur und einem generellen und mit der Ausdehnung der Akkumulation eskalierenden ökonomischen Knappheitsproblem. Für Foucault fügt sich dies in die durch die Zentralstellung des Menschen gekennzeichneten modernen Episteme, insofern hier das Wissen um eine begrenzte Welt mit einem anthropologischen Wissen über den endlichen Menschen verschaltet wird (vgl. Foucault 1974, S. 310–322). Durch diese Neuanordnung der Annahme einer allgegenwärtigen Knappheit im Feld der Endlichkeit eines stets gefährdeten Menschen wurde es auch möglich, das ökonomische Knappheitstheorem des 18. Jahrhundert auf andere Wissens- und Lebensbereiche auszuweiten. Unabhängig von Ricardos pessimistischer Anthropologie, wird der permanente Kampf um die Optimierung der menschlichen Arbeitskraft und gegen die begrenzte Natur seither, trotz aller Erhöhung des Lebensstandards, von einer stetigen Verallgemeinerung des Knappheitsdenkens begleitet. Indem immer weitere Dimensionen menschlicher Tätigkeit und des menschlichen Austauschs – inklusive Boden, Arbeit und Geld – zu marktförmigen und knappheitsfähigen ‚fiktiven Waren‘ werden, werden dabei immer weitere Lebensbereiche der marktwirtschaftlichen Knappheitslogik unterworfen (Polanyi 1997, S. 70; 87–112). Dies betrifft beispielsweise mit der Patentierung genetischer Ressourcen (Saatgut, Heilpflanzen usw.) selbst die Grundlagen allen Lebens (vgl. Koechlin 2001).

3 ‚Totale Ökonomie‘ und die Wissenschaft der knappen Dinge

Als anthropologisch-sozialtheoretische Hintergrundannahme fanden Knappheitspostulate in der klassischen und neoklassischen Ökonomie weite Verbreitung und verbanden sich zum Teil auch mit offen sozialdarwinistischen Konsequenzen.[14] Es war jedoch die Innovation von Lionel Robbins, die Wirtschaftswissenschaften systematisch

[14]Darwinistische Sprachfiguren finden sich u. a. bei Ludwig von Mises. Dieser wendete sich zwar skeptisch gegen den „rassentheoretischen Dilettantismus“ politisch-nationalistischer Rassentheorien, sprach der „konkreten Unterscheidung edler und unedler Rassen“ aber einen wahren Kern zu (von Mises 1932, S. 296). Er sah es als „wohl gerechtfertigt“ an, „verschiedene Rassen zu unterscheiden und von den verschiedenen Rassenqualitäten des Einzelnen zu sprechen“ (von Mises 1932, S. 295). Gesellschaftliche Eigentumsverhältnisse gelten entsprechend als Ergebnis

auf der apriorischen Annahme eines verallgemeinerbaren Knappheitsprinzips zu gründen. Dies wurde ein zentraler theoretisch-konzeptioneller Hintergrund für einen Ansatz, der sich als *‚totale Ökonomie'* bezeichnen lässt, insofern er auf eine Totalisierung der Modellannahmen der neoklassischen Theorie zielt, in der dieses Postulat zur allgemeinen Erklärungsgrundlage und zum „einheitlichen Bezugsrahmen für das Verständnis allen menschlichen Verhaltens" (Becker 1993a, S. 15) erklärt wird. Mit *An essay on the nature and significance of economic science* (vgl. Robbins 1932) wird dieser Knappheitsbegriff endgültig zum Schlüsselbegriff und damit „das Handeln mit knappen Mitteln [...] zur Kernfrage der ökonomischen Wissenschaft erklärt" (Dommann 2011, S. 114; vgl. Claassen 2009). Die Definition als „science which studies human behaviour as a relationship between ends and scarce means which have alternative uses" (Robbins 1932, S. 15) dehnt den Gegenstandsbereich der Wirtschaftswissenschaften zugleich auf die Gesamtheit menschlichen Verhaltens aus – vom Kartoffelanbau bis zur Philosophie (Robbins 1932, S. 16). Robbins' explizite Einschränkung des Knappheitsbegriffs auf eine Analysekategorie, die es nur erlaube, Ökonomie breiter zu fassen, wird durch den Verweis auf die Vertreibung aus dem Paradies konterkariert, der Knappheit zur anthropologischen Universalie erklärt. Die Ambivalenz – Knappheit einerseits als Analysekategorie, andererseits als „ubiquitous condition of human behaviour" auszuweisen (Robbins 1932, S. 32) – kennzeichnet bis heute die Figur des *homo oeconomicus*. Dass dieser für weite Teile der Wirtschafts- und Sozialwissenschaften mehr als nur eine mögliche Kategorie ist, zeigt sich etwa in Bálint Ballas (vgl. 2005) Anspruch einer Neubegründung der Soziologie als universeller Knappheitswissenschaft (kritisch dazu: Drobot 2015, S. 36–93).

„natürlicher Auslese im Kampf ums Dasein" (von Mises 1932, S. 18–20). Nur sei vom „rassenselektorischen Standpunkt" der „Krieg nur bei den Naturvölkern zur Auslese der Kräftigeren und Begabteren" geeignet, währende er „bei zivilisierten Völkern durch ungünstige Auslese die Rasse verschlechtere", u. a. da „die Untauglichen [...] hinter der Front bleiben" (von Mises 1932, S. 298). Hier seien Konkurrenz und Wettbewerb geeignetere Mittel der „Auslese der Besten". Gleichwohl müsse auch der Liberalismus gegenüber „dem antisozialen Verbrecher und den wilden Völkerschaften notgedrungen" fordern, dass, wer „sich nicht in die gesellschaftliche Ordnung einfügen will, [...] wie ein schädliches Tier bekämpft werden" muss (von Mises 1932, S. 291). Ähnlich Hayek: „Gegen die Überbevölkerung gibt es nur die eine Bremse, nämlich daß sich nur die Völker erhalten und vermehren, die sich auch selbst ernähren können", dies sei Teil des „gesellschaftlichen Evolutionsprozeß[es]" (vgl. Hayek 1981). Hayeks Abgrenzung gegen unmittelbare Anleihen aus der Biologie beziehen sich nur darauf, dass die ‚Zuchtwahl' im sozialen Bereich keine rein biologische sei, sondern von Einstellungen, Kultur und der Verantwortung der Betroffenen abhänge (Hayek 1991, S. 77–78.). Unabhängig von einem solch offenen Sozialdarwinismus, kann dieser als logische Konsequenz der Annahme einer universellen Konkurrenz um knappe Ressourcen gelten. Dafür spricht etwa auch die Korrelation der Zustimmung zu neoliberalen Positionen und gruppenbezogener Menschenfeindlichkeit (vgl. Groß et al. 2010).

Bei Robbins finden sich durchaus auch Hinweise, dass es erst voraussetzungsreiche gesellschaftliche Rechtsverhältnisse und Eigentumsformen (z. B. das Copyright) sind, die den Zugriff auf prinzipiell allgemein verfügbare Güter verknappen. Gleichwohl begründet er die Verallgemeinerbarkeit des ökonomischen Ansatzes damit, dass in allen Gesellschaften Knappheit als Bedingung der Vergesellschaftung eine zentrale Bedeutung gehabt habe (Robbins 1932, S. 98). Dabei werden zwei Definitionen von Ökonomie unterschieden. Die ‚Materialist'-Definition setze ökonomisch mit materiell gleich und habe Schwierigkeiten, nicht-materielle Modi von Produktivität theoretisch zu verarbeiten. Die ‚Scarcity'-Definition soll demgegenüber nicht nur den Herausforderungen des Maschinenzeitalters entsprechen, sondern erlaubt es vor allem, Knappheit als universelles Denkprinzip gänzlich unabhängig vom Zustand einer eventuellen „materielle[n] Beschränkung" zu verallgemeinern (Robbins 1932, S. XI, vgl. 4–7). Indem Knappheit, anders als in der klassischen Ökonomie, endgültig vom materiellen Mangel entkoppelt und unmittelbar mit jeder individuell rationalen Entscheidung verschränkt wird (vgl. Robbins 1932, S. 15), werden die Verwendung von aus subjektiver Sicht knappen Mitteln und die damit einhergehenden Wahlkonflikte zum transzendentalen Apriori. Damit ist garantiert, dass jedes menschliche Verhalten unter dem universalisierten Knappheitsaspekt als Gegenstand der Wirtschaftswissenschaft erscheint. Dieses qua definitorischem Akt eingeführte Kernkonstrukt ebnet „das Terrain für eine Expansion des ökonomischen Denkens in neue Wissensgebiete" (Dommann 2011, S. 114).

Prominent aufgegriffen und weitergeführt wurde dieser „ökonomische Imperialismus"[15], der „offensiv eine nahezu uneingeschränkte Integrationsleistung" (Derix 2011, S. 37) beansprucht, von Gary S. Becker. Dessen ökonomischer Ansatz entspricht einer Definition, „die auf knappe Mittel und konkurrierende Ziele abstellt" und damit als

> so umfassend [gilt], daß er auf alles menschliche Verhalten anwendbar ist, sei es nun Verhalten, das monetär meßbar ist oder *unterstellte* ‚Schatten'-Preise hat, [...], seien es wichtige oder nebensächliche Entscheidungen, handele es sich um emotionale oder nüchterne Ziele, reiche oder arme Menschen, Männer oder Frauen (Becker 1993a, S. 7, H. d. A.).

Zentral für dieses Argument ist, dass der Definitionskern (knappe Mittel, konkurrierende Ziele und eine rationale Wahl) explizit auf reinen Unterstellungen beruht. Den Individuen müssen die Kosten-Nutzen-Kalküle und die für die Knappheitsannahme konstitutiven ‚Schattenpreise' nicht bekannt, bewusst oder zugänglich sein. Damit geht Becker den von Robbins eröffneten Weg konsequent zu Ende, insofern nun auch alles menschliche Verhalten, das gemeinhin als unbewusst oder irrational gilt, sowie Bezugsprobleme, die nicht auf Knappheit rekurrieren, als rational und knappheitsbasiert behandelt werden können. Schließlich ist es dem Handelnden innerhalb des Modells „schlicht unmöglich,

[15] „I am an economic imperialist. I believe good techniques have a wide application" (Becker 1993b). Zur soziologischen Debatte um den ökonomischen Imperialismus: vgl. Streckeisen 2014.

irrational, das heißt entgegen seinem individuellen Präferenzsystem zu wählen" (Rolle 2005, S. 160).

Das Modell des *homo oeconomicus* und knappheitsbasierter Nutzenkalküle wird fortan konsequent auch auf Bereiche angewandt, die der klassische Liberalismus vormals noch einer nach anderen Prinzipien strukturierten Sozialität zuordnete. Bei Adam Smith galt die Marktlogik nur als Teilaspekt der gesellschaftlichen Beziehungen und setzte voraus, dass andere Sozialbeziehungen der Logik ‚ethischer Gefühle' (vgl. Smith 2004) folgen oder aber als nicht ökonomisierbare gesellschaftliche Funktionen auch gemäß anderer Eigenlogiken erfüllt werden müssten, wobei etwa die Sphären von Recht und Politik von der Marktlogik klar unterschieden werden. Daher widmete der *Wohlstand der Nationen* der ‚unsichtbaren Hand' auch nur eine Zeile, den unerlässlichen Aufgaben der öffentlichen Hand aber 250 Seiten.[16] Demgegenüber subsumiert die Theorie genau wie die wirtschaftspolitische Praxis der von Becker geprägten Variante des Neoliberalismus jedes individuelle Tun und alle gesellschaftlichen Bereiche unter eine ökonomischen Logik.[17] Die konkreten Anwendungsfelder sind entsprechend vielfältig. Sie reichen von der Erklärung, „die meisten (wenn nicht alle!) Todesfälle" seien „Selbstmorde", da „man sie hätte hinausschieben können, wenn man mehr Ressourcen in die Lebensverlängerung investiert hätte" (Becker 1993a, S. 9), über Kriminalität, Bildung, Gesundheitspflege oder Ernährung (Becker 1997, S. 217–226) bis zur ökonomistischen Erklärung der Fertilitätsraten, in der Kinder als dauerhafte Konsumgüter gelten und die Wahl für oder gegen diese Güter aus den individuellen Präferenzsystemen und Ressourcen erklärt wird (Becker 1993a, S. 187–281).

Obwohl das Modell des *homo oeconomicus* in den Sozialwissenschaften hochgradig umstritten blieb und nie eine vergleichbare Hegemonie wie in den Wirtschaftswissenschaften erreichte, gibt es kaum noch soziale Phänomenbereiche, die nicht mit ökonomischen Erklärungsmodellen im Kontext von Knappheitsrelationen behandelt worden wären, im deutschen Sprachraum etwa durch Bruno S. Frey. In dessen Monografie mit dem programmatischen Titel *Ökonomie ist Sozialwissenschaft* gilt die Entwicklung eines solchen universellen ökonomischen Ansatzes als „von Klassikern wie Adam Smith [...] vorgezeichnet" (Frey 1990, S. 10) – was in Anbetracht unserer bisherigen Ausführungen durchaus als fragwürdig zu bezeichnen ist. Nicht nur hat Smith dem bornierten Prinzip des individuellen Nutzenkalküls *keinen* totalitären Erklärungsanspruch verliehen, auch die Aussagen zur Knappheit haben, wie gezeigt, in der ökonomischen Klassik einen

[16] Für Smith zählte neben Landesverteidigung und Justiz daher auch die Pflicht, „öffentliche Einrichtungen zu gründen und zu unterhalten, die ein Einzelner oder eine kleine Gruppe aus eigenem Interesse nicht betreiben kann, weil der Gewinn ihre Kosten niemals decken würde" (Smith 1974, S. 582), zu den Staatsaufgaben. Ebenso wie die allgemeine Infrastruktur, Förderung einzelner Wirtschaftszweige oder die Bildung (Smith 1974, S. 587–693).

[17] Zu den Differenzen zwischen klassischem Liberalismus und Neoliberalismus sowie zu Binnendifferenzen verschiedener Strömungen des Neoliberalismus (in der Theorie wie auch in den konkreten Regierungsrationalitäten), vgl. Heim 2013, S. 313–330, 377–420.

anderen semantischen Gehalt. Die zentrale Stellung der Knappheit bezog sich dort nicht auf ein generalisiertes Prinzip der Erklärung aller mikroökonomischen Kalküle, sondern auf naturalisierte Ausgangsbedingungen und makroökonomische Bezugsprobleme langfristiger Prozesse gesellschaftlicher Entwicklungen, die erklärt bzw. verstanden werden sollten. Makroökonomische Problemstellungen waren zudem noch verbunden mit einer historischen und gesellschaftsanalytischen Reflexionsebene. Statt alles aus vermeintlich universellen ökonomischen Gesetzen abzuleiten, galten in der politischen Ökonomie vielmehr gerade soziale Gegebenheiten – Klassenbeziehungen, Staatsformen, politische und rechtliche Verhältnisse – als Rahmenbedingungen und Erklärungsfaktoren des Wirtschaftsprozesses.

Die sich seit den 1870er Jahren entwickelnde neoklassische Ökonomie markierte mit der Verschiebung der Fragestellungen und Erklärungsprinzipien auf mikroökonomische Perspektiven demgegenüber einen radikalen Bruch, der viele der auf der Smith-Ricardo-Linie entwickelten Problemstellungen suspendierte (Luks 2010, S. 97). Im Horizont des neuen Paradigmas, das auf einer „imaginären Anthropologie“ (Bourdieu 1998, S. 168–172) des rationalen Marktakteurs aufbaut, sind Fragen nach gesellschaftlichen Bedingungen und Strukturen der Produktion und Verteilung des Reichtums ausgeschlossen. Insgesamt wurden gesellschaftsanalytische und makroökonomische Implikationen der Klassik in einer individualistischen Perspektive durch subjektive Faktoren ersetzt. An die Stelle der „Analyse der historischen Prozeßlogiken“ tritt „die Analyse der internen Rationalität [...] der Handlungen von Individuen“ (Foucault 2004b, S. 310). Dabei wird auch das Mensch-Natur-Verhältnis als Ursache absoluter Knappheit auf einen Ursprungsmythos reduziert, während der Gegenstand der Modelle und Analysen ausschließlich Tauschbeziehungen und unterstellte Kalküle individueller Nutzenmaximierer sind.

Ricardos Knappheitsdenken referierte dabei immerhin noch auf konkrete Ursachen und blieb so für Widerlegungen offen.[18] Demgegenüber wird auch die Knappheit in der Entwicklung der Neoklassik zur totalen Ökonomie zur einwandsimmunen Setzung in einer „Modell-Platonistik“ (vgl. Albert 1965), die sich durch den „Burgwall der Formalisierung“ (Bourdieu 1998, S. 165) gegen jede Kritik und gegen alle den universalisierten Basisannahmen widersprechenden empirischen Befunde abschirmt. Wenn die grundlegenden Axiome des Modells des *homo oeconomicus* jeder kritischen Reflexion und empirischen Kontrolle entzogen bleiben, erinnert dies an Platons ‚reine‘ Ideen, die der Sinneserfahrung (und mithin jeder empirischen Falsifikation) unzugänglich sind, aber zugleich eine alles bestimmende metaphysische Realität bilden sollen. Daran ändert es auch wenig, wenn das abstrakte Modell – individueller Nutzenmaximierung unter Bedingungen universeller Knappheit – mit konkreteren empirischen Annahmen angereichert wird. Denn diese dienen oft primär dazu, alle vom Modell abweichenden

[18]Zum Beispiel, wenn das Gesetz der abnehmenden Bodenerträge von Produktivitätsfortschritten in der Landwirtschaft konterkariert wurde (Heim 2013, S. 214–215).

psychologischen, soziologischen und ökonomischen Befunde derart in die systematische Leerstelle der unterstellten individuellen Präferenzsysteme einzufügen, dass sie ihrerseits zur individuellen Nutzenfunktion erklärt werden können (vgl. Lindner 2015). Wie schon Hans Albert betonte, werden damit die komplexen sozialen und historischen Ursachen und Bedingungen der objektiven Parameter und der individuellen Orientierungen wirtschaftlichen Handelns gerade nicht erklärt, sondern bestenfalls in tautologischen Zirkelschlüssen in das vorausgesetzte Modell eingeordnet (vgl. Albert 1965).

Paradoxerweise ist die sich zur totalen Sozialwissenschaft erklärende neoklassische Ökonomie dabei selbst das Produkt einer folgenreichen historischen Aufspaltung der Sozialwissenschaft in die getrennten Einzeldisziplinen einer empirisch-deskriptiven Geschichtswissenschaft und der nomothetischen Fachwissenschaften Ökonomie, Soziologie und Politologie. Infolge der entsprechenden Fragmentierung gesellschaftlicher Zusammenhänge in wechselseitig gegeneinander abgeschlossene disziplinäre Analyseperspektiven und Erklärungsmodelle, büßte die disziplinäre Ökonomie seit dem 19. Jahrhundert ihre soziologische und historische Reflexionsebene ebenso weitgehend ein, wie auch eine oft komplementär vereinseitigte Soziologie ihre historische und ökonomische Tiefendimension verlor (vgl. Wallerstein 1995, 2012, S. 257–318). Gerade weil für Smith und Ricardo ein gesellschaftsanalytischer Problemhorizont relevant war, ist mit ihnen keine ökonomisch vereinseitigte Einheitswissenschaft zu machen. Robbins, Becker und Frey hingegen postulieren genau dies, da die Universalisierung des Knappheitstheorems als logische Prämisse in allgemeine Modelle eingeht. Die daraus resultierenden Analysen, Gesetze und Theoreme werden dann „aus einer Gesamtheit von zwar strengen, sich aber über die realen Funktionen der Ökonomie ausschweigenden Grundaxiomen" (Bourdieu 1998, S. 168) deduziert. Der Mensch kommt dabei nur als analytische Abstraktion in Betracht, um diese Modelle dann unmittelbar auf alle Verhaltensbereiche der nun nicht mehr analytisch abstrahierten, sondern empirischen Menschen zu projizieren.

Der ahistorische, empirieferne selbstbezügliche und formalistische Charakter dieser totalen Ökonomie wurde oft kritisiert und karikiert.[19] Der Modell-Wirklichkeits-Zusammenstoß wäre dabei nicht weiter problematisch, wenn er nur die wissenschaftsimmanenten Paradoxien eines sich gegen Außenweltkontakte abschirmenden Paradigmas beträfe.

[19] Exemplarisch formulierte Veblen: „Die hedonistische Konzeption fasst den Menschen als blitzschnellen Berechner von Lust und Leid auf, der wie ein homogenes Klümpchen Glücksbegehren unter den Impulsen von Stimuli oszilliert, die ihn durch die Gegend treiben, ihn aber unversehrt lassen. Er hat weder Vorgeschichte noch Folge. Er ist eine isolierte, definitive menschliche Gegebenheit in stabilem Gleichgewicht […]. Von selbst im elementaren Raum schwebend, wirbelt er symmetrisch um seine eigene Geistesachse." (Veblen, zit. in: Bourdieu 1998, S. 170). Indem gegenüber der reinen Ratio des Marktkalküls externe (soziale und ökologische) Bedingungen und Folgen als irrelevante Größen gelten, erscheint die derart aus ihren Kontexten entbettete Ökonomie als „anti-natürliche; anti-gesellschaftliche und daher durch und durch autistische Veranstaltung" (Altvater 2005, S. 60).

Jedoch war die Figur des *homo oeconomicus* spätestens in der neoliberalen Theorie auf die „Transformation von einer positiven zu einer normativen Gestalt" (Rolle 2005, S. 163) hin angelegt. Sie war und ist die epistemologische Grundlage einer wirtschafts- und gesellschaftspolitischen Programmatik, die die konkreten Ausformungen der Metamorphosen kapitalistischer Vergesellschaftung seit den 1970er Jahren wesentlich beeinflusste (Heim 2013, S. 377–420, 551–601; vgl. Schrage 2011). Die Abstraktion der rationalen Eigennutzmaximierung in eine Welt, in der alles vermeintlich immer knapper wird, wird dabei von einer analytischen Kategorie zur appellativen Diskursfigur. Von der begründeten Annahme, dass Studierende der Ökonomie ihr reales Verhalten dem Ideal des *homo oeconomicus* annähern (vgl. Frank et al. 1996; Mieth 2015), über eine Ratgeberliteratur, die das „unternehmerische Selbst" (vgl. Bröckling 2007) nicht beschreiben, sondern herstellen will, bis hin zur ‚Sparmedizin' der aktuellen europäischen Austeritätspolitik und ihren im Wortsinne letalen Wirkungen hat die ökonomische Wissensordnung dabei sehr reale Effekte.[20] Die analytische Dekonstruktion des Knappheitspostulats ist daher auch eine der Voraussetzungen für die Suche nach gesellschaftlichen Alternativen, die es erlauben, den realen gesellschaftlichen Reichtum anders zu nutzen.

Hierfür bieten andere sozialwissenschaftliche Traditionen eine wichtige Anregungsquelle, da sie sichtbar machen, dass „alles, was die ökonomische Orthodoxie als rein Gegebenes nimmt […], Produkt einer sozialen Konstruktion, eine Art historisches Artefakt ist" (Bourdieu 1998, S. 163–164), das als solches auch für historische Veränderung offen bleibt.

4 Die soziologische Dekonstruktion des Knappheitsparadigmas

Für die Konstitution eines genuin sozialwissenschaftlichen Denkens spielte die Kritik an den Naturalisierungen und Anthropologisierungen in der ökonomischen Theorie seit dem 19. Jahrhundert eine zentrale Rolle (Heim 2013, S. 75–84). Gerade innerhalb der Soziologie eröffnete der zentrale Anspruch, ‚Soziales aus Sozialem zu erklären'[21],

[20]So ist der faktische Kollaps des griechischen Gesundheitssystems keinem Mangel an Medikamenten, Krankenhäusern oder medizinischem Personal geschuldet, sondern politisch und ökonomisch induzierten Verknappungszwängen. Die Effekte – der Anstieg der Säuglingssterblichkeit um 43 %, erhöhte Mortalitätsraten bei Diabetes und Krebs, die Nichtbehandlung schwerer Depressionen, die zum Anstieg der Suizidrate um 45 % beitrug usw. – sind freilich sehr reale Notstände (vgl. Kentikelenis et al. 2014).

[21]In dieser Formulierung handelt es sich um einen methodologischen Anspruch Durkheims (1976, S. 176–204). Er kann jedoch unabhängig davon, ob etwa Durkheims Konzeption des Kollektivbewusstseins oder der ‚sozialen Tatbestände' vollständig geteilt werden, auch als kleinster gemeinsamer Nenner vielfältiger soziologischer Theorien und Analyseperspektiven behandelt werden, der für die Bestimmung der Soziologie als *eigenständiger* Fachdisziplin zentral ist. So ist es

auch vielfältige Möglichkeiten, um die naturalisierten Voraussetzungen ökonomischer Modelle als historisch entstandene soziale Konstruktionen mit spezifischen Funktionen zu beobachten. Dies schließt die sozialen Formen der über Geld vermittelten marktförmigen Austauschbeziehungen ebenso ein, wie die individuellen Nutzenkalküle und Knappheitspostulate. In unterschiedlicher Form verfolgten dabei schon Karl Marx und Max Weber die Frage, wie Knappheit gesellschaftlich erzeugt, verteilt und verwaltet wird, und wie dabei das soziale Verhalten von Gruppen und Individuen mit gesellschaftlichen Produktions- und Herrschaftsverhältnissen zusammenhängt.

Beispielhaft dafür ist Marx' Analyse des gesellschaftlichen Widerspruchs, dass ein in gegebenen Distributionsstrukturen nicht verteilbarer Überfluss an Gütern zu zyklischen Krisen und realen Verknappungserscheinungen führt. Ein anderes Beispiel wäre Webers konstruktivistisches Konzept einer das Handeln beeinflussenden subjektiven Knappheit, welches *Zuschreibungen* von Knappheit als komplexe soziale Aushandlungsprozesse fasst. Beide behandeln Knappheit nicht als universelle Gegebenheit der ,conditio humana' in einer endlichen Welt, sondern als soziologisch erklärungsbedürftiges, da gesellschaftlich hergestelltes Phänomen. So wären endogene Krisen, die auftreten, weil die Gesellschaft „zuviel Lebensmittel, zuviel Industrie, zuviel Handel besitzt", sodass Teile „der erzeugten Produkte" und „Produktivkräfte regelmäßig vernichtet" werden müssen, „früheren Epochen als ein Widersinn erschienen" (MEW 4 1977, S. 468). Solche Krisen sind insofern nicht aus einem äußeren Mangel, sondern nur aus den Charakteristika der kapitalistischen Ökonomie zu erklären, in der sie als „gewaltsame Ausgleichung aller Widersprüche" (MEW 26.2 1967, S. 510) konstitutive Funktionen für die Akkumulation erfüllen (Heim 2013, S. 228–243). In Webers Kennzeichnung von Wirtschaft als spezifische Sozialbeziehung, in der „einem Bedürfnis [...] ein, im Vergleich dazu, nach der Schätzung des Handelnden, knapper Vorrat von Mitteln und möglichen Handlungen zu seiner Deckung gegenübersteht", gilt es als „selbstverständlich: daß diese ,Knappheit' subjektiv vorausgesetzt und das Handeln daran orientiert ist" (Weber 1922, S. 181). Knappheit ist hier kein objektiver Tatbestand der Welt, sondern Moment des Prozessierens einer spezifischen sozialen Beziehung und eines Bedarfs, der

---

gerade für den Ansatz Max Webers – der in Lehrbuchdarstellungen oft als vermeintlicher Vertreter eines methodologischen Individualismus, dem methodologischen Holismus Durkheims diametral entgegen gesetzt wird – charakteristisch, dass individuelle Dispositionen und Verhaltensweisen der Erklärung nicht vorausgesetzt, sondern als soziale Phänomene aus den Wechselwirkungen und Konstellationen der historisch-sozialen Formen der religiösen und wirtschaftlichen Praxis erklärt werden. Damit soll freilich kein übergreifender Fachkonsens suggeriert werden. Die disziplinäre Ausdifferenzierung der Soziologie verband sich auch mit Tendenzen, ökonomische Fragen dem Geltungsbereich der Wirtschaftswissenschaften zu überlassen und diesbezüglich schlicht die jeweils geltende ökonomische Lehrmeinung anzuerkennen, was auch ein Einfallstor für unhinterfragte Übernahmen neoklassischer Axiome innerhalb der Fachsoziologie ist (Henning 2005, S. 190–250).

keine individuelle, sondern eine soziokulturelle Größe ist (Drobot 2015, S. 70–82). In beiden Fällen gelten Knappheit und Verteilungskämpfe sowie die darauf bezogenen ökonomischen Kategorien als Momente gesellschaftlicher Verhältnisse, also als geschichtliche, kontingente und veränderbare Erscheinungen, und werden als solche zum sozialwissenschaftlichen Gegenstand (Heim 2013, S. 75–84, 179–182).

Ein solcher relational-konstruktivistischer Knappheitsbegriff wurde im 20. Jahrhundert besonders auch durch empirische Befunde ethnologischer Forschungen und die daran anschließende strukturale Anthropologie gestützt. Als offenes, forschungsleitendes Prinzip werden dabei Mensch-Mensch-Verhältnisse, die in ihrer doppelten Kontingenz für vielfältige Ausformungen offen sind, zum Ausgangspunkt einer Analyse, die die je konkrete Struktur und Genese solcher Verhältnisse entschlüsseln muss, statt alle Verhältnisse aus einer universalen Natur-Mensch-Mangelkonstruktion abzuleiten. Bedeutsam für eine Irritation der Vorstellungen eines universellen *homo oeconomicus,* der nur durch Knappheit zur Tätigkeit angetrieben wird, waren etwa Bronislaw Malinowskis 1922 erschienener Forschungsbericht *Die Argonauten der Südsee* oder Marcel Mauss' ein Jahr später veröffentlichter Gaben-Essay.[22] Schließlich erscheinen in vielen der ethnologisch beobachteten Praktiken der Überfluss, die Lust, das Begehren als Antriebsmomente eigenen Rechts. Die Modellunterstellung, es seien stets knappe Gegenstände, auf die sich das Begehren richten würde, erweist sich als hinderlich, wenn es darum geht, die Motivation vielfältiger sozialer Austauschprozesse zu erfassen.

Das durch die Ethnologie eröffnete neuartige Wissensfeld zeigt, dass das „Geben und Helfen, das wir als Tausch klassifizieren würden, [...] zunächst nicht nur, vielleicht nicht einmal primär im Hinblick auf knappe Güter praktiziert" (Luhmann 1988, S. 190) wird, was – „obwohl es heutigen Beobachtern schwerfällt, das so zu sehen" – zu der Annahme berechtigt, „daß älteste Gesellschaften ohne Knappheit gelebt haben" (Luhmann 1988, S. 188). Dieser „Seitenblick auf andere Möglichkeiten" (Luhmann 1987, S. 85) machte rein (markt)ökonomische Erklärungsmodelle gerade hinsichtlich ihrer universellen Knappheitsannahme verstärkt kritisierbar und bildete einen Ausgangspunkt abweichender ökonomischer Theoriebildung – etwa für George Batailles ‚allgemeine Ökonomie', die die Beobachtung vielfältiger Praxen ‚unproduktiver Verschwendung' als Ausgangspunkt

[22]Malinowski zeigt, „daß sich der Eingeborene aus Fleisch und Blut völlig vom Phantom des primitiven homo oeconomicus unterscheidet, auf dessen aus der Phantasie entsprungenem Verhalten viele akademische Deduktionen abstrakter Wirtschaftswissenschaften beruhen" (Malinowski 1979, S. 89). Letztere werden etwa durch die Praxis des Kula (ein ringförmiges Gabentauschsystem auf den Trobriand-Inseln) konterkariert, die nicht durch Knappheit, Nützlichkeit oder Gewinnabsichten motiviert ist. Auch in Mauss' Analyse der Gabe und der – aus moderner ökonomischer Perspektive verschwenderischen – Überbietungslogik des Potlatsch ist der Austausch ein nicht auf Nutzenkalküle reduzierbares ‚totales soziales Phänomen', in dem religiöse, rechtliche, moralische, politische und ökonomische Aspekte verwoben sind (Mauss 2010, S. 12). Anthropologisch konstant erscheinen hier gerade nicht der Mangel oder die Knappheit, sondern die Wechselseitigkeit bzw. Reziprozität.

nahm (Bataille 2001, S. 20). Er ist aber ebenso zentral für Luhmanns radikal konstruktivistisches Knappheitsverständnis, das Knappheit aus immanenten Strukturen und Bezugsproblemen moderner Gesellschaften erschließt.

Insofern die reine Faktizität einer Begrenztheit praktisch aller irdischen Dinge für viele „Lebenszwecke" (Luhmann 1988, S. 177) vollkommen irrelevant ist, also keine Knappheit begründet, wird diese erst dadurch konstituiert, dass Zugriffsmöglichkeiten auf prinzipiell verfügbare Gegenstände zum Objekt sozialer Konflikte oder sozialer Regulierung und Restriktion werden. In Luhmanns allgemeiner Definition ist mit „Knappheit" daher „eine soziale Wahrnehmung von Beschränkungen gemeint, an die soziale Regulierungen anschließen" (Luhmann 1988, S. 179). Als genuin soziale Größe hängt Knappheit nicht von Gütermengen, sondern von den Modi des Zugriffs, der Verteilung und Teilhabe ab, die eng mit sozialen Asymmetrien verbunden sind. Knappheit als abstrakter universaler Orientierungsrahmen entsteht dabei erst mit der Einführung und Verallgemeinerung des Eigentumscodes und des symbolisch generalisierten Kommunikationsmediums Geld „als Folge differentieller Verteilung im System selbst" (Luhmann 1988, S. 188, 187–205). Wie Alois Hahn anmerkt, begründet damit nicht Knappheit die Wirtschaft, sondern umgekehrt begründet erst eine historisch spezifische Form der Wirtschaft die universelle Geltung eines abstrakten Knappheitsprinzips (Hahn 1987, S. 120).

> Abstraktion der Knappheit heißt vor allem, daß Knappheit unabhängig wird von ‚natürlichen' Bedürfnissen und von bestehenden Mengen; denn Geld ist und bleibt auch dann knapp, wenn mehr und mehr Gütermengen in reichem Maße vorhanden sind. An die Stelle der Abhängigkeit der Knappheit von Bedürfnissen und Gütermengen tritt die Abhängigkeit des Geldes von politischen Entscheidungen, die die Quantität festlegen. Geld wird zum disponiblen Repräsentanten des Kontingenzprinzips Knappheit (Luhmann 1972, S. 195).

Im systemtheoretischen Vokabular stellt Knappheit damit eine „Kontingenzformel für einen bestimmten Bereich gesellschaftlicher Kommunikation" (Luhmann 1988, S. 191) dar, also eine Form, in der systemimmanente Unterscheidungen die Überfülle potenzieller Informationen und Anschlussmöglichkeiten soweit selektiv einschränken, dass Kontingenz in gesellschaftliche Notwendigkeit transformiert wird. Kontingenzformeln haben damit die Funktion, „andere Möglichkeiten, die auch gegeben sind, zu unterdrücken" (Luhmann 2000, S. 150, 1988, S. 191). Konkret heißt dies: Wo prinzipiell verfügbare Güter in Bezug auf Geld und Eigentum knapp werden, sind Zugriffs- oder Verteilungsmöglichkeiten immer schon durch Zahlungs(un)fähigkeit und Eigentumstitel vorentschieden, was andere Möglichkeiten ausschließt – etwa im Überfluss vorhandene Lebensmittel und Medikamente nach den Bedürfnissen zu verteilen oder nicht mehr profitable, aber funktionsfähige Fabriken der Belegschaft zur selbst organisierten Produktion zu überlassen. Erst diese Kontingenzformel hat es der – mit Geld als Medium des Codes Zahlen/Nicht-Zahlen und dem Eigentumscode (Haben/Nicht-Haben) operierenden – Wirtschaft ermöglicht, sich als System auszudifferenzieren (Luhmann 1972, S. 200). Erst durch die Form des Eigentums wird die logisch auf einem „Willkürakt" (Luhmann 1988, S. 178) beruhende Limitierung von Zugriffsmöglichkeiten kodifiziert, stabilisiert, legitimiert und im Konfliktfall durch staatliche Gewalt garantiert. „Kondensierte Knappheit erscheint dann als Differenz von ‚Haben' und ‚Nicht-Haben' mit der Folge, daß sich diejenigen Operationen unterscheiden, die man im Anschluß […] ausführen kann." Zugleich wird die grundlegende Paradoxie, „daß knappe Güter im Überfluß vorhanden sind" (Luhmann 1988, S. 229) und erst durch ein selbstreferenzielles Knappheitsprinzip knapp werden,

> invisibilisiert, da man sich stets in einer durch Zugriffe schon vorstrukturierten Bifurkation, also in einer geschichtlichen Situation befindet. Das konstituierende Problem erscheint damit nur in einer abgeschwächten […] Form. Es ist transformiert in Allokations- und Verteilungsprobleme oder auch in Probleme der Legitimation von Ungleichheit (Luhmann 1988, S. 181–182).

Knappheit ist als Kontingenzformel einerseits systemrelevant (und insofern ‚too big to fail'). Anderseits zwingt sie das System, das Paradoxon, dass Knappheit nur Ausdruck einer willkürlichen Unterscheidung ist, und die Beseitigung von Knappheit durch Zugriff auf knappe Güter die Knappheit vermehrt[23], durch weitere Unterscheidungen unsichtbar zu machen. Im Erfolgsfall wird die Knappheitsvermehrung auf „markteigentümliche Weise durch gesamtökonomischen Erfolg, vor allem durch Wachstum, invisibilisiert (invisible hand)" (Luhmann 1990, S. 118). Wachstum verspricht stets aufs Neue, dass der Überfluss an Gütern die Knappheit vermindern werde, die sich jedoch durch die systemkonstitutive Regulierung der Zugriffsmöglichkeiten reproduziert, sodass weiteres Wachstum erforderlich ist. Ähnliche Funktionen erfüllt die moderne Lohnarbeit. Auch wenn die verbreitete Hoffnung unerfüllt bleibt, dass sich die „Differenz von reich und arm […] abschwächen läßt, indem durch Lohnarbeit ein Teil des Reichtums wieder nach unten fließt" (Luhmann 1988, S. 222), ist Arbeit die einzige systemimmanente Möglichkeit, die konstitutive Limitierung der Zugriffsmöglichkeiten durch den Geld- und Eigentumscode zu dynamisieren und zu verdecken. Die neuzeitliche Arbeitssemantik gewinnt dadurch ihre – seit Marx' Karikierung der ‚doppelt freien Lohnarbeit' (MEW 23 2013, S. 181–191) – oft betonte Ambivalenz. Diese resultiert daraus, dass Lohnarbeit für die Bevölkerungsmehrheit, welche ‚frei' von den durch Eigentum garantierten Zugriffsrechten auf Produktions- und Subsistenzmittel ist, ebenso zum alltäglichen Zwang wie zum Versprechen der Freiheit wird, sich als Eigentümer der eigenen Arbeitskraft Zugriffsrechte zu erwerben. In ironischer Zuspitzung:

---

[23]Knappheit ist insofern eine zirkulare Motivationslage, die auf nichts anderes verweist als auf die nicht weiter zurückführbare Unterscheidung: „Der Zugriff erzeugt […] Knappheit, während zugleich Knappheit als Motiv für den Zugriff fungiert. Der Zugriff aktualisiert also ein selbstreferentielles Verhältnis. Er schafft seine eignen Bedingungen. Er stellt sich seine Effekte als seine Motive vor. […] Knappheit ist demnach, wenn man nicht von der einzelnen Operation, sondern vom System ausgeht, in dem sie stattfindet, ein *paradoxes* Problem. Der Zugriff schafft was er beseitigen soll. Er will sich eine ausreichende Menge sichern und schafft dadurch die Knappheit, die es erst sinnvoll macht, sich eine ausreichende Menge zu sichern" (Luhmann 1988, S. 179, H. i. O.).

> Als Eigentümer seiner körperlichen und geistigen Fähigkeiten wird jedermann zum Sklaven seiner selbst. Die Sklaverei wird allgemein und dadurch aufgehoben. Sie erscheint jetzt als Freiheit. Man bietet sie an, als die Gelegenheit, Eigentum zu erwerben (Luhmann 1988, S. 215).

Auch der „kurzfristig[e] Optimismus", der in der Annahme, jeder könne sich Eigentum erarbeiten, „von Knappheit gänzlich absieht" (Luhmann 1988, S. 215), kann aber die Knappheitsparadoxie nicht auflösen. Unter Bedingungen fortgeschrittener Überflussproduktion erreicht diese vielmehr „ihren Wärmetod", indem nicht mehr die „vorhanden Güter, sondern nur noch die zahlungswilligen und zahlungsfähigen Käufer" knapp sind (Luhmann 1988, S. 227–228), während zugleich die Arbeit selbst zunehmend als knapp erscheint (Luhmann 1988, S. 222–223). In der Systemlogik besteht die einzige Antwort darin, ‚Arbeit zu schaffen', um zahlungsfähige Käufer zu schaffen. Denkmöglichkeiten, den vorhandenen Überfluss anders zu distribuieren oder die offenbar für Tätigkeiten jenseits der Lohnarbeit massenhaft verfügbare Zeit anders zu nutzen, bleiben somit ausgeschlossen.

Kontingenzformeln machen dogmatische Abbrüche des infiniten Regresses, der sich aus der hier skizzierten Selbstreferenz ergibt, systemimmanent plausibel. Für Ansätze einer pluralen Ökonomie ist gerade deshalb die kritische Analyse der Kontingenzformel Knappheit konstitutiv, insbesondere für eine Auseinandersetzung mit der dominanten neoklassischen Ökonomie. Indem die Neoklassik die Beobachtung erster Ordnung auf Basis systemimmanenter Unterscheidungen als universell gültig übernimmt, um diese zu verdoppeln und zu apologetisieren, wird der Durchgriff einer Beobachtung des Wirtschaftssystems auf die Paradoxie seiner selbstreferenziellen Grundlegungen und auf die außerhalb der Kontingenzformel bestehende Unbestimmtheit anderer Möglichkeiten blockiert. Für die Kontingenzformel Knappheit übernehmen neoklassische Ökonomen damit dieselbe Funktion der „professionellen Assistenz" wie sie die Priester und Theologen für die „Kontingenzformel Gott" haben (vgl. Luhmann 2000). Hier ist es nur durch einen epistemologischen Bruch und eine mit anderen analytischen Unterscheidungen operierende ‚Beobachtung zweiter Ordnung' möglich „zu sehen, was das System selbst nicht sehen kann: die konstituierende Paradoxie" (Luhmann 1988, S. 182).

Eine plurale Ökonomie, die als Beobachterin wirtschaftswissenschaftlicher Dogmen auftritt, um zur Entzauberung der (Wirtschafts-)Welt beizutragen, muss auch den monotheistischen Glauben an die Knappheit hinterfragen, wofür Luhmanns Analyse wichtige Elemente bereitstellt. Die theoretische wie praktische Schwierigkeit für eine nicht knappheitszentrierte Vorstellung von Ökonomie besteht nun darin, eine adäquate Antwort auf die Frage zu finden, wie andere mögliche Formen des gesellschaftlichen Austausches beschaffen sein könnten. Dabei genügt es nicht, eine ‚Metaphysik des Überflusses' an die Stelle der ‚Metaphysik der Knappheit' zu setzen. Vielmehr müssen realistische gesellschaftliche Möglichkeiten und praktische Anknüpfungspunkte anderer Modi des Austauschs in der gegebenen Gesellschaft sondiert werden. Der Mehrwert von Luhmanns Analyse besteht darin, gezeigt zu haben, dass Knappheit auf kontingenten, selbstreferenziellen Unterscheidungen beruht, also nicht auf natürlichen, sondern auf gesellschaftlichen Begrenzungen von Zugriffsmöglichkeiten. Für die Frage nach Alternativen bietet Luhmann – der die Frage, „ob die funktionale Betrachtungsweise ‚kritisch' gemeint ist" (Luhmann 1998, S. 1125), stets offen ließ und es „der theoretischen Phantasie von Alternativisten" überließ, „sich funktionale Äquivalente vorzustellen" (Luhmann 1988, S. 229) – hingegen kaum Anknüpfungspunkte. Über Luhmann hinausgehend, erlaubt ein „Verständnis von Knappheit als wirklichkeitskonstituierende soziale Matrix" (Unger 2011, S. 53) aber auch die Frage, wie der gerade angesichts der Steigerung der Arbeitsproduktivität in der kapitalistischen Moderne enorm gewachsene konkrete Reichtum prinzipiell Formen der Vergesellschaftung jenseits dieser Knappheitsmatrix ermöglicht.

5 Wege aus der kapitalistischen Knappheitsmatrix?

Das Potenzial sozialkonstruktivistischer Knappheitsbegriffe für kritische ökonomische Ansätze liegt darin, die Semantik und soziale Wirklichkeit von Knappheit als Momente einer Gesellschaftsformation sichtbar zu machen, deren Wirtschaftsform nicht primär der Produktion und Verteilung des stofflichen Reichtums an Gütern verpflichtet ist, sondern der Akkumulation von in Geld ausgedrücktem abstraktem Reichtum. Diesen historisch-gesellschaftlichen Charakter kann die ökonomische Neoklassik, in der Knappheit die unhintergehbare Prämisse zentraler Axiome bildet, nicht berücksichtigen, ohne die Grundlagen ihrer Lehre selbst in Zweifel zu ziehen. Umso wichtiger ist es, abschließend deutlich zu machen, an welchen empirisch zutage tretenden Widersprüchen und Paradoxien der Knappheitslogik alternative Theoriebildungen im Kontext einer pluralen Ökonomie ansetzen könnten und welche realen Ansatzpunkte ökonomischer Praxen ohne Knappheitsbezug in der gegenwärtigen Gesellschaft angelegt sind.[24]

Dass reale Knappheitsphänomene ein Produkt globaler Produktions- und Verteilungsstrukturen sind, gilt etwa für das sogenannte ‚Welternährungsproblem'. Angesichts der parallelen Überproduktion und Vernichtung von Lebensmitteln – wobei mehr als die Hälfte der jährlichen globalen Kalorienproduktion in den Distributionsketten oder durch Nahrungsmittelspekulation verloren gehen (Kreutzberger und Thurn 2013, S. 50–69, 113–186) – stellt dieses kein Mangel-, sondern ein Allokationsproblem[25] dar.

[24]Vgl. zu einer entsprechenden Diskussion ausführlicher auch Heim 2017, S. 47–61.

[25]Hinter solchen Befunden stehen globale Distributionsstrukturen, die seit der Kolonialepoche zur Reproduktion der asymmetrischen Reichtumsverteilung und der Ausbeutungs- und Hegemonieverhältnisse zwischen Zentrum und Peripherie beitragen. Diesen Grundbefund der Weltsystemanalyse (vgl. Wallerstein 1979; Frank 1980) bestätigen auch Ergebnisse der Bertelsmann-Stiftung (vgl. 2014). Das Problem potenziert sich, da der ungleiche Tausch zwischen Zentrum und Peripherie bei der Mehrheit der Weltbevölkerung nicht nur missliche Lebensbedingungen erzeugt, sondern einen „Mangel an zahlungsfähiger Konsumtion", und „[a]ndre Konsumarten, als zahlende, kennt das kapitalistische System nicht" (MEW 24 2010, S. 409).

Es gilt ebenso für die – oft als Beitrag zur ‚Lösung des Welternährungsproblems' durch Ertragssteigerung legitimierte – Patentierung genetischer Ressourcen, die de facto eine gesellschaftliche Verknappung der Lebensgrundlagen großer Teile der Weltbevölkerung impliziert, wenn die seit dem Neolithikum übliche Saatgutgewinnung aus der Ernte zur kriminellen Tat wird oder durch „Selbstmord-Gensequenzen" ganz verunmöglicht ist (Koechlin 2001, S. 306–312).

Die Verknappungsparadoxien einer Wirtschaftsform, in der „Reichtum Armut schafft" (vgl. Zinn 1998), zeigen sich aber auch in den Ländern des kapitalistischen Zentrums, in denen eine Minderheit der Weltbevölkerung große Teile des dorthin gelenkten globalen Reichtums nur noch dank stetig beschleunigter Gütervernichtung ‚verzehren' kann.[26] Hier ist die Arbeitsproduktivität soweit gestiegen, dass trotz beschleunigter Produktobsoleszenz und staatlicher Wachstumsimpulse vor allem die Lohnarbeit knapp wird, was in einer „Lohnarbeitsgesellschaft", in der auch andere Teilhaberechte an diesen primären Integrationsmechanismus gekoppelt sind, auch in eine multiple Krise der Sozialsysteme führt.[27] Diese Knappheit ist ihrerseits nur ein paradoxer Ausdruck für einen exponentiell gewachsenen Überfluss an Gütern und frei verfügbarer Zeit, der unter kapitalistischen Bedingungen zu multiplen gesellschaftlichen Notständen führt, da er die Zahl der für die Kapitalverwertung Überzähligen erhöht (vgl. Castel 2008; Bauman 2005, 2009). Dabei mangelt es nicht am Bedarf nach sinnvoller sozialer Tätigkeit, sondern nur an unter Profitgesichtspunkten rentabler Lohnarbeit.

Letztlich tritt hier ein schon von Marx analysierter eskalierender Hauptwiderspruch des Kapitalismus hervor, der mit der Steigerung der Produktivkräfte auch den gesellschaftlichen Reichtum an Gütern und an prinzipiell frei verfügbarer Zeit für freie Tätigkeit jenseits von ökonomischen Notwendigkeiten ständig steigert, mit diesem Überfluss aber nichts anderes

---

[26]Eine reine Konsum- oder Lebensstilkritik an der Wegwerfgesellschaft verfehlt allerdings den Kern des Problems. Dem ‚Kultus des abstrakten Reichtums' werden auch unabhängig vom Konsum große Teile des stofflichen Reichtums geopfert, da die „Zerstörung eines Teils eines Warenvorrats, um den Rest teurer zu verkaufen, [...] eine tatsächliche Schaffung von Reichtum im kommerziellen Sinne des Wortes" bedeutet (MEW 19 1987, S. 383) und zumal nach Überproduktions- und Spekulationskrisen die Produktvernichtung ökonomisch notwendig wird.

[27]Die Jugendarbeitslosigkeit lag 2015 bei 22,5 % im Euro-Raum; in Griechenland und Spanien bei fast 50 %, in einigen Regionen gar über 70 % (vgl. zu den je aktuellen Befunden: de.statista.com). Großen Teilen der europäischen Jugend bleibt der Zugang zum zentralen gesellschaftlichen Integrationsmodus damit verwehrt. Denn „Lohnarbeitsgesellschaft" meint bei Castel, dass neben Konsumstandards und sozialer Anerkennung etwa die rechtlich-soziale Absicherung, der Zugang zu gesellschaftlichen Kollektivgütern (Weiterbildung, Gesundheits-, Renten- und Pflegeversicherung) und die Interessenvertretung durch Gewerkschaften an den Funktionszusammenhang von Lohnarbeit und Kapitalakkumulation gekoppelt sind (Castel 2008, S. 283–335). Dessen Krise betrifft daher alle Aspekte gesellschaftlicher Integration (Castel 2008, S. 336–400). Die Funktion des Sozialstaats, die Lohnarbeit gegen temporäre Krisen abzusichern, um dem Kapital „sein virtuelles Arbeitsinstrument [...] instand zu halten, auf Reserve für späteren Gebrauch" (MEW 42 1983, S. 511), wird zudem obsolet, wo das Reservoir der arbeitsfähigen Bevölkerung die Nachfrage nach der Ware Arbeitskraft dauerhaft übersteigt (Bauman 2005, S. 101).

anzufangen weiß, als ihn in Zusatzarbeitszeit zur weiteren Akkumulation zu verwandeln (MEW 42 1983, S. 601–607). Hierin liegt aber zugleich das über den Kapitalismus hinausweisende Potenzial für eine Gesellschaft, deren eigentlicher Reichtum die weitgehende Befreiung von der zur Güterproduktion notwendigen Arbeitszeit wäre. Dies würde allen die Zeit zur freien Entfaltung ihrer Fähigkeiten und zur Teilhabe an der Gestaltung ihrer sozialen Beziehungen eröffnen – eine Möglichkeit, die von der Logik der Kapitalakkumulation zugleich blockiert wird.[28] Eine Aufgabe nicht knappheitszentrierter ökonomischer Theorien wäre es, dieses Potenzial anders zu reflektieren als im bislang dominanten Diskurs. Statt etwa die „Arbeitsgesellschaft, der die Arbeit ausgegangen ist" (Arendt 1967, S. 13, 407–415), als heraufziehende Katastrophe anzusehen,[29] der durch schlechtere Löhne und Arbeitsbedingungen, staatlich s(t)imulierte Ersatzarbeit oder durch die Bestrafung der aus der Lohnarbeit Herausfallenden zu begegnen wäre (wie mit der Agenda 2010), könnte der wachsende Reichtum frei verfügbarer Zeit schließlich auch als Öffnung eines positiv bestimmten gesellschaftlichen Möglichkeitsraums erscheinen.[30]

Ansatzpunkte eines solchen Denkens bot Jean Fourastié, der prognostizierte, dass die massive Steigerung der Arbeitsproduktivität noch im 20. Jahrhundert eine andere Vermittlung von Tätigkeiten und Bedürfnissen ermöglichen werde, in der „das ganze Menschengeschlecht […] menschlich leben" könne, da es im „Gegensatz zu seiner jahrtausendealten Situation" keine „Knappheit mehr erleben" müsse (Fourastié 1968, S. 289, 201). Eine ähnliche Vision formulierte bereits 1930 John M. Keynes, dem sein nachfrageorientiertes Wirtschaftsmodell nicht als Garant der Ewigkeit des Kapitalismus galt, sondern als Notlösung für eine begrenzte Epoche des Übergangs in eine ‚Gesellschaft der Muße', der aber zugleich davor warnte, kurz vor dem Ziel einer von Knappheit und Arbeit befreiten Gesellschaft in revolutionären Übermut zu verfallen.[31] Im 21. Jahrhundert

---

[28]Für Marx zeigt sich hier, „daß das Wachstum der Produktivkräfte nicht mehr gebannt sein kann an die Aneignung" von „surplus labour", da „der wirkliche Reichtum" die Möglichkeit zur freien Entwicklung aller Individuen sei. „Es ist dann keineswegs mehr die Arbeitszeit, sondern die disposable time das Maß des Reichtums." Demgegenüber impliziere die Engführung auf „Arbeitszeit als Maß des Reichtums" das „Setzen der ganzen Zeit des Individuums als Arbeitszeit und Degradation desselben daher zum bloßen Arbeiter" (MEW 42 1983, S. 604). Darin zeige sich „die spezifische Schranke der kapitalistischen Produktion […]. Die absolute Überschußzeit, die die Gesellschaft gewinnt, geht sie nichts an. Die Entwicklung der Produktivkraft ist ihr nur wichtig, sofern sie die Mehrarbeitszeit […] vermehrt, nicht die Arbeitszeit […] überhaupt vermindert." (MEW 25 2008, S. 274).

[29]Als entsprechendes Drohszenario wurde Arendts Formulierung titelgebend für unzählige Aufsätze, Tagungen und Artikel (u. a. Giersch 2006, S. 200–207; vgl. Glaser 1987).

[30]Vgl. in diesem Band u. a. auch den Beitrag von Ketterer zu → „Grundeinkommen und Postwachstum".

[31]Da die Zeit noch nicht reif sei, müssten „Geiz, Wucher und Vorsicht […] für eine kleine Weile noch unsere Götter bleiben. Denn nur sie können uns aus dem Tunnel der wirtschaftlichen Notwendigkeit ans Tageslicht führen. […] Aber natürlich wird sich alles nach und nach ereignen, nicht als eine Katastrophe" (Keynes 2007, S. 146).

verheißt nun erneut Jeremy Rifkin, der Kapitalismus werde bald ohne Reibungsverluste in eine andere Gesellschaftsform diffundieren, da er notwendig Reichtum und sinkende Arbeitszeit produziere und so die Knappheit, also seine Grundlage, suspendiere: „A zero marginal cost society, in which scarcity has been replaced by abundance, is a far different world than the one we're accustomed to (Rifkin 2014, S. 91)".

Konterkariert werden die hoffnungsfrohen Prognosen, die stets aufs Neue verheißen, das Wachstum werde schließlich die Knappheit besiegen und in eine andere Gesellschaft führen, jedoch durch reale gesellschaftliche Entwicklungen. Gerade in einer Zeit, in der die „Sinnfragen am Ende der Arbeitsgesellschaft" (vgl. Gorz 1990) drängender denn je wurden, erhoben auch die Mitte-Links-Parteien die „Delegitimierung nicht-erwerbstätiger Lebensformen zum gesellschaftspolitischen Programm" (Lessenich 2008, S. 90–91) und forcierten einen Diskurs der Verteidigung ‚knapper Ressourcen' gegen ‚Sozialschmarotzer', an den auch rassistische und nationalchauvinistische Forderungen nach der Begrenzung von Zugriffsrechten anschließen.[32] Dies zeigt, dass auch dort, wo die Güterproduktion ein Ausmaß erreicht hat, das frühere Utopien einer mangelfreien Welt weit überbietet, Knappheit als ein notwendiges Moment basaler ökonomischer und politischer Regulationsprinzipien reproduziert wird.

Die Entwicklung nicht knappheitsbasierter Konzepte von Ökonomie und gesellschaftlicher Teilhabe behält hier eine unmittelbar gesellschaftspolitische Relevanz. In ökonomischen Konzepten einer anderen Gesellschaft – von Keynes bis Rifkin – führt die einseitige Fokussierung auf technische Potenziale allerdings dazu, dass das Knappheitspostulat nicht wirklich dekonstruiert, sondern als bald überwundenes Negativ von Reichtum reproduziert wird (Xenos 1989, S. 35). Knappheit gilt nicht als gesellschaftliche Matrix, sondern als technisch überwindbarer objektiver Zustand des Zuwenig. Insofern postulieren solche technologie-utopischen Ansätze zwar die reale Möglichkeit einer Welt ohne Knappheit, unterschätzten aber die gesellschaftliche Tendenz, Überfluss

---

[32]Schon das Bekenntnis des ehemaligen SPD-Arbeitsministers Franz Müntefering zum Paulus-Wort „Wer nicht arbeitet, soll auch nicht essen" (vgl. Schule 2006) hatte neben der moralischen Abwertung sozialdarwinistische Implikationen für den Umgang mit den ‚Überflüssigen'. Viele der Kollektivsymboliken und Semantiken, mit denen der ‚aktivierende Sozialstaat' das ‚deutsche Leistungskollektiv' zu einer „von der Diktion her geradezu völkische[n] Bewegung" (Lessenich 2008, S. 95) zu formen versprach, implizierten neben der Forderung nach Flexibilität, Eigeninitiative und bedingungsloser Unterwerfung unter den Lohnarbeitszwang ein universelles, auf Ausländer, Intellektuelle, Langzeitstudierende, Hartz-IV-Empfänger*innen usw. projizierbares Feindbild leistungsunwilliger ‚Sozialschmarotzer'. Die Dichotomie von ‚Leistungsträgern' und ‚Überflüssigen' bereitete einen „Nährboden für die Ausbreitung gruppenbezogener Menschenfeindlichkeit" (Groß et al. 2010, S. 138–157) und ging in rechtspopulistische Diskurse ein (vgl. Heim 2016; Knopp 2016; Drobot und Schroeder 2016).

systematisch zu verknappen, um Systemstabilität zu gewährleisten.[33] Demgegenüber implizieren soziologische Beobachtungen von Knappheit als konstitutive Kontingenzformel der kapitalistischen Ökonomie, dass allem akkumulierten Reichtum zum Trotz, Knappheit nicht – wie ein überflüssiges Zahnrad aus einer Uhr – aus dem kapitalistischen Wirtschaftssystem herausgenommen werden kann, sondern als Voraussetzung und Folge seines Funktionierens in jeder seiner Operationen reproduziert wird. In diesem Sinne ist Rifkin zwar zuzustimmen, dass der zunehmende Überfluss die hegemoniale ökonomische Theorie ad absurdum führt,[34] seine Hoffnung, ein ‚Internet der Dinge' würde automatisch eine neue Gesellschaftsordnung nach sich ziehen, bleibt jedoch soziologisch naiv.

Gegenwärtig geht die Zunahme des Reichtums global mit einer gesteigerten Reproduktion von Knappheit und sozialer Spaltung einher, was eine autoritäre Forcierung der Verteilungskämpfe zwischen „nationalen Wettbewerbsstaaten" (vgl. Hirsch 2002) und die Zunahme protektionistischer, nationalistischer und rassistischer Tendenzen begünstigt (vgl. Heim 2016, 2017). Für ein Vergesellschaftungsmodell, das Teilhabe primär über Lohnarbeit und Staatsbürgerschaft – welche selbst zu ‚knappen Ressourcen' werden (vgl. Schroeder 2016) – garantiert und reguliert, scheint ein wahrscheinlicher Entwicklungspfad so eher der einer „technischen Barbarei" zu sein, in der „Arbeitsersparnisse und Zeitgewinn [...] zu massenhafter Verarmung, Arbeitslosigkeit und Ausschluss aus der Gesellschaft" sowie zur „Verschärfung des ‚Krieges aller gegen alle'" führen. Der theoretische und praktische Übergang von der „Arbeitsgesellschaft zu einer Gesellschaft der befreiten Zeit, in der Kultur und Gesellschaftlichkeit das Ökonomische überwiegen" (Gorz 1990, S. 257) und anstelle der Verdrängungskonkurrenz um knappe Güter die globale Aushandlung der nachhaltigen Produktion und Verteilung des globalen Überflusses nach Maßgaben globaler Bedürfnisse treten, scheint in den derzeitigen

[33]Dass es dabei gerade angesichts der Komplexität und Ambivalenz der Problem- und Interessenlagen stets um (auch anders mögliche) *Entscheidungen* und nicht um Sachzwänge geht, zeigt beispielhaft etwa die Bearbeitung der griechischen Staatsschuldenkrise. Die in den komplexen Kräfteverhältnissen und angesichts nationaler Sonderinteressen (unter denen deutsche Export- und Gläubigerinteressen eine hegemoniale Position haben) von europäischen Institutionen getroffenen Entscheidungen, haben dabei sehr reale Verknappungseffekte, die nicht auf knappen Ressourcen, sondern auf der Limitierung der Zugriffsmöglichkeiten beruhen. Das gilt etwa für Entscheidungen zur Stabilisierung des europäischen Währungssystems und zur Einschränkung der Kreditzufuhr für Griechenlands Bankensystem oder für die zum Schuldenabbau verordnete Austeritäts- und Privatisierungspolitik zulasten der Sozialsysteme, der Arbeitnehmer*innenrechte und des öffentlichen Eigentums (vgl. Link 2016).

[34]Das zeigt sich auch darin, dass Knappheitsdiskurse gerade dort forciert werden, wo der Mangel nicht mehr evident ist. Wo die Dinge wirklich rar sind, erscheint Knappheit nicht als begründungsnotwendiges Bezugsproblem; was sie erst wird, wo Dinge im Überfluss verfügbar sind. Vgl. zu ethnografischen Befunden: Spittler 2011.

Systemparametern demgegenüber unwahrscheinlich.[35] Dies heißt aber nicht, dass ein Übergang unmöglich oder weltfremd wäre, insofern eine Sondierung historischer Möglichkeitsräume technisch *realistische Möglichkeiten auch gegen* die *Gesetze des gesellschaftlich Wahrscheinlichen* identifizieren kann (Heim 2013, S. 538–550). Solche Möglichkeiten, an denen sich Konflikte um die demokratische Gestaltung globaler Alternativen und die Suche nach theoretischen und praktischen Konzepten einer Ökonomie jenseits der Knappheit orientieren könnten, sollen abschließend schlaglichtartig sondiert werden.

Die von Rifkin aufgezeigten technologischen Kapazitäten für eine andere Welt (in den im Überfluss vorhandenen Mitteln gesellschaftlicher Produktion, Distribution und Kommunikation) ist dabei ein notwendiger, aber nicht hinreichender Ausgangspunkt. Denn wie schon Marx betonte, müssten alle revolutionären Utopien „Donquichoterie" bleiben, „wenn wir nicht in der Gesellschaft, wie sie ist", neben den „materiellen Produktionsbedingungen" auch die „ihnen entsprechenden Verkehrsverhältnisse für eine klassenlose Gesellschaft verhüllt vorfänden" (MEW 42 1983, S. 93). Dies bezog sich etwa auf die den marktförmigen Distributionsverhältnissen inhärente weltgesellschaftliche Vermittlung von Produktion und Konsum, die die ganze Menschheit in die Lage versetzen *könnte,* sich von regionalen Ungleichheiten ihrer Naturressourcen und ihrer Geschichte zu emanzipieren (MEW 3 1990, S. 34–36), statt diese Differenzen im profitorientierten ‚Freihandel' auszubeuten und zu vertiefen. Praktisch hieße dies, vorhandene technische Möglichkeiten zur globalen Koordination von Tätigkeiten und Bedürfnissen jenseits des Umwegs über Gewinnkalküle zu nutzen. Schließlich ist die Annahme „nicht unplausibel", dass „Kommunikationsmedien, die […] fähig sind, billionenweise Daten des gesamten Globus nach äußerst komplizierten Profit- und Risikokalkül-Algorithmen in Sekundenschnelle zu prozessieren, nicht auch fähig sein sollten, die Wünsche von Milliarden Menschen mit den dafür erforderlichen Produktions- und Distributionsapparaten zu vermitteln" (Link 2013, S. 241).

[35]Jenseits ökologischer Langzeiteffekte verbindet sich Reichtumsentwicklung mit wachsender globaler Ungleichverteilung (vgl. Heim 2014, 2013, S. 244–258). Hinter den nüchternen Zahlen der Weltreichtumsberichte (vgl. Capgemini und Merrill-Lynch 2016) steht dabei die Vernichtung der Lebensgrundlagen von Milliarden Menschen, da die Reichtumskonzentration bei den globalen Eliten auf der Zunahme von Landgrabing, ökologischem Raubbau und der Zerstörung regionaler Märkte in der Peripherie beruht. Die extreme Einkommensarmut (tägliches Pro-Kopf Einkommen < 1,25 US$) ist in den letzten 20 Jahren kaum gesunken und betraf 2010 ca. 1,4 Mrd. Menschen. Die Zahl der Hungernden stieg in dieser Zeit auf fast eine Milliarde (WHI 2012, S. 24). All dies begünstigt die globale politische Destabilisierung und die Zunahme von (Verteilungs-)Konflikten. 2014 war das – an der Zahl gewaltförmiger Konflikte und Konfliktparteien bemessen – weltweit konfliktreichste Jahr seit 1945 (vgl. HIIK 2015). Die gegenwärtige ‚Migrationskrise' ist ein Epiphänomen dieser Entwicklung und wird durch Abschottung oder punktuelle geopolitische Interventionen nicht überwunden.

Solche Transformationen ergeben sich nicht selbstläufig und treffen in valenten Interessen der Statuseliten und den Lebensgewohnheiten breiter Bevölkerungsteile auf Widerstände.[36] Sie setzen daher einerseits Gruppen von potenziellen Träger*innen und Multiplikator*innen voraus, für deren Vorhandensein jüngste Studien zum Wandel von Einstellungsmustern und Wertorientierungen durchaus sprechen.[37] Andererseits und darüber hinaus bedarf es aber auch konkreter praktischer Anknüpfungspunkte für reale Verteilungs- und Teilhabestrukturen jenseits des Knappheitsparadigmas, auf die sich eine plurale ökonomische Gegenwartsanalyse beziehen kann. Beispiele dafür finden sich in den regionalen Versuchen der Neuorganisation der Produktions- und Austauschbeziehungen im „Krisenlabor Griechenland" (vgl. Hartmann und Malamatinas 2011). Etwa Fabrikbesetzungen zur selbst organisierten Produktion, die Basisorganisation medizinischer Versorgung in ‚solidarischen Kliniken', Kooperativprojekte zur alternativen Produktion und Distribution von Agrargütern usw.[38] Solche Ansätze sind zwar vorerst primär Strategien der Krisenbewältigung, die in jene Lücken stoßen, in denen ökonomische und staatliche Strukturen die Versorgung, Integration und Partizipation nicht mehr gewährleisten. Diese Strategien implizieren aber auch Ansätze einer anderen, möglicherweise zukunftsweisenden Ökonomie. Eine Ökonomie, die nicht mehr auf monetären Profit und unbedingtes Wachstum zielt, sondern bedarfsorientierte soziale Netze für

[36]Gegen die fiktive Occupy-Gleichung von den 1 % der Eliten gegen die 99 % ist daran zu erinnern, dass unser ganzes bisheriges Wohlstands- und Absicherungsmodell „von der Ausbeutung nichtwestlicher Gesellschaften" abhängt, weshalb eine globale ökologisch und sozial weniger destruktive Verteilungsordnung einen „tiefgreifenden Wandel [...] unserer konsumistischen Lebensweise" erfordert (Mouffe 2014, S. 102).

[37]So zeigt die jüngste Mitte-Studie eine zunehmende Polarisierung der Einstellungsmuster (vgl. Decker et al. 2016). Der Tendenz zu Nationalismus und Rechtspopulismus steht die gleichzeitige Zunahme partizipativ-demokratischer, libertärer und inklusiv-solidarischer Orientierungen gegenüber. Die Shell-Jugendstudie spricht dabei auch für einen Generationenkonflikt. Die ‚wir-schaffen-das'-Einstellung der als politisch, optimistisch, inklusiv und solidarisch charakterisierten „Generation R" – deren Lebenswirklichkeiten und Bedürfnisse eher transnational orientiert sind – zeigt auch einen Paradigmenwechsel in der Bestimmung globaler Teilhaberechte, die sich kaum mehr in das den Knappheitsphobien entspringende Korsett nationalistischer und rassistischer Grenzsetzungen pressen lassen (vgl. Albert et al. 2015). In der unsichtbaren Massenbewegung der Geflüchtetenhilfe kanalisieren sich diese Orientierungen ebenso wie in der explosiven Zunahme vorerst regional zersplitterter alternativer Konsum-, Distributions- und Produktionsprojekte. Das sollte nicht zur Illusion einer implizit längst postkapitalistischen Mehrheit verleiten. Wo die Integrationsfähigkeit kapitalistischer Leitinstitutionen von Lohnarbeit, Konsum und Sozialstaat an Grenzen stößt, sind solche Orientierungen aber gleichwohl offen für Wachstums- und Kapitalismuskritik, die auch in großen Teilen der Lohnarbeiterschaft verbreitet ist (vgl. Dörre et al. 2013).

[38]Exemplarisch sei auf die zur selbst organisierten Produktion besetzte Reinigungsmittelfabrik Viome in Thessaloniki verwiesen, die auch im Hinblick auf europaweite Vernetzung und Kommunikation wegweisend ist: www.viome.org/p/deutsch.html. Zu ‚Solidarischen Kliniken', siehe www.klinik-der-solidaritaet.at.

Gesundheit, Nahrung, Bildung, Kultur usw. von Gewinnorientierungen, Wachstumszwängen und ‚trickle-down-Logiken' abkoppelt (Link 2013, S. 242–243). Dabei werden zugleich neue Formen des kooperativen Selbstmanagements entwickelt. Die verbindende Logik einer Dekommodifizierung (Wallerstein 2004b, S. 222–230), die gegenläufig zur Logik kapitalistischer „Landnahme" (vgl. Dörre 2009) Produktion und Austausch der waren- und profitförmigen Organisation entzieht, impliziert auch, dass prinzipiell vorhandene Techniken, Güter und Fähigkeiten jenseits der mit der Warenform verbundenen Verknappung der Zugriffsrechte nutzbar werden.

Noch deutlicher wird die prinzipielle Möglichkeit einer anderen Verteilung des gesellschaftlichen Überflusses jenseits endogener Verknappungszwänge, an Umsonstläden und Repaircafés. Diese koppeln sich vielerorts als zunächst parasitäre Strukturen an die kapitalistische Überflussproduktion, um zur Vernichtung vorgesehene, aus der Warenform herausfallende Güter (die aber noch Gebrauchswert für konkrete Bedürfnisse haben), neu zu verteilen. Knappheit besteht hier nur an Geldmitteln für die Miete des Lagerraums, um die Überfülle nützlicher, aber unter kapitalistischen (Verwertungs-) Gesichtspunkten wertloser Güter aufzubewahren. Die Lösung des inversen Knappheitsparadoxes ist dann, dass Güter nur geschenkt werden dürfen, wenn eine mindestens ebenso große Menge mitgenommen wird – eine ökonomische Praxis, die jede knappheitszentrierte Theorie ad absurdum führt (vgl. Schulz und Steinhaus 2014).

Insofern wissenschaftliche Theorien und Analysen gesellschaftliche Wirklichkeit immer erst auf der Grundlage empirischer Beobachtungen erfassen können, kann es nicht die Aufgabe pluraler Ansätze in den Wirtschafts- und Sozialwissenschaften der Gegenwart sein, auf der Grundlage solcher verstreuter Ansatzpunkte alternativer Ökonomien eine Blaupause künftiger gesellschaftlicher Verhältnisse anzubieten. Die weit über akademische Reflexion hinausgehende und deutlich schwierigere gesellschaftliche Aufgabe wäre es, globale Strukturen der Koordination solcher lokalen und regionalen Ansätze zur Vermittlung von Tätigkeiten und Bedürfnissen jenseits von Knappheit und Verteilungskämpfen aufzubauen und gleichzeitig regressive Utopien zu vermeiden.[39] Dies wird sich nur in langwierigen praktischen Trial-and-Error-Verfahren mit ungewissem Ausgang angehen lassen. Sehr wohl aber kann wissenschaftliche Reflexion dabei anhand der vielfältig empirisch hervortretenden Knappheitsparadoxien auch die Auseinandersetzung mit jenen theoretischen Knappheitspostulaten vorantreiben, die ihrerseits der praktischen Wirtschaftspolitik zugrunde liegen. Sie kann dazu beitragen, Werkzeuge zur Kritik des Bestehenden zu entwickeln, mögliche Verhältnisse jenseits der

[39]Dies ist eine permanente Gefahr alternativer ökonomischer Orientierungen, die oft von einem idealisierten Bild unmittelbarer Solidarität ausgehen. Auch alternative, solidarische Formen des globalen Austauschs müssen jedoch in einer Weltgesellschaft stattfinden, die aufgrund ihrer Komplexität und Heterogenität keine Weltgemeinschaft mit globaler Interessenidentität sein kann. Eine andere Ökonomie könnte also nicht einfach auf die Vermittlungsleistungen von Geld, Eigentum und Lohnarbeit verzichten, sie wäre vielmehr auf funktional äquivalente Formen der Vermittlung angewiesen.

Knappheit denkbar zu machen und die Suche nach alternativen Praxisformen reflexiv zu unterstützen. Es geht also nicht nur um Beiträge zur pluralen Ökonomie als akademisches Zusatzangebot. Es geht auch darum, vorhandene Ansätze eines anderen Denkens der ökonomischen Beziehungen mit den ebenso vorhandenen alternativen Einstellungsmustern, Lebensorientierungen und Praxisformen in einem Kampf um die alternative Gestaltung gesellschaftlicher Beziehungen zu verbinden.

6 Fazit: The Future is Unwritten

Das Projekt einer pluralen Ökonomik war von Anfang an mit der Forderung verbunden, das Feld möglicher Perspektiven auf wirtschaftliche Problemstellungen gegenüber den Begrenzungen einer auf spezifische mikroökonomische Spielweisen der Neoklassik beschränkten Orthodoxie zu öffnen. Schon hinsichtlich der Re-Implementierung marginalisierter und heterodoxer Positionen – zu denen inzwischen vielerorts selbst der seinerseits lange hegemoniale Keynesianismus zählt – erscheint die gewollte Abweichung vom hegemonialen Mainstream der ökonomischen Theorie dabei leicht im Wortsinne als Häresie.[40] Allerdings verbindet sich die Bezugnahme auf heterodoxe Perspektiven keineswegs mit dem Anspruch, bestehende neoklassische Dogmen einfach gegen andere Dogmen mit ihrerseits absolutem Wahrheitsanspruch auszutauschen. Vielmehr zielt eine plurale Ökonomik auf nicht mehr und nicht weniger als auf das Aufbrechen und Hinterfragen von zur Selbstverständlichkeit gewordenen Vorverständnissen durch alternierende Beobachtungsmöglichkeiten, um Denk- und Möglichkeitsräume wissenschaftlicher Praxen (wieder) für wechselseitige Irritation und Kritik zu öffnen. Dies könnte auch ein reflexives Moment eines „demokratischen Experimentalismus" (Dörre 2017, S. 63) sein, der die Suche nach alternativen Strukturen des gesellschaftlichen Austauschs und der sozioökonomischen Teilhabe aller ermöglicht.

Jenseits der engen Leitplanken neoklassischer Wirtschaftstheorie kann hier aus unserer Sicht auch eine externe soziologische und historische Perspektive hilfreich sein. Indem sie die voranalytischen Grundbegriffe und Axiome des modernen ökonomischen Denkens selbst als historische Semantiken und diskursive Formationen behandelt, kann sie dazu beitragen, unhinterfragte voranalytische Selbstverständnisse und Selbstverständlichkeiten eines disziplinären ökonomischen Wissens wieder auf den interdisziplinären Verhandlungstisch zu bringen. Dies scheint uns auch insofern wichtig, als es hierbei eben nicht nur um wissenschaftliche Begriffe geht, sondern um spezifische Präkonzeptionen ökonomischer und sozialer Wirklichkeit, die in spezifischen gesellschaftlichen Verhältnissen bedingt sind, aber als wirkmächtige und handlungsorientierende Konzepte

[40]Wörtlich meint Häresie nichts anderes als ‚Auswahl' bzw. ‚Selektion', wobei sich der kirchliche Vorwurf der Ketzerei auf die aus orthodoxer Sicht verfehlte Auswahl aus den religiösen Schriften und Positionen bezog.

zugleich als Momente einer praktischen gesellschaftlichen Konstruktion von Wirklichkeit fungieren.[41]

In diesem Sinne zielt der vorliegende Beitrag nicht darauf, dem ‚ökonomischen Imperialismus', einfach einen ‚soziologischen Imperialismus' entgegenzusetzen. Statt ökonomische Fragestellungen soziologisch zu beantworten, erlaubt die soziologische Reflexion lediglich eine Kritik im Sinne einer Reflexion der verwendeten begrifflichen Unterscheidungen (Luhmann 1998, S. 1109). Die damit einhergehende Irritation der Fundamente des (orthodoxen) ökonomischen Wissens muss schon aufgrund der fortgeschrittenen Trennung der Fachkulturen und -sprachen damit rechnen, dass ihre Fragestellungen vom ökonomischen Standpunkt aus im Wortsinne als ‚verrückt' erscheinen und ihre begrifflichen Angebote als unverständliches ‚Soziologiechinesisch' zurückgewiesen werden können. Irritation kann aber auch produktiv als konstitutives Moment wissenschaftlicher Praxis genutzt werden, deren Grundlage (spätestens seit Francis Bacons erster Bestimmung des neuzeitlichen Wissenschaftsverständnisses) nicht die dogmatische disziplinäre Gewissheit, sondern der radikale Zweifel war.[42]

Für das Projekt einer pluralen Ökonomik erscheint uns die Offenheit für solche inter- oder transdisziplinären Angebote dabei besonders wichtig. Dies gilt nicht zuletzt, da zu vermuten ist, dass ohne eine Revision grundlegender ökonomischer Begriffe und Axiome – wie des Knappheitspostulats – auch innerhalb der Debatten pluraler ökonomischer Ansätze, der Raum für mögliche Abweichungen und Perspektivwechsel gegenüber dem ökonomischen Mainstream auf solche Perspektiven begrenzt bliebe, die die Fundamente der konventionellen Ökonomie unhinterfragt lassen und in deren Rahmen domestizierbar wären.

Im Zentrum unseres Beitrags stand daher die genealogische Analyse des ökonomischen Knappheitspostulats und seiner historischen und gesellschaftlichen Hintergründe in einer globalen Antinomie: Dass die Expansion des gesellschaftlichen Reichtums an Gütern und prinzipiell frei verfügbarer Zeit mit wirtschaftspolitischen Diskursen und Praxen einhergeht, die die Mittel für allgemeine Gesundheitsversorgung, Altenpflege, Bildung, Wohnraum und soziale Teilhabe als zunehmend knapp behandeln, verknappt diese real. Die Rekonstruktion der Genealogie der zugrunde liegenden Knappheitsparadoxie ermöglicht auch die Dekonstruktion der für die hegemoniale ökonomische Theorie konstitutiven Konzeption einer universellen Knappheit.

---

[41] Vgl. dazu in diesem Band den Beitrag von → Anja Breljak: „Macht Ökonomie Gesellschaft?".

[42] Ein solches auf Irritation und Zweifel gegründetes Wissenschaftsverständnis scheint gegenwärtig unter deutschen Ökonom*innen freilich einen schweren Stand zu haben. Zugespitzt formuliert etwa Thomas Fricke: „In keinem nicht nordkoreanischen Land der Welt wehrt sich das Ökonomie-Establishment so bitterlich dagegen, alte Dogmen abzulegen wie in Deutschland. Eine Schrulligkeit, die teuer zu enden droht" (vgl. Fricke 2017). Wir hoffen, dass dieser engagierte Sammelband demgegenüber ein anderes Bild vermittelt.

Dafür wurde zunächst gezeigt, dass die moderne Knappheitssemantik eine Erfindung des 18. und 19. Jahrhunderts ist. Diese wurde u. a. auf die Verallgemeinerung der marktförmigen Distribution, auf sozialstrukturelle Transformationen im Zuge der Auflösung der Ständeordnung und auf die Umstellung der ökonomischen Theorie und Praxis vom Primat der Bedarfsdeckung auf das Primat des Selbstzwecks der Kapitalakkumulation zurückgeführt. Im Anschluss wurde herausgearbeitet, wie die Universalisierung dieses Knappheitsdenkens in den Wirtschaftswissenschaften des 20. Jahrhunderts zur zentralen Voraussetzung des Anspruchs einer totalen Ökonomie wurde, die alle Aspekte des sozialen Lebens auf knappheitszentrierte Kosten-Nutzen-Kalküle reduziert.

Zur analytischen Dekonstruktion des universellen Knappheitspostulats konnte auf Ansätze aus der ethnologischen und sozialwissenschaftlichen Tradition zurückgegriffen werden, die zeigen, dass Knappheit – als gesellschaftliche Konstruktion mit spezifischen Funktionen – selbst ein zu erklärendes Problem ist, das nicht als universelle Erklärungsgrundlage vorausgesetzt werden kann. Vor allem Luhmanns Beobachtung von Knappheit als Kontingenzformel des modernen Wirtschaftssystems macht die Paradoxie der Knappheit von im Überfluss vorhandenen Gütern als Produkt einer sozialen Regulierung und Limitierung von Zugriffsmöglichkeiten in einer geld- und eigentumsbasierten Ökonomie sichtbar. Die hier gezeigten Potenziale sozialkonstruktivistischer Knappheitsbegriffe für kritische ökonomische Ansätze wurden abschließend hinsichtlich der Frage konkretisiert, inwiefern der durch die Steigerung der Arbeitsproduktivität in der kapitalistischen Moderne enorm gewachsene konkrete Reichtum prinzipiell auch Formen der Vergesellschaftung jenseits dieser Knappheitsmatrix ermöglicht. Dabei war es uns wichtig zu zeigen, dass technologische Entwicklungen, auf die alternative ökonomische Ansätze von Keynes bis Rifkin die Hoffnung einer Überwindung der Knappheit gründeten, eine notwendige, aber keineswegs hinreichende Voraussetzung sind. Wie die hier geöffneten Spielräume für kontingente gesellschaftliche Entwicklungen genutzt (oder verspielt) werden, muss sich vielmehr in der konflikthaften Suche nach alternativen Distributions- und Teilhabeformen jenseits der die Knappheitsparadoxie reproduzierenden gesellschaftlichen Formen von Geld, Eigentum und Lohnarbeit entscheiden. Die Sondierung von alternativen Denkmöglichkeiten für eine plurale Ökonomik kann dazu einen wichtigen Beitrag leisten.

Literatur

Achterhuis, Hans. 1994. Natur und der Mythos der Knappheit. In *Der Planet als Patient. Wuppertal-Paperbacks,* Hrsg. Wolfgang Sachs, 136–152. Basel: Springer Basel AG.

Albert, Hans. 1965. Modell-Platonismus. Der neoklassische Stil des ökonomischen Denkens in kritischer Beleuchtung. In *Logik der Sozialwissenschaften* Hrsg. Ernst Topitsch, 406–434. Köln: Kiepenheuer & Witsch.

Albert, Mathias, Klaus Hurrelmann, Gudrun Quenzel, Ulrich Schneekloth, Thomas Gensicke, Ingo Leven, und Hilde Utzmann. 2015. *Jugend 2015. 17. Shell Jugendstudie.* Frankfurt a. M.: Fischer.

Altvater, Elmar. 2005. *Das Ende des Kapitalismus, wie wir ihn kennen. Eine radikale Kapitalismuskritik.* Münster: Westfälisches Dampfboot.

Arendt, Hannah. 1967. *Vita Activa oder vom tätigen Leben.* München: Beck.

Ballas, Bálint. 2005. *Knappheit als Ursprung sozialen Handelns.* Hamburg: Reinhold Krämer.

Bataille, Georges. 2001. *Die Aufhebung der Ökonomie.* München: Matthes & Seitz.

Bauman, Zygmunt. 2005. *Verworfenes Leben. Die Ausgegrenzten der Moderne.* Hamburg: Hamburger Edition.

Bauman, Zygmunt. 2009. *Leben als Konsum.* Hamburg: Hamburger Edition.

Becker, Gary S. 1993a. *Der ökonomische Ansatz zur Erklärung menschlichen Verhaltens.* Tübingen: Mohr.

Becker, Gary S. 1993b. Economic Imperialism. Interview with Gary Becker. In Religion & Liberty, Vol. 3, No. 2. Grand Rapids (MI). Republished. https://acton.org/pub/religion-liberty/volume-3-number-2/economic-imperialism. Zugegriffen: 20. Aug. 2016.

Becker, Gary S. 1997. *Familie, Gesellschaft und Politik.* Tübingen: Mohr.

Bertelsmann-Stiftung. 2014. *Globalisierungsreport 2014. Wer profitiert am stärksten von der Globalisierung?* Gütersloh: Bertelsmann Stiftung.

Bourdieu, Pierre. 1998. Das ökonomische Feld. In *Der Einzige und sein Eigenheim,* Hrsg. Margareta Steinrücke, 162–204. Hamburg: VSA.

Braudel, Fernand. 1985. *Sozialgeschichte des 15.–18. Jahrhunderts,* 3 Bde., Bd. 1. München: Kindler.

Bröckling, Ulrich. 2007. *Das unternehmerische Selbst. Soziologie einer Subjektivierungsform.* Frankfurt a. M.: Suhrkamp.

Burke, Edmund. 1999. Thoughts and details on scarcity. In *Miscellaneous writings,* Bd. 4, Hrsg. Francis Canavan, 61–92. Indianapolis: Liberty Fund.

Capgemini, und Merrill-Lynch. 2016. Worldwealthreport 2016. https://www.worldwealthreport.com/download. Zugegriffen: 16. Aug. 2016.

Castel, Robert. 2008. *Die Metamorphosen der sozialen Frage. Eine Chronik der Lohnarbeit.* Konstanz: UVK.

Claassen, Rutger. 2009. Scarcity. In *Handbook of economics and ethics,* Hrsg. Jan Peil und Irene van Staveren, 470–476. Cheltenham: Elgar.

Decker, Oliver, Johannes Kiess, und Elmar Brähler. 2016. *Die enthemmte Mitte. Autoritäre und rechtsextreme Einstellung in Deutschland – Die Leipziger ‚Mitte'-Studien 2016.* Gießen: Psychosozial-Verlag.

Derix, Simone. 2011. Die Knappheiten der Vermögenden. Ökonomische Perspektiven auf den Familiennamen. In Maren Möhring, Erhard Schüttpelz, und Martin Zillinger, Hrsg. *Knappheit. Zeitschrift für Kulturwissenschaften* 1 (2011): 35–44.

Dommann, Monika. 2011. Reden wir über Geld! Aber wie? Und wozu? In Maren Möhring, Erhard Schüttpelz, und Martin Zillinger, Hrsg. *Knappheit. Zeitschrift für Kulturwissenschaften* 1 (2011): 113–121.

Dörre, Klaus. 2009. Die neue Landnahme. Dynamiken und Grenzen des Finanzmarktkapitalismus. In *Soziologie – Kapitalismus – Kritik. Eine Debatte,* Hrsg. Klaus Dörre, Stephan Lessenich, und Hartmut Rosa, 21–86. Frankfurt a. M.: Suhrkamp.

Dörre, Klaus. 2017. Nach dem schnellen Wachstum: Große Transformation und öffentliche Soziologie. In *Öffentliche Soziologie. Wissenschaft im Dialog mit der Gesellschaft,* Hrsg. Klaus Dörre, Brigitte Aulenbacher, Michael Burawoy, und Johanna Sittel, 33–67. Frankfurt a. M.: Campus.

Dörre, Klaus, Anja Happ, und Ingo Matuschek, Hrsg. 2013. *Das Gesellschaftsbild der LohnarbeiterInnen. Soziologische Untersuchungen in ost- und westdeutschen Industriebetrieben.* Hamburg: VSA.

Drobot, Marc. 2015. Die Soziologie und das Knappheitsdenken der Moderne. Eine gefährliche Liebschaft? Diplomarbeit im Studiengang Diplomsoziologie: TU Dresden. http://www.qucosa.de/fileadmin/data/qucosa/documents/19763/Diplomarbeit_Drobot_PDF_A_1B-1.pdf.

Drobot, Marc, und Martin Schroeder. 2016. Wie man bekämpft was man selbst repräsentiert. Pegida – Eine fundamentalistische Bewegung. In *Pegida als Spiegel und Projektionsfläche. Wechselwirkungen und Abgrenzungen zwischen Pegida, Politik, Medien, Zivilgesellschaft und Sozialwissenschaften,* Hrsg. Tino Heim, 253–306. Wiesbaden: Springer VS.

Durkheim, Emile. 1976. *Die Regeln der soziologischen Methode.* Neuwied: Luchterhand.

Foucault, Michel. 1974. *Die Ordnung der Dinge. Eine Archäologie der Humanwissenschaften.* Frankfurt a. M.: Suhrkamp.

Foucault, Michel. 2004a. *Geschichte der Gouvernementalität I. Sicherheit, Territorium, Bevölkerung.* Frankfurt a. M.: Suhrkamp.

Foucault, Michel. 2004b. *Geschichte der Gouvernementalität II. Die Geburt der Biopolitik.* Frankfurt a. M.: Suhrkamp.

Fourastié, Jean. 1968. *Die 40.000 Stunden. Aufgaben und Chancen der sozialen Evolution.* Düsseldorf: Econ.

Frank, André Gunder. 1980. *Abhängige Akkumulation und Unterentwicklung.* Frankfurt a. M.: Suhrkamp.

Frank, Robert H., Thomas D. Gilovich, und Dennis T. Regan. 1996. Do economists make bad citizens? *Journal of Economic Perspectives* 10 (1): 187–192.

Frey, Bruno S. 1990. *Ökonomie ist Sozialwissenschaft: Die Anwendung der Ökonomie auf neue Gebiete.* München: Vahlen.

Fricke, Thomas. 2017. Deutschland allein zu Haus. SPIEGEL ONLINE. http://www.spiegel.de/wirtschaft/deutschland-wirtschaftsweise-gegen-den-rest-der-welt-kolumne-a-1152352.html. Zugegriffen: 16. Juni 2017.

Giersch, Herbert. 2006. *Die offene Gesellschaft und ihre Wirtschaft.* Hamburg: Murmann.

Glaser, Hermann. 1987. Der fatale Regelkreis. Geht der Arbeitsgesellschaft die Arbeit aus? *Die Zeit,* Nr. 44. 23. Oktober.

Gorz, André. 1990. *Kritik der ökonomischen Vernunft. Sinnfragen am Ende der Arbeitsgesellschaft.* Berlin: Rotbuch. Zugegriffen: 16. Juni 2017.

Graeber, David. 2015. ‚Bullshit-Jobs'. In *Sag alles ab! Plädoyers für den lebenslangen Generalstreik,* Hrsg. Haus Bartleby, 95–100. Hamburg: Edition Nautilus.

Groß, Eva, Julia Gundlach, und Wilhelm Heitmeyer. 2010. Die Ökonomisierung der Gesellschaft. Ein Nährboden für Gruppenbezogene Menschenfeindlichkeit. In *Deutsche Zustände. Folge 9,* Hrsg. Wilhelm Heitmeyer, 138–157. Berlin: Suhrkamp.

Habermann, Friederike. 2008. *Der homo oeconomicus und das Andere. Hegemonie, Identität und Emanzipation.* Baden-Baden: Nomos.

Hahn, Alois. 1987. Soziologische Aspekte der Knappheit. In *Soziologie wirtschaftlichen Handelns,* Bd. 28, Hrsg. Klaus Heinemann, 119–132. Opladen: Westdeutscher Verlag.

Hartmann, Detlef, und Malamatinas, John. 2011. *Krisenlabor Griechenland. Finanzmärkte, Kämpfe und die Neuordnung Europas. Materialien für einen neuen Antiimperialismus, Heft 9.* Berlin: Assoziation A.

Heim, Tino. 2013. *Metamorphosen des Kapitals. Kapitalistische Vergesellschaftung und Perspektiven einer kritischen Sozialwissenschaft nach Marx, Foucault und Bourdieu.* Bielefeld: transcript.

Heim, Tino. 2014. Kaufkraftsteigerung als universale Problemlösungsformel im Kapitalismus? Ein soziologischer Kommentar zu Hartmut Elsenhans. *Erwägen, Wissen, Ethik* 25 (4): 554–557.

Heim, Tino. 2016. Politischer Fetischismus und die Dynamik wechselseitiger Projektionen. Das Verhältnis von Pegida, Politik und Massenmedien als Symptom multipler Krisen. In *Pegida als Spiegel und Projektionsfläche. Wechselwirkungen und Abgrenzungen zwischen Pegida, Politik, Medien, Zivilgesellschaft und Sozialwissenschaften,* Hrsg. Tino Heim, 341–444. Wiesbaden: Springer VS.

Heim, Tino. 2017. Der politische Rechts(d)ruck, die prozessierten Widersprüche des Neoliberalismus und die Strukturkrise kapitalistischer Vergesellschaftung. In *Autoritäre Zuspitzung. Rechtsruck in Europa,* Hrsg. Jobst Paul, Regina Wamper, und Isolde Aigner, 17–72. Münster: Unrast.

Heim, Tino, und Patrick Wöhrle. 2015. Politische Grenzmarkierungen im flexiblen Normalismus. In *Metamorphosen des Extremismusbegriffes. Diskursanalytische Untersuchungen zur Dynamik einer funktionalen Unzulänglichkeit,* Hrsg. Jan Ackermann, Katharina Behne, Philipp Knopp, Marc Drobot, und Felix Buchta, 13–70. Wiesbaden: Springer VS.

Helmedag, Fritz. 2015. Trügerisches Wirtschaftswissen. Akademische Fehlurteile und populäre Irrtümer im Überblick. *List Forum für Wirtschafts- und Finanzpolitik* 41 (2): 291–302.

Henning, Christoph. 2005. *Philosophie nach Marx. 100 Jahre Marxkritik und die normative Sozialphilosophie der Gegenwart in der Kritik.* Bielefeld: transcript.

HIIK. 2015. *Conflict Barometer 2014.* Heidelberg: Heidelberg Institute for International Conflict Research.

Hirsch, Joachim. 2002. *Herrschaft, Hegemonie und politische Alternativen.* Hamburg: VSA.

May, Karl. 2003. Der Wurzelsepp. In *Karl May's Gesammelte Werke,* Bd. 68, Hrsg. Karl May. Bamberg: Karl-May-Verlag.

Kentikelenis, Alexander, Marina Karanikolos, Aaron Reeves, Martin McKee, und David Stuckler. 2014. Greece's Health Crisis. From Austerity to Denialism. *The Lancet* 383:748–753.

Keynes, John Maynard. 2007. Wirtschaftliche Möglichkeiten für unsere Enkelkinder. In *Wachstumseuphorie und Verteilungsrealität,* Hrsg. Norbert Reuter, 135–147. Marburg: Metropolis.

Kim-Wawrzinek, Uta. 1972. Bedürfnis. In *Geschichtliche Grundbegriffe: Historisches Lexikon zur politisch-sozialen Sprache in Deutschland,* Hrsg. Otto Brunner, Werner Conze, und Reinhart Koselleck, 440–489. Stuttgart: Klett-Cotta.

Knopp, Phillipp. 2016. Abstand halten. Zur Deutung gesellschaftlicher Krisen im Diskurs Pegidas. In *Pegida als Spiegel und Projektionsfläche. Wechselwirkungen und Abgrenzungen zwischen Pegida, Politik, Medien, Zivilgesellschaft und Sozialwissenschaften,* Hrsg. Tino Heim, 79–110. Wiesbaden: Springer VS.

Koechlin, Florianne. 2001. Patente auf Lebewesen. ‚Biopiraterie' und die private Kontrolle genetischer Ressourcen. In *Die Privatisierung der Weltpolitik. Entstaatlichung und Kommerzialisierung im Globalisierungsprozess,* Hrsg. Tanja Brühl, Tobias Debiel, und Brigitte Hamm, 299–313. Bonn: Dietz.

Koselleck, Reinhart. 1989. ‚Erfahrungsraum' und ‚Erwartungshorizont'. Zwei historische Kategorien. In *Vergangene Zukunft. Zur Semantik geschichtlicher Zeiten,* Hrsg. Reinhart Koselleck, 349–375. Frankfurt a. M.: Suhrkamp.

Kreutzberger, Stefan, und Valentin Thurn. 2013. *Die Essensvernichter. Warum die Hälfte unseres Essens im Müll landet und wer dafür verantwortlich ist.* Bonn: Bundeszentrale für politische Bildung.

Lessenich, Stephan. 2008. *Die Neuerfindung des Sozialen. Der Sozialstaat im flexiblen Kapitalismus.* Bielefeld: transcript.

Lindner, Fabian. 2015. Wie wissenschaftlich ist die Neoklassik? DIE ZEIT Blog Herdentrieb. http://blog.zeit.de/herdentrieb/2015/11/10/wie-wissenschaftlich-ist-die-neoklassik_9033. Zugegriffen: 19. Okt. 2017.

Link, Jürgen. 2013. *Normale Krisen? Normalismus und die Krise der Gegenwart (Mit einem Blick auf Thilo Sarrazin).* Konstanz: University Press.

Link, Jürgen. 2016. *Anteil der Kultur an der Versenkung Griechenlands. Von Hölderlins Deutschenschelte zu Schäubles Griechenschelte.* Würzburg: Königshausen & Neumann.

Luhmann, Niklas. 1972. Knappheit, Geld und die bürgerliche Gesellschaft. *Jahrbuch für Sozialwissenschaft* 23 (2): 186–210.

Luhmann, Niklas. 1987. *Soziale Systeme. Grundriß einer allgemeinen Theorie.* Frankfurt a. M.: Suhrkamp.

Luhmann, Niklas. 1988. *Die Wirtschaft der Gesellschaft.* Frankfurt a. M.: Suhrkamp.

Luhmann, Niklas. 1990. *Ökologische Kommunikation.* Opladen: Westdeutscher Verlag.

Luhmann, Niklas. 1998. *Die Gesellschaft der Gesellschaft.* Frankfurt a. M.: Suhrkamp.

Luhmann, Niklas. 2000. *Die Religion der Gesellschaft.* Frankfurt a. M.: Suhrkamp.

Luks, Fred. 2010. Deconstructing Economic Interpretations of Sustainable Development. Limits, Scarcity and Abundance. In *The limits to scarcity,* Hrsg. Lyla Mehta, 93–108. London: Earthscan (Science in society series).

Malinowski, Bronisław. 1979. *Argonauten des westlichen Pazifik. Ein Bericht über Unternehmungen und Abenteuer der Eingeborenen in den Inselwelten von Melanesisch-Neuguinea. Schriften,* Bd. 1. Frankfurt a. M.: Syndikat. (Erstveröffentlichung 1922).

Marx, Karl. 1967. [MEW 26.2]. Theorien über den Mehrwert. In Karl Marx und Friedrich Engels. *Marx Engels Werke,* 42 Bde., Bd. 26.2. Berlin: Dietz.

Marx, Karl und Friedrich Engels. 1977. [MEW 4]. Manifest der Kommunistischen Partei. In Karl Marx und Friedrich Engels. *Marx Engels Werke,* 42 Bde., Bd. 4, 459–493. Berlin: Dietz.

Marx, Karl. 1983. [MEW 42]. Grundrisse der Kritik der politischen Ökonomie. In Karl Marx und Friedrich Engels. *Marx Engels Werke,* 42 Bde., Bd. 42. Berlin: Dietz.

Marx, Karl. 1985. [MEW 40]. Ökonomisch-philosophische Manuskripte aus dem Jahre 1844. In Karl Marx und Friedrich Engels. *Marx Engels Werke,* 42 Bde., Bd. 40, 465–588. Berlin: Dietz.

Marx, Karl. 1987. [MEW 19]. Randglossen zu Adolph Wagners „Lehrbuch der politischen Ökonomie". In Karl Marx und Friedrich Engels. *Marx Engels Werke,* 42 Bde., Bd. 19, 355–383. Berlin: Dietz.

Marx, Karl. 2008. [MEW 25]. Das Kapital, Bd. 3. In Karl Marx und Friedrich Engels. *Marx Engels Werke,* 42 Bde., Bd. 25. Berlin: Dietz.

Marx, Karl. 2010. [MEW 24]. Das Kapital, Bd. 2. In Karl Marx und Friedrich Engels. *Marx Engels Werke,* 42 Bde., Bd. 24. Berlin: Dietz.

Marx, Karl. 2013. [MEW 23]. Das Kapital, Bd. 1. In Karl Marx und Friedrich Engels. *Marx Engels Werke,* 42 Bde., Bd. 23. Berlin: Dietz.

Marx, Karl, und Friedrich Engels. 1990. [MEW 3]. Die deutsche Ideologie. In Karl Marx und Friedrich Engels. *Marx Engels Werke,* 42 Bde., Bd. 3, 5–530. Berlin: Dietz.

Mauss, Marcel. 2010. Die Gabe: Form und Funktion des Austauschs in archaischen Gesellschaften. In *Soziologie und Anthropologie,* Bd. 2, Hrsg. Marcel Mauss, 9–143. Wiesbaden: Springer VS. (Erstveröffentlichung 1923).

Mieth, Clemens. 2015. Beeinflusst das Studium der Wirtschaftswissenschaften mein Verhalten? https://pluraleoekonomikdresden.wordpress.com/2015/05/07/beeinflusst-das-studium-der-wirtschaftswissenschaften-mein-verhalten. Zugegriffen: 11. Aug. 2016.

Mouffe, Chantal. 2014. *Agonistik. Die Welt politisch denken.* Berlin: Suhrkamp.

Pausch, Robert. 2016. Jenseits des Monotheismus? Über die aktuelle Grundsatzdiskussion in der Volkswirtschaftslehre. In *Demokratie in Aufruhr. Jahrbuch des Göttinger Instituts für Demokratieforschung 2015,* Hrsg. Alexander Hensel, Daniela Kallinich, Julia Kiegeland, Robert Lorenz, und Robert Mueller-Stahl, 245–247. Stuttgart: ibidem-Verlag.

Polanyi, Karl. 1997. *The Great Transformation. Politische und ökonomische Ursprünge von Gesellschaften und Wirtschaftssystemen.* Frankfurt a. M.: Suhrkamp.

Ricardo, David. 1972. *Grundsätze der politischen Ökonomie und der Besteuerung.* Frankfurt a. M.: Athenäum-Fischer-Taschenbuch-Verlag.

Rifkin, Jeremy, Hrsg. 2014. *Zero marginal cost society. The rise of the collaborative commons and the end of capitalism.* New York: Palgrave Macmillan.

Robbins, Lionel. 1932. *An essay on the nature and significance of economic science.* London: Macmillan.

Rolle, Robert. 2005. *Homo oeconomicus. Wirtschaftsanthropologie in philosophischer Perspektive.* Würzburg: Königshausen & Neumann.

Sahlins, Marshall. 1972. *Stone age economics.* Chicago: Aldine-Atherton.

Sartre, Jean-Paul. 1967. *Kritik der dialektischen Vernunft.* Reinbek bei Hamburg: Rowohlt.

Schrage, Dominik. 2009. *Die Verfügbarkeit der Dinge: Eine historische Soziologie des Konsums.* Frankfurt a. M.: Campus.

Schrage, Dominik. 2011. Respondenz zum Beitrag von Monika Dommann Reden wir über Geld! Aber wie? Und wozu? In Maren Möhring, Erhard Schüttpelz, und Martin Zillinger, Hrsg. *Knappheit. Zeitschrift für Kulturwissenschaften* 5 (1): 132–135.

Schroeder, Martin G. 2016. Der Makel der Anderen. Normalisierung über Lohnarbeit und Nationalstaat als Strategie intersektionaler Diskriminierung. In *Viele Kämpfe und vielleicht einige Siege,* Hrsg. Kathrin Krahl und Antje Meichsner, 185–192. Dresden: Heinrich-Böll-Stiftung Sachsen.

Schule, Katharina. 2006. Arbeiten fürs Essen. Was bedeutet Hartz IV. DIE ZEIT. http://www.zeit.de/online/2006/20/Schreiner. Zugegriffen: 11. März 2015.

Schulz, Martin, und Maria Steinhaus, Hrsg. 2014. *Alternative Formen des Austauschs im Umsonstladen Dresden. Eine explorative Annährung. Unveröffentlichte Diplomarbeit.* Dresden: TU Dresden.

Schumpeter, Joseph A. 1998. *Beiträge zur Sozialökonomik.* Wien: Boehlau.

Simmel, Georg. 1989. *Philosophie des Geldes.* Frankfurt a. M.: Suhrkamp.

Smith, Adam. 1974. *Der Wohlstand der Nationen.* München: Beck.

Smith, Adam. 2004. *Theorie der ethischen Gefühle.* Hamburg: Felix Meiner.

Sombart, Werner. 1927. *Das Wirtschaftsleben im Zeitalter des Hochkapitalismus. Der moderne Kapitalismus,* Bd. III. Leipzig: Dunker & Humblot.

Spittler, Gerd. 2011. Wohnen ohne Tisch und Stuhl. Leben die Kel Ewey Tuareg in einer Mangelgesellschaft? In Maren Möhring, Erhard Schüttpelz, und Martin Zillinger, Hrsg. *Knappheit. Zeitschrift für Kulturwissenschaften* 5 (1): 81–92.

Streckeisen, Peter, Hrsg. 2014. *Soziologische Kapitaltheorie. Marx, Bourdieu und der ökonomische Imperialismus.* Bielefeld: transcript.

Unger, Corrina R. 2011. Knappheit. Hemmnis oder Sprungbrett. Indische Entwicklungsstrategien zwischen Intervention und Eigensinn. In Maren Möhring, Erhard Schüttpelz, und Martin Zillinger, Hrsg. *Knappheit. Zeitschrift für Kulturwissenschaften* 5 (1): 45–54.

von Hayek, Friedrich A. 1981. Ungleichheit ist nötig. Interview mit Stefan Baron. *Wirtschaftswoche* 11:36–40.

von Hayek, Friedrich A. 1991. *Die Verfassung der Freiheit.* Tübingen: Mohr-Siebeck.

von Mises, Ludwig. 1932. *Die Gemeinwirtschaft. Versuch über den Sozialismus.* Jena: G. Fischer.

Wallerstein, Immanuel. 1979. *The Capitalist World-Economy.* Cambridge: University Press.

Wallerstein, Immanuel. 1995. *Die Sozialwissenschaft ‚kaputtdenken'. Die Grenzen der Paradigmen des 19. Jahrhunderts.* Weinheim: Beltz Athenäum.

Wallerstein, Immanuel. 2012. *Der Siegeszug des Liberalismus (1789–1914). Das moderne Weltsystem IV.* Wien: Promedia.

Wallerstein, Immanuel. 2004a. *Die große Expansion. Das moderne Weltsystem III.* Wien: Promedia.

Wallerstein, Immanuel. 2004b. *Absturz oder Sinkflug des Adlers?* Hamburg: VSA.

Weber, Max. 1922. *Wirtschaft und Gesellschaft. Grundriß der verstehenden Soziologie. Besorgt von Johannes Winckelmann. Studienausgabe,* 5. Aufl. Tübingen: Mohr.

Wex, Thomas. 1999. Ökonomik der Verschwendung: Batailles Allgemeine Ökonomie und die Wirtschaftswissenschaft. In *Georges Bataille. Vorreden zur Überschreitung,* Hrsg. Andreas Hetzel und Wiechens Peter, 187–210. Würzburg: Königshausen und Neumann.

WHI. 2012. *Welthungerindex.* Bonn/Washington, DC/Dublin: International Food Policy Research Institute, Concern Worldwide, Welthungerhilfe.

Xenos, Nicholas. 1987. Liberalism and the postulate of scarcity. *Political Theory* 15 (2): 225–243.

Xenos, Nicholas. 1989. *Scarcity and modernity.* London: Routledge.

Zinn, Karl Georg. 1998. *Wie Reichtum Armut schafft. Verschwendung, Arbeitslosigkeit und Mangel.* Köln: PapyRossa-Verlag.

Zur Konzeptualisierbarkeit einer Postwachstumsökonomie

Die Grenzen des wirtschaftswissenschaftlichen Mainstreams und die Potenziale theoretischer Multiperspektivität

Steffen Lange, Jonathan Barth und Johannes Euler

Zusammenfassung

Die Annahme, dass wirtschaftliches Wachstum per se wünschenswert sei, ist tief im wirtschaftswissenschaftlichen Mainstream verankert. Stabiles Nullwachstum lässt sich innerhalb einflussreicher neoklassischer Theorien jedoch grundsätzlich abbilden, zum Beispiel durch eine Veränderung des technologischen Wandels hin zu einem Fokus auf die Steigerung der Ressourcen- statt der Arbeitsproduktivität, eine Reduktion der Investitionshöhe und/oder des Arbeitsangebots. In der Erklärung dieser Mechanismen bleibt der Mainstream jedoch in der Regel vage. Gleichzeitig kommen andere bedeutsame Aspekte für ein stabiles Nullwachstum im Mainstream zu kurz. Für eine umfassende Analyse einer Postwachstumsökonomiebedarf es daher einer Vielzahl an Zugängen und theoretischen Perspektiven. Nur so können Aspekte wie die Rolle des Geldsystems, von Gewinnen, Zinsen, Sozialsystemen und Reproduktionsarbeit, Privateigentum und Wettbewerb, politischer Ökonomie und Macht in ihrer Gänze erfasst werden.

S. Lange (✉)
Institut für ökologische Wirtschaftsforschung, Berlin, Deutschland
E-Mail: steffen.lange@ioew.de

J. Barth · J. Euler
ZOE. Institut für zukunftsfähige Ökonomien, Bonn, Deutschland
E-Mail: jonathan.barth@zoe-institut.de

J. Euler
Universität Duisburg-Essen, Duisburg, Deutschland

D. J. Petersen et al. (Hrsg.), *Perspektiven einer pluralen Ökonomik*, Wirtschaft + Gesellschaft, https://doi.org/10.1007/978-3-658-16145-3_5

1 Einleitung

Am 10. November 2009 hält Angela Merkel vor den deutschen Bundestag ihre zweite Antrittsrede als Bundeskanzlerin. Die Welt befindet sich mitten in der größten Wirtschaftskrise seit den Dreißiger Jahren des vorangegangenen Jahrhunderts, und es ist noch unklar, wie diese Krise verlaufen wird. Merkel lässt jedoch keinen Zweifel daran, was ihrer Meinung nach die wichtigste Säule ihrer Lösung ist: Wirtschaftswachstum.

> Ohne Wachstum keine Investitionen, ohne Wachstum keine Arbeitsplätze, ohne Wachstum keine Gelder für die Bildung, ohne Wachstum keine Hilfe für die Schwachen. Und umgekehrt: Mit Wachstum Investitionen, Arbeitsplätze, Gelder für die Bildung, Hilfe für die Schwachen und – am wichtigsten – Vertrauen bei den Menschen. Das ist meine Überzeugung (Merkel 2009).

Diese Überzeugung findet ihre gesetzliche Entsprechung im Wirtschaftsstabilitätsgesetz (vgl. BMJV 2015), indem Wirtschaftswachstum als eines der vier Ziele deutscher Wirtschaftspolitik festgeschrieben wird. Doch Wirtschaftswachstum ist nicht nur in der Politik ein zentrales Ziel, es ist auch tief im volkswirtschaftlichen Denken verankert.[1] So beginnt beispielsweise die Einleitung des wohl weltweit einflussreichsten makroökonomischen Lehrbuchs ‚Mankiw's Macroeconomics' mit der Frage: „Why have some countries experienced rapid growth in incomes over the past century while others stay mired in poverty?" (Mankiw 2003, S. 3).

Grund für die weite Verbreitung dieses Narratives sind sicherlich verschiedene ökonomische Phänomene, die von wirtschaftspolitischer Bedeutung sind (vgl. Schmelzer 2015). Dazu gehören sowohl die Korrelationen von Beschäftigung (Okun's Law; vgl. Okun 1962) und Investitionen (vgl. De Long und Summers 1991) mit Wirtschaftswachstum, als auch der statistische Zusammenhang von Lebenszufriedenheit und Wirtschaftswachstum, der inzwischen jedoch in Deutschland und anderen Hocheinkommensländern seine Gültigkeit verloren hat (Diefenbacher und Zieschank 2013, S. 45–46).

Demgegenüber gibt es wissenschaftliche Analysen und zivilgesellschaftliche Akteure, die dieses Narrativ herausfordern und für eine Wirtschaft ohne Wachstum plädieren. Diese Diskussionen finden in Deutschland vornehmlich unter dem Stichwort *Postwachstum* statt (vgl. Seidl und Zahrnt 2010; Paech 2012; Adler und Schachtschneider 2017). Neuere und mitunter anders zugespitzte Publikationen verwenden teilweise den Begriff ‚Degrowth' (vgl. D'Alisa et al. 2016; Konzeptwerk Neue Ökonomie und DFG-Kolleg Postwachstumsgesellschaften 2017) bzw. in anderen Ländern auch ‚Decroissance', ‚Decrecimiento' und ‚Decrescita'. Diese können weitgehend als Synonyme betrachtet werden.

[1]Es ist zu vermuten, dass sich diese beiden Aspekte gegenseitig bedingen und verstärken.

Aus ökonomischer Perspektive verorten sich diese Arbeiten zu großen Teilen in der ökologischen Ökonomik (vgl. Daly 1990; Georgescu-Roegen 1986) und betonen die Bedeutung von Energie und Energieerhaltung im ökonomischen Prozess. Des Weiteren wird davon ausgegangen, dass eine Substitution von Ressourcen und Energie durch Kapital und Arbeit nur begrenzt möglich ist. Aufbauend auf diesen zwei Punkten wird argumentiert, dass keine absolute Entkopplung von wirtschaftlicher Aktivität und Umweltverbrauch (Quellen und Senken) möglich ist, die zur Einhaltung ökologischer Grenzen ausreicht (Jackson 2009, S. 48–58). Die Schlussfolgerung ist, dass in den industrialisierten Hocheinkommensländern aus ökologischen Gründen eine Wirtschaft benötigt wird, in der das Pro-Kopf-Einkommen mindestens nicht mehr wächst, wenn nicht sogar schrumpft, um dem Klimawandel effektiv entgegenzuwirken und eine Übernutzung der ökologischen Sphäre zu vermeiden (Victor 2008, S. 23–38).

Basierend auf diesem normativen Argument gibt es unterschiedliche Ideen zur Struktur einer *Postwachstumsökonomie* (PWÖ). Während für die einen ökologische Aspekte im Mittelpunkt stehen (vgl. Seidl und Zahrnt 2010), geht es anderen um eine fundamental andere Art der Organisation von Wirtschaft und Gesellschaft (vgl. Schmelzer und Passadakis 2011). Wieder andere legen den Fokus auf die Verringerung der negativen ökonomischen Folgewirkungen der Volkswirtschaften des ‚Globalen Nordens' auf die des ‚Globalen Südens' (vgl. Latouche 2009). In dem vorliegenden Beitrag verstehen wir eine PWÖ aus ökonomischer Perspektive als eine Wirtschaft, in der das Bruttoinlandsprodukt pro Kopf stagniert. Vor diesem Hintergrund diskutieren wir die Bedeutung sozialer und ökologischer Gesichtspunkte in einer dauerhaft stagnierenden Wirtschaft.[2]

Folgt man dem Argument, dass eine PWÖ sowohl nötig ist, um ökologische Grenzen einzuhalten (Jackson 2009, S. 7–8), als auch dass sie das Potenzial in sich trägt, bessere Lebensbedingungen für die Menschen zu schaffen (Muraca 2014, S. 11; Schneider et al. 2010, S. 512), so stellt sich die Frage, unter welchen ökonomischen Rahmenbedingungen eine PWÖ funktionieren könnte. Für die Beantwortung dieser Frage bedarf es unter anderem volkswirtschaftlicher Analysen. Der vorliegende Beitrag untersucht deshalb zum einen, welche Erkenntnisse sich diesbezüglich aus den normativen Grundlagen (Abschn. 2) sowie den grundlegenden Theorien und Standardmodellen (Abschn. 3) des wirtschaftswissenschaftlichen Mainstreams ableiten lassen. Des Weiteren wird diskutiert, an welchen Stellen deren Erklärungskraft an Grenzen stößt (Abschn. 4).

Vor diesem Hintergrund skizzieren wir in der zweiten Hälfte des Beitrags, wie theoretische Perspektiven anderer ökonomischer Denkschulen über die Grenzen des Mainstreams hinaus zu einem besseren Verständnis der Ökonomie im Allgemeinen (Abschn. 5) und zur Funktionsweise einer PWÖ im Speziellen (Abschn. 6) beitragen können. Wie angedeutet, beschränken wir uns dabei auf die Bedeutung von Theorien

---

[2]Auf die Debatten rund um die Fragen einer Neudefinition des Wohlstandsbegriffs (vgl. Jackson 2009) und die damit verbundenen Ansätze zu alternativen Wohlstandsmaßen (vgl. Diefenbacher und Zieschank 2011; Marks et al. 2006) sei an dieser Stelle verwiesen.

und Modellen. Für eine erschöpfende Beantwortung der Frage, welcher institutionellen Verfasstheit eine Ökonomik bedarf, die zur umfassenden Behandlung der Funktionsweise einer PWÖ fähig ist, müssten insbesondere die Methoden, Instrumente und Institutionen wissenschaftlicher Wissensproduktion und -vermittlung zusätzlich in den Blick genommen werden. Aus Platzgründen müssen wir an dieser Stelle darauf verzichten. Der Beitrag schließt mit einem Fazit, das die Ergebnisse in kurzen Thesen zusammenfasst.

2 Die Bedeutung von Wachstum in den normativen Grundlagen des Mainstreams und deren Reflexion

Im Mainstream[3] wird in der Regel weder explizit postuliert noch diskutiert und begründet, dass wirtschaftliches Wachstum per se erstrebenswert sei. Dieser Theoriebaustein, inklusive der damit verbundenen normativen Bewertung, wird normalerweise schlicht implizit angenommen. Dies weist auf eine tiefe Verankerung im Denken des Mainstreams hin. Eine Begründung scheint daher nicht notwendig, da die Annahme als beinahe selbsterklärend bzw. generell akzeptiert angesehen wird.

In den normativen Grundlagen des Mainstreams kommt dem Konzept des individuellen Nutzens eine zentrale Bedeutung zu. Die Ursprünge des Nutzenkonzeptes liegen in der utilitaristischen Ethik, welche ihre Ursprünge bei Jeremy Bentham im 18. Jahrhundert findet (Samuels et al. 2008, S. 113). In diesen ursprünglichen Arbeiten war das Nutzenkonzept noch weit gefasst. Nutzen wird maximiert, wenn Menschen möglichst viele positive und möglichst wenige negative Empfindungen fühlen (Bentham 1879, S. 14). Später wurde das Nutzenkonzept innerhalb ökonomischer Theorien durch die Beiträge der Grenznutzenschule von Jevons, Walras und Menger über Nutzenfunktionen dargestellt: Nutzen wird als mathematische Funktion von erklärenden Variablen beschrieben (Samuels et al. 2008, S. 246–293). Diese Nutzenfunktionen sind meist auf ein oder zwei Determinanten reduziert: Die Höhe des Konsums spielt dabei die zentrale Rolle, teilweise wird die Aufteilung der verfügbaren Zeitressourcen in Arbeitszeit und Freizeit hinzugefügt. Es wird angenommen, dass sowohl Freizeit als auch Konsum eine Steigerung, Arbeitszeit hingegen eine Senkung des Nutzens bewirken, abhängig vom bereits vorhandenen Niveau (Felderer und Homburg 2005, S. 66) und den jeweils individuellen relativen Präferenzen.

[3]Wie wir in Abschn. 5 zeigen, lässt sich der (neoklassische) Mainstream ontologisch durch ein gleiches Set von Axiomen fassen, welches historisch eng mit der Neoklassik verbunden ist. Dazu gehören z. B. Optimalität, Aggregation, Substituierbarkeit, Gleichgewicht, Ergodizität, unabhängiges Akteur*innenverhalten und vollständige Information (vgl. Heise 2017; Dobusch und Kapeller 2009; Davidson 1984). Die im Folgenden verwendeten Begriffe ‚heterodox' und ‚andere Denkschulen' bezeichnen dagegen Paradigmen, die von diesen Axiomen fundamental abweichen.

Rational handelnde, nutzenmaximierende ‚Agenten' bzw. Haushalte müssen folglich zwei Entscheidungen treffen: Erstens muss die Menge an Arbeit bestimmt werden. Mehr Arbeit führt logischerweise zu weniger Freizeit (weniger Nutzen), aber eben auch zu mehr Einkommen. Letzteres kann zu Konsumzwecken eingesetzt werden (mehr Nutzen). Für die konkrete Wahl des Verhältnisses von Freizeit zu Arbeit werden die relativen Präferenzen für Freizeit bzw. Konsum sowie die (in der Regel als individuell nicht beeinflussbar angesehene) Lohnhöhe als entscheidend dargestellt. Zweitens können Agenten über den Konsumzeitpunkt entscheiden. Entweder sie konsumieren direkt oder aber sie sparen und bekommen dafür einen realen Zins ausgezahlt. In der Folge könnten sie bei positiven realen Zinsen in der Zukunft entsprechend mehr konsumieren. Für die Höhe dieses Mehrs sind wiederum die entsprechenden individuellen Präferenzen und der reale Zinssatz entscheidend (Felderer und Homburg 2005, S. 67–68). Ihr makroökonomisches Äquivalent findet die Nutzenmaximierung im Konzept der *Wohlfahrt,* welches das Gesamtniveau des über alle Agenten aggregierten Nutzens beschreibt.[4]

Es ist aufschlussreich, sich die ethisch-normative Tragweite dieser Vereinfachungen der wirtschaftlichen Zusammenhänge, die auf einigen wenigen, empirisch und philosophisch kontrovers diskutierten Annahmen basieren, zu vergegenwärtigen. In einem ersten Schritt wird die Spannbreite sowohl gesellschaftlicher Ziele als auch ökonomischer Wirkungsmechanismen auf den Bereich individueller menschlicher Empfindungen begrenzt – und somit alle anderen möglichen Aspekte von der Analyse ausgeschlossen. Wert hat demnach nur, was von Menschen einen Wert zugesprochen bekommt. Andere ethische Werte wie die Menschenrechte bleiben außen vor. Im zweiten Schritt werden diese persönlichen Empfindungen im Wesentlichen auf den Aspekt des Konsums reduziert, teilweise ergänzt durch den Aspekt der Freizeit. Fragen beispielsweise nach dem ‚guten Leben', der Eudaimonie oder auch anderen Arten des Wohlstands bzw. der Lebenszufriedenheit wie Gesundheit, Anerkennung und Selbstverwirklichung (vgl. Habermann 2008) finden hier keinen Platz.[5]

Diese Reduktion hat maßgebliche Auswirkungen auf die Bedeutung von Wirtschaftswachstum im Mainstream. Wenn individueller Nutzen und gesellschaftliche Wohlfahrt primär durch die Konsumhöhe definiert werden, dann erscheint es normativ begründet sinnvoll, dass das Pro-Kopf-Wachstum des *Bruttoinlandsprodukts* (BIP) als der zentrale

[4]Dies wird heutzutage meist in Form von sozialen Wohlfahrtsfunktionen ausgedrückt. In den wohlfahrtsökonomischen Diskussionen verschwindet die Rolle der Arbeitszeit oftmals. Dem Einkommen und damit dem Konsum kommt also eine noch zentralere Rolle zu (Boadway und Bruce 1984, S. 8–9).

[5]Grundsätzlich wird außerdem implizit von der Quantifizierbarkeit und überindividuellen Vergleichbarkeit individueller Glückszustände ausgegangen. Dies wird unter dem Schlagwort ‚Inkommensurabilität' grundsätzlich infrage gestellt und darauf aufbauend eine Kritik (z. B. in verschiedenen philosophischen Teilbereichen aber auch der marxistischen Ökonomik) an der subjektiven Wertlehre formuliert (Brodbeck 2009, S. 716–805).

Weg gilt, auf dem individueller und gesellschaftlicher Nutzen erhöht werden kann.[6] Das BIP misst alle in einem Land innerhalb eines Jahres produzierten und konsumierten Güter und Dienstleistungen. Sieht man von Handelsbilanzungleichgewichten ab, bedingt das Wirtschaftswachstum pro Kopf damit auch das Wachstum des Pro-Kopf-Konsums (von personellen Verteilungsfragen wird in den Modellen meistens abstrahiert). Wirtschaftswachstum ist aus dieser Perspektive aufgrund des damit verbundenen Konsumanstieges also notwendig, um die gesellschaftliche Wohlfahrt zu erhöhen.[7]

Sowohl empirisch als auch theoretisch wurde bereits von vielen Autor*innen argumentiert, dass eine weitere Steigerung von durchschnittlichem Einkommen und Konsum in Gesellschaften mit hohem BIP pro Kopf keine Wohlfahrtssteigerungen bewirkt. Viele Arbeiten zum subjektiven Wohlbefinden zeigen, dass es ab einem bestimmten durchschnittlichen Einkommenslevel keinen positiven Zusammenhang zwischen Wirtschaftswachstum und der Selbstwahrnehmung von Zufriedenheit gibt (vgl. Easterlin 1995). Diese Ergebnisse[8] werden ebenfalls durch Untersuchungen zu gesamtgesellschaftlichen Wohlfahrtsindikatoren bestätigt. So finden die Gesundheitswissenschaftler*innen Richard G. Wilkinson und Kate Pickett in Hocheinkommensländern keine Korrelation zwischen Durchschnittseinkommen und sozialen sowie gesundheitlichen Indikatoren.

[6]Aufgrund des abnehmenden Grenznutzens durch den zusätzlichen Konsum eines Produktes könnte man innerhalb neoklassischer Wohlfahrtstheorie auch argumentieren, dass weiteres Wachstum mit steigendem BIP zumindest bedeutend an Relevanz verliert. Hier stellt sich jedoch die entscheidende Frage, ob sich das Phänomen des abnehmenden Grenznutzens nur auf einzelne Produkte oder auf das Level des gesamten Konsums bezieht. Denn gilt es nur für einzelne Produkte, so kann der Konsum ganz neuer Produkte innerhalb dieser Theorien weiterhin zu Wohlfahrtssteigerungen führen. Daneben könnten theoretisch außerdem negative externe Effekte einbezogen werden, die mit der Produktion eines Gutes verbunden sind und den positiven Effekt dämpfen. Jedoch wird die Vielzahl an möglichen externen Effekten nur in sehr speziellen Modellen einbezogen. Diese beziehen sich in der Regel auf genau einen Aspekt, wie z. B. Gesundheit, und werden in gesamtwirtschaftlichen Betrachtungen meist außer Acht gelassen.

[7]In der öffentlichen Diskussion werden – insbesondere vonseiten vieler Ökonom*innen – weitere Argumente für Wirtschaftswachstum vorgebracht. Zentrale Beispiele sind die Rolle von Wirtschaftswachstum um Arbeitslosigkeit zu mindern, Staatsschulden zu bedienen, soziale Sicherungssysteme zu finanzieren und Investitionen zu tätigen (Konzeptwerk Neue Ökonomie 2017, S. 10–11, 27–29). Während wir im weiteren Verlauf sehen werden, dass Arbeitslosigkeit in der Mainstreamökonomik kein Problem für eine PWÖ darstellt, werden Staatsschulden und soziale Sicherungssysteme in grundlegenden Theorien meist nicht beachtet. Auf die Rolle von Wirtschaftswachstum in spezialisierten ökonomischen Theorien kann hier aus Platzgründen nicht eingegangen werden.

[8]Es gibt eine Debatte dazu, ob und unter welchen Bedingungen dies zutrifft (vgl. Hagerty und Veenhoven 2003, 2006; Easterlin und McVey 2010). Grundsätzlich setzt sich das Verständnis durch, dass Konsumzuwächse dem individuellen Wohlbefinden ab einem gewissen Niveau allenfalls marginal zuträglich sind. Anstiege des relativen Wohlstands sowie Zuwächse des absoluten Konsumlevels nivellieren sich gesellschaftlich aus oder führen aufgrund von Gewöhnungseffekten zu keinen langfristigen Wohlstandsgewinnen (Euler 2011, S. 25–43).

Gleichzeitig ist eine starke negative Korrelation zwischen Einkommensungleichheit und eben jenen Indikatoren feststellbar (Wilkinson und Pickett 2009, S. 49–103). Die Philosophin Barbara Muraca argumentiert darüber hinaus, dass eine Abkehr vom Wachstum als zentrales wirtschaftspolitisches Ziel zur Demokratisierung der Gesellschaft beitragen könne (2014, S. 87–90). Laut Schneider et al. würde ein Ende des Wachstums in Hocheinkommensländern ebenfalls eine Verbesserung der ökonomischen Situation von Ländern im Globalen Süden darstellen (2010, S. 513). Ein gutes Beispiel hierfür wären die negativen Auswirkungen des Klimawandels, welche überproportional im Globalen Süden spürbar sein werden (vgl. The Guardian 2013). Des Weiteren wird grundsätzlich die Zukunftsfähigkeit wachstumsgetriebener Gesellschaftssysteme infrage gestellt, insbesondere im Hinblick auf die weitere Ausbeutungsfähigkeit der Umwelt (z. B. aufgrund ‚planetarer Grenzen') und des (menschlichen und zwischenmenschlichen) Sozialen. Gründe, sich mit der Möglichkeit einer PWÖ zu beschäftigen, gibt es folglich genug.

3 Möglichkeiten für Nullwachstum in den makroökonomischen Standardmodellen des Mainstreams

Stellt man Wirtschaftswachstum grundsätzlich zur Debatte, so kommt unmittelbar die Frage auf, ob und auf welche Art solche ‚nicht-wachsenden' Ökonomien funktionieren können.[9] In diesem Abschnitt wollen wir untersuchen, ob und wie es möglich ist, eine PWÖ mithilfe der makroökonomischen Standardmodelle des Mainstreams zu konzeptualisieren. Bislang gibt es zu diesen Fragen nur wenige Untersuchungen. Groth et al. beschäftigen sich mit nicht-exponentiellem Wachstum (vgl. 2009), gehen aber nicht im Detail auf Nullwachstum ein. Die Ökonomen Andreas Irmen und Steffen Lange kommen zu dem Ergebnis, dass aus der Sicht neoklassischer Modelle nichts gegen eine Wirtschaft ohne Wachstum spräche (vgl. Irmen 2011; Lange 2014, 2018).[10] Aufgrund der ansonsten weitgehend fehlenden Literatur zu diesem Thema fokussieren wir uns im Folgenden auf ausgewählte makroökonomische Standardmodelle des Mainstreams.

In den makroökonomischen Standardmodellen des Mainstreams produzieren Unternehmen in der Regel nach einer bestimmten Produktionsfunktion und stehen in perfektem Wettbewerb zueinander. Gleichzeitig bieten Haushalte den Unternehmen ihre Arbeitskraft an und leihen ihnen Geld für Investitionen (Mankiw 2003, S. 42–69).

[9] In der Literatur zu Postwachstum und Degrowth wird häufig argumentiert, dass es zunächst eine wirtschaftliche Schrumpfung und danach eine stagnierende Ökonomie brauche, um ökologische Grenzen einzuhalten (vgl. Kerschner 2010). Wir beziehen uns hier lediglich auf eine Wirtschaft mit Nullwachstum, um die Analyse nicht allzu komplex zu gestalten.

[10] Die folgende Darstellung basiert teilweise auf diesen Arbeiten. Lange untersucht beispielsweise zwölf neoklassische makroökonomische Modelle bezüglich der Frage, was aus deren Sicht für eine Wirtschaft mit Nullwachstum passieren müsste.

Im *einfachsten neoklassischen Modell,* ohne Investitionen und Kapitalakkumulation, ist die Produktionshöhe lediglich durch die Verfügbarkeit der Produktionsfaktoren Kapital und Arbeit bestimmt. Die Menge des physischen Kapitals, der sogenannte ‚Kapitalstock' (z. B. Maschinen), ist in der kurzen Frist unveränderlich. Die Arbeitsmenge hängt von den Präferenzen der Arbeitnehmer*innen (wie in Abschn. 2 beschrieben) sowie von der Produktionsfunktion der Unternehmen ab. Da die Produktionsfaktoren als gänzlich substituierbar angenommen werden, können sie jederzeit in Gänze verwendet werden. Die Produktionshöhe wird, neben der Menge von Kapital und Arbeit, von dem Stand der Technik bestimmt. Gemeinsam determinieren diese Faktoren, wie viel produziert und konsumiert wird.[11] Bei diesem Modell handelt es sich um eine statische Analyse, in der die Wirtschaft grundsätzlich im Gleichgewicht ist. Aufgrund der fehlenden zeitlichen Dimension wird kein Wachstum abgebildet.

Eine zentrale Weiterentwicklung dieses einfachen neoklassischen Modells stellt die *neoklassische Synthese* dar, die keynesianische Aspekte in das neoklassische Gedankenmodell integrierte (Felderer und Homburg 2005, S. 99–100). Die damit verbundenen IS-LM- und AS-AD-Modelle sind integrale Bestandteile der ökonomischen Standardausbildung. Im IS-LM-Modell werden der Gütermarkt und der Geldmarkt über den Zins miteinander verbunden. Auf dem Gütermarkt führt ein geringerer Zins zu höheren Investitionen (daraus folgt die IS-Kurve). Auf dem Geldmarkt bedingt ein niedriger Zins geringeres Sparen (die LM-Kurve). Damit werden die beiden Märkte über den Zins miteinander ins Gleichgewicht gebracht. Aus ihnen ergibt sich die aggregierte Nachfragekurve (AD). Die Höhe der aggregierten Nachfrage ist dabei abhängig vom Preisniveau. Höhere Preise bedeuten ein geringeres reales Geldangebot und damit eine Verschiebung der IS-Kurve. Das geringere reale Geldangebot führt zu einer Erhöhung des realen Zinses und damit zu geringen Investitionen, was die Gesamtnachfrage dämpft. Um das AS-AD-Modell zu vervollständigen, wird ein Zusammenhang zwischen Angebot und Preis entwickelt. Ein höheres Angebot impliziert geringere Arbeitslosigkeit, was höhere Löhne zur Folge hat (durch eine bessere Verhandlungssituation der Lohnbezieher*innen), wodurch wiederum die Preise steigen. Damit kann ein Gleichgewicht zwischen aggregierter Nachfrage und Angebot durch Preisanpassungen modelliert werden (Mankiw 2003, S. 241–254). Ähnlich wie das einfache neoklassische Modell beinhaltet das AS-AD-Modell kein kontinuierliches Wirtschaftswachstum. Veränderungen der Parameter (Geldangebot, Geldnachfrage, Investitionsverhalten, Arbeitsangebot etc.) bewirken lediglich einen Level- aber keinen Wachstumseffekt, die Produktionsmenge verändert sich also nur einmalig. Auch aus Sicht dieses Modelles spricht somit nichts gegen eine Wirtschaft ohne Wachstum (Lange 2018, S. 115–121).

[11]Auf Grundlage des Say'schen Theorems wird argumentiert, dass es prinzipiell zu keiner Nachfragelücke kommen kann (vgl. Zinn 2013).

Das einfache neoklassische Modell diente als wichtige Grundlage für die Entwicklung der neoklassischen Wachstumsmodelle. Betrachtet man die Modelle in führenden Standardwerken zu Wirtschaftswachstum (vgl. Acemoglu 2009; Barro und Sala-i-Martin 2004), basieren alle auf den beschriebenen IS-LM bzw. AS-AD Modellen. Das Solow'sche Wachstumsmodell ist das wohl bekannteste Wachstumsmodell des Mainstreams (vgl. Solow 1956). Gemeinsam mit den Arbeiten des Mathematikers Frank P. Ramsey (vgl. 1928), dient es als Grundlage für das sogenannte *neoklassische Wachstumsmodell* (vgl. Acemoglu 2009, S. 315). Im Unterschied zu dem vorherig beschriebenen Modell, werden hier Investitionen getätigt, welche zu Kapitalakkumulation und Wachstum führen. Haushalte sparen einen Teil ihres Einkommens und verleihen ihn über den Geldmarkt an Unternehmen, welche die Kredite nutzen, um in physisches Kapital zu investieren. Die Höhe der Investitionen hängt somit von den Präferenzen der Haushalte und den zur Verfügung stehenden Technologien ab. Letztere werden durch die Geschwindigkeit technologischen Wandels bestimmt. Es wird angenommen, dass technologischer Wandel den Kapitalkoeffizienten (eingesetztes Kapital pro Produktion) konstant hält, den Arbeitskoeffizienten (eingesetzte Arbeit pro Produktion) hingegen senkt. In anderen Worten: Die Kapitalproduktivität bleibt konstant, die Arbeitsproduktivität steigt.[12] Der technologische Wandel bestimmt, in welcher Geschwindigkeit neue Technologien zur Verfügung stehen und damit, gemeinsam mit der Sparneigung, wie hoch die Investitionen sind. Da der technologische Wandel in diesen Modellen als exogen gegeben angenommen wird, gibt es modellintern lediglich eine Determinante für die Höhe des Wachstums: Das Sparverhalten der Haushalte beeinflusst die Höhe möglicher Investitionen.

Aus Sicht dieser Theorie könnten also zwei Strategien zu einem Nullwachstum der Wirtschaft führen. Erstens kann der Einführung von Technologien mit zunehmender Arbeitsproduktivität, welche unter bestimmten Umständen zu einem erhöhten Konsum und damit Wirtschaftswachstum führt, durch ein geringeres Arbeitsangebot der Haushalte entgegengewirkt werden. Grund hierfür wären veränderte Präferenzen der Haushalte, also für mehr Freizeit im Gegensatz zu mehr Konsum. In anderen Worten: Die zunehmende Arbeitsproduktivität würde durch kontinuierliche Arbeitszeitverkürzungen ausgeglichen. Zweitens könnte der technologische Wandel nicht von höherer Arbeitsproduktivität, sondern beispielsweise durch höhere Ressourcenproduktivität geprägt sein. In vielen Modellen werden dabei natürliche Ressourcen als dritter Produktionsfaktor aufgenommen (Brock und Taylor 2005, S. 1772–1797). Wenn technologischer Wandel die Arbeits- und Kapitalkoeffizienten konstant hält, aber den Ressourcenkoeffizienten verringert, kann dies zu einer wirtschaftlichen Entwicklung mit Nullwachstum pro Kopf und gleichzeitiger Reduktion des Ressourcenverbrauchs führen (Lange 2018, S. 210).

[12]Diese weitverbreitete Annahme kann auf den Ökonomen Nicholas Kaldor und seine ‚stylized facts' zurückgeführt werden, in denen er grobe Regelmäßigkeiten der Entwicklung wichtiger makroökonomischer Parameter über die Zeit hinweg beschreibt (vgl. Kaldor 1957).

Wir sehen: Technologischer Wandel ist nicht gleich technologischer Wandel.[13] Unter dem Stichwort *induced innovation* (vgl. Drandakis und Phelps 1966; Kennedy 1964; Samuelson 1965) bzw. *directed technical change* (vgl. Acemoglu 2002, 2003) wird die Idee diskutiert, dass ökonomische Rahmenbedingungen die Art des technologischen Wandels und damit die Faktorkoeffizienten beeinflussen. Zwei Argumente sind an dieser Stelle von zentraler Bedeutung. Zum einen führt die Erhöhung eines Faktorpreises zur Erfindung und Einführung von Produktionstechnologien mit geringeren Faktorkoeffizienten. In anderen Worten: Wenn ein Inputfaktor (z. B. natürliche Ressourcen) teurer wird, steigen Investitionen in diejenigen Technologien, die diesen Inputfaktor weniger stark verwenden (z. B. ressourcensparende Technologien). Dies verringert – ceteris paribus – den relativen Ressourcenverbrauch.[14] Zum anderen sind die Investitionen in neue Technologien dort besonders hoch, wo es einen vergleichsweise großen Markt für die neuen Produktionsmethoden gibt. Findet zu einem gegebenen Zeitpunkt ein Großteil der Produktion mithilfe des Einsatzes eines bestimmten Inputfaktors (z. B. fossile Energieträger) statt, lohnen sich Investitionen in die Weiterentwicklung dieser Produktionstechnologien (z. B. Braunkohlekraftwerke) in besonderem Maße. Dies weist auf eine gewisse ‚Pfadabhängigkeit' hin.

Die just beschriebenen Innovationstheorien können folglich genutzt werden, um Wege zur Umsetzung des oben beschriebenen technologischen Wandels aufzuzeigen. Durch Preissteigerungen natürlicher Ressourcen (z. B. aufgrund von erhöhter Knappheit) steigt der Anreiz, Produktionsmethoden zu erfinden, welche diese weniger benutzen. Außerdem kann der Markt für arbeitsintensive (und gleichzeitig ressourcensparende) Produktionsmethoden beispielsweise durch staatliche Subventionen und Investitionen vergrößert werden, sodass sich an dieser Stelle weitere Innovationen lohnen. Eine Situation des Nullwachstums ist in diesen Modellen auch in Kombination mit einer Verkürzung der durchschnittlichen Arbeitszeit zu erreichen. Denn unabhängig davon, ob der technologische Wandel in ressourcenintensiven oder ressourcenschonenden Technologien stattfindet, erhöht er die Arbeitsproduktivität. Dies müsste stets durch eine Verringerung des Arbeitsangebots ausgeglichen werden.

---

[13]In neueren, sogenannten ‚endogenen Wachstumstheorien' wird technologischer Wandel nicht mehr als exogen gegeben, sondern als endogen (also modellimmanent) bestimmbar betrachtet. Es wird argumentiert, dass Investitionen in technologische Erneuerungen und insbesondere in sogenanntes Humankapital die Steigerung der Arbeitsproduktivität erklären können (Barro und Sala-i-Martin 2004, S. 61). Auch innerhalb dieses Analyserahmens ist Nullwachstum denkbar, wenn die zunehmende Arbeitsproduktivität durch eine äquivalente Verringerung der durchschnittlichen Arbeitszeit ausgeglichen wird. Wir gehen im Folgenden aus Platzgründen lediglich auf eine spezielle, für unsere Fragestellung besonders relevante Spielart endogener Wachstumstheorien ein.

[14]Dass diese Ceteris-Paribus-Bedingung jedoch in der Realität hält, ist wohl nahezu ausgeschlossen. Auch ob die hier beschriebenen Effekte sich wie vorausgesagt unter dynamischen Verhältnissen einstellen und zu Verringerungen des absoluten Ressourcenverbrauchs führen, kann an dieser Stelle in Zweifel gezogen werden.

Insgesamt entsteht somit folgendes Bild: Die Frage, ob und wie eine Wirtschaft ohne Wachstum funktionieren könnte, wurde aus Perspektive des Mainstreams bisher kaum untersucht. Innerhalb der makroökonomischen Modelle erscheint es jedoch möglich, eine Wirtschaft mit Nullwachstum durch eine Kombination von staatlicher Steuerung[15] (Steuern, Subventionen, gezielte Ausgaben in bestimmten wirtschaftlichen Bereichen) und individueller Präferenzänderung (geringere Sparquote, höhere Präferenz für Freizeit und geringere Präferenz für Konsum) zu erreichen. Dies wird auch durch die wenigen publizierten Arbeiten zu diesem Thema unterstützt. Es handelt sich hier um stark von der Realität abstrahierende Modelle. Daher liegt die Vermutung nahe, dass diese Nullwachstumsmöglichkeit in der Theorie nur besteht, weil wesentliche Aspekte kapitalistischer Ökonomien keine Berücksichtigung finden. Strukturzwänge wie der Innovationszwang (Richters und Siemoneit 2017b, S. 4–5), Kapitalakkumulation und Konkurrenzzwänge (Ortlieb 2014, S. 101–111; vgl. Euler 2018) wie auch die Lohnabhängigkeit einer Mehrzahl der Haushalte werden weitgehend ausgeblendet. So können Lohnabhängige oft nicht ohne Weiteres ihre Arbeitszeit reduzieren, ohne ihrer Existenzgrundlage beraubt zu werden; Unternehmen können nicht so einfach auf ökonomischen Gewinn verzichten, ohne ihre Kreditwürdigkeit zu verlieren und auch der technologische Wandel folgt bestimmten Mustern, die über das Beschriebene hinausgehen (vgl. Abschn. 6).

4 Grenzen der grundlegenden Theorien und Standardmodelle des Mainstreams

Nachdem im vorherigen Abschnitt die Möglichkeiten, eine PWÖ mit den Modellen des Mainstreams abzubilden thematisiert wurden, wenden wir uns nun zwei weiteren Fragen zu. Zuerst diskutieren wir, inwieweit die von den Modellen beschriebenen Mechanismen und Zusammenhänge der Realität entsprechen. Daran schließt die Frage an, ob die Mechanismen, die für das Verständnis einer PWÖ relevant sind, vom Mainstream aufgrund theoretischer Beschränktheit nicht erfasst werden (können).

Zur Beantwortung der ersten Frage betrachten wir die drei im vorangegangenen Abschnitt herausgearbeiteten Aspekte, welche in diesen Theorien für die Höhe wirtschaftlichen Wachstums von zentraler Bedeutung sind:

a) Das Angebot der Arbeit: In den neoklassischen Modellen können Haushalte die Höhe ihrer Arbeitsstunden frei wählen. Dies ist sehr fragwürdig, da Arbeitsstunden in der Realität oftmals vom Arbeitgeber vorgegeben werden und wenig verhandelbar sind. In Theorien mit repräsentativen Agenten gibt es darüber hinaus keine Ungleichheit bezüglich des Einkommens. Dadurch kann u. a. nicht einbezogen werden, dass Menschen sich eine Reduktion der Arbeitszeit aufgrund ihres geringen Stundenlohns unter Umständen nicht leisten können (Kopatz 2012, S. 9–10).

[15]Es ist allerdings zu bedenken, dass der Staat als Akteur in diesen Modellen nicht explizit vorkommt.

b) Die Bestimmung der Höhe der Investitionen: In der Logik der Standardmodelle werden Investitionen durch die Grenzproduktivität des physischen Kapitals und durch den Zinssatz bestimmt. Der Zinssatz wiederum hängt stark davon ab, ob Individuen gewillt sind, zu sparen, und damit einen Teil ihres Einkommens für Investitionen zur Verfügung zu stellen. Dieser Mechanismus war einer der zentralen Kritikpunkte von Keynes. Demnach seien weder Sparentscheidungen der Individuen noch Investitionen primär vom Zinssatz bestimmt (Keynes 2009, S. 148–156). Dies stellt die Relevanz der neoklassischen Theorie bezüglich der Kapitalakkumulationsdynamiken grundsätzlich infrage (Zinn 2013, S. 4–5).
c) Den technologischen Wandel: Technologische Veränderungen spielen nicht nur in den Standardmodellen *die* zentrale Rolle für langfristiges Wachstum. Während in den älteren neoklassischen Modellen dieser Aspekt zwar einfließt, nicht aber erklärt wird, liefern die neueren Wachstumstheorien durchaus Ansätze zu deren Erklärung. Jedoch gibt es in anderen ökonomischen Denkschulen eine Vielzahl weiterer Theorien zur Richtung und Geschwindigkeit des technologischen Wandels, wie etwa zum Verhältnis der Preise von Energie und Arbeit, zur Notwendigkeit direkter sozialer Interaktionen oder der Erwirtschaftung von Extraprofiten (siehe Abschn. 6).

Anhand dieser exemplarischen Analyse wird deutlich, dass die vom Mainstream behandelten Mechanismen und Zusammenhänge von diesem selbst nur teilweise erklärt und belangreiche Aspekte außer Acht gelassen werden. Um ein realitätsnäheres Verständnis der relevanten Mechanismen zu erlangen, erscheint es deshalb zielführend, weitere ökonomische Denkschulen hinzuzuziehen. Dies hat darüber hinaus den Vorteil, dass innerhalb des Mainstreams nicht behandelte ökonomische Phänomene, die für die Debatte um eine PWÖ aber bedeutend erscheinen, betrachtet werden (können). Auch außerhalb des wirtschaftswissenschaftlichen Mainstreams wird u. a. argumentiert[16], dass

1. Wachstum benötigt werde, um Arbeitslosigkeit niedrig zu halten (vgl. Freytag 2014);
2. Menschen aus unterschiedlichen Gründen immer mehr konsumieren wollen würden und damit das Wachstum ankurbelten (vgl. Rickens 2013);
3. die Art der technologischen Entwicklung systemimmanent, und damit nicht so leicht wie oben beschrieben veränderbar, sei (Magdoff und Foster 2011, S. 107–114);
4. Wachstum und Gewinne notwendig seien, um Investitionen zu generieren (Binswanger 2009, S. 327–348);
5. das Geld- und Finanzsystem als Wachstumstreiber wirke (Jorberg 2010, S. 145);
6. die Finanzierung der Sozialsysteme stark vom Wachstum abhängen würde (Seidl und Zahrnt 2010, S. 19–20);

[16]Im Folgenden werden wiederkehrende und von hoher Relevanz scheinende Argumente aus der öffentlichen und akademischen Debatte benannt. Selbstverständlich stellen diese acht wesentlichen Aspekte lediglich eine Auswahl von relevanten Fragen dar.

7. kapitalistisches Wirtschaften, geprägt durch privates Eigentum an Produktionsmitteln und Marktwettbewerb, immer Wachstum generieren müsste (Smith 2010, S. 28);
8. politische Interessen wachstumskritischen Politikmaßnahmen entgegenstünden (Brand 2014, S. 302).

Zu den Punkten 1 bis 3 lassen sich in den Standardmodellen, wie bereits gezeigt, explizite Positionen finden. Die Punkte 4 bis 8 werden von den Standardmodellen des Mainstreams nicht explizit berücksichtigt oder diskutiert. Im weiteren Verlauf des Artikels geht es folglich darum, unterschiedliche Sichtweisen auf diese Themen vorzustellen. Dafür wollen wir im folgenden Abschnitt zunächst die Notwendigkeit einer ontologisch begründeten Pluralität aufzeigen und einen Überblick über die Theorierichtungen geben, die zur Behandlung der Punkte 4–8 infrage kommen könnten. Im Abschn. 6 nehmen wir anhand dieser Theorien eine schematische Analyse der genannten Punkte vor.

5 Zur Bedeutung wirtschaftswissenschaftlicher Multiperspektivität

Bestimmte Fragestellungen zur Funktionsweise einer PWÖ können innerhalb der gesetzten Annahmen und, vorausgesetzt, dass keine grundsätzlichen wirtschaftspolitischen Änderungen notwendig sind, von den Standardmodellen des Mainstreams abgebildet werden. Jedoch bleiben die im vorherigen Abschnitt genannten Aspekte von den Theorien des Mainstreams unter- bzw. unbelichtet. Bevor wir im nächsten Abschnitt analysieren, wie diese Aspekte von anderen wirtschaftswissenschaftlichen Theorierichtungen behandelt werden, wollen wir hier zunächst darlegen, wieso es insgesamt zielführend erscheint, verschiedene Theorien zu betrachten sowie einen kurzen Theorieüberblick geben, um die darauffolgende Argumentation zu kontextualisieren.

Die Notwendigkeit einer Multiperspektivität kann nach Dobusch und Kapeller im Allgemeinen *ontologisch* begründet werden (2012, S. 10). Jede*r Wissenschaftler*in bringt bestimmte (u. a. paradigmatisch geprägte) Vorfestlegungen bezüglich der jeweils wahrgenommenen Realität in den Forschungsprozess ein und blickt damit aus einer spezifischen Perspektive auf die Realität und ihre Objekte (Ontologie). Diese Ontologie bildet die Grundlage der Theoriebildung. Im Wissen, dass diese Perspektivität jedoch immer nur einen Ausschnitt der Realität wiedergibt und jede Ontologie im Sinne Alberts nie letztbegründbar ist (1968, S. 15), braucht es verschiedene Perspektiven, um die Realität mit ihren zahlreichen Facetten abbilden und Phänomene erklären zu können (Dow 2004, S. 283).

Dies gilt im Speziellen auch für die Analyse einer PWÖ. Um diese zu konzeptualisieren und ihre Funktionsweise zu begreifen, bietet eine *Multiperspektivität*, die von verschiedenen Ontologien ausgeht, eine gute Ausgangsbasis für die Analyse. Nur so können auch die im vorherigen Abschnitt genannten vom Mainstream nicht abgedeckten Aspekte mit ausreichender Gewichtung betrachtet werden. Wir gehen dabei davon aus, dass diese Perspektiven trotz ihrer ontologischen Unterschiede und möglichen Unvereinbarkeiten im Sinne eines „interessierten Pluralismus“ (vgl. Dobusch und Kapeller 2012) Komplementaritäten aufweisen können.[17] Ohne dass es eine vollständige Übereinstimmung der Ontologien zweier Theorierichtungen gibt, wird beispielsweise der Aspekt des technischen Fortschritts aus der Perspektive der Evolutionsökonomik und des Mainstreams unterschiedlich beleuchtet. Durch Einbezug beider Perspektiven wird eine umfassendere Beantwortung zur Bedeutung von technischem Fortschritt in einer PWÖ möglich: Aus Perspektive der Evolutionsökonomik ist technischer Fortschritt das Resultat von Erfahrungsaustausch, Bildung und Interaktion, während der neoklassische Mainstream vor allem unterschiedliche Preise von Produktionsfaktoren als entscheidenden Grund sieht (siehe Abschn. 6). In der Empirie lassen sich für beide Argumente Begründungen finden (Acemoglu 2009, S. 411–431; Nelson und Winter 1996, S. 195–246). Dies deutet daraufhin, dass letztlich beide Perspektiven einen gewissen Teil der Realität abbilden. Für diese Erkenntnis benötigt man nun jedoch keine theoretische Synthese, auch wenn diese, wo möglich, natürlich anzustreben ist. Stattdessen geht es darum, mithilfe unterschiedlicher Ontologien und Methoden verschiedene Teilaspekte der Ökonomie zu betrachten. Erkennt die eine Seite dabei die Ontologie der jeweils anderen zunächst an, wird eine komplementäre Betrachtungsweise möglich. Dadurch kann beispielsweise eine Zusammenarbeit mit neoklassischen Ökonom*innen möglich werden, obwohl beispielsweise die ontologische Grundlage des methodologischen Individualismus kritisiert wird. Zeigen sich in den Ergebnissen der Analyse große Widersprüche, dann ist weiter zu analysieren, wie diese behoben werden können und welche Rolle dabei die unterschiedlichen Ontologien spielen.

Daran anschließend stellt sich die Frage, welche Theorierichtungen sich dabei unterscheiden lassen und welche Demarkationskriterien sich für deren Differenzierung eignen. Neben den häufig angeführten epistemologischen oder methodologischen Kriterien (vgl. Hirte und Thieme 2013; Dobusch und Kapeller 2012; Spash 2012) liegt auch die Unterscheidung anhand des jeweiligen Untersuchungsgegenstandes nahe, verstanden als die von der jeweiligen Theorie analysierten Kernphänomene. Im Folgenden nehmen wir auf dieser ontologischen Grundlage eine vereinfachte *negative Abgrenzung* einzelner Theorierichtungen gegenüber dem Mainstream und insbesondere der Neoklassik vor. Indem wir zunächst definieren, was das vom Neoklassik behandelte Kernphänomen ist, können wir die anderen Denkschulen durch davon abweichende Kernphänomene differenzieren.[18]

[17]Eine ähnliche Argumentation findet sich auch im Konzept des ‚agonistischen Pluralismus‘ (Langhe 2009, S. 800).

[18]Auch eine Unterscheidung anhand ontologischer, methodologischer oder epistemologischer Merkmale wäre sicherlich interessant, muss an dieser Stelle aus Platzgründen jedoch unterbleiben. Mehr dazu vgl. Heise et al. 2017; Dobusch und Kapeller 2012; Hirte und Thieme 2013.

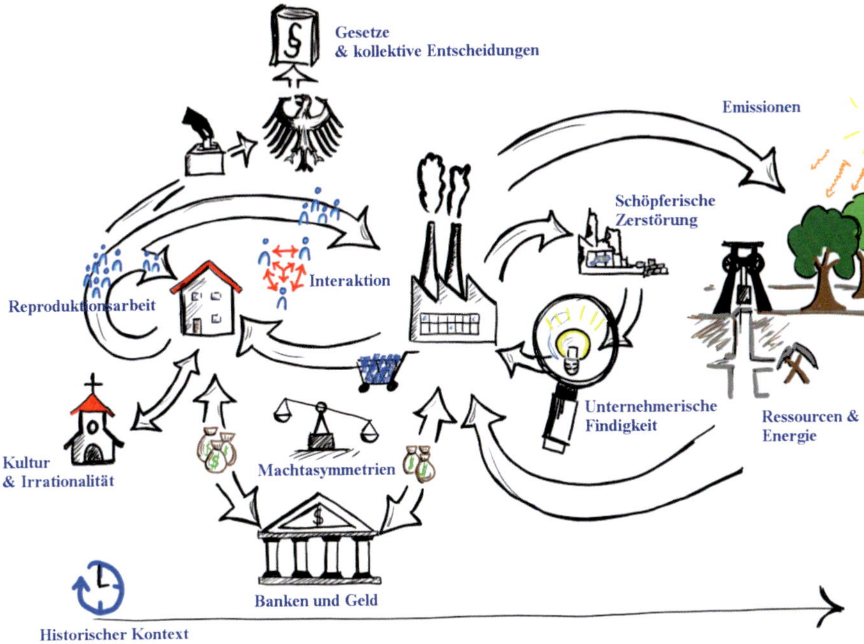

Abb. 5.1 Überblick über einige durch ‚heterodoxe' Denkschulen verstärkt analysierte ‚Kernphänomene'. (Quelle: Eigene Darstellung, © Jonathan Barth)

Die Ontologie des Mainstreams[19] setzt sich unter anderem aus *Axiomen* wie Rationalität, Nutzenmaximierung und Optimalität, Aggregation, Substituierbarkeit, Gleichgewicht, Ergodizität, unabhängiges Akteursverhalten und vollständiger Information zusammen (vgl. Heise et al. 2017; Dobusch und Kapeller 2009; Davidson 1984). Ein weiterer Baustein der Ontologie ergibt sich aus dem vom neoklassischen Teil des Mainstreams untersuchten Kernproblem: In der Analyse geht es, ausgehend von den genannten Axiomen, um die Knappheit[20] von Gütern und deren Verteilung (Samuelson und Nordhaus 2007, S. 20). Entscheidend für das Verständnis dieser Allokationsprozesse sind dabei die Preise. In der neoklassischen Preistheorie realisieren sich Preise im Wechselspiel von subjektiver Zahlungsbereitschaft und Kosten. Die damit implizierte subjektive Werttheorie ist das ursprüngliche Alleinstellungsmerkmal der Neoklassik, insbesondere in Abgrenzung zur Klassik (vgl. Weintraub 2002). Als Kernphänomen der Neoklassik verstehen wir folglich, in Anlehnung an Tony Lawson (2013, S. 976) und E. Roy Weintraub (vgl. 2002), die von Nachfrage und Angebot bestimmten Prozesse

---

[19]Siehe ‚Paradigmadominanz in der modernen Ökonomik und die Notwendigkeit eines kompetitiven Pluralismus' in diesem Sammelband.

[20]Siehe ‚Scarcity Inc.' in diesem Sammelband.

der Güterallokation und -preisbildung. In Abb. 5.1 stellen wir schematisch dar, wie sich andere Theorierichtungen aufgrund unterschiedlicher Kernphänomene, die wir im Folgenden zehn verschiedenen Denkströmungen[21] zuordnen, voneinander abgrenzen lassen:

Links der Mitte der Abbildung ist der Kreislauf aus Unternehmen und Haushalten zu sehen, welcher Angebot und Nachfrage (Konsum und Arbeit) repräsentiert und für den neoklassischen Teil des Mainstreams steht. Da Konsum und Arbeit auch für viele andere Denkschulen zentral sind, gliedern sie sich um diesen Kreislauf herum. Innerhalb des Kreislaufs findet sich die *Komplexitätsökonomik* wieder, welche die Interaktion über Preise mit der direkten sozialen Interaktion und den repräsentativen Agent*innen um heterogene Wirtschaftsakteur*innen ergänzt, wie es Elsner in → ‚Complexity Economics as Heterodoxy' in diesem Sammelband ausführt (vgl. auch Kirman 2011). Darunter wird die *marxistische Ökonomik* durch eine Waage dargestellt. In dieser Denkströmung wird ein Schwerpunkt auf die Analyse von Macht und Machtungleichgewichte, sowohl auf gesellschaftlicher als auch auf Produktionsebene gelegt (vgl. Mandel und Boepple 1972; Saad-Filho 2002). Noch weiter unten wird das Bild um die Rolle von Banken und Geld erweitert, auf deren Betrachtung sich insbesondere die *post-keynesianische Theorie* fokussiert (vgl. Lavoie 2014; Davidson 2011). Dem Uhrzeigersinn folgend findet sich als nächstes *die Verhaltensökonomik* (vgl. Wilkinson und Klaes 2012), welche unter anderem Kultur und Irrationalitäten untersucht und deshalb von einer beschränkten Rationalität menschlichen Handelns ausgeht (vgl. Kahneman 2003). Darüber ist die Reproduktionsarbeit (bzw. ‚Care') abgebildet, welche die Existenz von Erwerbsarbeit überhaupt erst ermöglicht und das Kernphänomen der *Feministischen Ökonomik* darstellt (vgl. Ferber und Nelson 2003; Hoppe 2002).

Am oberen Bildrand wird die *Institutionenökonomik* aufgeführt, symbolisiert durch kollektiv verbindliche Regelungen wie Gesetze sowie den Staat als zentraler Ort entsprechender Entscheidungsprozesse. Die damit assoziierten Schulen konzentrieren sich insbesondere auf die Relevanz von sozialen Normen und Institutionen (vgl. Vatn 2005; Furubotn und Richter 2009). Rechts des Unternehmens wird die Dynamik ökonomischen Wandels durch das wiederkehrende Spiel von Unternehmenszerfall und Innovationen abgebildet, welches durch den für die *Evolutorische Ökonomik* (vgl. Nelson und Winter 1996) wichtigen Begriff der „schöpferischen Zerstörung" (Schumpeter 2005, S. 137–139) eingefangen wird. Die Suche nach neuen Märkten und Gewinnmöglichkeiten der Unternehmer*innen, wie sie vom Wirtschaftswissenschaftler Israel M. Kirzner

[21]Die zehn aufgeführten Denkströmungen bilden eine Vereinigungsmenge aus Dobusch und Kapeller (vgl. 2012), Colander et al. (vgl. 2004) und Chang (vgl. 2014). Die Abbildung ist dabei ausdrücklich nur als eine schematische und damit grob vereinfachte Darstellung zu verstehen. Es soll lediglich aufzeigt werden, welche Ausschnitte der Realität im Fokus anderer Denkschulen stehen und wie diese zusammengedacht werden könnten. Es ist zu berücksichtigen, dass viele der genannten Denkschulen durchaus mehrere der genannten Kernphänomene betrachten oder sogar darüber hinausgehen können. Auch der Mainstream beleuchtet mit seinen Methoden durchaus Teilbereiche der genannten Kernphänomene.

(1978, S. 12–13) als einem Vertreter der *österreichischen Schule* (vgl. Hagemann et al. 2010) formuliert wird, zeigt sich in der Lupe über den Ideen. Auf der rechten Seite der Abbildung ist die Wechselwirkung von Ökonomie und Ökologie illustriert. Zum einen über Emissionen des Produktionsprozesses und zum anderen durch die Nutzung von Ressourcen und Energie. Beides steht im Fokus der *Ökologischen Ökonomik* (vgl. Common und Stagl 2005; Daly und Farley 2011). Die ganz unten abgebildete Uhr steht für den Ansatz, ökonomische Zusammenhänge im historischen Kontext zu analysieren, was u. a. in der *Regulationstheorie* (vgl. Becker 2002) und der sogenannten *alten Institutionenökonomik* eine wichtige Rolle spielt.

Es erscheint lohnenswert, deren unterschiedliche Perspektiven näher in den Blick zu nehmen, um zu einem besseren Verständnis des Übergangs zu und der Funktionsweise von einer PWÖ beizutragen. Um dies zu illustrieren, werden wir im folgenden Abschnitt ausgewählte ökonomische Fragestellungen einer PWÖ aus der Perspektive unterschiedlicher Theorierichtungen grob schematisch untersuchen. Dabei werden sowohl Komplementaritäten als auch Widersprüche auftreten. Während ersteres auf eine mögliche Synthese von Theorierichtungen hindeuten kann, verweisen mögliche Widersprüche auf Stellen für weiteren Forschungsbedarf (vgl. Dobusch und Kapeller 2012).

6 Beiträge heterodoxer Theorien zur Untersuchung einer Postwachstumsökonomie

Aus der Vielzahl wichtiger Aspekte zur Frage, wie eine PWÖ organisiert werden könnte, werden nun im Folgenden die sechs Punkte aus Abschnitt 4 näher aus der Perspektive anderer Denkschulen beleuchtet und somit exemplarisch verdeutlicht, inwiefern andere Denkschulen die Analysen des Mainstreams ergänzen bzw. ersetzen können.

1. **Arbeitslosigkeit:** In den einfachen ökonomischen Standardmodellen kann es keine Arbeitslosigkeit geben, da die Produktionsfaktoren substituierbar sind und es aufgrund des Say'schen Theorems (alle Einnahmen werden auch ausgegeben) keine Nachfragelücke geben kann (Zinn 2013, S. 2). In neueren arbeitsmarktökonomischen Ansätzen wird Arbeitslosigkeit in der Regel durch asymmetrische Informationen, Marktfriktionen, die Rolle von Gewerkschaften und/oder staatlichen Regulierungen erklärt. Diese werden als verantwortlich dafür angesehen, dass Angebot und Nachfrage auf dem Arbeitsmarkt nicht, wie in den Standardmodellen des Mainstreams modelliert, ins Gleichgewicht kommen.[22] Zur Frage der Arbeitslosigkeit bietet die post-keynesianische Schule andere aufschlussreiche Ansätze. Darin wird die Substituierbarkeit der Produktionsfaktoren infrage gestellt. Ihrzufolge kann

[22]Eine differenziertere Diskussion der Mainstream-Arbeitsmarktliteratur ist an dieser Stelle nicht möglich. Ein solcher Beitrag wäre allerdings wünschenswert.

Arbeitslosigkeit vor allem dann auftreten, wenn das Wachstum geringer ist als die Produktivitätszuwächse (Knotek 2007, S. 73). Um in einer PWÖ ausreichend Arbeitsplätze zu generieren, ergeben sich damit zwei mögliche Strategien: Entweder wird ein andersartiger technologischer Wandel eingeleitet, welcher nicht die Arbeits-, sondern die Ressourcenproduktivität erhöht (siehe Abschn. 3), oder Arbeitsproduktivitätssteigerungen werden durch eine Verringerung der durchschnittlichen Arbeitszeit ausgeglichen (Zinn 1989, S. 260). Zusätzliche Erkenntnisse können aus der Feministischen Ökonomik gewonnen werden. Reproduktionsarbeit wird in der Regel außerhalb des Arbeitsmarktes, also ohne Lohnvergütung, geleistet. Wenn es in einer Postwachstumsgesellschaft weniger produktive Arbeit zu leisten gilt, stellen sich ähnliche Fragen wie in der Debatte um die Reproduktionsarbeit: Welche Tätigkeiten sollen über den Markt organisiert sein und welche nicht bzw. wie ist das Verhältnis zwischen marktförmigen und nicht-marktförmigen Tätigkeiten zu gestalten, sodass alle Menschen materiell versorgt werden (vgl. Biesecker 1999) und an gesellschaftlichen Prozessen teilhaben können?[23]

2. **Konsum:** Aus Sicht des Mainstreams wird die Konsummenge, wie bereits dargestellt, durch individuelle Präferenzen und das Einkommen bestimmt (Boadway und Bruce 1984, S. 8). Die übliche Annahme ist, dass Konsum einen abnehmenden, aber konstant positiven Grenznutzen generiert. Demzufolge wäre für die PWÖ lediglich wichtig, die Einkommenshöhe zu bestimmen, die zu einem bestimmten nachhaltigen Konsumniveau führt, sowie gegebenenfalls das derzeitige Einkommensniveau abzusenken, um dieses Niveau zu erreichen. Da in den Standardmodellen des Mainstreams keine weiteren Gründe zur Bestimmung des Konsums angegeben werden, ergeben sich kaum weitere theoretische Möglichkeiten, diese Variablen zu betrachten. Hier bietet insbesondere die Institutionenökonomik einen nützlichen Analyserahmen. In der Institutionenökonomik spielt beispielsweise der Geltungskonsum *(conspicious consumption)* eine wichtige Rolle (Veblen 2007, S. 49–69). Menschen konsumieren zu einem bedeutenden Teil nicht, um das Produkt gebrauchen zu können, sondern um eine gewisse gesellschaftliche Stellung (relativ zu anderen) zu erlangen. Der Ökonom Fred Hirsch verband mit dem Konzept der ‚Positionsgüter' die Analyse, dass bestimmte Aspekte (z. B. eine gesellschaftliche Stellung) immer sozial knapp sind (1976, S. 71–84). Ein neuerer Literaturstrang analysiert unter dem Stichwort ‚hedonistische Tretmühlen' das Phänomen, dass Menschen ihre Erwartungen an höhere Konsumniveaus anpassen. Damit hat eine Erhöhung des Konsums immer nur kurzfristige Auswirkungen auf die individuelle Wohlfahrt und das Konzept des abnehmenden Grenznutzens des Konsums wird infrage gestellt (vgl. Brickman und Campbell 1971; Binswanger 2006). Für Postwachstumsökonomien haben solche Erkenntnisse mindestens zweierlei Konsequenzen: Wenn der Konsum ein Wachstumstreiber ist (Røpke 2010, S. 103–104), so geben diese Ansätze Aufschluss darüber,

[23]Siehe ‚Die Care-Abgabe' in diesem Sammelband.

welche gesellschaftlichen Normen sich wandeln müssten, um das Konsumniveau zu senken. Umgedreht bedeutet dies, dass ein ähnlich hohes Nutzenniveau wie heute nur erreicht werden kann, wenn sich individuelle Einstellungen verändern.

3. **Technologische Innovationen:** Wie in Abschn. 3 gezeigt, wird technologischer Wandel im Mainstream entweder exogen angenommen oder aufgrund von Investitionen in Humankapital und in die Entwicklung neuer Technologien zur Generierung von Profiten erklärt. Eine vergleichbare Argumentationsweise verwendet die Neomarxistische Ökonomik. Hier wird ähnlich wie in Standardmodellen des Mainstreams argumentiert, dass Unternehmen in kostensparende Produktionsmethoden investieren, um sogenannte Extraprofite zu erwirtschaften. Aufgrund vom Mainstream abweichender Annahmen, ist dies allerdings nicht nur in ‚oligopolistischem', sondern auch in ‚perfektem' Wettbewerb der Fall. Außerdem haben Unternehmen nicht die Möglichkeit, sondern sind gezwungen in neue Technologien zu investieren, da sie sonst von anderen, innovativeren Unternehmen verdrängt würden (Lange 2018, S. 409). Viele dieser Analysen kommen zu dem Ergebnis, dass Nullwachstum in einer kapitalistischen Wirtschaftsordnung nicht möglich sei (Harvey 2010, S. 253). Weiterer Erkenntnisgewinn kann aus der Anwendung der Evolutionsökonomik gezogen werden. Hier sind Innovationen nur bedingt auf geplante Investitionen zurückzuführen, sondern auch das Ergebnis von sozialer Interaktion und Erfahrungsaustausch (Nelson und Winter 1996, S. 206–233). Aufgrund dieser Theorien müssten zum einen Marktstrukturen grundlegend verändert und zum anderen am Verhalten der innovativen Akteure (über Studieninhalte, Fortbildungen usw.) angesetzt werden, um eine bestimmte technologische Entwicklung (z. B. zur Steigerung der Ressourceneffizienz) zu forcieren.
4. **Gewinne/Profite:** Ein wiederkehrendes Argument gegen eine PWÖ ist, dass in einer nicht wachsenden Wirtschaft keine Gewinne mehr erwirtschaftet werden könnten und damit der Anreiz für Unternehmen zu investieren ausbliebe (Kallis et al. 2012, S. 2). Dies kann in den einfachen Standardmodellen des Mainstreams nicht untersucht werden, da es hier keine Unternehmensgewinne gibt – die Einnahmen der Unternehmen werden komplett in Form von Kreditrückzahlungen und Löhnen an die Haushalte ausgeschüttet (Felderer und Homburg 2005, S. 65). Fortgeschrittene Modelle, wie die der Industrieökonomik erlauben hingegen das Auftreten von Gewinnen. Gewinnmaximierung gilt hier klar als das primäre Ziel unternehmerischen Handelns (vgl. Bester 2010). Gleichzeitig ist aus diesen Ansätzen nicht nachvollziehbar, weshalb Unternehmen, im Fall von niedrigen Gewinnen, aufhören sollten zu wirtschaften. Dieser Frage widmen sich zum Beispiel die Ansätze von Hans-Christoph Binswanger (vgl. 2013) und Matthias Binswanger (vgl. 2009), die man den post-keynesianischen Ansätzen zuordnen kann.[24] Sie argumentieren, dass die derzeitige Wirtschaft nur

[24]Ob Hans-Christoph und Matthias Binswanger tatsächlich der post-keynesianischen Schule zugeordnet werden können, lässt sich durchaus kontrovers diskutieren. Da beide allerdings zentrale Annahmen aus diesem Ansatz übernehmen, würden wir sie dazu zählen.

wachsen oder schrumpfen, aber nicht stagnieren könne. Dies liege daran, dass Firmen nur Profite machten, wenn die makroökonomische Investitionshöhe von Jahr zu Jahr steige. In anderen post-keynesianischen Theorien wird hingegen argumentiert, dass Unternehmen auch bei einer stagnierenden Wirtschaft Gewinne erwirtschaften könnten (Godley und Lavoie 2012, S. 317). Während zu dieser Frage weitere Forschung notwendig ist, bieten solche Theorien zumindest Ansatzpunkte für die Beantwortung der Frage, wie Investitionen in bestimmte Bereiche stattfinden können, ohne dass dies notwendigerweise zu gesamtwirtschaftlichem Wachstum führen muss.[25]

5. **Geld und Finanzsystem:** Bezüglich der Vereinbarkeit einer PWÖ mit dem existierenden Geld- und Finanzsystem gibt es eine Vielzahl von Diskussionen, welche innerhalb der genannten Modelle des Mainstreams nicht abgebildet werden können, da diese nur eine recht rudimentäre Analyse des Geldsystems aufweisen. Ein zentrales Argument innerhalb der Diskussionen besagt, dass positive Zinssätze wirtschaftliches Wachstum erzwingen und/oder voraussetzen würden. Aus der Sicht post-keynesianischer Theorie wurde in jüngster Zeit jedoch argumentiert, dass auch ein Geldsystem mit positivem Zinssatz mit Nullwachstum vereinbar sei (Richters und Siemoneit 2017a, S. 114; vgl. Jackson und Victor 2015; Wenzlaff et al. 2014). Daneben gibt es Argumente von post-keynesianischer und neomarxistischer Seite, dass die Akkumulation von Vermögenstiteln langfristig eine ebenfalls wachsende Realwirtschaft benötigt, um Stabilität zu garantieren (Godley und Lavoie 2012, S. 379). Eine PWÖ könnte demnach langfristig nur funktionieren, wenn zu hohe Vermögensakkumulation verhindert würde (Lange 2018, S. 335).
6. **Sozialsysteme und Reproduktionsarbeit:** Ein weiteres wiederkehrendes Argument gegen eine nicht wachsende Ökonomie ist, dass wirtschaftliches Wachstum nötig sei, um Sozialsysteme zu finanzieren, da durch Wachstum die entsprechenden Beiträge steigen (Seidl und Zahrnt 2010, S. 19). Antworten des Mainstreams zu diesem Thema bleiben notwendigerweise bei der Frage verhaftet, wie zusätzliche Finanzierung beschaffen oder die Sozialsysteme preiswerter ausgestaltet sein können. Eine weitergehende Analyse hierzu bietet die Feministische Ökonomik und insbesondere Arbeiten zum Thema *Vorsorgendes Wirtschaften.* Das zentrale Anliegen dieser Perspektive ist die Analyse und Sichtbarmachung der, insbesondere von Frauen geleisteten, unbezahlten, nicht marktvermittelten Verantwortungs- und Fürsorgearbeiten. Diese Arbeiten werden im Kapitalismus als quasi-natürliche Ressource gesellschaftlich angeeignet.[26] Ein großer Teil der Sozialsysteme bezieht sich auf Care-Arbeit, also insbesondere Erziehungs- und Pflegetätigkeiten. Die Sozialsysteme bilden hierbei lediglich diejenigen Tätigkeiten ab, welche monetär vergütet werden;

[25]Dies geht auf eine Idee zurück, dass in einer PWÖ bestimmte Wirtschaftssektoren wachsen und andere schrumpfen sollten. Der Ökonom Giorgos Kallis bezeichnet dies als ‚selective degrowth' (2011, S. 875).

[26]Für eine ausführliche Diskussion siehe → ‚Die Care-Abgabe' in diesem Sammelband.

viele derartige Arbeiten finden allerdings außerhalb des Marktes statt. Aus dieser Perspektive ist also die Frage, wie Sozialsysteme ohne Wachstum funktionieren können, zu kurz gefasst. Stattdessen bedarf es einer weitergehenden Thematisierung und Veränderung des Verhältnisses zwischen Lohn- und Nichtlohnarbeit.

7. **Privateigentum und Marktwettbewerb:** Wie gezeigt, kann innerhalb neoklassischer Standardmodelle das Bild einer Wirtschaft ohne Wachstum durch eine Kombination von verändertem individuellen Verhalten und einer, beispielsweise durch Regulierung erzeugten, anderen Entwicklung von Technologie entworfen werden. Diese Analyse basiert auf dem unter Wettbewerbsbedingungen stattfindenden Verhalten nutzenmaximierender Individuen sowie privater, gewinnmaximierender Unternehmen. In den Debatten zur PWÖ wird argumentiert, dass die Kombination aus gewinnmaximierenden Unternehmen und Marktwettbewerb notwendigerweise zu Wachstum führen muss (vgl. Blauwhof 2012; Kallis et al. 2012; Smith 2010). Zur Analyse dieser Zusammenhänge sind insbesondere neomarxistische Beiträge aufschlussreich. Hierin gibt es zwei miteinander verknüpfte zentrale Argumente. Erstens: Um im Preiswettbewerb mithalten zu können, müssen Unternehmen (z. B. aufgrund von Skaleneffekten) fortwährend in größere und effizientere Produktionsanlagen investieren. Da dies alle Unternehmen tun (müssen), ergibt sich ein hohes Investitionslevel, die Erfindung und Einführung neuer Produktionsmethoden und damit wirtschaftliches Wachstum (Lange 2018, S. 408–409). Zweitens: Wenn die erwirtschafteten Profite nicht konsumiert werden, verbleibt eine große Menge von Anlagekapital. Es wird beständig versucht, dieses Kapital profitabel anzulegen. Wenn es durch die Produktion bestehender Güter nicht mehr möglich ist (z. B. weil die entsprechenden Märkte gesättigt sind), führt dies zur Einführung neuer Produkte, die unter anderem mithilfe von Marketing und Werbung verkauft werden (Baran und Sweezy 1966, S. 116). Für den Politikwissenschaftler Elmar Altvater steht die aus dem Wechselspiel von Werbung und Wettbewerb gespeiste Steigerungsdynamik direkt im Widerspruch zur ‚Suffizienz' – eine Idee, die eng mit einer PWÖ zusammenhängt:

> Konsumfördernde Werbemaßnahmen und der Sachzwang der Wettbewerbsfähigkeit in der Produktion werden dafür sorgen, dass der Verbrauch und die Belastung von Ressourcen nicht an den Grenzen der Suffizienz Halt machen (Altvater 2005, S. 212–213).

Hieraus ergeben sich mehrere mögliche Schlussfolgerungen für eine PWÖ: Die Produktion kann dem Markt entzogen werden und damit würden Unternehmen nicht mehr durch Marktwettbewerb zum Wachstum gezwungen werden (Gebauer et al. 2017, S. 244); Eigentum kann auf der Unternehmensebene vergemeinschaftet werden, um dem Interesse der Privateigentümer am Unternehmenswachstum entgegenzuwirken (Blauwhof 2012, S. 261); die Regulierung von Werbung und Produktdesign adressiert die Einführung neuer Produkte auf den Markt (Gebauer et al. 2017, S. 246–247); Skaleneffekte können eingeschränkt werden, sodass Unternehmen im Marktwettbewerb bestehen können, ohne zu wachsen (Lawn 2011, S. 11).

8. **Ökonomie und Macht:** Der wirtschaftswissenschaftliche Mainstream beschreibt Marktbeziehungen als zwischen gleichberechtigten, freiwillig agierenden Individuen stattfindend. Dementsprechend ist auch die politische Ökonomie des Mainstreams konstituiert. Im bekanntesten Modell, dem Medianwählermodell, wird argumentiert, dass Politiker*innen sich am Willen der Medianwähler*in orientieren (Congleton 2004, S. 707–708). Daraus folgt, dass politische Entscheidungen durch eine Veränderung der Einstellungen und Wünsche von einer Vielzahl von Individuen eingeleitet werden können. Macht über das Wählen hinaus spielt hier keine Rolle. In *neomarxistischen* Theorien wird hingegen argumentiert, dass es viele Dimensionen von Macht gibt und dass sich insbesondere ökonomische Macht auch politisch niederschlägt.[27] Ökonomische Interessen würden politische Entscheidungen auf unterschiedliche Weise, unter anderem durch Lobbyismus, beeinflussen. Diese Analyse wird durch die Existenz von Klassenkategorien in diesen Theorien ermöglicht. Hieraus ergeben sich somit ganz andere Ansatzpunkte, um die Umsetzung von Politikmaßnahmen zu betrachten. Anstatt primär die Einstellungen von Wähler*innen zu adressieren, könnten die Begrenzung ökonomischer Machtkonzentration und Lobbyismus zentrale Felder sein, um eine Transformation zu einer PWÖ zu ermöglichen.

Aufgrund der Komplexität des Untersuchungsgegenstandes konnte die Analyse der unterschiedlichen Aspekte einer PWÖ an dieser Stelle nur angedeutet werden. Dennoch zeigt die Skizzierung der acht Beispiele, dass die Analyse des Mainstreams in vielen Bereichen nicht ausreicht, um essenzielle Fragen einer Postwachstumsökonomie zu beantworten. Die Diskussionen um eine PWÖ sind daher ein gutes Beispiel dafür, dass die Anwendung verschiedener ökonomischer Theorien notwendig ist, um eine detaillierte Analyse zu bewerkstelligen.

7 Fazit

Die Grenzen des Wirtschaftswachstums sind spätestens seit dem Bericht an den Klub of Rome (vgl. Meadows et al. 1972) bekannt und wurden in folgenden Jahrzehnten auch wissenschaftlich weiter untermauert. Wirtschaftswachstum ist eine entscheidende Größe für die Ausrichtung von politischen Argumentationen und staatlichem Handeln. Gleichzeitig wird es für die Destruktion und Schädigung von Ökosystemen verantwortlich gemacht und gilt als Grundlage des menschengemachten Klimawandels. Vor diesem Hintergrund haben wir die Frage gestellt, wie eine PWÖ, verstanden als eine Ökonomie mit einem stagnierenden Bruttoinlandsprodukt pro Kopf, konzeptualisiert werden könnte

[27] Daraus folgern z. B. Magdoff und Foster: „Today, rather than a true democracy we have a plutocracy (rule by money interests)" (2011, S. 100).

bzw. zu welchem Grade die etablierten wirtschaftswissenschaftlichen Theorien hierzu Antworten bereitstellen. Daran anschließend ergibt sich die abschließende Frage, welchen Nutzen der Einbezug anderer ökonomischer Theorien mit sich bringen würde.

Im ersten Schritt haben wir gezeigt, welche Rolle die Steigerungslogik der Wachstumsökonomie bereits in den normativen Grundlagen des wirtschaftswissenschaftlichen Mainstreams spielt. Durch einen materialistisch ausgelegten Utilitarismus ist die positive Konnotation von Konsumsteigerung bereits implizit normativ im Mainstream angelegt. Vor dem Hintergrund der Divergenz von Lebenszufriedenheit und Wachstum sowie der Korrelation von Wirtschaftswachstum und ökologischer Übernutzung wird dieses gesellschaftliche Ziel jedoch infrage gestellt.

Anschließend wurde herausgearbeitet, dass die makroökonomischen Standardmodelle des Mainstreams dennoch zum Verständnis der Funktionsweise einer PWÖ beitragen können. Aus Sicht dieser Theorien sind die Entwicklung des Arbeitsangebots und die Richtung des technologischen Wandels die entscheidenden ökonomischen Aspekte, welche es für das Funktionieren einer Nullwachstumsökonomie zu verändern gälte. Das Arbeitsangebot hängt in diesen Theorien primär von den individuellen Präferenzen ab; eine stärkere Gewichtung von Freizeit gegenüber Einkommen könnte demnach das Wachstum verringern. Das Arbeitsangebot und der technologische Wandel können in den Theorien von der Politik beeinflusst werden, die durch wirtschaftspolitische Instrumente wie Steuern, Subventionen und Förderprogramme Änderungen in den relativen Marktgrößen und Preisen der Inputfaktoren bewirken kann.

Darüber hinaus wurde deutlich, dass die Vielzahl von unterschiedlichen ontologischen Zugängen und theoretischen Perspektiven einen wichtigen Beitrag leisten kann, um weitere Einblicke in die Rolle von Arbeit, Konsum und technischem Fortschritt für eine PWÖ zu erlangen. Gleichzeitig wird durch diese Multiperspektivität die Behandlung von Phänomenen der Funktionsweise von und der Transformation zu einer PWÖ möglich, die vom aktuellen Mainstream nicht vordergründig abgedeckt werden. Dazu gehören die Rolle von Gewinnen, dem Geldsystem und Zinsen, Sozialsystemen und Reproduktionsarbeit, Privateigentum und Wettbewerb sowie die von politischer Ökonomie und Macht.

Es war im Rahmen dieser Arbeit nicht möglich, zu all diesen Aspekten jeweils alle existierenden Theorierichtungen auf potenzielle Beiträge hin zu untersuchen. Genauso wenig war es möglich, den gesamten Mainstream über die Standardmodelle hinaus auf weitere Beiträge zur Funktionsweise einer PWÖ zu durchleuchten. Aufgrund der einheitlichen Ontologie des Mainstreams, die lediglich axiomatische Variationen aufweist (Heise et al. 2017, S. 44), gehen wir jedoch davon aus, dass eine Analyse allein durch den Mainstream immer unvollständig bleiben wird. Denn die angeführten Mainstreamtheorien (z. B. die Arbeitsmarktökonomik) unterscheiden sich hinsichtlich der Art der im Sinne einer PWÖ anzustrebenden Veränderungen von den entsprechenden heterodoxen Theorien.

Eine weitere Erkenntnis ist, dass die Einbeziehung von heterodoxen Ansätzen bedeutend weitreichendere Veränderungen für eine PWÖ nötig erscheinen lässt als eine allein auf dem Mainstream basierende Analyse. Die grundsätzliche Frage, ob eine PWÖ innerhalb eines kapitalistischen Wirtschaftssystems funktionieren kann, scheint aufgrund ontologischer Beschränkungen und Verkürzungen durch den Mainstream allein nicht beantwortet werden zu können. Ergänzende Überlegungen dazu finden sich in verschiedenen Ansätzen alternativer Ökonomien wie zum Beispiel der ‚Solidarischen Ökonomie' (vgl. Embshoff und Giegold 2008), ‚Postwachstumspolitiken' (vgl. Adler und Schachtschneider 2017) oder aber unter dem Schlagwort ‚Commons' (vgl. Helfrich et al. 2015; Meretz 2014; Euler und Gauditz 2017).

Abschließend kann thesenartig zugespitzt formuliert werden, dass

1. der positive Bezug auf (Wirtschafts-)Wachstum stark im volkswirtschaftlichen Denken und Handeln verankert ist und weit über den Bereich der Ökonomie hinausreicht;
2. es an der Zeit ist, sich, aufgrund der ökologischen Zuspitzungen und bereits real existierenden niedrigen Wachstumsraten, aus ökonomischer Perspektive verstärkt mit Fragen einer PWÖ auseinanderzusetzen;
3. eine Wirtschaft ohne Wachstum in den neoklassischen Standardmodellen durch entsprechende Annahmen theoretisch abgebildet werden kann;
4. eine Vielzahl von ökonomischen Theorien zurate gezogen werden sollte, um sich dem Forschungsgegenstand zu nähern, den Realitätsgehalt zu steigern, bedeutende blinde Flecken aktueller Forschungen zu betrachten sowie um zu bewerten, wie weitreichend sich unsere Gesellschaft tatsächlich wandeln müsste, um das Funktionieren einer PWÖ zu ermöglichen.

Insgesamt fällt dabei auf, dass aktuell eine Auseinandersetzung mit einer PWÖ in wirtschaftswissenschaftlichen Theorierichtungen nur in einzelnen wenigen Arbeiten vorgenommen wird. Die Untersuchung der ökonomischen Aspekte einer PWÖ ist damit noch ein relativ unbearbeitetes Forschungsfeld, was weitere Aufmerksamkeit verdient. Zukünftige Forschung könnte dazu beitragen, die hier aufgestellten Thesen zu reflektieren und weitere Einblicke in die mögliche Funktionsweise von und die Transformation zu einer Postwachstumsökonomie zu erlangen.

Literatur

Acemoglu, Daron. 2002. Directed technical change. *Review of Economic Studies* 69 (4): 781–809.

Acemoglu, Daron. 2003. Labor- and capital-augmenting technical change. *Journal of the European Economic Association* 1 (1): 1–37.

Acemoglu, Daron. 2009. *Introduction to modern economic growth*. Princeton: Princeton University Press.

Adler, Frank, und Ulrich Schachtschneider, Hrsg. 2017. *Postwachstumspolitiken. Wege zur wachstumsunabhängigen Gesellschaft*. München: oekom.

Albert, Hans. 1968. *Traktat über kritische Vernunft. Die Einheit der Gesellschaftswissenschaften*, Bd. 9. Tübingen: Mohr.

Altvater, Elmar. 2005. *Das Ende des Kapitalismus, wie wir ihn kennen*. Münster: Westfälisches Dampfboot.

Baran, Paul A., und Paul M. Sweezy. 1966. *Monopoly capital: An essay on the American economic and social order*. New York: Monthly Review Press.

Barro, Roberto, und Xavier Sala-i-Martin. 2004. *Economic growth*, 2. Aufl. Cambridge: The MIT Press.

Becker, Joachim. 2002. *Akkumulation, Regulation, Territorium: Zur kritischen Rekonstruktion der französischen Regulationstheorie*. Marburg: Metropolis Verlag.

Bentham, Jeremy. 1879. *An introduction to the principles of morals and legislation*. New York: Clarendon.

Bester, Helmut. 2010. *Theorie der Industrieökonomik*, 5. Aufl. Berlin: Springer.

Biesecker, Adelheid. 1999. Vorsorgendes Wirtschaften braucht Zeiten. Von einer ‚Ökonomie der Zeit' zu ‚Ökonomien in Zeiten'. In *Zeitlandschaften. Perspektiven für eine öko-soziale Zeitpolitik*, Hrsg. Sabine Spitzner und Meike Hofmeister. Stuttgart: Hirzel Verlag.

Binswanger, Mathias. 2006. Why does income growth fail to make us happier? searching for the treadmills behind the paradox of happiness. *Journal of Socio-Economics* 35 (2): 366–381.

Binswanger, Hans Christoph. 2009a. *Die Wachstumsspirale*, 3. Aufl. Marburg: Metropolis.

Binswanger, Mathias. 2009b. Is there a growth imperative in capitalist economies? A circular flow perspective. *Journal of Post Keynesian Economics* 31 (4): 707–727.

Binswanger, Hans Christoph. 2013. *The growth spiral. Money, energy, and imagination in the dynamics of the market process*. Berlin: Springer.

Blauwhof, Frederik Berend. 2012. Overcoming accumulation. Is a capitalist steady-state economy possible? *Ecological Economics* 84: 254–261.

BMJV. 2015. Gesetz zur Förderung der Stabilität und des Wachstums der Wirtschaft vom 8. Juni 1967 (BGBl. I S. 582), zuletzt durch Artikel 267 der Verordnung vom 31. August 2015 (BGBl. I S. 1474) geändert: StabG.

Boadway, Robin W., und Neil Bruce. 1984. *Welfare economics*. Oxford: Blackwell.

Brand, Ulrich. 2014. Kapitalistisches Wachstum und soziale Herrschaft. Motive, Argumente und Schwächen aktueller Wachstumskritik. *Prokla* 175 (2): 289–306.

Brickman, Philip, und Donald T. Campbell. 1971. Hedonic relativism and planning the good society. In *Adaptation-level theory*, Hrsg. M.H. Appley, 287–305. New York: Academic.

Brock, William, und Scott Taylor. 2005. Economic growth and the environment. A review of theory and empirics. In *Handbook of economic growth*, Hrsg. Philippe Aghion und Steven.N. Durlauf, 1749–1821. Amsterdam: Elsevier Academic Press.

Brodbeck, Karl-Heinz. 2009. *Die Herrschaft des Geldes: Geschichte und Systematik*. Darmstadt: Wissenschaftliche Buchgesellschaft.

Chang, Ha-Joon. 2014. *Economics. The user's guide*. New York: Bloomsbury Press.

Colander, David, Ric Holt, und Barkley Rosser. 2004. The changing face of mainstream economics. *Review of Political Economy* 16 (4): 485–499.

Common, Mick, und Sigrid Stagl. 2005. *Ecological economics. An introduction*. Cambridge: Cambridge University Press.

Congleton, Roger D. 2004. The median voter model. In *The encyclopedia of public choice*, Hrsg. Charles K. Rowley und Friedrich Schneider. Dordrecht: Kluwer.

D'Alisa, Giacomo, Federico Demaria, und Giorgios Kallis, Hrsg. 2016. *Degrowth. Handbuch für eine neue Ära*. München: oekom Verlag.

Daly, Herman E. 1990. Toward some operational principles of sustainable development. *Ecological Economics* 2 (1): 1–6.

Daly, Herman E., und Joshua Farley. 2011. *Ecological Economics: Principals and Applications*. 2. Aufl. USA: Island Press.

Davidson, Paul. 2011. *Post keynesian macroeconomic theory. A foundation for successful economic policies for the twenty-first century*. Cheltenham: Edward Elgar Publishing.

Davidson, Paul. 1984. Reviving keynes's revolution. *Journal of Post Keynesian Economics* 6 (4): 561–575.

de Langhe, Rogier. 2009. How monist is heterodoxy? *Cambridge Journal of Economics* 34 (4): 793–805.

De Long, Bradford J., und Lawrence H. Summers. 1991. Equipment investment and economic growth. *The Quarterly Journal of Economics* 106 (2): 445–502.

Diefenbacher, Hans, und Roland Zieschank. 2011. *Woran sich Wohlstand wirklich messen lässt: Alternativen zum Bruttoinlandsprodukt*. München: oekom Verlag.

Diefenbacher, Hans, und Roland Zieschank. 2013. *NWI 2.0. Weiterentwicklung und Aktualisierung des Nationalen Wohlfahrtsindex. Endbericht zum Vorhaben UM 10 17 907*. Heidelberg: Umweltbundesamt.

Dobusch, Leonhard, und Jakob Kapeller. 2012. Heterodox united vs. mainstream city? Sketching a framework for interested pluralism in economics. *Journal of Economic Issues* 46 (4): 1035–1057.

Dobusch, Leonhard, und Jakob Kapeller. 2009. Why is economics not an evolutionary science? New answers to veblen's old question. *Journal of Economic Issues* 43 (4): 867–898.

Dow, Sheila C. 2004. Structured pluralism. *Journal of Economic Methodology* 11 (3): 275–290.

Drandakis, Emmanuel M., und Edmond S. Phelps. 1966. A model of induced invention, growth and distribution. *The Economic Journal* 76 (304): 823–840.

Easterlin, Richard A. 1995. Will raising the incomes of all increase the happiness of all? *Journal of Economic Behavior & Organization* 27 (1): 35–47.

Easterlin, Richard A., und Laura A. McVey. 2010. The happiness-income paradox revisited. *Proceedings of the National Academy of Sciences* 107 (52): 22463–22468.

Embshoff, Dagmar, und Sven Giegold. 2008. Solidarische Ökonomie im globalisierten Kapitalismus. In *Solidarische Ökonomie im globalisierten Kapitalismus*, Hrsg. Sven Giegold und Dagmar Embshoff, 11–24. Hamburg: VSA-Verlag.

Euler, Johannes. 2011. Reassessing individual utility and economic growth from the standpoint of happiness research. *Thesis for an Honour's bachelor of science in economics and business economics*. Utrecht University School of Economics.

Euler, Johannes. 2018. The commons. A social form that allows for degrowth and sustainability. Capitalism Nature Socialism. https://www.tandfonline.com/doi/abs/10.1080/10455752.2018.1449874?journalCode=rcns20. Zugegriffen: 27. März 2018.

Euler, Johannes, und Leslie Gauditz. 2017. Commons-Bewegung. Selbstorganisiertes (Re)Produzieren als sozial-ökologische Transformation. In *Degrowth in Bewegung(en). 32 alternative Wege zur sozial-ökologischen Transformation*, Hrsg. Konzeptwerk Neue Ökonomie und DFG-Kolleg Postwachstumsgesellschaften, 96–107. München: oekom.

Felderer, Bernhard, und Stefan Homburg. 2005. *Makroökonomik und neue Makroökonomik*, 9. Aufl. Berlin: Springer.

Ferber, Marianne A., und Julie A. Nelson. 2003. *Feminist economics today. Beyond economic man*. Chicago: Chicago University Press.

Freytag, Andreas. 2014. Warum brauchen wir Wachstum? WirtschaftsWoche. https://www.wiwo.de/politik/konjunktur/freytags-frage-warum-brauchen-wir-wachstum/10652560.html. Zugegriffen: 18. Okt. 2016.

Furubotn, Eirik G., und Rudolf Richter. 2009. *Institutions and economic theory. The contribution of the new institutional economics*. Ann Arbor: University of Michigan Press.

Gebauer, Jana, Steffen Lange, und Dirk Posse. 2017. Wirtschaftspolitik für Postwachstum auf Unternehmensebene. Drei Ansätze zur Gestaltung. In *Postwachstumspolitiken: Wege zur wachstumsunabhängigen Gesellschaft*, Hrsg. Frank Adler und Ulrich Schachtschneider, 239–252. München: oekom.

Georgescu-Roegen, Nicholas. 1986. The entropy law and the economic process in retrospect. *Eastern Economic Journal* 12 (1): 3–25.

Godley, Wynne, und Marc Lavoie. 2012. *Monetary economics. An integrated approach to credit, money, income, production and wealth*, 2. Aufl. Basingstoke: Palgrave Macmillan.

Groth, Christian, Karl-Josef Koch, und Thomas M. Steger. 2009. When economic growth is less than exponential. *Economic Theory* 44 (2): 213–242.

Habermann, Friederike. 2008. *Der homo oeconomicus und das Andere*. Baden-Baden: Nomos.

Hagemann, Harald, Ikeda Yukihiro, und Tamotsu Nishizawa. 2010. *Austrian economics in transition. From Carl Menger to Friedrich Hayek*. New York: Palgrave Macmillan.

Hagerty, Michael R., und Ruut Veenhoven. 2003. Wealth and happiness revisited. Growing national income does go with greater happiness. *Social Indicators Research* 64 (1): 1–27.

Harvey, David. 2010. *A Companion to Marx's Capital*. London: Verso Books.

Heise, Arne, Henrike Sander, und Sebastian Thieme. 2017. *Das Ende der Heterodoxie? Die Entwicklung der Wirtschaftswissenschaften in Deutschland*. Wiesbaden: Springer VS.

Helfrich, Silke, David Bollier, und Heinrich-Böll-Stiftung, Hrsg. 2015. *Die Welt der Commons. Muster gemeinsamen Handelns*. Bielefeld: transcript.

Hirsch, Fred. 1976. *Social limits to growth*. Cambridge: Harvard University Press.

Hirte, Katrin, Sebastian Thieme. 2013. Mainstream, Orthodoxie und Heterodoxie. Zur Klassifizierung der Wirtschaftswissenschaften. *Discussion Papers Zentrum für Ökonomische und Soziologische Studien*, Jg. 38. Universität Hamburg, Hamburg.

Hoppe, Hella, Hrsg. 2002. *Feministische Ökonomik. Gender in Wirtschaftstheorien und ihren Methoden*. Berlin: Edition Sigma.

Irmen, Andreas. 2011. Ist Wirtschaftswachstum systemimmanent? *Discussion Paper Series des Departement of Economics*, Jg. 509. Universität Heidelberg, Heidelberg.

Jackson, Tim, Hrsg. 2009. *Prosperity without growth. Economics for a finite planet*. London: Earthscan.

Jackson, Tim, Peter A. Victor. 2015. Credit creation and the ‚Growth Imperative'. *PASSAGE Working Paper Series*, Jg. 15/01. University of Surrey, Guildford.

Jorberg, Thomas. 2010. Finanzmärkte und Aufgabe der Banken. In *Postwachstumsgesellschaft: Konzepte für die Zukunft*, Hrsg. Irmi Seidl und Angelika Zahrnt, 155–166. Marburg: Metropolis Verlag.

Kahneman, Daniel. 2003. Maps of bounded rationality. Psychology for behavioral economics. *The American Economic Review* 93 (5): 1449–1475.

Kaldor, Nicholas. 1957. A model of economic growth. *The Economic Journal* 67 (268): 591–624.

Kallis, Giorgios. 2011. In defence of degrowth. *Ecological Economics* 70 (5): 873–880.

Kallis, Giorgios, Christian Kerschner, und Joan Martínez-Alier. 2012. The economics of degrowth. *Ecological Economics* 84: 172–180.

Kennedy, Charles. 1964. Induced bias in innovation and the theory of distribution. *The Economic Journal* 74 (295): 541–547.

Kerschner, Christian. 2010. Economic de-growth vs. steady-state economy. *Journal of Cleaner Production* 18 (6): 544–551.

Keynes, John Maynard. 2009. *Allgemeine Theorie der Beschäftigung, des Zinses und des Geldes*, 11. Aufl. Berlin: Duncker & Humblot.

Kirman, Alan P. 2011. *Complex economics. Individual and collective rationality*. London: Routledge.

Kirzner, Israel M. 1978. *Wettbewerb und Unternehmertum*. Tübingen: Mohr.

Knotek, Edward S. 2007. How useful is Okun's law? *Economic Review* 92 (4): 73–103. (Federal Reserve Bank of Kansas City).

Konzeptwerk Neue Ökonomie. 2017. *Kein Wachstum ist auch (k)eine Lösung. Mythen und Behauptungen über Wirtschaftswachstum und Degrowth. luxemburg argumente*, 14. Aufl. Berlin: Rosa-Luxemburg-Stiftung.

Konzeptwerk Neue Ökonomie, und DFG-Kolleg Postwachstumsgesellschaften, Hrsg. 2017. *Degrowth in Bewegung(en). 32 alternative Wege zur sozial-ökologischen Transformation*. München: oekom.

Kopatz, Michael. 2012. Arbeit, Glück und Nachhaltigkeit: Warum kürzere Arbeitszeiten Wohlbefinden, Gesundheit, Klimaschutz und Ressourcengerechtigkeit fördern. In *Impulse zur WachstumsWende*, Hrsg. Wuppertal Institut für Klima, Umwelt und Energie, und Umwelt und Energie. Wuppertal: Wuppertal Institut.

Lange, Steffen. 2014. Rahmenbedingungen einer Postwachstumsökonomie. Eine pluralistische makroökonomische Analyse. *Ökologisches Wirtschaften* 29 (3): 46–50.

Lange, Steffen. 2018. *Macroeconomics without growth: Sustainable economies in neoclassical, Keynesian and Marxian theories*. Marburg: Metropolis Verlag.

Latouche, Serge. 2009. *Farewell to growth*. Cambridge: Polity.

Lavoie, Marc. 2014. *Post-Keynesian economics: New foundations*. Cheltenham: Elgar.

Lawn, Philip. 2011. Is steady-state capitalism viable? A review of the issues and an answer in the affirmative. *Annals of the New York Academy of Sciences* 1219 (1): 1–25.

Lawson, Tony. 2013. What is this 'School' called neoclassical economics? *Cambridge Journal of Economics* 37 (5): 947–983.

Magdoff, Fred, und John B. Foster. 2011. *What every environmentalist needs to know about capitalism. A citizen's guide to capitalism and the environment*. New York: Monthly Review Press.

Mandel, Ernest, und Lothar Boepple. 1972. *Marxistische Wirtschaftstheorie*. Frankfurt a. M.: Suhrkamp.

Mankiw, Gregory N. 2003. *Macroeconomics*. New York: Worth Publishers.

Marks, Nic, Petra Kjell, Ruth Potts, Nicola Steuer, und David Woodward. 2006. *The happy planet index*. London: New Economics Foundation.

Meadows, Donella H., Dennis L. Meadows, Jorgen Randers, und William Behrens. 1972. *The limits to growth. A report for the club of rome's project on the predicament of mankind*. New York: Universe Books.

Meretz, Stefan. 2014. Grundrisse einer freien Gesellschaft. In *Aufbruch ins Ungewisse. Auf der Suche nach Alternativen zur kapitalistischen Dauerkrise*, Hrsg. Tomasz Konicz und Florian Rötzer, 152–182. Hannover: Heise Zeitschriften Verlag.

Merkel, Angela. 2009. Regierungserklärung von Bundeskanzlerin Merkel im Wortlaut. Presse- und Informationsamt der Bundesregierung. http://www.bundesregierung.de/ContentArchiv/DE/Archiv17/Regierungserklaerung/2009/2009-11-10-merkel-neue-Regierung.html. Zugegriffen: 27. März 2018.

Muraca, Barbara. 2014. *Gut leben. Eine Gesellschaft jenseits des Wachstums*. Berlin: Wagenbach Verlag.

Nelson, Richard, und Sidney Winter. 1996. *An evolutionary theory of economic change*. Cambridge: Harvard University Press.

Okun, Arthur M. 1962 [1983]. *Potential GNP. Its measurement and significance*. Cambridge: MIT Press (Reprinted in Economics for Policymaking: Selected Essays of Arthur M. Okun).

Ortlieb, Claus Peter. 2014. A contradiction between matter and form. On the significance of the production of relative surplus value in the dynamic of terminal crisis. In *Marxism and the critique of value*, Hrsg. Neil Larsen, Mathias Nilges, Josh Robinson, und Nicholas Brown, 77–121. Chicago: MCM Publishing.

Paech, Nico, Hrsg. 2012. *Befreiung vom Überfluss. Auf dem Weg in die Postwachstumsökonomie.* München: oekom.

Ramsey, Frank P. 1928. A mathematical theory of saving. *The Economic Journal* 38 (152): 543–559.

Richters, Oliver, und Andreas Siemoneit. 2017a. Consistency and stability analysis of models of a monetary growth imperative. *Ecological Economics* 136: 114–125.

Richters, Oliver, und Andreas Siemoneit. 2017b. Fear of Stagnation? A Review on Growth Imperatives. *VÖÖ Discussion Paper* 6, Heidelberg: Vereinigung für Ökologische Ökonomie.

Rickens, Christian. 2013. Ökonomen-Konferenz Hongkong. Warum wir immer mehr wollen. DER SPIEGEL. http://www.spiegel.de/wirtschaft/unternehmen/oekonomen-konferenz-hongkong-warum-wir-immer-mehr-wollen-a-892673.html. Zugegriffen: 27. März 2018.

Røpke, Inge. 2010. Konsum. Der Kern des Wachstumsmotors. In *Postwachstumsgesellschaft. Konzepte für die Zukunft*, Hrsg. Irmi Seidl und Angelika Zahrnt, 103–116. Marburg: Metropolis Verlag.

Saad-Filho, Alfredo. 2002. *The value of Marx: political economy for cotemporary capitalism. frontiers of political economy*, Bd. 41. London: Routledge.

Samuels, Warren J., Jeff E. Biddle, und John B. Davis, Hrsg. 2008. *A companion to the history of economic thought*. New York: Wiley.

Samuelson, Paul A. 1965. A theory of induced innovation along Kennedy-Weisäcker lines. *The Review of Economics and Statistics* 47 (4): 343–356.

Samuelson, Paul A., und William D. Nordhaus. 2007. *Volkswirtschaftslehre. Das internationale Standardwerk der Makro- und Mikroökonomie*, 3. Aufl. Landsberg: Mi-Fachverlag.

Schmelzer, Matthias. 2015. *The hegemony of growth. The making and remaking of the economic growth paradigm and the OECD, 1948 to 2010*. Cambridge: Cambridge University Press.

Schmelzer, Matthias, und Alexis Passadakis. 2011. *Postwachstum*. Hamburg: VSA-Verlag.

Schneider, Fraução is, Giorgos Kallis, und Joan Martínez-Alier. 2010. Crisis or opportunity? Economic degrowth for social equity and ecological sustainability. Introduction to this special issue. *Journal of Cleaner Production* 18 (6): 511–518.

Schumpeter, Joseph A. 2005. *Kapitalismus, Sozialismus und Demokratie*, 8. Aufl. Stuttgart: UTB Uni-Taschenbücher.

Seidl, Irmi, und Angelika Zahrnt, Hrsg. 2010. *Postwachstumsgesellschaft. Konzepte für die Zukunft*. Marburg: Metropolis Verlag.

Smith, Richard. 2010. Beyond growth or beyond capitalism. *Real World Economics Review, Jg.* 53:28–36.

Solow, Robert M. 1956. A contribution to the theory of economic growth. *The Quarterly Journal of Economics* 70 (1): 65–94.

Spash, Clive L. 2012. New foundations for ecological economics. *Ecological Economics* 77: 36–47.

The Guardian. 2013. Climate change will hit poor countries hardest, study shows. The Guardian. https://www.theguardian.com/global-development/2013/sep/27/climate-change-poor-countries-ipcc. Zugegriffen: 27. März 2018.

Vatn, Arild. 2005. *Institutions and the environment*. Cheltenham: Elgar.

Veblen, Thorstein. 2007. *The theory of the leisure class*. Oxford: Oxford University Press.

Veenhoven, Ruut, und Michael Hagerty. 2006. Rising happiness in nations 1946–2004. A reply to easterlin. *Social Indicators Research* 79 (3): 421–436.

Victor, Peter A. 2008. *Managing without growth. Slower by design, not disaster*. Cheltenham: Elgar.

Weintraub, E. Roy. 2002. Neoclassical economics. The concise encyclopedia of economics. http://www.econlib.org/library/Enc1/NeoclassicalEconomics.html. Zugegriffen: 27. März 2018.

Wenzlaff, Ferdinand, Christian Kimmich, und Oliver Richters. 2014. *Theoretische Zugänge eines Wachstumszwangs in der Geldwirtschaft. Discussion Papers Zentrum für Ökonomische und Soziologische Studien*, Bd. 45. Hamburg: Universität Hamburg.

Wilkinson, Richard G., und Kate Pickett. 2009. *The spirit level. Why more equal societies almost always do better*. London: Allen Lane.

Wilkinson, Nick, und Matthias Klaes. 2012. *An introduction to behavioral economics*. Basingstoke: Palgrave Macmillan.

Zinn, Karl Georg. 1989. Entwicklungstendenzen reifer Volkswirtschaften. Überlegungen zur Synthese von Keynes und Fourastié. *Wirtschaft und Gesellschaft* 15 (2): 249–263.

Zinn, Karl Georg. 2013. Wachstumszwänge im Kapitalismus: Die gespaltene Keynes-Rezeption. Jena-Workshop Endfassung. http://www.kolleg-postwachstum.de/sozwgmedia/dokumente/Berichte/Wachstumszw%C3%A4nge+im+Kapitalismus/wz_zinn.pdf. Zugegriffen: 27. März 2018.

Märkte als transaktionale Netze

Zu einer ökonomischen Theorie marktlicher Interaktion

Birger P. Priddat

Zusammenfassung
Märkte sind Mannigfaltigkeiten von bilateralen Transaktionen. Transaktionen sind keine Tauschakte, sondern asymmetrische Vermittlungen von heterogenen Belangen, die effektiv befriedigt werden. Dazu bedarf es keiner Handlungsvorschriften (Normen, Rationalitäten usw.). Aus der Analyse der Transaktionen, ihrer Prozedere und Vernetzungen ergibt sich ein anderer Blick auf die Ökonomie, der die tatsächlichen Verhaltensweisen der wirtschaftlich Handelnden aufschließen kann (anstatt Annahmen über Verhaltensvorschriften zu machen). Dies ist ein Baustein für eine andere Ökonomie.

B. P. Priddat (✉)
Universität Witten/Herdecke, Witten/Herdecke, Deutschland
E-Mail: birger.priddat@uni-wh.de

D. J. Petersen et al. (Hrsg.), *Perspektiven einer pluralen Ökonomik*, Wirtschaft + Gesellschaft, https://doi.org/10.1007/978-3-658-16145-3_6

1 Einleitung

Die plurale Ökonomie zeichnet die Karte der Flusslandschaft der Haupt- und Nebenströme der Ökonomie breiter und differenzierter.[1] Dabei werden auch neue Nebenflüsse entdeckt. Das folgende Konzept entstammt dem institutionenökonomischen Feld, ohne die Institutionenökonomie selber bereits für eine andere Ökonomie zu halten. Im Grunde geht es vordringlich um eine, wenn auch fundamentale, Verschiebung: vom ‚rational actor' auf den Vertrag bzw. auf die Transaktion, von einer Akteurskonstruktion zu einer Interaktionskonzeption. Es ist die Einleitung zu einem Versuch einer anderen ökonomischen Theorie.[2] Im Folgenden soll eine neue Perspektive auf den Markt entworfen werden: auf seine Preisbildung und Prozesshaftigkeit. In diesem Beitrag wird eine theoretische Basis erarbeitet, die vorläufig als Transaktionsfeldtheorie bezeichnet werden kann. Durch die konzeptionelle Integration von Vertragstheorien und Theorien über Kommunikation in sozialen Netzwerken soll ein Beitrag zum Verständnis der Funktionsweise von Märkten geleistet werden. Insbesondere wird erklärt, wie Verhandlungsprozesse auf Märkten ablaufen und welchen Einflussfaktoren sie unterliegen.

Transaktionen sind bilaterale Vertragsschließungen, die in einem multilateralen Feld wettbewerblicher Komparation nach vielfältigen Kriterien zustande kommen und darüber Märkte konstituieren. Die an Transaktionen beteiligten Akteure sind in Netzwerke eingebettet, die die Relevanz der Transaktionen, ihre Bedeutungen und sozialen Attributionen mitbestimmen. Wir haben es nicht mit ‚pure economics' zu tun, sondern mit einer juridisch wie sozial bzw. soziologisch durchmischten Theorie. Die Märkte sind offene Prozesse, die verschiedenen Einflüssen unterliegen, nicht allein den Preisen (vgl. Beckert und Aspers 2011). Im folgenden Abschnitt wird das Konzept der Transaktion als Basisoperator der Märkte präsentiert. Anschließend wird im dritten Abschnitt erläutert, inwiefern Transaktionen in soziale Netzwerke und die dort stattfindenden Kommunikationsprozesse eingebettet sind. Im vierten Abschnitt geht es um mögliche Asymmetrien zwischen den Transaktionspartnern sowie den Abschluss einer Transaktion. Mit dem Konzept des sympathetischen ‚bargainings' wird im fünften Abschnitt auf die Rolle von Verhandlungen und Kooperation im Transaktionsprozess eingegangen. Während der Fokus zunächst auf Gütermärkten lag, handelt der sechste Abschnitt von Arbeits- und Kapitalmärkten. Den Abschluss bildet ein Fazit, in dem Transaktionen als Vermittlungskulturen charakterisiert werden.

[1]Vgl. Kirman 2011; Frydman und Goldberg 2011; Aspers 2011; Hammerstein und Stevens 2012; Herrman-Pillath 2013; Enkelmann und Priddat 2014–2016; Enkelmann 2010; Dupuy 2014; Komlos 2015; Silim 2016; Marques 2016.

[2]Genauer, vgl. Priddat 2012; 2016d. Andere neue und anregende Denkweisen des Marktes: vgl. Schmidt am Busch 2016; Seele und Zapf 2017 sowie insbesondere Ayache 2015 und Roffe 2015, die den Markt (vor allem den Finanzmarkt) kontingenztheoretisch neu figurieren.

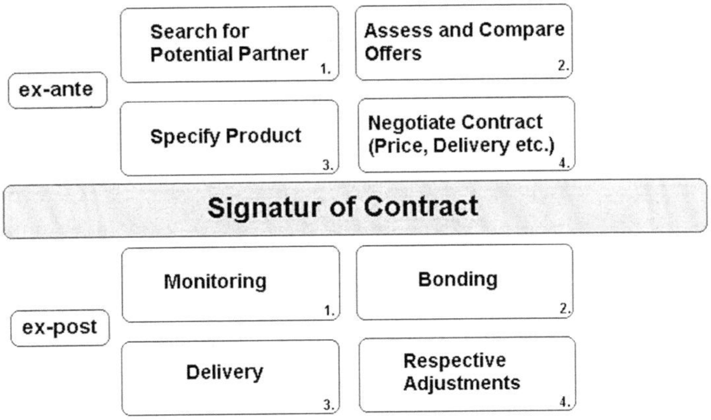

Abb. 1 Transaktionsphasen auf Märkten. (Quelle: Eigene Darstellung, in Anlehnung an Sayn-Wittgenstein 2009, S. 10, vgl. Coase 1937; Williamson 2002, © Priddat 2018)

2 Transaktionen

Der Basisoperator der Märkte ist nicht der ‚rational actor', sondern die Transaktion. Ein Akteur kann so rational entscheiden, wie dieser will; findet dieser keinen Vertragspartner, läuft sein Handeln ins Leere und es bildet sich kein Markt.

Nur wenn zwei (oder mehrere) Akteure (**a, b**) einen Vertrag über eine Transaktion (**T**) schließen (**aTb**) und wenn Zahlungen erfolgen, liegt eine Marktoperation vor. Transaktionen sind systematische Ware-Geld-Relationen. Märkte gründen auf bi- bzw. multilateralen Verträgen bzw. auf Interaktionsgruppen (vgl. Priddat 2012; Kirman 2011) und sind Mannigfaltigkeiten von asynchron und synchron gemischten Transaktionen bzw. Transaktionsfelder (vgl. Fligstein und McAdam 2012; Seele und Zapf 2017: Kap. 6).

Die vertraglichen Strukturen der Transaktionen hat Williamson in seiner ‚theory of the firm' (vgl. Williamson 2002) als Prozessgeschehen analysiert, das selbst Kosten generiert (Transaktionskosten). Der Markt hat ‚seinen Preis' (vgl. Priddat 2012).

Die Dimensionen, ‚ex ante' wie ‚ex post' in Abb. 1, stellen eine mögliche Kostenposition dar, die bei Williamson dazu führt, Minimierungsstrategien zu ersinnen (vgl. Coase 1937). Wir dagegen sehen die ex-ante-Positionen 1–4 als jeweils eigenständige Prozessbestandteile der Transaktionsbildung an und erweitern diese um Vorgänge wie beispielsweise Werbung und Persuasion (vgl. Priddat 2015a; Akerlof und Shiller 2015), aber auch ‚peer-to-peer'-Kommunikationen und andere Netzwerkdiskurse (Priddat 2012, S. 69–105) sowie Medien, beobachtete Verhalten anderer, Schwarmeffekte, eingefahrene Haltungen (schwaches Suchen bis Verzicht) und Sympathie. Es wird deutlich, dass wir die Transaktion hier auf Konsum-Transkationen (B2C, ‚Business to Consumer') hin betrachten – im Unterschied zu Williamson, welcher stärker B2B-Transaktionen (‚Business to Business') in den Fokus nimmt.

Auf andere Märkte kommen wir später noch zu sprechen. Die Abb. 1 illustriert ein solches Verständnis. Suchen 1), Vergleichen 2), Spezifizieren 3) und Aushandeln 4) sind keine kontext- und situationsfreien Aktivitäten und auch keine rein subjektiven kognitiven Urteile, sondern Interaktionsgeschehen, eingebettet in die gesellschaftliche *Semiosphäre*[3], in der marktunabhängige Bedeutungsdynamiken entstehen. Die Werbung nutzt diese Semiosphäre, da ohne Bezug auf gesellschaftliche Praxis und Bedeutungskulturen Werbung sinnlos wäre.

Transaktionen sind bi- bzw. multilaterale Übereinkommen als Verträge, nun allerdings in verschiedenen Kontexten verschieden – genauer gesagt: juridische, soziologische und ökonomische Hybride (vgl. Teubner 2006).[4] ‚Pure economics' gibt es nicht. Somit bewegen wir uns, neben ökonomischen, in soziologischen und juridischen Strukturen, die alle zusammen erst die Transaktion als Vertrag konfigurieren. Die semiosphärische Einbettung der Transaktionen weist noch auf eine vierte Dimension hin, nämlich auf die kulturelle.

Funktional betrachtet ist es gleichgültig, welche Gründe, Motive, Anreize, Emotionen, Konventionen, Rationalitäten, Nicht-Rationalitäten usw. die Akteure in die Transaktion einbringen, wenn es ihnen gelingt, einen Vertrag abzuschließen, den beide Partner de facto anerkennen (und der gegen das Rechtssystem robust ist). Für die Märkte kommt es lediglich darauf an, dass Transaktionen finalisiert werden und zwar unabhängig von ihrer Qualität, von ihren Inhalten, Verfahren, Konstellationen usw. Es kommt auf die effektive Vertragsschließung an. Märkte sind also weniger über Rationalität als über *Effektivität* und *Anschlussfähigkeit* gekennzeichnet (vgl. Rustemeyer 2015). Ist eine Transaktion geschlossen, ist es für den Markt gleichgültig, ob sie effizient war. Es reicht aus, dass sie funktioniert. Märkte sind hoch effektiv, aber nicht notwendig effizient. Für die Erklärung des Funktionierens der Märkte brauchen wir also keine Effizienztheoreme, und weder Gleichgewichte, noch Wohlfahrtsoptima (vgl. Frydman und Goldberg 2011; Seele und Zapf 2017).

Der Transaktion ist es gleichgültig, ob ein Akteur, beide Akteure oder keiner rational handelt. Wenn der Vertrag zustande kommt, prozessiert der Markt effektiv weiter. Jede aus einer Transaktion resultierende Zahlung eröffnet Anschlüsse an nächste Transaktionen. Wenn aber viele der Transaktionen weniger als effizient oder eher zufalls-effizient sind, sind Märkte dementsprechend *subeffizient.* Aber das stört den Wirtschaftsprozess nicht, der hocheffektiv weiterprozessiert. Viele Akteure sind mit suboptimalen Ergebnissen zufrieden; viele wollen nur versorgt werden (vgl. Priddat 2015b; Priddat 2015b; Knoll 2016). *Werbung*[5] nutzt das und überredet die Akteure, auf den Vergleich mit anderen Angeboten zu verzichten.

---

[3]Die Semiosphäre ist die Welt der Zeichen-, Bilder-, Sprach- und Bedeutungswelten einer Gesellschaft (vgl. Lotmann 2010; Koschorke 2012). Für die Märkte ist diese deshalb wichtig, weil das, was in ihren Diskursen an unabhängigen Bedeutungsdynamiken entstehen, in die Märkte rückwirkt, ohne vorher Objekt der Wirtschaft gewesen zu sein (vgl. Priddat 2015a) und sich in den Social Media zeigt.

[4]Markttransaktionen sind dreifach a) ökonomische Interessenaushandlungen (exchange), b) juridische Verträge, d. h. in Rechtssysteme eingewoben (contracts), und c) soziologische Interaktionssysteme und -riten (interactions). Hinzu kommt d) die Einbettung in Netzwerke (Vgl. Granovetter 2005).

[5]Werbung ist keine Information, sondern ein konkurrenzausschließender Überredungsversuch, der die Präferenzen und ‚frames' der Akteure beeinflusst (vgl. Akerlof und Shiller 2015). Das heißt, sie ist mehr als eine Nebenbedingung von Märkten. Werbung bildet eine eigene ökonomische Struktur: eine „economics of persuasion" (vgl. Priddat 2015a).

Im Suchbereich des Transaktionsfeldes der Märkte probieren sich viele Akteure. Wie die Akteure miteinander in Transaktion treten, wird aber nicht notwendig durch Preisoptima oder rationale Strategien bestimmt. Denn ebenso können viele andere Dinge eine Rolle spielen: Motive, Einstellungen, Haltungen, Gründe, Sympathien, Meinungen, Nachahmungen, Affekte, Hass usw. (vgl. Priddat 2012; Priddat 2013; Priddat 2015a, S. 377–419). Das heißt für die Transaktion als Kern- oder Basisoperator der Marktprozesse – gleichgültig wer (Anonymität) und wie motiviert (Rationalität/Nichtrationalität) die jeweils beteiligten Akteure sind und gleichgültig wie asymmetrisch ihre Intentionen sein mögen – reicht das Vermittlungsverfahren Transaktion aus, um Märkte in Bewegung und Anschluss zu halten. Denn jede gelungene Transaktion schafft die Möglichkeit für eine nächste Transaktion.[6]

Der Ökonom Michael Hutter hat eine ‚nicht-spieltheoretische Spieltheorie' entworfen (Hutter 2015, S. 13–39, 235–253), die, soziologischen Feldtheorien entnommen, die Akteure in vielen, auch parallelen, Spielen sieht, die jeweils andere Bedeutungen einspielen, in denen die Transaktanten divers verteilt beteiligt sind. Dementsprechend fallen die Transaktionen jeweils anders aus: weniger, mehr, different. **a** und **b** von **aTb** können an einem und demselben Objekt differente Spieleinschließungen haben. Das heißt, die Qualität der Transaktion besteht wesentlich darin, dass **a** und **b** in verschieden Spielen präsent sind, aber sich über das Verfahren Vertrag eben diese Unterschiedlichkeiten aufeinander beziehen lassen. Ob **b** eine Uhr kauft, um einen Zeitmesser zu haben oder ein ‚status-performance'-Objekt, sind verschiedene Spiele (Sprachspiele), die an demselben Objekt verschiedene Märkte kreieren. Diese Spiele sind offen, beeinflussbar und müssen jeweils interpretiert werden.[7] Transaktionen sind dabei situativ, konstellativ und netzwerkeingebettet. Es ist nicht jeweils von vornherein klar, welche Spiele gespielt werden und welche Asymmetrien deshalb in die Transaktionen eingehen (genauer siehe Abschn. 3).

[6]**aTb** gibt dem **a** Güter/Leistungen, dem **b** Geld, woran nächste **T** für beliebige **c** anschließen (Kauf oder Leihe): **aTb c.** Transaktionen sind somit transaktional (lose) verkoppelt, d. h. immer auf Anschlüsse ausgelegt und somit ein einziger großer, serieller Verkettungsmodus.

[7]Diese Spiele sind Spiele unter Statusgruppen, Schwarmgruppen, in Netzwerken und ‚communities' sozialer Netzwerke usw. Das heißt, man spielt z. B. mit seinen ‚peer-groups' Statusspiele, die dann die Bedeutungen festlegen, die in den Transaktionen jeweils eingesetzt werden. Je nach Bezug bzw. Änderungen der Bezugsgruppen ändern sich die in den Transaktionen gezeigten Präferenzen. Das heißt genauer: **a** und **b** spielen in der Transaktion **aTb** kein Spiel allein miteinander, sondern mit ihren communities und Netzwerken, um das, was darin als relevant anerkannt wird, in den Transaktionen als ihre Präferenz einzubringen. Nur unter besonderen Bedingungen werden die Transaktionen selbst Spiele. Diese Spiele sind vielfältige Brücken zwischen Markt und Gesellschaft.

3 Netzwerkeinbettung der Transaktionen

John R. Commons war der erste, der die Komplexität der Transaktionsstruktur identifiziert hat (vgl. Commons 1995 [1924]). Unsere Konzeption geht jedoch weit darüber hinaus, weil beide Akteure, die den Vertrag abschließen, in Netzwerke (und Spiele) eingebettet sind und in andere Kommunikationsdimensionen, die verschiedene ‚Akteurscluster' bilden, die die transaktionalen Entscheidungen mitbestimmen (vgl. Granovetter 2005; Frijters und Foster 2013). Jeder dieser Akteure – die Medien, die Beobachtungen der Handlungen anderer, die Netzwerkkommunikationen unter Freund*innen, in der Familie, unter Bekannt*innen und Kolleg*innen usw. – kann Einfluss auf **aTb** haben. Insofern haben die Diskurse, die außerhalb der Märkte in der Semiosphäre stattfinden, Einfluss auf die Entscheidungen. Die Netzwerke sind die Arenen bzw. die medialen Strukturen der Diskurseinflüsse, welche die diversen Sprachspiele erzeugen, in den die Akteure eingewoben werden.

Dieser Aspekt ist nicht nur bedeutsam für die Einschätzung, inwieweit die an den Transaktionen beteiligten Subjekte überhaupt autonom (frei, unabhängig, rational) sein können, sondern zugleich ein Hinweis auf Diskurse bzw. Sprachspiele, die in der Semiosphäre der Gesellschaft stattfinden, und nicht in einem davon abgegrenzten engeren ökonomischen Bereich.[8] Die Kommunikation, welche die Ökonomik gerne der Soziologie überlassen möchte, wird zu einem zentralen Fokus der Transaktionsbildung (Priddat 2015a, S. 107–133, 377–419 sowie zur Differenz von ökonomischer und Alltagssprache: Priddat 2015a, S. 43–107).

Die Transaktion hat, genauer betrachtet, eine tripolare Struktur: **aTb** ist eingebettet in einen netzwerkgewebten Nexus von Einflüssen, Bedeutungen, Zuschreibungen, Normen, Diskursen usw. (zusammengefasst = **N**): **<aTb>N.** In dem Maße, wie **N** – als verkürzter Ausdruck aller Netzwerkeinbettungen und Einflüsse – das mitbestimmt, was die beiden ‚Aktanten' **a** und **b** wechselseitig zur Transaktion festlegen, ist die Idee einer individuellen (rationalen) Wahl ein ungeeigneter Operator, weil nicht das, was einer allein entscheidet, für das Ergebnis bedeutsam ist, sondern was gemeinsam unter Einfluss von **N** zustande kommt. Transaktionen gründen also auf (minimalistischem) Konsens. Das bleibt verdeckt, wenn die Transaktion konventionell abläuft: **a** gibt die Ware, **b** zahlt und nimmt. Aber implizit bestätigt **b,** dass der Preis akzeptabel ist und die Ware den Nutzenerwartungen entspricht. Ihr Konsens ist durch eine Standardsituation verdeckt, kann aber jederzeit explizit gemacht werden: Ist der Preis gerechtfertigt? Ist die Ware gut? usw. Im Such- und Probierstadium der Transaktion werden genau diese Bestandteile des möglichen Konsensus ausgehandelt (indem gewöhnlich zu anderen Anbietern gewechselt

[8]In der Semiosphäre lagern Narrative, Bedeutungen, Zeichen usw., die über die Kommunikationen in die Alltagspraxis einfließen. In diesem Sinne wird das, was man kennt, immer wieder durch kommunikative Ereignisse irritiert, erweitert und geändert.

wird). Dass im Transaktionsfinale Preis und Ware feststehen, ist ein Resultat eines *bargainings*[9], auch wenn dieses nicht explizit erfolgte.

Die Firmen – Produzenten, Anbieter a) – sind ebenso in Netzwerkstrukturen wie Spiele eingebettet wie die Nachfrager – Konsumenten b). Die Firmen/Produzenten beobachten sich wechselseitig, kommunizieren miteinander und übereinander (vgl. White 2008). Zugleich beobachten sie, was die faktischen und potenziellen Nachfrager bewegt (Marktforschung, Big-Data-Analyse), um herauszufinden, welche Bedeutung ihren Produkten zukommt bzw. in welche Spiele und in welche Bedeutungen der Semiosphäre ihre Produkte eingewoben werden können. Neuere Forschungen arbeiten die Funktion der Narrative in diesen Prozessen heraus: ‚stories‘, Imaginationen, Fiktionen (vgl. Bronk 2009; Amann et al. 2014; Beckert 2016; Fullbrock 2016; Priddat 2016a).

Man darf nicht übersehen, dass viele Transaktionen in ‚Feldern erhöhten Vertrauens‘ stattfinden. Das heißt, man kauft immer wieder bei denselben Händlern bzw. dieselbe Marke (vgl. Hellmann 2011), richtet seine Käufe im Beobachtungsraum der ‚friends‘, der sozialen Netzwerke und Social Media aus usw. Was dort als *community* bezeichnet wird, finden wir auch in netzfernen Märkten: Man bewegt sich transaktional in engeren Bezugsgeweben, die eher ‚familienähnlich‘ sind, als sonst die anonymen Marktrelationen. In diesen Vertrauensfeldern sind Übereinstimmungen zwischen den Aktanten der Transaktionen häufiger: Die Akteure teilen dieselben oder ähnliche mentale Modelle (‚shared mental models‘ bzw. als Bezug auf gleiche Narrative) oder ähnliche Interpretationen der Welt. **a** und **b** sind sich, solchermaßen netzwerkeingebettet (**<aTb>N**), weniger fremd als anonyme Aktanten. Dies bedeutet aber andererseits auch, dass viele **b** nicht die informationsaufwendige Rationalität der Auswahl betreiben, sondern sich in den engeren Netzwerkwelten aneinander orientieren. Sie meinen schon ungefähr vorher zu wissen, was die anderen – Anbieter wie Nachfrager – wollen. Man agiert wechselseitig so, als ob man sich Versprechen gegeben hat, sich vertrauen kann. Dieser Vertrauensraum kann jederzeit aufbrechen, durch Variationen von Einflussfaktoren, Diskursen, neuen Produkten, die im Vertrauensschema wegen ihrer Novität nicht enthalten sein können, usw.

Märkte sind also instabil. Viele dieser Erwartungen können enttäuscht werden, vor allem deshalb, weil hypermoderne Märkte ständig Innovationen und Neues offerieren, was nicht erwartet werden konnte und auch die Netzwerkumgebungen nicht unberührt lässt. Die Transaktion ist der Ort der Vermittlung der unterschiedlichen Vorstellungen darüber, was die Transaktion leisten kann. Wenn man sich in engeren Netzwerken bewegt, ist die

[9] ‚Bargainings‘ sind Aushandlungen. Im Fall der Transaktion sind sehr individuelle, subjektive bargainings möglich, indem man sich gemeinsam etwas zugesteht, was nicht durch den Markt und seine Preise diktiert ist (weil man sich sympathisch ist ‚macht man sich einen Preis‘ statt den zu übernehmen, der im Markt gerade vorherrscht). Das heißt, bargaining bezeichnet nicht nur den gewöhnlichen Verhandlungsmodus der Transaktion, sondern den darin möglichen spezifischen Modus der Abweichung vom Marktdiktat, einer besonderen ‚mutuality‘.

Vermittlung bereits zum Teil vorab geleistet. Schnell ergeben sich Übereinstimmungen. Divergieren hingegen die wechselseitigen Erwartungen, werden die (imaginären) Versprechen also nicht eingelöst, so wird die Transaktion zum Ort der Neuverhandlungen, des bargainings (genauer siehe Abschn. 5 sowie Fn. 9 und 14).

Der Andere (der beiden jeweils bilateral verknüpften Aktanten) kann jeweils eigene Entscheidungen einbringen, die weder vorhersehbar noch konventionell rational sein müssen. „Der Andere kann das absolut Neue in den Erfahrungshorizont der eigenen Wahrnehmung bringen" (Rauen 2017, S. 79; vgl. Lévinas 1987). In dynamischen Märkten ist jeder Aktant in den Transaktionen strukturell ‚der Andere', der potenziell eigensinnig und deshalb erwartungsunabhängig und überraschend entscheidet. Deshalb kann in den Transaktionen nichts vorab geklärt sein. Erst im Transaktionsvorgang selber realisiert sich, was an Transaktion möglich ist. Wenn man die Transaktion als bilaterale Aktanten-Struktur betrachtet, die wechselseitig anders auftreten kann als erwartet, dann ist die Transaktion der Ort eines eigenständig möglichen bargainings.

Bei der Betrachtung der jeweils singulären Transaktion übersieht man zudem leicht, dass es sich um einen eng verketteten Wertschöpfungsprozess handelt, in dem sich verschiedene Transaktionen mit verschiedenen Märkten verbinden. Die Transaktionen bilden in den Märkten Wertschöpfungsketten, die sich überlagern können und wiederum eigene *Transaktionsnetze* formen. Die Kerntransaktion Handel/Konsument (B2C) hat vorlaufende Transaktionskettenglieder: Rohstoffe/Produktion, Produktion/Produktion, Produktion/Handel (alles B2B). Hinzu kommen die nachlaufende Nutzung bzw. der Gebrauchtverkauf, das Teilen der Nutzung und Recycling des Abfalls usw. Jedes Transaktionskettenglied ist Bestandteil eines eigenen Marktes. Es gibt also weder ‚den Markt' (vgl. Seele und Zapf 2017), noch sind die Marktverstrickungen mit den Transaktionsnachbarschaften immer eindeutig. Neben den diversen Gütermarktsegmenten bilden Arbeits- und Kapitalmärkte quer verbundene Transaktionsfelder (siehe z. B. Arbeitsverausgabungen für Konsumakte, Kreditfinanzierungen von Käufen usw.; vgl. Abschn. 5).

4 Transaktionsasymmetrie

Aber das ist nur die erste Einbettung von **aTb** (**<aTb>N**). Hinzu kommt eine grundlegende Asymmetrie: Die Anbieterseite a) ist eine Firma bzw. eine Organisation, während die Nachfrage b), wenn auch netzwerk- und spieleingebettet, letztlich individuell auftritt. Wir haben es bei **aTb** nicht mit gleichwertigen Partnern zu tun. Anstelle gleichberechtigter Transaktionspartner treten ungleich gewichtete Aktanten auf. Wenn wir Williamson folgen, dann ist die Anbieterformation a) als Organisation bzw. Unternehmen, ein Nexus von Verträgen (vgl. Aoki et al. 1990). Sie tritt als *governance-structure* auf, deren Transaktionsangebot aus einem Organisationsprozess generiert wird, der selber einen Nexus von Transaktionen in Form von Arbeits-, Kredit- und Lieferverträgen darstellt. Wir können also – wie wir es bisher ausschließlich getan haben – die Gütermarkttransaktionen

aTb nicht unabhängig von den anderen Markttransaktionsarenen (Arbeitsmärkte, Kreditmärkte, B2B-Märkte usw.) betrachten. Gegen die ,governance-structure' der Firmen stehen die Konsumenten b) alleine.[10] Sie befinden sich zudem in Überredungssphären, einem Konzept der „economics of persuasion" (vgl. Akerlof und Shiller 2015; Priddat 2015a). Die Konsumenten können keine Werbung für sich machen; doch genau das ändert sich potenziell im E-Commerce.[11]

Gehen wir noch einen Schritt weiter: **aTb** ist eine Kurzfassung des gesamten Transaktionsvorganges. Ökonomisch ist die einzelne Transaktion beendet, wenn die Zahlung nach Eigentumsübertragung erfolgte. Aber der Nutzen für **b** zeigt sich erst ,post transactionem' im privaten Bereich. Wir neigen dazu, die Nutzenerwartung mit dem tatsächlichen Nutzen gleich zu setzen (vgl. Priddat 2016b). Wenn aber der Nutzen sich erst privat (d. h. zuhause) einstellt – außerhalb des Marktes und später –, ist die Transaktion mit der Zahlung (mit ihrem ökonomischen Schnitt) nicht beendet. Es mag Einwände geben, dass der Produzent a) mit dem späteren privaten Nutzen nichts mehr zu tun habe (er hatte ja geliefert); aber immer dann, wenn die Qualität erst in der Nutzung sich als falsch oder untauglich herausstellt, bleibt der Produzent haftend und die **aTb**-Relation ist noch nicht beendet (genauer, vgl. Priddat 2016b).[12]

Die Frage nach der reellen Abschließung einer Transaktion wird in der *digital economy* bedeutsam, weil viele Güter nicht mehr qua Eigentumsübertrag verkauft, sondern nur geleast werden (Inbesitznahme auf Zeit statt Aneignung). Die Transaktion **aTb** ist dann nicht mehr sogleich abgeschlossen, sondern dauert an, solange das Produkt bzw. die Leistung genutzt wird. Das gilt für viele Musikausleihungen, Programme/Games, E-Books usw. und bekommt eine zusätzliche Dimension durch die *sharing economy*.

---

[10]Daraus leitet Josef Wieland seine Governance-Ethik ab, nämlich wie sich Firmen zu verhalten haben, um Vertrauen und Anerkennung aufrecht zu erhalten, weil diese Werte (value management) ökonomisch relevant sind (vgl. Wieland 2007). Die Komplexität der transaktionalen Beziehungen erhöht sich um solche Tugenden und Haltungen im Management (vgl. Wieland 2016 zur Prozessphilosophie der ,theory of the firm').

[11]Die ,digital markets' setzen sich aus drei miteinander verwobenen Prozessen zusammen: 1) In allen Transaktionen – im Internet wie aber auch an allen elektrischen Kassen usw. – werden Daten gesammelt (,big-data-economy'; vgl. Goldfarb und Greenstein 2015); 2) Die Daten werden genutzt, um Angebote zu lancieren, die nicht nur die individuellen Präferenzen bedienen, sondern auch Variationen, die Neues ins Spiel bringen. Hier werden persönliche Angebote präsentiert, die einen besser zu kennen scheinen als man sich selbst (Priddat 2014: Kap. 2); 3) werden die Daten und Angebote mit den Daten und Präferenzen der ,friends' in den ,communities' verglichen, sodass immer eine soziale Absicherung der Angebote stattfindet (die auf Schwarmanpassungseffekte ausgerichtet ist).

[12]Der Nutzen eines Gutes ist kein Akt passiver Rezeption, sondern ein aktiver Vorgang: eine private Produktion aus der Praxis des Verbrauchs (vgl. De Certeau 1988). Somit ist die Transaktion **aTB** – als Handlungs-Bewertungsinstanz eingebettet in zwei Produktionen: die der Herstellung der Güter durch die Unternehmen und die der Herstellung des Nutzens durch die Praxis des Verbrauchs (vgl. Beckert und Aspers 2011). Letzterer Prozess weist auf die Zunahme der Kreativität, die allenthalben entdeckt und gefordert wird (vgl. Brodbeck 1996; Cisksentmihalyi 2015; Reckwitz 2016).

Die Transaktionen werden zu Dispositiven von Leistungsflüssen auf Zeit (Autos, Wohnungen, Taxidienste usw.). Genauso wichtig wie die Vertragsabschlüsse sind die ‚exit'-Bedingungen, da sich ständig Preise, Qualitäten und Leistungen überlagern und konkurrieren. Diese Volatilitäten (ähnlich wie im Kapitalmarkt) forcieren häufige Wechsel. Die Nutzenerwartungen, die bei Abschluss z. B. von Flatrate-Transaktionen gelten, ändern sich schnell; der Nutzen sinkt. Was zuerst hohen Nutzen verspricht, wird durch jede Innovation überholt bzw. entwertet. Überhaupt ist Nutzen nur noch eine Kategorie von relativ kurzfristiger Dauer, wenn mit jeder Innovation andere Kriterien und Bewertungen gelten. Der Zugriff auf neueste Produkte bzw. Innovationen ist dann nützlicher als die Nutzung von etwas über lange Zeit. Nicht mehr der Eigentumstitel ist relevant, sondern der Zugriff (‚access') auf neueste Güter-Bedeutungen. Jede Transaktion ist bereits aktuell potenziell überholt in der Erwartungsgewissheit der nächsten Innovationen. Die digital economy ist an ständige Aufforderungs-, Überredungs- und Suchprozesse gekoppelt, die das, was einmal gewählt wurde, immer wieder infrage stellen, sodass Konventionen und stabile Verhaltensmuster drohen, seltener zu werden.

5 Sympathetisches bargaining

Doch gehen wir etwas tiefer in die Transaktionsanalyse. Wenn darüber hinaus die beiden Partner der bilateralen Transaktion sich sympathisch sind, können sie über ein bargaining andere Konditionen verabreden als der Markt (Preis, Qualität und Wettbewerb) anfordert. Das heißt, sie können das Transaktionsverfahren selbst zu einem Spiel machen. Die unpersönlichen Informationen über Preise, Mengen und Qualitäten, die die ökonomische Marktheorie voraussetzt (neben der Präferenz der Aktanten), können in einem bargaining innerhalb des Transaktionsprozesses in persönliche Beziehungen verwandelt werden, die die Transkationen nicht mehr im Modus des ‚price taking' belassen, sondern zu einem bilateralen *price making* übergehen (vgl. Priddat 2012; Locher 2015; Beckert und Aspers 2011). Wenn mit dem Transaktionspartner Qualität und Preis vereinbart sind, gehen beide aufeinander ein (Kooperation), anstatt sich nach optimaleren anderen Partnern umzusehen (Kompetition).[13]

[13]Dass in bestimmten Konstellationen die Preise untereinander ausgehandelt werden, ist eher selten, aber transaktional möglich. Generell sind Preise keine bloßen Daten, sondern werden in Relation zu den Gütern, ihren Qualitäten, ihren Bedeutungszuschreibungen usw. interpretiert (vgl. Ebeling 1986, 1990). Zudem werden in den Märkten die Preise nicht gesetzt, sondern sie gelten erst dann, wenn die Nachfrager sie bestätigen (indem sie zu den Preisen kaufen). Die Preise werden der Nachfragesituation angepasst, also reinterpretiert. Man hat also immer ein Spektrum an Gütern und Preisen vorliegen, wovon letztlich die Güter-Preis-Relationen dominieren, die bevorzugt oder gewählt werden. Vgl. Eli Ayaches ‚Theorie des Preisbestimmens' (2015) sowie auch Beckert und Aspers (2011). Die reellen Preise bilden sich erst im effektiven Transaktionsgeschehen aus und verwirklichen sich im Marktprozess. Jede neue Transaktion (bzw. die volatilen Transaktionsbewegungen) kann die Preise ändern helfen.

Das neoklassische Marktschema, das wir gemeinhin verwenden, hat keinen Begriff der Transaktion: zwei Akteure maximieren dort unabhängig ihren Nutzen im Vergleich verschiedener Angebote; bis sie einen Vertrag eingehen, der nur die Rolle einer formellen abschließenden Geste spielt. Sie koordinieren ihre relativ unabhängigen Nutzenhandlungen und kooperieren nicht (vgl. Priddat 2012). Ihr Vertrag ist also kein Kooperationsziel, sondern die Realisation der eigenen Interessen gegenüber einem anonymen Anderen, der ebenfalls seine Interessen realisiert (gleichsam jede/r für sich wechselseitig ohne Gegenseitigkeit). Der Andere bzw. das Gegenüber ist nur soweit von Interesse, als es die eigene Nutzenmaximierung ermöglicht, et vice versa. Dabei wird vorausgesetzt, dass Interesse, Nutzen, Objekte, Eigentumsverhältnisse (‚property rights') usw. eindeutig definiert sind – und zwar ‚propter hoc', vor dem Transaktionsprozess, weswegen dieser Prozess für die Standardökonomik unbedeutend ist.

Es mag so erscheinen, als ob die Ermöglichung der Realisation des Interesses des Anderen die Bedingung für die Realisation des eigenen Interesses ist. Aber diese Vernunft erscheint nicht im Handeln; sie steckt im institutionell-juridischen Arrangement des Vertrages, ohne die Vernunft je subjektiv in den Handlungsintentionen mitführen zu müssen. Erst wenn die Transaktion aus der bloßen anonymen Koordination in eine *sympathetische Kollaboration* bzw. Kooperation umschlägt, wird ihre eigenständige produktive Funktion sichtbar: als Ort der Verhandlungen (vgl. Priddat 2012).[14] Wir hatten vorhin herausgestellt, dass, wenn die Vertragspartner eigene neue Interessen ins Spiel bringen können, die nicht vorher erwartbar waren, das Transaktionsergebnis somit prinzipiell offengelassen wird. In diesem Sinne ist die bloße individuelle Handlungsrationalität, die die Ökonomik den Akteuren zuschreibt, in der Transaktion immer riskant, weil der jeweils Andere anders als erwartet agieren kann. Sein Agieren ist aber für das Zustandekommen einer Transaktion grundlegend. Die Rationalität der Transaktion, wenn man das so formulieren wollte, ist immer die der Übereinkunft zweier Aktanden. Dabei ist von vornherein nicht klar, was der/die Andere will oder wollen kann. Folglich ist der Grundprozess der Transaktion Verhandlung und Vermittlung, auch wenn viele Transaktionen schematisch ablaufen. Das bargaining ist der Transaktion strukturell nichts Fremdes, wenn auch vielfach latent.

Ein Gutteil der kulturellen Qualität der Transaktion beruht darauf, dass die Akteure nicht nur den Markt, die Güter und Preise beobachten, sondern das Kaufverhalten anderer. Sie bewegen sich in Bedeutungsfeldern vertrauter sozialer Sprachspiele (Hutter 2015, S. 13–39) und ‚peer-to-peer'-Netzwerken (vgl. Priddat 2012; Frijters und Foster 2013), in denen die ökonomischen und sozialen Relevanzen kommuniziert und kognitiv, moralisch und emotional legitimiert werden. In dem Sinne stimmt die Anonymitätsbehauptung

---

[14]Die sympathetischen bargainings beruhen nicht nur darauf, dass Anbieter den Nachfragern persönliche Konditionen einräumen können, sondern umgekehrt auch darauf, dass Nachfrager den Anbietern Konditionen, relativ zu hohen Preisen und Qualitätssenkungen durchgehen lassen, ohne durch wettbewerblichen Vergleich zu optimieren; vgl. Gintis et al. (2005) zur Kooperativität der Ökonomie.

moderner Märkte nicht mehr. Wir haben es mit reziprozitären Strukturen zu tun, in denen Käufe bzw. Transaktionen nicht automatisch rationale ‚best options' realisieren (wodurch es zu epidemischen bzw. Ansteckungsprozessen kommen kann, vgl. Baecker 2012).

6 Transaktionen in anderen Märkten

Bislang haben wir den Markt ausschließlich als Gütermarkt betrachtet (B2B, B2C). Transaktionen, die auf Arbeitsmärkten ablaufen, sind anderer Art. Die beiden Akteure, die auf Arbeitsmärkten in Verhandlung treten, verhandeln über die Mitarbeit. Das heißt, über eine temporäre Mitgliedschaft in leistungserstellenden Organisationen. Ähnlich wie auf dem dritten, dem Geld- und Kapitalmarkt, werden in Arbeitsmärkten Verbindlichkeiten eingegangen (eigentlich Schuldverhältnisse), die erst künftig rentierlich werden (Lohn, Zins). Transaktionen auf Arbeitsmärkten (Arbeitsverträge) unterliegen einer Bedingung, die sie extrem von Gütermärkten unterscheidet. In Gütermärkten sind **aTb**-Relationen wechselseitige Übergaben von Geld und Gütern (Eigentumsübertragungen). Im Arbeitsvertrag hingegen wird kein Eigentum übertragen, sondern nur ein Verfügungs-(Besitz-)Recht an Arbeitsvermögen. Indem Arbeitnehmer*innen ihre Arbeitskraft vermieten, vermieten sie sich paradoxerweise zugleich selbst. Sie können die Arbeitskompetenz nicht von ihrer Person leiblich trennen, wie das bei Vermietungstransaktionen ansonsten der Fall ist (vgl. Ellermann 1992).

Transaktionen auf Kapitalmärkten sind wiederum gänzlich dritte Formen. Man kauft eine Aktie in Transaktion1 (t1), eine vollständige Transaktion. Darin aber bleibt das Ziel späteren Gewinnens offen bzw. riskant. In dem Sinne ist die Transaktion wiederum unvollständig. Erst in einer zweiten Transaktion (t2; Verkauf) lässt sich ermitteln, ob das Ziel erreicht wird. Beide Transaktionen zusammen bilden eine *Hypertransaktion,* deren Ausgang über die Zeit ungewiss bleibt. Hypertransaktionen sind zwei Transaktionen, die erst zusammen Geltung haben. Aktien müssen erst gekauft werden (t1), um später – optional gegen Gewinn – verkauft zu werden (t2). Erst dann ist die Transaktion vollzogen, notwendig über zwei Schritte bzw. zwei Transaktionen. Folglich haben wir es bei der Hypertransaktion mit zwei Märkten zu tun, die in ihren Konstellationen nichts miteinander zu tun haben müssen (vgl. Priddat 2018). Die Homogenität des Gütermarktes verteilt sich auf die Heterogenität zwei verschiedener Stadien des Kapitalmarktes.

Auch für den Arbeitsvertrag gilt, dass der Käufer nicht weiß, ob die Leistung, die vereinbart wird, auch eingehalten wird. Allerdings kann der Käufer (als Management) darauf achten, dass regelgerecht gearbeitet wird (Monitoring). Die kapitalmarktliche Hypertransaktion hingegen bleibt unregierbar: einmal gekauft, muss man passiv abwarten (der Sinn von Erwartung) oder ins Risiko des zu frühen Verkaufs gehen. Der Kapitalmarktvertrag ist, als Zeitbrücke, ähnlich einer Investition, deren Renditen riskant bleiben. Jede Transaktion auf den verschiedenen Märkten hat andere Formen der Vermittlung. Die Arbeitsverträge sind Optionen auf Kooperationshandlungen in arbeitsteiligen Organisationsarenen. Welche Kooperationen, welche Führung, welche

Produktivitätshemmnisse usw. dort jeweils gelten, ist vorab nicht einsehbar. Im Grunde sind es die sekundären kleinen, informellen Verträge, die in den Abteilungen und Bereichen, mit den jeweiligen Führungskräften, mit den Kolleg*innen (Solidarität bis Mobbing) existieren, die die Arbeitsverträge lebendig machen.

Und es sind die ‚stories' bzw. die großen Erwartungsgeschichten, die die Kapitalmarkttransaktionen ausmachen. Wir haben es hier mit einem imaginativen Kapitalismus zu tun (vgl. Beckert 2016), der nicht wirklich rational, sondern fiktiv operiert (vgl. Priddat 2016d). Was man imaginiert, was gelten soll (Vorstellung = Erwartung), ist die Basis der Entscheidung für t1, ohne deswegen zugleich die Wirklichkeit der t2 (im großen Bogen der Hypertransaktion) zu treffen. Jede t1 + t2 ist für sich selbstständig, aber sinnhaft verknüpft nur über den hypertransaktionalen Bogen. Da beide aber nicht alleine zielführend sind, können wir nicht mehr von einer Transaktion reden, sondern im Fall der t1 von einem Projekt, das Investitionscharakter hat, im Fall von t2 von einer riskanten Abrechnung (die, hätte man gewartet, vielleicht doch viel besser ausgefallen wäre).

Beide Transaktionen – arbeitsmarktliche wie kapitalmarktliche – erweisen sich als offene (relationale) Verträge deren Vermittlungsleistung und Qualität nicht in der Transaktion liegt (bei aller vertraglich-rechtlichen Gewährleistung), sondern in den Prozessen, für die sie offengehalten werden. Was je zu tun ist, entscheidet sich über andere ‚governances' als die des Vertrages als Vertrag.

Es sind also die Kontexte, in die diese Transaktionen eingesetzt sind, die deren Gestalt bestimmen. Nur im B2C-Markt bestimmt der Prozess, der durch die Transaktion selbst entfaltet wird, den Markt. Die Digitalisierung verändert die Transaktionen im Kapitalmarkt durch den Hochfrequenzhandel, aber auch durch neue Formen des Portfoliomanagements im Internet (z. B. durch algorithmenbasierte Fondverwaltungen usw.). Und auf dem Arbeitsmarkt haben wir es mit neuen Formen des ‚Human-Capital-Managements', des ‚matchings', der Kontrolle aus Netzeinträgen, der Webperformance, der Nutzung von Vermittlungsportalen usw. zu tun – neben den großen Änderungen der Organisation der Arbeit in Unternehmen selbst.

In allen drei Marktdimensionen (Güter-, Arbeits- und Kapitalmarkt) treten neben den Netzwerkakteuren neue technologische ‚interfaces' auf, die die **aTb**-Relation in eine **aTtb**-Relation transformieren (**t** für ‚technology' bzw. ‚Algorithmen': ‚digital economy'). Das heißt, es kommt dann darauf an, in welchem Medium (in welchem technologischen Medium) welche Transaktionen stattfinden. Durch die allfällig verfügbare Smartphone-Technologie und in Kombination mit elektronischen Bezahlsystemen sind Märkte allgegenwärtig geworden. Die dadurch erzeugte Illusion der ubiquitären Verfügbarkeit aller Güter wird über Kreditsysteme (Kreditkarten) forciert. Beides sind tendenziell grenzüberschreitende, maßlose Prozesse, in denen das Verhalten der Akteure durch verschiedene Aspekte beeinflusst wird, am wenigsten jedoch durch rationale Urteile. Allein um den Zugang zu diesen ‚digital-net-markets' zu behalten, müssen in kurzer Frequenz die (technischen) Medien gewechselt, d. h. gekauft, werden, um Bilder, Streams usw. überhaupt empfangen zu können. Behielte man die alten Technologien (ältere Smartphones, Laptops usw.), könnte man die Bilder, Filme, Streams, Games usw. gar nicht spielen, da diese z. B.

immer mehr Speicher brauchen. Die Transaktionen werden also zunehmend an mediale Voraussetzungen gebunden, die selbst nur über Transaktionen erworben werden können. Um zu konsumieren, muss man daher in Zugänge (Medien, Technologie) investieren.

7 Transaktionen als Vermittlungskulturen

Überhaupt ist die Transaktion die Kernoperation des Marktes. Sie kann effektiv vollzogen werden, wenn beide Partner sich einigen können. Für die Transaktion bleibt es gleichgültig, nach welchen Motiven die durchaus differenten Akteure sie eingehen. Transaktionen sind hocheffektiv, aber nicht notwendig effizient, wie zuvor dargelegt.

Transaktionen leisten eine ungewöhnliche Vermittlung (die nicht dadurch aufgehoben wird, weil wir uns daran gewöhnt haben): Sie vermitteln jedes Verhalten, indem beide Aktanden wechselseitig akzeptieren, dass ihr Vertrag (d. h. ihre Interpretation dessen, was sie sich vermitteln) gültig bzw. akzeptiert wird. Im Gegensatz zur Ökonomik, die voraussetzt, dass beide wissen, was ihre Interessen und Nutzen unabhängig vom Transaktionsprozess sind, entstehen die Nutzen potenziell erst im Prozess. Sie sind keine notwendig vorabgeklärten Tatbestände, sondern potenziell im bargaining der Transaktion erst gemeinsam herzustellen – und zwar potenziell singulär, lokal, nicht mehr mit dem umgebenden Markt korreliert.

Als elastische Operatoren sind die Transaktionen auch in den Standardsituationen in der Lage, asymmetrische Beziehungen zu befriedigen. Niemand ist gezwungen, einen Vertrag einzugehen, den er nicht freiwillig bedienen will. Auch die Informationen der Akteure sind häufig asymmetrisch. Dennoch gehen sie die Transaktionen ein. *Asymmetrisch* heißt im strengen Sinne, dass die Rationalitätsbedingung nicht (vollständig) eingehalten werden kann. Gemessen an dem, was die Akteure an Rationalität aufbringen sollten, verhalten sie sich empirisch in vielerlei Hinsicht suboptimal. Jede suboptimale Transaktion ist – gemessen am strengen Rationalitätsstandard – *unvollständig* (d. h. potenziell revisionsoffen). Wenn aber die Transaktionen jedes Verhalten befrieden, das zu einem Abschluss kommt, den beide bilateral akzeptieren, sind viele Transaktionen unvollständig, und bedienen dennoch die Märkte hocheffektiv. Dass sie unvollständig, aber effektiv sind, heißt, dass sie revisionslos akzeptiert werden, ohne die Rationalität des ‚best of' auszureizen.

Als kulturelle Operation hebt die Transaktion die Verschiedenheit der beiden Aktanden nicht auf. Sie vergleicht nur, was zwischen ihnen vermittelt wird, aber nicht sich selbst oder die verhandelten Objekte: Ware bleibt Ware, Geld bleibt Geld. Und die beiden Aktanden bleiben, so wie sie in die Transaktion hineingegangen sind. Außer sie wandeln ihr Verhalten im Transaktionsprozess selbst, indem sie sich wechselseitig etwas zugestehen, was ihnen von vornherein nicht ersichtlich war. Die Transaktion kann anonyme Vermittlung leisten wie persönliche. Ihre kulturelle Elastizität erlaubt alle Formen von sozialen Beziehungen. In dem Sinne zeigt sie sich als eine besondere Soziologie, die wir in der Moderne als Marktkultur ausgefaltet bekommen haben. Sie ist der große

Transmitter, d. h. die einzige kulturelle Instanz, der es gelingt, alle Verhalten in effektive Kooperation zu bringen. Transaktionen sind in der Lage, heterogene Verhalten erfolgreich zu koppeln. Das ist ihre kulturelle, also marktkulturelle, Leistung (vgl. Priddat 2017).

Die kulturelle Effektivität der Transaktion besteht darin, die verschiedenen Ausgangsbedingungen (verschiedene Verhalten, verschiedene Objekte, verschiedene Welten) zu vermitteln, aber nicht aufzuheben. Das ist die Bedingung für die hohe ökonomische Effektivität der Transaktionen: immer wieder Anschlüsse zu generieren, auch in hochasymmetrischen Relationen (vgl. Rustemeyer 2015). Die Markttransaktionen kommerzialisieren nicht notwendig die Verhalten und Objekte, wenn man damit meint, dass sie die Kulturen angleichen. Umgekehrt besteht die kulturelle Leistung bzw. Effektivität der Transaktionen darin, die kulturellen Verschiedenheiten zu vermitteln, ohne dies mit den Kulturen selbst zu tun (im Sinne von angleichen). Transaktionen vermitteln Asymmetrien, ohne sie durch Zuweisung vereinheitlichenden Verhaltens aufheben zu müssen.

Transaktionen verteilen nicht einfach nur Güter und Geld, sondern auch noch andere Währungen: Reputation, soziale Positionierungen, Fairness, soziale Akzeptanz, ökologische Positionen, Gesundheitsperformances usw. In diesem Sinne ist der Preis, der in der Transaktion bestätigt wird, nicht schlicht der Preis für das Gut, sondern zugleich anteilig ein Aufschlag für die soziale Qualität des Gutes. So wird die andere Währung eingepreist, indem sie den Preis moduliert, je nach dem, was alles an sozialer Qualität mitschwingt. Aber auch unabhängig davon, was an Geld gezahlt wird, kann der Kauf ein Zeichen sozialer *Performance* sein, die nicht monetär bemessen, sondern als sozialer Kredit verrechnet wird. Die Transaktion ist der Ort dieser Mehr-Währungs-Verrechnungen. Wir haben es mit Formen impliziten bargainings zu tun. Die beiden Aktanten verhandeln diese multiplen Währungen nicht ausdrücklich, aber sie begeben sich in das bargaining, indem sie die Transaktionen auswählen, die ihnen die besseren Mischungen bieten (die Güter dienen nicht allein der physischen Versorgung, sondern auch der sozialen Performance, deren vielfältige Aspekte in der einen Transaktion möglichst abgedeckt sein sollten (vgl. Mohr 2016; Reckwitz 2017, S. II).

Das ist insofern bemerkenswert, als der Verdacht, der Markt würde die Lebenswelten angleichen, kommerzialisieren, rationalisieren, nur bedingt gilt. Es liegt nahe, so zu reden, wenn man den Markt als Rationalisierungsveranstaltung betrachtet, die die Akteure zwingt als ‚rational actors' zu operieren. Wenn Transaktionen aber die einzigen grundlegenden Elemente der Märkte sind, und wenn sie jedes Verhalten vermitteln (ohne das Verhalten mit Notwendigkeit anzugleichen), dann entfällt das Argument, dass Märkte bzw. Transaktionen nutzenmaximierende Homogenität herstellten. Faktisch kann man das beobachten. Gleichzeitig kann aber auch beobachtet werden, dass viele Transaktionen subeffizient auslaufen, ohne dass die Märkte in ihrer Anschlusseffektivät gestört sind.

Die Ökonomik, die jede Transaktion als effizient darstellen möchte, ist ein normatives Programm, dessen Valenz darin besteht, eine Reflexionsinstanz einzuführen, jede Transaktion so zu betrachten zu lehren, als ob sie rational erfolgen würde. Dafür unterstellt sie, dass das, was transaktional verhandelt werden kann, objektiv oder vorgegeben ist. Nur wo die Akteure sich so verhalten, dass sie nicht prüfen oder gar kooperativ modulieren, können wir die naturalistische Disposition der Ökonomik gelten lassen. Anderenfalls nicht, denn im Kern ist jede Transaktion potenziell eine singuläre bargaining-Möglichkeit.

Transaktionen sind monetäre Transaktionen: Ware gegen Geld. Sie sind nicht auf Äquivalenztheoreme aufgebaut wie der Tausch. Alles, was die Partner bilateral akzeptieren, gilt als vertraglich festgelegt, ohne dass noch eine dritte Instanz es als gleich definieren müsste. Das ist die besondere kulturelle Qualität der Vermittlung von Heterogenem. Doch täuscht die bilaterale Kopplung: Alle Transaktionen sind über das Geld an ihre Vorgänger und ihre Nachläufer gekoppelt. A kauft von B eine Ware; B erhält Geld von A. Damit hat B Liquidität, aber selbst noch nichts, außer eine Forderung gegen die Gesellschaft und ihre Wirtschaft. Erst wenn B bei C für das Geld etwas kauft, ist die Güterallokation vollendet. Aber nur für A und B, nicht für C. Denn C steht mit seiner Forderung offen gegen die nächste Wirtschaft (und damit potenziell im Risiko). Und woher hatte A vorher das Geld? A war in der gleichen Situation wie jetzt C. Das monetäre transaktionale System beruht daher auf zwei institutionellen Basen (vgl. Priddat 2015c):

1. Alle müssen der Geltung des Geldes vertrauen (‚trust money').
2. Es müssen immer wieder Waren produziert und angeboten werden, um die Kaufkraft des Geldes zu erhalten und um die vorgängigen Transaktionen zu bestätigen.

Irgendein C hält immer wieder Liquidität, und so weiter in einem fort. Der Markt ist niemals abgeschlossen, nur die einzelnen Transaktionen. Von einem Gleichgewicht kann bei diesen prozessualen Verkettungen im Transaktionsfeld Markt nicht die Rede sein. Der Markt ist stattdessen eine potenziell unendliche Verkettung von Ware-Geld-Kopplungen und -Entkopplungen. Wenn man den Tausch als Modell nimmt, haben A, B und C erst über zwei Transaktionen vollständig die Warenübergaben beendet (siehe die Analogie zur Hypertransaktion in Abschn. 6). Doch täuscht das für C, da er mit dem Geld offen dasteht, und nur über weitere Transaktionen abschließen kann, während es sich für D wieder öffnet. Ohne diese Zukunft der effektiven Anschlüsse funktioniert kein Markt. Was das für die Produktivitätstreiber, die Investitionen, das Wachstum bedeutet, kann hier nur imaginiert werden (vgl. Priddat 2016d; Beckert 2016). Dazu bedarf es weiterer Forschung auf dieser Linie, auch bezüglich der Kredit- und Kapitalmarkttransaktionen (vgl. Priddat 2010), die das Spektrum der Hypertransaktionen auftun: der über die Zeit offenen Verträge (vgl. Priddat 2018).

Literatur

Akerlof, George A., und Robert J. Shiller. 2015. *Phishing for phools. The economics of manipulation and deception*. Princeton: University Press.

Amann, Wilhelm, Natalie Bloch, und Georg Mein, Hrsg. 2014. *Ökonomie, Narration, Kontingenz*. München: Fink.

Aoki, Masahiko, Björn Gustafsson, und Oliver E. Williamson. 1990. *Firm as a nexus of treaties*. Thousand Oaks: Sage.

Aspers, Patrik. 2011. *Markets*. Cambridge: Polity.

Ayache, Elie. 2015. *The medium of contingency. An inverse view of the market*. Basingstoke: Palgrave Macmillan.

Baecker, Dirk. 2012. Ansteckung, und was man gegen sie tun kann. In *Positive Distanz*, Hrsg. Stefan Jansen, Nico Stehr, und Jens Schröter, 109–117. Wiesbaden: Springer VS.

Beckert, Jens. 2016. *Imagined futures: Fictional expectations and capitalist dynamics*. Cambridge: Harvard University Press.

Beckert, Jens, und Patrik Aspers, Hrsg. 2011. *The worth of goods. Valuation and pricing in the economy*. New York: Oxford University Press.

Brodbeck, Karl-Heinz. 1996. *Erfolgsfaktor Kreativität*. Darmstadt: Wissenschaftliche Buchgesellschaft.

Bronk, Richard. 2009. *The romantic economist. Imagination in economics*. Cambridge: Cambridge University Press.

Cisksentmihalyi, Mihaly. 2015. *FLOW und Kreativität. Wie Sie Ihre Grenzen überwinden und das Unmögliche schaffen*. Stuttgart: Klett-Cotta.

Coase, Ronald H. 1937. The nature of the firm. *Economica* 4 (16): 386–405.

Commons, John R. 1995. *Legal foundations of capitalism*. New York: Macmillan. (Erstveröffentlichung 1924).

De Certeau, Michel. 1988. *Kunst des Handelns (l'invention du quotidien)*. Berlin: Merve.

Dupuy, Jean-Pierre. 2014. *Economy and the future*. East Lansing: Michigan State University Press.

Ebeling, Richard M. 1986. Towards a hermeneutical economics. Expectations, prices, and the role of interpretation in a theory of market process. In *Subjectivity, intelligibility and understanding. Essays in honor of Ludwig M. Lachmann on his eightieth birthday*, Hrsg. Israel M. Kirzner, 112–136. New York: New York University Press.

Ebeling, Richard M. 1990. What is a price? Explanation and understanding. In *Economics and hermeneutics*, Hrsg. Don Lavoie, 174–191. Chapman and Hall: Routledge.

Ellermann, David. 1992. *Property and contract in economics. The case for economic democracy*. Cambridge: Blackwell.

Enkelmann, Wolf Dieter. 2010. *Beginnen wir mit dem Unmöglichen. Jacques Derrida, Ressourcen und der Ursprung der Ökonomie*. Marburg: Metropolis.

Enkelmann, Wolf Dieter und Birger P. Priddat. 2014–16. *Was ist? Wirtschaftsphilosophische Erkundungen*, Bd. 3. Marburg: Metropolis.

Fligstein, Neil, und Dough McAdam. 2012. *A theory of fields*. New York: Oxford University Press.

Frijters, Paul, und Gigi Foster. 2013. *An economic theory of greed, love, groups, and networks*. Cambridge: Cambridge University Press.

Frydman, Roman, und Michael D. Goldberg. 2011. *Beyond mechanical markets*. New Jersey: Princeton University Press.

Fullbrock, Edward. 2016. *Narrative fixation in economics*. London: College Publications.

Gintis, Herbert, Samuel Bowles, Robert Boyd, und Ernst Fehr, Hrsg. 2005. *Moral sentiments and material interests. The foundation of cooperation in economic life*. Cambridge: MIT-Press.

Goldfarb, Avi, und Shane M. Greenstein, Hrsg. 2015. *Economic analysis of the digital economy. National Bureau of Economic Research Conference Report*. Chicago and London: University of Chicago Press.

Granovetter, Mark. 2005. The impact of social structure on economic outcomes. *Journal of Economic Perspectives* 19 (1): 33–50.

Hammerstein, Peter, und Jeffrey R. Stevens. 2012. *Evolution and the mechanism of decision making. Strüngmann Forum Reports*. Cambridge: MIT-Press.
Hellmann, Kai-Uwe. 2011. *Fetische des Konsums. Studien zur Soziologie der Marke*. Wiesbaden: Springer VS.
Herrmann-Pillath, Carsten. 2013. *Foundations of economic evolution. A treatise on the natural philosophy of economics*. Cheltenham: Elgar.
Hutter, Michael. 2015. *Ernste Spiele. Geschichten vom Aufstieg des ästhetischen Kapitalismus*. Paderborn: Fink.
Kirman, Alain. 2011. *Complex economics: Individual and collective rationality*. Oxon: Routledge, Chapman and Hall.
Knoll, Luise. 2016. Ökonomie der Konventionen. In *Handbuch der Wirtschaftssoziologie*, Hrsg. Andrea Maurer, 151–162. Wiesbaden: Springer VS.
Komlos, John. 2015. *Ökonomisches Denken nach dem Crash*. Marburg: Metropolis.
Koschorke, Alexander. 2012. *Wahrheit und Erfindung. Grundzüge einer Allgemeinen Erzähltheorie*. Frankfurt a. M.: Fischer.
Lévinas, Emmanuel. 1987. *Totalität und Unendlichkeit. Versuch über die Exteriorität*. München: Karl Alber Verlag.
Locher, Maximilian M. 2015. Ein neuer semiosphärischer Blick auf Märkte. Homogenisierung, Sequenzierung und intra-organisationale Rigidisierung. *discussionpaper Nr. 30 / 2015*, Wirtschaftswissenschaftliche Fakultät der Universität Witten/Herdecke.
Lotmann, Juri M. 2010. *Kultur und Explosion*. Berlin: Suhrkamp.
Marques, Gustavo. 2016. *A philosophical framework for rethinking theoretical economics and philosophy of economics*. London: College Publications.
Mohr, Ernst. 2016. *Punkökonomie*. Hamburg: Murmann.
Priddat, Birger P. 2010. Das Dritte in der Ökonomie. Transaktion als multipler triadischer kommunikativer Prozess. In *Die Figur des Dritten. Ein kulturwissenschaftliches Paradigma*, Hrsg. Eva Eßlinger, Tobias Schlettriemen, Doris Schweitzer, und Alexander Zons, 110–124. Frankfurt a. M.: Suhrkamp.
Priddat, Birger P. 2012. *Akteure, Verträge, Netzwerke. Der kooperative Modus der Ökonomie*. Marburg: Metropolis.
Priddat, Birger P. 2013. Die neue Bevölkerung der Ökonomie. Multiple, faire, unwissende und emotionale Akteure. Schwerpunktheft ‚Menschenbild und Ökonomie'. *Zeitschrift für Wirtschafts- und Unternehmensethik* 14 (2): 136–156.
Priddat, Birger P. 2014. *Homo Dyctos. Netze, Menschen, Märkte. Über das neue Ich. Market-Generated Identities*. Marburg: Metropolis.
Priddat, Birger P. 2015a. *Economics of Persuasion. Ökonomie zwischen Markt, Kommunikation und Überredung*. Marburg: Metropolis.
Priddat, Birger P. 2015b. ‚mehr', ‚besser' ‚anders'. Über den Steigerungsanspruch der Ökonomie. In *Was ist? Wirtschaftsphilosophische Erkundungen. Definitionen, Ansätze, Methoden, Erkenntnisse, Wirkungen*, Bd. 2, Hrsg. Wolf Dieter Enkelmann und Birger P. Priddat, 333–370. Marburg: Metropolis.
Priddat, Birger P. 2015c. Kommunikation in der Wirtschaft über Geld. In *Handbuch Sprache in der Wirtschaft*, Hrsg. Markus Hundt und Dorota Biadala, 25–45. Berlin: Gruyter.
Priddat, Birger P. 2016a. The era of institutions. D.C. North's institutional economics as a historical phenomenon. *International Journal of Social Science and Economic Research* 1 (4): 395–415.
Priddat, Birger P. 2016b. Nutzen als Vermutung. In *Erwartung, Prognose, Fiktion, Narration. Zur Epistemologie des Futurs in der Ökonomie*, Hrsg. Birger P. Priddat, 129–152. Metropolis: Marburg.

Priddat, Birger P. 2016c. Transaktion als Juxtaposition und als Kooperation. Differente Interpretation des Marktes. In *Die Philosophie des Marktes*, Hrsg. Hans-Christoph Schmidt am Busch, 207–226. Hamburg: Felix Meiner Verlag.

Priddat, Birger P. 2016d. *Erwartung, Prognose, Fiktion, Narration. Zur Epistemologie des Futurs in der Ökonomie*. Marburg: Metropolis.

Priddat, Birger P. 2017. Kulturell verstrickte Ökonomie. Vortrag im Workshop ‚Kultur und Ökonomie' der AG ‚Wirtschaftsphilosophie und Ethik' der Deutschen Gesellschaft für Philosophie in St. Gallen (Prof. Beschorner) vom 16.–18.11.2017. Publikation in Vorbereitung (2019).

Priddat, Birger P. 2018. Fiktive Wahrscheinlichkeit. Über die Realität der Entscheidungen in Finanzmärkten. *Berliner Debatte Initial* 29 (4): 35–45.

Rauen, Verena. 2017. Die Pathologie der gestundeten Zeit. Zur Öffnung komprimierter Zeiträume für ethische Entscheidungen. In *Die Welt kostet Zeit. Die Zeit der Ökonomie. Ökonomie der Zeit*, Hrsg. Birger P. Priddat und Verena Rauen, 57–72. Marburg: Metropolis.

Reckwitz, Andreas. 2016. *Kreativität und soziale Praxis. Studien zur Sozial- und Gesellschaftstheorie*. Bielefeld: transcript.

Reckwitz, Andreas. 2017. *Die Gesellschaft der Singularitäten. Zum Strukturwandel der Moderne*. Berlin: Suhrkamp.

Roffe, Jon. 2015. *Abstract market theory*. Basingstoke: Palgrave Macmillan.

Rustemeyer, Dirk. 2015. Kulturen und Märkte. In *Was ist? Wirtschaftsphilosophische Erkundungen*, Bd. 2, Hrsg. Wolf Dieter Enkelmann und Birger P. Priddat, 161–186. Marburg: Metropolis.

Sayn-Wittgenstein, Salma von. 2009. Generals analysis of institutional economics, *working paper Zeppelin University Friedrichshafen*, August 2009.

Schmidt am Busch, Hans-Christoph. 2016. *Die Philosophie des Marktes*. Hamburg: Felix Meiner Verlag.

Seele, Peter, und Chr. Lucas Zapf. 2017. *Der Markt existiert nicht. Aufklärung gegen Marktvergötterung*. Wiesbaden: Springer VS.

Silim, Amna. 2016. What is new economic thinking? Evonomics. http://evonomics.com/new-economic-thinking. Zugegriffen: 26. Mai 2017.

Teubner, Gunther. 2006. In the blind spot. The hybridization of contracting. *Theoretical Inquiries in Law* 7:51–71.

White, Harrisson C. 2008. *Identity and control. How social formations emerge*. New Jersey: Princeton University Press.

Wieland, Josef. 2007. *Die Ethik der Governance (Studien zur Governanceethik)*. Marburg: Metropolis.

Wieland, Josef. 2016. Philosophie der Firma. Eine Skizze. In *Was ist? Wirtschaftsphilosophische Erkundungen*, Bd. 3, Hrsg. Wolf Dieter Enkelmann und Birger P. Priddat, 285–314. Marburg: Metropolis.

Williamson, Oliver E. 2002. The theory of the firm as governance structure. From choice to contract. *Journal of Economic Perspectives* 16 (3): 171–195.

Conceptions of Money

Assessing Textbook Economics in the Light of Pluralism of Money Theories

Anne Löscher

Abstract

This contribution contrasts orthodox mainstream economics teachings to heterodox theories against the backdrop of history of economic thought. It focusses on three myths upheld and therefore reinforced in and by orthodox economics textbooks: money is the invention of private market agents; money is created exogenously by central banks; money is neutral in the long run. The aim is to not only give an (non-exhaustive) insight into the existing theoretical pluralism, but to also argue that theoretical strands largely left out in common economics curricula are at times more adherent to reality in their reading of money.

I would like to thank the following for their helpful comments and support: three anonymous reviewers, the editorial board, in particular Esther Schmitt and Lea Allers, as well as Hannes Böhm, Christopher R.M.B. Laumanns, Peter Schmidt, Christian Axtmann, Kerstin Hötte, Kevin M. Schütze and Ferdinand Wenzlaff.

A. Löscher (✉)
Universität Siegen, Siegen, Germany
E-Mail: anne.loescher@uni-siegen.de

D. J. Petersen et al. (Hrsg.), *Perspektiven einer pluralen Ökonomik*, Wirtschaft + Gesellschaft, https://doi.org/10.1007/978-3-658-16145-3_7

1 Introduction

Due to the emergence of the international financial crisis in 2007/2008, questions concerning money and monetary policies became more centre-stage in policy making and public discourse in the past years. Often causing controversy, central banks throughout the world applied unconventional monetary measures. Governments and electorates considered drastic steps towards an entirely new financial architecture as is the case in Iceland and Switzerland, where reforms introducing a fully backed legal tender were considered. Though often reluctant to take up complex economic subjects, civil society started to focus on the issue. NGOs like 'Positive Money' and 'Sovereign Money' were founded and regional currencies mushroomed in many places. Moreover, calls for international reforms targeting global financial stability came to the fore. These developments indicate the rising interest in questions concerning money as well as the urgency to answer them. Unfortunately, orthodox[1] economics teachings do little to satisfy this need for clarity. More so, they uphold common misconceptions and give policy recommendations detrimental to human welfare as can be seen in prescribed austerity measures for Greece. Though the financial crisis shed light on the shortcomings of textbook economics, it had less of an impact on the common teachings in economics textbooks than one might think.

Taking the existing pluralism in economics as starting point – a pluralism most students of economics are guiltlessly unaware of–, this contribution conducts an analytical comparison between orthodox teachings and heterodox theories in respect to three "myths" represented in orthodox mainstream economics textbooks: money as an invention of private agents; money is exogenously created and controlled by central banks and intermediated by private banks; money is neutral in the long run, i.e. has no impact on the economy other than on inflation. The chapter is inspired by attempts to improve economics teaching by criticising it as can be found in 'Wirtschaft neu denken: Blinde Flecken in der Lehrbuchökonomie' (cf. 2016) edited by Till van Treeck and Janina Urban. The ultimate goal is to improve public knowledge of economic processes which might lead to thinking about a more just and sustainable economic system (cf. Earle 2016; Pettifor 2017).

The contribution is structured as follows. Section 2 is dedicated to the origin of money, where money as an invention of private markets vs. a sovereign authority is discussed. In the third section, the money creation process (endogenous vs. exogenous money) as well as the role ascribed to central banks and monetary policies is addressed. The fourth section

[1]'Orthodox' theory is here understood as an umbrella term for economics as represented by modern mainstream textbook economics with a neoclassical approach. The neoclassical school of thought is characterised by methodological and instrumental individualism, and methodological equilibration (cf. Arnsperger and Varoufakis 2006). Orthodox monetary theories represented in economics textbooks are: money as means to save transactions costs invented in private markets, the money multiplier, the IS-LM model and the New Monetary Consensus (Nersisyan and Wray 2016, pp. 1297–1298). Vice versa heterodox theories are those theories deviant from the orthodox representation of the economy.

treats the role of money in the economy and its implications for phenomena of crises. Each section first depicts the orthodox economics textbooks teachings, followed by some heterodox theories and then critically assesses the validity of some aspects put forward by both. Due to the limitation of space, this contribution does by no means strive for completeness. To illustrate the orthodox position in economics teachings, three widely used economics textbooks written by influential orthodox authors are referred to, namely Paul Samuelson, William Nordhaus, Gregory Mankiw, Olivier Blanchard and David Johnson. As a conclusion, the last section summarises the findings of this contribution.

2 Myth #1: Money as Invention of Private Market Agents as a Means of Exchange

The first aspect of this contribution, namely the origin of money, discusses fundamental questions concerning the very nature and functions of money, which are of particular importance in respect to money's relevance for the economy in economic theory.

2.1 Textbook Economics Representation

In orthodox economics textbooks, money is primarily defined as a means of exchange. Gregory Mankiw subsumes money as "the set of assets in an economy that people regularly use to buy goods and services from other people" (Mankiw 2001, p. 608). Paul Samuelson and William Nordhaus equally see money only as "means of payment or medium of exchange" (Samuelson and Nordhaus 1995, p. 757). Blanchard and Johnson understand money as "financial assets that can be used directly to buy goods" (2013, pp. G–6). Surpassing those minimalist definitions of money, these authors nevertheless come up with a broader bandwidth of functions other than that as a means of exchange. Mankiw for instance adds that money is a means to store value and a unit of account for prices and debt (Mankiw 2001, pp. 609; see also Samuelson and Nordhaus 1995, p. 485). Although these functions are listed in the aforementioned economics textbooks, they are not included in the ensuing analysis of the significance of money for the economy. In the latter, money is solely treated as a means of exchange.

Looking for an explanation for how the concept of money emerged, one does not find a direct answer in modern economics textbooks. But in their strong emphasis of money's function as a means of exchange and the downplaying of the role of governments to uphold money's credibility (e.g. Samuelson and Nordhaus: 28; less so Mankiw 2001, p. 611), they represent what Charles Goodhart termed a *Mengerian theory of money* (cf. Goodhart 1998; or more intuitive: a *market theory of money*; Huber 2017, p. 35). The name refers to the founder of the 'Austrian School' Carl Menger, who, together with Léon Walras and William Stanley Jevons, led the 'marginalist revolution' around 1870 which significantly contributed to today's orthodoxy's equilibria models (Roncaglia 2009,

p. 278). According to *Mengerianism*, historically private economic agents started to use money to overcome the difficulties arising from the 'double coincidence of wants' necessary in barter economies for transactions to take place. It is argued that the driving motive to come up with a universally exchangeable commodity were efficiency gains: It is easier (and hence attached to lower transaction costs) to sell one's product, earning universally accepted currency, than to look for someone who has the product you need and in turn also needs the product you have (Brugger 2015, pp. 79–78). Like Marx, Mengerianism therefore treats money as a 'good among goods', i.e. a commodity that is highly fungible and that primarily serves as a means of exchange (Ganßmann 2015, p. 133).[2]

2.2 Heterodox Theories

The concept of money being a private invention as a response to burdens encountered in a barter economy prompted harsh criticism. Going back to writings of Georg F. Knapp and A. Mitchell Innes and taken up by most Post-Keynesian authors, *Chartalism* on the other hand places the origin of money in the realm of an issuing authority's power, i.e. in modern times within the sovereignty of the nation state (Ganßmann 2015, p. 133). Exceeding the methodological individualism of Mengerianism, the use of money is not depicted as a decision of private market agents, but of a sovereign unity which institutes and upholds the value of money. The authorities therefore lay the foundation for the establishment of private markets, where money can be used as means of exchange (Wray 2014, p. 2). Money is hence a social creation and only began to exist, when the state or some authority capable of imposing liabilities (taxes) did so and accepted only its own means of payment (Wray 2014, p. 6). Authorities decided to introduce money for various reasons, foremost to levy taxes and to exercise power (Goodhart 1998, pp. 412–416; see also Desan 2014, p. 11). In contrast to the Mengerian perception of money as means of exchange, Chartalists perceive money's primary function to be that of a unit of account in which debt owed to the issuing authority is denominated (Ganßmann 2015, p. 133). Chartalism was further developed in *Modern Money Theory* (MMT; Neo-Chartalism respectively) by John M. Keynes, Abba Lerner, Hyman Minsky, Charles Goodhart and

[2]„Da alle andren Waren nur besondre Äquivalente des Geldes, das Geld ihr allgemeines Äquivalent, verhalten sie sich als besondre Waren zum Geld als der allgemeinen Ware" (Marx 1983 [1894], p. 104). However, Marx did not think of money as commodity money only but also extensively elaborates money as unit of account and means to store value (Neuberger 2018, pp. 6–8). The latter is of particular importance in the form of hoarding, which is a precursory concept of Keynes 'liquidity preference' (Lapavitsas 2000, p. 219; for a definition cf. Pettifor 2017, p. 55).

Geoffrey Ingham (Wray 2014, p. 3). MMT interprets money as credit, i.e. a form of debt or means to settle debt,[3] hierarchical in nature with respect to liquidity and credibility (with central bank money being at the top),[4] and its acceptance contextually determined (Wray 2014, p. 20).[5]

Resulting from (Neo-)Chartalism's depiction of the origin of money, it derives its stance on fiscal policy which stands in stark contrast to orthodoxy's 'crowding-out hypothesis'.[6] Since the government, according to Chartalism and MMT, first issues money via government bonds and afterwards upholds the demand for its money by levying taxes, it can spend without relying on existing funds of money as long as it can ensure that its issued IOUs (I owe you; i.e. a debt certificate) are accepted (Wray 2014, pp. 28–29). Hence, government spending can lower the interest rate, as highly secure government bonds can be used as collateral by private banks to borrow central bank money necessary for reserves (Gabor and Vestergaard 2016, p. 8). What is more, an increase in emitted government shares does not necessarily drive up the interest rate paid on them. The latter is fundamentally determined by rating agencies. Their ratings depend on many other factors additionally to indebtedness, such as perspective economic prosperity and political climate (Canuto et al. 2004, p. 4; see also The Economist 2015). As the money inserted into the economy by the government is matched with taxes, the money actually remaining in the economy is little and most of the money returns to the government in the tax collection process. Therefore, government spending does not necessarily increase prices (Fontana and Sawyer 2016, p. 1342).

[3]This is a view also shared by the Circuitists. Money only comes into existence, when a payment is made. Hereby the payer becomes a debtor and the payee a creditor to the bank (Graziani 1989, pp. 10–11). Even central bank money can be considered debt, i.e. an IOU of the central bank to economic agents, whilst deposits are IOUs of private banks to deposit holders (McLeay et al. 2014, p. 15; Fontana and Sawyer 2016, p. 1337). Gurley and Shaw (1960) use the distinction between inside (checking deposits, i.e. a debt relation) and outside money (gold, government bonds and fiat money, i.e. money that is not backed by any debt relation) as their analytical starting point, which is especially relevant for the all-money-is-debt-debate touching on claims put forward in MMT (Blaug 1985, pp. 666–667; cf. also Eisler 1933, p. xxi). On the impossibility of debt-free money, cf. Pettifor (2017, p. 111).

[4]Money's hierarchy is even reflected in orthodox economic textbooks in the taxonomy of different definitions of money in the form of M0 (cash), M1 (central bank money + deposits) etc.

[5]Whilst the public uses cash and bank deposits to settle debts, in the interbanking sector, private banks use electronic central bank money as means of payment (Wray 2014, p. 20).

[6]The crowding-out hypothesis is a notion that, among others, underlies the current Europe-wide austerity prescription. It is based on the assumption that state expenditure increases interest rates for the private sector. Here, the state as the most credit-worthy creditor gets served first to most favourable conditions in the distribution of a limited (by the amount of prior accumulated savings) pool of loans. Hence, governmental borrowing drives up interest rates for private investors and is therefore detrimental to private investment (Constantine 2014, pp. 14–15). Therefore, government spending is said to suppress private investment (crowds it out, respectively) and leads to economic downturn.

2.3 Discussion

Mengerian and (Neo-)Chartalist positions come to very different conclusions in respect to the role of the state, based on their initial description of how money came about. One can find arguments for both theoretical strands. The validity of money as an invention of private agents seems to hold, considering the emergence of private money beyond legal tender laws such as cigarette money used in prisoner-of-war camps, cryptocurrencies or local complementary currencies mushrooming since the outbreak of the international financial crisis.[7] Privately created money does unquestionably exist. However, its scope of use is limited and the rationale behind using these currencies is different from saving transaction costs as Mengerians would assume. Whilst cigarette money in prisoner-of-war camps was probably used as reaction to a scarcity of official legal tender, regional currencies are initiated as alternatives to official money in order to protest against the current economic system or – via demurrage, which makes hoarding costly – as stimulus for the regional economy as envisaged by their theoretical forefather Silvio Gesell (Gesell 2003 [1949], p. 190; for a critical account of Silvio Gesell, cf. Bierl 2012). Another aim is to circumvent state regulation as is the case with Bitcoins, which were initially most commonly used in the illegal sphere of substance and weapon trading (Bjerg 2016, p. 63).

Nevertheless, it might be argued that, although in the presence of strong nation state and legal tender laws, the origin of money does not lie in the private sphere, historically it does. Knapp rebuked this argument by purporting that, since legal tender laws are inefficient and hard to enforce, the only way the state is able to enforce the money monopoly is by levying taxes, which can only be paid using the legal tender prescribed by the state (Wray 2014, p. 13). What is more, Mengerianism's historical interpretation of the transition from a barter economy to a money economy was challenged. Anthropologists such as David Graeber and economists in favour of MMT or *Circuit Theory*[8] declare barter economies to be a myth: There has always been some sort of money based in a debt-clearing system (e.g. Graziani 1989, p. 12). Furthermore, Mengerianists experience difficulties explaining the transitions

[7]Examples are the Lindentaler circulating in the German city of Leipzig, the Bavarian Chiemgauer and the Bristol Pound, which can even be used to pay local taxes in Bristol (Sunderland 2014). But even before the financial crisis, there were private complementary currencies such as the Swiss WIR Franc and the Freigeld used in the Austrian town of Wörgl in the 1930ies. Critiques interpret the success of the 'Miracle of Wörgl' as the result of public working programmes deployed on the local level and paid for using Freigeld (Eisler 1933, p. 239).

[8]The Circuit Theory is a school of thought in the tradition of Keynes, Michał Kalecki and Marxism (Graziani 1989, p. 11). It describes a monetary curcuit as follows: A corporation's demand for money for investment marks the beginning. In a second step, the firm and the bank negotiate the amount of credit and the interest charged. After the firm decides on the level of production, number of people hired etc. (Graziani 1989, p. 11). When in the next step of the circuit production is commenced and goods are sold, the loan is paid back, money is destroyed and the circuit completed. Once credit for a new production cycle is given out, a new circuit begins (Graziani 1989, p. 13).

from one currency to another or one form of money to another, e.g. from metal money to paper money and from paper money to fiat money. This would require the unlikely scenario that numerous private market agents as part of the same political entity agree to use a different modus of money all at once (Goodhart 1998, p. 416). The step-by-step acceptance of bank deposits by the public was facilitated by the state via public deposit insurances and the (eventually sole) acceptance of fiat money when paying taxes. This shows that authority is necessary to ensure money's credibility and acceptance (Wray 2014, p. 20). Despite these weaknesses, the Mengerian treatment of money is attractive to economics textbook representations as it helps to uphold the notion of the primacy of the private sector underlying orthodoxy's economic liberalism and the recommended absenteeism of the state. Furthermore, the emphasis on money with the primary or even sole function as means of exchange is essential for other aspects in the description of the monetary system, namely money's exogeneity as will be elaborated in the next section.

3 Myth #2: Money Is Exogenously Created

This section treats orthodox textbook and heterodox representations of the money creation process. It touches on questions regarding the role central banks play in the economy, namely how or to what extent central banks create and control the money stock in circulation and how private banks contribute to the money creation process.

3.1 Textbook Economics Representation

In the "standard" textbooks mentioned at the beginning, money creation is ascribed to a sphere external to the market, namely the central bank and the government. Central banks are supposed to determine the stock of money in circulation, whilst commercial banks are merely passive financial intermediaries, i.e. neutral institutions that transfer funds from lenders to borrowers (see e.g. Blanchard and Johnson 2013, p. 73; Mankiw 2001, pp. 618–619; Samuelson and Nordhaus 1995, p. 488; see also Peukert 2016, pp. 122, 125). Before commercial banks can give out a loan, they first have to collect the money funds in the form of savings and secure reserves (*loanable funds theory*; e.g. Mankiw 2001, pp. 564–566; for an extensive critique, cf. Lindner 2016, pp. 186–199). Monetary policies are here assumed to effectively control additional lending. An increase of the minimum reserve requirement is said to contract the money stock, since less of the collected savings can be passed on as loans, but instead have to be held as reserves (e.g. Mankiw 2001, p. 620; Samuelson and Nordhaus 1995, p. 511). This assumption underpins the *deposit* or *money multiplier*, the dominant representation of the money system in textbook economics (for an explanation see Blanchard and Johnson 2013, pp. 80–81; see also Samuelson and Nordhaus 1995, p. 492–493 and Mankiw 2001, p. 619). An increase of the policy rates is said to make central bank money more expensive thus discouraging commercial banks to take out central bank money for reserves (Samuelson and Nordhaus 1995, pp. 492–493; Mankiw 2001, p. 619).

The textbook economics' perception of the money stock as exogenous to the economy reveals its proximity to the *Quantity Theory of Money* (QTM). The QTM was dominant until the 1930ies and experienced its revival under monetarism in the 1950ies (Woodford 2008, p. 1563). Though one can distinguish between different strands of the QTM, Irving Fisher's QTM is most commonly referred to (Blaug 1985, p. 632).[9] Its key assumptions are that the money stock directly determines the price level, that the velocity of money is stable, that changes in the money stock and the output level are attributable to non-monetary factors and that the nominal money stock is exogenously given (Blaug 1985, p. 633). The QTM was especially put forward by the *Currency School*, which was prevalent in the first half of the 19th century. Referring to David Hume's and David Ricardo's writings, the Currency School derives its name from its strong emphasis on currency in the form of coins and central bank notes, which is considered to be the only relevant form of money. Deposits and credits are thought to have a low velocity of circulation and to be proportionate to the amount of circulating currency (Brugger 2015, p. 85). Like Monetarism, the Currency School was in favour of low money growth to avoid inflation and by the establishment of an independent central bank with a monopoly on money emission (Brugger 2015, pp. 84–85). Currency theorists see the quantity of money decisively determined by its supply, because they assume that any amount of money is met by demand (Brugger 2015, p. 83). The Currency Theory and ensuing textbook representations are what Joseph Schumpeter coined 'Monetary Theories of Credit' (Wray 2014, p. 10). Credit is herein assumed to be partially backed by money and viewed only as a temporary substitute for money. Central bank money is perceived as utterly important as all final settlements have to be made using high-powered money (Wray 2014, p. 10).[10]

The exogenous nature of money and the loanable funds theory are also assumptions underlying the IS-LM-model of *New Keynesianism* developed by John Hicks and Alvin Hansen, which is dominant in macroeconomics teachings since the 1970ies (Graziani 1989, p. 8; e.g. Blanchard and Johnson 2013, pp. 85–98). New Keynesianism and its Dynamic Stochastic General Equilibrium (DSGE) models were further elaborated in the Neo-Wicksellian school of thought (e.g. Woodford 2008) in the past one and a half decades and currently represent mainstream policy analysis (Canzoneri et al. 2008, p. 1). Here, the endogenous nature of money creation is acknowledged, however money aggregates are left aside and the central bank is considered to do best by aiming at controlling the inflation rate (cf. Woodford 2008).

---

[9]Fisher's QTM is often captured using the following equation: $M * V = P * Y$, where M is the money stock, V the velocity (i.e. the speed, at which money changes its proprietor), P the price level, and Y the income level (Blaug 1985, p. 632).

[10]The term 'high-powered' derives from the notion that other forms of money depend on central bank money and that an increase in the monetary basis leads to a proportionately higher increase in other forms of money (Blanchard and Johnson 2013, p. 80).

3.2 Heterodox Theories

Referring to Adam Smith's writings, the theoretical counterargument to the Currency School was represented by authors like John Fullarton and Thomas Tooke as representatives of the *Banking School* and later by Keynesian money theories (Brugger 2015, p. 82). In contrast to the Currency School, the Banking School sees inflation rooted in the sphere of production, hence in the 'real' (meaning in the non-financial) sphere of the economy. The latter determines the demand for money needed for transactions and investments. Prices are assumed to be exogenously determined, i.e. not by the money stock (Brugger 2015, p. 83). Contradicting Hume, Smith did not think that banks could emit too much money, since he regarded money creation as determined by money demand rather than supply (Brugger 2015, pp. 81–83). Here, a broader understanding of money is applied, as credit money was assumed to be as important as currency (Blaug 1985, p. 201).

The critique launched against the Currency School and QTM was later taken up again by *Post-Keynesians* such as Nicholas Kaldor and Richard Kahn in the 1950ies. They purported that, because the velocity of money is utterly unstable and because of the existence of money substitutes, central banks have limited clout to influence inflation, which depends on non-monetary factors (Laidler 1997, p. 311; Lavoie 2014, p. 185). The quantity of money is demand-driven, i.e. out of reach of central banks' policies, and therefore *endogenous* to the economy.[11] The acknowledgement of the endogenous nature of money has important implications for the perception of the role of commercial banks. According to Post-Keynesians and Circuitists, but also liberals such as Ludwig Mises and Friedrich von Hayek (*Austrian School*), commercial banks are not neutral intermediaries connecting loaners and creditors, but are crucially determining the amount of money in circulation (Graziani 1989, p. 12; Kuznets 1930, pp. 148, 154). In modern economies, as banks will always comply to their customers wishes (as long as they consider their customers credit-worthy and the profits obtained from the credit expansion are equal or exceed the marginal costs for additionally needed reserves) and central banks in turn will always comply to commercial banks' demand for reserves (their task being the stabilisation of the financial system, which becomes particularly obvious in its lender-of-last-resort function), the money stock in circulation is fundamentally determined by firms' propensity to invest and commercial banks' willingness to give out loans. Both are fundamentally based on their trust in future economic prosperity (Chick 1986, pp. 196–205). Hence, a

[11]The starting point of the endogenous nature of money is highly debated: see e.g. Chick et al. (1992) vs. Rochon and Rossi (2013). There are two major theoretical strands within Post-Keynesian theories of money creation: the 'structuralist approach' (the financial system evolved as interaction between regulation regimes and the financial sector) and the 'accommodationist approach' (authorities and financial markets have to accommodate the lending activities of commercial banks; cf. Lavoie 1996; Moore 1988).

change in the demand of loans results in changes in the provision of loans and therefore in the supply of money. Reserves are only secured after loans are given out and collaterals on the loans dominate the reserves to guarantee deposits. Here, monetary policies are rather feeble in controlling the money stock, where private market agents' propensity to invest is more important (Chick 1986, pp. 196–205).

In their emphasis on the sometimes weak ability of central banks to effectively control the money stock (since money creation is endogenous), the Banking School, Post-Keynesians and Circuitists represent – to remain within Schumpeter's taxonomy – 'Credit Theories of Money'. In contrast to Monetary Theories of Credit, Credit Theories of Money consider credit as important (if not more important) as (than) currency. The little trust in the effectiveness of monetary policies is based on the belief in the existence of a clearing system that cancels out debts and claims and where no high-powered money is needed (Wray 2014, pp. 10, 27).

Hence, most heterodox economic theories adhere to the assumption that money creation is endogenous, i.e. rooted in the interplay between the private banking sector and borrowers demanding credit. However, some theorists criticise the present monetary system (in which banks, households and firms create money by demanding credit) and purport the desirability of an entirely exogenous money creation process. The umbrella term *New Currency Theory* (NCT) describes calls to reform the financial architecture, so that it works more in accordance with Monetary Theories of Credit, and thus more like a monetary system as represented in orthodox mainstream textbook economics. The sociologist Joseph Huber for instance proposed 'Sovereign Money', i.e. money which is entirely exogenously created by the central bank (the 'Monetative') and hence equal to central bank money. Here, the credit money creation by commercial banks is made impossible. Depositors have the choice between depositing their money in a checking account (for which bank fees are charged and on which no interest is paid) or in a savings account earning interest and bearing the risk of losing the money in case of insolvency of the bank. Only the latter deposits can be given out as credit by commercial banks. The reform not only aims at ensuring financial stability (as credit money creation is seen as a source of recurring crises[12]), but also at the reduction of public debt as newly created Sovereign Money is first distributed to the state and then channelled through to the private sector via state investments and welfare payments (cf. Huber 2017).

The monopoly of the central bank on the money creation process as aspired by the NCT is the extreme opposition to what was suggested by Friedrich von Hayek and the Austrian School. Hayek proposed so-called 'Free Banking' (also known as 'Wildcat banking'), i.e. a system, where no central bank has a monopoly on money creation, but where a plethora of commercial banks emit their own currencies, which compete with

[12]Similarly, Victoria Chick: The ability of the banking sector to expand independently from levels of savings results in "the probability that an expansion of finance and money may not be supported by any 'real' power to pay these loans back" (Chick 1992, p. 204).

each other, resulting in the convergence towards a single (and best) currency (cf. Hayek 1977). According to Hayek, versions of Free Banking theories can be read in, among others, Silvio Gesell's Freigeld theory, which was put into practice in the form of numerous local currencies (see above; Hayek 1990, p. 14).

3.3 Discussion

Money's endogenous nature is even acknowledged by central bank practitioners themselves. The Bank of England for instance caused some stir, when it acknowledged that the vast majority of money is created by commercial banks and the (non-financial) economic sphere (McLeay et al. 2014, p. 15; see also Deutsche Bundesbank 2017; for conclusive account of the money creation process, cf. Ryan-Collins et al. 2014).[13] This, and the impediment it poses to central banks' ability to control the money stock, is even partially conceded in orthodox economics books (e.g. Mankiw 2001, p. 621; Samuelson and Nordhaus 1995, p. 488). Nevertheless, the assumption of exogenously created money has to be upheld in order to ensure the consistency of Monetary Theories of Credit as represented by Friedman and Karl Brunner (Wray 2014, p. 10). The endogenous nature of money is the reason why minimum reserve requirements do not limit the stock of money and are no means to implement monetary policies (Smant 1998, p. 1039). In contrast, the ability of the banking sector to secure reserves at any time, makes reserves rather an indicator for shocks rippling through the financial system than a policy instrument (Smant 1998, p. 1041). The European Central Bank's (ECB) decision, for instance, to lower minimum reserve requirement in 2012 from two to one percent did little to stimulate the money growth (ECB 2017). The flaws of the money multiplier model become additionally apparent, when considering that the central banks of Australia and Canada do not set any minimum reserve requirement (Borio and Nelson 2008, p. 34).

Orthodoxy's assertion that government spending, 'money printing' of the central bank or money growth respectively, ultimately cause inflation is as contestable as the notion that minimum reserve requirements are an effective policy instrument. The price level seems more connected to production levels than to money growth, though there is an interconnection between the two. This was visible in the course of the financial crisis, when central banks' expansionary measures (lowering of the minimum reserve requirement and policy rate, Quantitative Easing[14] etc.) were feeble in raising the price level and

[13]The endogenous nature of money has important implications for development economics. As the loanable funds theory can be refuted, i.e. savings are not necessary for investment, but investments rather make savings possible, policy recommendations aiming to heighten saving levels, as formulated in the Finance and Growth Consensus, can be called into question (Upadhyaya 2015, p. 179; Toporowksi 2015, pp. 75–81). Here the denomination of the currency is key.

[14]Quantitative Easing (QE) policies were launched by many central banks of industrialised countries, when the lower-zero bound of the policy rate, i.e. the boundary below which nominal interest

failed to stimulate slacking credit expansion, i.e. to solve the credit crunch. However, the evaluation of applied policies during the crisis cannot be assessed without taking a look at the institutional settings, in which central banks work, since they determine the effectiveness of certain policies. Therefore, generalising judgements of the effectiveness of central bank policies might be misleading (Borio and Nelson 2008, pp. 31–45).

Despite the flawed ascription of minimum reserve requirements to be effective policy tools, the description of the workings of the policy rate in textbook economics is more realistic. Central banks can determine the profitability of credit money via the policy rate, which determines the cost for central bank money (necessary for transactions in the interbanking sector), but also the liquidity levels on financial markets. Notwithstanding, additional costs for central bank money might as well be passed on to private bank customers and have little effect, when businesses are insensitive to changes of interest in times of widespread optimism concerning the profitability of investment, since interest rate payments only constitute a small share in the total costs (Kuznets 1930, p. 158). If the policy rate can be considered an effective tool to influence the stock of money in circulation, it fails in times of crises, when the policy rate moves near to zero percent (Deutsche Bundesbank 2017, pp. 26–27).

In their focus on investment decisions, theories of endogenous money creation shed light on why monetary policies are often weak in times of crises. As the inclination to invest is rooted in the assessment of economic development, uncertainty plays an important role (Rochon and Rossi 2013, p. 211; see also → 'Finanzialisierung als monetäre Zeitreise' in this compendium).[15] As could be seen during the Euro-Zone Crisis, expansionary policies did little to stimulate lending activities in times of deep-rooted mistrust in the solvency of other banks and bank clients, but also in the profitability of investment in the face of slacking demand. Following Keynes, as liquidity is utterly dependent on trust in the ability to be able to profit from a sale of an asset at a later point in time, a fall in trust

---

rates cannot go, came near. Here, central banks buy up corporate, bank and government bonds (as was controversially done in the Euro-zone since 2014; Claeys and Leandro 2016, p. 4) in order to inject central bank money into the economy. This was done on a large scale by the ECB, the FED, the Bank of England, and (even before the recent crisis) the Bank of Japan (Claeys and Leandro 2016, p. 2; Fawley and Neeley 2013, p. 52). QE works as follows: The central bank buys bonds of private market agents or governments. As a result, the seller of the bond (e.g. a commercial bank) receives central bank money which improves her level of liquidity. The latter hereby has a deposit created. The deposit can then be used to buy other bonds or to refinance loans. Additionally, QE policies not only impact base money, but also asset prices with positive effects on commercial banks' balance sheets and their investment activities (Adrian and Shin 2010, p. 427; for a critique of QE policies cf. Pettifor 2017, pp. 117–121).

[15]The emphasis on fundamental uncertainty is one of the main features distinguishing Post-Keynesianism from New Keynesianism (Roncaglia 2009, p. 480). It is important to differentiate between fundamental uncertainty and calculable risk, which is a concept prevalent in orthodox economics, where rational agents are assumed to be able to calculate the risk of their decisions.

ultimately leads to a fall in liquidity (Pettifor 2017, p. 55). This downfall in trust was caused by and resulted from a sudden repricing of credit risks in the sub-prime mortgage market in the US (Borio and Nelson 2008, p. 37). The crisis only seemed to have faltered only once the readiness to engage in substantial interventionism by the ECB was signalled (e.g. by the whatever-it-takes statement by the ECB president, cf. Draghi 2012). This then established trust in the political willingness to abate the turbulences in the financial markets and soothed the 'animal spirits'. Therefore, a mere political willingness to intervene was the deciding factor and less so the actual measures taken. This can be read as underpinning Chartalists' claim of the crucial role of authorities to uphold the credibility of money and the financial system, but also of Post-Keynesians and Circuitisits in their interpretation of the significance of optimism of economic agents. That the lack of confidence was the root of the international financial crisis, which then resulted in the credit crunch despite potentially unlimited liquidity, was even acknowledged by the former World Bank chief economist and Nobel Prize laureate Josef Stiglitz (Tonkiss 2009, p. 196). Though in the face of endogenous money creation and in times of crises, conventional monetary policy can be feeble in impacting the quantity of money in circulation, central banks can nevertheless play an important role in the re-establishment of trust.[16]

But not only textbook economics were confronted with harsh criticism for theoretical shortcomings. The suggestion to introduce Sovereign Money gained wide popularity because the subprime crisis in 2007/2008 was attributed to excessive loan emission to credit-unworthy households. However, it can be asserted that Sovereign Money reforms might even exasperate the risk of crisis, because it does not address the shadow banking sector. The strong separation between a very regulated and secure and an unregulated and risky sector can have destabilising effects, when the deterioration of confidence leads to fire sales in the risky (but profitable) sector (e.g. shadow banking sector) and flooding of the secure (but less profitable) sector (commercial banks in the Sovereign Money regime; Fontana and Sawyer 2016, pp. 1338–1339). The same applies for the switch between savings and deposit accounts, where an outflow of savings would lead to a credit crunch, deflational spiral and a recession. A minimum notice term to switch between saving and checking deposits only postpones the moment when the 'animal spirits deleterious effects kick in'. That central banks in a system of exogenous money creation would be able to fully control the money stock, is similarly up to debate, where quasi-money, such as low risk securities and money market funds or cryptocurrencies such as Bitcoins, could act as money surrogates, which would render classical monetary policies futile (Fontana and Sawyer 2016, p. 1341; Bryan and Rafferty 2012, pp. 98–99; Bjerg 2016). Plus, the possibility

[16]Ann Pettifor suggests a number of monetary policies going beyond general wisdom currently applied, such as capital controls, different interest rates depending on whether the loan is used for speculation or production, and the end of austerity and the emission of government papers with different maturities to store wealth in times of negative interest rates instead, etc. (Pettifor 2017, pp. 128–150). For a radical reform package of the monetary system, cf. Eisler (1933).

of a technocratically acting, independent central bank can be called into question, when considering that the ECB's interventionism during the crisis was largely driven by political considerations, same as during the founding years of the Euro-zone (Thompson 2013, pp. 2–4; for the Bank of England see also The Guardian 2010). Last but not least, the subjugation of fiscal under monetary policy is problematic from a democratic point of view (Fontana and Sawyer 2016, pp. 1342–1345). Contrary to the money reformers, the invention of the modern banking system around the end of the 17th century can – according to Ann Pettifor – be regarded as a "great public good", since it ensured that there is theoretically no lack of finance, as the amount of money is theoretically unlimited and available at lower interest rates (Pettifor 2017, p. 5). It is just a question of how to make this affluent money work better, for the transformation into a carbon-free economy, for instance, instead of it being invested into real estate speculation.

4 Myth #3: Money Is a Neutral Veil in Front of the Economy

The topic of this section is a logical consequence of the previous ones: Depending on the definition of money and whether money's creation is perceived to be exogenous or endogenous, more or less importance is given to money's impact on the real economy in theories of money.

4.1 Textbook Economics Representation

In the textbooks under consideration, the neutrality of money in the medium or long run is assumed. Blanchard and Johnson write:

> In the medium run, the increase in nominal money is reflected entirely in a proportional increase in the price level. The increase in nominal money has no effect on output or on the interest rate. (Blanchard and Johnson 2013, p. 144; original in italics)

Here monetarism's claim that inflation is "always and everywhere a monetary phenomenon" (Friedman quoted in Woodford 2008, p. 1561) is adhered to. Mankiw asserts that inflation is caused by an increase of money – something he depicts as one of the unquestionable fundamental principles of economics. He attributes this monetary growth to the government's decision to emit more money (Mankiw 2001, p. 14). Once again, the QTM is held valid: As all changes in the circulating money stock are assumed to be captured in commodity prices and wages, money only affects inflation, where causality runs from the money stock to prices (Blaug 1985, p. 633). This notion depends on the QTM's assumptions that the velocity of money is stable and that changes in the money supply induced by the central bank only result in proportional changes of the price level. Consequently, "the economy's output of goods and services [...] is primarily determined by factor supplies [...] and the available production technology" (Mankiw 2001, p. 636).[17]

The assumption of money's neutrality reinforces the perception of a clear distinction between the financial sphere and the real economy, a separation Don Patinkin coined 'Classical Dichotomy' (Patinkin 1949, p. 22). It goes back to the writings of David Hume, who first distinguished between nominal and real variables, where he assumed only the former to be impacted by the monetary system (Mankiw 2001, pp. 633–634). Here money is solely perceived as means of transaction. It acts as 'oil' lubricating economic transactions, as Hume has phrased it (Brugger 2015, pp. 79–80). Similarly, John Hicks described money as a 'veil' in front of the real economy (Patinkin and Steiger 1989, p. 138). Though Hicks together with Hansen later tried to overcome the Classical Dichotomy in their IS-LM-model, for the sake of consistency, the function of money as a means to store value was dismissed. In modern DSGE models, money as a means to store value is largely absent (Größl and Fritsche 2010, p. 2).

4.2 Heterodox Theories

Going against the (Neo-)Classical Dichotomy, Antonio Serra already emphasised the importance of the interdependence of financial and real economic matters in the 17th century (Roncaglia 2009, p. 48). Heterodox theories shed light upon this inseparability of the 'nominal' and 'real' sphere. In contrast to the notion that money is neutral, they identify money as constitutive for capitalism on the one, and as cause for recurring crises on the other hand. Emphasising money's function as that of a store of value, Keynes, for instance, ascribed money a crucial role in his theory of unemployment. Being faced with fundamental uncertainty and as investing money is attached to risk and burden, households have liquidity preferences, i.e. they secure themselves against unpredictable events via the 'speculative demand for cash', which gives rise to recurring instabilities (Keynes 1973, pp. 112, 122).[18] This speculative demand for cash is the cause for what Keynes coined the fundamental 'Paradox of Thrift' (or Savings): Economic agents save money in order to protect themselves against uncertainty, but as the ratio of savings relative to consumption rises, a downturn in aggregate demand causes a recession with higher uncertainty as result. This uncertainty necessitates more saving in order to protect oneself against unforeseeable events, where liquidity is needed (Wenzlaff et al. 2014, p. 12).

---

[17]Mankiw goes on as follows: "In particular, because money is neutral, money does not affect output" (Mankiw 2001, p. 636). This quote is not only tautological, but also ignores the fact that the factors necessary to start production also need to be purchased, for which money is needed (Circuit and Monetary Business Cycles theories).

[18]That money can also be regarded as a means to protect oneself against uncertainty is also a point made by Carl Menger, however then put aside later in his theoretical framework (Roncaglia 2009, p. 302).

Hence, there is a paradox in money: Money is the primary means for economic agents to ensure themselves against uncertainty, but its accumulation and speculative use causes recurring crises (Ganßmann 2015, p. 132). Along those lines, Post-Keynesians such as Hyman Minsky saw money as the crucial cause for economic instability, as it links the present and the future, creating fundamental uncertainty (Minsky 1993; see also → 'Finanzialisierung als monetäre Zeitreise' in this compendium).

Focusing on the interest rate, Monetary Business Cycle theories, such as those by Mises, Knut Wicksell, Schumpeter and Hayek, provide further insights into how the monetary sphere can have destabilising effects on the real economy.[19] Bank loans are not considered to be mere channels, transmitting peculiarities in business cycles, but their actual cause (Kuznets 1930, p. 146). As banks determine the distribution of money, they are of decisive importance in the economy: They impact the interest rate, which can lie below the equilibrating interest rate, leading to over-investment (and vice versa) with the result of cyclical fluctuations (Kuznets 1930, p. 147). When a galloping inflation rate (as result of the aggressive loan expansion) starts to undermine the public's trust in the credibility of banks, the latter then raise the interest rate to contain loan expansion, thus driving the economy into contraction (Kuznets 1930, p. 149).

Emphasising that money and investment are interwoven, Circuitists also shed light on how the money creation process and the sphere of production can initiate a downward spiral in the economy: As one circuit provides liquidity for the next—not in the form of savings, but in the form of solvency of firms, which can initiate the money creation process by demanding loans once again—, a loss in the circuit is generated, when wage earners, instead of spending all their wages on the commodities produced, save it. In this case, the firms cannot pay back their debts, because they lack demand for their products. Only if the banks still give out credits on an equal level compared to the previous circuit, the amount of money stays the same (Graziani 1989, p. 13).

Also focusing on money and investment, but with a stronger empirical and historical approach, some authors propose *financialisation* as theoretical starting point. Financialisation derives from finance, i.e. "the system that includes the circulation of money, the granting of credit, the making of investments, the provision of banking facilities" (Merriam Webster Online Dictionary 2016). As its etymological origin, financialisation is a broad, diffuse and still ill-defined concept, within which different authors place different foci (for a critique of the term financialisation, see Christophers 2015). Greta Krippner defines it as a "pattern of accumulation in which profits accrue primarily through financial channels rather than through trade and commodity production" (Krippner 2005, p. 174)– a development which is observable since the 1980ies (Epstein and Jayadev 2005, pp. 46–74).

[19]This was most prominently done by Knut Wicksell in his description of the 'cumulative process': A deviation of the market rate from the natural rate of interest results in a persistent price change, rendering an equilibrium state of the economy impossible. For a critical account of Wicksell, see Ahiakpor (1999, pp. 435–457) and Ebeling (1999, pp. 471–479).

Effects, as well as indicators of financialisation, are said to be higher levels of deindustrialisation and a shift towards a market-based system, where finance is generated via the emission of shares instead of via bank loans, real estate bubbles, heightened debt levels and inequality (Stockhammer 2004, p. 719; Hein and van Treeck 2010, pp. 277–292; van Treeck 2008, p. 21; Dünhaupt 2013, p. 1; Riccetti et al. 2016, pp. 167, 171; Karwowski and Stockhammer 2016, p. 40).

4.3 Discussion

Heterodox authors convincingly argue that money cannot be considered merely a neutral means of exchange, as it precedes investment and is used as means to store value. Money is essential in the provision of demand and hence production capacities. Orthodoxy tries to uphold the notion of money's neutrality by drawing the artificial distinction between the different time horizons of a short, medium and long run. The early representatives of the QTM already acknowledged a short-term effect of an increase in the money stock beyond that on prices,[20] which was also picked up by classical authors, who initially placed a lot of emphasis on the short-term instabilities induced by changes in the money stock (Brugger 2015, p. 80). Authors of the considered orthodox economics textbooks equally concede that the assumption of money's neutrality (what Mankiw calls "monetary neutrality"; Mankiw 2001, p. 634) is oversimplified:

> [M]ost economists today believe that over short periods of time – within the span of a year or two – there is reason to think that monetary changes do have important effects on real variables. (Mankiw 2001, pp. 634–635)

Similarly, Samuelson and Nordhaus emphasise:

> The long run may be a period of many decades; intervening events may throw the economy off the idealized long-run trajectory [...]. The long-run neutrality of money is therefore only a tendency and not a universal law. (Samuelson and Nordhaus 1995, p. 522)

But, as purported by some Post-Keynesians, the notion of a distinction between the short and the long run is problematic. As Kalecki put it: "In fact, the long run trend is [nothing; AL] but a slowly changing component of a chain of short run situations; it has no independent entity" (Kalecki 1971, p. 165). Hence, if one can assume a long-term trend at all, attaching different axioms to the short and the long run can be mooted, as the long run is nothing but a sequence of the short run, yielding a strong connection between the two.

---

[20]In the short-run, Hume acknowledged that an increase in the money supply leads to lower real wages, lower unemployment, the writing-off of debt and increased investment levels through lower interest rates (Brugger 2015, p. 80).

Another assumption necessary to uphold money's neutrality is the distinction between money and finance. However, since finance and money are created by the same mechanism – unless finance is market-based–, i.e. when credit is given out, there is little reason to distinguish between the two. Money is supposed to be the financial means for consumers, whilst finance is the money to fund productive assets. But when an investor buys investment goods, she becomes a consumer – not for consumer but for production goods. On the one hand, factors like real estate or computers etc. can be consumer as well as producer goods; on the other hand, it is not convincing, why monetary changes such as inflation should have considerably different effects on consumer and producer goods.

Since money is considered to be neutral, it is not surprising that apart from Blanchard and Johnson (2013), phenomena of crises are left out of the traditional textbooks. Heterodox authors, in contrast, often take crises as a starting point of their analyses. Theorists of financialisation, for instance, hold the growing importance of the financial sphere accountable for the outbreak and severity of the current financial crisis (cf. Hein 2011). As firms started to become more prone to finance themselves via the emission of shares, banks discovered private household debt as means to generate profits, which – together with stagnant wages and an increasingly passive welfare state – led to higher household-debt-to-income ratios (Stockhammer 2010, p. 2). The implications of debt levels for the circulation of money and for the real economy was modelled by Eckhart Hein and Till van Treeck (cf. Hein and van Treeck 2010). As debt levels through loan emission increase, they go along with an increased pool of wealth, when borrowed money is invested in e.g. real estate. Thus, wealth increases and therefore also the pool of potential collaterals. Consequentially, this might, like a Ponzi scheme, lead to even higher levels of debt, as new loans can be taken out. Higher wealth levels also lead to a higher income share held in the form of money with higher expenditure for consumption and a positive effect on economic growth as results. However, as debt levels become higher, so does the debt service burden, whilst creditworthiness decreases. New loans are harder to obtain, debt-financed consumption cannot be sustained and overall consumption levels fall (Hein and van Treeck 2010, p. 287). That overall debt levels can lead to economic downturn and crisis, once the debt-bubble bursts, was famously stated by Irving Fisher in his debt-deflation theory in the context of the Great Depression (Fisher 1933). High levels of household debt-to-income ratios were also accumulated prior to the recent crisis and even increased in its course.[21] This might particularly be true, if credit expansion and debt accumulation lead to higher investments in the real estate market (see e.g. the case study by Pescatori and Laséen 2016).

Another critical point against money's neutrality is that of the distributional effects of changes in the money stock. Representatives of the Austrian School have argued that money cannot be assumed to be neutral, as inflation does not necessarily result in an

[21]Between 2008 and 2014, the ratio of global debt to GDP has risen by 38 to 212% (Martin et al. 2014, p. 25).

identical distribution among individuals (e.g. Mises quoted in: Balac 2014, p. 4; cf. also Eisler 1933, p. xxi). Low inflation levels benefit creditors at the expense of debtors (and vice versa), which goes along a shift in overall spending and consumption (Blaug 1985, p. 634). Orthodox authors like Blanchard and Johnson (2013, p. 31) add that changes in the money stock induce distortions, e.g. inflation decreases relatively rigid real wages. Even if one distinguishes between the long and the short run, it is not clear, why long run inflation levels should not also have such effects, if interest rates are not inflation-adjusted and the power to negotiate wages by labourers is weakened by the prevalence of unemployment. This is in fact even acknowledged by Blanchard and Johnson (2013, p. 132). Including credit money into the analysis, the impact of the financial sphere on the distribution of wealth becomes even clearer, if one considers the differences in access to credits by different income groups, where better access might result in profiting from good investment opportunities (e.g. in real estate) on the one hand, but also unsustainable debt levels, which deepen inequality on the other hand. That changes in the money sphere result in alterations of distributions of income and wealth with severe implications for the real economy, is purported by authors focusing on effects of inequality (e.g. Riccetti et al. 2016, p. 171; Atkinson and Bourgignon 2000, p. 43). The current crisis, as well as the Great Depression, for instance, were both preceded by increasing levels of inequality (Peet and Hartwick 2009, p. 9).

Despite these flaws, the theoretical precursors of modern economics textbooks, i.e. the theorists of the marginal revolution of the 1890ies and the formalist revolution of the 1950ies depended on the notion of money's neutrality in the long run, in order to construct the methodologically deductive and mathematically sound equilibrium models which are still the dominant reductionist representation of the economy in common economics textbooks (cf. Fine and Milonakis 2009). When Léon Walras (an author of the marginalist revolution), for instance, tried to integrate the money, the commodity and the labour markets into one model, he followed the QTM and equalised the demand for money and its supply, i.e. purporting the notion that money's sole function is that of a means of exchange (Şener 2014, p. 28).

It becomes clear that the exclusion of money's importance for the real economy is rooted in the fact that its inclusion in the Walrasian model[22] world would endanger the equilibrium models orthodox economics is so eager to construct (Blaug 1985, p. 633). As a consequence, explanatory power was sacrificed for mathematical soundness (cf. Fine and Milonakis 2009). Hence, phenomena such as the international financial crisis, where the interconnectedness of the financial and the real sector was most pronounced, cannot be explained within the theoretical framework of a general equilibrium model. Any event that poses a disturbance to the model world of an equilibrium is put in the freak-box, as done by the finance professor Nassim Nicholas Taleb, who called the

[22]E.g. in the Arrow-Debreu adoption of the Walrasian equilibrium model (Dillard 1988, p. 299).

Table. 1 Overview of money theories and their stance on selected issues

	Orthodox textbook representation	Heterodox theories
Origin of money	Decision of private agents to use money to minimise transaction costs e.g. Mengerianism	Authority exercises power via money emission and the taxing system, e.g. Chartalism
Primary functions of money	Means of transaction, e.g. Currency School, QTM, New Keynesianism (IS-LM-model)	Means to store value, e.g. Post-Keynesianism Unit of account, e.g. Chartalism Means to initiate a new production cycle, e.g. Monetary Business Cycle Theories, Circuit Theory
Money creation	Money stock is determined by supply-side and exogenously created by central banks; commercial banks are passive financial intermediaries, e.g. Currency School, Monetarism	Money is determined by the demand-side and endogenously created; commercial banks are active creators of money together with firms taking out a loan, e.g. Post-Keynesianism, Circuit Theory
Monetary polices	Effective control of the quantity of money in circulation, e.g. (New) Currency School, Monetarism, Money Multiplier Models; effective control of inflation via the policy rate, e.g. Neo-Wicksellian School of thought	No direct control of quantity of money, only cost of money creation via the policy rate, e.g. Banking School, Post-Keynesianism, Wicksell
Inflation rate	Inflation as a mere monetary phenomenon; prices rise proportionately to the quantity of money in the long run, e.g. QTM, Currency School, Monetarism	Inflation is rooted in the demand for money: loans leads to an increase in the money stock; the price level rises due to higher demand, e.g. Banking School, Post-Keynesianism
Credit and Savings	Savings are necessary for investments; there is a trade-off between consumption and investment, e.g. Loanable Funds Theory, Monetary Theories of Credit	Savings are unnecessary prior to investment, as money can be endogenously created, when loans are given out, e.g. Credit Theories of Money, Schumpeter, Post-Keynesianism, Circuit Theory
Significance for the economy	Money as a neutral veil in front of the real economy, e.g. QTM, Monetarism	Money is non-neutral because it is a source of recurring instability and prerequisite for investment, e.g. Post-Keynesianism, Circuit Theory

(Source: Own representation)

financial crisis a "Black Swan Event", i. e. something that is almost impossible predict, with catastrophic consequences (cf. Taleb 2010).

5 Conclusion

Taking money theories as a starting point, this contribution showed the existing pluralism in economic theory against the backdrop of a critique of orthodox textbook economics. Table 1 tries to draw a distinction between orthodox and heterodox strands of theories of money in the course of the history of thought of economics.

One of the major points of disagreements between modern economics textbooks' (as well as its predecessors') and its critics' perceptions of money concerns the origin of money and its primary functions. Whilst the former follow the Mengerian notion of the origin of money, which interprets money as a means to lower transaction costs invented by private market participants, Chartalists ascribe a fundamental role to sovereign authorities, who not only create money, but also sustain its credibility and therefore its functionality. As its successor, the Modern Money Theory, Chartalism emphasises money's function as a unit of account, in which debt is denominated. Other authors, such as Keynes, emphasise that money serves as means to store value, which has detrimental impacts on the stability of an economy. Further controversy exists concerning the nature of the money creation process. Whilst most heterodox theories perceive money to be endogenous to the economy, with commercial banks being active creators of money, textbook economics depict money as exogenously created by central banks only, with commercial banks as neutral intermediaries. This has important implications for the optimism towards the effectiveness of monetary policies. Whilst, according to textbook economics, central banks are able to control the stock of money, e.g. via the minimum reserve requirement, most heterodox theories view the money stock in circulation as fundamentally determined by other factors, such as demand for loans, which in turn depends on expectations on future developments of the economy. Moreover, textbook economics assert the neutrality of money, which only impacts prices in the long run. Deviant authors however argue that money can neither be perceived as neutral in the short nor in the long run, as money antedates investment and is therefore constitutive for the economy. Further, a skewed distribution of wealth and income has important implications for effective demand and the stability of the economic system as a whole.

This contribution demonstrated that the orthodox theoretical framework, as represented in the textbooks economics books by Samuelson, Nordhaus, Mankiw, Blanchard and Johnson, applies – for the sake of theoretical consistency and pedagogical reasons – a high degree of reductionism. Though neither orthodox nor heterodox theories are infallible, the textbook description of the workings of the economy would do better, providing insights in the controversial nature of its subject, allowing for a more realistic approach. Thus, they would satisfy the demand to make economics a matter of democratic debate, as was put forward by some (cf. Earle et al. 2016).

References

Adrian, Tobias, and Hyun S. Shin. 2010. Liquidity and leverage. *Journal of Financial Intermediation* 19 (3): 418–437.

Ahiakpor, James. 1999. Wicksell on the classical theories of money, credit, interest and the price level. Progress or retrogression? *The American Journal of Economics and Sociology* 58 (3): 435–457.

Arnsperger, Christian, and Yanis Varoufakis. 2006. What Is neoclassical economics? The three axioms responsible for its theoretical oeuvre, practical irrelevance and thus, discursive power. *Panoeconomicus* 53 (1): 5–18.

Bierl, Peter. 2012. *Schwundgeld, Freiwirtschaft und Rassenwahn. Kapitalismuskritk von rechts. Der Fall Silvio Gesell*, 1. edn. Hamburg: KVV konkret.

Bjerg, Ole. 2016. How is bitcoin money? *Theory, Culture & Society* 33 (1): 53–72.

Blanchard, Olivier, and David R. Johnson. 2013. *Macroeconomics*, 6. edn. Boston: Pearson Education.

Blaug, Mark. 1985. *Economic theory in retrospect*. Cambridge: Cambridge University Press.

Borio, Claudio, and William Nelson. 2008. Monetary operations and the financial turmoil. *BIS Quarterly Review* March (2008): 31–46.

Brugger, Florian. 2015. Die ökonomische Geldtheorie und ihre (Finanz-)Krisen. Von David Hume bis zur Gegenwart. In *Geld und Krise. Die sozialen Grundlagen moderner Geldordnungen*, eds. Klaus Krämer and Sebastian Nessen, 79–109. Frankfurt a. M.: Campus.

Bryan, Dick, and Michael Rafferty. 2012. Why we need to understand derivatives in relation to money. A reply to tony norfield. *Historical Materialism* 20 (3): 97–109.

Canzoneri, Matthew, Robert Cumby, Behzad Diba, and David López-Salido. 2008. Monetary Aggregates and Liquidity in a Neo-Wicksellian Framework. *NBER Working Paper*, issue 14244.Washington, DC: Georgetown University.

Canuto, Otaviano, Pablo F. Pereira Dos Santos, and Paulo De Sá Porto. 2004. Macroeconomics and sovereign risk ratings. World Bank Working Paper. World Bank, Washington.

Chick, Victoria. 1986. The evolution of the banking system and the theory of saving, investment and interest. *Économies et Sociétés, Série Monnaie et Production* 3 (20): 111–126.

Chick, Victoria. 1992. *On money, method, and keynes. Selected essays*. New York: St. Martin's Press.

Christophers, Brett. 2015. The limits to financialization. *Dialogues in Human Geography* 5 (2): 183–200.

Claeys, Grégory, and Álvaro Leandro. 2016. The European central bank's quantitative easing programme. Limits and risks. *Bruegel Policy Constribution* 4 (2016): 1–14.

Constantine, Collin. 2014. Rethinking the twin deficits. *Journal of Australian Political Economy* 74:57–80.

Desan, Christine. 2014. *Making money. Coin, currency, and the coming of capitalism*. Oxford: Oxford University Press.

Deutsche Bundesbank. 2017. Die Rolle von Banken, Nichtbanken und Zentralbank im Geldschöpfungsprozess. *Monatsbericht* April (2017): 15–36.

Dillard, Dudley. 1988. The barter illusion in classical and neoclassical economics. *Eastern Economic Journal* XIV (4): 1623–1647.

Draghi, Mario. 2012. Speech by Mario Draghi, President of the European Central Bank at the global investment conference in London 26 July 2012. https://www.ecb.europa.eu/press/key/date/2012/html/sp120726.en.html. Accessed: 4 May 2018.

Dünhaupt, Petra. 2013. The effect of financialization on labor's share of income. Institute for International Political Economy Berlin Working Paper, issue 17/2013.

Earle, Joe, Cahal Moral, and Zach Ward-Perkins. 2016. *The Econocracy. The perils of leaving economics to the experts*, 1. edn. Manchester: Manchester University Press.
Ebeling, Richard. 1999. Knut Wicksell and the classical economists on money, credit, interest and price level. A comment on Ahiakpor. *The American Journal of Economics and Sociology* 58 (3): 471–479.
Eisler, Robert. 1933. *Stable money. The remedy for the economic world crisis*. London: Search Publishing Company.
European Central Bank (ECB). 2017. Inflation dashboard. https://www.ecb.europa.eu/stats/macroeconomic_and_sectoral/hicp/html/inflation.en.html?hasFlash=true&. Accessed: 3 May 2018.
Epstein, Gerald, and Arjun Jayadev. 2005. The Rise of Rentier Incomes in OECD Countries. Financialization, Central Bank Policy and Labor Solidarity. In *Financialization and the world economy*, ed. Gerald Epstein, 46–74. Cheltenham: Elgar.
Fawley, Brett W., and Christopher J. Neeley. 2013. Four stories of quantitative easing. *Federal Reserve Bank of St. Louis Review* 95 (1): 51–88.
Fine, Ben, and Dimitris Milonakis. 2009. *From economics imperialism to freakonomics. The shifting boundaries between economics and other social sciences*. London: Routledge.
Fisher, Irving. 1933. The Debt-Deflation Theory of Great Depressions. *Econometrica* 1 (4): 337–357.
Fontana, Giuseppe, and Malcom Sawyer. 2016. Full reserve banking. More 'Cranks' than 'Brave Heretics'. *Cambridge Journal of Economics* 40 (5): 1333–1350.
Gabor, Daniela and Jakob Vestergaard. 2016. Towards a theory of shadow money. Institute for New Economic Thinking Working Paper, unk, INET.
Ganßmann, Heiner. 2015. Geld, Kredit und die Finanzkrise von 2007/08. In *Geld und Krise. Die sozialen Grundlagen moderner Geldordnungen*, eds. Klaus Krämer and Sebastian Nessel, 131–154. Frankfurt a. M.: Campus.
Gesell, Silvio. 2003 [1949]. *Die Natürliche Wirtschaftsordnun*, Karl Walker, ed. 9th ed. Lauf b. Nürnberg: Rudolf Zitzmann Verlag.
Goodhart, Charles A.E. 1998. The two concepts of money. Implications for the analysis of optimal currency areas. *European Journal of Political Economy* 14 (3): 407–432.
Graziani, Augusto. 1989. The theory of the monetary circuit. Thames Papers in Political Economy, Spring issue, 1–26.
Größl, Ingrid, and Ulrich Fritsche. 2010. New Keynesian DSGE Models and the IS-LM Paradigm. *Institut für Makroökonomie und Konjunkturforschung (IMK) Working Paper* 1:1–33.
Gurley, John G., and Edward S. Shaw. 1960. *Money in a theory of finance*. Washington (D.C): Brookings Institution.
Hayek, Friedrich A.v. 1990. *Denationalization of money. An analysis of the theory and practice of concurrent currencies*. London: The Institute of Economic Affairs.
Hayek, Friedrich A. v. 1977. A Free-Market Monetary System. Lecture delivered at the Gold and Monetary Conference in New Orleans, 10 November 1977. *Journal of Libertarian Studies* 3 (1).
Hein, Eckhard. 2011. Distribution, 'Financialisation' and the financial and economic crisis. Implications for post-crisis economic policies. Institute for International Political Economy Berlin Working Paper, issue 09/2011. Hochschule für Wirtschaft und Recht, Berlin.
Hein, Eckhard, and Till van Treeck. 2010. 'Financialisation' in Post-Keynesian Models of Distribution and Growth. A Systematic Review. In *Handbook of alternative theories of growth*, ed. Mark Setterfield, 277–292. Cheltenham: Elgar.
Huber, Joseph. 2017. *Sovereign money. Beyond reserve banking*. Cham: Palgrave Macmillan.
Kalecki, Michał. 1971. *Selected essays on the dynamics of the capitalist economy, 1933–1970*. Cambridge: Cambridge University Press.
Karwowski, Eva, and Engelbert Stockhammer. 2016. Financialisation in emerging economies. A systematic overview and comparison with anglo-saxon economies. Post Keynesian Economics Study Group Working Paper, issue 1616. Post Keynesian Economics Study Group, ukn.

Keynes, John M. 1973. *The general theory and after. Collected writings (1971–1983, Vol. XIV)*. London: Royal Economic Society.
Krippner, Greta R. 2005. The financialization of the American economy. *SocioEconomic Review* 3 (2): 108–173.
Kuznets, Simon. 1930. Monetary business cycle theory in Germany. *Journal of Political Economy* 38 (2): 125–163.
Laidler, David. 1997. *Money and macroeconomics. The selected essays by David Laidler*. Cheltenham: Elgar.
Lapavitsas, Costas. 2000. On Marx's analysis of money hoarding in the turnover of capital. *Review of Political Economy* 12 (2): 219–235.
Lavoie, Marc. 1996. Horizontalism, structuralism, liquidity preference and the principle of increasing risk. *Scottish Journal of Political Economy* 43 (3): 275–300.
Lavoie, Marc. 2014. *Post-keynesian economics. New foundations*. Cheltenham: Elgar.
Lindner, Fabian. 2016. Wie der Kredit wirklich in die Welt kommt… und was die Standardlehrwerke der Volkswirtschaftslehre alles falsch machen. In *Wirtschaft neu denken. Blinde Flecken in der Lehrbuchökonomie*, eds. Till van Treeck and Janina Urban, 118–127. Berlin: iRights Media.
Mankiw, Gregory. 2001. *Principles of economics*, 2. edn. Fort Worth: Harcourt College.
Martin, Alice, Helen Kersley, and Tony Greenham. 2014. Inequality and Financialisation. A Dangerous Mix. *The New Economics Foundation (NEF) report*. London: New Economics Foundation.
Marx, Karl. 1983. Das Kapital. Kritik der politischen Ökonomie. In *Marx-Engels-Werke,* Vol. 3, ed. Friedrich Engels, Berlin: Dietz. (Erstveröffentlichung 1894).
McLeay, Michael et al. 2014. Money creation in the modern economy. *Bank of England Quarterly Bulletin* Q1 (2014).
Merriam Webster Online Dictionary. 2016. Finance. http://www.merriam-webster.com/dictionary/finance. Accessed: 2 Nov. 2016.
Minsky, Hyman P. 1993. Finance and Stability. The Limits of Capitalism. Economics Working Paper Archive 93, Levy Economics Institute, New York.
Moore, Basil J. 1988. *Horizontalists and Verticalists. The Macroeconomics of Credit Money*. Cambridge: Cambridge University Press.
Nersisyan, Yeva, and L.Randall Wray. 2016. Modern money theory and the facts of experience. *Cambridge Journal of Economics* 40 (5): 1297–1316.
Neubauer, Doris. 2018. Kann Karl Marx die Finanzkrise 2007/08 erklären? Eine Einordnung seiner Geld- und Kredittheorie. *Thünen-Series of Applied Economic Theory*, No. 155, University of Rostock.
Patinkin, Don. 1949. The indeterminacy of absolute prices in classical economic theory. *Econometrica* 17 (1): 1–27.
Patinkin, Don, and Otto Steiger. 1989. In the search of the 'Veil of Money' and the 'Neutrality of Money'. *The Scandinavian Journal of Economics* 91 (1): 131–146.
Pescatori, Andrea, and Stefan Laséen. 2016. Financial stability and interest-rate policy. A quantitative assessment of costs and benefits. *IMF Working Paper* 16 (73): 1–19.
Pettifor, Ann, ed. 2017. *The production of money. How to break the power of bankers*. London: Verso.
Peukert, Helge. 2016. Volkswirtschaftslehre als Indoktrination und die (Nicht-)Auswirkungen der Finanzkrise. In *Wirtschaft neu denken: Blinde Flecken in der Lehrbuchökonomie*, eds. Till van Treeck and Janina Urban, 118–127. Berlin: iRights Media.
Riccetti, Luca, Alberto Russo, and Mauro Gallegati. 2016. Financialisation and crisis in an agent based macroeconomic model. *Special Issue on Recent Developments in Decision-Making, Monetary Policy and Financial Markets* 52:162–172.

Rochon, Louis-P, and Sergio Rossi. 2013. Endogenous money. The evolutionary versus revolutionary views. *Review of Keynesian Economics* 1 (2): 210–229.

Roncaglia, Alessandro. 2009. *The wealth of ideas. A history of economic thought*, 3. edn. Cambridge: Cambridge University Press.

Ryan-Collins, Josh, Tony Greenham, Richard Werner, and Andrew Jackson. 2014. *Where does money come from? A guide to the UK monetary & banking system*, 2. edn. London: New Economics Foundation.

Samuelson, Paul, and William D. Nordhaus. 1995. *Economics*, 15. edn. New York: Mcgraw-Hill College.

Şener, Ulaş, ed. 2014. *Die Neutralitätstheorie des Geldes. Ein kritischer Überblick*. Potsdam: Universitätsverlag Potsdam.

Smant, David J.C. 1998. Real business cycle theory and monetary policy. The multiplier approach. *Applied Economics* 30 (8): 1037–1053.

Stockhammer, Engelbert. 2010. Financialization and the global economy. Political Economy Research Institute Working Paper, issue 240.

Sunderland, Chris. 2014. The story of the bristol pound. http://bristolpound.org/blog/2014/02/11/the-story-of-the-bristol-pound/. Accessed: 3 May 2018.

Taleb, Nassim N. 2010. *The black swan. The impact of the highly improbable*, 2. edn. New York: Random House Inc.

The Economist. 2015. Fiscal policy. What is austerity. May 20 2015. https://www.economist.com/blogs/buttonwood/2015/05/fiscal-policy. Accessed: 15 Nove. 2017.

The Guardian. 2010. Mervyn King's support for cuts 'excessively political', 25 November 2010. https://www.theguardian.com/business/2010/nov/25/mervyn-king-support-cuts-excessively-political. Accessed: 15 Nov. 2017.

Thompson, Helen. 2013. The crisis of the Euro. The problem of German power revisited. Sheffield Political Economy Research Institute Paper, issue 8. University of Sheffield, Sheffield.

Tonkiss, Fran. 2009. Trust, confidence and economic crisis. *Intereconomics* 44 (4): 196–202.

Toporowski, Jan. 2015. Kalecki and the Saving Constraint on Economic Development. In *Development and financial reform in emerging economies*, eds. Kobil Ruziev and Nicholas Perdikis, 75–81. London: Pickering & Chatto.

Upadhyaya, Radha. 2015. Financial Sector Development in Sub-Sahara Africa. A Survey of Empirical Literature. In *Development and financial reform in emerging economies*, eds. Kobil Ruziev and Nicholas Perdikis, 175–191. London: Pickering & Chatto.

Van Treeck, Till, and Janina Urban. 2016. *Wirtschaft neu denken. Blinde Flecken in der Lehrbuchökonomie*. Berlin: iRights Media.

Wenzlaff, Ferdinand, Christian Kimmich, and Oliver Richters. 2014. Theoretische Zugänge eines Wachstumszwangs in der Geldwirtschaft. Zentrum für Ökonomische und Soziologische Studien Discussion Papers, issue 45. Universität Hamburg, Hamburg.

Woodford, Michael. 2008. How important is money in the conduct of monetary policy? *Journal of Money, Credit and Banking* 40 (8): 1561–1598.

Wray, L. Randall. 2014. From the State theory of money to modern money theory. An Alternative to Economic Orthodoxy. Levy Economics Institute Working Paper, issue 792. Lewy Economics Institute, New York.

Ökonomische Ideengeschichte

Eine Verbündete der Pluralen Ökonomik?

Reinhard Schumacher

Zusammenfassung

Die Ökonomische Ideengeschichte führt innerhalb der Volkswirtschaftslehre und an den Universitäten ein Schattendasein. Gleichzeitig wächst das Interesse an ihr und die Forschung in diesem Fachbereich beständig an. In meinem Beitrag gebe ich zunächst einen Überblick über die heutige Stellung der Ökonomischen Ideengeschichte. Daran anschließend diskutiere ich anhand von Richard Rortys historiografischen Kategorien – historische und rationale Rekonstruktion, Geistesgeschichte, Doxografie und Intellectual History –, was Ökonomische Ideengeschichte ausmacht und was sie leisten kann. In einem weiteren Schritt werden drei allgemeine Erkenntnisse der Ökonomischen Ideengeschichte in Bezug auf die Volkswirtschaftslehre erörtert. Diese Erkenntnisse bestehen darin, dass wissenschaftlicher Fortschritt in der Ökonomik nicht rein kumulativ erfolgt, dass Finalismus in der Ökonomik keine Grundlage hat und dass es keinen perfekten Markt für ökonomische Ideen gibt. Im abschließenden Abschnitt behandele ich das Verhältnis der ökonomischen Ideengeschichte zur Pluralen Ökonomik, diskutiere deren Gemeinsamkeiten und Unterschiede und zeige auf, inwieweit beide als Verbündete gelten können.

R. Schumacher (✉)
Universität Potsdam, Potsdam, Deutschland
E-Mail: rschumac@uni-potsdam.de

D. J. Petersen et al. (Hrsg.), *Perspektiven einer pluralen Ökonomik*, Wirtschaft + Gesellschaft, https://doi.org/10.1007/978-3-658-16145-3_8

1 Die Geschichtsvergessenheit der Mainstream-Ökonomik

Sollten wir die National-Oekonomie völlig erkannt haben, so würden uns die Träumereien unserer Vorgänger wenig interessiren und wir hätten keinen Grund, die Fehltritte aufzuzählen, wodurch der Mensch von der Wahrheit abgeführt worden ist. Die Aufgabe ist nicht, sich mit den Irrthümern bekannt zu machen, sondern dieselben zu vergessen (Jean-Baptiste Say 1830).

Die Ökonomische Ideengeschichte hat innerhalb der Volkswirtschaftslehre einen schweren Stand und fristet an Universitäten, nicht nur in Deutschland, ein Schattendasein. Von vielen *Mainstream*-Ökonom*innen[1] wird die Ideengeschichte nicht als ein seriöses Fach angesehen. Stattdessen wird sie als überflüssig oder höchstens als eine Art Hobby betrachtet. Volkswirtschaftslehre wird als eine vorwärtsgewandte Wissenschaft aufgefasst, deren neueste Entwicklungen die spannendsten seien. Daher sei es weder nötig noch relevant, in die Vergangenheit zu schauen. Ideengeschichtliche Artikel werden in den am höchsten klassifizierten ökonomischen Fachzeitschriften kaum noch publiziert. Es ist daher wenig verwunderlich, dass sich die Ökonomische Ideengeschichte in den letzten Jahrzehnten einem ständigen Rechtfertigungsgrund ausgesetzt sieht und ihr niedriger Status von ihren Vertreter*innen seit Jahrzehnten beklagt wird.[2]

[1]Ich benutze die Begriffe *ökonomischer Mainstream,* um auf die vorherrschende Richtung innerhalb der heutigen Ökonomik zu verweisen, die an Universitäten und in den renommiertesten und einflussreichsten Fachzeitschriften vertreten wird. Der Begriff *ökonomische Orthodoxie* verweist auf die führende Denkrichtung. Beide Begriffe sind überlappend, wobei Mainstream eher ein soziologisches und Orthodoxie eher ein intellektuelles Konzept darstellen (vgl. Dequech 2007). Ich werde Dobusch und Kappeler folgen, die argumentieren, dass die vorherrschende ökonomische Denkweise auf der neoklassischen Theorie aufbaut, wobei „the commitment to the central tenets of neoclassical economics varies within the mainstream" (Dobusch und Kapeller 2012, S. 1036). *Ökonomische Heterodoxie* ist ein Sammelbegriff für verschiedene nicht-neoklassische Denkschulen. Dabei ist eine Abgrenzung des Mainstreams vom Nichtmainstream bzw. der Orthodoxie von der Heterodoxie nicht immer eindeutig und der Übergang kann fließend sein. Auch sind beides keine starren Konzepte, sondern der ökonomische Mainstream bzw. die ökonomische Orthodoxie wandelt sich mit der Zeit. Nichtsdestotrotz ist diese Einteilung zur Beschreibung des Zustands der heutigen Ökonomik hilfreich und Ökonom*innen selbst verwenden diese Einteilung (Beckenbach et al. 2016 S. 86–95). Zur Diskussion um die Konzepte ökonomischer Mainstream, sowie ökonomische Orthodoxie und Heterodoxie, vgl. Beckenbach et al. (2016, S. 29–37).

[2]Dieser Rechtfertigungsdruck zeigt sich auch an den folgenden defensiven Artikeltiteln, in denen sich ökonomische Ideenhistoriker*innen mit der Rolle ihrer Disziplin beschäftigen: ‚What Price the History of Economic Thought?' (vgl. Winch 1962), ‚After Samuelson, Who Needs Adam Smith?' (vgl. Boulding 1971), ‚Should Economists Abandon HOPE?' (vgl. Corry 1975), ‚Must Historians of Economics Apologize?' (vgl. Whitaker 1985), ‚Does Scholarship in the History of Economics Have a Useful Future?' (vgl. Barber 1990), ‚Why Should a Professional Economist Study the History of Economic Thought?' (vgl. Forget 1997), ‚No History of Ideas, Please, We're Economists' (vgl. Blaug 2001), ‚Will Economics Ever Have a Past Again?' (vgl. Weintraub 2002b), ‚Whither the History of Economic Thought? Going Nowhere Rather Slowly?' (vgl. Kurz 2006), ‚Is History of Economic Thought a ‚Serious' Subject?' (vgl. Marcuzzo 2008).

In der heutigen Volkswirtschaftslehre ist die von Jean-Baptiste Say [1767–1832] im anfänglichen Zitat vertretene Ansicht weit verbreitet. Es wird häufig behauptet, dass es wenig Sinn mache, sich mit der geschichtlichen Entwicklung der Ökonomik auseinanderzusetzen, denn schließlich seien alle richtigen Erkenntnisse in modernen ökonomischen Theorien aufgenommen worden. Einzig falsche Ansichten, Irrtümer und Ansätze, die auf Holzwege führen würden, seien im Laufe der Entwicklung ökonomischer Theorien verloren gegangen. Der aktuelle Forschungsstand sei derjenige, der alle bisherigen richtigen Einsichten beinhalte und somit der Wahrheit am nächsten käme. Sobald die Volkswirtschaftslehre jemals die ganze Wahrheit erkannt habe, sei die Theoriegeschichte völlig überflüssig. Schon Say merkte an, dass sich ihre „Geschichte immer kürzer fassen [lässt], je mehr sich die Wissenschaft ausbildet" (Say 1830, S. 266).[3] Aufgrund dieser weitverbreiteten Ansicht bezeichnet Till Düppe die heutige Mainstream-Ökonomik als

> a textbook study in a field excluding its own history. History was excluded in all respects – regarding economic life as a historical phenomenon, regarding its own tradition, and regarding the intellectual biographies of economists (Düppe 2011, S. 38).

Dem steht allerdings eine blühende Gemeinde der ökonomischen Ideenhistoriker*innen gegenüber. Internationale Vereinigungen der Ökonomischen Ideengeschichte haben einen Mitgliederzuwachs und organisieren gut besuchte Konferenzen, Summer Schools und weitere Veranstaltungen.[4] In Deutschland existiert seit 1980 im Verein für Socialpolitik der ‚Ausschuss für die Geschichte der Wirtschaftswissenschaften', der bis vor kurzem ‚Domgenhistorischer Ausschuss' hieß. Es gibt heute mehr Fachzeitschriften, die sich dieser Disziplin widmen, als jemals zuvor. Die drei bedeutendsten auf einer immer weiter wachsenden Liste sind ‚History of Political Economy' (gegründet 1969), ‚Journal of the History of Economic Thought' (1990) und ‚The European Journal of the History of Economic Thought' (1993). Die große Anzahl an Forschung, die betrieben wird, kann auch an den zahlreichen Büchern abgelesen werden, die jedes Jahr publiziert werden. In Folge der Finanzkrise und der Eurokrise hat sich das Interesse noch weiter gesteigert; wohl aus dem Grund, dass diese Ereignisse mit vorhandenen theoretischen Ansätzen nicht zu erklären waren. Die Ökonomische Ideengeschichte als eigenständige Disziplin erfreut sich also eines immer größeren Interesses und Zulaufs.

---

[3]Diesen Zustand hatte die Nationalökonomie laut Say zu seiner Zeit noch nicht erreicht, weswegen er der Geschichte des eigenen Faches noch eine Rolle zuschrieb und er sein sechsbändiges Handbuch mit dem Kapitel ‚Historische Skizze von den Fortschritten der National-Oekonomie' abschloss (vgl. Say 1830).

[4]Die wichtigste europäische Gesellschaft ist die 1995 gegründete ‚European Society for the History of Economic Thought (ESHET)'. Daneben gibt es in Europa einige nationale Vereinigungen. In Nordamerika ist die ‚History of Economics Society (HES)' die wichtigste wissenschaftliche Gesellschaft.

Diesem gestiegenen Interesse an und der wachsenden Forschung auf dem Gebiet der Ökonomischen Ideengeschichte steht eine sehr schwache institutionelle Verankerung in den deutschen Universitäten gegenüber. Viele Student*innen der Ökonomik beenden ihr Studium, ohne je mit der Geschichte des eigenen Faches in Berührung gekommen zu sein. Viele Professor*innen, die auf dem Gebiet der Ideengeschichte forschen, betreiben diese Forschung nebenbei, da sie einen Lehrstuhl für ein anderes Fachgebiet innehaben. Ihre Lehr- und Forschungsgebiete sind zumindest teilweise getrennt. In Deutschland gibt es, meines Wissens nach, nur eine einzige Universitätsprofessur für Geschichte der Volkswirtschaftslehre (an der Universität Hamburg). Die geringe institutionelle Verankerung an den Universitäten ist der Marginalisierung der Ökonomischen Ideengeschichte innerhalb der Volkswirtschaftslehre geschuldet. Diese Marginalisierung wiederum folgt vor allem aus dem Desinteresse an und der offenen Ablehnung der Ideengeschichte seitens des ökonomischen Mainstreams, der durch eine Geschichtsvergessenheit charakterisiert ist. So stellen Frank Beckenbach, Maria Daskalakis und David Hofman in ihrer empirischen Untersuchung über die heutige Volkswirtschaftslehre an Universitäten in Deutschland fest, dass

> [i]n der gegenwärtigen Ökonomik die Reflexion ihrer geschichtlichen Gewordenheit und damit auch ihrer gegenwärtigen historischen Relativität zunehmend marginalisiert [wird] (Beckenbach et al. 2016, S. 29).

Ich möchte hierbei weder die Situation schwarzmalen noch die Vergangenheit romantisieren. An vielen Universitäten werden durchaus Veranstaltungen mit ideengeschichtlichen Inhalten angeboten, wenn auch nicht als Pflichtfach, wie Erhebungen ergeben haben (vgl. Schultz 1960; Backhaus 1983; Backhaus und Jeserich 1998).[5] Im Gegensatz zu anderen Ländern, in denen die Ökonomische Ideengeschichte in den letzten Jahrzenten an Universitäten an Einfluss verloren hat (vgl. Weintraub 2002a; Beckenbach et al. 2016, S. 47–50), hat in Deutschland eine solche Entwicklung nicht stattgefunden, sodass sich hier nicht von einem Niedergang sprechen lässt. Andererseits war sie als Fach an deutschen Universitäten auch nie so stark institutionalisiert wie in anderen Ländern. Vor einhundert Jahren stellte Heinrich Herkner fest, dass „die deutschen Volkswirte oft den Vorwurf zu hören [bekommen], daß sie die Geschichte der Nationalökonomie

[5]Neuere Erhebungen als die genannten sind mir nicht bekannt. Es kann jedoch vermutet werden, dass sich die Situation nicht allzu stark verändert hat. Beckenbach et al. konstatieren in ihrer empirischen Untersuchung von 2016 einen „weitgehenden Verzicht auf theoriegeschichtliche Veranstaltungen in der Mehrzahl der volkswirtschaftlichen Curricula" (2016, S. 29n). Allerdings werden hier vor allem die Pflichtveranstaltungen untersucht. Zudem gaben lediglich 4,5 % der befragten Student*innen an, dass an ihrer jeweiligen Universität in den letzten vier Semestern Vorlesungen im Bereich der Ökonomischen Ideengeschichte gehalten worden seien (2016, S. 82). Ideengeschichtliche Lehrveranstaltungen sind aus meiner Erfahrung allerdings häufig keine Pflichtveranstaltungen und werden oftmals als Seminar unterrichtet. Deswegen ist davon auszugehen ist, dass in dieser Studie nicht alle ideengeschichtliche Veranstaltungen erfasst sind.

ungebührlich vernachlässigen" (1916, S. 224) und er bemängelte u. a., dass es in Deutschland hierfür keine Professur gäbe. Unbestritten ist hingegen, dass es eine lange Tradition der Ökonomischen Ideengeschichte in Deutschland gibt.[6] Jedoch hat die Ideengeschichte einen weit geringeren Status als andere Fachgebiete der Volkswirtschaftslehre und wird heute im ökonomischen Mainstream weitgehend ignoriert. So ordnen Beckenbach et al. in ihrer oben erwähnten empirischen Untersuchung die Ökonomische Ideengeschichte explizit nicht dem Mainstream zu, sondern bezeichnen sie als einen „Sidestream" und charakterisieren sie als heterodoxe Denkrichtung (vgl. Beckenbach et al. 2016, S. 91–95, 152–159).

Im Folgenden soll auf die Ökonomische Ideengeschichte eingegangen werden und ihre Entwicklung und Methoden dargestellt werden. Im Anschluss werden Erkenntnisse in Bezug auf die Volkswirtschaftslehre erörtert, die durch die Ökonomische Ideengeschichte hervorgebracht wurden. In der Schlussbetrachtung wird das Verhältnis dieser Disziplin zu heterodoxen ökonomischen Traditionen und zur Pluralen Ökonomik diskutiert. Um Missverständnissen vorzubeugen, noch eine abschließende Bemerkung zur Bezeichnung: Für die Ökonomische Ideengeschichte gibt es keine klar definierten Bezeichnungen. ‚Geschichte der volkwirtschaftlichen Lehrmeinungen' und ‚Ökonomische Theoriegeschichte' stellen sehr stark auf die reine Theorie ab. Gleiches gilt für den Begriff ‚Dogmengeschichte', der darüber hinaus noch die Schwäche aufweist, dass spätestens seit Karl Poppers einflussreichem Werk ‚Logik der Forschung' (vgl. 1935) Dogmen in der Wissenschaftstheorie als Gegensatz zu wissenschaftlichen Theorien definiert werden. ‚Geschichte des ökonomischen Denkens' ist die wörtliche Übersetzung der im Englischen geläufigen Bezeichnung ‚History of Economic Thought', aber er ist aufgrund der Länge recht sperrig. Deswegen ziehe ich den Begriff ‚Ökonomische Ideengeschichte' vor.

2 Ökonomische Ideengeschichte: Eine Übersicht

> Die Geschichte einer Wissenschaft ist ein Theil ihres Wesens, eine Grundlage ihres Systems; – das notwendige Hilfsmittel zu ihrer Fortbildung, und die Bedingung eines tieferen Verständnisses derselben (Julius Kautz 1860).

[6] Schon im 19. Jahrhundert gab es Bücher zur Ideengeschichte, wie beispielsweise Julius Kautzs ‚Die geschichtliche Entwicklung der National-Oekonomik und ihrer Literatur' (vgl. 1860), welches von Bertram Schefold als erstes wichtiges deutsches Buch auf diesem Gebiet bezeichnet wird (Schefold 2002, S. 125). In der Historischen Schule der Nationalökonomie, die in Deutschland lange Zeit weit verbreitet war, war die Ideengeschichte zudem ein wichtiger Bestandteil. Dies führte allerdings nicht zur Schaffung von Lehrstühlen für dieses Fachgebiet. Nach dem Niedergang der Historischen Schule kam es innerhalb der westdeutschen Volkswirtschaftslehre zu einer Herabwürdigung der Ideengeschichte (Schefold 2002, S. 125–126). In der DDR wurde ihr hingegen ein höherer Stellenwert beigemessen, wie eine Gutachter*in anmerkte. Dort galt die Ökonomische Ideengeschichte als Pflichtfach im volkswirtschaftlichen Studium.

Richard Rorty unterscheidet vier Genres der Historiografie der Philosophie: historische Rekonstruktion, rationale Rekonstruktion, Geistesgeschichte und Doxografie (vgl. 1984). Er fügt noch ein weiteres Genre hinzu, das über die Historiografie einzelner Fachgebiete hinausgeht und er als ‚Intellectual History' bezeichnet. Diese Einteilung ist nicht unumstritten, aber sie bietet einen geeigneten Rahmen, um über Ökonomische Ideengeschichte nachzudenken. Zudem wurde diese Einteilung von vielen ökonomischen Ideenhistoriker*innen selbst übernommen und dort in den letzten Jahrzehnten wohl am häufigsten diskutiert (vgl. Blaug 1990; Johnson 1992).

Die *historische Rekonstruktion* stellt Ideen und Probleme früherer Denker*innen in ihren ursprünglichen Kontext. Diese werden dargestellt, ohne dass sie durch eine Brille späterer Entwicklungen betrachtet werden. Der Schwerpunkt liegt hierbei darauf, was frühere Denker*innen wirklich gesagt und gemeint haben. Hierzu werden ihre Herangehensweisen und analytischen Konzepte sowie die von ihnen benutzte Sprache genau untersucht. So kann die Entdeckung neuer Dokumente, wie beispielsweise Briefe oder Notizbücher der behandelten Denker*innen, zu einer Umschreibung bisheriger Ergebnisse führen. Die *rationale Rekonstruktion* versucht hingegen, ältere Ideen mit modernen wissenschaftlichen Methoden und theoretischen Werkzeugen darzustellen, auch solche, die den Urheber*innen der jeweiligen Idee fremd waren. Verstorbene Denker*innen werden auf diese Art als Gesprächspartner*innen für aktuelle wissenschaftliche Diskussionen hinzugezogen. Eine rationale Rekonstruktion reißt Ideen also aus ihrem ursprünglichen Kontext. Dies geschieht beispielsweise dann, wenn Adam Smiths Theorie mithilfe von mathematischen Formeln und Diagrammen dargestellt wird. Dies geschieht auch, wenn gefragt wird, was John Maynard Keynes wohl zur aktuellen Eurokrise gesagt hätte. Rationale Rekonstruktionen sind im eigentlichen Sinne ökonomische Analysen und keine historischen Arbeiten. Das heißt: Während Historiker*innen sich (zumindest theoretisch) auf eine einzige historische Rekonstruktion als richtige Rekonstruktion eines/r Autors*in einigen können, ist dies bei rationalen Rekonstruktionen nicht gegeben, da konkurrierende moderne Konzepte und Werkzeuge auf ältere Denker*innen projiziert werden können.

Die beiden bisher genannten Formen der Historiografie haben einzelne Ideen oder theoretische Ansätze früherer Denker*innen zum Inhalt. Im Unterschied hierzu beziehen sich Geistesgeschichte und Doxografie auf die Ebene der Fragestellungen bzw. Problematiken. Ihr Untersuchungsgegenstand ist also umfassender. *Geistesgeschichte* erstellt ein historisch schlüssiges Narrativ und dient somit der Kanonbildung eines Fachgebietes. Nicht einzelne Werke, sondern das ganze Lebenswerk der untersuchten Person stehen im Mittelpunkt der Forschung. Oftmals werden ein längerer Zeitraum sowie mehrere Denker*innen miteinbezogen. Solche Narrative werden also historisch begründet. Anachronistische Darstellungen werden, soweit wie möglich, vermieden. Vollständig objektiv können Geistesgeschichten allerdings nicht sein. Ihre Verfasser*innen müssen entscheiden, welche Fragen und Probleme in den wirtschaftswissenschaftlichen Diskussionen relevant sind bzw. waren und welche Ökonom*innen von Bedeutung sind. Forschende trennen somit die Spreu vom Weizen, indem sie historisch begründen, wer in den Kanon aufgenommen werden soll. *Doxografie* ist hingegen eine Art der Geschichtsschreibung, deren Ziel es ist, die Ideen früherer Denker*innen als einfachere Vorläufer der eigenen Ideen darzustellen. Hierbei werden diese entstellt oder sogar verfälscht wiedergegeben. Doxografie ist dadurch gekennzeichnet, dass die Entwicklung ökonomischen Denkens als kontinuierlicher Fortschritt dargestellt wird, der in der heutigen volkswirtschaftlichen Theorie ihren Höhepunkt findet. Sie wird auch als *Whig-Geschichtsschreibung*[7] bezeichnet. Moderne ökonomische Methoden und Fragestellungen werden auf frühere Ansätze übertragen. Dies beinhaltet, dass ältere Theorien vom Standpunkt der heutigen Volkswirtschaftslehre aus bewertet werden, was auch als ‚Präsentismus' bezeichnet wird. Doxografien sollen also zeigen, dass Aristoteles, Adam Smith und John Maynard Keynes alle über die gleichen Fragen und Probleme geschrieben haben. Rorty plädiert daher dafür, diese Art der Geschichtsschreibung fallenzulassen, da sie unhistorisch sei und nicht zum Erkenntnisgewinn beitrage, sondern vielmehr „inspires boredom and despair" (1984, S. 62).

Neben diesen spezifischen Genres der Historiografie der Philosophie sei zuletzt noch die allgemeinere *Intellectual History* kurz erläutert. Diese stellt das soziale, politische, ökonomische, institutionelle und intellektuelle Umfeld einer Gesellschaft und deren Zeitgeist dar. Im Gegensatz zur Geistesgeschichte, die sich vor allem auf die Schlüsselfiguren eines Fachgebiets konzentriert, bezieht Intellectual History auch unbedeutendere Personen mit ein. Eine Betrachtung geht dabei über das einzelne Fachgebiet hinaus, indem die Zeit und das Umfeld untersucht werden, in dem Personen gewirkt haben (z. B. die schottische Gesellschaft zur Zeit der Schottischen Aufklärung oder Deutschland zur Zeit Friedrich Lists). Dieses Genre stellt nicht das primäre Ziel ökonomischer Ideenhistoriker*innen dar, muss aber von diesen zumindest berücksichtigt werden. Intellectual History inspiriert somit einerseits Geistesgeschichten und historische Rekonstruktionen, liefert quasi das „Rohmaterial" für diese (Rorty 1984, S. 70). Auf der anderen Seite begrenzt sie diese auch, da Geistesgeschichte und historische Rekonstruktionen mit dieser im Einklang sein müssen, um nicht als unhistorisch zu gelten (Rorty 1984, S. 67–74).

In der Ökonomischen Ideengeschichte wird vereinfachend oftmals nur zwischen historischer und rationaler Rekonstruktion unterschieden. Geistesgeschichte wird der historischen Rekonstruktion zugeordnet, ebenso die Intellectual History, wenngleich letztere häufig gar nicht berücksichtigt wird. Unter dem Begriff rationale Rekonstruktion wird sowohl rationale Rekonstruktion in Rortys Sinne und Doxografie bzw. Whig-Geschichtsschreibung zusammengefasst. Diese Vereinfachung ist allerdings irreführend und hat, wie E. Roy Weintraub feststellt, sogar „some very good historians of economics quite confused" (2016, S. 359) zurückgelassen. Deswegen werde ich Rortys ursprüngliche Genres verwenden. Historische Rekonstruktion und Geistesgeschichte sind wichtige Formen der Ideengeschichte, da diese historisch arbeiten und Ideen, theoretische Ansätze,

---

[7]Der Begriff geht auf den Historiker Herbert Butterfield zurück, der ihn mit Bezug auf die frühere britische Whig-Partei eingeführt hat (vgl. Butterfield 1968 [1931]).

Methoden und ihre Entwicklungen in ihren räumlichen und zeitlichen Kontext setzen, der von Intellectual Histories herausgearbeitet wird. Rationale Rekonstruktionen hingegen stoßen teilweise auf Ablehnung, da sie notwendigerweise zu Anachronismen und meist zu einer verzerrten Darstellung führen. Wenn beispielsweise die Ideen klassischer Ökonomen mithilfe mathematischer Funktionen dargestellt werden, werden implizit Annahmen bezüglich der Differenzierbarkeit getroffen, die in den ursprünglichen, verbal formulierten Ideen nicht getroffen wurden. Rorty selbst sah rationale Rekonstruktionen als legitim an, sofern sie sich dieser Neigung zum Anachronismus bewusst sind und sie kenntlich machen. Er selbst wirft aber die Frage auf, ob es sich überhaupt um eine Methode für Ideenhistoriker*innen handeln würde, da nicht historisch vorgegangen wird (Rorty 1984, S. 53). Andere Ideenhistoriker*innen stellen die Legitimität der rationalen Rekonstruktion aufgrund des Anachronismus infrage. Ich werde mit Rorty die rationale Rekonstruktion als legitim ansehen, jedoch aufzeigen, dass sie kaum historischen Erkenntnisgewinn erbringt, und daher nicht primäres Ziel der Ökonomischen Ideengeschichte sein sollte.

Die drei Genres – historische Rekonstruktion, rationale Rekonstruktion und Geistesgeschichte – sind nicht trennscharf. Rorty verwendet sie im Sinne von Idealtypen. In den meisten historiografischen Arbeiten liegt eine Mischung dieser Genres vor, wobei meistens ein Genre überwiegt (Rorty 1984, S. 60, 68). Innerhalb der Ideengeschichte hat sich heutzutage aber bezüglich der Unzulässigkeit der Doxografie ein Konsens gebildet, da diese keinerlei Erkenntnisgewinn bietet, ahistorisch ist und die ideengeschichtliche Entwicklung verfälscht. Eine solche Geschichtsschreibung gleicht mehr einem Prokrustesbett, in das alles hineingezwungen wird, auch wenn es dort eigentlich nicht hineinpasst. Sie hat einzig die Funktion, moderne Ansätze zu legitimieren. Letztlich wird hierbei Geschichte für die engen Bedürfnisse ihrer Verfasser*innen geschrieben. Dies sagt somit mehr über deren Vorurteile aus als über die Ansichten früherer Denker*innen.

Aufgrund der Geschichtsvergessenheit des neoklassischen Mainstreams und da ihm historische Methoden in der Regel fremd sind, ist es wenig verwunderlich, dass seit Mitte des 20. Jahrhunderts in der Volkswirtschaftslehre die Doxografie bzw. Whig-Geschichtsschreibung vorherrschend wurde. Sie ist zudem in den meisten Lehrbüchern, die kurze historische Abrisse liefern, üblich.[8] Hier wird die historische Entwicklung als eine geradlinige Entwicklung zu heute dargestellt und behauptet, alle vorherigen Ökonom*innen hätten das Ziel gehabt, die heute gültigen Theorien zu entwickeln. Dies kann im Charakter der Lehrbücher begründet liegen, da dort die Geschichte eines Faches dargestellt wird, um eine heutige Position zu rechtfertigen und um letztlich einen behaupteten kumulativen Fortschritt der Wissenschaft zu begründen. Thomas S. Kuhn stellt in diesem Zusammenhang fest, dass Lehrbücher „oft systematisch

[8]Für eine Diskussion der Doxografie in Lehrbüchern und der Mainstream-Geschichtsschreibung anhand der Darstellung der Außenhandelstheorie Adam Smiths, vgl. Schumacher (2012).

in die Irre führen" (Kuhn 2003 [1962], S. 182; vgl. auch 2002 [1989], S. 87–88). Auch innerhalb der Ökonomischen Ideengeschichte hatte sich die Whig-Geschichtsschreibung in der Mitte des 20. Jahrhunderts durchgesetzt. Sie wird häufig als ‚Geschichte der ökonomischen Analyse' bezeichnet. Das bekannteste Werk dieser Richtung, das zudem diesen Titel trägt, stammt von Joseph Schumpeters (vgl. 2009 [1954]).[9] Paul Samuelson meint gar: „there is but one grand concept of general equilibrium" (1962, S. 4) und somit müsse alle geschichtliche Entwicklung am Maßstab der allgemeinen Gleichgewichtstheorie gemessen werden. Dies sei die Art von Historiografie, die am meisten Erfolg verspreche (vgl. Samuelson 1987).[10] In der zweiten Hälfte des 20. Jahrhunderts folgten viele Lehrbücher dieser Richtung (vgl. z. B. Staley 1989; Niehans 1990).

In den letzten drei Jahrzehnten hat allerdings innerhalb der Ökonomischen Ideengeschichte eine Abkehr von der Whig-Geschichtsschreibung stattgefunden und in einem kleineren Umfang auch von der rationalen Rekonstruktion.[11] Hierbei ist sie, wenn auch mit einiger Verspätung, der Wissenschaftsgeschichte gefolgt. Die heutige Ökonomische Ideengeschichte ist auf historische Rekonstruktion und Geistesgeschichte ausgerichtet und somit auf historisch arbeitenden Methoden, wodurch auch der überfachlichen Intellectual History eine größere Rolle zukommt. Ältere Ideen werden in ihren historischen Kontext gestellt, denn „Ideenhistoriker untersuchen nicht Ideen schlechthin, sondern situierte Ideen" (Dorschel 2010, S. 23). Es wird versucht, die Absichten und Probleme früherer Denker*innen nachzuvollziehen. Ihre Texte und Ideen sollen so rekonstruiert werden, dass die ursprünglichen Intentionen wiedergegeben und verstanden werden. Dies beinhaltet, dass die zeitgenössische Bedeutung von Begriffen dargestellt wird, die von der heutigen Bedeutung abweichen kann.[12] Um beispielsweise Adam Smiths

---

[9]Schumpeter spricht sich explizit für eine Whig-Geschichtsschreibung und rationale Rekonstruktionen aus. In seinem Buch hält er sich aber selbst nicht immer an seine eigenen Vorgaben. Dennoch vertritt er zumindest in Teilen eine „geradezu atemraubend unhistorische Sicht" (Bürgin 1996, S. 113).

[10]Allerdings hat sich Samuelson wenig an seine eigenen Vorgaben gehalten. Seine Auseinandersetzung mit der klassischen Ökonomie war nicht historiografisch motiviert, wie Weintraub feststellt: „Samuelson was not doing Whig history. Samuelson was performing economic analysis" (Weintraub 2016, S. 353).

[11]Dieser Wandel lässt sich an Mark Blaug, einem der renommiertesten ökonomischen Ideenhistoriker des 20. Jahrhunderts, personifizieren. Er selbst hatte sich lange Zeit für die Whig-Geschichtsschreibung und rationale Rekonstruktion und gegen die historische Rekonstruktion und Geistesgeschichte ausgesprochen; sein Sinneswandel folgte Ende der 1980er-Jahre (vgl. Davis 2013; Maas 2013).

[12]Ein Beispiel, wie eine Unkenntnis zeitgenössischer Begriffsbedeutungen zu Fehlinterpretationen ökonomischer Theorien führen kann, ist die Diskussion um die Vorteile des Außenhandels in Adam Smiths Theorie und besonders die sogenannte ‚vent-for-surplus'-Interpretation. Diese Fehlinterpretation hat in der Literatur zu einigen Missverständnissen geführt (vgl. Schumacher 2015).

Theorie zu verstehen, muss diese in den damaligen historischen Kontext eingebettet werden und darf nicht einfach mathematisch dargestellt werden. Das heißt, dass Smiths Sprache, seine intellektuelle Umgebung, seine Persönlichkeit und die geschichtlichen Prozesse seiner Zeit erst einmal verstanden werden müssen. Ökonomische Ideenhistoriker*innen müssen also nicht nur Kenntnisse von den jeweils vorherrschenden ökonomischen Methoden haben, sondern auch von den historischen Methoden. Sie sind Historiker*innen und Ökonom*innen zugleich.

Hinter den Ansätzen der historischen Rekonstruktion, Geistesgeschichte und Intellectual History verbirgt sich keine einheitliche Herangehensweise, sondern es herrscht eine Methodenvielfalt. In der Ökonomischen Ideengeschichte sind die angewendeten Herangehensweisen besonders in den letzten Jahrzehnten stark angewachsen. Das liegt vor allem daran, dass, nachdem sich mehr und mehr von der Whig-Geschichtsschreibung losgesagt wurde, eine Öffnung hin zu anderen historisch und mit historischem Material arbeitenden Wissenschaften stattgefunden hat. Hierdurch konnten neue Methoden für die Ökonomische Ideengeschichte erschlossen und entwickelt werden.[13] So wurden methodische Herangehensweisen vor allem aus der Geschichtswissenschaft, der Wissenschaftsgeschichte, der Philosophie, der Soziologie und der Literaturwissenschaft eingeführt. Die heutigen Untersuchungsmethoden reichen beispielsweise von der Begriffsgeschichte (vgl. Klaes 2001) über Rhetorik (vgl. McCloskey 1983, 1998), konstruktivistischen (vgl. Emmett 2001), phänomenologischen (vgl. Düppe 2011) und strukturalistischen – besonders auf Michel Foucault aufbauenden – Ansätzen (vgl. Hamberger 2002; Dix 2014) bis hin zum Genre des ‚life-writings', wozu Biografien und Prosopografien gehören (vgl. Forget 2002; Weintraub und Forget 2007). Weiterhin wird untersucht, wie sich ökonomische Ideen in anderen Bereichen auswirken, beispielsweise in der Literatur einer Epoche (vgl. Schefold 1992, 2016). Diese Aufzählung ist alles andere als vollständig. Sie soll lediglich die Vielfalt der Ansätze in der heutigen Ökonomischen Ideengesichte illustrieren. Ebenso vielfältig sind dementsprechend die Untersuchungsgegenstände der heutigen Ökonomischen Ideengeschichte.

Aber nicht nur die Ökonomische Ideengeschichte hat sich gegenüber der Wissenschaftsgeschichte (‚History of Science') geöffnet. Umgekehrt findet seit Mitte der 1990er–Jahre auch eine Öffnung der Wissenschaftsgeschichte gegenüber der Ökonomischen Ideengeschichte statt (vgl. Schabas 2002), nachdem diese zuvor von der

[13]Bereits früher wurde versucht, Konzepte außerhalb der Ökonomik aufzugreifen, wenn auch nicht in dem heutigen Ausmaß. Vielfach war dies beschränkt auf die Wissenschaftstheorie. Hierbei standen Versuche im Vordergrund, die Ansätze von Karl Popper, Thomas Kuhn und Imre Lakatos auf die Ökonomik zu übertragen. Dies hat allerdings nicht zu fruchtbaren Ergebnissen geführt (Goodwin 1980, S. 610; Mirowski 2002, S. 381), wenngleich die genannten Namen und Begrifflichkeiten wie ‚Paradigma' (Kuhn) oder ‚Forschungsprogramm' (Lakatos) weiterhin durch die Ökonomische Ideengeschichte geistern.

Wissenschaftsgeschichte vernachlässigt worden war (vgl. Schabas 1992).[14] Die Isolierung der Ökonomischen Ideengeschichte innerhalb der Volkswirtschaftslehre hat dabei auch zu einer Debatte geführt, ob sich die Ökonomische Ideengeschichte nicht von der Volkswirtschaftslehre trennen und sich institutionell der Wissenschaftsgeschichte anschließen und dort ein neues Zuhause finden solle (vgl. Winch 1962; Schabas 1992, 2002; Emmett 1997). Dies wird von den meisten Vertreter*innen der Ökonomischen Ideengeschichte aber abgelehnt. Doch zumindest die Ergiebigkeit von Kooperationen zwischen beiden Disziplinen ist unbestritten.

Die eben aufgezählten Ansätze haben miteinander gemein, dass frühere Denker*innen, Texte, Theorien, Ideen und Schulen in ihren jeweiligen Kontext gestellt werden, denn ohne Kontext können diese oftmals nicht begriffen und auch nicht bewertet werden. Im Gegensatz zu rationalen Rekonstruktionen und einer Whig-Geschichtsschreibung wird versucht, historische Entwicklu-ngen zu verstehen und einzuordnen. Dafür werden historische Quellen interpretiert, zu denen auch Archivmaterial gehört. Ökonomische Theorien und ihre Entwicklung können nicht verstanden werden, wenn sie völlig aus dem Kontext gerissen werden. Theorien sind nie isoliert von materiellen und ideellen Entwicklungen. Die Bedeutung und das Verständnis ökonomischer Ideen sind immer historisch bedingt. Ökonomische Ansätze lassen sich nicht aus sich selbst heraus erklären, sondern als Reaktion und Reflexion konkreter historischer Entwicklungen und Probleme, zeitgenössischer intellektueller Strömungen und der Ideen anderer Denker*innen. In dem Spannungsfeld von sozialen, politischen, kulturellen, philosophischen und materiellen Zuständen einer Zeit entstehen und entwickeln sich ökonomische Ideen. Vor diesem Hintergrund müssen diese Theorien daher bewertet werden. Diese Einflussfaktoren können dabei in drei Kategorien zusammengefasst werden: geschichtliche Entwicklungen und Ereignisse, das intellektuelle Umfeld sowie vorhergehende Ökonom*innen und ihre Theorien.

Ökonomische Ideen spiegeln häufig *geschichtliche Entwicklungen* wider. Epistemische Interessen innerhalb der Ökonomik bilden sich vor dem Hintergrund wirtschaftlicher Ereignisse und Entwicklungen. Die Ökonomische Ideengeschichte ist somit eng verwoben mit der Wirtschaftsgeschichte. Die merkantilistischen Lehren spiegeln beispielsweise die Politik und wirtschaftlichen Erwartungen des absolutistischen Staates wider und John Maynard Keynes' Theorie ist als eine Antwort auf die Große Depression und die mit ihr einhergehende Arbeitslosigkeit zu verstehen. Obwohl sich Ideengeschichte vorrangig mit Ideen und weniger mit realen Ereignissen auseinandersetzt, ist eine strenge Trennung zwischen beiden irreführend. Es besteht vielmehr eine innere Wechselwirkung zwischen ihnen.

[14]Philippe Fontaine gibt einen guten Überblick über die neuere Forschung der Wissenschaftsgeschichte im Bereich der Ökonomischen Ideengeschichte (vgl. 2016). Ein hervorragendes Beispiel hierfür ist das aus einer Arbeitsgruppe des Berliner Max-Planck-Instituts für Wissenschaftsgeschichte hervorgegangene Buch ‚How Reason Almost Lost Its Mind', welches sich mit ökonomischem Denken während des Kalten Krieges auseinandersetzt (vgl. Erickson et al. 2013).

Ebenso beeinflusst der *Zeitgeist* ökonomische Theorien. Beispielsweise muss Adam Smiths ökonomisches Denken im Kontext der Schottischen Aufklärung und der Naturrechtsphilosophie verstanden werden. Ökonomische Ideen sind immer eingebettet in größere gesellschaftliche Denkströmungen und stehen mit diesen in einer Beziehung innerer Wechselwirkung. Denkweisen, Sprache und Kultur haben einen großen Einfluss auf ökonomische Ideen. Daher ist es wenig verwunderlich, dass völlig unterschiedliche ökonomische Ansätze in verschiedenen Weltgegenden entwickelt wurden.[15]

Zudem werden Ökonom*innen von *vorhergehenden Denker*innen* beeinflusst. Ökonom*innen greifen auf bereits vorhandene Theorien zurück, bauen auf diesen auf oder grenzen sich von diesen ab. Sie stellen neue Theorien nicht aus dem Nichts auf. Darauf verweist auch die Metapher, dass Wissenschaftler*innen auf den Schultern von Riesen stehen, die vor ihnen gewirkt und der eigenen Forschung den Weg bereitet hätten. Dieser Metapher ist allerdings insofern irreführend, dass Entwicklungen nicht immer in eine Richtung verlaufen. Bestehende Theorien werden nicht immer nur weiterentwickelt, sondern es kann auch zu einem Bruch kommen, sodass neue Theorien explizit in Abgrenzung zu bestehenden Theorien entwickelt werden. Zudem entwickeln Ökonom*innen ihre Theorien auf Grundlage von Kritik weiter. Ihre Theorien sind also auch Teil einer wissenschaftlichen Entwicklung und nicht getrennt von dieser zu sehen. Ihre Wurzeln reichen zumindest teilweise in die Vergangenheit zurück.

Somit haben ökonomische Theorien und Ideen eine historische Berechtigung und Bedeutung, welche nicht begriffen werden können, wenn sie nicht in den Kontext ihrer Entwicklung gestellt werden. Es ist Aufgabe der Ideengeschichte, dies aufzuzeigen. Oftmals ist eine bestimmte Zeit auch reif für bestimmte Ideen. Robert Merton entwickelte auf Grundlage empirischer Untersuchungen eine Theorie der multiplen Entdeckung neuer wissenschaftlicher Ideen. Dieser Theorie nach werden neue Ideen nicht nur einmal, sondern unabhängig und fast zeitgleich von mehreren Wissenschaftler*innen entwickelt (vgl. Merton 1961). Dies soll nicht die Leistung einzelner Wissenschaftler*innen schmälern, denn Ideen und Theorien werden immer von Individuen oder einer Gruppe von Individuen entwickelt. Ideengeschichtliche Entwicklungen werden zwar von der Geschichte, dem Zeitgeist und den vorherigen Denker*innen beeinflusst, sie sind aber dadurch nicht vorherbestimmt. Ideengeschichte setzt sich aus diesem Grund nicht ausschließlich mit Ideen und ihren Entwicklungen auseinander, sondern auch mit den Menschen hinter diesen Ideen, weswegen biografische Hintergründe von Ökonom*innen zu ihren Untersuchungsgegenständen gehören.[16] Zudem gilt, dass die eben darstellten

[15]Vgl. Barnett (2015) für eine Übersicht über ökonomische Denktraditionen in verschiedenen Ländern und Regionen.

[16]Im Gegensatz dazu behauptet ein Großteil der Mainstream-Ökonomik, dass biografische Hintergründe irrelevant seien.

Einflüsse nicht nur in eine Richtung wirken. Ökonomische Ideen können wiederum das soziale, politische, ökonomische, institutionelle und intellektuelle Umfeld prägen (siehe auch → ‚Macht Ökonomie Gesellschaft?' in diesem Sammelband).

3 Was Ökonomische Ideengeschichte über die Entwicklung der Ökonomik lehrt

> Eine Hauptursache der Armut in den Wissenschaften ist meist eingebildeter Reichtum (Bertolt Brecht, Leben des Galilei, 1963).

Neben den konkreten Erkenntnissen der Ökonomischen Ideengeschichte können allgemeine Lehren bezüglich der Entwicklung ökonomischer Ideen gezogen werden. Diese Erkenntnisse widersprechen weit verbreiteten Annahmen des ökonomischen Mainstreams und der Whig-Geschichtsschreibung. Sie bestehen darin, dass a) wissenschaftlicher Fortschritt in der Ökonomik oftmals nicht kumulativ erfolgt, dass es b) für Finalismus in der Ökonomik keine Grundlage gibt und dass c) kein perfekter Markt für ökonomische Ideen existiert.

Die Ökonomische Ideengeschichte lehrt, dass sich die volkswirtschaftlichen Theorien *nicht ausschließlich kontinuierlich und kumulativ* weiterentwickeln. Vielmehr ist die Ökonomik durch viele Diskontinuitäten gekennzeichnet. Dass es überhaupt einen Fortschritt in der Volkswirtschaftslehre gibt und geben kann, wird zwar nur von wenigen bezweifelt. Ein Fortschritt findet allerdings vor allem innerhalb eines Theoriesystems statt, beispielsweise dadurch, dass die Erklärungskraft vergrößert, das Abstraktionsniveau erhöht wird oder die logische Konsistenz verbessert wird. Theorieübergreifend verlaufen Entwicklungen vielfach substitutiv oder zyklisch. Fritz Neumark stellt fest, dass es häufig zu einer „zyklische[n] Wiederkehr bestimmter inhaltlicher und methodologischer Fragen" (1975, S. 281) in der ökonomischen Theorie komme. Ein Beispiel hierfür ist die Außenhandelstheorie, in der ein Grundsatzstreit zwischen am Freihandel und am Protektionismus orientierten Theorien besteht. Zu unterschiedlichen Zeiten an unterschiedlichen Orten dominiert mal die eine, mal die andere Position. Eine endgültige Klärung dieser Problematik hat es bis heute nicht gegeben und kann es wohl auch nicht geben, jedenfalls nicht in der Theorie. Was früher merkantilistische und liberale Theorien waren, sind heute neomerkantilistische und neoliberale Theorien. Damit soll nicht ausgesagt werden, dass diese Theorien jeweils identisch seien. Es hat durchaus eine Entwicklung, u. a. bezüglich der genauen Fragestellung und der Methodik, gegeben. Ein anderes Beispiel ist die Annahme, die heute unter dem Begriff der Geldneutralität bekannt ist. Bereits vor über 250 Jahren wurde dieses Thema diskutiert, wobei David Hume und Henry Home Kames von einer langfristigen – aber nicht kurzfristigen – Neutralität des Geldes ausgingen, während Josiah Tucker und James Oswald von einer Nichtneutralität des Geldes ausgegangen waren (vgl. Schumacher 2016). In der heutigen Volkswirtschaftslehre wird die Geldneutralität vor allem von Vertreter*innen der Quantitätstheorie des Geldes vertreten, während andere die Geldneutralitätsthese ablehnen. Hier hat sich trotz zahlreicher theoretischer Entwicklungen und empirischer Untersuchungen kein Konsens gebildet. Dies lässt „auf das Vorhandensein elementarer Wirtschaftstatbestände und -probleme schliessen, zu deren theoretischer und praktischer Bewältigung nur die Wahl zwischen zwei prinzipiell konträren Alternativen offensteht" (Neumark 1975, S. 281); Alternativen, die in sich geschlossene, logische Theorien beinhalten und sich gegenseitig ausschließen. Diese theoretischen Grundfragen können nie endgültig geklärt werden, denn ihnen liegen Annahmen und normative Urteile zugrunde, die nicht als falsch oder richtig zurückgewiesen werden können. Es kommt daher auch vor, dass alte Ideen „recycelt" (vgl. Waterman 1997) werden. Dies bedeutet, dass Theorien, die aus der Mode gekommen sind, nicht als falsch oder als sich überlebt abgestempelt werden können. Vielmehr können sie jederzeit in einer neuen Gestalt wieder hervortreten und Gültigkeit erlangen, besonders wenn sich gesellschaftliche Werturteile zu ihren Gunsten wenden.

Das soll nicht bedeuten, dass jede Entwicklung in der Ökonomischen Ideengeschichte zyklisch verläuft. Es werden auch neue Theorien entwickelt, die keine Wiederkehr älterer Ideen im neuen Gewand darstellen. Allerdings ersetzen neue Theorien oftmals ältere Theorien. Hierbei handelt es sich um substitutiven Fortschritt.[17] Dies ist aber eher als eine Entwicklung und nicht als ein Fortschritt im wertenden Sinne zu verstehen. Eine Theorie ersetzt also eine andere, wobei es zu einem Umbruch kommt. Die Problemstellung, die methodischen Ansätze, die epistemologischen Positionen, der Untersuchungsgegenstand und die Grundannahmen, die häufig normativ aufgeladen sind, unterscheiden sich zum Teil grundlegend von denen der älteren Theorie, weswegen eine direkte Vergleichbarkeit häufig unmöglich ist. Für diese Unvereinbarkeit von Theoriesystemen wurde von Kuhn der Begriff „Inkommensurabilität" (2003 [1962], S. 159–161) geprägt. Hinzu kommt, dass neue Theoriesysteme auch explizit in Abgrenzung zu älteren Theoriesystemen aufgestellt werden. Die Grenznutzenschule und die damit einhergehende subjektive Wertlehre ist keine Weiterentwicklung, sondern eine Anfechtung der klassischen Werttheorie. Die heutige Volkswirtschaftslehre folgt der Definition von Lionel Robbins und definiert ihre Aufgabe als Studium des menschlichen Verhaltens in der Beziehung zwischen Zielen und knappen Mitteln mit alternativen Verwendungen (vgl. 1932).[18] Die klassische Ökonomie hingegen wollte die Ursachen und die Verteilung wirtschaftlichen Reichtums erklären und war eine dynamische Theorie, die nicht von knappen Ressourcen im heutigen Sinne ausgegangen ist. Ebenso war die Erklärung von relativen Preisen, auf der in der modernen Volkswirtschaftslehre ein Hauptaugenmerk liegt, für die klassische Ökonomie viel weniger relevant. Die klassische

[17]Vgl. Helmstädter (1994) zur Unterscheidung zwischen kumulativem, substitutivem und zirkulärem Fortschritt in der Ökonomik.

[18]Zum Konzept der Knappheit in der Ökonomie, siehe auch → ‚Scarcity Inc.' in diesem Sammelband.

Ökonomie teilt somit weder die Fragestellungen noch die Herangehensweise der heutigen Volkswirtschaftslehre. Zu berücksichtigen ist hierbei, dass diese Theoriesysteme aus verschiedenen historischen und sozioökonomischen Situationen entstanden und entwickelt wurden. Von einem kumulativen Fortschritt von der klassischen Ökonomie zur neoklassischen Ökonomik zu sprechen, ist daher nicht möglich. Darüber hinaus unterscheiden sich frühere Ansätze von der neoklassischen Volkswirtschaftslehre hinsichtlich ihrer Zielsetzung. Letztere sieht es, Milton Friedman folgend (vgl. 1953), als vorrangige Aufgabe der Ökonomik an, (‚richtige') Vorhersagen zu treffen. Hier wird die Wissenschaft zu allererst als Werkzeug angesehen, weshalb dieser Ansatz als ‚Instrumentalismus' bezeichnet wird. Andere Ansätze können andere methodologische Ziele ausgeben. So steht beispielsweise im wissenschaftlichen Realismus das Erklären ökonomischer Phänomene im Zentrum. Doch keine dieser Zielsetzung und daraus folgenden methodologischen Positionen können als falsch zurückgewiesen werden, sie können höchstens kritisiert werden. Unter logischen oder anderen Maßstäben kann keine dieser Positionen als die einzig ‚wahre' bewiesen werden, es kann sich höchstens ein Konsens bilden. Wenn in der Ökonomik eine methodologische Position eine andere ablöst, kann also nicht von kumulativem Fortschritt gesprochen werden. Der Existenz eines rein kumulativen Fortschritts, wie ihn die heutige Mainstream-Ökonomik annimmt[19] und der letztlich ein wesentlicher Grund für ihre Geschichtsvergessenheit ist, wird von der Ökonomischen Ideengeschichte eindeutig widersprochen (vgl. Boehm et al. 2002). Eine solche Annahme ist weder theoretisch noch empirisch haltbar.

Da wirtschaftliche Systeme sozial konstruiert sind und einem ständigen Wandel unterliegen, gibt es *nicht nur eine einzige Wahrheit.* Aus der Mode gekommene Theorien und Ansätze können zu ihrer Zeit durchaus richtig gewesen sein (vgl. Dasgupta 1985). Das bedeutet nicht, dass frühere Ansätze nicht bewertet oder z. B. aufgrund logischer Widersprüche als falsch zurückgewiesen werden können. Jedoch können sie nicht als falsch zurückgewiesen werden, weil sie von anderen Theorien abgelöst wurden und an Bedeutung in der heutigen Ökonomik verloren haben. Eine Theorie, die für eine bestimmte (wirtschaftliche) Gesellschaftsform dienlich bzw. ‚richtig' war, kann auf eine andere (wirtschaftliche) Gesellschaftsform oftmals nicht angewendet werden. Theorien und ihre Entwicklung können nicht getrennt von den wirtschaftlichen und gesellschaftlichen Entwicklungen einer Zeit verstanden werden und können daher ohne Bezug auf diese auch nicht evaluiert werden. Somit kann es in der Ökonomik nicht um die immer weitere Aufdeckung einer absoluten ökonomischen Wahrheit gehen, wie es der ökonomische Mainstream impliziert. Dieser Ansicht liegt ein Finalismus zugrunde.

---

[19]Die in der neoklassischen Theorie verbreitete Ansicht eines rein kumulativen Fortschritts wird teilweise als Folge des logischen Positivismus dargestellt (Cesarano 1983, S. 66; Roncaglia 2005, S. 2), der besonders in den 1920er- und 1930-Jahren einflussreich war, zu einer Zeit, in der sich die neoklassische Theorie ihre Vormachtstellung aufbaute. Allerdings war eine solche Ansicht auch klassischen Ökonomen wie Jean-Baptiste Say nicht fremd (siehe Abschn. 1).

Es wird angenommen, dass die volkswirtschaftliche Theorieentwicklung auf einen Endpunkt hinsteuert, an dem ihre Entwicklung abgeschlossen sein wird. Diese Vorstellung wird von der Ökonomischen Ideengeschichte ablehnt. Wie erwähnt, beinhalten Theorien Werturteile. Diese stehen mit der Annahme im Konflikt, eine Theorie würde die absolute Wahrheit darstellen.

Darüber hinaus zeigt die Ökonomische Ideengeschichte, dass es *keinen perfekten Markt für Ideen in der Volkswirtschaftslehre* gibt, auf dem sich die ‚richtigen' bzw. besten Ideen durchsetzen, wie dies die Mainstream-Ökonomik behauptet und womit sie zudem ihre Vernachlässigung der Ideengeschichte begründet.[20] Einen solchen Markt kann es gar nicht geben, denn es gibt in der Ökonomik keine anerkannte Bewertungsgrundlage dafür, wann eine Idee besser als eine andere ist, und was überhaupt Grundbedingungen für einen perfekten Markt für Ideen wären. Bei theoretischen Erklärungen spielen zum einen immer auch Werturteile eine Rolle. Zum anderen stehen hinter Ideen immer Interessen bzw. Interessenträger*innen und diese versuchen, ihre Ideen durchzusetzen, auch wenn dies meistens nicht ausdrücklich angegeben wird. Robert Cox beschreibt dies folgendermaßen:

> Theory is always *for* someone and *for* some purpose. All theories have a perspective. Perspectives derive from a position in time and space, specifically social and political time and space (1981, S. 28, H. i. O.).

So haben viele frühen Vertreter*innen der Grenznutzenschule und der subjektiven Wertlehre die klassische Arbeitswertlehre nicht aus logischen oder empirischen Gründen abgelehnt, sondern weil sie die sozialen und politischen Schlussfolgerungen der Arbeitswertlehre nicht geteilt haben. Soziale und politische Faktoren spielen also ebenso eine Rolle bei der Durchsetzung von Ideen. Im Allgemeinen kann man die Volkswirtschaftslehre, wie die meisten Wissenschaften, als eine konservative Wissenschaft in dem Sinn bezeichnen, dass neue Ideen nur langsam Anerkennung finden, besonders wenn die Ideen radikal vom wissenschaftlichen Status quo abweichen. Etablierte Vertreter*innen der alten Theorie lehnen neue Ansätze häufig ab, und sei es nur, um ihr eigenes Lebenswerk zu verteidigen. Es ist vielfach bemerkt worden, dass sich neue Theorien vor allem dann durchsetzen, wenn die Vertreter*innen der älteren Theorien abtreten. Somit kann bis zu ihrem Durchbruch einige Zeit vergehen. Beispiele hierfür gibt es in der Ökonomik viele, wie das von John Nash entwickelte Nash-Gleichgewicht (vgl. Myerson 1999) und das Konzept der Transaktionskosten, das Ronald Coase in seiner theoretischen Auseinandersetzung mit der Firma aufgestellt hat (Blaug 2001, S. 156–157). Diese wurden anfangs von der vorherrschenden Volkswirtschaftslehre entweder nicht beachtet oder abgelehnt, bevor sie später auf breite Zustimmung stießen. Einerseits können sich diejenigen, die eine Theorie aufstellen, den vollständigen Auswirkungen derselben nicht

[20]Eine neuere, kritische Diskussion dieser Position findet sich beispielsweise in Boettke et al. (vgl. 2014).

bewusst sein, sodass die Bedeutung einer Theorie oder Idee erst später offenbar werden. Andererseits können auch Veränderungen in der Wirklichkeit Ideen zum Durchbruch verhelfen, besonders, wenn es sich um drastische Umbrüche handelt. Ein aktuelles Beispiel ist Hyman Minskys ‚Hypothese der finanziellen Instabilität', die Jahrzehnte ein Schattendasein geführt hat und erst durch die Finanzkrise ab 2008 auf eine breitere Zustimmung stieß, sodass u. a. die Zeitschrift The Economist sie heute als eine „bahnbrechende ökonomische Idee" (The Economist 2016, S. 52) bezeichnet. Ideen können zudem vernachlässigt werden, weil sie mit den methodischen Werkzeugen eines Theoriesystems nicht integrierbar sind. So wurden beispielsweise steigende Skalenerträge in den neoklassischen Außenhandelstheorien lange mit der Begründung vernachlässigt, dass diese mathematisch nicht modelliert werden könnten (Krugman 1990, S. 4).

Dieses konservative Moment der Volkswirtschaftslehre verdeutlicht, dass orthodoxe Theorien nicht in einem perfekten Wettbewerb mit heterodoxen Ideen stehen. Je stärker die Ideen vom ökonomischen Mainstream abweichen, auf desto mehr Widerstand stoßen sie. Hinzu kommt, dass es in der heutigen Ökonomik, im Gegensatz zu anderen Sozialwissenschaften, nur eine sehr geringe Konkurrenz verschiedener Theoriesysteme gibt, da das vorherrschende System eine beinahe Monopolstellung erreichen konnte (siehe auch → ‚Paradigmadominanz in der modernen Ökonomik' in diesem Sammelband). Durch diese Situation haben es abweichende Ideen besonders schwer. Wer in den angesehensten Fachzeitschriften publizieren will, muss sich am ökonomischen Mainstream ausrichten.[21] Diese Fachzeitschriften haben einen großen Einfluss darauf, welche Theorien und Ansätze in der Volkswirtschaftslehre allgemein verbreitet und anerkannt werden. Zudem haben sie auch eine große Auswirkung auf akademische Karrieren und somit auf die Zukunft des Fachs. Diese Erwägungen zeigen, dass kein perfekter Markt für ökonomische Ideen existiert bzw. existieren kann. Stattdessen wirkt dieser Markt für Ideen zugunsten der vorherrschenden Theorie.

4 Ökonomische Ideengeschichte und Pluralismus

> Unser Kopf ist rund, damit das Denken die Richtung wechseln kann (Francis Picabia 1995 [1922]).

Ideenhistoriker*innen vergleichen und untersuchen verschiedene Ansätze bezüglich ihrer Fragestellungen, Methoden und theoretischen Herangehensweisen und verfolgen den Werdegang von Ideen. Hierbei entwickeln sie einen kritischen Blick für Behauptungen von Ökonom*innen. Das Studium der Ideengeschichte lehrt somit ein kritisches Bewusstsein und eine gewisse Bescheidenheit gegenüber den Absolutheitsansprüchen

[21]Somit ist es wenig verwunderlich, dass Petro Garcia Duarte und Yann Giraud in einer neueren Untersuchung feststellen, dass die Anzahl an ideengeschichtlichen Artikeln in den bedeutendsten ökonomischen Fachzeitschriften in den letzten Jahrzehnten zurückgegangen ist (vgl. 2016).

ökonomischer Theorien und eine Demut gegenüber dem, was Ökonomik zu leisten imstande ist. Dies kann auch der Selbstzufriedenheit, die in der heutigen Volkswirtschaftslehre zu beobachten ist, entgegenwirken. Die Volkswirtschaftslehre befindet sich in einer ständigen Veränderung. Bestimmte Fragestellungen, Methoden, Theorien und Ideen wurden zu bestimmten Orten, an bestimmten Zeiten und mit bestimmten Absichten entwickelt und erhalten dadurch ihre Berechtigung. Die Ideengeschichte lehrt daher Toleranz gegenüber anderen Ansichten und erweitert gleichzeitig den eigenen Denkhorizont. Die Kenntnisse verschiedener historischer Ansätze und ihrer Entwicklungen bietet zugleich Orientierung in wissenschaftlichen Kontroversen und Meinungsverschiedenheiten, die ihren Ursprung oftmals in älteren Debatten haben. Damit trägt die Ökonomische Ideengeschichte auch zum Verständnis moderner Theorien bei und stärkt die (eigene) Urteilskraft. Mit ihrer Hilfe können die Stärken und Schwächen der heutigen Volkswirtschaftslehre gewürdigt und der Stand der Disziplin eingeschätzt werden.

Die Ökonomische Ideengeschichte ermöglicht zudem, einen Überblick über die Ökonomik zu behalten. Dies kann dem bisweilen herrschenden Provinzialismus entgegenwirken. Ökonom*innen sind heute so sehr auf einzelne Subdisziplinen spezialisiert, dass der Blick für das Ganze oftmals verloren geht. Eine Beschäftigung mit der Ideengeschichte ermöglicht einen Blick auf das ganze Fachgebiet sowie seine Entwicklungen. Ebenso besteht die Gefahr, dass durch die immer weitere formalistisch-mathematische Ausbildung, die Methoden um ihrer selbst willen angewendet werden, unabhängig von ökonomischen und gesellschaftlichen Problemen, die der Ökonomik zugrunde liegen. Hier lehrt die Ideengeschichte eine Reflexion methodischer Herangehensweisen. Allzu oft sind heutige Student*innen der Ökonomik am Ende technisch hochqualifiziert, ohne dass sie je epistemologische und methodologische Probleme in Erwägung gezogen haben.

Zusätzlich stellt die Ökonomische Ideengeschichte Entwicklungen in der Ökonomik in einen größeren Zusammenhang der wissenschaftlichen und geschichtlichen Entwicklungen. Dadurch wird die Fähigkeit vermittelt, mit anderen Disziplinen zu kommunizieren. Jedoch isolieren sich Ökonom*innen heute vermehrt, was auch an ihrer Fachsprache liegt, sodass ökonomische Erkenntnisse oftmals nicht von außen nachzuvollziehen sind. Die Ökonomische Ideengeschichte regt zum interdisziplinären Denken an, was letztlich auch der Isolation der Ökonomik entgegenwirkt. Sie macht stattdessen deutlich, dass ökonomische Theorien nicht vollkommen isoliert entwickelt werden, diese mit Entwicklungen in anderen Disziplinen in Zusammenhang stehen und daher entsprechend interdisziplinär reflektiert werden sollten. Wer gesellschaftliche Entwicklungen verstehen möchte, kann ökonomische Entwicklungen nicht abgeschottet davon betrachten.

Zusammenfassend kann festgehalten werden, dass die Ökonomische Ideengeschichte dem heutigen ökonomischen Mainstream relativ kritisch gegenüber steht, insbesondere in Bezug auf die herrschende engstirnige Haltung, die Geschichtsvergessenheit und den formulierten Absolutheitsanspruch. Hierin stimmt die Ökonomische Ideengeschichte also mit einer plural orientierten Ökonomik überein. Zudem vermittelt eine Auseinandersetzung mit der Ideengeschichte auch ein Bewusstsein für Ansätze außerhalb des ökonomischen Mainstreams. Sie lehrt also auch, dass es in der Ökonomik nicht nur die gerade herrschende Orthodoxie gibt, sondern zeigt vielmehr die Vielfalt und Komplexität von verschiedenen Ansätzen auf und lehrt Akzeptanz für diese. Aus Sicht der Ökonomischen Ideengeschichte ist Ökonomik eine pluralistische Wissenschaft.

Jedoch können heterodoxe Ökonom*innen ebenfalls in Konflikt mit der Ökonomischen Ideengeschichte geraten, denn auch sie sind nicht gefeit vor den Unzulänglichkeiten der heutigen Mainstream-Ökonomik. Da sich das Interesse bei heterodoxen Ökonom*innen oftmals auf eine oder wenige Personen beschränkt, können ihre Historiografien ebenso einer Heldenverehrung gleichen, die in Hagiografie enden und nicht in ernsthaften Versuchen eines ideengeschichtlichen Erkenntnisgewinns. Beispielsweise wird manchen Darstellungen der Neoricardianern*innen vorgeworfen, dass sie Ricardo als den Ursprung der einzig berechtigten ökonomischen Tradition ansehen würden, deren Entwicklung über Marx zu Sraffa führt. Auch hier wird die geschichtliche Entwicklung verzerrt (O'Brien 2004, S. XV). In solchen Fällen kann von einer „reversed Whig history" (Düppe 2011, S. 41) gesprochen werden. Ökonomik wird dann nicht als stetiger Fortschritt, sondern als stetiger Rückschritt begriffen. Die Tatsache, dass Ökonom*innen heterodoxe Positionen vertreten, muss also nicht zwangsläufig eine historisch akkurate Historiografie bedeuten.

Nichtsdestotrotz lässt sich festhalten, dass im Gegensatz zum ökonomischen Mainstream viele heterodoxe Schulen ein ernsthaftes historisches Interesse haben. Viele heterodoxe Ökonom*innen setzen sich aufrichtig mit der Ideengeschichte auseinander und zeigen die Bereitschaft, auch ältere Texte lesen und verstehen zu wollen. Marxist*innen lesen Karl Marx; Österreichische Ökonom*innen lesen Carl Menger, Ludwig Mises und Friedrich Hayek; institutionalistische Ökonom*innen lesen Thorstein Veblen; während John Maynard Keynes von Post-Keynesianer*innen gelesen wird und Neoricardianer*innen bzw. Sraffianer*innen Piero Sraffa und David Ricardo lesen. Es gibt also durchaus einen Schnittpunkt in Bezug auf eine gewisse literarische Tradition. Düppe argumentiert gar, dass

> [i]f I had to draw the line between heterodoxy and orthodoxy, it would be at this crux of historical contestability. The heterodoxy, and herein lies its potential, supports literacy in their traditions (Düppe 2011, S. 195).

Daher ist es nicht verwunderlich, dass heterodoxe Ökonom*innen in der Ökonomischen Ideengeschichte vielfach eine Verbündete sehen und ihr Anteil innerhalb dieser Disziplin sehr hoch ist. Aus diesem Grund bezeichnet Craufurd Goodwin die Ökonomische Ideengeschichte, als einen „Haven for Heresy" (2002, S. 183). Die Ansätze von heterodoxen Ökonom*innen werden dort akzeptiert, sodass diese dort in einen Austausch mit andersdenkenden Ökonom*innen treten können, was ihnen vonseiten des ökonomischen Mainstreams oftmals verwehrt bleibt.

Ein Grund für das historische Interesse vieler heterodoxer Schulen ist wohl strukturell bedingt. Bekanntlich schreiben Sieger*innen die Geschichte und machen dies zu ihrem Vorteil. Es ist daher wenig verwunderlich, dass im Mainstream oftmals eine Whig-Geschichtsschreibung stattfindet. Wie oben diskutiert, kommt es hierbei vielfach zu einer Verfälschung der ideengeschichtlichen Entwicklung. Daher gilt ebenso, wie der Historiker Peter Burke feststellt, dass „[d]ie Sieger die Geschichte vergessen" haben, denn „[s]ie können sich's leisten" (1996 [1989], S. 103). Im Gegensatz dazu können sich die Besiegten und Unterdrückten eine solche Geschichtsvergessenheit nicht leisten, weil „es den Verlierern unmöglich ist, das Geschehene hinzunehmen; diese sind dazu verdammt, über das Geschehene nachzugrübeln, es wiederzubeleben und Alternativen zu reflektieren" (Burke 1996 [1989], S. 103). Sie haben auch keinen Grund, zum Präsentismus zu greifen und erliegen somit nicht einer solchen Gefahr. Daher erscheint es wenig verwunderlich, dass heterodoxe Ökonom*innen sich stärker mit der Ideengeschichte auseinandersetzen; einerseits um eine alternative Geschichtsschreibung aufzustellen und anderseits, um zu reflektieren, was eigentlich passiert ist und wie sich die Entwicklung zu ihren Gunsten ändern könnte.

Ein weiterer Grund, warum gerade von Vertreter*innen einer Pluralen Ökonomik die Ökonomische Ideengeschichte befürwortet wird, ist die Hoffnung, dass diese Disziplin alternative Ansätze zur ökonomischen Mainstream hervorbringt. Dieser Hoffnung liegt häufig die Annahme zugrunde, dass die Ideengeschichte als „Rumpelkammer" (Schumpeter 2009 [1954], S. 32) dienen könne, aus der verborgene Schätze hervorgeholt werden können. Es gilt aber festzuhalten, dass solche Theorieentwicklungen selbst keine Ideengeschichte darstellen, denn hierbei ist das historische Interesse nachranging. Es handelt sich vielmehr um ökonomische Analyse anhand rationaler Rekonstruktionen. Die Entwicklung alternativer Ansätze gehört daher nicht zur eigentlichen Aufgabe der Ökonomischen Ideengeschichte. Donald Winch stellt in diesem Zusammenhang zu Recht fest, dass „[t]he past may bear some relationship to the present but this should not become the main justification for its study" (1962, S. 202). Gleichwohl kann es hier zu einer fruchtbaren Zusammenarbeit von Ökonomischer Ideengeschichte und Theoriebildung kommen, zumal rationale Rekonstruktionen besonders dann vielversprechend sind, wenn sie auf historischen Rekonstruktionen aufbauen, die dabei helfen, dass die rekonstruierte Theorie nicht zu sehr verfälscht wird. Denn rationale Rekonstruktionen können von historischen Rekonstruktionen lernen. Hingegen können historische Rekonstruktionen nichts von rationalen Rekonstruktionen lernen, da rationale Rekonstruktionen keine historischen Einsichten bringen. Somit können historische Rekonstruktionen als Inspiration für neue theoretische Herangehensweisen dienen und Erkenntnisse hervorbringen, die auch in der heutigen Ökonomik wichtig sein können. Hier gibt es Schnittstellen zwischen Ökonomischer Ideengeschichte und moderner ökonomischer Analyse. Ein bekanntes Beispiel hierfür ist Piero Sraffa, der durch das Studium der klassischen politischen Ökonomie und besonders David Ricardos[22] eine eigene Theorie

[22]Sraffa ist Herausgeber der gesammelten Werke Ricardos.

entwickelt hat, die er in seinem Buch ‚Warenproduktion mittels Waren' aufgestellt hat, und die laut seiner eigenen Einschätzung den „Standpunkt der alten klassischen Ökonomen" wiederbelebt, der durch die neoklassische Vorherrschaft laut Sraffa zu Unrecht „verdrängt und vergessen" wurde (Sraffa 1976 [1960], S. 15). Zugleich unterscheidet er seinen Ansatz explizit von Ricardos und macht diese Unterschiede auch deutlich. Solche Arten der rationalen Rekonstruktionen haben, wie John Berdell darlegt, „several things to say to the current research frontier" (2002, S. 132).[23] Hierbei sollte aber eine historische Aufrichtigkeit herrschen, sodass ältere Denker*innen nicht einfach zur Legitimation eigener Gedanken herangezogen werden und die eigenen Vorurteile auf diese projiziert werden.

Insgesamt kann festgehalten werden, dass die Ökonomische Ideengeschichte viele Schnittpunkte mit den Positionen einer Pluralen Ökonomik aufweist. Beide können als Verbündete angesehen werden. Die Ökonomische Ideengeschichte kann einer plural orientierten Ökonomik insofern Hoffnung machen, als dass sie auf Zeiten verweisen kann, in denen es nicht nur eine vorherrschende ökonomische Schule gab, sondern mehrere in Konkurrenz und im gegenteiligen Austausch stehende Denkrichtungen innerhalb des Fachs. Es gibt keinen Grund, warum ein solches plurales Zeitalter nicht wiederkommen sollte. Ein größerer Pluralismus in der Ökonomik kann sich auch positiv auf die Ökonomische Ideengeschichte auswirken. Laut Rorty führen konkurrierende Geistesgeschichten dazu, dass die Ideengeschichte historisch zutreffender wird. Konkurrenz hat laut ihm, und das sollte für Ökonom*innen wenig überraschend sein, eine positive Wirkung: „As this competition grows more intense, the tendency to write doxographies will be less strong, and this will be all to the good" (1984, S. 74). Zudem liegt es auch im Interesse der Ökonomischen Ideengeschichte selbst, dass sich eine plurale Perspektive in der Ökonomik durchsetzt. Denn unter pluralen Ökonom*innen, die selbst ein historisches Interesse haben oder gar historisch arbeiten, genießt sie ein höheres Ansehen als innerhalb des heutigen ökonomischen Mainstreams. Ebenso wie für pluralistische Ansätze wäre auch für die Ökonomische Ideengeschichte eine größere Akzeptanz wünschenswert. Ihre Forschungsergebnisse können Erklärungen für bestimmte ideengeschichtliche Entwicklungen geben, die Entwicklung der Volkswirtschaftslehre insgesamt verständlich machen sowie grundsätzliche Orientierungen bieten. Zudem stärkt sie die kritischen Fähigkeiten und lehrt Skepsis gegenüber dogmatischen Behauptungen mit absolutem Wahrheitsanspruch. Mithilfe der Ideengeschichte können Entwicklungen in der Volkswirtschaftslehre zudem besser eingeschätzt und bewertet werden. Aus diesem Grund wäre es an der Zeit, dem gestiegenen Interesse auch eine entsprechende (institutionelle)

[23]Berdell selbst hat rationale Rekonstruktionen auf der Grundlage historischer Rekonstruktionen entwickelt, indem er die theoretischen Ansätze von David Hume, Adam Smith, David Ricardo und Thomas Malthus in Bezug auf internationalen Handel zunächst historisch rekonstruiert hat, um darauf aufbauend rationale Rekonstruktionen ihrer Ansätze mithilfe mathematischer Methoden zu erstellen (vgl. 2002).

Verankerung folgen zu lassen, z. B. in Lehrplänen und der Einrichtung von Lehrstühlen für diesen Fachbereich. Dies wäre auch für die kritische Erziehung wünschenswert, die die Ideengeschichte leistet und die im heutigen volkswirtschaftlichen Studium viel zu kurz kommt.

Literatur

Backhaus, Jürgen. 1983. Theoriegeschichte. Wozu? Eine theoretische und empirische Untersuchung. In *Studien zur Entwicklung der ökonomischen Theorie*, Bd. 3, Hrsg. Harald Scherf, 139–167. Berlin: Duncker & Humblot.

Backhaus, Jürgen, und Jeserich Nadine. 1998. Der augenblickliche Stand der dogmenhistorischen Lehre an deutschsprachigen Universitäten (1976–1995): Fortführung einer Erhebung. In *Studien zur Entwicklung der ökonomischen Theorie*, Bd. 17, Hrsg. Erich W. Streissler, 161–163. Berlin: Duncker & Humblot.

Barber, William J. 1990. Does scholarship in the history of economics have a useful future? *Journal of the History of Economic Thought* 12 (2): 110–123.

Barnett, Vincent, Hrsg. 2015. *Routledge handbook of the history of global economic thought*. London: Routledge.

Beckenbach, Frank, Maria Daskalakis, und David Hofmann. 2016. *Zur Pluralität der volkswirtschaftlichen Lehre in Deutschland. Eine empirische Untersuchung des Lehrangebotes in den Grundlagenfächern und der Einstellung der Lehrenden*. Marburg: Metropolis-Verlag.

Berdell, John F. 2002. *International trade and economic growth in open economies. The classical dynamics of Hume, Smith, Ricardo, and Malthus*. Cheltenham: Elgar.

Blaug, Mark. 1990. On the historiography of economics. *Journal of the History of Economic Thought* 12 (1): 27–37.

Blaug, Mark. 2001. No history of ideas, please, we're economists. *The Journal of Economic Perspectives* 15 (1): 145–164.

Boehm, Stephan, Christian Gehrke, Heinz D. Kurz, und Richard Sturn, Hrsg. 2002. *Is there progress in economics? Knowledge, truth and the history of economic thought*. Cheltenham: Edward Elgar.

Boettke, Peter J., Christopher J. Coyne, und Peter T. Leeson. 2014. Earw(h)ig: I can't hear you because your ideas are old. *Cambridge Journal of Economics* 38 (3): 531–544.

Boulding, Kenneth E. 1971. After Samuelson, who needs Adam Smith? *History of Political Economy* 3 (2): 225–237.

Brecht, Bertolt. 1963. *Leben des Galilei*. Frankfurt: Suhrkamp.

Bürgin, Alfred. 1996. *Zur Soziogenese der Politischen Ökonomie. Wirtschaftsgeschichtliche und dogmenhistorische Betrachtungen*, 2. Aufl. Marburg: Metropolis-Verlag.

Burke, Peter. 1996. Geschichte als soziales Gedächtnis. In *Gedächtnisbilder. Vergessen und Erinnern in der Gegenwartskunst*, Hrsg. Kai-Uwe Hemken, 92–112. Leipzig: Reclam (Erstveröffentlichung 1989).

Butterfield, Herbert. 1968. *The whig interpretation of history*. London: Bell (Erstveröffentlichung 1931).

Cesarano, Filippo. 1983. On the role of the history of economic analysis. *History of Political Economy* 15 (1): 63–82.

Corry, Bernard A. 1975. Should economists abandon HOPE? *History of Political Economy* 7 (2): 252–260.

Cox, Robert W. 1981. Social forces, states and world orders. Beyond international relations theory. *Millennium: Journal of International Studies* 10 (2): 126–155.

Dasgupta, A. K. 1985. *Epochs of economic theory*. Oxford: Blackwell.

Davis, John B. 2013. Mark Blaug on the historiography of economics. *Erasmus Journal for Philosophy and Economics* 6 (3): 44–63.

Dequech, David. 2007. Neoclassical, mainstream, orthodox, and heterodox economics. *Journal of Post Keynesian Economics* 30 (2): 279–302.

Dix, Guus. 2014. Ricardo's discursive demarcations. A Foucauldian study of the formation of the economy as an object of knowledge. *Erasmus Journal for Philosophy and Economics* 7 (2): 1–29.

Dobusch, Leonhard, und Jakob Kapeller. 2012. Heterodox united vs. mainstream city? Sketching a framework for interested pluralism in economics. *Journal of Economic Issues* 46 (4): 1035–1058.

Dorschel, Andreas. 2010. *Ideengeschichte*. Göttingen: Vandenhoeck & Ruprecht.

Duarte, Pedro Garcia, und Yann Giraud. 2016. The place of the history of economic thought in mainstream economics, 1991–2011. Viewed through a bibliographic survey. *Journal of the History of Economic Thought* 38 (4): 431–462.

Düppe, Till. 2011. *The making of the economy. A phenomenology of economic science*. Lanham: Lexington.

Emmett, Ross B. 1997. Reflections on ‚Breaking Away'. Economics as science and the history of economics as history of science. *Research in the History of Economic Thought and Methodology, Jg.* 15: 221–236.

Emmett, Ross B. 2001. Where else would you look? Constructivism and the historiography of economics. *Journal of the History of Economic Thought* 23 (2): 261–266.

Erickson, Paul, Judy L. Klein, Lorraine Daston, Rebecca Lemov, Thomas Sturm, und Michael D. Gordin. 2013. *How reason almost lost its mind. The strange career of cold war rationality*. Chicago: University of Chicago Press.

Fontaine, Philippe. 2016. Other histories of recent economics. A survey. *History of Polical Economy* 48 (3): 373–421.

Forget, Evelyn L. 1997. Why should a professional economist study the history of economic thought? *Research in the History of Economic Thought and Methodology* 15:199–207.

Forget, Evelyn L. 2002. A hunger for narrative. Writing lives in the history of economic thought. *History of Political Economy* 34 (Heft Annual Supplement): 226–244.

Friedman, Milton. 1953. *Essays in positive economics*. Chicago: University of Chicago Press.

Goodwin, Craufurd D. 1980. Toward a theory of the history of economics. *History of Political Economy* 12 (4): 610–619.

Goodwin, Craufurd D. 2002. The future of publication in the history of economic thought. The view from HOPE. *History of Political Economy* 34 (Heft Annual Supplement): 179–189.

Hamberger, Klaus. 2002. On applying Foucauldian methods to the history of economic thought. In *Is there progress in economics? Knowledge, truth and the history of economic thought*, Hrsg. Stephan Boehm, Christian Gehrke, Heinz D. Kurz, und Richard Sturn, 45–64. Cheltenham: Elgar.

Helmstädter, Ernst. 1994. Die Geschichte der Nationalökonomie als Geschichte ihres Fortschritts. Eine Exposition zur Dogmengeschichte. In *Geschichte der Nationalökonomie*, Hrsg. Otmar Issing, 1–13. München: Vahlen.

Herkner, Heinrich. 1916. Die Geschichte der Nationalökonomie. In *Festschrift für Lujo Brentano zum 70. Geburtstag*, Hrsg. Duncker & Humblot, 223–235. München: Duncker & Humblot.

Johnson, L. E. 1992. The source of value and Ricardo. An historical reconstruction. *Atlantic Economic Journal* 20 (4): 21–31.

Kautz, Julius. 1860. *Die geschichtliche Entwicklung der National-Oekonomik und ihrer Literatur.* Wien: Carl Gerold's Sohn.

Klaes, Matthias. 2001. Begriffsgeschichte. Between the Scylla of conceptual and the Charybdis of institutional history of economics. *Journal of the History of Economic Thought* 23 (2): 153–179.

Krugman, Paul R. 1990. *Rethinking international trade*. Cambridge: MIT Press.

Kuhn, Thomas S. 2002. Possible worlds in history of science. In *The road since structure. Philosophical essays, 1970–1993, with an autobiographical interview*, Hrsg. James Conant und John Haugeland, 58–89. Chicago: University of Chicago Press (Erstveröffentlichung 1989).

Kuhn, Thomas S. 2003. *Die Struktur wissenschaftlicher Revolutionen*. Frankfurt: Suhrkamp (Erstveröffentlichung 1962).

Kurz, Heinz D. 2006. Whither the history of economic thought? Going nowhere rather slowly? *The European Journal of the History of Economic Thought* 13 (4): 463–488.

Maas, Harro. 2013. A 2 x 2 = 4 hobby horse. Mark Blaug on rational and historical reconstructions. *Erasmus Journal for Philosophy and Economics* 6 (3): 64–86.

Marcuzzo, Maria Cristina. 2008. Is history of economic thought a ‚serious' subject? *Erasmus Journal for Philosophy and Economics* 1 (1): 107–123.

McCloskey, Deirdre N. 1983. The rhetoric of economics. *Journal of Economic Literature* 21 (2): 481–517.

McCloskey, Deirdre N. 1998. *The rhetoric of economics*, 2. Aufl. Madison: University of Wisconsin Press.

Merton, Robert K. 1961. Singletons and multiples in scientific discovery. A chapter in the sociology of science. *Proceedings of the American Philosophical Society* 105 (5): 470–486.

Mirowski, Philip. 2002. A pall along the watchtower. On leaving the HOPE conference. *History of Political Economy* 34 (Heft Annual Supplement): 378–390.

Myerson, Roger B. 1999. Nash equilibrium and the history of economic theory. *Journal of Economic Literature* 37 (3): 1067–1082.

Neumark, Fritz. 1975. Zyklen in der Geschichte ökonomischer Ideen. *Kyklos – International Review for Social Sciences* 28 (2): 257–285.

Niehans, Jürg. 1990. *A history of economic theory. Classic contributions 1720–1980*. Baltimore: Johns Hopkins University Press.

O'Brien, Denis P. 2004. *The classical economists revisited.* Princeton: Princeton University Press.

Picabia, Francis. 1995. *Unser Kopf ist rund, damit das Denken die Richtung wechseln kann.* Hamburg: Edition Nautilus.

Popper, Karl. 1935. *Logik der Forschung zur Erkenntnistheorie der modernen Naturwissenschaft.* Wien: Springer.

Robbins, Lionel. 1932. *An essay on the nature & significance of economic science*. London: Macmillan.

Roncaglia, Alessandro. 2005. *The wealth of ideas: A history of economic thought.* Cambridge: Cambridge University Press.

Rorty, Richard. 1984. The historiography of philosophy. Four genres. In *Philosophy in history. Essays on the historiography of philosophy*, Hrsg. Richard Rorty, J.B. Schneewind und Quentin Skinner, 49–75. Cambridge: Cambridge University Press.

Samuelson, Paul A. 1962. Economists and the history of ideas. *American Economic Review* 52 (1): 1–18.

Samuelson, Paul A. 1987. Out of the closet: A program for the whig history of economic science. *History of Economics Society Bulletin* 9 (1): 51–60.

Say, Jean-Baptiste. 1830. *Vollständiges Handbuch der praktischen National-Oekonomie für Staatsmänner, Grund-Besitzer, Gelehrte, Capitalisten, Landwirthe, Manufakturisten, Handelsleute, und überhaupt für jeden denkenden Bürger*, Bd. 6. Stuttgart: Metzler.

Schabas, Margaret. 1992. Breaking away: History of economics as history of science. *History of Political Economy* 24 (1): 187–203.

Schabas, Margaret. 2002. Coming together: History of economics as history of science. *History of Political Economy* 34 (Heft Annual Supplement): 208–225.

Schefold, Bertram, Hrsg. 1992. *Studien zur Entwicklung der ökonomischen Theorie XI. Die Darstellung der Wirtschaft und der Wirtschaftswissenschaften in der Belletristik*. Berlin: Duncker & Humblot.

Schefold, Bertram. 2002. Reflections on the past and current state of the history of economic thought in Germany. *History of Political Economy* 34 (Heft Annual Supplement): 125–136.

Schefold, Bertram. 2016. Goethe und die Anschauliche Theorie. In *Die Zeit um den Ersten Weltkrieg als Krisenzeit der Ökonomen. Studien zur Entwicklung der ökonomischen Theorie XXX*, Hrsg. Hans-Michael Trautwein, 15–46. Berlin: Duncker & Humblot.

Schultz, Bruno. 1960. Die Geschichte der Volkswirtschaftslehre im Lehrbetrieb deutscher Universitäten und einiges zur Problematik. In *Festgabe für Friedrich Bülow zum 70. Geburtstag*, Hrsg. Otto Stammer und Karl C. Thalheim, 343–362. Berlin: Duncker & Humblot.

Schumpeter, Joseph A. 2009. *Geschichte der ökonomischen Analyse*. Göttingen: Vandenhoeck & Ruprecht (Erstveröffentlichung 1954).

Schumacher, Reinhard. 2012. Adam Smith's theory of absolute advantage and the use of doxography in the history of economics. *Erasmus Journal for Philosophy and Economics* 5 (2): 54–80.

Schumacher, Reinhard. 2015. Adam Smith's ‚Two distinct benefits' from trade. The dead end of ‚Vent-for-Surplus' interpretations. *History of Political Economy* 47 (4): 577–603.

Schumacher, Reinhard. 2016. Adam Smith and the ‚Rich Country–Poor Country' debate. Eighteenth-century views on economic progress and international trade. *The European Journal of the History of Economic Thought* 23 (5): 764–793.

Sraffa, Piero. 1976. *Warenproduktion mittels Waren. Einleitung zu einer Kritik der ökonomischen Theorie*. Frankfurt a. M.: Suhrkamp (Erstveröffentlichung 1960).

Staley, Charles E. 1989. *A history of economic thought. From Aristotle to Arrow*. Oxford: Blackwell.

The Economist. 2016. Minsky's moment. *The Economist* 420 (9000): 52–53.

Waterman, Anthony M.C. 1997. Recycling old ideas. Economics among the humanities. *Research in the history of economic thought and methodology* 15: 237–249.

Weintraub, E. Roy, Hrsg. 2002a. The future of the history of economics. *History of Political Economy* 34 (Heft Annual Supplement). Durham: Duke University Press.

Weintraub, E. Roy 2002b. Will economics ever have a past again? *History of Political Economy* 34 (Heft Annual Supplement): 1–14.

Weintraub, E. Roy 2016. Paul Samuelson's historiography. More wag than whig. *History of Political Economy* 48 (2): 349–363.

Weintraub, E. Roy und Evelyn L. Forget, Hrsg. 2007. Economists' lives. Biography and autobiography in the history of economics (History of Political Economy), Bd. 39 (Heft Annual Supplement). Durham: Duke University Press.

Whitaker, John K. 1985. Must historians of economics apologize? *History of Economics Society Bulletin* 6 (2): 9–15.

Winch, Donald N. 1962. What price the history of economic thought? *Scottish Journal of Political Economy* 9 (3): 193–204.

Mehr als nur Werkzeuge

Kritik an Experimenten in der Ökonomik

Felix Kersting, Robert Lepenies und Theresa Neef

Zusammenfassung

In diesem Beitrag geben wir einen Überblick der Kritik an Experimenten in der Ökonomik. Im ersten Teil gehen wir auf die Diskussion um Vor- und Nachteile von experimentellen Methoden ein und bestimmen das Verhältnis zum Mainstream der Wirtschaftswissenschaften. Im zweiten Teil begründen wir, weshalb Methodenkritik ein fester Bestandteil einer pluralen Ökonomik sein sollte. Methoden sind nicht einfach nur neutrale Werkzeuge mit technischen Vor- und Nachteilen. Plurale Ökonom*innen sollten daher die wissenschaftstheoretische und politisch-normative Einbettung von Methoden kritisch beleuchten. Diese Forderung lösen wir am Beispiel von Experimenten ein, indem wir im dritten Teil die Anwendung von Experimenten in der Sozialpolitik des Globalen Nordens und in der Entwicklungspolitik im Globalen Süden kritisch beleuchten.

Wir bedanken uns bei Juliane Böhme, Magdalena Malecka, Christian Meyer, Julian Rode und den anonymen Gutachtern für hilfreiche Kommentare und Kritik.

F. Kersting
Humboldt-Universität zu Berlin, Berlin, Deutschland
E-Mail: f.kersting@hu-berlin.de

R. Lepenies
Helmholtz-Zentrum für Umweltforschung, Leipzig, Deutschland
E-Mail: robert.lepenies@eui.eu

T. Neef (✉)
Freie Universität Berlin, Berlin, Deutschland
E-Mail: theresa.neef@fu-berlin.de

D. J. Petersen et al. (Hrsg.), *Perspektiven einer pluralen Ökonomik*, Wirtschaft + Gesellschaft, https://doi.org/10.1007/978-3-658-16145-3_9

1 Einleitung

In den letzten Jahren sprechen bekannte empirisch arbeitende Ökonom*innen von einer „credibility revolution" (Angrist und Pischke 2010, S. 4) in ihrem Feld. Dabei werden Experimente, die sich an den aus der Medizin kommenden randomisierten Studien orientieren, als Ideal für empirische Studien postuliert (Angrist und Pischke 2009, S. 12). Der Anspruch fällt oftmals wenig bescheiden aus: „The experimental approach, in the hands of incredibly thoughtful researchers, can shed light on just about any problem under the sun" (Steven D. Levitt im Vorwort zu Gneezy und List 2013, S. XI). Die Fragestellungen sind vielfältig: Wie essen Menschen gesünder in Cafeterien? Wie viel Rendite kann ein sri-lankisches Unternehmen erwirtschaften, wenn es Zugang zu Mikrokrediten erhält? Durch welche Anreizstrukturen und mit welchen Hilfsmitteln performen Lehrer*innen und Schüler*innen in Indien besser? Auch öffentliche Institutionen folgen dieser Entwicklung: Die World Bank (vgl. 2015) ruft in ihrem Jahresbericht ‚Mind, Society, Behavior' zum verstärkten Einsatz von Experimenten zur Evaluation von Politikmaßnahmen auf. Das Behavioural Insights Team in Großbritannien hat eine Anleitung für lokale Behörden zur Durchführung von Experimenten verfasst (vgl. Haynes et al. 2012). In den Wirtschaftswissenschaften selbst erleben Experimente vor allem in der Entwicklungs- und Verhaltensökonomik großen Zuspruch und sind, wie wir zeigen werden, Teil einer Refokussierung auf empirische oder angewandte Arbeiten (vgl. Hammermesh 2013; Backhouse und Cherrier 2017). Damit hat sich die Rolle von Experimenten in der Ökonomik stark gewandelt: John Stuart Mill (vgl. 1844) begründete seine deduktive Methode explizit damit, dass Experimente in der Ökonomie nicht möglich seien, obwohl er sie als ideale Evidenz ansah. Diese Linie wurde später von Milton Friedman in seinem Verständnis von ‚Positive Economics' aufgegriffen: „unfortunately, we can seldom test particular predictions in the social sciences by experiments explicitly designed to eliminate […] the most important distributing influences" (Friedman 1953, S. 10).

In diesem Beitrag geben wir einen Überblick über die Kritik an Experimenten in der Ökonomik. Darauf aufbauend plädieren wir für die Notwendigkeit einer verstärkten Methodendiskussion in der pluralen Ökonomik, bevor wir die gesellschaftliche Bedeutung von Experimenten in der Entwicklungs- und Sozialpolitik analysieren. Dazu werden wir im ersten Teil beschreiben, zu welchen Veränderungen die gestiegene Anwendung von Experimenten innerhalb der Wirtschaftswissenschaften führt. Dabei gehen wir nach einer definitorischen Bestimmung von Experimenten in der Ökonomik auf das Verhältnis zum Mainstream der Wirtschaftswissenschaften und auf die Diskussion um Vor- und Nachteile experimenteller Methoden in Bezug auf interne und externe Validität ein. Im zweiten Teil begründen wir, weshalb Methodenkritik ein fester Bestandteil einer pluralen Ökonomik sein sollte. Wir betonen hier, dass Methoden nicht bloß als neutrale Werkzeuge des Erkenntnisgewinns mit technischen Vor- und Nachteilen verstanden werden sollten, sondern dass plurale Ökonom*innen die wissenschaftstheoretische und politisch-normative Einbettung von Methoden kritisch beleuchten sollten, gerade wenn bestimmte Ansätze als Ideale gehandelt werden. Diese Forderung lösen wir am Beispiel von Experimenten ein. Im dritten Teil fokussieren wir die Anwendung von Experimenten in der Gesellschaft am Beispiel der Sozialpolitik im Globalen Norden und der Entwicklungspolitik im Globalen Süden. Der Beitrag dient als einführender Literaturüberblick zu kritischen Einwänden zu Experimenten in den Feldern Entwicklungs- und Verhaltensökonomik und Philosophy of Economics.

Für eine plurale und kritische Ökonomik ist eine vertiefte Auseinandersetzung mit Experimenten vor dem Hintergrund des seit den 1970er-Jahren stattfindenden empirical turns in der Mainstreamökonomik wichtig. Durch diese Entwicklung verschieben sich übliche Kritikansätze, z. B. von der Kritik der Plausibilität von Modellannahmen hin zur Diskussion epistemologischer und methodischer Sachverhalte.

2 Experimente in der Ökonomik

Im Folgenden möchten wir zunächst klären, was wir unter Experimenten verstehen. Generell folgen wir der Definition von Uskali Mäki: „An experiment is an arrangement seeking to isolate a fragment of the world by controlling for causally relevant things outside that fragment" (Mäki 2005, S. 1). Für uns sind Experimente wissenschaftliche Prozeduren der Datenerhebung, in denen Forscher*innen eine unabhängige Variable manipulieren, um danach die Auswirkung auf eine abhängige Variable statistisch zu untersuchen. Dafür verwenden sie Feld- und Laborexperimente. Wir beschäftigen uns in diesem Beitrag also beispielsweise nicht mit Gedankenexperimenten (vgl. Reiss 2016; Thoma 2016), sondern mit Experimenten, in denen eine Variation der Umstände, unter denen das Verhalten von Menschen beobachtet wird, vorsätzlich vorgenommen wird, und somit nicht hypothetisch oder exogen gegeben ist (eine hybride Form nehmen dabei sogenannte ‚natürliche Feldexperimente' ein). Das methodologische Hauptargument für den Einsatz von Experimenten in der Ökonomik sehen Vertreter*innen in der Möglichkeit, Variation in einer Variable und Konstanz in den anderen Variablen zu kontrollieren und damit die Exogenität der Veränderung einer unabhängigen Variablen zu schaffen. Dies erlaubt es, den Schätzer als Maß eines kausalen Zusammenhangs zu interpretieren. Eine zentrale Technik dafür ist *Randomisierung*. In randomised controlled trials (RCTs) wird die Stichprobe zufällig in eine sogenannte Treatmentgruppe (die eine bestimmte Maßnahme erhält) und eine Kontrollgruppe (welche diese Maßnahme nicht erhält) eingeteilt. Randomisierung ist Bestandteil einer Vielzahl von Feld- und Laborexperimenten und stellt das experimentelle Ideal her (Angrist und Pischke 2009, S. 12). Sie ist jedoch kein notwendiges Kriterium für Experimente in der Ökonomie (vgl. Harrison 2013). Glenn W. Harrison und John List (vgl. 2004) schlagen ein Klassifikationsschema vor, mit der Experimente je nach Art der Datengenerierung im Spektrum zwischen natürlichen und künstlichen Settings klassifiziert werden. Hierbei nennen sie folgende Ausprägungen in ihrer Reihenfolge von natürlich zu künstlich: natürliche Experimente, natürliche Feldexperimente, gerahmte Feldexperimente, artifizielle Feldexperimente und Laborexperimente.

2.1 Validität

Mit dem Aufschwung experimentellen Vorgehens entstand auch Kritik an diesen Methoden (vgl. Cartwright 2007; Deaton 2010; Deaton und Cartwright 2016). Folglich möchten wir diskutieren, welche epistemologischen Vor- und Nachteile die experimentelle Methodik in der Ökonomik bietet. Zentral für diese Diskussion ist, wie sich Experimente im Spannungsfeld zwischen interner und externer Validität verorten lassen (vgl. Cartwright 2007; Heukelom 2011). *Interne Validität* beschreibt dabei, dass unter Idealbedingungen der kausale Effekt einer unabhängigen Variable auf die abhängige Variable gemessen werden kann. Von einer hohen *externen Validität* wird gesprochen, wenn die Ergebnisse einer Studie über ihren Kontext hinaus generalisierbar sind (vgl. Angrist und Pischke 2009). Experimenten wird oft eine hohe interne Validität zugeschrieben, jedoch ist die Generalisierbarkeit ihrer Ergebnisse umstritten. Wir erheben nicht den Anspruch, sämtliche Debatten zur Validität von Experimenten, die vor allem im Mainstream der Ökonomik geführt werden, berücksichtigen zu können, sondern werden hier nur einige Hauptkritiklinien nachvollziehen.[1]

2.1.1 Interne Validität: Randomisierte Studien als ‚Goldstandard'?

Randomisierte Studien gewährleisten ein hohes Maß an interner Validität, d. h. sie messen unter Idealbedingungen den kausalen Effekt einer (wirtschaftspolitischen) Intervention für die untersuchte Population. Das Ideal vieler empirischer Studien in der Ökonomik ist, den kausalen Effekt einer Variable auf eine andere zu messen, z. B. den Effekt eines Mikrokredits auf das zukünftige Einkommen eines Haushalts (vgl. Angrist und Pischke 2009). Der kausale Effekt eines Mikrokredits auf das Einkommen eines Haushalts ist theoretisch die Differenz zwischen dem Einkommen, wenn der Haushalt einen Mikrokredit erhalten hat, und dem Einkommen desselben Haushalts, wenn der Haushalt keinen Mikrokredit erhalten hat. Es ist nicht die Differenz des Einkommens vor und nach der Vergabe des Kredits, da in diese zum Beispiel das allgemeine Einkommenswachstum einfließt. Als zentrales Hindernis für die

---

[1]Einen aktuellen Überblick bieten Fréchette und Schotter (vgl. 2015). Guala (vgl. 2005) liefert eine Einführung in die Methodologie von Experimenten.

Bestimmung des kausalen Zusammenhangs gilt, dass dieselben Haushalte oder Personen logischerweise nicht im Zustand mit und ohne eine Maßnahme beobachtet werden können. Um trotzdem eine plausible Schätzung des Kausaleffektes zu leisten, muss ein geeignetes *Counterfactual*, das heißt eine plausible Messung des Indikators ohne die Intervention für eine möglichst ähnliche Gruppe, konstruiert werden (Angrist und Pischke 2009, S. 13). Der einfache Vergleich zwischen einer Gruppe von bestehenden kreditnehmenden Haushalten und Haushalten ohne Kredit greift dabei zu kurz, da eine Gruppe von Kreditnehmer*innen beispielsweise grundlegend stabilere Unternehmen betreiben könnte und ex-ante daher kreditwürdiger ist. Dies ist der *Selection Bias*, den es zu minimieren gilt, weil sonst der kausale Effekt verzerrt geschätzt würde, in diesem Beispiel würde er zu hoch geschätzt.

Durch Randomisierung kann in RCTs eine geeignete kontrafaktische Situation konstruiert werden. Hierbei wird zuerst ein Sample festgelegt. Dieses kann beispielsweise aus Haushalten, Schulen oder Dörfern bestehen. Die Stichprobe wird danach zufällig in eine Treatment- und Kontrollgruppe eingeteilt. Während die Treatmentgruppe eine zusätzliche Maßnahme erhält, zum Beispiel ein Haushalt einen Mikrokredit, bleibt diese Maßnahme bei der Kontrollgruppe aus.[2] Der durchschnittliche Effekt der Intervention wird dann durch die Differenz des durchschnittlichen Einkommens in Treatment- und Kontrollgruppe nach der Intervention bestimmt. Die zufällige Zuteilung löst dabei das Selektionsproblem, indem sie messbare (z. B. Bildung und Gesundheit) wie auch nicht-messbare Charakteristika der Personen (z. B. Motivation oder Intelligenz), die das zukünftige Einkommen ebenfalls beeinflussen können, möglichst gleichmäßig über beide Gruppen verteilt (vgl. Deaton 2010; Cartwright 2007). In der Ökonomik werden RCTs, aufgrund ihrer hohen internen Validität, oft als „Goldstandard" (vgl. Cartwright 2007; Deaton 2010; Heckman und Vytlacil 2007) bezeichnet. Die Differenz zwischen Treatment- und Kontrollgruppe kann ohne viele restriktive Annahmen ermittelt werden: Es muss kein Modell zugrunde gelegt werden und keine Annahme über die Verteilung der Effekte der Intervention getroffen werden. Der durchschnittliche Effekt bleibt identisch, auch wenn der Mikrokredit heterogen auf die Einkommen der einzelnen Betroffenen wirkt (Deaton und Cartwright 2016, S. 5). Dabei sind Aussagen über die Verteilung der Interventionseffekte, beispielsweise anhand des Medians oder des Anteils der Population, der von einer Maßnahme profitiert, nur durch die Hinzunahme von Verteilungsannahmen möglich (Deaton 2010, S. 439; Heckman 1992, S. 203). Im Extremfall bedeutet dies, dass durch eine randomisierte Studie ein positiver durchschnittlicher

[2]Dies ist der einfachste Aufbau einer randomisierten Studie. Oftmals werden verschiedene Kombinationen von Interventionen getestet. Dabei stehen einer Kontrollgruppe mehrere Treatmentgruppen gegenüber (vgl. Duflo et al. 2015).

Effekt einer Intervention geschätzt wurde, obwohl ein großer Teil der Betroffenen negative Effekte davonträgt und nur wenige in hohem Maße profitieren (Deaton 2010, 439).[3]

RCTs haben ihre Vorgeschichte in klinischen Studien in der Medizin, genauer gesagt, in der klinischen Epidemiologie. Bahnbrechend waren hier die Arbeiten des britischen Epidemiologen Austin Bradford Hill in den 1940er-Jahren. Der Einfluss von RCTs stieg Laura E. Bothwell et al. (vgl. 2016) zufolge mit dem Aufkommen einer Vielzahl neuer Medikamente (insbesondere Antibiotika, antipsychotischer und blutdrucksenkender Medikamente) in den 1950er Jahren und den damit einhergehenden Behauptungen über die Wirksamkeit vonseiten der herstellenden Firmen. RCTs wurden herangezogen, um diese Behauptungen zu testen, und wurden in den 1960er-Jahren, besonders im Kontext der wachsenden pharmazeutischen Industrie in den USA, zunehmend von Regulierungsbehörden als Standard für Arzneimittelzulassungen festgeschrieben (vgl. Bothwell et al. 2016). RCTs in der Medizin werden von den meisten Kommentator*innen als Erfolgsgeschichte mit vieldiskutierten Einschränkungen angesehen (vgl. Feinstein und Horwitz 1997; Every-Palmer und Howick 2014, Bothwell et al. 2016).[4] Judith Faverau (vgl. 2016) vergleicht RCTs in der Medizin und der Ökonomik im Hinblick auf ihr experimentelles Design und die angewandten statistischen Methoden. Sie schlussfolgert, dass bei RCTs in der Medizin sowohl Aspekte der Patientensicherheit und der Wirksamkeit getestet werden, bei RCTs in der Ökonomik allerdings nur Aspekte der Wirksamkeit in Tests einfließen.

2.1.2 Externe Validität: Wie können die Ergebnisse eines Experiments generalisiert werden?

Bei der Diskussion der externen Validität werden wir erstens die Limitierungen durch das experimentelle Setting von Labor- und Feldexperimenten beleuchten und zweitens auf Lösungsansätze dieser durch Replikationsstudien sowie durch die Einbindung von Theorie eingehen.

Bei der Kritik an der Generalisierbarkeit der Ergebnisse von Laborexperimenten werden oft die Stichprobenzusammensetzung und das Laborumfeld diskutiert. Judd Kessler und Lise Vesterlund (vgl. 2015) differenzieren zwischen qualitativer und quantitativer

---

[3]Unter Hinzunahme weiterer Annahmen können die Verteilungen der Einkommen in Treatment- und Kontrollgruppe verglichen werden, indem z. B. auf Gleichheit oder stochastische Dominanz getestet wird (Banerjee und Duflo 2009, S. 169; Deaton 2010, S. 440). Aussagen über die Verteilung der abhängigen Variable können u. a. durch weitere Verhaltensannahmen erreicht werden (vgl. Heckman et al. 1997). Abbring und Heckman (vgl. 2007) geben eine Übersicht über die Schätzung weiterer Verteilungsstatistiken über den Mittelwert hinaus.

[4]Bothwell et al. schreiben im renommierten 'New England Journal of Medicine' abschließend: „despite their limitations, RCTs have revolutionized medical research and improved the quality of health care by clarifying the benefits and drawbacks of countless interventions. Clinical investigators, supported by government funding and empowered by FDA regulations, have used RCTs to advance clinical research theory and practice“ (Bothwell et al. 2016, S. 2179).

externer Validität. Qualitative externe Validität liegt vor, wenn der gefundene kausale Zusammenhang zwischen zwei Variablen auch in anderen Kontexten so gefunden wird. Von quantitativer externer Validität wird gesprochen, wenn auch die Größenordnung des Zusammenhangs in anderen Kontexten gefunden werden kann. Während Kessler und Vesterlund (vgl. 2015) für eine Überprüfung der qualitativen externen Validität in zukünftigen Studien plädieren, erachten Levitt und List (vgl. 2007) die quantitative externe Validität als ausbaufähig.

Als hinderlich für eine hohe externe Validität gelten vor allem nicht-repräsentative Stichproben (vgl. Levitt und List 2007; Henrich et al. 2010). Befürworter*innen von Laborexperimenten entgegnen dem, dass der Probandenpool zunehmend diverser wird und vermehrt repräsentative Surveys oder Feldexperimente mit Laborexperimenten kombiniert werden[5], um so eine höhere externe Validität zu erhalten (vgl. Falk und Heckman 2009; Camerer 2015). Auch das spezifische Laborumfeld stellt ein Hindernis für die Generalisierbarkeit experimenteller Ergebnisse dar: Das Labor ist oft ein neutraler Raum, in dem die Proband*innen an Computern, die durch Trennwänden separiert sind, ihre Entscheidungen treffen und mittels eines Kontrollcomputers überwacht werden (vgl. Böhme 2015). Juliane Böhme (vgl. 2015) argumentiert, dass durch Umfeld und Kontrolle eine klare Standardisierung des erlaubten Verhaltens erfolgt. Teilnehmer*innen, die abweichendes Verhalten an den Tag legen, würden diszipliniert. Böhme (vgl. 2015) kommt somit zu dem Schluss, dass der ökonomisch-rationale Akteur im Laborgeschehen performativ konstruiert wird.[6]

Auch bei Feldexperimenten wurden Hindernisse für die Generalisierbarkeit der Ergebnisse identifiziert. So stellen Teilnehmer*innen von Feldexperimenten in einigen Fällen keinen repräsentativen Teil der Bevölkerung dar (Deaton 2010, S. 445), wenngleich insbesondere einige Experimente zur Überprüfung von Politikmaßnahmen repräsentative Stichproben aufweisen (vgl. Muralidharan et al. 2017). Jedoch bieten sie den Vorteil, dass sie Daten für Fragestellungen und Kontexte, für die es bisher keine Datengrundlage gibt, generieren können (Banerjee und Duflo 2009, S. 159). Dies ist insbesondere in der Entwicklungsökonomik von großer Bedeutung.

Zuletzt gefährden auch Verhaltensänderungen der Teilnehmenden in der Treatment- oder Kontrollgruppe die Generalisierbarkeit der Ergebnisse. Die Veränderung des Verhaltens der Teilnehmenden in der Treatment- bzw. Kontrollgruppe, ausgelöst durch die Wahrnehmung, dass ihr Verhalten evaluiert wird, werden als ‚Hawthorne'- bzw. ‚John-Henry-Effekte' bezeichnet. Die Ergebnisse des Experiments können hierdurch

[5]Ein Beispiel ist die Arbeit von Armin Falk et al. (vgl. 2017) zum Effekt von unfairer Entlohnung auf Gesundheit, in der neben einem Laborexperiment eine Analyse mit dem sozio-oekonomischen Panel (SOEP) vorgenommen wird.

[6]Vgl. Hacking (1983) zur Konstruktion von Wirklichkeit in Experimenten.

intern valide sein, sind jedoch über die Studie hinaus nicht generalisierbar. Um dieses Problem zu minimieren, wird in vielen Fällen über verschiedene Standorte (z. B. Dörfer oder Schulen) randomisiert, sodass der Kontrast zwischen Kontroll- und Treatmentgruppe und damit die Evaluationssituation für die teilnehmenden Individuen nicht offensichtlich wird (Heckman und Vytlacil 2007, S. 5066).

Als Strategien, um die genannten Limitierungen der externen Validität bei Experimenten auszugleichen und generalisierbare Ergebnisse zu produzieren, werden vor allem Replikationsstudien in verschiedenen geografischen Kontexten und die Verbindung von RCTs mit ökonomischer Theorie diskutiert. Es herrscht Konsens bei Befürworter*innen wie auch Kritiker*innen, dass sich die Ergebnisse von Experimenten nicht ohne Hinzunahme zusätzlicher Annahmen über den untersuchten Kontext und die gewählte Samplepopulation generalisieren lassen (vgl. Banerjee und Duflo 2009; Deaton 2010; Heckman und Smith 1995). Die Extrapolation der Ergebnisse randomisierter Studien beruhen oft auf beobachtbaren Charakteristika des Kontexts, wie zum Beispiel ähnlichen gesellschaftlichen Strukturen (vgl. Deaton 2010, S. 450; Banerjee und Duflo 2009, S. 159).

Als eine Lösung für das Problem der Generalisierbarkeit werden Replikationsstudien, die in verschiedenen geografischen und kulturellen Kontexten und in Kooperation mit unterschiedlichen umsetzenden Organisationen durchgeführt werden, angebracht (vgl. Banerjee et al. 2015). So soll Wissen über eine Intervention kumuliert werden, um die Ausprägung der Interventionseffekte für verschiedene Kontexte zu bestimmen und entscheidende Einflussfaktoren für die Generalisierbarkeit zu identifizieren (Banerjee und Duflo 2009, S. 159–161). Über die Replizierbarkeit der Ergebnisse in Feldexperimenten ist nicht viel bekannt, jedoch fällt die Replikationsrate, d. h. der Anteil derjenigen RCTs in der Entwicklungsökonomik, die versucht wurden zu replizieren, mit 12.5 % mittelmäßig aus (vgl. Sukhtankar 2017). Von Laborexperimenten, deren Replikation durchgeführt wurde, wurden zwischen knapp unter 50 % in psychologischen Laborexperimenten (vgl. Open Science Collaboration 2015) und 60 % in ökonomischen Laborexperimenten (Camerer et al. 2016) erfolgreich repliziert, d. h. ähnliche Ergebnisse wurden gefunden. Für den Vergleich sei darauf hingewiesen, dass Colin Camerer et al. (vgl. 2016) lediglich 18 Studien replizieren, während die Open Science Collaboration (vgl. 2015) über 100 Experimente repliziert.

Selbst umfangreiche Replikationsstudien geben ohne theoretische Einbettung lediglich Auskunft darüber, ob eine Maßnahme funktioniert, aber nicht darüber, warum eine Maßnahme funktioniert (vgl. Deaton 2010). Daher rückt in der Entwicklungs- und Verhaltensökonomik das Zusammenspiel von Theorie und Experiment in den Fokus, um so Mechanismen zu finden, die den Effekt erklären können (vgl. Ludwig et al. 2011 zu mechanism experiments; Congdon et al. 2017 für einen Überblick). Außerdem erlaubt das experimentelle Design im Zusammenspiel mit Theorie ein gutes Überprüfen von Mechanismen. Ausgehend von einem strukturellen Modell, können relevante Parameter geschätzt werden. Diese Herangehensweise wurde auch schon in den Experimentserien in den USA, wie dem ‚Negative Income Tax Experiment', angewandt (vgl. Heckman 1992). Ein weiterer, bisher kaum beachteter, Ansatzpunkt ist es, durch qualitative Studien die zum Tragen kommenden Mechanismen in RCTs besser zu beleuchten (vgl. Morvant-Roux et al. 2014).

2.2 Experimente innerhalb der Ökonomik

Um das Verhältnis von Experimenten in der Ökonomik, insbesondere der Mainstreamökonomik zu klären, gilt es als erstes, auf allgemeine Entwicklungen in der Ökonomik zu schauen. So sprechen Beobachter*innen wie Roger Backhouse und Beatrice Cherrier (vgl. 2017) von einem *empirical turn,* bzw. einem *applied turn*, der, in den 1970er-Jahren beginnend, bis heute anhält.[7] Experimentell arbeitende Ökonom*innen erfahren eine große Anerkennung im Mainstream der VWL. So haben sie zahlreiche Preise gewonnen, wie beispielsweise Vernon Smith, Alvin Roth, Daniel Kahneman, Richard Thaler und Reinhard Selten den Alfred-Nobel-Gedächtnispreis für Wirtschaftswissenschaften oder Roland Fryer, Esther Duflo und Matthew Rabin die John-Bates-Clark-Medaille. Experimente finden sich vornehmlich auf den Gebieten der Verhaltensökonomik, aber zunehmend auch in der Entwicklungs- und Arbeitsmarktökonomik.[8] Laborexperimente liefern mitunter die besten Nachweise für verhaltensökonomische Ansätze, wie beispielsweise ‚bounded rationality' oder ‚social preferences'. Kritische Beobachter*innen weisen jedoch darauf hin, dass Verhaltensökonomik auch deshalb so akzeptiert ist, da Abweichungen vom Ideal ökonomischer Rationalität immer noch als kognitive Verzerrung und nicht als Normalzustand angesehen werden und somit weiterhin konform mit den Annahmen der Mainstreamökonomik sind (vgl. Mirowski 2013; Gigerenzer 2015; Infante et al. 2016). Zu fragen ist darüber hinaus, wie sich der empirical turn zu einem solchen *experimental turn* verhält. Derzeit sprechen viele Zeichen für eine gleichzeitige Entwicklung. Experimentelle Arbeiten sind stets auch empirische Arbeiten. Ferner liegt in der gestiegenen Relevanz der Identifikation kausaler Zusammenhänge eine weitere Gemeinsamkeit vor.[9] In dem weitverbreiteten Ökonometriebuch ‚Mostly Harmless Econometrics' präsentieren Joshua D. Angrist und Jörn-Steffen Pischke (2009: Kap. 2) Experimente als Ideal, an dem sich die Methoden angewandter Ökonometrie zu

[7]Backhouse und Cherrier (vgl. 2017) weisen darauf hin, dass die Wirtschaftswissenschaften schon vor dem 2. Weltkrieg überwiegend empirisch gearbeitet haben und die Dominanz von theoretischer Forschung in der Nachkriegszeit bis in die 1970er-Jahre eine historische Ausnahme darstellt.

[8]Siehe Heukelom (vgl. 2014) zur Geschichte der Verhaltensökonomik; siehe Svorenčík (vgl. 2015) zur Geschichte von Experimentalökonomik.

[9]Siehe Falk und Heckman (vgl. 2009) für Laborexperimente; Banerjee und Duflo (vgl. 2009) für RCTs; Angrist und Pischke (vgl. 2009) für empirische Arbeiten im Allgemeinen.

messen haben. In vielen empirischen Arbeiten in der Ökonomik wird in den letzten Jahren ein experimentelles Setting entweder durch Randomisierung hergestellt oder durch quasi-experimentelle Methoden nachgeahmt. Die Plausibilität der exogenen Variation unabhängiger Variablen, die mit Experimenten am einfachsten kontrolliert werden kann, ist dabei stets von entscheidender Bedeutung. Offenkundig wird, dass empirical turn und experimental turn nur schwer voneinander zu trennen sind. Somit ist die zunehmende Bedeutung von Experimenten in der Ökonomik ein Teil eines längerfristigen empirical turns. Dieser wiederum ist seit den 2000er-Jahren entscheidend auf der methodischen Ebene vom Ideal des Experiments bestimmt.

In welchem Verhältnis Experimente zu ökonomischen Theorien stehen, variiert je nach Einsatzgebiet in den jeweiligen Subdisziplinen. In Bezug auf die bereits angesprochenen RCTs heben Banerjee und Duflo (vgl. 2009) hervor, dass Experimente in der Entwicklungsökonomik geeignet seien, bestehende Theorien zu prüfen und zu verbessern. Favereau (vgl. 2016) kritisiert jedoch, dass in der Praxis Experimente in der Entwicklungsökonomik oft ohne theoretische Unterfütterung durchgeführt werden, diese jedoch vielfach als Tests für bestehende Theorien dargestellt werden. In der Verhaltensökonomik werden im Falle einer Falsifikation von Hypothesen aus der neoklassischen Theorie Modelle und Mechanismen weiterentwickelt, beispielsweise zur ‚bounded rationality'.[10] Experimente fungieren hier also als Beurteilungssystem für bestehende Theorien. Klaus Schmidt (vgl. 2009, S. 19–21), als ein theoretisch wie experimentell arbeitender Ökonom, merkt mit Rückgriff auf das ‚Duhem-Quine-Problem' einschränkend an, dass es nicht möglich sei, eine Theorie im Experiment zu falsifizieren, weil dann auch stets die Hilfsannahmen der Theorie mitgetestet werden müssten. Schmidt konstatiert:

> most experiments, however, do not test economic theories. Even though many experimental papers have a section in which they discuss whether the results of the experiment are consistent with standard theory […] they cannot be considered a rigorous test of any theory (Schmidt 2009, S. 15).

Mary S. Morgan (vgl. 2005) und Klaus Schmidt (vgl. 2009) heben stattdessen hervor, dass Experimente nicht nur die Funktion haben, Theorien zu testen, sondern selbst explorativen und kreativen Charakter haben können.

Zuletzt verändert die Popularität von Experimenten auch das Selbstbild von Mainstream-Ökonom*innen: In ihrer Vorlesung auf der Jahrestagung der American Economic Association beschreibt Esther Duflo (vgl. 2017) das Ideal des „economist as a plumber". Während das bis dahin vorherrschende Selbstbild des „economist as engineer" an der Verbesserung von Märkten durch Marktdesign ansetzt (vgl. Roth 2002), plädiert Duflo für ein detailorientiertes Vorgehen von Ökonom*innen, in dem die „Reparatur" von gesellschaftlichen Problemen durch Verhaltensanalysen und -interventionen im Fokus steht.

[10] David Card et al. (vgl. 2011) zeigen, dass in Laborexperimenten mehr Bezüge zu ökonomischer Theorie als in Feldexperimenten gemacht werden.

3 Zur Notwendigkeit von Methodenwissen und -kritik in einer pluralen Ökonomik

Wir plädieren hier für die Notwendigkeit von Methodenkritik in der pluralen Ökonomik. Derzeit sehen wir in der Debatte um ein plurale Neuausrichtung der Wirtschaftswissenschaften ein deutliches Übergewicht an Theoriekritik, insbesondere Kritik an den Annahmen und blinden Flecken der Neoklassik. Beispielsweise wird in diesem Zusammenhang die Kritik geäußert, die Mainstreamökonomik würde unrealistische Modelle nutzen oder beruhe auf einem normativen und stark simplifizierten Menschenbild des homo oeconomicus. Experimentelle Methoden scheinen hier zunächst als ein willkommenes Gegengewicht und in gewisser Weise auch als eine Antwort auf die Kritik an der Theorielastigkeit des Mainstreams. Experimentelle Methoden gehen empirisch vor, nehmen (zumindest im Fall der Verhaltensökonomik) Kritik am homo oeconomicus auf und zeichnen eine vermeintlich realistischere Auffassung ökonomischer Akteure nach. So reagieren Mainstream-Ökonom*innen oftmals auf den Vorwurf einer theoretisch monolithischen VWL mit dem Verweis auf die Verhaltensökonomik als einem Beispiel für die Pluralisierung der Ökonomik. Hier zeigt sich die Relevanz einer Beschäftigung mit neueren Methoden der Wirtschaftswissenschaften und ihrer Kritik. Vielfach werden schon kritische Methodendiskussionen innerhalb konsolidierter Forschungsbereiche des Mainstreams geführt, die sich selbst nicht als heterodoxe Diskurse verstehen und quer zu den großen (Theorie-) Debatten einer pluralen Ökonomik verlaufen (wie auch die Verweise in der Bibliografie dieses Beitrags aufzeigen). Der bisherige Fokus der pluralen Kritik auf ökonomische Theorien birgt zum einen die Gefahr, wichtige Entwicklungen in der Ökonomik (wie den empirical turn) und ihre gesellschaftlichen Auswirkungen nicht wahrzunehmen. Gleichzeitig bieten aber zahlreiche Debatten innerhalb der Wirtschaftswissenschaften produktive Anknüpfungspunkte für eine Methodendiskussion.

Insbesondere bei Experimenten, die als methodisches Ideal gehandelt und so zu einem Standardtool für Evaluationen sozial- und entwicklungspolitischer Interventionen aufgestiegen sind, ist ein Hinterfragen und eine Kontextualisierung dieser Ideale und Standards aufschlussreich. Kritiker*innen von Experimenten gestehen häufig zu, dass experimentelle Sozialpolitik vielen bestehenden politischen Interventionen oder der Abwesenheit einer Intervention vorzuziehen sind. Ebenso erkennen sie an, dass eine Nichtevaluierung von Interventionen häufig hohe Opportunitätskosten bedeuten würde. Dennoch sollte diese Methode nicht alleiniger Maßstab sein. Dies ist jedoch in vielen Bereichen und Institutionen (z. B. der Weltbank) bereits der Fall und wurde durch den Ruf einiger Ökonom*innen nach evidenzbasierten Maßnahmen befördert (Banerjee und He 2003, S. 43). Methoden sind aber nie bloß neutrale Werkzeuge, sondern immer eingebettet in (kontingente) gesellschaftliche Zustände, die unter Umständen kritikwürdig sind. So sind beispielsweise die Verheißungen und Behauptungen der Vertreter*innen von

Experimenten schwer von ihrer gesellschaftlichen Wirkmacht zu trennen.[11] Diesen Punkt stellen wir im folgenden Abschnitt am Beispiel der Sozial- und Entwicklungspolitik heraus.

4 Gesellschaftliche Bedeutung von Experimenten

Neue Methoden in der Ökonomik haben häufig nicht nur auf die Bewertung bestehender, sondern auch auf die Wahl zukünftiger Maßnahmen in der Sozial- und Wirtschaftspolitik einen Einfluss. Insofern ist das Nachzeichnen methodischer Ideale in der Ökonomik ein Unterfangen, das über die Ökonomik hinausweist. Gerade weil Experimente in Debatten um politischen Maßnahmen verstärkt Erwähnung finden, und weil es eine wachsende Zahl von Organisationen gibt, die sich der Anwendung von Experimenten in der Politik verschrieben haben, ist die gesellschaftliche Bedeutung über die Fachdisziplin selbst nur schwer von der Hand zu weisen. Gesellschaftliche Relevanz erlangen Experimente momentan hauptsächlich in zwei Anwendungsbereichen: bei der Rechtfertigung verhaltenswissenschaftlicher Regulierung in Ländern des Globalen Nordens (besonders durch Nudges bzw. Verhaltenspolitik) und in der Projektevaluation der Entwicklungsökonomik und -zusammenarbeit.

Nudges sind politische Interventionen, die, sich auf verhaltensökonomische Erkenntnisse stützend, Individuen durch leichtes ‚Stupsen' dazu verleiten sollen, sich ‚besser' zu verhalten. Diese Stupser beruhen auf der Annahme, dass individuelle kognitive Verzerrungen, d. h. Abweichungen vom Ideal ökonomischer Rationalität, in bestimmter Weise voraussagbar und systematisch sind (vgl. Tversky und Kahneman 1974). Nudges sind ein Werkzeug, um vonseiten der Politik diese Irrationalität durch eine Optimierung der *Entscheidungsarchitektur*, also durch Veränderung des Umfelds, in dem Entscheidungen getroffen werden, in individuell und kollektiv gewünschte Bahnen zu lenken. Inspiriert vom normativen Ansatz des *libertären Paternalismus* (vgl. Thaler und Sunstein 2008), wird mit der Nutzung von Nudges das Ziel verfolgt, Politikmaßnahmen effektiver einzusetzen und so eine Abkehr von herkömmlichen Politikinstrumenten wie Steuern oder Verboten zu schaffen. So kann man Individuen durch Ausnutzung oder Verhinderung bestimmter kognitiver Verzerrungen dazu bringen, weniger Energie zu verbrauchen, sich besser zu ernähren oder die Steuermoral zu erhöhen (vgl. Behavioural Insights Team 2016). Solche Ansätze des *verhaltenswissenschaftlichen Regierens* erfreuen sich großer Beliebtheit, wie die Gründung zahlreicher neuer Institutionen weltweit verdeutlicht. So gibt es u. a. in Großbritannien, den USA, Deutschland, Singapur, Australien, aber auch in der Europäischen Kommission und der Weltbank verhaltenswissenschaftliche Einheiten oder ‚Nudge Units', deren Aufgabe es ist ‚Stupser'

[11] Das Thema Wirkmacht thematisiert der Beitrag → ‚Macht Ökonomie Gesellschaft? Zur Wirkmacht ökonomischen Wissens' in diesem Sammelband.

zu designen. Experimente werden in diesem Zusammenhang dazu benutzt, Nachweise über die Effektivität einzelner Nudges zu erbringen, und fungieren damit in den meisten Fällen als singuläres Entscheidungskriterium darüber, welche Interventionen verfolgt werden (vgl. Lepenies/Malecka 2019). Ein in diesem Bereich sehr einflussreiches Strategiepapier der britischen Regierung hält fest: „RCTs are the best way of determining whether a policy is working" (Haynes et al. 2012, S. 4). Der Fokus auf Interventionen, die wirklich funktionieren, ist einflussreich und wird zudem damit gerechtfertigt, sowohl effektiv als auch kostengünstig zu sein: „It is especially important in times of shrinking public sector budgets to be confident that public money is spent on policies shown to deliver value for money" (Haynes et al. 2012, S. 5). Unter der Maßgabe der Effektivität politischer Interventionen sind es experimentelle Ergebnisse, die über die Wahl des Politikinstruments bestimmen. Der Zuspruch zu einer vermehrten Anwendung von Experimenten in der wirtschaftspolitischen Evaluation und zur vermehrten Anwendung verhaltensökonomischer Maßnahmen gehen also Hand in Hand.

Die Entwicklungsökonomik ist der Bereich der Ökonomik, der die experimentelle Herangehensweise in Form von RCTs wohl am weitesten in ihr methodisches Instrumentarium aufgenommen hat. Prominenteste Institution in diesem Bereich ist das 2003 von Esther Duflo, Abhijit Banerjee und Sendhil Mullainathan gegründete Abdul Latif Jameel Poverty Action Lab (J-PAL). Ihre Vertreter*innen kritisierten NGOs, Regierungen und die Weltbank für die Wahl der Maßnahmen und forderten, stärker evidenzbasierte Entwicklungsmaßnahmen einzusetzen (vgl. Banerjee und He 2007). Als Ausgangspunkt dieser Debatte gilt ein grundlegender Streit in der Entwicklungsökonomik zwischen Befürworter*innen finanzieller Entwicklungsmaßnahmen (insbesondere um Jeffrey Sachs) und ihren Gegner*innen (insbesondere um William Easterly und Dambisa Moyo). Die experimentelle Herangehensweise verspricht hier die Debatte um Entwicklung und ihre Determinanten in kleine, handhabbarere Probleme aufzuspalten und die Entwicklungsproblematiken pragmatisch, d. h. eine Intervention nach der anderen, zu lösen (vgl. Duflo 2010). RCTs bieten dabei eine Legitimationsgrundlage für viele Politikmaßnahmen auf Mikroebene. Besonders hervorzuheben ist dabei, dass die Kritik an herkömmlichen Methoden der Entwicklungszusammenarbeit in eine groß angelegte Förderung eigener Projekte und Evaluationen gemündet hat: Seit 2003 hat J-PAL mehr als 900 randomisierte Evaluationsprojekte weltweit durchgeführt. Dies zeigt den Einfluss dieser aufstrebenden Ideale der Entwicklungsökonomik auf die Entwicklungszusammenarbeit. Institutionen wie die Weltbank und große Stiftungen sowie nationale Regierungen in Entwicklungsländern nehmen mittlerweile aktiv an diesen Veränderungen teil, indem sie groß angelegte randomisierte Studien als Evaluationstool ihrer wirtschaftspolitischen Maßnahmen annehmen.

Damit werden klare Parallelen zu einer neuen Sozialpolitik in Ländern des Globalen Nordens deutlich, die auf Nudges und der vermehrten Verwendung von RCTs in der Analyse, Implementierung und Evaluation politischer Maßnahmen beruht. Wir möchten hier vier relevante Aspekte hervorheben, die momentan als gesellschaftliche

Begleiterscheinungen des experimentellen Ideals auftreten: Erstens, ein sich wandelndes Verständnis von Evidenz; zweitens, ein politischer und epistemischer Inkrementalismus; drittens, ein Fokus auf individuelles Verhalten als Kern gesellschaftlicher Herausforderungen; viertens, die aus der Methodenwahl resultierende thematische Selbsteinschränkung für die Disziplin der Ökonomik.

Experimente erlangen ihre Glaubwürdigkeit als evidenzbasierte und vermeintlich objektive Methode der Politikevaluation durch die Anlehnung an experimentelle Methodik in den Naturwissenschaften. Damit einher geht jedoch auch eine Annahme darüber, welche Befunde für Politik als relevant eingeschätzt werden (vgl. Cartwright 2007; Cartwright et al. 2010). Organisationen wie J-PAL (aber auch andere wie Ideas42, GiveWell) vertreten die Ansicht, dass nur RCTs harte Evidenz bedeuten, und stellen sich damit in die Tradition von RCTs in der Gesundheitsforschung von Institutionen wie dem National Institute of Health and Care Excellence (NICE) und der Cochrane Collaboration (kritisch hierzu: vgl. Favereau 2016). Diese Rhetorik lässt sich beispielsweise auch bei den britischen What Works Centres beobachten, in denen Sozialpolitik auf ‚solide wissenschaftliche Grundlage' gestellt werden soll.

Der Wandel durch inkrementelle Verbesserung ist hierbei explizit als Leitlinie definiert. Dies gilt sowohl für die Entwicklungsökonomik, in der sich eine „quiet revolution" (vgl. Banerjee und Duflo 2012) versprochen wird, als auch für den „radical incrementalism" (vgl. Halpern und Mason 2015) in der Sozialpolitik des Globalen Nordens. Die Überlegung ist hier, dass Wandel inkrementell (und nicht strukturell) vollzogen werden muss. Somit folgt der Fokus auf das Inkrementelle dem epistemologischen Ziel der internen Validität. Duflo und Banerjee schreiben hierzu in ihrem Buch ‚Poor Economics':

> [I]t is possible to make very significant progress against the biggest problem in the world through the accumulation of a set of small steps, each well thought out, carefully tested, and judiciously implemented […] The political constraints are real, and they make it difficult to find big solutions to big problems. But there is considerable slack to improve institutions and policy at the margin […] These changes will be incremental, but they will sustain and build on themselves. They can be the start of a quiet revolution (Banerjee und Duflo 2012, S. 265).

Auf diese Idee nimmt David Halpern wie folgt Bezug:

> 'Radical incrementalism' is the idea that dramatic improvements can be achieved, and are more likely to be achieved, by systematically testing small variations in everything we do, rather than through dramatic leaps into the dark. […] Applying similar 'radical incrementalism' to public sector policy and practice, from how we design our websites, to the endless details in jobcentres to business support schemes, we can be pretty confident that each of these incremental improvements can lead to an overall performance that is utterly transformed in its cost-effectiveness and overall impact (Halpern 2015).

Die Bezugnahme auf Experimente in der Politik legt weiterhin nahe, dass solche Ansätze gesellschaftliche Probleme vornehmlich durch die Perspektive eines methodologischen Individualismus beleuchten und davon ausgehen, dass diese sich durch

Verhaltensänderungen jedes Einzelnen lösen lassen, also hauptsächlich eine Frage optimaler Verhaltensmodifikation sind. Der scheinbar unpolitische Charakter der Interventionen bietet hierbei ein Verkaufsargument: Nudges werden als preisgünstige Interventionen in Zeiten fiskalischer Austerität und blockierter politischer Diskussionskulturen gefeiert. Durch RCTs lassen sich Kausalzusammenhänge zwischen individuellen Entscheidungen und dem in der Summe gesellschaftlich wünschenswertem Verhalten aufzeigen. Der Politik werden so kleine, aber mächtige Stellschrauben geboten. Die zugrunde liegende Überzeugung ist hierbei, dass gesellschaftliche Probleme durch kleine Modifikationen am bestehenden System gelöst werden können (Lepenies/Malecka 2019). Damit folgen ökonomische Studien wie u. a. von Duflo et al. (vgl. 2011) dem von Thaler und Sunstein (vgl. 2008) geprägten Ansatz des libertären Paternalismus zum Teil explizit in ihren auf RCTs basierten Politikempfehlungen. Diese Herangehensweise verschiebt jedoch, laut Christian Berndt (vgl. 2015) und Sanjay Reddy (vgl. 2012), den Ort der Intervention von Märkten hin zum Individuum und fördert damit den Einsatz des *behavioral engineerings*. Es wird also nicht in Märkte interveniert (da nicht von Marktversagen ausgegangen wird), sondern es wird individuelles Verhalten zu korrigieren versucht, wenn es nicht zum optimalen Ergebnis führt (z. B. wenn die Spar- oder Versicherungsrate unter einem ökonomisch rationalen Niveau liegt). Diese Herangehensweisen fördern letztlich eine Entpolitisierung des Entwicklungsdiskurses (vgl. Berndt 2015). Das Bild der Forscher*innen ist bei RCTs das eines/einer explizit Außenstehenden, der/die kausale Zusammenhänge aufdeckt, die durch wohldefinierte Interventionen gemessen werden. Problematisch ist hierbei, dass bei der Erforschung und Ausnutzung von Verhaltensregularitäten eine vormals normative Auseinandersetzung – idealerweise durch Gründe und Argumente – in eine bloße Regulierung menschlichen Verhaltens verkehrt wird (vgl. Lepenies und Malecka 2016). Aus einer postkolonialen Perspektive erscheint ebenfalls das Verhältnis von Forscher*innen und Erforschten problematisch: David H. Greenberg und Mark Schroder (vgl. 1998) argumentieren in ‚The Digest of Social Experiments', dass mehr als 75 % aller Experimente in den USA von ‚Reichen' an ‚Armen' durchgeführt wurden. Diese Zahlen stammen dabei noch aus Zeiten vor der ‚RCT-Revolution' innerhalb der Entwicklungsökonomik und müssten daher vermutlich noch weiter nach oben korrigiert werden (vgl. Angus Deaton im Interview mit Ogden 2017). Im Bezug darauf fällt die Position von Deaton deutlich aus: „If the implicit theory of policy change underlying RCTs is paternalism, which is what I fear, I'm very much against it" (Ogden 2017, S. 47). Weitgehend unerforscht ist dabei bisher die Frage, unter welchen Bedingungen experimentelle Forschung selbst ein Beispiel epistemischer (vgl. Fricker 2007) oder kognitiver (vgl. Dübgen 2016) Ungerechtigkeit sein kann, indem sie beispielsweise zur Objektivierung Armer beiträgt.[12] Eine ähnliche Entwicklung wird in der Debatte zu medizinischen RCTs beschrieben:

[12]Eine gute Übersicht zu ethischen Fragen von Experimenten in der Praxis findet sich bei Glennester und Powers (vgl. 2016).

> Over time, RCTs have become massive bureaucratic and corporate enterprises, demanding costly infrastructure for research design, patient care, record keeping, ethical review, and statistical analysis. By the 21st century, a single phase 3 RCT could cost $30 million or more. As a result, trial sponsors often hail from North America, Western Europe, or East Asia, even when studies are conducted elsewhere. Consequently, RCTs disproportionately reflect the interests of industrialized regions. (Bothwell et al. 2016, S. 2178)

Experimentelle Ansätze haben, und dies wird auch von vielen Kritiker*innen als ihr Verdienst angesehen, wichtige Erkenntnisse auf Gebieten geleistet, die zuvor nicht eindeutig als ökonomisch angesehen wurden.[13] Ein Beispiel dafür sind die Arbeiten zum Cortisolspiegel in der Entwicklungsökonomik. Auch können durch RCTs Daten generiert werden, die in vielen Fällen nicht verfügbar wären, und auf spezielle Fragestellungen angepasst werden können. Dies spielt insbesondere in Ländern des Globalen Südens, welche noch nicht über repräsentative Survey-Datensätze verfügen, eine Rolle (vgl. Banerjee und Duflo 2009). Gleichzeitig wird von Kritiker*innen moniert, dass die übermäßige Verwendung von RCTs den Blick auf andere Themen versperrt. Beispielsweise kritisiert Deaton, dass Befürworter*innen von RCTs diese oft als „magic bullet" darstellen und ihnen blind Vorzug vor anderen Methoden geben würden (vgl. Ogden 2017). Dies ist der Kern des ‚Goldstandard'-Narrativs: Da RCTs die angeblich sauberste Methode darstellen, um die Wirkung von Interventionen zu bemessen, sollten sich somit auch alle politischen Maßnahmen an solchen Evaluationen messen lassen. RCTs werden zum methodischen Benchmark. Dieser methodische Maßstab hat aber ebenso normative Wirkmacht, denn die Bevorzugung einer bestimmten Methode als bestimmender Standard für Interventionen bedeutet auch, dass man sich nur den Themenfeldern annimmt, zu denen die Methode eine Lösung anbieten kann. Der Rückgriff auf Experimente bedeutet dabei zwangsläufig die Verengung auf kleinere Fragen. Dies ist zuallererst Konsequenz davon, dass in Experimenten meistens die Reaktionen von Individuen (oder Haushalten) auf bestimmte Behandlungen gemessen werden. Eine Untersuchung der Reaktionen größerer Kollektive entzieht sich oft der Messbarkeit. Reddy (2012, S. 62) sieht meso- und makroökonomische Fragen mit experimentellen Methoden als nicht bearbeitbar an und problematisiert, dass durch die Prominenz experimenteller Studien große Fragen nach alternativen institutionellen Arrangements, wie z. B. alternativen Handelsregimen, Eigentumsverhältnissen und der Rolle von sozialen Sicherungssystemen, marginalisiert würden. Mit einem solchen experimentellen Rahmen wird also der Blick auf große gesellschaftliche Fragen verstellt; eine Vorstellung von Gesellschaft fehlt dabei oft ganz (dies kann von Befürwortern wiederum als Vorteil aufgefasst werden). Methodisch sind viele klassische Fragen zur Ökonomik nicht greifbar. Somit würde durch Verengung auf kleine Fragen und ein Hochhalten von Präzision (interne Validität) die Möglichkeit der Abbildung gesellschaftlicher Komplexität geopfert. Reddy (2012, S. 64) argumentiert, dass, speziell für institutionelle Fragen in der Entwicklungsökonomik, randomisierte Studien hoffnungslos zu kurz greifen würden, da sich gerade dort das institutionelle Design nur schwer oder überhaupt nicht randomisieren ließe. Dem stimmt auch Deaton

[13]Es ist eine offene Frage, ob sich diese Entwicklung als ökonomischer Imperialismus deuten lässt.

zu: „I […] think […] that we should be thinking much more about politics than about micro-detailed studies" (Ogden 2017, S. 45). [14]

Die Fragestellungen dieser Studien beziehen sich vor allem auf ökonomische Effekte des Zugangs zu Mikrokrediten oder des Schulbesuchs, auf Sparanreize für private Haushalte und gesundheitsbezogene Dienstleistungen (vgl. Bhatt 2011). Auch in der Debatte zu Nudges in der Verbraucher- und Gesundheitspolitik werden die großen Herausforderungen meist im Spiegel individueller Verhaltensänderung begriffen. So werden beispielsweise schockierende Gesundheitswarnungen auf Zigarettenschachteln eingesetzt, um Menschen vom Rauchen abzuhalten. Der Horizont denkbarer Gesundheitspolitik wird zunehmend auf Themen verengt, in denen Wissen über mögliche Verhaltensänderungen von Menschen verfügbar ist (vgl. Quigley 2013).

5 Fazit

Wie haben Experimente die Wirtschaftswissenschaft verändert und wohin führen sie? Innerhalb der Ökonomik sind Experimente Teil eines empirical turns und gleichzeitig in den letzten Jahren zum Ideal in der empirischen Forschung aufgestiegen. Zudem werden Experimente insbesondere in Bezug auf die externe Validität diskutiert. Eine Generalisierbarkeit ist aus den Experimenten selbst heraus schwierig. Sie bedarf beispielsweise der Verbindung mit Modellen oder mit weiteren empirischen Analysen mit größeren Datensätzen oder aufwendigen Replikationsstudien in unterschiedlichen Kontexten. Letztere sind in den letzten Jahren Teil experimenteller Forschungspraxis geworden. Darüber hinaus haben Experimente neuerdings stark die Forschungspraxis und das Selbstbild der Disziplin geprägt: Die Identifikation eines kausalen Effekts ist zum Kern vieler Studien geworden.

Einfluss auf Politik und Gesellschaft hat der experimental turn in der Ökonomik in viererlei Weise: In der gesellschaftlichen Anwendung führen Experimente erstens zu einem sich wandelnden Verständnis von wissenschaftlicher Evidenz: Als Ideal gelten Experimente, da sie im Idealfall einen kausalen Zusammenhang aufdecken können. Zweitens bringt der experimental turn einen politischen und epistemischen Inkrementalismus hervor: Gesellschaftlicher Wandel soll durch eine Vielzahl kleiner Schritte erreicht werden. Mit der verstärkten Anwendung von Experimenten geht drittens ein Fokus auf individuelles Verhalten als Kern gesellschaftlicher Herausforderungen und

[14] Im Interview mit Ogden sieht sich Deaton damit in einer Linie mit dem institutionalistischen Ansatz von Daron Acemoglu und James A. Robinson (vgl. Ogden 2017). Deren Arbeiten zeigen die Bedeutung von Institutionen für wirtschaftliches Wachstum und weisen gleichzeitig auf historische Pfadabhängigkeiten hin, die nur schwer zu verändern sind. Gleichwohl werden in den Arbeiten von Acemoglu und Robinson selten Fragen nach den Effekten heutiger Institutionen gestellt. Daher sind die Arbeiten von Acemoglu et al. (vgl. 2005) auf der einen Seite und Banerjee und Duflo (vgl. 2014) auf der anderen Seite auch nicht gegensätzlich, sondern insofern als einander komplementierend anzusehen, dass die inkrementellen Verbesserungen den institutionellen Pfadabhängigkeiten nicht widersprechen.

Ansatzpunkt für politische Interventionen einher. Viertens verstellt eine einseitige Anwendung von Experimenten tendenziell den Blick auf strukturelle Fragen wie Makropolitiken und Handelsregime.

In diesem Beitrag fordern wir daher, insbesondere auch von einer pluralen Ökonomik, eine verstärkte Beschäftigung mit Methodenkritik. Diese Forderung lösen wir dabei zugleich für Experimente ein. Ansatzpunkte für weitere Forschungsvorhaben im Bereich der Experimente ist die Weiterführung von Kritiken am experimentellen Ideal sowie einer kritischen Reflexion von Nudges. Die Anwendung neuer Ansätze, um experimentelle Herangehensweisen zu verbessern – wie die Erweiterung um qualitative Methoden – stellt eine weitere Möglichkeit dar. Wichtig ist bei all dem: Sowohl bei der Anwendung von Methoden sowie der kritischen Auseinandersetzung mit dem methodischen Repertoire in der Ökonomik sollten plurale Ökonom*innen die methodischen Vor- und Nachteile wie auch die gesellschaftliche Wirkmacht dieser Methoden berücksichtigen.

Literatur

Abbring, Jaap, und James J. Heckman. 2007. Econometric evaluation of social programs, part III. Distributional treatment effects, dynamic treatment effects, dynamic discrete choice, and general equilibrium policy evaluation. In *Handbook of econometrics*, Hrsg. James J. Heckman und Edward E. Leamer, 5145–5303. Amsterdam: Elsevier.

Acemoglu, Daron, Simon Johnson, und James Robinson. 2005. Institutions as a fundamental cause of long-run growth. In *Handbook of economic growth*, Hrsg. Philippe Aghion und Steven Durlauf, 385–472. Amsterdam: Elsevier.

Angrist, Joshua, und Jörn-Steffen Pischke. 2009. *Mostly harmless econometrics. An empiricist's companion*. Princeton: Princeton University Press.

Angrist, Joshua, und Jörn-Steffen Pischke. 2010. The credibility revolution in empirical economics. How better research design is taking the con out of econometrics. *Journal of Economic Perspectives* 24 (2): 3–30.

Backhouse, Roger E., und Beatrice Cherrier. 2017. The age of the applied economist: The transformation of economics after 1970. *History of Political Economy* 49 (Supplement): 1–33.

Banerjee, Abhijit V., und Esther Duflo. 2009. The experimental approach to development economics. *Annual Review of Economics* 1 (1): 151–178.

Banerjee, Abhijit V., und Esther Duflo. 2012. *Poor economics. A radical rethinking of the way to fight global poverty*. New York: Public Affairs.

Banerjee, Abhijit V., und Esther Duflo. 2014. Under the thumb of history? Political institutions and the scope for action. *Annual Review of Economics* 6 (1): 951–971.

Banerjee, Abhijit V., und Ruimin He. 2003. The World Bank of the future. *American Economic Review* 93 (2): 39–44.

Banerjee, Abhijit V., und Ruimin He. 2007. Making aid work. In *Making aid work*, Hrsg. Abhijit V. Banerjee, 47–92. Cambridge: MIT Press.

Banerjee, Abhijit V., Esther Duflo, Nathanael Goldberg, Dean Karlan, Robert Osei, William Pariente, Jeremy Shapiro, Bram Thuysbaert, und Christopher Udry. 2015. A multifaceted program causes lasting progress for the very poor. Evidence from six countries. *Science* 348 (6236): 772–890.

Behavioral Insights Team. 2016. *Update report 2015–16*. London: Nesta.

Berndt, Christian. 2015. Behavioural economics, experimentalism and the marketization of development. *Economy and Society* 44 (4): 567–591.
Bhatt, Jigar. 2011. Causality and the experimental turn in development economics. *New School Economic Review* 5 (1): 50–67.
Böhme, Juliane. 2015. ‚Doing' Laborexperimente. Eine ethnomethodologische Betrachtung der Praxis experimenteller Wirtschaftsforschung im Labor. *Berliner Journal für Soziologie* 25 (1–2): 33–59.
Bothwell, Laura E., Jeremy Greene, Scott Podolsky, und David Jones. 2016. Assessing the gold standard. Lessons from the history of RCTs. *New England Journal of Medicine* 374 (22): 2175–2181.
Camerer, Colin. 2015. The promise and success of lab-field generalizability in experimental economics. A critical reply to Levitt and List. In *Handbook of experimental economic methodology*, Hrsg. Guillaume R. Fréchette und Andrew Schotter, 249–295. Oxford: Oxford University Press.
Camerer, Colin, Anna Dreber, Eskil Forsell, Teck-Hua Ho, Jürgen Huber, Magnus Johannesson, Michael Kirchler, Johan Almenberg, Adam Altmejd, Taizan Chan, Emma Heikenstein, Felix Holzmeister, Taisuke Imai, Siri Isaksson, Gideon Nave, Thomas Pfeiffer, Michasel Razen, Michael Razen, und Hang Wu. 2016. Evaluating replicability of laboratory experiments in economics. *Science* 351 (6280): 1433–1436.
Card, David, Stefano DellaVigna, und Ulrike Malmendier. 2011. The role of theory in field experiments. *Journal of Economic Perspectives* 25 (3): 39–62.
Cartwright, Nancy. 2007. Are RCTs the gold standard? *BioSocieties* 2 (1): 11–20.
Cartwright, Nancy, Andrew Goldfinch, und Jeremy Howick. 2010. Evidence-based policy. Where is our theory of evidence? *Journal of Children's Services* 4 (4): 6–14.
Congdon, William J., Jeffrey R. King, Jens Ludwig, und Sendhil Mullainathan. 2017. Social policy. Mechanism experiments and policy evaluations. In *Handbook of economic field experiments*, Hrsg. Abhijit V. Banerjee und Esther Duflo, 389–426. Amsterdam: Elsevier.
Deaton, Angus. 2010. Instruments, randomization, and learning about development. *Journal of Economic Literature* 48 (2): 424–455.
Deaton, Angus, und Nancy Cartwright. 2016. Understanding and misunderstanding randomized controlled trials. *Working Paper No. 22595*. Cambridge: National Bureau of Economic Research.
Dübgen, Franziska. 2016. Epistemic injustice in practice. *Wagadu: A Journal of Transnational Women's and Gender Studies* 15: 1–10.
Duflo, Esther. 2010. Social experiments to fight poverty. Ted Talk. https://www.ted.com/talks/esther_duflo_social_experiments_to_fight_poverty. Zugegriffen: 15. Juli. 2017.
Duflo, Esther. 2017. The economist as plumber. *American Economic Review* 107 (5): 1–26.
Duflo, Esther, Michael Kremer, und Jonathan Robinson. 2011. Nudging farmers to use fertilizer. Theory and experimental evidence from Kenya. *American Economic Review* 101 (6): 2350–2390.
Duflo, Esther, Pascaline Dupas, und Michael Kremer. 2015. School governance, teacher incentives, and pupil–teacher ratios. Experimental evidence from Kenyan primary schools. *Journal of Public Economics* 123: 92–110.
Every-Palmer, Susanna, und Jeremy Howick. 2014. How evidence-based medicine is failing due to biased trials and selective publication. *Journal of Evaluation in Clinical Practice* 20 (6): 908–914.
Falk, Armin, und James J. Heckman. 2009. Lab experiments are a major source of knowledge in the social sciences. *Science* 326 (5952): 535–538.
Falk, Armin, Fabian Kosse, Ingo Menrath, Pablo E. Verde, und Johannes Siegrist. 2017. Unfair pay and health. *Management Science* 64 (4): 1477–1488.
Favereau, Judith. 2016. On the analogy between field experiments in economics and clinical trials in medicine. *Journal of Economic Methodology* 23 (2): 203–222.
Feinstein, Alvan R., und Ralph I. Horwitz. 1997. Problems in the evidence of evidence-based medicine. *The American Journal of Medicine* 103 (6): 529–535.
Fréchette, Guillaume R., und Andrew Schotter. 2015. *Handbook of experimental economic methodology*. Oxford: Oxford University Press.

Fricker, Miranda. 2007. *Epistemic injustice. Power and the ethics of knowing*. Oxford: Oxford University Press.
Friedman, Milton. 1953. The methodology of positive economics. In *Essays in positive economics*, Hrsg. Milton Friedman, 3–43. Chicago: University of Chicago Press.
Gigerenzer, Gerd. 2015. On the supposed evidence for libertarian paternalism. *Review of Philosophy and Psychology* 6 (3): 361–383.
Glennerster, Rachel, und Shawn Powers. 2016. Balancing risk and benefit. Ethical tradeoffs in running randomized evaluations. In *The Oxford handbook of professional economic ethics*, Hrsg. George DeMartino und Deirdre McCloskey, 367–400. Oxford: Oxford University Press.
Gneezy, Uri, und John A. List. 2013. *The why axis. Hidden motives and the undiscovered economics of everyday life*. New York: Public Affairs.
Greenberg, David H., und Mark Schroder. 1998. *Digest of social experiments*. Washington: Urban Institute Press.
Guala, Francesco. 2005. *The methodology of experimental economics*. Cambridge: Cambridge University Press.
Hacking, Ian. 1983. *Representing and intervening. Introductory topics in the philosophy of natural science*. Cambridge: Cambridge University Press.
Halpern, David. 2015. What works? The rise of 'experimental' government. Civil Service Quarterly. https://quarterly.blog.gov.uk/2015/01/27/what-works-the-rise-of-experimental-government/. Zugegriffen: 15. Juli 2017.
Halpern, David, und Daniele Mason. 2015. Radical incrementalism. *Evaluation* 21 (2): 143–149.
Hamermesh, Daniel S. 2013. Six decades of top economics publishing. Who and how? *Journal of Economic Literature* 51 (1): 162–172.
Harrison, Glenn W. 2013. Field experiments and methodological intolerance. *Journal of Economic Methodology* 20 (2): 103–117.
Harrison, Glenn W., und John List. 2004. Field experiments. *Journal of Economic Literature* 42 (4): 1009–1055.
Haynes, Laura, Owain Service, Ben Goldacre, und David Torgerson. 2012. *Test, learn, adapt. Developing public policy with randomised controlled trials*. London: Cabinet Office & Behavioral Insights Team.
Heckman, James J. 1992. Randomization and social policy evaluation. In *Evaluating welfare and training programs*, Hrsg. Charles E. Manski und Irwin Garfinkel, 201–230. Cambridge: Harvard University Press.
Heckman, James J., und Jeffrey A. Smith. 1995. Assessing the case for social experiments. *The Journal of Economic Perspectives* 9 (2): 85–110.
Heckman, James J., und Edward J. Vytlacil. 2007. Econometric evaluation of social programs, part II. Using the marginal treatment effect to organize alternative econometric estimators to evaluate social programs, and to forecast their effects in new environments. In *Handbook of econometrics*, Hrsg. James J. Heckman und Edward E. Leamer, 4875–5143. Amsterdam: Elsevier.
Heckman, James J., Jeffrey A. Smith, und Nancy Clements. 1997. Making the most out of programme evaluations and social experiments. Accounting for heterogeneity in programme impacts. *The Review of Economic Studies* 64 (4): 487–535.
Henrich, Joseph, Steven J. Heine, und Ara Norenzayan. 2010. The weirdest people in the world? *Behavioral and Brain Sciences* 33 (2–3): 61–83.
Heukelom, Floris. 2011. How validity travelled to economic experimenting. *Journal of Economic Methodology* 18 (1): 13–28.
Heukelon, Floris. 2014. *Behavioral economics. A history*. Cambridge: Cambridge University Press.
Infante, Gerardo, Guilhem Lecouteux, und Robert Sugden. 2016. Preference purification and the inner rational agent. A critique of the conventional wisdom of behavioural welfare economics. *Journal of Economic Methodology* 23 (1): 1–25.

Kessler, Judd, und Lise Vesterlund. 2015. External validity of laboratory experiments. The misleading emphasis on quantitative effects. In *Handbook of experimental economic methodology*, Hrsg. Guillaume R. Fréchette und Andrew Schotter, 391–405. Oxford: Oxford University Press.

Lepenies, Robert, und Magdalena Malecka. 2016. Nudges, Recht und Politik. *Institutionelle Implikationen. Zeitschrift für Praktische Philosophie* 3 (1): 487–530.

Lepenies, Robert, und Magdalena Malecka. (2019). Behaviour change: Extralegal, apolitical, scientistic? In *Handbook of behavioural change and public policy*, Hrsg. Silke Beck und Holger Strassheim, 344–360. UK: Edward Elgar Publishing.

Levitt, Steven D., und John A. List. 2007. What do laboratory experiments measuring social preferences reveal about the real world? *Journal of Economic Perspectives* 21 (2): 153–174.

Ludwig, Jens, Jeffrey R. Kling, und Sendhil Mullainathan. 2011. Mechanism experiments and policy evaluations. *Journal of Economic Perspectives* 25 (3): 17–38.

Mäki, Uskali. 2005. Models are experiments, experiments are models. *Journal of Economic Methodology* 12 (2): 303–315.

Mill, John Stuart. 1844. *Essays on some unsettled questions of political economy*. London: Longmans, Green, Reader, and Dyer.

Mirowski, Philip. 2013. *Never let a serious crisis go to waste*. London: Verso.

Morgan, Mary S. 2005. Experiments versus models. New phenomena, inference and surprise. *Journal of Economic Methodology* 12 (2): 317–329.

Morvant-Roux, Solène, Isabelle Guérin, Marc Roesch, und Jean-Yves Moisseron. 2014. Adding value to randomization with qualitative analysis. The case of microcredit in rural Morocco. *World Development* 56 (4): 302–312.

Muralidharan, Karthik, Paul Niehaus, und Sandip Sukhtankar. 2017. General equilibrium effects of (improving) public employment programs. Experimental evidence from India. *Working Paper No. 23838*. Cambridge: National Bureau of Economic Research.

Ogden, Timothy. 2017. Angus Deaton. In *Experimental conversations. Perspectives on randomized trials in development economics*, Hrsg. Timothy Ogden, 37–48. Cambridge: MIT Press.

Open Science Collaboration. 2015. Estimating the reproducibility of psychological science. *Science* 349 (6251): 943–951.

Quigley, Muireann. 2013. Nudging for health. On public policy and designing choice architecture. *Medical Law Review* 21 (4): 588–621.

Reddy, Sanjay D. 2012. Randomise this! On poor economics. *Review of Agrarian Studies* 2 (2): 60–73.

Reiss, Julian. 2016. Thought experiments in economics and the role of coherent explanations. *Studia Metodologiczne* 36:113–130.

Roth, Alvin E. 2002. The economist as engineer. Game theory, experimentation, and computation as tools for design economics. *Econometrica* 70 (4): 1341–1378.

Schmidt, Klaus. 2009. The role of experiments for the development of economic theories. *Perspektiven der Wirtschaftspolitik* 10 (S1): 14–30.

Sukhtankar, Sandip. 2017. Replications in development economics. *American Economic Review* 107 (5): 32–36.

Svorenčík, Andrej. 2015. *The experimental turn in economics. A history of experimental economics. Utrecht School of Economics Dissertation Series #29*. Utrecht: University of Utrecht.

Thaler, Richard, und Cass Sunstein. 2008. *Nudge*. New Haven: Yale University Press.

Thoma, Johanna. 2016. On the hidden thought experiments of economic theory. *Philosophy of the Social Sciences* 46 (2): 129–146.

Tversky, Amos, und Daniel Kahneman. 1974. Judgment under uncertainty. Heuristics and biases. *Science* 185 (4157): 1124–1131.

World Bank Group. 2015. *Mind, society, and behavior. World Development Report 2015*. Washington: International Bank for Reconstruction and Development/The World Bank.

Mehr als Durchschnittsstatistik

Eine kritische Einführung in Regressionsmethoden jenseits des Mittelwertes

Maike Hohberg, Alexander Silbersdorff und Thomas Kneib

Zusammenfassung

Die mittelwertbasierte Regression, wie sie oft als (einziges) Werkzeug der explorativen Datenanalyse in den Sozialwissenschaften gelehrt wird, greift bei vielen Forschungsfragen zu kurz. Dies ist insbesondere der Fall, wenn von Interesse ist, wie sich die Verteilung der Zielgröße mit den erklärenden Variablen ändert oder wie der Einfluss einer erklärenden Variable an einer bestimmten Stelle der Verteilung der Zielgröße wirkt. Solche und ähnliche Fragen können anhand von alternativen statistischen Regressionsmethoden wie der Quantils- und der Verteilungsregression beantwortet werden. Beide Verfahren werden theoretisch eingeführt und anhand eines Beispiels zur Einkommensungleichheit veranschaulicht.

Wir danken Hendryke Sophie Scholl für die wertvolle Unterstützung bei der Fertigstellung dieses Beitrags. Besonderer Dank gilt auch Christian Resch und Conrad Baumgart aus dem Redaktionsteam, den anonymen Gutachter*innen und dem gesamten Organisationsteam dieses Buchprojektes.

M. Hohberg (✉) · A. Silbersdorff · T. Kneib
Georg-August-Universität Göttingen, Göttingen, Deutschland
E-Mail: mhohber@uni-goettingen.de

A. Silbersdorff
E-Mail: asilbersdorff@uni-goettingen.de

T. Kneib
E-Mail: tkneib@uni-goettingen.de

D. J. Petersen et al. (Hrsg.), *Perspektiven einer pluralen Ökonomik*, Wirtschaft + Gesellschaft, https://doi.org/10.1007/978-3-658-16145-3_10

1 Einleitung

Die Kritik an der Methodik der Wirtschaftswissenschaften richtet sich vor allem an die formal-mathematische Ausrichtung der theoretischen Mikro- und Makroökonomik und war im letzten Jahrzehnt immer wieder Gegenstand der gesellschaftlichen und populärwissenschaftlichen Debatte.[1] Ebenso bietet auch die quantitative Orientierung der empirischen Wirtschaftswissenschaften Anlass zur Kritik. Vor allem im Zuge der globalen Wirtschaftskrise, die nicht von den datengestützten Vorhersagen vorausgesehen wurde, wurden die Grenzen der empirischen Methoden deutlich. Es ist richtig, dass eine Sozialwissenschaft, die den Menschen und die Gesellschaft in den Mittelpunkt stellt, nicht ganzheitlich quantifiziert werden kann, da viele relevante Größen der menschlichen Interaktion, wie z. B. Vertrauen, Präferenzen, irrationale Faktoren bei Entscheidungen, nicht oder nur sehr schwer gemessen werden können. Akzeptieren wir jedoch diesen Umstand und beschränken wir uns auf quantifizierbare Größen, können diese aufschlussreich mit statistischen Methoden analysiert werden. Aber auch bei Fragen, die quantitativ untersucht werden können, zeigen sich Schwachstellen darin, wie diese Methoden in den Wirtschaftswissenschaften verwendet werden.

Eine dieser Schwachstellen betrifft den „Kult der Statistischen Signifikanz" (vgl. Ziliak und McCloskey 2008), der in Disziplinen wie Ökonomie, Naturwissenschaften, Medizin, Psychologie und Sozialwissenschaften herrscht. Laut Ziliak und McCloskey gelte das Augenmerk häufig lediglich der Höhe des Standardfehlers, ohne dabei die Ergebnisse hinsichtlich ihrer Effektgröße zu beurteilen. In einer Beispieluntersuchung zeigten sie, dass der Fokus auf Präzision viele Forschenden dazu veranlasse, aus zwei Auszahlungsvarianten die Präzisere zu bevorzugen, selbst wenn sie absolut schlechter abschneidet als jede mögliche Ausprägung der sehr stark variierenden Alternative (vgl. Ziliak und McCloskey 2009).

Einen weiteren Kritikpunkt liefert Nassim Nicholas Taleb, der vor allem durch sein populärwissenschaftliches Buch „The Black Swan" (vgl. Taleb 2007) auch einer breiteren Öffentlichkeit bekannt wurde. Darin legt er den Fokus auf kognitive Problematiken mit Wahrscheinlichkeiten. Er argumentiert, dass wir mit historischen Daten Phänomene, die nur sehr selten auftreten, nicht ausreichend beschreiben oder sie gar vorhersagen können. Zwar gebe es Theorien und Techniken zur Extrapolation von Daten (z. B. im Bereich der Extremwerttheorie), diese funktionierten aber nur eingeschränkt. Dies trifft vor allem auf solche Ereignisse zu, die in ihrer Häufigkeit nicht nur selten, sondern in ihrer Ausprägung auch extremer sind als alles bisher Beobachtete. Laut Taleb tendieren Menschen dazu,

---

[1]Beispielsweise schreibt Piketty in seinem viel beachteten populärwissenschaftlichen Buch: „Economists are all too often preoccupied with petty mathematical problems of interest only to themselves. This obsession with mathematics is an easy way of acquiring the appearance of scientificity without having to answer the far more complex questions posed by the world we live in." (Piketty 2014, S. 32). Auch in den Medien wird über die kritische Auseinandersetzung mit den Theorien der Volkswirtschaftslehre berichtet (vgl. Fischermann und Pinzler 2012; Wessling 2015).

dass Unwahrscheinliche mit dem Unmöglichen gleichzusetzen und ignorieren das potenzielle Eintreten solcher Ereignisse. Dadurch haben diese Ereignisse, falls sie auftreten, einen enormen Einfluss, da wir nicht auf sie vorbereitet sind.

In diesem Beitrag greifen wir zudem eine dritte Kritik der ökonometrischen Methodik auf. Ähnlich wie Taleb daran appelliert, die äußersten Enden der Verteilung und auch das Unwahrscheinliche zu berücksichtigen, befürworten wir einen Blick seitwärts der Mittelwerte. Dabei geht es uns jedoch nicht um extrem seltene Ereignisse, sondern um die ganze Verteilung. Häufig wird untersucht, welchen Effekt eine Variable auf eine andere im Durchschnitt hat. Das Werkzeug stellt dafür die Mittelwertregression dar. Allerdings greifen empirische Analysen, welche sich hauptsächlich auf Mittelwerte stützen, oft zu kurz oder ziehen ungenügende Schlussfolgerungen nach sich. Beispielsweise in der Literatur zu Einkommensungleichheit zeigen Melly (vgl. 2005) und van Kerm (vgl. 2013), dass steigende Ungleichheit innerhalb einer Bevölkerung zu großen Teilen auf höhere Bildung zurückzuführen ist und nicht, wie mittelwertbasierte Methoden zuvor schlussfolgerten, auf einen Anstieg von residualen, nicht quantifizierbaren Fähigkeiten. Des Weiteren ist es insbesondere für viele Wohlfahrtsmaße oder Indikatoren, wie Ungleichheit oder Armutsrisiko, essenziell, nicht nur die Wirkung einer Variablen auf das mittlere Einkommen zu kennen, sondern auch darauf, wie die realisierten Einkommen um diesen Wert schwanken. Beispielsweise sollten sich unsichere, starke Variationen im Einkommen auch im Armutsrisiko niederschlagen.

Daher wird in diesem Beitrag eine Einführung in Regressionsmethoden jenseits des Mittelwerts gegeben, wobei insbesondere auf Quantils- und Verteilungsregression eingegangen werden soll. Diese Methoden lösen sich von der Fokussierung auf Effekte auf den Mittelwert und betrachten die gesamte Verteilung einer Zielgröße. Es soll aufgezeigt werden, wie die methodische Werkzeugkiste für empirische Forschungsfragen erweitert werden kann und welche Rolle die Fragestellung für die Wahl der Analysemethode einnehmen sollte.

Die Kritik an der Mittelwertregression lässt sich auch in Teilen in den theoretisch-ökonomischen Kontext einordnen. So thematisierte bereits Keynes, im Austausch mit Jan Tinbergen, in seiner Kritik an der ökonometrischen Methodik die Annahmen an die funktionale Form der Regressionsfunktion und die weit verbreitete Linearität.[2] Aus Sicht des Post-Keynesianismus ergibt sich die dahinter stehende Problematik vor allem aus der Komplexität und (Nicht-)Ergodizität der Systeme inklusive seiner Akteur*innen, die in den Wirtschaftswissenschaften quantitativ beschrieben werden und denen viele Annahmen, wie beispielsweise zu vereinfachende Verteilungsannahmen oder Stationarität im Bereich der Zeitreihen, nicht gerecht werden.[3] Interessant könnten Alternativen zur linearen Mittelwertregression daher beispielsweise für die

[2]Für eine moderne Perspektive auf die Debatte, siehe Garrone und Marchionatti (vgl. 2007).

[3]Die Debatte um (Nicht-)Ergodizitäten und Unsicherheit ließ sich in jüngerer Zeit im *Journal of Post Keynesian Economics* verfolgen (vgl. Davidson 2016; O'Donnell 2016; Rosser 2015).

Komplexitätsökonomik[4] werden, die sich neben Methoden der dynamischen Systeme, Physik und Evolutionsbiologie, auch datenintensiver, statistischer Verfahren bedient. Diese können helfen, insbesondere Nicht-Linearitäten in den Modellen besser zu berücksichtigen und komplexe Größen in selbst organisierenden Netzwerken, wie Einkommens-, Vermögens-, und Machtverteilungen, zu beschreiben, die weder Mittelwerte noch Varianzen als Verteilungsparameter aufweisen.

Auch wenn dieser Beitrag durch seinen alleinigen Fokus auf der Regressionsanalyse natürlich immer noch in der Kritik von Keynes, des Post-Keynesianismus und der Komplexitätsökonomik stehen würde, soll deutlich werden, dass Kritikpunkte, die von der Methodenforschung erhoben und behandelt werden, sich auch im theoretischen Diskurs wiederfinden lassen, et vice versa. Daher sollte eine Plurale Ökonomik, welche Raum für alle genannten wirtschaftswissenschaftlichen Theorien und Diskurse bietet, auch immer Methodenvielfalt beinhalten. Dies bedeutet sowohl einen Mix aus qualitativen und quantitativen Methoden, als auch verschiedene Verfahren innerhalb dieser Bereiche. Alternativen im quantitativen Bereich sollen Fokus dieses Beitrags sein.

Dafür gliedert er sich wie folgt: Zunächst wird das Konzept der Mittelwertregression mit den Vor- und Nachteilen dargestellt, die dann anschließend den zwei alternativen Methoden der Verteilungs- und Quantilsregression gegenübergestellt werden. Der darauffolgende Abschnitt diskutiert konzeptionelle Probleme bei der Wahl der Methodik in ökonomischen Anwendungen und untersucht, wann eine Regression jenseits des Mittelwertes sinnvoll oder gar notwendig sein kann. Anhand eines frei verfügbaren Beispiels aus dem Current Population Survey (CPS) werden anschließend die Verfahren illustriert.[5] Im letzten Abschnitt werden die Ergebnisse noch einmal zusammengefasst und für eine Erweiterung der Untersuchungsmethoden der Forschenden (und Studierenden) der Sozial- und Wirtschaftswissenschaften plädiert.

2 Mittelwert-, Quantils- und Verteilungsregression

Grundgedanke der meisten Regressionen in der ökonomischen Forschung sind Schlussfolgerungen in Hinblick auf geltende Zusammenhänge in der Population, aus der eine Stichprobe gezogen wurde. Hierbei wird eine quantitative Beziehung zwischen zwei Größen hergestellt, die nicht notwendigerweise einen realen kausalen Zusammenhang impliziert. Definitionsgemäß sind diese Modelle immer nur Vereinfachungen einer hochkomplexen Welt gesellschaftlicher Zusammenhänge und somit ist die entscheidende Frage zur Bewertung der vorgestellten ökonometrischen Methoden nicht, ob sie korrekt sind, sondern in wie weit sie bei der Beantwortung gesellschaftlich relevanter Fragen helfen.

[4]Vgl. ‚Complexity Economics as Heterodoxy' in diesem Sammelband.

[5]Hierfür wird den Lesenden der R-Code mit der verwendeten Datenquelle im Online-Appendix zur Verfügung gestellt, um Transparenz zu gewährleisten und Replikationen zu ermöglichen.

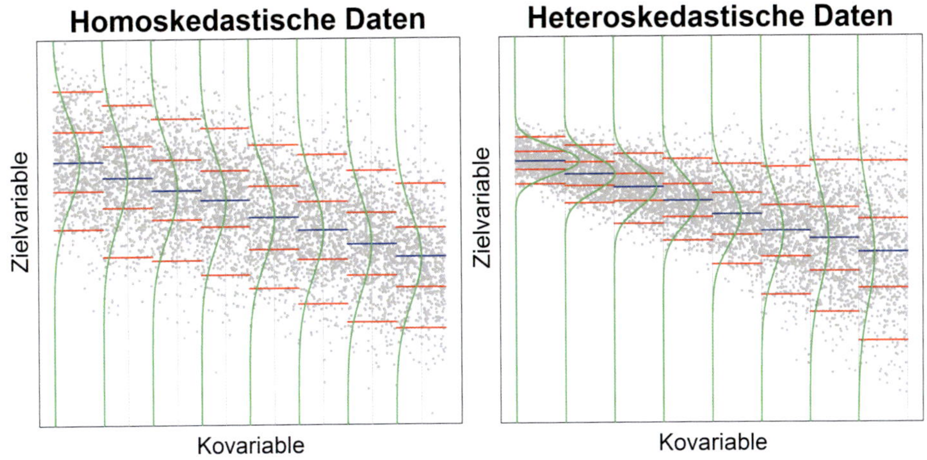

Abb. 1 Lokale Schätzungen für den Mittelwert (blau), das 5 %-, 25 %-, 75 %- und 95 %-Quantil (rot) sowie die Dichte der Normalverteilung (grün) für ein homoskedastisches und ein heteroskedastisches Szenario. (© Hohberg et al. 2018)

Um die betrachteten Verfahren zu motivieren, werden die zugrunde liegenden Ideen anhand simulierter Daten in Abb. 1 illustriert. Dabei werden zwei Datensituationen unterschieden, in denen jeweils ein Regressionszusammenhang zwischen der Einflussgröße x und der Zielgröße y besteht, aber einmal die Annahme konstanter Varianzen erfüllt ist (homoskedastische Daten), während im zweiten Fall die Variabilität mit größeren Werten der Kovariablen anwächst (heteroskedastische Daten).

Um den Einfluss der Kovariablen explorativ zu untersuchen, werden die Daten jeweils in acht Bereiche eingeteilt, sodass lokal (also jeweils für die Daten in einem der Intervalle) das arithmetische Mittel, eine Reihe von Quantilen sowie eine angepasste Normalverteilung bestimmt werden können. Zur Berechnung der empirischen Quantile werden dabei die Beobachtungen sortiert, sodass beispielsweise das 5 %-Quantil als derjenige Wert zu bestimmen ist, für den wenigstens 5 % der Daten kleiner oder gleich dem Wert und wenigstens 95 % der Daten größer oder gleich dem Wert sind. Für die Anpassung der Normalverteilung werden jeweils lokal das arithmetische Mittel und die empirische Standardabweichung als Schätzer für die beiden Momente der Normalverteilung berechnet, sodass sich hieraus die angepassten Dichten ergeben. Aus der lokalen Anpassung, beispielsweise des Mittelwerts, lässt sich nun ablesen, ob eine lineare Modellierung der erwarteten Zielgröße in Abhängigkeit der Kovariable sinnvoll ist. Liegt ein solcher linearer Zusammenhang vor, so sollten sich von Intervall zu Intervall jeweils näherungsweise konstante Änderungen des Mittelwerts ergeben. Dies ist in unserem Beispiel in der Tat der Fall, sodass ein lineares Modell zunächst angemessen erscheint.[6]

[6] Allgemeinere Modelle lassen Abweichungen von der Annahme linearer Zusammenhänge zu, werden aber in diesem Beitrag nicht betrachtet.

In analoger Weise kann man in der Änderung der Quantile ebenfalls einen linearen Trend erkennen, der sich je nach Annahme zum Verhalten der Varianz allerdings qualitativ ändert. Während für homoskedastische Daten die Änderung für alle Quantile in ähnlicher Größenordnung erfolgt und der Änderung im Mittelwert entspricht, verhalten sich die Quantile bei heteroskedastischen Daten je nach Niveau des Quantils unterschiedlich und auch anders als der Mittelwert. Auch in diesem Fall folgen die lokalen Quantile für ein gegebenes Niveau jedoch weiterhin näherungsweise einer Geraden, sodass auch hier eine lineare Modellierung (für die Quantile) angemessen erscheint. Betrachtet man zu guter Letzt die angepassten Normalverteilungen, so fällt auf, dass diese bei Vorliegen von Homoskedastizität jeweils näherungsweise gleiche Form aufweisen, aber auf der y -Achse verschoben sind. Dies spiegelt genau die konstante Varianz und die Verschiebung des Erwartungswertes wider, die in einem linearen Modell mit Homoskedastizität zu erwarten sind. Für heteroskedastische Daten ändert sich dagegen von Intervall zu Intervall nicht nur der Erwartungswert (in annähernd linearer Form), sondern auch die Varianz bzw. Standardabweichung.

Um im Folgenden zu illustrieren, inwiefern der Einsatz der alternativen Regressionsmethoden in diesem Kontext von Vorteil sein kann, wird zunächst in die theoretischen Grundlagen der Mittelwert-, Quantils- und Verteilungsregression eingeführt. Basierend darauf können Vor- und Nachteile der jeweiligen Verfahren einander gegenübergestellt und ihre kontextabhängige Eignung beurteilt werden.

2.1 Mittelwertregression

Zur Vereinfachung behandeln wir die verschiedenen Regressionsmodelle im Folgenden für den speziellen Fall einer einzelnen metrischen Kovariablen x und einer Zielgröße y. Basierend auf beobachteten Daten $(x_i, y_i), i = 1, \ldots, n$, wird in der klassischen linearen Einfachregression der Zusammenhang

$$y_i = \beta_0 + \beta_1 x_i + \varepsilon_i \tag{1}$$

unterstellt, wobei

- β_0 und β_1 Achsenabschnitt bzw. Steigung der unterstellten Regressionsgerade $\beta_0 + \beta_1 x$ bezeichnen und
- ε_i die stochastischen Abweichungen der beobachteten Zielgröße von der Regressionsgerade beschreibt.

Für die Fehlerterme ε_i werden dann typischerweise die folgenden Annahmen gemacht:

- $E(\varepsilon_i) = 0$, d. h. die durchschnittliche Abweichung der beobachteten Zielgröße von der Regressionsgerade ist Null.
- $Var(\varepsilon_i) = \sigma^2$, d. h. alle Fehlerterme besitzen gleiche Varianz (Varianzhomogenität).

- $\varepsilon_1, \ldots, \varepsilon_n$ sind unkorreliert.
- $\varepsilon_i \sim N(0, \sigma^2)$, d. h. die Fehlerterme sind zusätzlich zu den bereits gemachten Annahmen normalverteilt.

Aus der ersten Annahme folgt insbesondere, dass im linearen Modell der Erwartungswert der Zielgröße in Abhängigkeit der Kovariablen modelliert wird, da

$$E(y_i) = \beta_0 + \beta_1 x_i \tag{2}$$

gilt. Entsprechend ergibt sich folgende Interpretation der Regressionskoeffizienten:

- Der Achsenabschnitt β_0 entspricht dem für die Zielgröße erwarteten Wert, wenn die Kovariable x den Wert Null annimmt.
- Die Steigung β_1 entspricht dem erwarteten Unterschied in der Zielgröße für zwei Beobachtungen, die sich um eine Einheit der Kovariablen unterscheiden.

Insbesondere fokussiert das Modell allein den Erwartungswert der Zielgröße, während alle anderen Einflüsse in den Fehlertermen subsumiert werden. Die üblichen Annahmen an den Fehlerterm unterstellen dann, dass keine weitere Struktur in den Fehlertermen vorliegt, und daher keine Notwendigkeit besteht, allgemeinere Modelle zu betrachten. In den folgenden Abschnitten werden wir genauer diskutieren, welche Formen solche alternativen Einflussmöglichkeiten annehmen, und wie diese aus Daten identifiziert werden können.

Zur Schätzung der linearen Einfachregression werden die Abweichungen zwischen der Regressionsgerade und den beobachteten Zielgrößen durch das Kleinste-Quadrate-Kriterium

$$KQ(\beta_0, \beta_1) = \sum_{i=1}^{n} (y_i - \beta_0 - \beta_1 x_i)^2$$

quantifiziert, das bezüglich der beiden Parameter zu minimieren ist. Dabei ist die Annahme der Varianzhomogenität essenziell. Die Kleinste-Quadrate-Schätzung und die Mittelwertregression gehen hier erneut implizit davon aus, dass die Residuen keine strukturelle Information mehr über den Effekt der Kovariablen auf die Zielgröße besitzen.[7]

[7]Mathematisch präziser ergibt die geometrische Interpretation, dass bei Vorliegen aller Modellannahmen die Residuen der linearen Einfachregression orthogonal zu der geschätzten Regressionsgerade sind, sodass sich aus den Residuen keine Information mehr über die Regressionsgerade gewinnen lässt.

Zur großen Popularität der linearen Modelle haben insbesondere eine Reihe positiver Eigenschaften des Kleinste-Quadrate-Schätzers beigetragen:

- Für den Kleinste-Quadrate-Schätzer existiert (auch im multiplen linearen Modell mit mehr als einer Einflussgröße) eine explizite Darstellung, mit deren Hilfe mathematisch wünschenswerte Güteeigenschaften relativ einfach hergeleitet werden können.
- Insbesondere ist der Kleinste-Quadrate-Schätzer unverzerrt, konsistent und bester linearer unverzerrter Schätzer, auch ohne Vorliegen der Normalverteilungsannahme.
- Basierend auf normalverteilten Fehlern lässt sich eine umfangreiche Theorie zur Konstruktion von Konfidenzintervallen und statistischen Tests entwickeln.
- Der Kleinste-Quadrate-Schätzer ist bei normalverteilten Fehlern auch Maximum-Likelihood-Schätzer.

Für das lineare Modell existiert zudem ein umfangreiches Arsenal an statistischer Methodik zur Überprüfung der Modellannahmen, der Modellwahl und der Variablenselektion (vgl. Fahrmeir et al. 2009).

2.2 Quantilsregression

Eine Möglichkeit, den dem linearen Modell unterliegenden Fokus auf den Erwartungswert der Zielgröße aufzugeben, besteht in der Betrachtung anderer Eigenschaften der Zielgrößenverteilung. Die Quantilsregression betrachtet dabei Quantile der Zielgrößenverteilung, um nicht nur das erwartete Verhalten der Zielgröße, sondern auch extremere Formen der Zielgröße, wie besonders hohe oder niedrige Ausprägungen, untersuchen zu können. Bezeichnet $\tau \in (0, 1)$ das interessierende Quantilniveau, so ist es Ziel der Quantilsregression, das τ-Quantil der Zielgrößenverteilung $Q_\tau(y_i)$ durch die Kovariable x_i zu beschreiben. Eine explorative Möglichkeit, solche Abhängigkeiten zu untersuchen, haben wir bereits in Abb. 1 kennengelernt. Folgen die dort bestimmten, lokalen Quantile näherungsweise einer Gerade, so führt dies zum Modell

$$Q_\tau(y_i) = \beta_{0,\tau} + \beta_{1,\tau} x_i \tag{3}$$

in dem nun die Regressionskoeffizienten durch das Quantilniveau τ indiziert werden, da typischerweise im Rahmen einer empirischen Analyse mehrere Quantilniveaus betrachtet werden.

Während Gleichung (3) analog zu Gleichung (2) die Regressionsgerade mit einer bestimmten Eigenschaft der Verteilung der Zielgröße verknüpft, lässt sich hieraus nicht unmittelbar eine Regressionsformulierung in Analogie zum Modell (1) ableiten. Um eine solche Darstellung zu erhalten, schreiben wir zunächst explizit aus, wie die Quantile der Zielgröße über Wahrscheinlichkeitsaussagen bestimmt werden können:

$$P\big(y_i \leq \beta_{0,\tau} + \beta_{1,\tau} x_i\big) = \tau$$

Unterstellt man nun wieder ein Modell der Form

$$y_i = \beta_{0,\tau} + \beta_{1,\tau} x_i + \varepsilon_{i,\tau}, \tag{4}$$

so ergibt sich

$$P\big(\varepsilon_{i,\tau} \leq 0\big) = \tau.$$

Das τ-Quantil der Fehlerterme muss gleich Null sein, wenn die Regressionsgerade dem τ-Quantil der Zielgröße entsprechen soll. Diese Annahme ersetzt in der Quantilsregression die Annahme des linearen Modells, nach der der Fehlerterm Erwartungswert Null haben soll.

Aus der Darstellung über die Fehlerterme lässt sich nun eine interessante Erkenntnis für das klassische lineare Modell ableiten. Gelten alle dort getroffenen Annahmen an den Fehlerterm, so besitzt die Zielgröße konstante Varianz und ist normalverteilt. Für $y \sim N(\mu, \sigma^2)$ ist das τ-Quantil dann gegeben durch

$$Q_\tau(y) = \mu + \sigma z_\tau,$$

wobei z_τ das τ-Quantil der Standardnormalverteilung bezeichnet. Setzt man diese Beziehung für die Zielgrößen der linearen Einfachregression ein, so ergibt sich

$$Q_\tau(y_i) = \beta_0 + \beta_1 x_i + \sigma z_\tau = \beta_{0,\tau} + \beta_{1,\tau} x_i$$

mit $\beta_{0,\tau} = \beta_0 + \sigma z_\tau$ und $\beta_{1,\tau} = \beta_1$. Dementsprechend verschiebt sich bei Betrachtung verschiedener Quantilniveaus nur der Achsenabschnitt, während die Steigung immer gleich bleibt. Dies gilt allgemeiner auch bereits dann, wenn die Fehlerterme nicht normalverteilt, aber identisch verteilt sind. Modelle der Quantilsregression sind also im Wesentlichen dann interessant, wenn Varianzheterogenität vorliegt und/oder die Fehler nicht identisch verteilt sind, wenn also höhere Momente der Zielgrößenverteilung auch von Kovariablen abhängen. Mithilfe der Quantilsregression lässt sich dann die gesamte Form der Verteilung von y_i bei gegebener Kovariable x_i bestimmen, wenn man eine größere Zahl von Quantilniveaus verbindet.

Typischerweise wird die Schätzung empirischer Quantile über die Annahme eingeführt, dass ein Anteil von τ der Beobachtungen kleiner oder gleich und ein Anteil von $1 - \tau$ größer oder gleich dem interessierenden Quantil ist. Diese Definition kann in der lokalen Quantilbestimmung, die wir zur Motivation betrachtet haben, noch angewendet werden, aber nicht mehr, wenn die Regressionskoeffizienten simultan bestimmt werden sollen. Daher beruht die Schätzung der Regressionskoeffizienten in der Quantilsregression üblicherweise auf dem alternativen Schätzkriterium

$$\min \sum\nolimits_{i=1}^{n} \omega_\tau(y_i) \left| y_i - \beta_{0,\tau} - \beta_{1,\tau} x_i \right|,$$

das basierend auf asymmetrisch gewichteten absoluten Residuen mit Gewichten

$$\omega_\tau(y_i) = \begin{cases} \tau & y_i \geq \beta_{0,\tau} + \beta_{1,\tau} x_i \\ 1 - \tau & y_i < \beta_{0,\tau} + \beta_{1,\tau} x_i \end{cases}$$

gebildet wird. Betrachtet man beispielsweise das 5 %-Quantil, so erhalten Beobachtungen unterhalb der Regressionsgerade das Gewicht 0,95, während Beobachtungen oberhalb der Regressionsgerade nur das Gewicht 0,05 erhalten. Damit wird nur eine kleine Zahl von Beobachtungen unterhalb der Regressionsgeraden verbleiben, während eine große Zahl von Beobachtungen oberhalb der Regressionsgerade lokalisiert ist.

Genauer basiert das Schätzkriterium für die Quantilsregression auf den beiden folgenden Annahmen an die Fehlerterme:

- $Q_\tau\left(\varepsilon_{i,\tau}\right) = 0$, d. h. die τ-Quantile der Residuen sind gleich Null.
- $\varepsilon_1, \ldots, \varepsilon_n$ sind unabhängig.

Es ist also keine konkrete Annahme an die Verteilungsform notwendig und insbesondere werden weder identische Verteilungen noch die Varianzhomogenität vorausgesetzt. Dagegen wird nun die stärkere Annahme der Unabhängigkeit benötigt, während im linearen Modell in der Regel nur die Unkorreliertheit notwendig ist. Da unter der Annahme normalverteilter Fehler die Unkorreliertheit allerdings bereits die Unabhängigkeit impliziert, ist der Unterschied letztendlich für praktische Überlegungen eher gering.

Neben den weniger restriktiven Annahmen an die Fehlerterme besitzt die Quantilsregression auch den Vorteil, robuster gegenüber Ausreißern zu sein, während der Mittelwert sensitiv auf Ausreißer reagiert. Diese für empirische Quantile bekannte Eigenschaft überträgt sich auch auf die Quantilsregression und drückt sich unter anderem auch darin aus, dass die Residuen in der Quantilsregression nur über die Beträge und nicht über Quadrate in das Schätzkriterium eingehen.

Die Minimierung des Schätzkriteriums der Quantilsregression ist numerisch leider deutlich schwieriger als die Minimierung des Kleinste-Quadrate-Kriteriums, da der Absolutbetrag nicht differenzierbar ist und damit das Kriterium nicht abgeleitet und nullgesetzt werden kann. Entsprechend existiert keine explizite Darstellung der geschätzten Regressionskoeffizienten. Stattdessen müssen Verfahren der linearen Programmierung eingesetzt werden, um die Schätzer für gegebene Daten zu bestimmen. Demzufolge gestaltet sich die Bestimmung von Eigenschaften des Schätzers oder die Herleitung von Tests und Konfidenzintervallen deutlich aufwendiger, auch wenn hierzu ebenfalls bereits eine umfangreich entwickelte statistische Methodik existiert (Koenker 2005).

2.3 Verteilungsregression

Als Alternative zur verteilungsfreien Quantilsregression hat sich in den letzten Jahren verstärkt das Interesse einer parametrischen, aber dennoch sehr flexiblen, Form der Regressionsmodellierung zugewandt, in der zwar die Annahme einer spezifischen Verteilung für die Zielgröße des Regressionsmodells erhalten bleibt, aber alle Parameter dieser Verteilung in Abhängigkeit von Kovariablen modelliert werden (vgl. Rigby und

Stasinopoulos 2005; Klein et al. 2015a). Dies bedeutet, etwa im Fall normalverteilter Zielgrößen $y_i \sim N(\mu_i, \sigma_i^2)$, dass sowohl Erwartungswert als auch Varianz von der erklärenden Variable x_i abhängen dürfen und beispielsweise wie folgt spezifiziert werden können:

$$\begin{aligned} \mu_i &= \beta_0^{\mu} + \beta_1^{\mu} x_i \\ \log(\sigma_i) &= \beta_0^{\sigma} + \beta_1^{\sigma} x_i \end{aligned}$$

Die logarithmische Transformation der Standardabweichung wird dabei angewandt, um sicherzustellen, dass für beliebige Wahlen der Kovariablen positive Standardabweichungen (und damit auch Varianzen) resultieren. Die Flexibilität der sogenannten Verteilungsregression ergibt sich nun daraus, dass eine große Zahl verschiedener, an die jeweilige Regressionssituation angepasste Verteilungen zur Verfügung stehen:

- Stellt die Zielgröße eine Anzahl dar, sollen also sogenannte Zähldaten analysiert werden, so können im Rahmen der Verteilungsregression nicht nur die beliebte Poissonverteilung, sondern auch Alternativen eingesetzt werden, die weniger restriktiv als die Poissonverteilung sind. Insbesondere lassen sich so Überdispersion (also eine vom Erwartungswert verschiedene, große Variabilität der Zielgröße) oder Null-Inflation (also die Beobachtung von mehr Nullen, als im Modell der Poissonverteilung zu erwarten wäre) berücksichtigen.
- Mithilfe der Verteilungsregression können heteroskedastische Varianzen oder auch schiefe Verteilungen für die Zielgröße eingesetzt werden.
- Häufig beobachtet man für nichtnegative Verteilungen (etwa für Einkommen), dass diese eine Häufung in der Null aufweisen, die nicht durch eine stetige Verteilung zu erklären ist. In diesem Fall können gemischt diskret-stetige Verteilungen eingesetzt werden, die eine stetige, nichtnegative Verteilung mit einer Punktmasse in Null kombinieren.
- Ist die Zielgröße ein in Prozent ausgedrückter Anteil, so können Verteilungen auf dem Einheitsintervall betrachtet werden, die zudem um Häufungen in Null und/oder Eins erweitert werden können.
- Auch multivariate Zielgrößenverteilungen können einfach im Rahmen der Verteilungsregression behandelt werden, beispielsweise basierend auf der multivariaten Normalverteilung (Klein et al. 2015b).

Die Verteilungsregression geht nun spezifischer davon aus, dass die beobachteten Zielgrößen y_i unabhängig sind und ihre Verteilung durch eine K-parametrische Dichte $p(y_i|\vartheta_{i1}, \ldots, \vartheta_{iK})$ beschrieben werden kann, wobei $\vartheta_{i1}, \ldots, \vartheta_{iK}$ die K verschiedenen Parameter der Verteilung bezeichnen. Für jeden dieser Parameter wird nun eine Regressionsspezifikation der Form

$$g_k(\vartheta_{ik}) = \beta_{0k} + \beta_{1k} x_i$$

gewählt, wobei die Linkfunktionen g_k zur Einhaltung des Parameterraums dienen (wie wir bereits im Zusammenhang mit der Standardabweichung der Normalverteilung gesehen haben).

Da die Modellspezifikation in der Verteilungsregression explizit auf einer Verteilungsannahme für die Zielgröße basiert, lassen sich die Parameter des Modells per Maximum-Likelihood-Schätzung oder auch Bayesianisch bestimmen (Rigby und Stasinopoulos 2005; Klein et al. 2015a).

2.4 Vergleich

Stellt man die Quantil- und Verteilungsregression der Mittelwertregression gegenüber, so besitzen sie den offensichtlichen Vorteil, wesentlich flexibler in Bezug auf die Verteilung der Zielgröße zu sein, da entweder deutlich weniger Annahmen gemacht werden müssen (Quantilsregression) oder die alleinige Modellierung des Mittelwerts aufgegeben und eine größere Zahl von Verteilungen zugänglich gemacht wird (Verteilungsregression). Dies bedeutet jedoch nicht, dass die Mittelwertregression kein wertvoller Bestandteil des statistischen Handwerkszeugs wäre. Sie besitzt insbesondere den Vorteil, dass die Modellierung relativ einfach zu verstehen und zu kommunizieren ist, während die flexibleren Erweiterungen ein vertieftes Verständnis statistischer Methoden erfordern. Darüber hinaus ist in jeder Anwendung zu entscheiden, ob Effekte jenseits des Mittelwerts tatsächlich von Interesse sind, oder ob eine Fokussierung auf den Mittelwert ausreichend ist. Dabei besitzen die flexibleren Alternativen den Vorteil, dass sie auch bei einem generischen Interesse am Mittelwert besser mit Verletzungen der typischen Modellannahmen umgehen können.

Vergleicht man die beiden skizzierten Erweiterungen der Quantilsregression und der Verteilungsregression, so besitzt die Quantilsregression zunächst den Vorteil, dass weniger spezifische Annahmen an die Verteilung der Zielgröße gestellt werden müssen. Tatsächlich wird neben der Unabhängigkeit der Beobachtungen lediglich angenommen, dass die Modellgleichung (4) gilt. Damit verringert sich das Risiko eines fehlspezifizierten Modells beträchtlich, im Vergleich zu Modellen, die eine spezifische Verteilung für die Zielgrößen annehmen. Es sei jedoch darauf hingewiesen, dass auch Gleichung (4) eine sehr spezielle Form des Einflusses der Kovariablen annimmt (Linearität des Kovariableneffekts auf das τ-Quantil), sodass auch Modelle der Quantilsregression nicht automatisch korrekt spezifiziert sein müssen.

Ein weiterer Vorteil der Quantilsregression ist deren inhärente Robustheit gegenüber Ausreißern. Analog zu den Eigenschaften univariater Quantile, reagieren auch Modelle der Quantilsregression nur sehr wenig darauf, wenn einzelne Beobachtungen deutlich vom Rest der Beobachtungen abweichen. Dies zeigt sich unter anderem auch daran, dass im Optimierungskriterium der Quantilsregression die Abweichungen zur Regressionsgerade nur im Absolutbetrag und nicht quadratisch (wie in der gewöhnlichen Kleinste-Quadrate-Schätzung) eingehen, sodass große Abweichungen ein weniger starkes Gewicht erhalten.

Eine Einschränkung der Anwendbarkeit der Quantilsregression liegt darin, dass die analysierten Zielgrößen stetig sein müssen. Dies ist beispielsweise dann problematisch, wenn Einkommen unter Einbezug von Personen ohne Einkommen analysiert werden soll. In diesem Fall ergibt sich eine Mischung aus einer Punktmasse in Null und einer stetigen, positiven Verteilung, sodass alle Quantile geringen Niveaus gleich Null sind und somit nicht in einer Regressionsmodellierung analysiert werden können. Im Rahmen der Verteilungsregression wäre es in diesem Fall deutlich einfacher, ein passendes Modell vorzuschlagen.

Ein weiteres Problem im Rahmen der Quantilsregression ist die Möglichkeit sich kreuzender Quantile. Theoretisch sollten Quantile nach Ihrem Niveau geordnet sein. Da die Regressionsmodelle für verschiedene Quantilniveaus jedoch unabhängig geschätzt werden, lässt sich diese Restriktion nicht automatisch in das Modell integrieren. Tatsächlich ist es sogar so, dass sich nur bei Annahme komplett paralleler Regressionsgeraden für die verschiedenen Quantilniveaus die Kreuzung der geschätzten Quantile verhindern lässt. In diesem Fall ist allerdings, wie bereits diskutiert, die Anwendung der Quantilsregression nur von sehr begrenztem Interesse, da unabhängig vom gewählten Quantilniveau immer der gleiche Regressionszusammenhang identifiziert wird. Insofern beschränkt man sich häufig auf die Voraussetzung, dass die geschätzten Quantile sich nicht im Rahmen der beobachteten Kovariablenwerte überschneiden sollen. Ist dies dennoch der Fall, so spricht dies für eine Verletzung der Annahme eines linearen Quantilmodells. Die Problematik der Kreuzung von Quantilen entsteht insbesondere daraus, dass mithilfe der Quantilsregression zwar verschiedene Quantile bestimmt, aber kein gemeinsames Modell für die gesamte Verteilung geschätzt werden kann. Dies ist auch dann problematisch, wenn andere Eigenschaften der Verteilung als die Quantile untersucht werden sollen (beispielsweise die Standardabweichung oder der Gini-Koeffizient der geschätzten Verteilung).

Im Gegensatz zur Quantilsregression liefert die Verteilungsregression ein in sich konsistentes geschätztes Verteilungsmodell, aus dem sich praktisch beliebige Verteilungseigenschaften ableiten lassen. Darüber hinaus steht, basierend auf der Verteilungsannahme, die Likelihood des Modells zur Verfügung, sodass zahlreiche in diesem Zusammenhang entwickelte Methoden und Inferenztechniken (beispielsweise Likelihood-Quotienten-Tests, likelihood-basierte Konfidenzintervalle, usw.) unmittelbar angewendet werden können. Des Weiteren bietet die Verteilungsregression einen einheitlichen Rahmen und Schätzansatz für verschiedene Verteilungen, insbesondere für diskrete und stetige, aber auch für gemischt diskret-stetige oder multivariate Verteilungen.

Als wesentlicher Nachteil steht diesen Vorteilen das Risiko der fehlerhaften Modellspezifikation gegenüber. Dieses bezieht sich insbesondere auf die Möglichkeit, eine falsche Verteilungsannahme zu machen, betrifft aber gleichermaßen die Wahl der Responsefunktion und die genaue Spezifikation der Regressionsprädiktoren. Vor diesem Hintergrund wird für die breite Anwendbarkeit der Verteilungsregression insbesondere die Entwicklung geeigneter Modellwahl- und Modelldiagnose-Techniken von Bedeutung sein.

3 Über die Relevanz der Forschungsfrage

Trotz der angesprochenen Nachteile sind Mittelwertregressionen nicht per se als wenig aussagekräftig zu verurteilen. Vielmehr soll darauf aufmerksam gemacht werden, dass es durchaus Methoden gibt, welche die methodische Werkzeugkiste von Forschenden in empirischen Disziplinen wesentlich bereichern können. Bei der Wahl des Analyseinstruments muss insbesondere die Forschungsfrage zunächst genau umrissen werden, bevor eine Entscheidung für oder gegen eine Methode getroffen werden kann. In vielen Anwendungen sind Aussagen über die Veränderung des Mittelwertes durchaus interessant, aber spezifische Aspekte der Forschungsfrage können Hinweise liefern, ob nicht zusätzlich Methoden der Quantils- oder Verteilungsregression berücksichtigt werden sollten. Erstens liefern Fragen zu Effekten, die sich sehr stark danach unterscheiden, je nachdem wo sich ein Individuum oder ein Untersuchungsobjekt in der Verteilung befindet, klare Anhaltspunkte zugunsten der Quantils- oder Verteilungsregression. Diese können mit Mittelwertregressionen nur unzureichend beantwortet werden. Die Mittelwertregression greift auch dann zu kurz, wenn das Forschungsinteresse Wirkungen auf Individuen am oberen oder unteren Ende der Verteilung gilt. Beispielsweise könnten wir uns vorstellen, dass die Einkommenseffekte eines Arbeitsmarktprogramms, wie etwa eine Erhöhung des Mindestlohnes, untersucht werden sollen. Hier würde ein Blick auf den Mittelwert den eigentlichen Effekt verzerren und die interessanten Aspekte verschleiern. Natürlich wird die Erhöhung des Mindestlohnes eher keine Auswirkungen auf Einkommensgruppen haben, die sehr weit vom Mindestlohn entfernt sind. Dafür wird die Veränderung für Individuen, die unterhalb des neuen Mindestlohnes verdienen, sehr stark spürbar sein. Interessant wäre auch noch zu untersuchen, inwieweit sich das Einkommen für Individuen knapp über der neuen Mindestlohngrenze verändert. Bleibt das Einkommen gleich oder profitieren sie von einer Lohnanpassung, um die ‚Lohnhierarchie' aufrecht zu erhalten? Aller Erwartung nach werden auch die Beschäftigungseffekte in den Einkommensgruppen unterschiedlich ausfallen.[8]

Zweitens können Forschungsfragen, die speziell auf die Wirkungen auf Verteilungen abzielen, nicht mit Mittelwertregression beantwortet werden. Im Mindestlohnbeispiel wäre das die Frage, ob der Mindestlohn dazu beitragen kann, Lohnungleichheit zu vermindern. Diese und ähnliche Fragestellungen lassen sich nur mit Kenntnissen über die Gesamteinkommensverteilung mit ihren verschiedenen Charakteristika wie Varianz, Schiefe und Wölbung umfangreich beleuchten. Dazu gehört auch, dass viele Maße und Indikatoren, wie zum Beispiel für Ungleichheit und Risiko, nicht nur durch den Mittelwert, sondern auch durch die Variabilität darum bestimmt werden. Beispielsweise können

[8]Zwar können auch mehrere Mittelwertregressionen auf verschiedene Teilstichproben von Einkommen sgruppen angewendet werden, jedoch wird dann wieder nur der Durchschnitt einer bestimmten Gruppe berechnet und nicht der Wert an einer bestimmten Stelle in der Verteilung. Zudem verringert sich die Datengrundlage durch diese künstliche Beschränkung beträchtlich.

zwei Individuen das gleiche erwartete Einkommen haben, allerdings schwanken die realisierten Einkommen des einen Individuums viel stärker um diesen Wert als die Einkommen des anderen Individuums. Ein geeignetes Maß für Armutsrisiko sollte diese Variabilität berücksichtigen und dem Individuum mit einer hohen Einkommensvariabilität ein höheres Armutsrisiko bescheinigen als dem Anderen. Da viele Bereiche der Wirtschaftswissenschaften mit Verteilungsfragen, sei es die Verteilung von Einkommen, Bildung oder knapper Ressourcen, und mit Risikomaßen, wie z. B. dem Armutsrisiko oder dem Risiko einer Investition, konfrontiert sind, können sich definitiv zahlreiche Anwendungen für Quantils- oder Verteilungsregression in der Ökonomie finden.

Diese zwei Aspekte dienen nicht nur der Entscheidung, ob die Verwendung komplexerer Methoden, die über den Mittelwert hinausgehen, überhaupt notwendig ist, sondern helfen auch zwischen den von uns vorgeschlagenen Alternativen (Quantil- und Verteilungsregression) zu unterscheiden. Kneib (2013) regt dazu an, sich dabei die Frage zu stellen, ob das Interesse auf einem bestimmten Quantil der abhängigen Variable liegt, z. B. das unterste Dezentil der Einkommensverteilung. In diesem Fall kann die Quantilsregression weiterhelfen. Liegt das Interesse der Analyse aber vielmehr darin, wie die Parameter einer Verteilung auf den Einfluss von bestimmten Kovariablen reagieren, z. B. die Wirkung des Mindestlohns auf die Einkommensverteilung oder das Armutsrisiko, sollte der Verteilungsregression der Vorzug gegeben werden.

4 Perspektiven der Regressionsanalyse

Die vorgeschlagenen Alternativen werden anhand eines Beispiels veranschaulicht und der klassischen Mittelwertregression gegenübergestellt. Dazu werden bedingte Einkommensverteilungen bezüglich unerklärter Lohnunterschiede zwischen Ethnien anhand eines frei zugänglichen Datensatzes aus dem Current Population Survey (CPS)[9] aus dem Jahr 1988 untersucht.

Dieser Datensatz enthält Informationen über 28.155 männliche Personen im Alter zwischen 18 und 70 Jahren, die sich in einem Beschäftigungsverhältnis befinden.[10] Nach Ausschließen unvollständiger Beobachtungen und einer Eingrenzung auf Vollzeitbeschäftigte, um das Einkommen vergleichbarer zu machen, bleiben 25.437 Individuen in unserem Datensatz. Für die Analyse werden wir die folgenden Variablen betrachten: Die Variable *wage* stellt den Lohn der Person dar und wird in US Dollar pro Woche angegeben. Die Variable *educ* ist die Anzahl der Schuljahre. Die Variable *exp* beinhaltet

[9]Die CPS wird durch das United States Census Bureau erhoben, um Informationen über demografische, soziale und ökonomische Charakteristika der US-Bevölkerung zu gewinnen (vgl. Census Bureau 2016a).

[10]Mehr Informationen über den Datensatz sind in der Vignette für das R-Paket AER, verfügbar unter https://cran.r-project.org/web/packages/AER/AER.pdf, zu finden.

die Jahre potenzieller Berufserfahrung der Person, d. h. das Alter der Person abzüglich der Jahre an Schulbildung und der 6 Jahre bis zur Einschulung. Die Variable *afam* ist eine Dummy-Variable, die den Wert 0 annimmt für ‚Caucasians' (Personen mit weißer Hautfarbe) und 1 für ‚African Americans' (people of colour).

Tab. 1 präsentiert einfache deskriptive Statistiken über die ausgewählten Variablen von African Americans und Caucasians. Es ist ersichtlich, dass Caucasians sowohl ein höheres mittleres Einkommen als auch eine größere Standardabweichung haben und zwar bei einem durchschnittlich höheren Bildungsgrad und einer leicht niedrigeren Anzahl an Arbeitsjahren im Vergleich zu African Americans.

Aus der Debatte darüber, wie die bereinigte Lohnlücke, d. h. unerklärte Lohnunterschiede, im Allgemeinen und zwischen Menschen verschiedener Hautfarbe in den USA im Spezifischen gemessen werden kann, ging eine umfangreiche Literatur hervor (vgl. Blinder 1973; Dolton und Makepeace 1985; Jenkins 1994; Neal und Johnson 1996; Sohn 2015). Ein Großteil der ökonomischen Literatur folgt der Logik der Oaxaca-Blinder-Dekomposition, wonach die Diskrepanz zwischen einer abhängigen Variable zweier Gruppen (in unserem Fall der Lohn) in erklärte und unerklärte Unterschiede unterteilt werden kann. Erstere beziehen sich dabei in der Regel auf beobachtete und messbare Charakteristika (in unserem Fall Berufserfahrung und Schuljahre), während letztere als unerklärte Diskrepanz gewertet werden, da sie eben nicht auf Unterschiede erklärender Charakteristika zurückzuführen sind. Für zwei Individuen i und j wird somit der unerklärte Lohnunterschied ($\Delta_{i,j}^{gap}$), aus dem totalen Lohnunterschied ($\Delta_{i,j}^{tot}$) abzüglich des Lohnunterschiedes, der aufgrund unterschiedlicher Kovariablenwerte entsteht ($\Delta_{i,j}^{cov}$), ermittelt, d. h.

$$\Delta_{i,j}^{gap} = \Delta_{i,j}^{tot} - \Delta_{i,j}^{cov}. \tag{5}$$

Vereinfachend betrachten wir hauptsächlich die Lohnunterschiede für Beobachtungen, welche die gleichen Kovariablenwerte aufweisen, sodass $\Delta_{i,j}^{cov} = 0$. Folglich ist $\Delta_{i,j}^{gap} = \Delta_{i,j}^{tot}$, das wir notationell auf Δ verkürzen, gegeben zweier Individuen i und j. Dabei berechnen wir Δ als Differenz in den erwarteten Löhnen beider Gruppen relativ zu dem erwarteten Lohn der Gruppe Caucasians, wodurch sich eine relativ einfache Interpretation von Δ ergibt, denn je höher Δ, desto größer sind die nicht erklärten Lohnunterschiede von African Americans zu Caucasians.

Tab. 1 Mittelwerte (und Standardabweichungen) der Variablen

	African American	Caucasian
wage	480,0 (308,0)	656,3 (451,0)
educ	12,3 (2,8)	13,1 (2,9)
exp	19,1 (12,7)	18,7 (12,3)
Anzahl	1978	23.459

(Quelle: Eigene Berechnungen basierend auf CPS Daten)

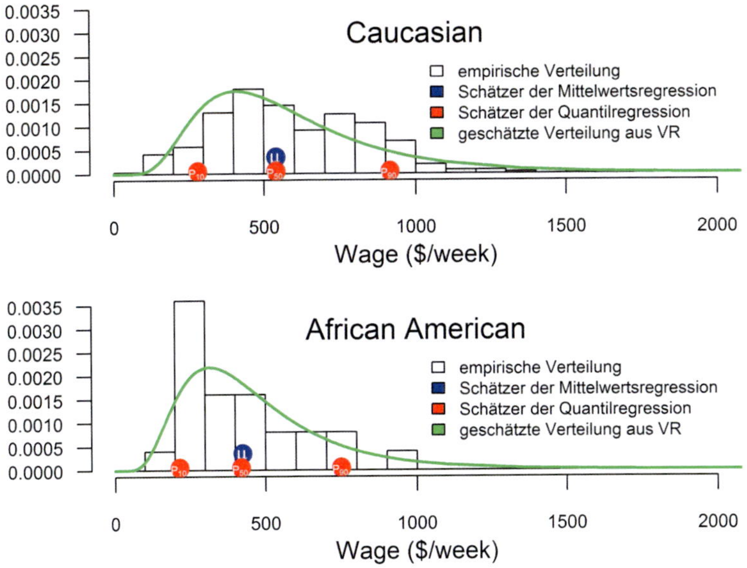

Abb. 2 Histogramme zweier bedingter Lohnverteilungen mit Regressionsschätzern für Personen mit 12 Jahren Bildungslevel und 16 Jahren Arbeitserfahrung. (© Hohberg et al. 2018)

In unserem Beispiel bedingen wir zunächst auf alle realisierten Ausprägungen der Variablen für Arbeitsmarkterfahrung und Schuljahre. Betrachten wir die verschiedenen Kombinationen von Schuljahren und Arbeitsmarkterfahrung in Jahresschritten, so ergeben sich fast 1200 Gruppen.[11] All diese Gruppen bilden den (diskretisierten) Kovariablenraum (engl: covariate space) ab. Mittels des verwendeten Regressionsmodells lassen sich für jede dieser Gruppen Schätzungen über Mittelwerte, Quantile oder die Verteilung des Lohns erstellen. Um vereinfachend nicht erklärte Lohnunterschiede für Beobachtungen mit den gleichen Kovariablenwerten zu betrachten, sodass $\Delta_{i,j}^{gap} = \Delta_{i,j}^{tot}$, konzentrieren wir uns auf ein Element des Kovariablenraumes: die Lohnverteilung der Durchschnittspersonen, d. h. jener Personen mit einer Arbeitsmarkterfahrung von 16 Jahren und einem Bildungslevel von 12 Jahren (jeweils der Median der Verteilung der jeweiligen Variable). In dieser Gruppe befinden sich 296 Personen. Differenziert man diese nach ‚Caucasian' *(cauc)* oder ‚African American' *(afam)*, so ergeben sich folgende zwei empirische Lohnverteilungen, die in Abb. 2 dargestellt werden und 269 bzw. 27 Beobachtungen aufweisen. Dabei fällt auf, dass die Einkommen von durchschnittlichen Caucasians breiter gestreut sind und Modus und Mittelwert weiter rechts, d. h. höher, als bei African Americans liegen.

[11]Im Datensatz gibt es 63 Level für Arbeitsmarkterfahrung und 19 Level für Schuljahre, d. h. $63 \times 19 = 1197$.

Abb. 2 präsentiert neben den Histogrammen auch die Schätzer der verschiedenen Regressionsmethoden. Im Folgenden soll es darum gehen, diese zu kontrastieren und insbesondere ihre Aussagen über den Grad der unerklärten Lohnunterschiede miteinander zu vergleichen. Zur Veranschaulichung fokussieren wir uns dabei auf marginale Effekte für einzelne Kovariablenkombinationen.[12]

4.1 Mittelwertregression

Die dominierende Regressionsmethode zur Analyse von Einkommensunterschieden ist das lineare Regressionsmodell, in dem der natürliche Logarithmus des Einkommens mittels der Methode der kleinsten Quadrate auf verschiedene Kovariablen regressiert wird. Die Ergebnisse einer solchen Regression für unser Beispiel sind in Tab. 2 dargestellt.

Die Log-Transformation liefert in der Regel nicht nur einen verbesserten Fit, sondern ermöglicht auch eine Effektinterpretation als eine relative Veränderung (Prozentpunkte statt Euro oder Dollar) der abhängigen Variablen. Die (Textbuch-)Interpretation der Variable *afam* wäre somit, dass ein afroamerikanischer Mann im Durchschnitt ceteris paribus einen um 24 Prozentpunkte niedrigeren Lohn aufweist als ein Mann der kaukasischen Ethnie. Diese Interpretation ist allerdings nur für infinitesimal kleine Veränderungen exakt. Bei größeren Veränderungen kann die lineare Log-Approximation zum Teil stark von der tatsächlichen relativen Veränderung abweichen. Wenngleich also eine solche relative Interpretation von Vorteil sein kann, ist in anderen Fällen eine Interpretation in absoluten Zahlen zu bevorzugen. Jenkins (vgl. 1994) beispielsweise sieht es als sehr fraglich an, ob für Individuen die prozentuale Diskriminierung im Vordergrund steht oder ob nicht viel mehr absolute Beträge aussagekräftiger sind.

Wenn Letzteres der Fall ist, sind andere Annahmen über die Verteilung der Fehlerterme vonnöten. Dies kann im Rahmen eines generalisierten linearen Modells (GLM) erfolgen.[13] Wir nehmen für unser Beispiel weiterhin eine log-normale Verteilung von Löhnen bzw. eine Normalverteilung der log-transformierten Löhne an. Dabei entspricht der Parameter μ dem Mittelwert der log-Löhne und der Parameter σ der Standardabweichung. Dieses GLM liefert zwar dieselben Koeffizienten wie in Tab. 2, allerdings wird explizit der Parameter σ der bedingten Verteilung mit 0,2679 angegeben.

Aufgrund der Verteilungsannahme können nun die untransformierten Löhne berechnet werden und es ergeben sich die interpretierbaren Werte für unsere Durchschnittspersonen, d. h. Individuen mit Medianbildung und Medianarbeitserfahrung. Da der Erwartungswert der Log-Normalverteilung durch $e^{\mu+\sigma^2/2}$ gegeben ist, ergibt sich für

[12]Vgl. Fox (1987) für eine Diskussion darüber. Häufig wird auch die Analyse des durchschnittlichen marginalen Effektes (average marginal effect) verwendet. Deren Berechnung ist im beigefügten R-Code im Online-Appendix zu finden.

[13]Für mehr Informationen zu GLM, vgl. Fahrmeir et al. 2009.

Tab. 2 Ergebnisse der linearen Regression

abh. Var. LWAGE	β	$se(\beta)$	t	$Pr(>\|t\|)$
(Intercept)	4,4955	0,0182	247,07	0,00
educ	0,0917	0,0012	77,58	0,00
exp	0,0544	0,0009	58,91	0,00
exp^2	−0,0008	0,0000	−41,44	0,00
afam	−0,2381	0,0122	−19,60	0,00

(Quelle: Eigene Berechnungen basierend auf CPS-Daten)

Tab. 3 Ergebnisse der linearen Regression II

WAGE	$\widehat{wage}^{cauc}$	$\widehat{wage}^{afam}$	Δ_{mean}
Mean wage	539,89	425,49	0,21

(Quelle: Eigene Berechnungen basierend auf CPS Daten)

die betrachtete Durchschnittsperson aus der Schätzung ein erwartetes Einkommen von US$ 540 bzw. US$ 425 für *afam* bzw. *cauc,* das in Abb. 2 als blauer Punkt dargestellt ist.[14] Für die Diskrepanz zwischen den beiden erwarteten Löhnen ergibt sich ein Δ_{mean} von $0,21(= (539{,}89-425{,}49)/539{,}89)$ (Tab. 3).

4.2 Quantilsregression

Der Fokus der Quantilsregression liegt nun auf der Analyse einzelner Quantile (z. B. das 10., 50. und 90. Perzentil) der bedingten Verteilung, die für die Gruppe der Durchschnittspersonen in unserer Stichprobe in Abb. 2 als rote Punkte dargestellt sind.

Anhand Abb. 2 ist zu sehen, dass sich die Ergebnisse für die Quantile zwischen African Americans und Caucasians unterscheiden. Betrachten wir nun die Ergebnisse folgender Quantilsregression

$$Q_\tau(y) = \beta_{0\tau} + \beta_{1\tau} educ + \beta_{2\tau} exp + \beta_{3\tau} exp^2 + \beta_{4\tau} afam,$$

wobei alle Variablen wie oben definiert sind.

[14]Für gerundete Koeffizientenwerte erhalten wir:
$\widehat{wage}^{afam} = \exp((4.4955 + 0{,}0917 * 12 + 0{,}0544 * 16 + (-0{,}0008) * 16^2 + (-0{,}2381)) \cdot + 0{,}5 * 0{,}26.79^2) = 428{,}0693$ und $\widehat{wage}^{cauc} = \exp((4{,}4955 + 0{,}0917 * 12 + 0{,}0544 * 16 + (-0{,}0008) * 16^2) + 0{,}5 * 0{,}26.79^2) = 543{,}1498$

Tab. 4 Ergebnisse der Quantilsregression

LWAGE	$\tau = 0{,}1$			
	β	$se(\beta)$	t	$\Pr(>\|t\|)$
(Intercept)	3,8245	0,0350	109,42	0,00
educ	0,0913	0,0023	40,18	0,00
exp	0,0614	0,0019	32,19	0,00
exp^2	−0,0010	0,0000	−24,47	0,00
afam	−0,2606	0,0196	−13,31	0,00
	$\tau = 0,9$			
	β	$se(\beta)$	t	$\Pr(>\|t\|)$
(Intercept)	5,1197	0,0239	214,09	0,00
educ	0,0923	0,0015	59,70	0,00
exp	0,0473	0,0013	36,85	0,00
exp^2	−0,0006	0,0000	−23,21	0,00
afam	−0,1985	0,0176	−11,27	0,00
	$\tau = 0,5$			
	β	$se(\beta)$	t	$\Pr(>\|t\|)$
(Intercept)	4,4603	0,0213	209,87	0,00
educ	0,0957	0,0013	72,15	0,00
exp	0,0562	0,0012	48,40	0,00
exp^2	−0,0008	0,0000	−32,92	0,00
afam	−0,2497	0,0131	−19,04	0,00

(Quelle: Eigene Berechnungen basierend auf CPS-Daten)

Tab. 4 zeigt die Resultate der Regression für die Quantile $\tau = 0{,}1, 0{,}5$ und $0{,}9$. Die Schätzer des Einflusses der Variablen sind nicht konstant, da die Regressionskoeffizienten für die verschiedenen Kovariablen entlang τ variieren. Insbesondere für die Ausprägung *afam,* ist der Betrag des Koeffizienten am größten für niedrige Werte von τ. Das bedeutet: Je kleiner das betrachtete Einkommensquantil, desto größer der Absolutbetrag des Koeffizienten von *afam* und desto größer der relative Einkommensunterschied, welcher mit der Hautfarbe assoziiert ist.

Um von der Log-Transformation in die absolute Betrachtungsweise zu wechseln und eine interpretierbare Darstellung zu gewährleisten, zeigt Tab. 5 die erwarteten Einkommen für einzelne Quantile und die Diskrepanz derer (Δ_τ) für unsere Durchschnittspersonen. Dabei ist Δ_τ höher und damit die Diskrepanz in den unteren Segmenten der bedingten Lohnverteilung größer. Dies bedeutet, dass insbesondere African Americans, die sich am unteren Einkommensspektrum ihrer Gruppe befinden, mit größeren unerklärten Einkommensunterschieden zu Caucasians konfrontiert sind als Individuen mit einem höheren Einkommen.

Tab. 5 Ergebnisse der Quantilsregression II

	$\widehat{wage}_{\tau}^{cauc}$	$\widehat{wage}_{\tau}^{afam}$	Δ_{τ}
$\tau = 0{,}1$	281,29	216,75	0,23
$\tau = 0{,}5$	539,45	420,27	0,22
$\tau = 0{,}9$	914,52	749,91	0,18

(Quelle: Eigene Berechnungen basierend auf CPS-Daten)

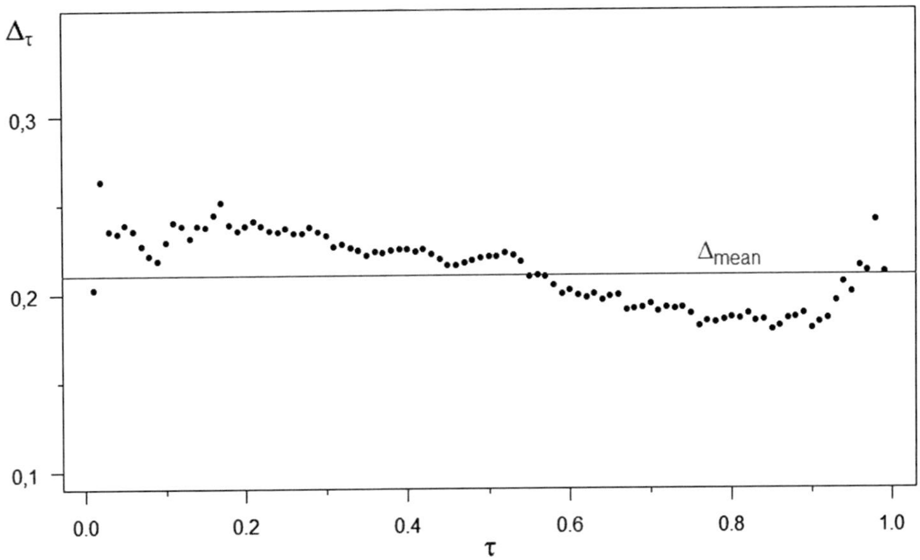

Abb. 3 $\Delta\tau$ für verschiedene Quantile. (© Hohberg et al. 2018)

Abb. 3 zeigt den relativen, unerklärten Lohnunterschied Δ_{τ} für verschiedene Quantile τ. Der Zusammenhang zwischen Position in der Einkommensverteilung und unerklärtem Lohnunterschied ist dabei nicht linear. Dennoch wird ersichtlich, wie sich die Diskrepanzen über die Quantile verändern, was eine rein mittelwertbasierte Analyse nicht zuließe. Die relativen Lohnunterschiede liegen für die kleineren Quantile deutlich über dem für die Mittelwertregression geschätzten Wert, d. h. die bereinigte Lohnlücke ist für diese Gruppen größer als der Wert der Mittelwertregression erahnen ließ.

4.3 Verteilungsregression

Während die Quantilsregression gezeigt hat, dass die Lohneffekte sich über die Quantile hinweg unterscheiden, und sie somit ein breiteres Bild über die Lohnungleichheit vermittelt, soll dasselbe Beispiel nun anhand der Verteilungsregression (VR) untersucht werden. Diese gibt Aufschluss über die gesamte bedingte Verteilung, indem neben dem

Mittelwert auch die anderen Parameter in Abhängigkeit zu den erklärenden Variablen gestellt werden. Dass sich die bedingten Lohnverteilungen zwischen African Americans und Caucasians nicht nur in ihrem Mittelwert unterscheiden, sondern auch in ihrer Varianz, wird in Abb. 2 ersichtlich (grün dargestellt). An den äußersten beiden Rändern liegen zwar noch wenige Beobachtungen für Caucasians, allerdings keine für African Americans. Dadurch erscheint die bedingte Lohnverteilung für African Americans etwas kompakter.

Wie im Beispiel zur Mittelwertregression nehmen wir weiterhin an, dass *wage* log-normal verteilt ist. Dafür muss *wage* nun nicht mehr transformiert werden, denn im Rahmen der VR können direkt Verteilungen für die Zielgröße spezifiziert werden. Die Lognormalverteilung kann durch ihren Erwartungswert und ihre Standardabweichung bzw. Varianz beschrieben werden. Somit untersuchen wir folgende Prädiktoren für die zwei Parameter μ und σ:

$$\hat{\mu} = \beta_0 + \beta_1 educ + \beta_2 exp + \beta_3 exp^2 + \beta_4 afam \tag{7}$$

$$log(\hat{\sigma}) = \beta_0 + \beta_1 educ + \beta_2 exp + \beta_3 exp^2 + \beta_4 afam \tag{8}$$

wobei die Variablendeklaration analog zu oben ist. Um den Parameter σ mit den linearen Prädiktoren zu verknüpfen, verwenden wir eine Log-Linkfunktion, die Positivität und eine multiplikative Verknüpfung gewährleistet. Tab. 6 zeigt die Ergebnisse dieser Regression.

Die Koeffizienten zeigen, wie die Variablen auf die Parameter μ und σ wirken. Dabei hat die Variable *afam* einen negativen Effekt auf den Lageparameter μ und einen positiven Effekt auf den Skalenparameter σ. Das heißt, der Faktor *afam* hat nicht nur einen Einfluss auf den Erwartungswert der Zielgrößenverteilung, sondern auch darauf, wie weit der Lohn vom Erwartungswert abweicht. In einem nächsten Schritt muss dann untersucht werden, in welche Richtung diese Abweichungen gehen.

Dazu betrachten wir Tab. 7, in der wieder die erwarteten Einkommen für unsere Durchschnittspersonen und deren Standardabweichung gegeben sind. Das resultierende Maß für die unerklärten Lohnunterschiede ist das Gleiche wie für die Mittelwertregression. Dahin gehend bringt die VR uns keine weiteren Einblicke.

Tab. 6 Ergebnisse der Verteilungsregression

WAGE	μ				σ			
	β	$se(\beta)$	t	$\Pr(>\|t\|)$	β	$se(\beta)$	t	$\Pr(>\|t\|)$
(Intercept)	4,4663	0,0186	240,31	0,00	−0,6848	0,0232	−29,46	0,00
educ	0,0935	0,0012	78,47	0,00	0,0037	0,0015	2,41	0,02
exp	0,0554	0,0010	56,88	0,00	−0,0080	0,0004	−19,90	0,00
exp^2	−0,0008	0,0000	−39,16	0,00	0,0002	0,0000	566,43	0,00
afam	−0,2423	0,0124	−19,56	0,00	0,0302	0,0166	1,82	0,07

(Quelle: Eigene Berechnungen basierend auf CPS-Daten)

Tab. 7 Ergebnisse der Verteilungsregression II

	$\widehat{D}^{cauc}$	$\widehat{D}^{afam}$	Δ_{mean}
Mean wage	589,56	466,23	0,21
std dev	309,61	253,35	0,18
Poverty	0,05	0,13	−1,64

(Quelle: Eigene Berechnungen basierend auf CPS-Daten)

Der Vorteil der Verteilungsregression besteht in unserem Beispiel nun darin, dass mit der geschätzten bedingten Verteilung diverse Maße, wie z. B. verschiedenen Momente (Mittelwert, Standardabweichung, Schiefe, usw.), Ungleichheitsmaße (Gini, Atkinson, Theil, usw.) oder allgemeine Wohlfahrtsmaße (Sicherheitsäquivalente usw.), berechnet werden können. Für unsere Daten haben wir beispielhaft ein Armutsrisiko für beide Gruppen berechnet. Dabei stellen wir uns folgende Frage: Gegeben der bedingten Einkommensverteilung, die wir anhand der geschätzten μ und σ darstellen können, wie groß ist die Wahrscheinlichkeit, dass eine Person mit Medianbildungs- und -arbeitsjahren unter der Armutslinie liegt? Bei einer Armutslinie von etwa 231$ pro Woche im Jahr 1988[15] zeigt sich, dass die Wahrscheinlichkeit, arm zu werden, für African Americans mehr als doppelt so hoch ist wie für Caucasians. Diese Diskrepanz ist viel höher als der zuvor betrachtete Unterschied in den erwarteten Einkommen.[16] Mit der vollständigen Modellierung der Parameter der Zielgrößenverteilung erlaubt die Verteilungsregression also weitere Rückschlüsse auf andere Größen als es mit der Mittelwertregression möglich wäre.

5 Fazit

Die mittelwertbasierte Regressionsanalyse ist in vielen empirischen Sozialwissenschaften ein Standardwerkzeug der Datenanalyse. Dieses Verfahren zielt darauf ab, Einflüsse bestimmter Kovariablen auf den Erwartungswert der Zielgröße zu schätzen. In vielen Fällen lässt dies bereits interessante Schlussfolgerungen über einen Zusammenhang zwischen zwei Variablen zu. Ein großer Nachteil ist allerdings, dass die Fokussierung auf den Erwartungswert der Zielgröße dazu führt, dass alle anderen Einflüsse in den Fehlerterm subsumiert werden. Aus diesem Grund kann die Mittelwertregression – je nach Forschungsfrage – manchmal nur ungenügende Einblicke liefern. Dies ist insbesondere der Fall, wenn wir daran interessiert sind, wie sich die Verteilung der Zielgröße mit ändernden Kovariaten entwickelt oder wie der Einfluss der Kovariaten auf eine bestimmte Stelle der Verteilung der Zielgröße wirkt.

[15] Vgl. Census Bureau (2016b).

[16] Das Maß für die unerklärten Lohnunterschiede ist hier negativ, weil hinsichtlich der Armut African Americans ‚positiv diskriminiert' werden.

In solchen oder ähnlichen Fällen kann es hilfreich sein, Methoden der Quantils- und Verteilungsregression anzuwenden. Erstere betrachtet dabei beliebige Quantile der Zielgrößenverteilung und erlaubt es, z. B. auch extreme Ausprägungen der Zielgrößen zu untersuchen. Dabei nimmt sie für diese Zielgröße keine bestimmte Verteilung an, ist aber nur für echt stetige Daten geeignet. Die zweite hier vorgestellte Methode, die Verteilungsregression, nimmt zwar weiterhin eine parametrische Form für die Zielgröße an, die Regressionsmodellierung erfolgt hier aber sehr flexibel, da alle Parameter der Verteilung in Abhängigkeit zu den Kovariablen gestellt werden können.

Beide Verfahren wurden im vorliegenden Beitrag theoretisch eingeführt, gegenübergestellt und an einem frei verfügbaren Datensatz demonstriert. Anhand des Current Population Survey, mit dem wir die unerklärten Lohnunterschiede zwischen African Americans und Caucasians bezüglich des Einkommens untersuchten, haben wir gezeigt, welche zusätzlichen Erkenntnisse die Anwendung von Regressionsmethoden jenseits des Mittelwertes bringt. Beispielsweise stellten wir fest, dass die bereinigte Lohnlücke in den unteren Einkommensquantilen stärker ausgeprägt ist als in den oberen. Durch die Verteilungsregression war es uns möglich, Armutsrisiken zu berechnen, deren Unterschiede zwischen den betrachteten Gruppen um einiges höher ausfallen als bei einer reinen Betrachtung der erwarteten Einkommen. Für unser Beispiel schlussfolgern wir also, dass eine Analyse der erklärten und nicht erklärten Einkommensunterschiede zwischen Menschen verschiedener Hautfarbe, die lediglich auf Mittelwerten beruht, die bereinigte Lohnlücke tendenziell als zu niedrig einstuft.

Inwieweit die genannten Verfahren aber nun gegenüber einer einfachen Regression bevorzugt werden sollten, ist immer abhängig von der zu bearbeitenden Forschungsfrage. Daher sollte bei der Methodenwahl genau berücksichtigt werden, welche Aspekte der Zielgröße interessieren.

Motiviert durch die theoretisch ausgearbeiteten und die veranschaulichten Vorteile der Quantil- und Verteilungsregression, befürworten wir eine stärkere Methodenvielfalt in den empirischen Wissenschaften, vor allem aber in der Ökonomie, die sich, mit dem Menschen und der Gesellschaft im Fokus, nicht mit Aussagen zum Mittelwert zufriedengeben sollte, sondern sich immer auch mit Verteilungsfragen und den Ausprägungen am oberen und unteren Ende einer Verteilung auseinandersetzen muss.

Literatur

Blinder, Alan S. 1973. Wage discrimination: Reduced form and structural estimates. *Journal of Human Resources* 8:436–455.

Census Bureau. 2016a. Current Population Survey (CPS). http://www.census.gov/programs-surveys/cps.html. Zugegriffen: 20. Juni 2016.

Census Bureau. 2016b. Poverty thresholds. https://www.census.gov/data/tables/time-series/demo/income-poverty/historical-poverty-thresholds.html. Zugegriffen: 12. Okt. 2017.

Davidson, Paul. 2016. Rejoinder to Rosser, O'Donnell, and Carrión Álvarez and Ehnts on their criticisms of my ergodic/nonergodic formulation of Keynes's concept of an actuarial certain future vs. an uncertain future. *Journal of Post Keynesian Economics* 39(3): 308–333.

Dolton, Peter J., und G. Makepeace. 1985. The statistical measurement of discrimination. *Economic Letters* 18:391–395.
Fahrmeir, Ludwig, Thomas Kneib, und Stefan Lang. 2009. *Regression: Modelle, Methoden und Anwendungen*. Berlin: Springer.
Fischermann, Thomas, und Petra Pinzler. 2012. Angriff auf den Elfenbeinturm. ZEIT ONLINE, 2012 (8). http://www.zeit.de/2012/08/Makrooekonomie. Zugegriffen: 5. Mai 2017.
Fox, John. 1987. Effect displays for generalized linear models. In *Sociological methodology*, 17. Aufl, Hrsg. C.C. Clogg, 347–361. Washington D.C.: American Sociological Association.
Garrone, Giovanna, und Roberto Marchionatti. 2007. Keynes, statistics and econometrics. *Working Paper Series 03/2007*, Università di Torino.
Jenkins, Stephen P. 1994. Earnings discrimination measurement: A distributional approach. *Journal of Econometrics* 61 (1): 81–102.
Klein, Nadja, Thomas Kneib, Stefan Lang, und Alexander Sohn. 2015a. Bayesian structured additive distributional regression with an application to regional income inequality in Germany. *Annals of Applied Statistics* 9:1024–1052.
Klein, Nadja, Thomas Kneib, Stephan Klasen, und Stefan Lang. 2015b. Bayesian structured additive distributional regression for multivariate responses. *Journal of the Royal Statistical Society Series C (Applied Statistics)* 64: 569–591.
Kneib, Thomas. 2013. Beyond mean regression. *Statistical Modelling* 13 (4): 275–303.
Koenker, Roger. 2005. *Quantile regression*. Cambridge: Cambridge University Press.
Melly, Blaise. 2005. Public-private sector wage differentials in Germany: Evidence from quantile regression. *Empirical Economics* 30 (2): 505–520.
Neal, Derek A., und William R. Johnson. 1996. The role of premarket factors in black-white wage differentials. *Journal of Political Economy* 104 (5): 869–895.
O'Donnell, Rod. 2016. Second contribution to the ENE critique: Reply to Davidson, part 1. *Journal of Post Keynesian Economics* 39 (1): 17–43.
Piketty, Thomas. 2014. *Capital in the twenty-first century: The dynamics of inequality, wealth, and growth*. Cambridge: Harvard University Press.
Rigby, Robert A., und Dimitrios M. Stasinopoulos. 2005. Generalized additive models for location, scale and shape. *Journal of the Royal Statistical Society: Series C (Applied Statistics)* 45: 507–554.
Rosser Jr., J. Barkley. 2015. Reconsidering ergodicity and fundamental uncertainty. *Journal of Post Keynesian Economics* 38 (3): 331–354.
Sohn, Alexander. 2015. Beyond conventional wage discrimination analysis. Assessing comprehensive wage distributions of males and females using structured additive distributional regression. *SOEPpapers on Multidisciplinary Panel Data Research*, Bd. 802.
Taleb, Nassim Nicholas. 2007. *The black swan: The impact of the highly improbable*. London: Allen Lane.
van Kerm, Philippe. 2013. Generalized measures of wage differentials. *Empirical Economics* 45 (1): 465–482.
Wessling, Claudia. 2015. Im Zweifel gegen die Lehre. SPIEGEL ONLINE. http://www.spiegel.de/lebenundlernen/uni/netzwerk-plurale-oekonomik-studenten-gegen-vwl-lehrplaene-a-1045879.html. Zugegriffen: 5. Mai 2017.
Ziliak, Stephen T., und Deirdre N. McCloskey. 2008. *The cult of statistical significance: How the standard error costs us jobs, justice, and lives*. Ann Arbor: University of Michigan Press.
Ziliak, Stephen T., und Deirdre N. McCloskey. 2009. The cult of statistical significance: Joint statistical meetings lecture at the august 2009. JSM section on statistics and education. www.deirdremccloskey.com/docs/jsm.pdf. Zugegriffen: 5. Mai 2017.

Teil III

Ein- und Ausblicke in ökonomische Perspektiven und Diskurse

Strategische Perspektiven für die Zukunft des Pluralismus

Steffen Bettin, Florentin Glötzl und Hendrik Theine

Zusammenfassung
Die akademische und mediale Debatte um eine plurale Ökonomik hat in den vergangenen Jahren wieder an Fahrt aufgenommen. Doch die Problematisierungen haben bisher nur wenige Veränderungen bewirkt. Im Gegenteil: Die Marginalisierung pluraler und heterodoxer Perspektiven schreitet sogar weiter voran. Entscheidend für eine solche Entwicklung ist ein spezifischer Diskurs innerhalb der Ökonomik, welcher andere Ansätze benachteiligt und deren Handlungsspielräume beschränkt. Dies beinhaltet, soziale Phänomene in der Produktion und Kommunikation von Zahlen zu kondensieren und wissenschaftlichen Output immer stärker anhand von Kennzahlen wie Impact-Faktoren, Rankings und Zitationen zu bemessen. Wir stellen insgesamt sieben Gegenstrategien vor und diskutieren diese in Bezug auf ihre potenzielle Wirkung, ihre Risiken und Umsetzbarkeit. Ziel ist letztlich die Entwicklung von Handlungsansätzen, um dem Trend einer weiteren Marginalisierung von heterodoxen und pluralen Ökonom*innen zukünftig effektiver entgegenwirken zu können.

Wir bedanken uns bei den Herausgebenden des Sammelbands, den zwei anonymen Begutachter*innen sowie Frank Schaum für hilfreiche Kommentare und Anmerkungen.

S. Bettin (✉)
Department of Environmental Sciences and Policy, Central European University, Budapest, Ungarn
E-Mail: steffen.bettin@oeaw.ac.at

S. Bettin
Institut für Technikfolgenabschätzung, Österreichische Akademie der Wissenschaften, Wien, Österreich

D. J. Petersen et al. (Hrsg.), *Perspektiven einer pluralen Ökonomik*, Wirtschaft + Gesellschaft, https://doi.org/10.1007/978-3-658-16145-3_11

1 Einleitung

Komplexe und vielschichtige Phänomene, wie jene, mit denen sich die Ökonomik befasst, bedürfen einer Betrachtung aus verschiedenen Perspektiven, um sie in ihrer Ganzheit erfassen zu können. Pluralismus in der Volkswirtschaftslehre ist deshalb von großer Bedeutung. Dieser bildet die Basis für effektive Analysen gesellschaftlicher Probleme und ermöglicht die Identifikation adäquater Lösungen. In den letzten Jahren wurden verschiedene Charakterisierungen und Definitionen von Pluralismus unternommen, wie zum Beispiel Theorien-, Methoden- oder Paradigmenpluralismus sowie ‚structured Pluralism' (vgl. Dow 2004, 2008; Garnett 2011; Heise 2016). Trotz dieses Umstands ist die volkswirtschaftliche Disziplin jedoch nicht von einer Vielfalt an Paradigmen, sondern von der Dominanz eines Mainstreams geprägt. Dieser ist aus methodischer Sicht durch eine formale und empirisch-ökonometrische Herangehensweise charakterisiert und baut paradigmatisch auf ein im Kern neoklassisches Framework auf (vgl. Dobusch und Kapeller 2012b). Dieses Framework zeichnet sich durch Merkmale wie eine grundsätzliche Berufung auf Gleichgewichtszustände, Rationalität menschlichen Handelns und eine ahistorische, mechanistische geprägte Vorstellung aus (→ ‚Paradigmadominanz in der modernen Ökonomik und die Notwendigkeit eines kompetitiven Pluralismus' in diesem Sammelband). Innerhalb dieses Mainstreams wird in unterschiedlichem Ausmaß an den zentralen Grundsätzen der neoklassischen Theorie festgehalten (vgl. Colander et al. 2004). Die Gründe für die Dominanz des Mainstreams sind mannigfaltig.

Zu Beginn der 1970er Jahre hat eine umfassende gesellschaftliche und ökonomische Veränderung eingesetzt, die sich auch auf die VWL auswirkte. Die Nachkriegsordnung implodierte mit dem Ende des ‚Bretton-Woods-Systems'. Die Ära des ‚Fordismus' endete mit der Stagflation, für welche die Ineffizienz des Staates und überzogene Forderungen der Gewerkschaften verantwortlich gemacht wurden. Darüber hinaus geriet auch die zu diesem Zeitpunkt starke Keynesianische Schule in die Krise und büßte an Legitimation ein, da diese die Stagflation scheinbar nicht erklären konnte (vgl. Stockhammer und Ramskogler 2012). Die 70er Jahre können somit als Beginn sowohl realwirtschaftlicher als auch wissenschaftlicher Veränderungen gesehen werden: Parallel zum neuen neoliberalen (finanzdominierten) Akkumulationsregime (vgl. Stockhammer 2008) entwickelte sich dabei die Neoklassik zur dominierenden Theorieschule der Volkswirtschaftslehre. Verfestigt wurde ihre dominante Stellung durch positive Rückkoppelungen

F. Glötzl
Department Sozioökonomie, Institute for Ecological Economics, Wirtschaftsuniversität Wien, Wien, Österreich
E-Mail: florentin.gloetzl@wu.ac.at

H. Theine
Wirtschaftsuniversität Wien, Wien, Österreich
E-Mail: htheine@wu.ac.at

im Aufbau der Wissenschaft, die Pfadabhängigkeiten produzieren (vgl. Sterman und Wittenberg 1999). So kann es etwa für eine Position in einer Forschungseinrichtung, für Projektförderungen und Publikationsmöglichkeiten essenziell sein, nicht zu stark vom Mainstream abzuweichen. Aus diesen Gründen haben heterodoxe Ansätze im öffentlichen Diskurs sowie an Hochschulen seither an Boden verloren (vgl. Lee 2004; Colander 2009). Und die Basis für einen Pluralismus in der VWL schwindet weiter: In Deutschland haben sich beispielsweise nach einer aktuellen Studie die Berufungen von heterodoxer Ökonom*innen – insbesondere nach den 1990ern – stark rückläufig entwickelt. Im Titel der Studie wird daher schon die entscheidende Frage gestellt: Ist dies „Das Ende der Heterodoxie?" (vgl. Heise et al. 2016). Andere Ökonom*innen hingegen betonen, ohne dem allgemeinen Marginalisierungstrend zu widersprechen, dass der ökonomische Mainstream oftmals durchlässiger sei als behauptet (vgl. Colander et al. 2004, 2010). Ansätze wie die Spieltheorie, die Evolutionäre Ökonomik oder die Verhaltensökonomik hätten demnach gezeigt, dass der Mainstream anderen Ansätzen grundsätzlich offen gegenüberstehen würde, zumindest sofern sich diese innerhalb der mathematisch-formalen und ökonometrischen Konventionen bewegen würden. Solche Ansätze werden daher als ‚inside the mainstream heterodoxy' (vgl. Colander et al. 2004, 2010), ‚mainstream heterodoxy' (vgl. Davis 2008) oder auch ‚mainstream dissents' (vgl. Dobusch und Kapeller 2012b) bezeichnet und sind dadurch charakterisiert, dass grundsätzliche keine fundamentale Kritik an der Orthodoxie formuliert wird, sondern diese eher bestimmte Aspekte zu reformieren versuchen.

Traditionelle heterodoxe Ökonom*innen sind daher, zumindest nach Colanders Auffassung, mitverantwortlich für die Dominanz des Mainstreams. Es seien weniger Unterschiede in den Theoriegebäuden entscheidend für die periphere Rolle heterodoxer Theorieschulen als die Tatsache, dass heterodoxe Ökonom*innen oftmals nicht gewillt wären, mit der formalen und empirischen Sprache des Mainstreams zu arbeiten, und sich damit selbst marginalisieren (vgl. Colander et al. 2004, 2010). Die Selbstbezeichnung als heterodox dränge Ökonom*innen noch weiter in eine Oppositionsrolle und signalisiere, nicht offen für den vorherrschenden Diskurs zu sein. Andere wiederum entgegnen diesem Vorwurf, dass selbst Ansätze wie die Verhaltensökonomik sich im Kern eines neoklassischen Referenzrahmens bedienen würden und sich damit die VWL in den letzten Jahren sogar noch weiter verengt hätte (vgl. King 2008). Darüber hinaus wird argumentiert, dass eine echte Kritik des Mainstreams von außerhalb kommen muss (vgl. Vernengo 2010) und es keinerlei Anzeichen dafür geben würde, dass der Mainstream ein Interesse an einer kritischen Auseinandersetzung hätte (vgl. Stockhammer und Ramskogler 2012).

Neben diesen Aspekten führe eine spezifische Diskursstruktur in der Ökonomik zu einer zunehmenden „paradigmatischen Selbst-Marginalisierung" von heterodoxen Ansätzen (vgl. Dobusch und Kapeller 2012a). Während heterodoxe Forschung vom Mainstream weitgehend ignoriert – und somit auch kaum zitiert – würde, würde der Mainstream nach wie vor den Referenzpunkt für heterodoxe Theorieschulen darstellen. Leonard Dobusch und Jakob Kapeller haben aus einer solchen Erkenntnis eine grobe schematische Darstellung des Diskurses in der Ökonomik abgeleitet (siehe Abb. 1).

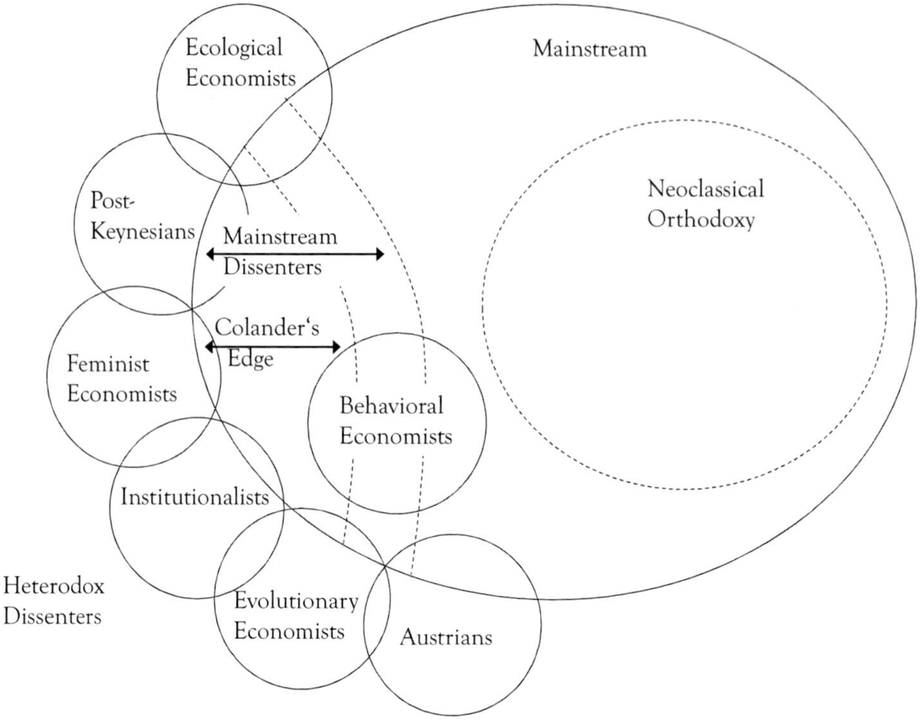

Abb. 1 Paradigmatische Diskursstruktur in der Ökonomik. (Quelle: Dobusch und Kapeller 2012b, S. 1037)

Darin befindet sich im Zentrum der im Kern neoklassisch geprägte Mainstream sowie in der Peripherie die heterodoxen Theorieschulen.[1]

Eine solche Diskurs- und Zitationsstruktur findet auch auf der Ebene der Departments wieder, wie beispielsweise mit einer Analyse der Zitationsnetzwerke der VWL-Departments in Wien gezeigt werden konnte (vgl. Glötzl und Aigner 2015). Eine solche Diskursstruktur verfestigt letztlich die Dominanz des Mainstreams insofern, da heterodoxe Theorienschulen meistens eine hohe Anzahl an Zitationen an den Mainstream exportieren, untereinander jedoch kaum interagieren. Verantwortlich dafür ist der Bedeutungszuwachs von bestimmten Messmethoden wie evaluative Zitationsmetriken und Rankings (vgl. Harley und Lee 1997), um wissenschaftliche Leistung und Impacts zu bewerten. Diese fungieren somit als Verstärker und Stabilisator bereits existenter Formen von Hierarchiebildung in der Wissenschaft (vgl. Dobusch und Kapeller 2009).

[1]Die dargestellten Theorieschulen bilden selbstverständlich nur einen Ausschnitt aus der Heterodoxie ab. Die Verhaltensökonomik nimmt dabei übrigens eine Mittelposition zum Mainstream ein. Hier werden zwar inhaltliche Standardannahmen der Neoklassik kritisiert, aber es wird jedoch weiterhin hauptsächlich innerhalb dessen paradigmatischen Frameworks operiert.

Das eigentliche Ziel wird allerdings an vielen Stellen verfehlt, da einer solchen Messung tief greifende inhärente Wiedersprüche und Probleme unterliegen (vgl. Kapeller 2010):

1. Wissenschaftliche Arbeit außerhalb akademischer Journale wird vollständig ignoriert.
2. Wesentliche Aspekte, die für die Höhe der Impact-Faktoren maßgeblich sind (z. B. die Artikellänge, die Sprache, die Anzahl der Autor*innen oder die Zugänglichkeit der Journale), werden ausgeblendet.
3. Das bloße Messen von Zitationen ignoriert deren Inhalt völlig. So schlagen sich sowohl Befürwortung wie auch Kritik in höheren Impact Faktoren nieder. Die unbeabsichtigte Konsequenz wird am Beispiel von publizierten Fehlern augenscheinlich, welche aus bibliometrischer Perspektive ein Segen sind, da sie zu einem raschen Anstieg der Zitationen führen. Ein prominentes Beispiel für diesen Effekt ist Carmen Reinhart und Kenneth Rogoffs ‚Growth in a Time of Debt' (vgl. 2010). Im Jahr nachdem gravierende Fehler von Reinhard und Rogoff durch Thomas Herndon publik gemacht wurden, schoss die Anzahl der Zitationen des Papers in die Höhe. Es wurde in diesem Jahr häufiger zitiert als in den vier vorangegangen zusammen (vgl. Glötzl und Aigner 2015). Die Absurdität dieses Effekts zeigt sich letztlich auch daran, dass wir ihn durch die Verwendung dieses Beispiels im vorliegenden Text dem Prinzip nach weiter reproduzieren.
4. Viele Indexe, auf denen Journal-Rankings aufbauen, unterliegen zudem einem Selektionsfehler, da wesentliche heterodoxe Journale nicht enthalten sind (vgl. Lee und Elsner 2008). Dies drückt auch die Impact-Faktoren der inkludierten heterodoxen Journale nach unten, da die Gruppe heterodoxer Journale, die sich gegenseitig zitieren kann, kleiner ist. Netzwerkeffekte innerhalb der größeren Gruppe der Mainstream-Journale verschieben Impact-Faktoren weiter in Richtung des Mainstreams.

Zitationsbasierte Metriken wie Impact-Faktoren konstruieren also mitunter problematische Messergebnisse und produzieren damit eine Reihe fragwürdiger Anreize. So kann beispielsweise der Impact-Faktor maximiert werden, indem Artikel in möglichst viele einzeln publizierbare Teile zerlegt oder mit möglichst vielen Autor*innen veröffentlicht werden. Darüber hinaus kann der Impact-Faktor gesteigert werden, wenn ein Artikel gravierende Fehler beinhaltet und somit entsprechende kritische Erwiderungen produziert (vgl. Kapeller 2010).

2 Strategien

Die Dominanz des Mainstreams ist dabei nicht nur aus Sicht der Heterodoxie problematisch, sondern auch mit Hinblick auf das Ziel eines paradigmatischen Pluralismus. Zum einen liegt der Grund für Forderungen nach mehr Pluralismus in der Dominanz des Mainstreams, was zu einer damit begrenzten Auswahl an Forschungsansätzen und Methoden führt. Zum anderen lässt die fortschreitende Marginalisierung heterodoxer

Ansätze die Vision einer pluralen Ökonomik auf Basis eines paradigmatischen Pluralismus (noch) unerreichbarer erscheinen. Genau hier möchte daher unser Beitrag ansetzen. Um heterodoxe – und damit plurale – Ansätze in der VWL zu stärken, sehen wir es für notwendig an, auch über Gegenstrategien nachzudenken, diese aufzuzeigen und zu diskutieren. Gleichwohl bedeutet dies keinesfalls, dass Inhalte einem strategischen Denken untergeordnet gehören. Ganz im Gegenteil: Eine solche Strategie wäre zu simple und würde sich kaum von den problematischen Zitationsmetriken unterscheiden. Es braucht daher mehr: Es braucht strategische Überlegungen, die uns dem Ziel eines Pluralismus als ‚Meta-Paradigma' innerhalb der Ökonomik näher kommen lässt. Zwar existieren durchaus schon verschiedene Überlegungen darüber, inwiefern ein Meta-Paradigma ob der Gemeinsamkeiten und Unterschiede verschiedener ökonomischer Theorieschulen überhaupt möglich wäre. Gleichwohl findet sich bisher nur vereinzelt eine Diskussion von strategischen Perspektiven im Sinne eines expliziten Nachdenkens, wie auf die oben beschriebene Situation aus Sicht der heterodoxen Theorienschulen reagiert werden könnte bzw. sollte. Nur selten werden mögliche Handlungsansätze aufgezeigt. Im vorliegenden Beitrag werden daher sieben solcher strategischer Ansatzpunkte diskutiert: 1) Alternative Rankings, 2) Nachhaltiges Zitieren, 3) Vereinen, 4) Infiltrieren, 5) Spalten und Migrieren, 6) Nächste Generation und 7) Politischer Einfluss.

2.1 Alternative Rankings

Quantitativen Indikatoren wie Impact-Faktoren und andere Zitationsmetriken, die durch die oben angeführten Problematiken stark zur Marginalisierung der Heterodoxie beitragen, kommt durch ihren Einfluss auf die Einstellungs- und Drittmittelvergabepraxis an Universitäten eine wesentliche Rolle zu. Grundsätzlich bedeutet dabei Quantifizierung immer eine starke Beschneidung von Informationen. Kennzahlen sind zugleich gegenüber anderen Formen von Wissen besonders wirkmächtig (vgl. Crouch 2015). Das bedeutet allerdings nicht, dass heterodoxe Forschende nicht genau diese Bewertungsmethoden auch für sich nutzen können. Gegenwärtig werden hierbei vor allem drei unterschiedliche Ansätze diskutiert:

a) Elemente bestehender Indizes, welche die Heterodoxie benachteiligen, durch alternative Berechnungen auszugleichen. Alternative Berechnungs- und Gewichtungsmethoden von Rankings heterodoxer Forschung wurden insbesondere von Frederic S. Lee, Bruce C. Cronin, Scott McConnell und Erik Dean ausgearbeitet. Ausgehend von der Annahme, dass Heterodoxie und Mainstream klar getrennte Sphären darstellen würden, werden dabei neue Metriken diskutiert. Während demnach der Mainstream durch einen relativ homogenen Wissenstand gekennzeichnet ist, und somit Impact-Faktoren für ihn ein akzeptiertes Maß darstellen, wäre heterodoxes Wissen deutlich heterogener. Es hätte sich also noch kein ‚common body of knowledge' herausgebildet. Heterodoxe Journale sollen daher, so der Vorschlag, daran gemessen werden, inwieweit sie von anderen heterodoxen Journalen zitiert würden und vice versa. Dazu sei die Bildung einer Bewertungsskala nötig, die mit den Impact-Faktoren des Mainstreams äquivalent gemacht wird. Aus beiden Skalen würde dann ein gemeinsamer Indikator gebildet, welcher sowohl die Qualität wissenschaftlicher Arbeiten aus der Heterodoxie wie auch dem Mainstream erfassen würde (vgl. Lee et al. 2010).

b) Darüber hinaus gibt es die Möglichkeit, eigene Rankings nur für heterodoxe Journale zu erstellen. Mit diesem Ansatz soll die Bedeutsamkeit von heterodoxer Spitzenforschung herausgestellt und gestärkt werden. Denkbar ist dabei ebenso, Rankings mit heterodoxen Journalen und aus ökonomienahen Disziplinen zu bilden (z. B. der Internationalen Politischen Ökonomie).

c) Indizes auf Basis von Peer-Review-Verfahren zu implementieren, um die Nachteile zitationsbasierter Indikatoren auszugleichen. Sogenannte ‚Peer-Rankings' (vgl. Lee et al. 2010) können jedoch nur die bisherigen Machtverhältnisse innerhalb einer bestimmten Bezugsgruppe wiedergeben. Wenn diese den Mainstream inkludieren, wird dies abermals dazu führen, dass heterodoxe Journale sich eher auf den hinteren Plätzen befinden.

Jakob Kapeller argumentiert, dass eigene Indikatoren gegenüber dem Versuch, in bestehenden Rankings erfolgreich zu sein, zu bevorzugen sind. Somit kann probiert werden, den Status quo zu verändern und zu überwinden. Eine große Gefahr beim Propagieren alternativer Rankings jeglicher Art ist jedoch das hierdurch der grundlegenden Idee Legitimität verliehen wird, wissenschaftliche Qualität quantitativ zu bewerten und einzustufen. Dies ist einerseits schon aus inhaltlicher Sicht problematisch, da Scheitern und Fehlschläge, insbesondere in der Grundlagenforschung, ein essenzieller Teil der Wissenschaft sind, und von derartigen Bewertungsverfahren nicht erfasst werden können. Andererseits hat es im Falle eines Scheiterns alternativer Rankings direkte, problematische Folgen. Schaffen es diese Rankings nicht, durch die Administrationen der Universitäten angenommen zu werden und in der Community eine gewisse Akzeptanz zu erlangen, finden heterodoxe Forschende eine Situation vor, in der sie nach wie vor anhand der Metriken des Mainstreams beurteilt werden. Jedoch fehlt ihnen nunmehr die Grundlage, um eben dieses System der Metriken überzeugend zu kritisieren.

2.2 Nachhaltiges Zitieren

Eine weitere wichtige Strategie lässt sich in Analogie zum Prinzip des ‚Nachhaltigen Konsums' unter dem Begriff ‚Nachhaltiges Zitieren' formulieren. Diese Strategie setzt an der extrem ungleichen Verteilung von Zitationen an, da heterodoxe Ökonom*innen sich tendenziell häufiger und umfangreicher auf den Mainstream beziehen, dies aber andersrum kaum der Fall ist. Wie das schon genannte Beispiel von Reinhardt und Rogoff verdeutlicht, wird somit, wenn auch ungewollt, der Mainstream institutionell gestärkt, selbst wenn eigentlich Kritik an der jeweiligen Theorie oder dem jeweiligen Paper geübt

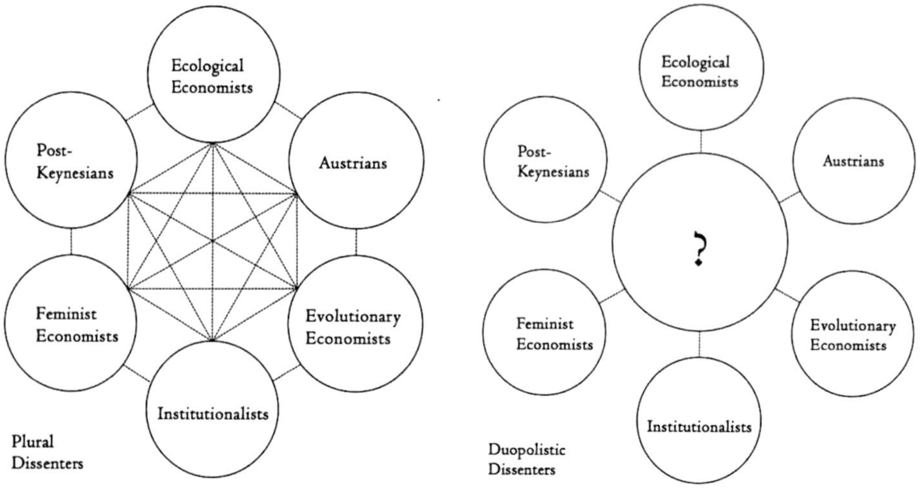

Abb. 2 Nachhaltiges Zitieren. (Quelle: Eigene Darstellung © Bettin et al. 2018)

wird. Anstatt fortwährend auf den Mainstream zu verweisen, wird eine verstärkte Interaktion zwischen den heterodoxen Theorieschulen empfohlen (siehe Abb. 2a). Wird sich also mit dem Arbeitsmarkt aus post-keynesianischer Perspektive beschäftigt, könnte anstatt auf den Mainstream vielmehr auf andere heterodoxe Debatten, wie beispielsweise die der feministischen Ökonomik, geschaut und verwiesen werden. Nachhaltiges Zitieren könnte so mittel- und langfristig zu einer institutionellen Stärkung heterodoxer Beiträge führen.

Eine Herausforderung ist dabei allerdings, dass sich heterodoxe Forschende nicht nur in ihrer eigenen Strömung auskennen müssen, sondern auch noch den jeweiligen Stand der Forschung in den anderen heterodoxen Strömungen verfolgen müssten. Diese sind zudem teils durch sehr unterschiedliche Forschungstraditionen und -begriffe gekennzeichnet. Darin liegt neben den Zitationsflüssen, die sich aus der berechtigten Kritik am Mainstream ergeben, ein weiterer Grund weshalb immer wieder auf den Mainstream verwiesen wird: Weil so nur eine weitere Richtung regelmäßig verfolgt werden muss.

Eine pragmatischere Variante dieser Strategie wäre daher das strategische Ins-Zentrum-Rücken einer spezifischen heterodoxen Forschungsrichtung, welche dann anderen heterodoxen Strömungen als ein erster Referenzpunkt dient (siehe Abb. 2b). Diese Strategie würde allerdings ein sehr hohes Maß an Koordination und Kooperation zwischen den heterodoxen Forschenden erfordern sowie eine heterodoxe Theorieschule, deren Themenspektrum zugleich breit genug angelegt ist, um als Referenzpunkt geeignet zu sein. Es erscheint, zumindest momentan, eher unwahrscheinlich, dass sich die unterschiedlichen Theorieschulen auf einen solchen Referenzpunkt einigen würden. Letztendlich könnte dies möglicherweise gar in vermehrte Grabenkämpfe anstatt einer gemeinsam koordinierten Strategie enden.

Grundsätzlich bleibt es fraglich, inwieweit die Übernahme von Mechanismen, welche die Dominanz des Mainstreams stabilisieren, geeignet ist, diese in eine gewünschte Richtung zu lenken. Einer solchen Vorstellung liegt die Idee zugrunde, dass sich nicht gewollte Entwicklungen durch individuelle Veränderungen auf der Mikro-Ebene verändern lassen. Hierbei lässt sich analog zur Kritik einer ‚Konsumierendensouveränität' (vgl. Fellner und Spash 2014) fragen, wie stark Handlungsspielräume von Forschenden gestaltbar sind (Forschendensouveränität). Inwiefern haben Forschende beispielsweise die Möglichkeit, selbst die Regeln zu bestimmen, nach denen geforscht und auch zitiert werden soll.

2.3 Vereinen

Das Bilden eines gemeinsamen Gegenpols zum Mainstream stellt eine weitere Strategie dar, die sich nicht zuletzt aus der Erkenntnis speist, dass ein entscheidender Faktor für die Stabilität des Mainstream-Paradigmas die hohe Anzahl an Mitbewerber*innen ist (vgl. Sterman und Wittenberg 1999). Die Idee hinter einem solchen Ansatz (siehe Abb. 3) ist die Vorstellung, dass Pluralismus und die Stärkung heterodoxer Strömungen eines überzeugenden Gegenprogramms zum Mainstream bedürfen, um bestehen zu können. Dieses Programm muss in der Lage sein, eine ‚Gegen-Hegemonie' zum Mainstream aufzubauen.

Dobusch und Kapeller schlagen in diesem Sinne einen diskursiven Pluralismus vor (vgl. 2012a, b). Heterodoxe Forschende sollen verstärkt versuchen, Gemeinsamkeiten in den unterschiedlichen Theoriegebäuden herauszuarbeiten. Erste Ansätze dafür finden sich beispielsweise bei Marc Lavoie und seinem Versuch, heterodoxe Theorieschulen

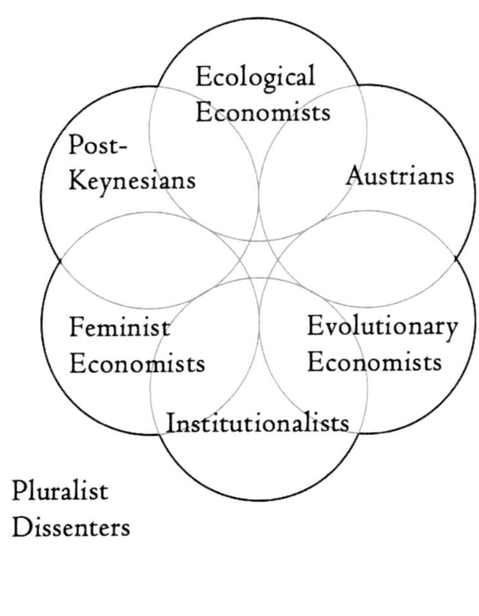

Abb. 3 Vereinen. (Quelle: Eigene Darstellung © Bettin et al. 2018)

wie den Marxismus und den Post-Keynesianismus zusammenzudenken (vgl. 2006). Insgesamt benötigt dabei ein erfolgreiches wissenschaftliches Paradigma sowohl den nötigen Abstraktionsgrad, um mehrere Themengebiete bearbeiten zu können, als auch gemeinsame ontologische, epistemologische und methodologische Grundsätze. Doch auch aus der Perspektive eines Paradigmenpluralismus bleibt fraglich, inwiefern überhaupt ein solch gemeinsamer epistemologischer Kern oder eine geteilte präanalytische Vision innerhalb der Heterodoxie zu finden ist bzw. ob eine solcher Zustand erreichbar wäre.

Auf Organisationsebene gibt es aber immerhin weitere Versuche zur Herstellung eines gemeinsamen Gegenpols, beispielsweise mit der Gründung von Organisationen wie der Association for Heterodox Economics (AHE) oder der European Association for Evolutionary Political Economy (EAEPE), welche die Erarbeitung von gemeinsamen Forschungsprogrammen durch einen engeren Austausch zu ermöglichen versuchen. Die größten Herausforderungen sind aber auch hier ein erheblicher Mehraufwand für Forschende, sich intensiv mit verschiedenen Paradigmen auseinandersetzen zu müssen sowie allein die erforderliche Zeit, die für die Entwicklung solcher gemeinsamen Strategien notwendig wird. Daher ist diese Art von theoretischer Vereinigung und Homogenisierung eher schwer zu koordinieren.

2.4 Infiltrieren

Eine weitere Strategie ist das Infiltrieren der Mainstream-Ökonomie mit heterodoxen Inhalten und alternativen Ansätzen (siehe Abb. 4). Der Aufbau einer Heterodoxie innerhalb des Mainstreams wird unter anderem von David Colander als vielversprechender Weg bewertet. Er argumentiert, dass Heterodoxe, insbesondere im wirtschaftspolitischen Bereich, potenzielle Anknüpfungspunkte an den Mainstream vorfinden können. Diese sollten genutzt werden, um Inhalte gezielt im Mainstream zu platzieren (vgl. Colander 2009). Als aktuell erfolgreichste Beispiele gelten dabei häufig die Verhaltensökonomik sowie die Ungleichheitsforschungen rund um den Ökonomen Thomas Piketty.

Die Verhaltensökonomik hat es in der Tat geschafft, neue Betrachtungsweisen im ökonomischen Mainstream zu platzieren: Viele verhaltenswissenschaftliche Arbeiten bauen beispielsweise auf psychologischen, soziologischen und anthropologischen Erkenntnissen auf und stützen sich bei ihren Annahmen über menschliches Verhaltens nicht mehr – oder mit weiterer Ausdifferenzierung – auf die standardökonomischen Annahmen des homo oeconomicus. Von Beginn an sind diese Arbeiten geprägt von Amos Tversky und Daniel Kahnemans Suche nach Anomalien menschlichen Verhaltens (vgl. 1974). Über die Jahre hat sich eine breite und vielzitierte Forschung zu Ankern des Entscheidungsverhaltens, Verlustängsten, der Wichtigkeit von Faustregeln und Heuristiken zur Komplexitätsreduktion sowie der Bedeutung von Fairness und Reziprozität etabliert (vgl. Kahneman et al. 1991; Camerer und Loewenstein 2004). Doch diese Beschreibung menschlichen Verhaltens – abseits individueller Rationalität – findet größtenteils eingebettet in quantitativ-empirische Methoden, Feldstudien und Experimente statt. Gerade in letzter Zeit

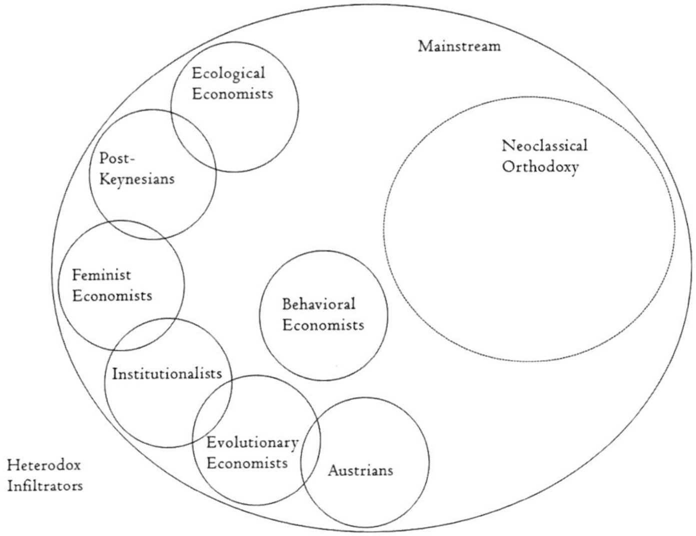

Abb. 4 Infiltrieren. (Quelle: Eigene Darstellung © Bettin et al. 2018)

lässt sich überdies eine zunehmende Hinwendung zu formalistischen Modellierungen der empirischen Ergebnisse feststellen. Dabei wird sich oftmals weiterhin stark am Modellideal des homo oeconomicus orientiert, da dieses in der neoklassischen Theorie als eine Art ‚Benchmark-Framework' betrachtet wird (vgl. Angner 2014).

Ähnlich verhält es sich mit Pikettys Untersuchungen, welche er gemeinsam mit weiteren Autor*innen in jahrelanger Forschung hervorgebracht hat. Er belebt das zuvor stark unterrepräsentierte Thema der ökonomischen Ungleichheit wieder und platziert es in der Mitte des ökonomischen Mainstreams. Spätestens mit der Veröffentlichung von ‚Capital in the Twenty-First Century' (vgl. 2014) gilt die Ungleichheitsforschung als modern und wird kontrovers auch in der ökonomischen Forschung diskutiert, allerdings auch hier zu einem gewissen Preis. So hat Piketty zwar auf methodischer Ebene, durch das Sammeln und Aufbereiten sowie die rigorosen Analyse empirischer Daten, einen wertvollen Beitrag zur Ungleichheitsforschung geleistet und dafür zu Recht große Aufmerksamkeit erlangt; jedoch ist gerade ‚Capital in the Twenty-First Century' in Bezug auf seine theoretische Einbettung unterkonzeptionalisiert und im Mainstream verharrend. Piketty weist zwar kontinuierlich auf die Schwächen und Blindstellen von neoklassischen Modellen und Theorien hin, verwirft diese aber selbst nie vollständig. Ganz im Gegenteil, wichtige Teile seines theoretischen Rahmens beruhen auf neoklassischen Annahmen, obwohl seine empirischen Daten durchaus auch in anderen Theoriegebäuden denkbar und diskutierbar wären oder sogar zu weitreichenderen und vollständigeren Aussagen führen würden (vgl. Kapeller 2014; Barbosa-Filho 2015). Mit seinem Werk hat Piketty dazu beigetragen, dass quantitative, empirische Methoden der Ungleichheitsforschung stärkere Beachtung finden. Ob er allerdings einen entscheidenden Beitrag dazu geleistet hat, dass die Volkswirtschaftslehre über ihre übertriebene Fokussierung auf mathematische Modelle hinwegkommt, wie er es selbst des Öfteren gefordert hat,[2] bleibt fraglich.

Diese zwei Beispiele werfen also die Frage auf, inwieweit letztlich nur bestimmte Inhalte und Themen durch solch aufkommenden Wissenschaftsströmungen neu (oder wieder) in der Mainstreamökonomik verhandelt werden oder ob es langsam zu deren fundamentalem Wandel kommt. Eine abschließende Bewertung ist dabei nicht möglich. Es deutet jedoch einiges darauf hin, dass dies zwar zu einer Ausdifferenzierung der Disziplin beiträgt, allerdings kaum ein grundlegender Paradigmenwechsel angestoßen wird. Inhaltlich hat sich somit vieles verändert, während das zugrunde liegende Paradigma jedoch unberührt bleibt und mitunter sogar durch die erweitere Themenabdeckung gestärkt wird. Obwohl durch Kritiken immer wieder neue Themen vom Mainstream aufgenommen werden (z. B. Umwelt, Macht, Ungleichheit), werden diese nur innerhalb des vorherrschenden paradigmatischen Rahmens, und somit letztlich in stark abgeänderter Form, behandelt.

2.5 Spalten und Migrieren

Eine weitere strategische Option wäre das Spalten von heterodoxen und Mainstream-Ökonom*innen in unterschiedliche Departments und Verwaltungseinheiten oder die Migration heterodoxer Forschenden in andere wissenschaftliche Disziplinen (siehe Abb. 5). Aus heterodoxer Sicht könnten als Folge einer solchen Teilung (sowohl auf verwaltungstechnischer wie auch auf inhaltlicher Ebene) größere Handlungsspielräume geschaffen werden. Die strukturelle Schlechterstellung heterodoxer Forschenden – aufgrund von Rankings und Impact-Faktoren sowie mögliche Einschränkungen durch Departmententscheidungen – könnten so möglicherweise überwunden werden. Sowohl die spezifische Ausrichtung der Departments als auch detaillierte Fragen zur Lehre und Forschung wären somit wesentlich weniger abhängig von Gremienentscheidungen, in denen ansonsten ein starker Mainstream-Einfluss vorherrschen würde. Daneben stellen aber auch andere wissenschaftliche Disziplinen, wie die Geografie, Soziologie, Politikwissenschaften oder Geschichte, bereits jetzt eine wichtige Alternative für Ökonom*innen dar, um heterodoxe Forschung betreiben zu können.

Eine Aufspaltung der ökonomischen Wissenschaftslandschaft lässt sich jedoch nicht nur auf Ebene der Verwaltungseinheiten und Organisationen, sondern viel mehr auch auf der rein wissenschaftlichen Ebene denken. Dies würde beinhalten, dass sich heterodox Forschende auch nicht mehr explizit der Ökonomik zugehörig fühlen müssen.

[2] „To put it bluntly, the discipline of economics has yet to get over its childish passion for mathematics and for purely theoretical and often highly ideological speculation, at the expense of historical research and collaboration with the other social sciences" (Piketty 2014, S. 32).

Stattdessen wird eine dezidiert heterodoxe Ökonomik forciert. Dies schließt auch mit ein, dass sich viel weniger als bisher am Mainstream abgearbeitet und dieser also viel weniger kritisiert wird, sondern vielmehr das Gemeinsame und Verbindende der heterodox Forschenden stärker in den Vordergrund gerückt würde. Eine solche Strategie findet sich auch in Lees Charakterisierung, nach der die Ökonomik unwiederbringlich in zwei Lager, sprich: zwei ‚Kirchen', geteilt ist (vgl. 2011). Der heterodoxe Teil würde aus dieser Erkenntnis somit letztlich die logische Konsequenz ziehen und sich als eigenständige Wissenschaft neu aufstellen oder sich anderen Disziplinen anschließen.

Derartige Spaltungen wurden in der Vergangenheit jedoch nicht nur vonseiten der Heterodoxie forciert. Beispielsweise wurde das Department für Volkswirtschaftslehre an der University of Notre Dame, bekannt für seine Vielfältigkeit und Pluralität an ökonomischen Theorieschulen, nach anhaltenden Auseinandersetzungen um Lehre und Forschung sowie aufgrund einer eher schlechten Rankingplatzierung, 2003 in ein orthodoxes Department of Economics and Econometrics und ein heterodoxes Department of Economics and Policy Studies geteilt (vgl. Donovan 2004). Letzteres wurde jedoch 2009 unter Bezugnahme auf schlechte Rankingplatzierungen aufgelöst, sodass letztlich heute nur noch das Mainstreamdepartmentexistiert (vgl. Glenn 2009).

Darüber hinaus würden solche Abspaltungen und/oder ein Migrieren der Heterodoxie de facto eine Aufgabe des Feldes der Ökonomik darstellen. Möglicherweise könnte dies auch mit einem Deutungsverlust für heterodoxe Ökonom*innen einhergehen. Die Deutungshoheit darüber, was Teil der Ökonomie ist bzw. sein sollte, würde damit letztlich dem Mainstream erst einmal vollends überlassen werden.

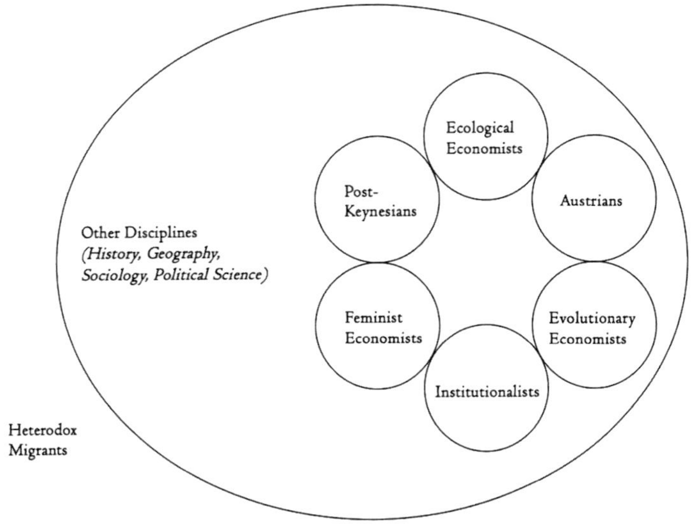

Abb. 5 Spalten und Migrieren. (Quelle: Eigene Darstellung © Bettin et al. 2018)

2.6 Nächste Generation

Eine weitere strategische Option lässt sich im Hinblick einer nächsten Generation formulieren. Darunter ist zu verstehen, die nächste Generation von Forschenden zu stärken, ihr explizit heterodoxe Ansätze und Forschungsprogramme näher zu bringen, beziehungsweise sie in diese gezielt einzubinden. Dies lässt sich auf unterschiedlichen Ebenen angehen, im Bereich der Lehre z. B. innerhalb von Bachelor- und Masterprogrammen sowie in der Förderung wissenschaftlicher (heterodoxer) Nachwuchskräfte.

Heterodoxe und alternative Ansätze innerhalb der Curricula sind in den letzten Jahren im Zuge von Standardisierung und Simplifizierung immer weiter zurückgedrängt worden (vgl. Dürmeier und Euler 2013; Coyle 2013; Passaris 2013). In Frankreich hat dies beispielsweise dazu geführt, dass die Bachelorcurricula der volkswirtschaftlichen Studiengänge im Durchschnitt aus insgesamt 43 % an Mathematik, Statistik, Mikro- und Makroökonomie bestehen (vgl. PEPS-Economie 2014).[3] Dezidiert reflexive Inhalte wie beispielsweise Wissenschaftsphilosophie oder Geschichte des ökonomischen Denkens finden hingegen nur wenig Platz in den untersuchten Curricula. Daraus wird geschlussfolgert: „It is obvious that economics students are not encouraged to reflect upon their own discipline and to respond critically to the theories and the methods taught" (PEPS-Economie 2014, S. 387). Für Deutschland listet das Heterodox Economics Directory lediglich fünf explizit heterodoxe Bachelor- und Masterprogramme auf (vgl. Kapeller und Springholz 2016). Darüber hinaus sind keine weiteren Bachelorprogramme im deutschsprachigen Raum zu finden. Für Österreich können drei Masterprogramme als heterodox identifiziert werden (vgl. Springler 2016). In Deutschland sind seither außerdem der Masterstudiengang Plurale Ökonomik an der Universität Siegen, die 2014 gegründete Cusanus Hochschule in Bernkastel-Kues und das neu entstandene Institut für Sozioökonomie an der Universität Duisburg-Essen hinzugekommen.

Obwohl im Bereich der Masterprogramme einige neue heterodoxe Programme entstanden sind, hat sich bei den Bachelorstudiengängen nicht viel verändert. Dies ist besonders problematisch, da Studierenden der Volkswirtschaftslehre im Bachelor beigebracht wird, was Ökonomik definiert, bzw. welche Theorien, Themen und Forschungsprogramme „ökonomisch" sind. Gerade die ersten Einführungskurse haben dabei wichtigen Einfluss auf das Selbstverständnis späterer Ökonom*innen und bestimmen maßgeblich, was als ökonomische Forschung angesehen wird. Explizit plural und reflexiv ausgerichtete Kurse, wie beispielsweise ‚The Global Economy: Environment, Development, and Globalisation' an der Universität in Uppsala, bilden hier wichtige Ausnahmen, da sie Studierende zu Offenheit und Interesse an komplexen und multi-paradigmatischen Erklärungen sowie kreativem Hinterfragen anregen (vgl. Parrique 2015).

Neben heterodox ausgerichteten Promotionsprogrammen bedarf es des gezielten ‚Grandfatherings' bzw. ‚Grandmotherings', d. h. der Förderung heterodox orientierter

---

[3]Beckenbach et al. (vgl. 2016) weisen eine ähnliche Struktur für Deutschland nach.

Nachwuchswissenschaftler*innen. Diese sollten möglichst früh in die eigenen wissenschaftlichen Netzwerke aufgenommen und an aktuellen Forschungen beteiligt werden. Hierbei sollten herausragende heterodoxe Nachwuchsökonom*innen an karriererelevantes Wissen herangeführt werden, damit diese beginnen können, sich ihre eigenen Publikationslisten zu erarbeiten, die später maßgebliches Entscheidungskriterium für die weitere wissenschaftliche Laufbahn darstellen. Bereits Masterstudierende sollten die Möglichkeit erhalten, sich an eigenen Publikationen zu beteiligen.

Um heterodoxe Inhalte an die nächste Generation weiterzugeben, braucht es also eine strategische Perspektive, die heterodoxe und alternative Ansätze zurück in die Lehrpläne bringt. Dies wird in den letzten Jahren verstärkt diskutiert. Im deutschsprachigen Raum engagiert sich hierfür vor allem das Netzwerk Plurale Ökonomik e. V. und hat sich beispielsweise mit der Pluralowatch-Kampagne (vgl. Netzwerk Plurale Ökonomik 2016a), der Exploring-Economics-Onlineplattform (vgl. Netzwerk Plurale Ökonomik 2017) und bundesweite Tagungen wie ‚Ökonomie im 21. Jahrhundert' (vgl. Netzwerk Plurale Ökonomik 2016b) für eine stärkere Verankerung alternativer und pluraler Lehrinhalte an Universitäten eingesetzt. Die Zusammenarbeit mit anderen Institutionen wie dem IMK, INET sowie die Schaffung finanzieller Unterstützungsinfrastrukturen ist dabei eine weitere wichtige Komponente.

2.7 Politischer Einfluss

Viele der Regeln und Normen im Wissenschaftsbetrieb werden von Personen und Gremien außerhalb der VWL-Institute beeinflusst oder sind zumindest von ihnen abhängig. Anstatt sich den existierenden Regeln anzupassen, kann auch das Einwirken auf diese Normen und Regeln eine mögliche Strategie zur Stärkung der Heterodoxie darstellen. Hebelpunkte sind hierbei der Gang über universitäre Gremien sowie die Beeinflussung der öffentlichen Meinung und der Entscheidungsträger*innen an Universitäten und in der Politik.

Pluralistisch orientierte Studierende und Lehrende können versuchen, sich über die Möglichkeiten universitärer Demokratie in Berufungs- und Studienplankommissionen, Departmentkonferenzen und Senate Gehör zu verschaffen. Um in diesen Gremien in eine erfolgreiche Handlungsposition zu gelangen, ist die Beeinflussung der öffentlichen Meinung eine hilfreiche Strategie. Durch mediale Berichterstattung über die Einseitigkeit der Volkswirtschaftsabteilungen können Rektor*innen und Gremien sich dazu berufen fühlen, sich für mehr Ausgewogenheit und Vielfalt bei Neubesetzungen einzusetzen. Eine weitere Möglichkeit ist, auf universitätsinterne ausgewogene Ranglisten für Leistungsprämien und Einstellungsverfahren hinzuwirken, auf denen heterodoxe und Mainstream-Journale gleichmäßiger vertreten sind.

Dies könnte auch durch die Beeinflussung staatlicher Institutionen gelingen, da, zumindest in Europa, der Großteil der Hochschulen und Universitäten hauptsächlich öffentlich finanziert wird, was spezifische staatliche Eingriffe grundsätzlich legitimiert.

In Österreich könnte ein konkreter Ansatzpunkt beispielsweise in einer Einflussnahme auf die regelmäßigen Leistungsvereinbarungen der Universitäten mit dem Bundesministerium für Wissenschaft, Forschung und Wirtschaft bestehen. Die Verankerung von im Hinblick auf die theoretischen und methodischen Herangehensweisen ausgewogener und pluraler Forschung und Lehre in den Leistungsvereinbarungen wäre eine direkte Möglichkeit, heterodoxe Theorien zu stärken. Während dies durch den Auftrag an Universitäten „zur Lösung der Probleme des Menschen sowie zur gedeihlichen Entwicklung der Gesellschaft und der natürlichen Umwelt beizutragen" (im österreichischen UG 2002 § 1) begründet werden kann, stünde eine derartige Praxis wohl im Spannungsverhältnis zum Prinzip der Wissenschaftsfreiheit, die in Artikel 17 des österreichischen StGG mit „Die Wissenschaft und ihre Lehre ist frei"[4] verankert ist. Ein weiterer Hebelpunkt könnte auch sein, die öffentliche Drittmittelförderung (z. B. FWF, DFG) nach Kriterien inhaltlicher Diversität auszurichten. Ähnliches gilt für Deutschland.

Während insbesondere der Gang über die Gremien ein wertvoller Ansatzpunkt ist, der zu unmittelbaren Erfolgen führen kann, ist dieser aber in der Regel lokal begrenzt. Zudem scheint eine solche Strategie nur in Kontinentaleuropa, im Speziellen in Österreich und Deutschland mit seinem stark ausgeprägten Hochschülerschaftssystem, zumindest teilweise aussichtsreich. In den Vereinigten Staaten oder Großbritannien lässt sich hingegen eine geringe universitäre Demokratie vorfinden, was die Erfolgsaussichten einer solchen Strategie dort schmälert.

3 Diskussion und Fazit

In der Ökonomik finden grundsätzlich zwei große Diskurse statt: Ein Diskurs befindet sich innerhalb des Mainstreams und ist hauptsächlich auf sich selbst fokussiert. Ein weiterer Diskurs lässt sich innerhalb der Heterodoxie ausmachen, der sich in der Vergangenheit jedoch in viel stärkerem Maße auf den Mainstream bezogen hat. Durch dieses Missverhältnis sowie die von Rankings und Impact-Faktoren geprägten institutionellen Rahmenbedingungen volkswirtschaftlicher Forschung bleiben wichtige Erkenntnisse der Heterodoxie häufig außerhalb des Mainstreams. Vielversprechende und relevante heterodoxe Ansätze schaffen es oftmals nicht, in den Mainstream der Ökonomie hineinzuwirken. Dies bedeutet zugleich, dass die Basis eines zukünftigen Pluralismus in der Ökonomik, der für gute wissenschaftliche Praxis zentral ist, bedroht ist. Die Notwendigkeit einer pluralen Ökonomik wird vor diesem Hintergrund in den letzten Jahren wieder zunehmend diskutiert. Wie ein solcher Pluralismus allerdings erreicht werden kann, wird jedoch bisher kaum oder oft nur diffus gefordert.

[4]In Deutschland z. B. in Art. 5 Abs. III Grundgesetz.

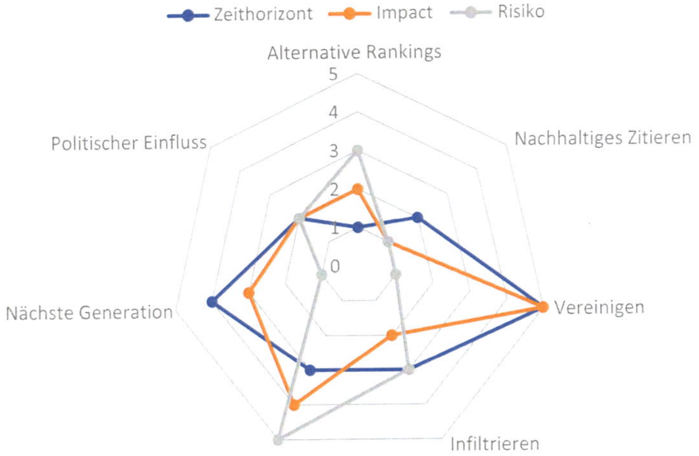

Abb. 6 Zeithorizont, Impact und Risiko der Strategien. Legende: innen = kurzfristig, wenig Impact, wenig Risiko; außen = langfristig, viel Impact, viel Risiko. (Quelle: Eigene Darstellung © Bettin et al. 2018)

In diesem Beitrag wurden sieben mögliche Strategien für eine Stärkung der Heterodoxie diskutiert. Diese wollen wir abschließend anhand ihrer zeitlichen Umsetzbarkeit, ihres Wirkungsradius sowie ihres impliziten Risikos (siehe Abb. 6) beleuchten.

Hinsichtlich der zeitlichen Umsetzbarkeit lassen sich folgende Überlegungen anstellen: Für die Strategie des Vereinens heterodoxer Theorieschulen stellt sich nicht nur die Frage, ob ein gemeinsamer epistemologischer Kern sowie eine gemeinsame präanalytische Vision ausgearbeitet werden können. Es ist auch anzunehmen, dass ein solches Projekt nur langfristig und mit einem hohen Maß an Koordination durch wissenschaftliche Vereinigungen umsetzbar ist. Ein verändertes Zitationsverhalten oder ein gezieltes Einbringen heterodoxer Inhalte in den Mainstream sind im Gegensatz dazu eher kurz- bis mittelfristig zu erreichen und bieten somit einen individuellen Handlungsansatz für den einzelnen Forschenden. Obwohl die Abspaltung beziehungsweise Migration in andere Disziplinen eine potenziell globale Zielsetzung wäre, ist es in der Praxis jedoch eher eine mittelfristige, individuelle Strategie auf lokaler Ebene. Tendenziell kurzfristig orientiert ist hingegen das Erstellen von alternativen Rankings. Dies könnte sowohl auf globaler Ebene durch heterodoxe Vereinigungen als auch lokal an einzelnen Universitäten oder in einzelnen Ländern geschehen. Es wäre zudem gut im Zusammenspiel mit der im Verhältnis eher rasch verfolgbaren Strategie des politischen Einflusses denkbar, durch die im lokalen oder nationalen Raum die institutionellen Rahmenbedingungen verändert werden könnten.

Des Weiteren sind unterschiedliche Risiken sowie ein potenzieller Impact (Stärkung von heterodoxen Ideen im Wissenschaftsbetrieb) der Strategien erkennbar. So setzen alternative Rankings zwar an der Problematik einer fortschreitenden wissenschaftlichen

Quantifizierung an, zielen aber nicht auf eine grundsätzliche Veränderung dieser Logiken ab. Dementsprechend werden somit Rankings und Impact-Faktoren als sinnvolle Mechanismen der Bewertung von wissenschaftlichen Leistungen legitimiert und implizit anerkannt. Das Potenzial dieser Strategie scheint daher eher begrenzt zu sein, da Zitationsmetriken nur als Verstärker der Dominanz wirken und geänderte Rankingverfahren die zugrunde liegenden Prozesse nicht zu verändern vermögen. Allerdings ist damit auch das Risiko als eher gering einzuschätzen. Eine stärkere Ausübung des politischen Einflusses ist zwar auf nationaler Ebene eine vielversprechende Strategie, doch bleibt längerfristig offen, ob so nicht eine immer stärkere Beeinflussung von Politik durch Lobbygruppen und Partikularinteressen gefördert wird. Der potenzielle Impact ist also hoch; dies birgt aber auch ein gewisses Risiko. Die Strategie des Infiltrierens des Mainstreams scheint eine Möglichkeit zu sein, um heterodoxe Themen zu platzieren. Sie könnte aber aus paradigmatischer Sicht auch zu einer Stärkung des Mainstreams beitragen. Diese Strategie hat damit ein mittelhohes Risiko, der Impact ist allerdings auch eher gering. Spalten und Migrieren wiederum hat den großen Nachteil, dass die Deutungshoheit über Ökonomie so möglicherweise vollständig dem Mainstream überlassen wird, was ein hohes Risiko darstellt. Heterodoxer zu zitieren birgt wenige Nachteile, das Risiko ist damit gering, jedoch ist es in Anbetracht der zahlenmäßigen Unterlegenheit der Heterodoxie unwahrscheinlich, dass dies allein zu großen Veränderungen führen würde. Die Strategie des Vereinens zu verfolgen, birgt hinsichtlich des Risikos wenige Nachteile. Es ist von einem hohen Impact auszugehen, allerdings ist unklar, ob eine gemeinsame theoretische Basis verschiedener heterodoxer Theorieschulen erreichbar ist. Bei der gezielten Unterstützung der nächsten Generation verhält es sich ähnlich. Diese Strategie hat potenziell einen hohen Impact und birgt wenig Risiko.

Aus dieser Analyse können zumindest einige explizite Handlungsansätze abgeleitet werden. Für individuelle heterodoxe Ökonom*innen erscheint es sinnvoll, zu versuchen, den Mainstream nicht mehr als alleinigen Referenzpunkt heranzuziehen, sondern die eigene Arbeit auch mit den Beiträgen anderer heterodoxer Theorieschulen zu vergleichen und somit relativ weniger Zitate an den Mainstream zu exportieren. Darüber hinaus ist es zielführend, dass sich in Ländern mit starker universitärer Selbstverwaltung (z. B. Österreich und in geringerem Maße Deutschland) in den demokratischen Gremien der Universitäten eingebracht und versucht wird, über diesen Kanal Verbesserungen aus Sicht der Heterodoxie und des Pluralismus zu erreichen. Auch kritische Beiträge in Zeitungen und anderen Medien über den Zustand der Ökonomik sind wichtig, um den nötigen öffentlichen Druck für Veränderungen aufzubauen. Aus einer wirtschaftspolitischen Perspektive kann es auch sinnvoll sein, gezielt gewisse Themen in den Mainstream einzubringen, da sie dort stärker gehört werden. Dabei ist es jedoch essenziell, sich des Risikos bewusst zu sein, dass dies die Position des Mainstreams festigen könnte.

Für die Heterodoxie als Ganzes ermöglichen die in Abb. 6 veranschaulichten Stärken und Schwächen der einzelnen Strategien nun ein Zwischenfazit. Es wird deutlich, dass keine Strategie ein alleiniges Allheilmittel parat stellt. Im Gegenteil, die meisten

Strategien implizieren eher Widersprüchlichkeiten und Herausforderungen und sind abhängig von den speziellen Umständen. Das Bewusstmachen der eigenen Rolle als Akteur und die damit verbundenen Handlungsspielräume bieten erste Ansatzpunkte für ein zukünftiges Handeln. Darüber hinaus scheint ein zu starker Fokus auf Zitationsmetriken als Ansatzpunkt für Veränderung, unserer Meinung nach, fehlgeleitet. Die Strategien Nachhaltiges Zitieren und Alternative Rankings, welche einen solchen Aspekt aufgreifen, lassen einen vergleichsweise geringen Impact vermuten. Auch wenn sie relativ kurzfristig umsetzbar wären, bergen sie jedoch gewisse Risiken. Die Strategie Spalten und Migrieren kann zwar aus individueller Perspektive für einzelne Forschende eine sinnvolle Strategie darstellen, birgt für die Heterodoxie insgesamt jedoch eine substanzielle Gefahr: Der Deutungsanspruch über ökonomische Fragestellungen könnte so vollends verloren gehen. Das Ziel der Schaffung eines vereinten heterodoxen Paradigmas als Gegenpol zum ökonomischen Mainstream, ebenso wie ein gezieltes Fördern der nächsten Generation, sind hingegen Vorgehensweisen, die uns überzeugen und es aus unserer Sicht wert sind, weiter verfolgt zu werden. Beide Ansatzweisen bergen dabei kaum Risiken und lassen zudem einen hohen Impact erwarten, auch wenn sie eher langfristig angelegt sind. Zu guter Letzt kann Infiltrieren in Einzelfällen eine positive inhaltliche Veränderung bewirken, vermag der Dominanz des Mainstreams jedoch kaum etwas entgegenzusetzen und könnte diese sogar weiter verstärken.

Literatur

Angner, Erik. 2014. To navigate safely in the vast sea of empirical facts. Ontology and methodology in behavioral economics. Working Paper der George Mason University Department of Economics No. 14–35, George Mason University, Fairfax.

Barbosa-Filho, Nelson H. 2015. Elasticity of substitution and social conflict. A structuralist note on Piketty's capital in the twenty-first century. *Cambridge Journal of Economics* 40 (4): 1167–1183.

Beckenbach, Frank, Maria Daskalakis, und David Hofmann. 2016. *Zur Pluralität der volkswirtschaftlichen Lehre in Deutschland: Eine empirische Untersuchung des Lehrangebotes in den Grundlagenfächern und der Einstellung der Lehrenden*. Marburg: Metropolis.

Camerer, Colin F., und George Loewenstein. 2004. Behavioral economics. Past, present, future. In *Advances in behavioural economics*, Hrsg. Colin F. Camerer, George Loewenstein, und Matthew Rabin, 3–51. Princeton: Russell Sage Foundation & Princeton University.

Colander, David. 2009. Moving beyond the rhetoric of pluralism. Suggestions for an ‚inside the mainstream' heterodoxy. In *Economic pluralism*, Hrsg. Robert F. Garnett, Erik K. Olsen, und Martha Starr, 36–47. Abingdon: Routledge.

Colander, David, Richard P.F. Holt, und Barkley Rosser Jr. 2004. The changing face of mainstream economics. *Review of Political Economy* 16 (4): 485–499.

Colander, David, Richard P.F. Holt, und Barkley Rosser Jr. 2010. How to win friends and (possibly) influence mainstream economists. *Journal of Post Keynesian Economics* 32 (3): 397–408.

Coyle, Diane. 2013. The state of economics and the education of economists. In *The economics curriculum. Towards a radical reformation*, Hrsg. Jack Reardon und Maria Alejandro Madi. London: WEA and College Publications.

Crouch, Colin. 2015. *Die bezifferte Welt. Wie die Logik der Finanzmärkte das Wissen bedroht*, 2. Aufl. Berlin: Suhrkamp.

Davis, John B. 2008. The turn in recent economics and return of orthodoxy. *Cambridge Journal of Economics* 32 (3): 349–366.

Dobusch, Leonhard, und Jakob Kapeller. 2009. Why is economics not an evolutionary science? New answers to Veblen's old question. *Journal of Economic Issues* 43 (4): 867–898.

Dobusch, Leonhard, und Jakob Kapeller. 2012a. A guide to paradigmatic self-marginalization. Lessons for Post-Keynesian economists. *Review of Political Economy* 24 (3): 469–487.

Dobusch, Leonhard, und Jakob Kapeller. 2012b. Heterodox united vs. mainstream city? Sketching a framework for interested pluralism in economics. *Journal of Economic Issues* 46 (4): 1035–1058.

Donovan, Gill. 2004. Economics split divides Notre Dame creation. National Catholic Reporter: The Independent Newsweekly. http://natcath.org/NCR_Online/archives2/2004b/040904/040904c.php. Zugegriffen: 13. Sept. 2017.

Dow, Sheila C. 2004. Structured pluralism. *Journal of Economic Methodology* 11 (3): 275–290.

Dow, Sheila C. 2008. Plurality in orthodox and heterodox economics. *The Journal of Philosophical Economics* 1 (2): 73–96.

Dürmeier, Thomas, und Johannes Euler. 2013. Warum in der Wirtschaftswissenschaft keine Pluralität entsteht. Eine Zwischenbilanz nach zehn Jahren Real World Economics in Deutschland. *Kurswechsel* 1 (2013): 24–40.

Fellner, Wolfgang, und Clive L. Spash. 2014. The illusion of consumer sovereignity in economic and neoliberal thought. SRE-Discussion paper 02/2014, WU Wien, Institut für Regional- und Umweltwirtschaft, Wien.

Garnett, Robert F. jr. 2011. Pluralism, academic freedom, and heterodox economics. *Review of Radical Political Economics* 43 (4): 562–572.

Glenn, David. 2009. Notre Dame plans to dissolve the ‚Heterodox' side of its split economics department. The Cronicle of Higher Education. https://www.chronicle.com/article/Notre-Dame-to-Dissolve/48460. Zugegriffen: 13. Sept. 2017.

Glötzl, Florentin, und Ernest Aigner. 2015. Pluralism in the market of science? A citation network analysis of economic research at Universities in Vienna. Ecological Economic Papers no. 5, WU Wien, Institute for Ecological Economics, Wien.

Harley, Sandra, und Frederic S. Lee. 1997. Research selectivity, managerialism, and the academic labor process. The future of nonmainstream economics in U.K. Universities. *Human Relations* 50 (11): 1427–1460.

Heise, Arne. 2016. Pluralismus in den Wirtschaftswissenschaften. Klärungen eines umstrittenen Konzepts. IMK Study Nr. 27. Hans-Böckler-Stiftung, Berlin.

Heise, Arne, Henrike Sander, und Sebastian Thieme. 2016. *Das Ende der Heterodoxie? Entwicklung der Wirtschaftswissenschaften in Deutschland.* Wiesbaden: Springer VS.

Kahneman, Daniel, Jack L. Knetsch, und Richard H. Thaler. 1991. Anomalies. The endowment effect, loss aversion, and status quo bias. *Journal of Economic Perspectives* 5 (1): 193–206.

Kapeller, Jakob. 2010. Citation metrics. Serious drawbacks, perverse incentives, and strategic options for heterodox economics. *American Journal of Economics and Sociology* 69 (5): 1376–1408.

Kapeller, Jakob. 2014. Die Rückkehr des Rentiers. *Wirtschaft und Gesellschaft* 40 (2): 329–346.

Kapeller, Jakob, und Florian Springholz. 2016. Heterodox economics directory. Heterodox study programs, 6. Aufl. http://www.heterodoxnews.com/hed/study-programs.html. Zugegriffen: 5. Apr. 2017.

King, John E. 2008. Heterodox macroeconomics. What, exactly, are we against? In *Keynes and macroeconomics after 70 years. Critical assessments of the general theory*, Hrsg. Randall L. Wray und Mathew Forstater. Cheltenham: Elgar.

Lavoie, Marc. 2006. Do heterodox theories have anything in common? A Post-Keynesian point of view. Intervention. *Journal of Economics* 3 (1): 87–112.
Lee, Frederic S. 2004. The pluralism debate in heterodox economics. *Review of Radical Political Economics* 43 (4): 540–551.
Lee, Frederic S., und Wolfram Elsner. 2008. Publishing, ranking, and the future of heterodox economics. *On the Horizon* 16 (4): 176–184.
Lee, Frederic S. 2011. The pluralism debate in heterodox economics. *Review of Radical Political Economics* 43 (4): 540–551.
Lee, Frederic S., Bruce C. Cronin, Scott McConnell, und Erik Dean. 2010. Research quality rankings of heterodox economic journals in a contested discipline. *American Journal of Economics and Sociology* 69 (5): 1409–1452.
Netzwerk Plurale Ökonomik. 2016a. PluraloWatch. https://www.plurale-oekonomik.de. Zugegriffen: 5. Apr. 2017.
Netzwerk Plurale Ökonomik. 2016b. Tagung Ökonomie im 21. Jahrhundert. https://www.plurale-oekonomik.de/projekte/tagung-teaching-economics-in-the-21st-century. Zugegriffen: 5. Apr. 2017.
Netzwerk Plurale Ökonomik. 2017. Exploring economics. https://www.exploring-economics.org/de. Zugegriffen: 5. Apr. 2017.
Parrique, Timothée. 2015. Planting the seed of change. A student-led introduction course to economics. *International Journal for Pluralism and Economics Education* 6 (3): 219–236.
Passaris, Constantine E. 2013. A new economics curriculum for a new century and a new economy. In *The economics curriculum. Towards a radical reformation*, Hrsg. Jack Reardon und Maria Alejandro Madi. London: WEA and College Publications.
PEPS-Economie. 2014. The case for pluralism. What French undergraduate economics teaching is all about and how it can be improved. The members of the PEPS-Economie Students' Association. *International Journal for Pluralism and Economics Education* 5 (4): 385–400.
Piketty, Thomas. 2014. *Capital in the twenty-first century*. Cambridge: Harvard University Press.
Reinhart, Carmen M., und Kenneth S. Rogoff. 2010. Growth in a time of debt. *American Economic Review* 100 (2): 573–578.
Springler, Elisabeth. 2016. Heterodoxe Nester. Wo und wie Pluralismus gelebt wird. *Kurswechel* 1: 39–49.
Sterman, John D., und Jason Wittenberg. 1999. Path dependence, competition, and succession in the dynamics of scientific revolution. *Organization Science* 10 (3): 322–341.
Stockhammer, Engelbert. 2008. Some stylized facts on the finance-dominated accumulation regime. *Competition & Change* 12 (2): 184–202.
Stockhammer, Engelbert, und Paul Ramskogler. 2012. Post Keynesian economics. How to move forward. In *Defense of Post-Keynesian and heterodox economics. Responses to their critics. Routledge advances in heterodox economics 15*, Hrsg. Frederic S. Lee und Marc Lavoie, 42–62. London: Routledge.
Tversky, Amos, und Daniel Kahneman. 1974. Judgment under uncertainty. Heuristics and biases. *Science* 185 (4157): 1124–1131.
Universitätsgesetz 2002 (UG 2002). In: BGBl. I Nr. 120/2002.
Vernengo, Matías. 2010. Conversation or monologue? On advising heterodox economists. *Journal of Post Keynesian Economics* 32 (3): 389–396.

Die Suche nach Homo ideologicus und anderen Gestalten

Was die Komparative Politische Ökonomie zu einem pluralistischen ökonomischen Diskurs beitragen kann

Thomas Eibl und Nils Röper

Zusammenfassung
Reduktionismus, Geschichtsvergessenheit und disziplinäre Scheuklappen sind die gängigsten Vorwürfe, die sich die ‚reine' Ökonomie gefallen lassen muss. Der vorliegende Beitrag erörtert, inwieweit die politikwissenschaftliche Komparative Politische Ökonomie (KPÖ) Antworten auf diese Kritikpunkte bereithält. Dazu wird die Auseinandersetzung mit ökonomischen Konzepten in den verschiedenen Variationen des Institutionalismus nachgezeichnet, die aus der Kritik an der Rational-Choice-Theorie in der vergleichenden Kapitalismusforschung erwachsen ist. Im Fokus stehen dabei zwei zentrale Annahmen des rationalistischen Varieties-of-Capitalism-Ansatzes (VoC): funktionale Komplementarität zwischen institutionellen Domänen und die Unterstellung strategisch-rational handelnder Akteure. Anhand der Kritikpunkte und Gegenvorschläge des historischen und ideenorientierten Institutionalismus werden die Vorzüge eines theoretischen Pluralismus aufgezeigt, der wichtige Anhaltspunkte für eine holistischere Volkswirtschaftslehre liefert.

T. Eibl (✉)
Universität Passau, Passau, Deutschland
E-Mail: thomas.eibl@uni-passau.de

N. Röper
University of Oxford, Oxford, UK

D. J. Petersen et al. (Hrsg.), *Perspektiven einer pluralen Ökonomik*, Wirtschaft + Gesellschaft, https://doi.org/10.1007/978-3-658-16145-3_12

1 Einleitung

Die Komparative Politische Ökonomie (KPÖ) ist ein breit angelegtes Forschungsprogramm, welches die unterschiedlichen Funktionsweisen marktwirtschaftlicher Systeme zu ergründen ersucht. Thematisch wie methodisch zwar in der Politikwissenschaft verwurzelt, ist die KPÖ eng an der Schnittstelle zur Ökonomie zu verorten. Neben der komparativen Betrachtungsweise, also Analysen durch Vergleiche, räumt die KPÖ Institutionen zentrale kausale Bedeutung zu. Institutionen, zumeist als formelle wie informelle Regeln definiert, dienen zur Erklärung von Unterschieden zwischen politischen Ökonomien. Sind die USA und Deutschland beispielsweise beide eindeutig Marktwirtschaften, so unterscheidet sich die Ausgestaltung ihrer Institutionen wie dem Arbeitsmarkt oder dem Finanzsystem erheblich. Durch diesen komparativ-institutionalistischen Ansatz unterscheidet sich die KPÖ wesentlich von der modernen Volkswirtschaftslehre, die sich häufig als ‚reine' Ökonomie versteht und Märkte weitestgehend losgelöst von ihrer gesellschaftlichen Einbettung analysiert. Der vorliegende Beitrag soll aufzeigen, dass die KPÖ wichtige Erkenntnisse für eine pluralistischere ökonomische Debatte bereithält. Zwei Merkmale der KPÖ sind dabei entscheidend:

Erstens hat die institutionalistische KPÖ selbst viele Konzepte und Annahmen aus dem ökonomischen Mainstream bzw. der Neuen Institutionenökonomie (NIÖ) übernommen. Wenn es um die Erklärung von Akteurshandeln und institutionellem Wandel bzw. institutioneller Stabilität geht, so erfüllen insbesondere die beiden Grundpfeiler der Neoklassik, die Konzepte Optimierung und Gleichgewicht (Neck und Schneider 2013, S. 23), für den Rational-Choice-orientierten Strang der KPÖ-Literatur eine entscheidende Funktion. Allerdings bilden diese Annahmen in der KPÖ keineswegs eine unhinterfragte monistische Lehrmeinung, wie dies oftmals in der reinen Ökonomie der Fall ist. Die Theoriediskussionen unter den Institutionalist*innen ist vielmehr von der Akzeptanz eines Nebeneinanders mehrerer Institutionalismus-Varianten geprägt. Aus der Kritik am Rational-Choice erwuchs so eine fruchtbare Auseinandersetzung mit ökonomischen Konzepten in den verschiedenen Variationen des Institutionalismus. In Anlehnung an Peter A. Hall und Rosemary C. R. Taylor lassen sich hierbei mindestens drei Varianten unterscheiden: der Rational-Choice-Institutionalismus (RCI), der Historische Institutionalismus (HI) und der Soziologische Institutionalismus (SI).[1] Diese Aufstellung exkludiert die stetig anwachsende institutionalistische Literatur, die sich mit dem Einfluss von Ideen und Diskursen beschäftigt. Gerade Autor*innen des sogenannten

[1]Hall und Taylor lieferten wohl den geläufigsten Vorschlag zur Unterscheidung von Institutionalismusvarianten in der Politikwissenschaft (vgl. 1996). Diese Einteilung ist aber nicht unumstritten, siehe all jene kritische Stimmen, welche die analytische Trennung (vgl. Hay und Wincott 1998) oder die Variantenanzahl (vgl. Rhodes et al. 2006; Peters 1999) infrage stellen.

Ideenorientierten Institutionalismus (II)[2] können als Triebkräfte der Formulierung alternativer ökonomischer Handlungsmodelle und institutioneller Erklärungsansätze in der KPÖ identifiziert werden, weshalb in diesem Beitrag explizit auf deren Konzepte eingegangen wird.

Zweitens werden dadurch geradezu automatisch verschiedene analytische Perspektiven eingenommen; ein Aspekt, dem auch die Zielsetzung einer pluralistischeren Ökonomie entspricht. Neben dem Institutionalismus reichen die Ansätze von einer strukturorientierten Betrachtungsweise, wie sie z. B. für historisch-materialistische Arbeiten[3] typisch ist, bis hin zu interessenbasierten Modellen methodologisch-individualistischer Natur (Wullweber et al. 2013, S. 21–22) oder staatszentrierten Perspektiven (Clift 2014, S. 168). Insgesamt etablierte sich somit innerhalb der KPÖ ein gänzlich anderes Grundverständnis von politisch-ökonomischen Zusammenhängen, da Märkte primär im Kontext ihrer gesellschaftlichen und politischen Einbettung betrachtet werden. Das heißt:

> the ‚economy' is embedded in civil society, and the state is likewise embedded in that wider civil sphere. [...] How well or badly ‚economic' institutions perform is in part a function of how they are governed (Moran 2006, S. 144).

Im Vergleich zur Mainstream-Ökonomie zeigt sie sich damit empirisch komplexer, geschichtsbewusster und inhärent interdisziplinär.

Die folgenden Ausarbeitungen setzen an der institutionalistischen Herangehensweise innerhalb der KPÖ an. Es wird daher zunächst der Rational-Choice-Institutionalismus (RCI) in seinen Grundzügen vorgestellt, da seine Grundannahmen zum einen die stärkste Nähe zur reinen Ökonomie besitzen, und da er zum anderen die theoretische Perspektive der KPÖ maßgeblich geprägt hat. Sein dominanter Einfluss wird daraufhin anhand des prominentesten Analyseansatzes der vergleichenden Kapitalismusforschung, dem Varieties-of-Capitalism-Ansatz (VoC) nach Hall und Soskice (vgl. 2001) verdeutlicht. Anschließend wird auf die zwei wichtigsten Kritikpunkte eingegangen: die Annahme einer funktionalen Komplementarität zwischen institutionellen Domänen und die Unterstellung strategisch-rationaler Akteure als Träger*innen institutioneller Logiken. Es wird gezeigt, dass sich die Kritik im Kern auf die RCI-Perspektive richtet, die die theoretische Grundlage des VoC-Ansatzes bildet. Daher werden, auf dieser Kritik aufbauend, die theoretischen Alternativen aus dem Theorienspektrum des Neo-Institutionalismus, also der historische Institutionalismus (HI) und ideenorientierte Institutionalismus (II), vorgestellt und hinsichtlich ihrer Aussagen zu institutionellem Wandel in politischen Ökonomien und Akteurshandeln im institutionellen Kontext untersucht.

---

[2]Vgl. insbesondere Hay (2001); Blyth (2002); Campbell (2004); Jabko (2006); Hay (2008); Schmidt (2002, 2008, 2010).

[3]Vgl. Becker (2002); Hirsch (2005).

2 Importeur rational-funktionalistischer Konzepte: Der Rational-Choice-Institutionalismus

Der RCI ist ein Bestandteil der allgemeinen Rational-Choice-Theorie, deren Analyseinstrumente und Ansätze wie keine andere Großtheorie die sozialwissenschaftliche Forschung geprägt haben. Rodney Stark bringt ihre Dominanz und die ihr zugrunde liegende Kernannahme auf den Punkt, wenn er schreibt:

> [t]oday, the dominant approaches to social theory share a common first assumption or proposition. This proposition has been stated in a great many ways, but each variant asserts the same insight: When faced with choices, humans try to select the most rational (or reasonable) option, defined as the one that yield them the maximum benefit (Stark 2007, S. 69).

Diese rationale Handlungstheorie, deren Ausgangspunkt die Modellvorstellung eines Homo oeconomicus bildet, wurde im Zuge der 1960er Jahre auf die Analyse von Institutionen und deren Rückwirkungen auf individuelles Handeln übertragen.[4] Die wichtigsten Annahmen des RCI entstammen dabei aus der wirtschaftswissenschaftlichen Forschungsrichtung der NIÖ und speisen sich aus drei Teilströmungen: Transaktionskostentheorie, Principal-Agent-Theorie und Property-Rights-Ansatz. Die Transaktionskostentheorie betrachtet die ökonomischen Kosten, die sich im Zuge von Markttransaktionen ergeben. Mit Bezug auf Institutionen handelt es sich dabei um „all those costs that are connected with: i) the creation or change of an institution or organization; and ii) the use of the institution or organization" (Furubotn und Richter 1991, S. 8). Die Rational-Choice-Theorie geht hierbei von der Verhaltensannahme aus, dass gewinn- und nutzenmaximierend handelnde Akteure zwar eine Transaktion unter geringer Kostenbelastung anstreben, diese jedoch selbst opportunistischen Handlungsmustern folgen, welche ebenjene Kosten in die Höhe treiben. Durch die Einigung auf bestimmte institutionelle Arrangements in Form von „Beherrschungs- und Überwachungsstrukturen" (Groth 2009, S. 11), kann jedoch eine effiziente Abwicklung der Transaktion sichergestellt werden.

Die Principal-Agent-Theorie hat einen ähnlichen Fokus wie die Transaktionskostentheorie, betrachtet allerdings viel spezifischer die Vertragsbeziehung zwischen einem Auftraggeber (Principal) und einem Auftragnehmer (Agent) sowie die daraus resultierenden möglichen Konflikte. Durch die Einrichtung geeigneter Institutionen, etwa zur Überwachung des Agents (screening) oder zu ihrer Verpflichtung, die eigenen Aktivitäten

[4]Bereits in den 1950er Jahren haben Wissenschaftler*innen damit begonnen, den ökonomischen Ansatz auf die klassischen Untersuchungsgegenstände der Politikwissenschaft zu übertragen (vgl. Downs 1957 in Bezug auf den demokratischen Prozess; vgl. Olson 1965 auf Interessengruppen; vgl. Niskanen 1971 auf die staatliche Bürokratie). Daraus hat sich ein eigenes Forschungsprogramm etabliert, das im deutschen Sprachraum als Neue Politische Ökonomie (NPÖ) oder Ökonomische Theorie der Politik (engl. Public Choice) bezeichnet wird (Neck und Schneider 2013, S. 143).

permanent zu kommunizieren (signalling), können Kosten reduziert werden (Alparslan 2006, S. 32–34). Zuletzt steuert der Property-Rights-Ansatz eine Perspektive bei, mit der die spezifischen „ökonomisch, rechtlich, sozial oder institutionell festgelegten Handlungsrechte und -möglichkeiten von Wirtschaftssubjekten" (Tietzel 1981, S. 209) betrachtet werden können. Hat ein Akteur ein oder mehrere Rechte an einem Gut nicht inne (z. B. kann er ein Gut zwar nutzen, seine Erträge aber nicht einbehalten), so spricht man von einer Verdünnung der Property Rights (Alchian und Demsetz 1973, S. 20). Das institutionelle Umfeld bestimmt dabei den Umfang der Property Rights eines Akteurs an einem Gut oder einer Dienstleistung und nimmt damit Einfluss auf die individuellen Präferenzordnungen rationaler Akteure und letztlich auch auf deren Handlungen (Furubotn uns Pejovich 1972, S. 1141).

Aus den einzelnen Ansätzen lässt sich ableiten, dass der RCI Institutionen aus zwei verschiedenen Perspektiven beleuchtet (Shepsle 2006, S. 24). Die erste Perspektive definiert Institutionen als „the rules of the game in a society or, more formally, [...] the humanly devised constraints that shape human interaction" (North 1990, S. 3). Demnach fungieren Institutionen als Handlungsbeschränkungen, die dem alltäglichen Leben eine durch Anreize und Sanktionen bestimmte Struktur geben und somit Unsicherheit reduzieren. Dabei können sie sowohl formeller (z. B. vertraglich fixierte Regeln) als auch informeller Natur (z. B. gesellschaftliche Konventionen) sein (North 1990, S. 3–4). Innerhalb der KPÖ richtet der RCI seinen Fokus primär auf Institutionen formeller Natur, da gerade diese eine besondere Bedeutung für ökonomische Prozesse, die Ausgestaltung von politischen Ökonomien und die Reproduktion kapitalistischer Formationen besitzen (Clift 2014, S. 103). Die zweite Perspektive geht nicht von gegebenen Institutionen aus, sondern stellt diese als das Ergebnis individueller Handlungen von Akteuren dar, welche versuchen, ihren individuellen Nutzen durch „[a]ggregative Institutionenbildung" (Schulze 1997, S. 8) zu maximieren. Folglich entstehen demnach Institutionen auf Basis freiwilliger Übereinkünfte, die das Problem zu hoher kollektiver Kosten aufgrund von individuellem Gewinn- und Nutzenstreben beheben sollen (Olson 1965, S. 2). Durch die Einigung auf institutionell fixierte Anreiz- und Sanktionsmechanismen, können diese Kosten- und Nutzenstrukturen verändert und Akteurshandeln entsprechend gelenkt werden, sodass sich ein neues institutionell bedingtes Gleichgewicht ergibt. Institutioneller Wandel wird demnach als Ergebnis von individuellen Akteurshandlungen begriffen, nämlich dann, wenn nach Veränderung von externen Kontextbedingungen eine erneute Durchführung der Kosten-Nutzen-Rechnung zu einem anderen Ergebnis und damit einhergehend zu einer Präferenzveränderung bei den betroffenen Akteuren führt (Hall und Taylor 1996, S. 945).

Der Ansatz des RCI dominiert auch den Kernbereich der KPÖ, die vergleichende Kapitalismusforschung. Ihr prominentester Ansatz, der VoC, wird im Folgenden zunächst in seinen Grundzügen dargestellt und im Anschluss kritisch beleuchtet.

2.1 Varieties of Capitalism: Einzug des Rational-Choice-Institutionalismus in die KPÖ

Die institutionalistische Betrachtung ökonomischer Phänomene ist keineswegs ein neuartiges Phänomen. Bereits im 18. Jahrhundert betonten die Vertreter der Klassischen Nationalökonomie – hier sind insbesondere David Hume, Adam Smith und David Ricardo zu nennen – die konstitutive Rolle von Institutionen für jegliche Art von Marktaktivität (Clift 2014, S. 6). Für die moderne KPÖ waren es aber vor allem die politischen und ökonomischen Transformationsprozesse im Zuge des Zusammenbruchs der Sowjetunion, die ihren entscheidenden Startpunkt markierten. Mithilfe von komparativ-institutionalistischen Ansätzen richteten daraufhin mehrere Autor*innen ihr Erkenntnisinteresse auf die Unterschiede zwischen nationalen Marktwirtschaften, die nach dem Wegfall der zentral verwalteten Ökonomien als einzige Systemform übriggeblieben waren (vgl. Albert 1991; Esping-Andersen 1990 zu Wohlfahrtsregimen). Den größten Wiederhall in der vergleichenden Kapitalismusforschung fand in diesem Zusammenhang die Veröffentlichung des Sammelbandes ‚Varieties of Capitalism: The Institutional Foundations of Comparative Advantage' von Hall und Soskice (vgl. 2001).[5] Die Autoren vereinten in dem Werk die vergleichende Perspektive mit dem RCI-Erklärungsansatz und sorgten in Fachkreisen fortan für eine rege „Varianten-Diskussion" (Willke 2006, S. 189). Der Ansatz ist zudem ein Paradebeispiel für die aktive Integration ökonomischer Ansätze in die Politikwissenschaft. Aufbauend auf bereits existierenden Beiträgen zur vergleichenden Kapitalismusforschung, wie der modernisierungstheoretisch geprägte Studie von Andrew Shonfield (vgl. 1965), der Korporatismus-Literatur (vgl. Schmitter und Lehmbruch 1979), der Französischen Regulationstheorie[6] (vgl. Aglietta 1976; Lipietz 1985) und besonders Gøsta Esping-Andersens Typologie wohlfahrtsstaatlicher Welten (vgl. 1990), entwickelten Hall und Soskice ein rational-funktionalistisches Erklärungsmodell, welches sich in Analogie zur marktgleichgewichtsorientierten neoklassischen Wirtschaftstheorie an der Vorstellung eines institutionellen Gleichgewichts orientiert (Beck und Scherrer 2013, S. 152).

In den Mittelpunkt ihres Ansatzes rücken die Autoren Unternehmen, welchen sie Akteurscharakter zuweisen und ein rationales Handlungsmodell unterstellen. Unternehmen versuchen demgemäß stets Güter und Dienstleistungen in profitmaximierender

[5]An dieser Stelle wird auf die reine vergleichende Kapitalismusforschung Bezug genommen, also jene Ausprägung, die sich explizit mit dem Vergleich marktwirtschaftlicher Wirtschaftssysteme befasst. Publikationen aus benachbarten Forschungsfeldern, wie etwa der vergleichenden Wohlfahrtsstaatsforschung (vgl. Esping-Andersen 1990), haben in der wissenschaftlichen Debatte mitunter noch eine breitere Ausstrahlung entfalten können, sind jedoch nicht Gegenstand dieses Beitrags.

[6]Die Bezugnahme auf die Regulationstheorie kann wahrscheinlich als eines der besten Beispiele für einen internationalen Austausch ökonomischer Ansätze auf dem Feld der (Komparativen) Politischen Ökonomie gesehen werden. Völlig ignoriert von der deutschen Volkswirtschaftslehre, fand sie gerade in politisch-ökonomischen Analysen im Zuge der jüngsten ökonomischen Krisenerscheinungen im Euroraum durchaus ihre Anwendung (vgl. Demirović und Sablowski 2013; Eibl 2015).

Absicht zu entwickeln, zu produzieren und zu vertreiben. Dabei stehen sie sowohl intern (mit der eigenen Belegschaft) als auch extern (mit deren Kundschaft, Zulieferern und anderen Unternehmen, Gewerkschaften, Regierungen usw.) in Beziehungsverhältnissen. Abgewickelt werden diese in fünf *institutionellen Domänen:*

- Beziehung zwischen Arbeitgebenden und Beschäftigten,
- Berufsaus- und Weiterbildung,
- Unternehmensfinanzierung,
- Unternehmensbeziehungen und
- Unternehmensführung (Hall und Soskice 2001, S. 7).

Sämtliche Domänen können entweder liberal (marktförmig) oder koordiniert (mittels Absprache zu Kooperationszwecken) ausgestaltet sein. Entscheidend für die Art der Ausgestaltung, so die Autoren, sind die Bedürfnisse der Unternehmen. Dominieren in einem Land Unternehmen, die auf inkrementelle Innovationen spezialisiert sind (das heißt: kleinschrittige Verbesserungen zugunsten qualitativ hochwertiger Produkte anstreben), so begünstigt ein koordiniertes Umfeld diese Strategie. Im Gegensatz dazu benötigen Unternehmen, die radikale Innovationen hervorbringen, ein flexibles Umfeld, um den sich schnell ändernden Anforderungen gerecht zu werden. Diese Unternehmen werden daher in ihrem Geschäftsmodell durch ein liberales Umfeld begünstigt (Schröder 2014, S. 14). Je nach der dominierenden Art des Innovationsprozesses in einem Land, lassen sich somit Liberale (Liberal Market Economies, LMEs) und Koordinierte Marktwirtschaften (Coordinated Market Economies, CMEs) als Idealtypen unterscheiden (Schröder 2014, S. 8).

So sind die Beziehungen zwischen Beschäftigten und Arbeitgebenden in LMEs, wie den USA, durch flexible Arbeitsverträge geprägt, um den kurzfristigen Anforderungen der Unternehmen gerecht zu werden. Hingegen profitieren CMEs, wie Deutschland, von der langfristigen und arbeitsvertraglich fixierten Bindung einer gut ausgebildeten Belegschaft (Schröder 2014, S. 81, 96–97). Ebenso verhält es sich im Bereich des Systems der Berufsaus- und Weiterbildung: Unternehmen in LMEs sind auf Generalisten angewiesen, die in der Lage sind, sich schnell ändernden Anforderungen durch kurze Einarbeitungszeiten anzupassen. Ein Betriebsausbildungssystem mit dem Ziel, spezialisierte Berufe zu erlernen, stünde dieser Logik entgegen. Ganz anders verhält es sich in CMEs: Hier sind es vor allem die gut ausgebildeten und spezialisierten Fachkräfte, die inkrementelle Innovationsschritte sowohl anregen als auch umsetzen (Hall und Gingerich 2009, S. 453).

Betrachtet man die Unternehmensfinanzierung, so sind Unternehmen in LMEs auf kurzfristige Liquidität aus dem Kapitalmarkt zur Finanzierung radikaler Innovationen angewiesen. Bei Unternehmen in CMEs stellen sich Gewinne mitunter erst nach einer längeren Entwicklungsphase ein. Diese sind somit auf langfristige Finanzierungsformen angewiesen, wie sie üblicherweise von Geschäftsbanken bereitgestellt werden, die schon über einen längeren Zeitraum mit dem Unternehmen kooperieren. Unternehmenskooperationen in LMEs gestalten sich üblicherweise bedarfsorientiert und beruhen auf kurzfristiger vertraglicher Basis. Durch zu enge Kooperationen liefen die Unternehmen Gefahr, Firmengeheimnisse (welche die Grundlage für radikale Innovationen bilden) an andere Wettbewerber zu verlieren. In CMEs ist man hingegen auf langfristige Partnerschaften angewiesen, da Zulieferer häufig selbst am Prozess der inkrementellen Innovation beteiligt und durch das Beisteuern immer spezialisierterer Produkte eng in ihn eingebunden sind. Ein Austausch von Know-how kann diesen Prozess dabei positiv beeinflussen (Buhr und Schmid 2016, S. 726).

Die Ausgestaltung der Unternehmensführung in LMEs hängt eng mit der dominierenden Finanzierungsweise von Unternehmen zusammen. Der kurzfristige Kapitalbedarf zur Ermöglichung radikaler Innovationen wird in der Regel durch eine vermehrte Ausgabe von Aktien ermöglicht. Daher sind eine Vielzahl an Aktionär*innen am Unternehmen beteiligt. Manager, die zur Führung des Unternehmens eingesetzt werden, müssen im Interesse dieser fragmentierten Aktionärslandschaft handeln, weshalb sie direkt am Unternehmensergebnis – sei es positiv oder negativ – beteiligt werden. Man spricht daher von einem sogenannten ‚Outsidersystem', da es hauptsächlich von außen durch den Aktienkurs kontrolliert wird. Bei steigenden Kursen profitiert das Management durch Bonizahlungen; bei Kursverlusten droht die Entlassung. Anders verhält es sich beim ‚Insidersystem' in CMEs. Hier befinden sich die Aktien überwiegend in den Händen weniger Großaktionäre, die über einen Aufsichtsrat selbst gestalterisch am Unternehmen mitwirken können, da sie über Insiderinformationen verfügen (Schröder 2014, S. 20–21).

Hall und Soskice postulieren, dass diese unterschiedlichen Mechanismen (Markt versus Koordination) zu komparativen institutionellen Vorteilen für beide Idealtypen führen. Nationale Regierungen, so die weitere Argumentation, sind sich ihrer eigenen Kapitalismus-Variante bewusst und streben danach, diese Vorteile durch zielgerichtete Institutionalisierungsmaßnahmen für sich zu nutzen.

2.2 Unzulänglichkeiten des Rational-Choice: Funktionale Komplementarität und strategisch-rationale Akteure als Kernkritikpunkte am VoC-Ansatz

Der theoretische Rahmen von Hall und Soskice hat so viel Kritik wie Anwendung erfahren. Von der empirischen Haltbarkeit der Überlegenheit beider Idealtypen gegenüber Hybriden (vgl. Kenworthy 2006), über die distinkten Innovationsmuster (vgl. Taylor 2004), zur epistemologischen Grundlage der konstitutiven Musterfälle USA und Deutschland (vgl. Crouch 2005) und der komparativen Vorteile (vgl. Herrigel und Wittke 2005), wurden alle Grundannahmen und Vorhersagen mindestens infrage gestellt.[7] Gleichwohl ist eine eingehendere Beschäftigung mit dem ‚Spielarten-Ansatz', insbesondere im Kontext eines pluralen ökonomischen Diskurses, zweckdienlich, zumal dieser eine fruchtbare Diskussion über dessen zugrunde liegendes rational-funktionalistisches Konzept befeuert

[7]Für einen Überblick der VoC-Kritik, vgl. Jackson und Deeg (2006); Streeck (2010).

hat. Anhand der Kritik der zwei zentralen ‚ökonomischen Importe' des VoC-Ansatzes – dem Postulat funktionaler Komplementarität zwischen institutionellen Domänen sowie den spieltheoretischen Annahmen zum Akteursverhalten im Wechselspiel mit Institutionen – wird diese Diskussion nachfolgend dargelegt.

Der Kardinalkritikpunkt am VoC-Ansatz bezieht sich auf dessen Unvermögen, institutionellen Wandel zu konzeptualisieren (Streeck 2010). Dies liegt vor allem an der Annahme funktional komplementärer institutioneller Domänen. In Anlehnung an Masahiko Aoki (vgl. 1994) greifen Hall und Soskice (vgl. 2001) das ökonomische Konzept der Komplementarität auf, um zu untersuchen, wie institutionelle Domänen zusammenhängen und interagieren. Komplementarität kann im umgangssprachlichen Sinne bedeuten, dass eine Domäne ausgleicht, was der anderen fehlt oder dass sich Synergieeffekte ergeben (Deeg 2007, S. 613). Hall und Soskice verstehen Komplementarität schlicht derart, dass eine Domäne in Anwesenheit der anderen effizienter ist (2001, S. 17). Mit anderen Worten: Liberal organisierte Domänen fördern sich gegenseitig ebenso wie ihre koordinierten Pendants. Ein Mix aus liberalen und koordinierten Domänen schadet hingegen der institutionellen Komplementarität und verringert den komparativen institutionellen Vorteil von Volkswirtschaften. Das heißt: Je ‚purer', desto besser. Als Beispiel lässt sich hier die Komplementarität zwischen den Domänen Aus- und Weiterbildung und Beziehung zwischen Arbeitgebenden und Unternehmer*innen anführen. Orientiert sich ein Unternehmen an inkrementellen Innovationsprozessen und ist daher auf eine spezialisierte und gut ausgebildete Stammbelegschaft angewiesen, wäre eine liberale Ausgestaltung der Beziehung zwischen Arbeitgebenden und Beschäftigten kontraproduktiv. Flexible, marktförmig organisierte Arbeitsverhältnisse würden nämlich das Risiko bergen, Teile aus der Belegschaft an einen Konkurrenten zu verlieren. Eine koordinierte Ausgestaltung, etwa durch entsprechenden Kündigungsschutz oder institutionalisierte Formen der Mitbestimmung, erhöht hingegen das Zugehörigkeitsgefühl der Belegschaft zum Unternehmen und trägt zur Sicherung ihres Verbleibs bei. Somit reduziert sich das Risiko für das Unternehmen, die zur Aus- und Weiterbildung eingesetzten Ressourcen an ihre Konkurrenz zu verlieren.

Warum aber bedingt solch ein Komplementaritätsverständnis die Unfähigkeit des VoC-Ansatzes, Wandel zu erklären? Komplementarität zwischen institutionellen Domänen ist der wesentliche Kausalmechanismus des *Spielarten-Ansatzes,* der den Pfad institutioneller Reproduktion politischer Ökonomien bestimmt (Jackson 2005a, S. 380). Wandel, der lediglich durch ein externes Schockereignis induziert werden kann, wird als Anpassung an jenen Schock durch (ausschließlich positive) Rückkoppelungseffekte zurück zum komplementären Gleichgewicht des komparativen Vorteils verstanden. Dieser Isomorphismus nationaler institutioneller Arrangements bedeutet, dass institutionelle Domänen innerhalb einer politischen Ökonomie zwangsläufig kovariieren.[8] Das schließt

[8]Wobei Streeck bemerkt, dass Isomorphismus nie explizit benannt, jedoch ableitbar ist (2010, S. 25).

marginale Veränderungen qua Definition aus (Streeck und Thelen 2005). Letztlich sind nur noch solche Veränderungen von Bedeutung, die die Koordinationsform zwischen Akteuren fundamental von einem Gleichgewicht zum anderen umschlagen (z. B. von deliberativer Koordination zu Marktmechanismen). Endogener Wandel wird aufgrund der Gleichgewichtsorientierung konzeptionell geradezu ausgeschlossen.[9]

Die Komplementaritätsannahme bewirkt nicht nur ein träges, homöostatisches Bollwerk gegen Wandel; es vermengt außerdem die Ursprünge und Funktionen von Institutionen. Institutionelle Ursprünge werden ex post anhand ihrer Wirkung und funktionalen Äquivalenz erklärt, womit deren Genese linearisiert wird (vgl. Crouch 2010). Selbst wenn pure Versionen liberaler und koordinierter Idealtypen gegenüber Hybriden überlegen wären (vgl. Hall und Gingerich 2009), kann man daraus weder Komplementarität noch eine Erklärung des Ursprungs dieser Konfiguration ableiten. Höpner gibt zu bedenken: „clustering is an indication for compatibility, but no proof of complementarity" (2005, S. 340).

Neben der Komplementaritätsannahme ist es insbesondere die konzeptionelle Abwesenheit von Macht und Konflikt, die Erklärungen von Wandel mithilfe des VoC-Ansatzes erschweren (vgl. Howell 2003; Pontusson 2005; Korpi 2006; Schmidt 2007). Durch spieltheoretische Annahmen zur Interessenwahrnehmung und -verfolgung werden Akteure zu Träger*innen institutioneller Logiken in punktierten Gleichgewichten (Hay 2005, S. 109). Die Fähigkeit zu autonomem Akteurshandeln wird letztendlich wegkonzeptualisiert, da das Verhalten von Akteuren lediglich aus dem Einfluss des institutionellen Kontexts heraus erklärt wird.[10] Institutionen verteilen gemäß dem VoC-Ansatz nicht irgendein Machtpotenzial, sondern ermöglichen strategische Koordination, durch welche beispielsweise ‚collective-action-Probleme' überwunden werden können (Howell 2003, S. 105). Hall und Soskice distanzieren sich mit diesem rationalistisch-spieltheoretischen Konzept von einer politikwissenschaftlichen Perspektive, welche die Wechselwirkungen zwischen Institutionen und der Interaktion von Akteuren betonen (vgl. Scharpf 1997). Gegenüber einer solchen politikwissenschaftlichen Perspektive formulieren beide den Vorwurf, dass diese

> tend[s] to miss or model too incompletely the strategic interactions central to the behavior of economic actors and the most important outcomes. This point is widely appreciated by economists but neglected in studies of comparative capitalism. [...] [W]e construe the key relationships in the political economy largely in game-theoretic terms and focus on the kinds of institutions that tend to alter the outcomes of such interactions. One of the advantages of this varieties of capitalismapproach is that it integrates analytical perspectives now central to microeconomics into the comparison of political economies (Hall und Soskice 2001, S. 5, H.i.O.).

[9]Die einzige (endogene) Ausnahme zu einem Entwicklungspfad, der zurück zum Gleichgewicht führt, stellt die finanzielle Deregulierung koordinierter Marktwirtschaften dar, welche diese nachhaltig liberalisieren könnte (Hall und Soskice 2001, S. 64). Eine Koordinierung liberaler Marktwirtschaften ist hingegen kaum vorstellbar.

[10]Auch wenn jene Interessen ursprünglich die Ausgestaltung der Institutionen diktierten.

Eine Fokussierung auf spieltheoretische Annahmen, kann jedoch zu einer Entpolitisierung oder gar zu einem „politische[n] Fatalismus" (Hay 2005, S. 109) innerhalb der Politischen Ökonomie führen. Schließlich wird der Einfluss von Gewerkschaften und anderen Stakeholdern negiert, indem alle Interessen im Streben nach ökonomischer Effizienz gleichgesetzt werden (Streeck 2010, S. 24). ‚Agency' (Interessenformierung) ist schwer vorstellbar, wenn Akteursverhalten lediglich die Funktion institutioneller Anreize bedeutet. Annahmen von Optimalzuständen in der rationalen Erwartungsbildungstheorie schließen zudem innovative, disruptive unternehmerische Tätigkeit konzeptionell aus (vgl. Carlsson und Eliasson 2003). Analog zur neoklassischen Ökonomie, in der Akteure als Preisnehmer betrachtet werden, sind sie in der Rational-Choice-institutionalistischen Perspektive des VoC-Ansatzes bloße „Institutionennehmer" (Crouch 2005, S. 67).

3 Wider der reinen Rationalität: Alternative Erklärungsmuster des neo-institutionalistischen Theorienspektrums

Die genannten Kritikpunkte am VoC-Ansatz sollen nicht über die Bedeutung hinwegtäuschen, die der Ansatz für die moderne vergleichende polit-ökonomische Analyse und die Pluralisierung des ökonomischen Diskurses erlangt hat. Hall und Soskice kommt mit ihrem Werk der Verdienst zu, das ursprüngliche Forschungsterrain der reinen Ökonomie wieder in einen gesamtsozialwissenschaftlichen Fokus gerückt zu haben. Ihre übergeordnete Fragestellung nach dem „Einfluss […] de[s] soziale[n] und institutionelle[n] Kontext[s] politischer Ökonomien auf deren Funktionsweise" (Hall 2006, S. 181) hat gerade für die Politikwissenschaft eine Möglichkeit eröffnet, originär wirtschaftswissenschaftliche Fragestellungen mit politikwissenschaftlichen Analyseinstrumentarien untersuchen zu können. Die oben angeführten Kritikpunkte beziehen sich jedoch im Kern auf das zugrunde liegende Institutionenverständnis der beiden Autoren. Deshalb wird im Folgenden mit der neo-institutionalistischen Teilströmung des HI eine erste Gegenvariante aufgezeigt, mittels derer sich alternative Aussagen bezüglich institutionellen Wandels und Akteurshandeln in politischen Ökonomien formulieren lassen. Daraufhin wird eruiert, welches Potenzial historisch-institutionalistische Konzepte für die Auseinandersetzung mit den Kritikpunkten am VoC-Ansatz bieten.

3.1 Der Historische Institutionalismus: Rationale und ideelle Ansätze unter dem Einfluss von Pfadabhängigkeit

Ein Großteil der vorgebrachten Kritik am VoC-Ansatz erfolgt von historisch-orientierten Institutionalist*innen. Der seit den 1990er Jahren als eigenständiger neo-realistischer Strang[11] geführte und mittlerweile tief in der Politikwissenschaft verwurzelte HI charakterisiert sich als „a research tradition that examines how temporal processes and events influence the origin and transformation of institutions that govern political and economic relations" (Fioretos et al. 2016, S. 3). Eine zentrale Rolle für den Ansatz spielt die Idee der *Pfadabhängigkeit.* Das insbesondere durch die Arbeiten von Ruth und David Collier (vgl. 1991) und Paul Pierson (vgl. 2000) vorangetriebene Konzept weist zurückliegenden Ereignissen *(initial conditions)* eine wichtige Bedeutung für gegenwärtige institutionelle Entwicklungen zu. Es geht davon aus, dass einmal eingeschlagene Pfade einem relativ stringenten Entwicklungsweg folgen *(self-reinforcement)* und dass es lediglich an kritischen Verlaufsphasen des historischen Prozesses *(critical junctures)* zu Verzweigungen des Pfades kommt. Institutioneller Wandel wird aus dieser Perspektive daher nicht statisch, sondern als inkrementeller Prozess betrachtet, der sich über einen langen Zeitraum vollzieht (Beyer 2015, S. 149). Insgesamt gilt der HI als die in sich diverseste Variante der institutionalistischen Literatur, da die weniger rigide ontologische Grundlage sowohl an die rationalistische als auch an die ideelle Ausprägung des Neo-Institutionalismus anschlussfähig ist (Hall und Taylor 1996, S. 940; Thelen 1999, S. 370). So haben sich im Laufe der Zeit zwei Stränge des HI ausformiert: der ‚calculus approach' und der ‚cultural approach' (Hall und Taylor 1996, S. 939).

Der *calculus approach,* den man im Deutschen auch als ‚Historisch-Ökonomischen Institutionalismus' bezeichnen könnte (Schulze 1997, S. 16), knüpft an die Beiträge von Forschenden an, die materielle Interessen als Grundlage für die Formierung von Koalitionen und die Entstehung und den Wandel von Institutionen identifizieren. Vereinfacht gesagt, lässt sich der calculus approach also als eine um die zeitliche Dimension erweiterte Variante des Rational-Choice-Institutionalismus charakterisieren. Mehrere Autor*innen dieser Strömung richten dabei ihren Fokus insbesondere auf das institutionelle Umfeld von Unternehmen, dem sie eine wichtige Funktion für die langfristige Reproduktion einer effizienten Ausgestaltung der sie umgebenden Marktstrukturen beimessen (vgl. Milgrom und Roberts 1988; Hart 1989; North 1990; Posner 1993; Alston et al. 1996). Der zentrale Unterschied zum reinen RCI zeigt sich in der Frage nach den Umständen der Präferenzbildung von Akteuren:

> While Rational-Choice deals with preferences at the level of assumptions, historical institutionalists take the question of how individuals and groups define their self-interest as problematical. […] [They] argue that not just the strategies but also the goals actors pursue are shaped by the institutional context (Thelen et al. 1992, S. 9).

[11]Ein entscheidender Impuls für diesen Strang erfolgte durch Steinmo et al. mit dem Sammelband ‚Structuring Politics. Historical Institutionalism in Comparative Analysis' (vgl. 1992). Zwar wurde auch schon früher Bezug auf diese Begrifflichkeit genommen, allerdings fehlte bis dahin eine solch systematische Auseinandersetzung mit dem analytischen Instrumentarium des Historischen Institutionalismus wie sie Steinmo et al. vorlegten (Fioretos et al. 2016, S. 7).

Der calculus approach identifiziert als Hauptursache für die pfadabhängige Entwicklungsweise von Institutionen sogenannte increasing returns: „In an increasing returns process, the probability of further steps along the same path increases with each move down that path" (Pierson 2000, S. 252). Die sich selbstverstärkende Erhöhung des Nutzens, die bei der Beibehaltung eines eingeschlagenen Pfades eintritt, führt letztlich dazu, dass Akteure innerhalb von Institutionen tendenziell ein Interesse daran haben, die bereits bestehenden Institutionen zu reproduzieren (North 1998, S. 252). Damit liefert der HI eine Antwort auf einen der zentralsten Kritikpunkte am Rational-Choice überhaupt, nämlich auf die Frage, woher überhaupt Interessen kommen. Laut Ansicht der historisch-ökonomischen Institutionalist*innen sind die Begriffe Interesse und Wert nämlich völlig bedeutungslos, solange man sie losgelöst vom institutionellen Kontext betrachtet, innerhalb dessen Menschen sie definieren (Steinmo 1989, S. 502). Präferenzen sind aus dieser Perspektive endogen und daher erklärungsbedürftig. Der institutionelle Kontext soll diese Erklärung liefern.

Dieser Sichtweise gegenüber steht der *cultural approach.* Er kann als ideenorientierte Variante des HI verstanden werden. Ausgehend von der Kritik James P. March und Johan G. Olsens am stark an der Rational-Choice-Theorie orientierten Entwicklungsweg (vgl. 1984), den der HI in den 1980er Jahren einzuschlagen schien, war es insbesondere Peter A. Hall (vgl. 1986, 1989, 1992), der mit seinen ländervergleichenden Langzeitstudien über die Entwicklungs- und Institutionalisierungsprozesse von wirtschaftspolitischen Paradigmen zur Etablierung eines Historisch-Ideellen Institutionalismus (II) beigetragen hat. Die überaus heterogene Literatur begreift darin Institutionen als Träger von politischen oder ökonomischen Ideen. Diese bestimmen, wie die in ihnen versammelten Akteure die Wirklichkeit wahrnehmen. Die Autoren versuchen so eine alternative, nicht rationalistisch fundierte Antwort auf die Frage nach dem Ursprung von Akteurspräferenzen zu liefern (Fioretos et al. 2016, S. 8).

3.1.1 Institutioneller Wandel komplementärer Domänen unter Pfadabhängigkeit

Der HI ist deutlich stärker im Erklären von Stabilität, denn von Wandel. Auch wenn die Literatur sich stetig von Stephen D. Krasners ursprünglicher Formulierung punktierter Gleichgewichte entfernt hat (vgl. 1988), bestimmen sowohl im calculus approach als auch im cultural approach pfadabhängige Dynamiken das Denken. Insbesondere Piersons Arbeit (vgl. 2000) zu institutionellen Skalenerträgen und positiven Rückkopelungseffekten – Mechanismen, die stark von ökonomischen (Technologie-) Historikern inspiriert wurden (vgl. David 1985; Arthur 1994) – führten zu immer anspruchsvolleren Erklärungen, warum Institutionen sich nicht verändern. Institutionen kreieren demnach ihre eigenen Interessengruppen und funktionalen Logiken und somit Pfade in „deep equilibria" (Pierson 2004, S. 157), die lediglich durch zumeist exogen induzierte Weichenstellungen verlassen werden. Hinzu kommen ‚Vetospieler' (vgl. Tsebelis 1995) und ‚Vetopunkte' (vgl. Immergut 1990), welche die Wandelbarkeit politischer Institutionen einschränken und sie zu trägen Hinterlassenschaften machen.

Als Reaktion auf diese strukturalistische Stabilitätsvoreingenommenheit erlebt der HI so etwas wie seine eigene ‚marginale Revolution'.[12] Ausgehend von der Beobachtung, dass entwickelte politische Ökonomien in der Nachkriegszeit keine tatsächlichen exogenen Schocks erlebt haben, machen Wolfgang Streeck und Kathleen Thelen einen säkularen Liberalisierungsprozess aus, der einen bisher ignorierten Typus institutioneller Veränderung darstellt: potenziell transformativen, graduellen Wandel (vgl. 2005). Wenn kein exogenes Schockereignis als Startstein in der Dominokette auszumachen ist, müssen Re-Konfigurationen existierender und der Import neuer Institutionen sowie politischer Konflikt endogene Quellen von Wandel sein.

Dieses Bestreben, Konzepte zur Untersuchung inkrementeller und endogener Dynamiken zu entwickeln, hat eine Reihe von Mechanismen institutionellen Wandels hervorgebracht. Bezüglich Veränderungen innerhalb bereits existierender Institutionen sind vor allem ‚Conversion' und ‚Drift' zu nennen. *Conversion* (Neuinterpretation) beschreibt einen Wandel, bei dem alte institutionelle Arrangements bestehen bleiben, jedoch mit neuen Bedeutungen (vgl. Jackson 2005b für Corporate Governance Regime) oder neuen Funktionen (vgl. Thelen 2004 für Ausbildungssysteme) versehen werden. Ändert sich der Kontext, ohne dass das institutionelle Design angepasst wird, wird von *Drift* gesprochen (vgl. Hacker 2004). Dieser Mechanismus betont, dass institutionelles Bestehen selten unumkämpft ist; stattdessen müssen Institutionen kontinuierlich aktiv bewahrt und neu verhandelt werden. Die Durchsetzung bestehender Institutionen mit neuen Elementen wurde als *Hybridisierung* (vgl. Boyer 2005) oder ‚Translation' (vgl. Campbell 2004) beschrieben. Der wohl tatsächlich mechanistischste Wandeltypus ist *Layering.* Hier entsteht eine neue Schicht, ohne das alte Arrangement unmittelbar zu ersetzen. Stattdessen kann die neue Schicht durch differenzielles Wachstum die alte sukzessiv verdrängen (Streeck und Thelen 2005, S. 23).

Diese Innovationen im Historischen Institutionalismus bedeuten ein deutlich verfeinertes Handwerkszeug, um die marginale Reproduktion existierender und die Inkorporation fremder institutioneller Elemente zu untersuchen. Institutioneller Wandel wird zunehmend als evolutionärer Prozess empfunden, in dem gilt, dass „creative modification and cunning circumvention are a permanent source of disturbance" (Streeck 2009, S. 9). Annahmen zu institutionellen Beschränkungen müssen folglich gelockert werden, da Agency letztendlich bedeutet, dass niemals Kongruenz zwischen den formellen Regeln und der praktizierten Realität durch Regelnehmer besteht (Culpepper 2005). Dieser zumindest konzeptionell eingeräumte kreative Spielraum für Akteure prallt jedoch

[12]Die marginale Revolution beschreibt einen Wendepunkt in der ökonomischen Theoriebildung zur Mitte des 19. Jahrhunderts. Fortan fokussierte die Volkswirtschaftslehre die gerade neuentdeckte Grenznutzentheorie, was eine starke Mathematisierung der Disziplin zur Folge hatte. Dies führte schließlich zur Aufspaltung der klassischen Konzeption einer vereinigten Politischen Ökonomie in die heute etablierten Teildisziplinen Soziologie, Politikwissenschaft und (neoklassische) Ökonomie (Cafruny et al. 2016, S. 3).

weiterhin auf ein strukturalistisches Verständnis von Institutionen. Diese Schwierigkeiten werden nun anhand der Alternativvorschläge des Literaturstrangs zu institutioneller Morphologie und Akteursverhalten eruiert.

3.1.2 Kontroverse Gestalten: Morphologien im Historischen Institutionalismus

Das Komplementaritätspostulat des VoC-Ansatzes hat eine rege Debatte unter historisch ausgerichteten Institutionalist*innen ausgelöst. Dennoch bleiben die Interaktionen zwischen institutionellen Domänen und wie sich diese in nationale oder regionale ökonomische Gestalten zusammenfügen ein ausbaufähiges Forschungsfeld (Hall 2010, S. 17; Jackson und Deeg 2008, S. 684). Wenn auch vereint in ihrer Kritik funktionalistischer Gleichgewichtsmodelle institutioneller Verknüpfungen, bleibt offen, wie die Ursprünge institutioneller Morphologie realistisch zu erklären sind, ohne dabei die chaotisch evolutionären Dynamiken sozialen Lebens – bestimmt durch Agency, politische Konflikte, institutionelle Beschränkungen und sphärische Logiken – zu vernachlässigen.

Am entgegengesetzten Ende des Spektrums der VoC-Morphologie befinden sich Ansätze, die *evolutionäre Serendipität* postulieren (Streeck 2009; Crouch 2005). Streeck argumentiert, dass ‚Arrangements', die wir als „intersektorale Kohärenz" (2001, S. 9), also scheinbar distinkte nationale Kapitalismusmodelle wahrnehmen, üblicherweise das Ergebnis von Unfällen und Experimenten sind, anstatt von zweckbestimmtem institutionellen Design. Die Fehlwahrnehmung institutioneller Kompatibilität oder Clustering rührt daher, dass ex post Anpassung für ex ante Berechnungen zentraler Akteure gehalten werden. Diese sind realistisch betrachtet jedoch weder derart weitsichtig noch diszipliniert (Streeck 2001, S. 31). Institutionelle Strukturen haben sich „in the absence of a grand design or a masterdesigner" (Streeck 2005, S. 364) entwickelt, zumal in den verschiedenen Domänen einer politischen Ökonomie unterschiedliche Akteure dominieren. In direkter Ablehnung der vom VoC-Ansatz inspirierten Literatur, betont Streeck, dass Interessen, die einer effizienter funktionierenden Wirtschaft zuwiderlaufen, berücksichtigt werden müssen. Die lange Verzögerung zwischen politischen Aktionen und deren ökonomischen Konsequenzen kann es für Entscheidungsträger in Anbetracht sozialer Ziele sogar irrational machen, auf ökonomische Komplementarität abzuzielen (Streeck 2005, S. 364). Dieser Gedankenzug impliziert eine weitere fundamental anti-ökonomistische Einsicht: Institutionen sind derart persistent, dass sie bleiben, auch wenn sie nicht mehr rational erscheinen.

Es stellt sich gleichwohl die Frage, wie sich scheinbar willkürliches Experimentieren mit konzertiertem politischem Handeln überein bringen lässt, welches zu mehr als nur kleinteiligen und sektoralen Reformen führt. Wohingegen die Idee eines ‚Komplementaritäts-Hegemonen' unrealistisch erscheint, können politische Bestrebungen wie Liberalisierung (z. B. die Agenda 2010) durchaus als ein viele Domänen betreffender Masterplan verstanden werden. ‚Wahlverwandtschaften' zwischen Sphären, die scheinbar durch funktionale Koevolution entstanden sind, können sicherlich das Resultat unorganisierten Experimentierens sein. Doch erscheint es problematisch,

Isomorphismus gänzlich auszuschließen.[13] Ohne politische Verteilungskonflikte oder institutionelle Beschränkungen zu negieren, gilt es anzuerkennen, dass politische Strategien durchaus die Form zielgerichteten institutionellen Designs annehmen können.[14] Schließlich sind sich Akteure der potenziellen Implikationen von und für institutionelle Beschränkungen häufig bewusst, wenn sie Entscheidungen treffen (Hall 2005, S. 375).

Es gilt also Serendipität und zielgerichtete Agency in einem kausalen Modell zusammenzuführen. Auf ein ökonomistisches Verständnis von Komplementarität zurückgreifend, entwickelt Crouch eine historisch institutionalistische Variation des *Marktes für Institutionen* (vgl. 2010). Der zugrunde liegende Mechanismus diktiert, dass Veränderungen in einer Domäne Veränderungen in den anderen erfordern, die dieser Art von Wandel in Anbetracht der neuen Anreizstruktur zuträglich sind. Die ‚funktionalistische Falle' umgeht dieses Konzept, indem es anerkennt, dass der Impetus für Wandel durch institutionelle Unternehmer das Resultat von willkürlichem Experimentieren sein kann. Anders als in ökonomischen Modellen, wird nicht ökonomische Maximierung, sondern politisch-ökonomische Stabilität als zugrunde liegende Handlungsmaxime angenommen. Der tatsächliche Mehrwert dieses Modells erscheint jedoch begrenzt. So bleibt der Mechanismus, der für Divergenz oder Konvergenz zwischen institutionellen Domänen sorgt, unterspezifiziert. Zwar werden die Möglichkeit von Unfällen und Experimenten sowie von politischen Konflikten anerkannt, jedoch ohne diese konzeptionell derart mit dem ökonomischen Mechanismus zu verweben, dass ein neues Modell mit eigenem Erklärungspotenzial entstünde.

Die wohl anspruchsvollste Erklärung (endogenen) institutionellen Wandels über institutionelle Domänen hinweg basiert auf Karen Orrens und Stephen Skowroneks *multiple*-order-Modell (vgl. 1994). Demnach sind institutionelle Arrangements Gebilde, die aus zeitlich versetzt entstandenen Ebenen bestehen. Häufig werde systemische Kongruenz aufgrund der impliziten Annahme überschätzt, Institutionen seien gleichzeitig entstanden. Aufgrund dieser „unreflektierten Prämisse simultaner Ursprünge" (Orren und Skowronek 1994, S. 329) werden die Inkongruenzen zwischen einzelnen Ebenen übersehen. Für die Analyse heißt es also, ‚ordering principles' zu identifizieren, und diese zeitlich in Verbindung zu setzen, um institutionellem Wandel kausal auf den Grund zu

---

[13]Häufig mit Komplementarität vermengt, beschreibt Isomorphismus ein institutionelles Design, das einem zugrunde liegenden ‚general common principle', wie etwa der Liberalisierung, entspricht (Boyer 2005, S. 50). Verfeinerte Konzeptionen von Komplementarität verlangen nicht unbedingt nach Isomorphismus; ganz im Gegenteil können diese sogar auf distinkten sphärischen Logiken basieren, die durch den homogenisierenden Effekt von Isomorphismus untergraben würde (vgl. Amable 2005).

[14]In jüngerer Arbeit räumt Streeck ein, dass „purposive institution-building undoubtedly exists" und stellt dazu Grundbedingungen auf: „only on the baseline of a non-functionalist, action-theoretical, historical account of the formation of institutional orders that the possibility of deliberate, voluntaristic institutional design in the service of economic performance may be entertained" (2005, S. 365).

gehen. Zumal die materielle und ideelle ‚DNA' einzelner Domänen und Institutionen diese für unterschiedliche Impulse empfänglich macht, werden diese Inkongruenzen zu Faktoren endogenen Wandels (vgl. Thelen 1999). Spannungen und gegenseitige Befruchtung aufgrund von Nicht-Simultanität sphärischer Eigenlogiken in einer ‚patterned disorder' bedeuten, dass Institutionen…

> juxtapose different logics of political order, each with their own temporal underpinnings. Separate institutions and institutional arrangements, operating according to distinctive ordering principles, structure the passage of time – the sequences and cycles, the changes and lulls – at varying rates (Orren und Skowronek 1994, S. 320).

Thelens Analyse von Ausbildungssystemen stellt die bisher umfassendste Anwendung dieser ‚multiple-order-Sichtweise' dar (vgl. 2004). Wohingegen bei Orren und Skowronek widersprüchliche Entstehungszeitpunkte scheinbar willkürlich aufeinanderprallen (vgl. 1994), ist die institutionelle Morphologie in funktionalistisch-rationalistischen Ansätzen geradezu am Reißbrett entworfen. Thelen überkommt beide Extreme, indem sie annimmt, dass sowohl positive als auch negative Rückkopplungseffekte wirken, wenn Akteure in einem zwar beschränkenden, aber doch fluiden, institutionellen Arrangement ihre Interessen verfolgen. Während Akteure „a strong interest and role in creating complementary institutions in neighboring realms" (Thelen 2004, S. 286) aufweisen, schränken ‚geerbte' Institutionen diese dabei entscheidend ein. Diese geerbten institutionellen Rückkopplungseffekte sind somit Träger der Kausalbeziehungen zwischen Sequenzen von Wandel, welche die bewusst zielorientierte oder unfallhafte Genese institutioneller Kohärenz erklären.

3.1.3 Akteurshandeln im Historischen Institutionalismus

So sehr sich das historisch institutionelle Rüstzeug verfeinert und die Auseinandersetzung mit ‚funktionalistischer Morphologie' Früchte getragen hat, so bleibt es eine Antwort auf die spieltheoretische Mikrofundierung rationalistischer Ansätze schuldig. Grundsätzlich strukturieren hier Institutionen die Interessenformation, während im rationalistischen VoC-Ansatz auch unterstellt wird, dass Interessen die Gestaltung von Institutionen bestimmen. Konzeptionelle Innovationen im Historischen Institutionalismus kollidieren weiter mit zumindest „latent structuralism" (Hay 2008, S. 69) und unterspezifizierten Prozessen von Interessenformation. Das ist in Anbetracht des ausgelobten Ziels, die eigenständige Handlungsfähigkeit von Akteuren zu konzeptualisieren, und der lauten Kritik an den Homo-oeconomicus-Annahmen zu menschlichem Handeln im Spielarten-Ansatz, durchaus paradox.

Dieses Defizit wird anhand von Streeck und Thelens Definition von Institutionen deutlich, welcher eine zentrale Bedeutung in dieser Literatur zukommt. Über das übliche formelle und informelle ‚rules-of-the-game Verständnis' hinausgehend, definieren sie Institutionen als evolutionäre „systems of social interaction under formalized normative control" (Streeck und Thelen 2005, S. 16), die formell durchsetzbar und legitimiert sind. Da diese kollektiv getragenen Regime notwendigerweise nicht universell sind, können Akteure sie kreativ interpretieren; die Diskrepanz zwischen Regelgeber und -nehmer ist endogener Wandel. Dabei bleibt unklar, wie diese Interpretationen entstehen, und sich dann in Wandel niederschlagen. Kollektiver Druck ist der Transmissionsmechanismus durch den Institutionen Akteursvershalten strukturieren. Agency ist jedoch derart theoretisiert, dass Akteure sich regimekonform verhalten, mit Ausnahme einiger weniger Experimentierenden. In diesem Zusammenhang bleiben die Autor*innen ausgesprochen vage:

> institutional change may be generated as a result of the normal, everyday implementation and enactment of an institution [and manifests when] a multitude of actors switches from one logic to another (Streeck und Thelen 2005, S. 18).

Ohne ein explizites Konzept von Agency erscheint HI schlecht ausgerüstet, um solch einen Logikwechsel zu analysieren. Streeck und Thelen rekurrieren lediglich implizit auf ein in rationalistisch-ökonomischen Arbeiten übliches ‚tipping-point-Konzept'[15] von Wandel, sodass die zugrunde liegenden Kausalitäten unerklärt bleiben (vgl. Röper 2018). Die zuvor erwähnten Wandelmechanismen spiegeln diese Schwäche wider, zumal diese deutlich effektiver beschreiben was passiert ist sowie warum und wie es zu institutionellem Wandel kam (Schmidt 2008, S. 317). So ist beispielsweise die Einführung einer privaten Rentensäule (z. B. ‚Riester-Reform') als neue Schicht auf der staatlichen (im Sinne von Layering) illustrativ und gibt durch den Mechanismus differenziellen Wachstums einen Ausblick auf mögliches ‚Crowding-Out'. Doch vermag es nicht, die Entstehung einer solchen Reform zu erklären (vgl. Carstensen und Röper: im Erscheinen).

Ohne eine mikrofundierte Konzeption menschlichen Handelns müssen historische Institutionalist*innen geradezu auf etwas der strategischen Koordination Ähnliches rekurrieren. Institutionen, definiert als kollektive Erwartungshaltung, führen laut Vivienne A. Schmidt zu einer „very soft rationalist version of the micro-foundations" (2007, S. 18). Wenn man jedoch wie Streeck und Thelen annimmt, dass außerhalb der bestehenden Institutionen experimentiert wird (vgl. 2005), dann bedeutet dies, dass Akteure keine fixen Präferenzen haben, und ebenso wenig zwangsweise den objektiven materiellen Anreizen ihres institutionellen Kontexts folgen müssen. Warum, wie und wann Akteure sich aus dem Status quo hinausbewegen oder wie sie ihr institutionelles Umfeld wahrnehmen, bleibt ungeklärt (Hall 2005, S. 376). Gemäß dem Urproblem der Sozialwissenschaften, Struktur und menschliches Verhalten kausal in Verbindung zu bringen, bleiben historische Institutionalist*innen hinter ihren selbst gesteckten Zielen zurück, „a theoretical bridge between men who make history and the circumstances under which they are able to do so" (Thelen und Steinmo 1992, S. 12) zu bauen.

Ein möglicher Ansatzpunkt, um diese Schwäche zu überwinden, ist eine verstärkte Hinwendung zu Ideen und Diskursen, denen es, trotz der zentralen Rolle von ideellen Faktoren wie Neuinterpretation im HI, noch an einer Systematisierung fehlt (Carstensen 2015, S. 306). Mark Blyth et al. vermuten den Grund für die Abkehr von Ideen unter

[15] Es sei angemerkt, dass Streeck explizit ein ‚tipping-point-Modell' entwickelt (vgl. 2009), jedoch ohne es konzeptionell auszugestalten bzw. in seine systemische Perspektive zu integrieren.

anderem in einer Angst gegenüber der ‚hegemonialen Übernahme' der Politikwissenschaft durch rationalistische Theoretiker, welchen man mit analytisch vermeintlich unterlegenen, konstruktivistischen Anflügen keine Angriffsfläche bieten möchte (2016, S. 147) – ein weiterer, indirekter Kanal der Ökonomisierung des politikwissenschaftlichen Institutionalismus.

Während sich also mit dem HI zumindest noch zum Teil eine theoretische Brücke zu den Annahmen des RCI schlagen lässt, formuliert der II im institutionellen Kontext explizit nicht-rationalistische Aussagen zum Akteurshandeln und zu den Bedingungen institutionellen Wandels. In Anbetracht der Kritikpunkte am Rational-Choice-basierten VoC-Ansatz werden seine Grundlagen sowie Anwendungsmöglichkeiten im Folgenden dargestellt.

3.2 Der Ideenorientierte Institutionalismus: Alternative ökonomische Handlungsmodelle im institutionellen Kontext

Der II hat sich mittlerweile zu einem eigenständigen Strang innerhalb der institutionalistischen Literatur entwickelt (vgl. Blyth 2002; Campbell 2004; Hay 2008; Schmidt 2010). Das Anliegen seiner Vertreter*innen ist es, Ideen und Diskurse mit politischen und ökonomischen Ergebnissen kausal in Verbindung zu setzen. Wenn auch unterschiedlich in der Schwerpunktsetzung, z. B. auf soziales Lernen in der Paradigmen-Forschung (vgl. Hall 1993) oder dem interaktiven Ideenwettkampf in Schmidts Diskursivem Institutionalismus (Vgl. 2010), teilen diese Ansätze die Vorstellung einer „transformative[n] Macht von Ideen und Diskurs[en]" (Schmidt 2008, S. 305).

Seine verschiedenen Varianten[16] haben ihren Ursprung in einem theoretischen Perspektivwechsel, der sich seit den 1990er Jahren in allen sozialwissenschaftlichen Teildisziplinen vollzog, und der heutzutage als *ideational turn* bezeichnet wird (Blyth 2003, S. 695). Gemeint sind hiermit die sich zu jener Zeit relativ synchron entwickelnden Bestrebungen zahlreicher Wissenschaftler*innen, die dominierenden Annahmen der Rational-Choice-Theorie zu hinterfragen und das omnipräsente Konzept des Interesses als Handlungsgrundlage von Akteuren mit Variablen wie Ideen, Werten und Normen als alternative Erklärungsfaktoren für die Entstehung und den Wandel von politischen Strukturen, Prozessen und Inhalten zu konfrontieren (Finlayson 2004, S. 530; Berman 2001, S. 231). Auch die KPÖ wurde von diesen Entwicklungen entscheidend beeinflusst (vgl. Blyth 1997). Die zentrale Annahme ideenorientierter Institutionalist*innen lautet, dass Akteure, egal ob Einzelakteure oder Gruppen, nicht ausschließlich

[16]Am häufigsten werden in der Literatur, neben dem neueren Diskursiven Institutionalismus, eine soziologische und eine konstruktivistische Variante des Ideenorientierten Institutionalismus angeführt (Schmalz-Bruns 1989, S. 47–72; Hall und Taylor 1996, S. 946–950; Peters 1999, S. 97–111; vgl. Hay 2008).

individuell, rational-nutzenmaximierend und sich auf materielle Bedingungen beziehend handeln, sondern von sozialen Beziehungen geprägt sind, die ihr Handeln beeinflussen (Dahrendorf 2006, S. 23). Es sind demnach ihre eigenen, die normativen und kognitiven Ideen anderer Akteure, geltende gesellschaftliche Grundnormen und Wertvorstellungen sowie kulturelle Gegebenheiten, die einen entscheidenden Einfluss auf das soziale Handeln der Individuen und, damit einhergehend, die Ausgestaltung und Funktionsweise von Institutionen haben (Dahrendorf 2006, S. 23).

Lieberman bringt die Leerstelle, die der Ideenorientierte Institutionalismus im Vergleich zu alternativen Institutionalismusvarianten schließen soll, auf den Punkt:

> Given the raw material – assumptions about actors' beliefs, preferences, knowledge, understandings, and expectations – institutional theories can effectively derive predictions about which outcome from a range of contemplated outcomes is likely to occur. But precisely because material approaches tend to take these things as given, they are at something of a loss to explain the appearance at any given moment of any particular menu of particular choices. [...] [Institutional theories] cannot account for the substantive content [...] of the beliefs and understandings that led actors to connect these demands with a particular set of policy solutions. (Liebermann 2002, S. 697).

Was unter Ideen konkret zu verstehen ist, fasst Campbell in einer nützlichen Typologie zusammen. Er unterscheidet ‚Programme', ‚Paradigmen', ‚Public Sentiments' und ‚Frames', die entweder im Hintergrund einen Wandel verhindern oder diesen vordergründig im Rahmen von Debatten ermöglichen (vgl. Cambell 2004). *Programme* sind ‚Policy-Lösungen'[17], die Entscheidungsträger mit konkreten Handlungsvorschlägen versorgen. Diese können sie mithilfe von *Frames,* also ideellen Symbolen, bewerben und legitimieren. Im Hintergrund fungieren Ideen (bzw. *Paradigmen*) hingegen als zumeist unausgesprochene und unhinterfragte Annahmen, die das Spektrum der Programme eingrenzen, die Entscheidungsträger überhaupt in Erwägung ziehen. Diese „Policy Paradigmen" (vgl. Hall 1993) oder „interpretativen Schemata" (vgl. Hay 2001) oder „Glaubenssysteme" (vgl. Lehmbruch 2001) schränken Programme in Form von „cognitions, norms, and rules regarding the economic and social order, held in common by strategically placed political, social, and economic elites" ein (Lehmbruch 2001, S. 43) und finden ihre Artikulation als dominanter Diskurs. Paradigmen müssen dabei jedoch nicht zwangsläufig hemmender Wirkung sein, sondern können durchaus befähigen, indem diese als „kognitive Filter" (vgl. Hay 2008) Akteure zu innovativen Lösungen führen. *Public Sentiments* sind normative Hintergrundideen, die als nationale Identitäten, Werte und öffentliche Meinung, den Perimeter des allgemein Legitimen für Entscheidungsträger abstecken.

[17]Der Begriff ‚Policy' stammt aus der angloamerikanischen Politikwissenschaft. In ihr wird der Politikbegriff traditionell in drei Dimensionen untergliedert: Polity (Form, bzw. Institutionen), Policy (Inhalt) und Politics (Prozesse).

Die Forschung scheint noch weit davon entfernt zu sein, die verschiedenen Wirkungen von Ideen in einem konsensfähigen Modell zusammenzufassen. Häufig wird sich in diesem Bereich auf die Arbeit von Peter Hall bezogen (vgl. 1993). Aufbauend auf Thomas S. Kuhns Theorie wissenschaftlicher Revolutionen (vgl. 1970) und Hugh Heclos Konzept sozialen Lernens (vgl. 1974), entwickelte Hall eine Heuristik von Paradigmenwechseln. Dabei unterscheidet er ‚Wandel parametrischen Ausmaßes' – eine Anpassung an veränderte Umstände oder die Verwendung neuer ‚Policy-Instrumente', um weiterhin das gleiche Ziel zu erreichen – und ‚paradigmatischen Wandel', worunter zusätzlich ein neues Policy-Ziel zu verstehen ist. Als Paradebeispiel lässt sich hier der Wandel vom Keynesianismus zum Monetarismus in den westlichen Demokratien gegen Ende der 1970er Jahre anführen, also vom Primärziel der Nachfragestimulation hin zur Preisniveaustabilisierung. Den Paradigmen können hierbei eine weitestgehend stabilisierende Wirkung zu geschrieben werden:

> policy makers customarily work within a framework of ideas and standards that specifies not only the goals of policy and the kind of instruments that can be used to attain them, but also the very nature of the problems they are meant to be addressing (Hall 1993, S. 279).

Sofern sich die Advokaten eines Paradigmenwechsels in einer entsprechend mächtigen Position befinden, bewirken zwei verzahnte Prozesse die Ablösung des alten interpretativen Schemas: Erstens, beinahe rationales Bayes'sches Updaten der eigenen Ansätze unter dem Eindruck auftretender Anomalien, die das alte Paradigma nicht zu lösen vermag. Zweitens, konstruktivistisches soziales Lernen, welches Hall als subjektiv und soziologisch beschreibt, jedoch nicht näher spezifiziert.[18]

Die Kritik am II ähnelt jener der anderen Varianten und lässt sich in weiten Teilen auf Halls Pionierarbeit zurückführen. Durch die Dichotomisierung in normale und paradigmen verändernde Perioden unterspezifiziert Hall ebenfalls marginal transformativen Wandel. Marginale Veränderungen werden, aufgrund des Hauptaugenmerks auf akute Unsicherheit während Krisenzeiten, weithin vernachlässigt (vgl. Lehmbruch 2001; Blyth 2002). Daraus resultiert eine Überbetonung von Stabilität durch ideelle Verhaftung zu normalen Zeiten (vgl. Berman 2001; Carstensen 2011). Solch konzeptionelle Rigidität wird durch Annahmen von intern homogenen und einander antithetisch ausschließender Paradigmen verstärkt. In seiner Fundamentalkritik von Halls Heuristik charakterisiert Carstensen (2015, S. 305) diese dementsprechend als

> a punctuated equilibrium model of change based on an assumption about the incommensurability of policy paradigms and the inability of actors to incorporate elements from other paradigms.

Darüber hinaus scheitert der II häufig bei der Umsetzung des Kernzieles einer wahren Integration ideeller Faktoren in das institutionalistische Gerüst. Selbstkritisch räumt

[18]Vgl. Blyth (2013) für eine Diskussion dieser beiden Logiken in Halls Modell.

auch Mark Blyth ein, dass er und seine Kollegen die Kausalkraft von Institutionen zugunsten von Ideen vernachlässigen würden. Zunehmend konstruktivistisch denn institutionalistisch ausgerichtet, liefe der II Gefahr, das eigentliche Ziel der Komplementierung der historisch-institutionalistischen Forschungsagenda aus den Augen zu verlieren (vgl. Blyth et al. 2016). Für den vorliegenden Beitrag ist jedoch vor allem von Interesse, inwieweit ideenorientierte Ansätze unser Verständnis für institutionellen Wandel und Akteurshandeln im politisch-ökonomischen Kontext bereichern können.

3.2.1 Ideen, institutionelle Domänen und institutioneller Wandel

Der II scheint zunächst leicht an Orren und Skowroneks ‚multiple-order-Modell' anschlussfähig. Die explizite Integration ideeller Faktoren in die temporalen Spannungen institutioneller Strukturen könnte eine holistischere Erklärung endogenen Wandels bedeuten. Lieberman bescheinigt, dass es bei sozialem Wandel um „friction among ordered political patterns however constituted, whether institutional or ideational" geht (2002, S. 703). Bei der Betrachtung der Wechselwirkungen zwischen Institutionen bzw. institutionellen Domänen erscheint eine Erweiterung der historisch-institutionalistischen Agenda vielversprechend. Im Gegenzug würde die ideenorientierte Forschung zu Analysen befähigt, die über die häufig begrenzten Akteursnetzwerke, wie beispielsweise im Zentralbankwesen, hinausgehen.

Eine konstruktivistisch inspirierte Variation des multiple-order-Modells hat bisher jedoch keine Ausformulierung erfahren. Dabei wäre das Forschungsziel klar: Es gälte anzuerkennen, dass in unterschiedlichen Domänen politischer Ökonomien nicht nur andere Strukturen und Machtverhältnisse (z. B. der Einfluss der Regierung), sondern auch unterschiedliche Paradigmen vorherrschen. Da Akteure in einer institutionellen Domäne nicht in einem Vakuum denken und agieren, sind die Wechselwirkungen in Hinblick auf institutionalistisch-strukturelle, temporale und ideelle Faktoren zu untersuchen.[19] Einer solchen, sicherlich ambitionierten, holistischen Analyse institutioneller Morphologien stehen die bereits angedeuteten Rigiditäten innerhalb des II im Wege. Trotz des eigenen Anspruchs, Pfadwechsel zu erklären, leidet auch dieser Strang unter der Überbetonung von „settled ordered configurations" (Liebermann 2002, S. 701), die an die vorherige Diskussion von Komplementarität im Spielarten-Ansatz erinnert. Es gilt den Widerspruch zwischen einerseits domänen-spezifischen Paradigmen (vgl. Hall 1993; Hay 2001) und andererseits auf nationaler Ebene zumindest implizit homogenen Diskursen (vgl. Lehmbruch 2001; Schmidt 2002) aufzubrechen. Paradigmen werden, wie bereits angedeutet, oft als unveränderlich und antithetisch verstanden (vgl. Carstensen 2015), was eine

[19]Diese grundlegende Problemstellung ist wohlgemerkt weder besonders neu, noch beschränkt sie sich nur auf das Forschungsfeld der institutionalistischen KPÖ. So beobachtet man z. B. auch in der Politikfeldanalyse eine grundsätzliche „Vernachlässigung der Interdependenzen zwischen Politikfeldern" (Bönker 2008, S. 315) und steckt auch dort noch ‚in den Kinderschuhen', was eine konzeptionelle Erfassung betrifft.

Betrachtung gegenseitiger Befruchtung und Reibung wie im multiple-order-Modell konzeptionell erschwert.

Diese Forschungslücke eines ideenorientierten Konzeptes von Kausalverbindungen zwischen institutionellen Domänen gilt es zu schließen. Eine grundsätzliche Herausforderung einer solchen Forschungsagenda zu institutionellen Morphologien liegt an der Schnittstelle mit dem zweiten zentralen Themenkomplex dieses Beitrages, dem Theoretisieren menschlichen Handelns. Schließlich geht es darum, Akteursverhalten und Interessenformierung über verschiedene institutionelle Kontexte hinweg zu erklären. Dazu müssen Kausalmechanismen und Kontexte eng auf einander abgestimmt werden (vgl. Falleti und Lynch 2009). Einen ersten Aufschlag in diesem Sinne liefern Carstensen und Röper mit ihrem *invasion-from-within*-Mechanismus (im Erscheinen). Ausgehend davon, dass die Triebkraft für institutionellen Wandel nicht immer von außen kommen muss, spezifizieren sie Umstände, unter denen Policy-Logiken, wie z. B. die Privatisierung von staatlichen Leistungen, innerhalb einer Politie von einer Domäne in andere übertragen werden können. Ist eine solche Logik in einer Domäne gefestigt und grundsätzlich übertragbar auf eine andere, die gerade als problembehaftet wahrgenommen wird, kann es zu einem Import-Export der gefestigten Logik kommen. Über einen reinen Wissenstransfer hinaus spielen dabei institutionalistische Eigenheiten der Domänen ebenso eine Rolle wie auch Akteure, die Ideen und Diskurse auf verschiedene Arten als Transmissionsriemen instrumentalisieren. Derartiges Theorisieren, das auf Einsichten aus VoC, historischem und ideenorientiertem Institutionalismus fußt, deutet die epistemologische Komplementarität dieser Perspektiven an.

3.2.2 Ideell beeinflusstes Akteurshandeln

Anstatt Agency durch reduktionistische Rationalitätspostulate oder strukturalistische Annahmen abzubilden, hat sich der II einen realistischeren Umgang mit menschlicher Irrationalität auf die Fahnen geschrieben. Trotz der diesbezüglich lauten Kritik an den benachbarten Subfeldern und der eingehenden Beschäftigung mit Agency, ist die Literatur allerdings weit von einer Mikrofundierung menschlichen Handelns im Sinne eines ‚Homo ideologicus' entfernt. Dass die vollständige Coleman'sche Badewanne (vgl. Coleman 1986) der Verbindung zwischen Verhalten auf der Mikro- und Makroebene empirisch nur selten zu belegen ist, steht außer Frage. Zudem lässt der hohe Anspruch auf empirische Komplexität in der ideenorientierten Literatur analytisch-minimalistische Modelle kaum zu. Dennoch muss gelten:

> At the frontiers of research, [...] social scientists need to discard stylized simplifying assumption and build upon the most accurate microlevel mechanisms that can be discerned (George und Bennet 2005, S. 142).

Insbesondere ein Literaturstrang, der sich mit Wechselwirkungen zwischen Institutionen und menschlichen Prozessen von Präferenzbildung beschäftigt, muss diese Leitmaxime verfolgen. Es gilt, Erkenntnisse aus anderen Feldern interdisziplinär zu integrieren. Als Beispiel dient Jacobs an die Sozialpsychologie angelehntes Konzept von ‚mental models', das fundamentalen ideellen Wandel anhand der selektierten Informationsverarbeitung von Entscheidungsträgern erklärt (vgl. Jacobs 2008). Beckert versucht die Politische Ökonomie mithilfe einer Mikrofundierung aus der Wirtschaftssoziologie zu bereichern (vgl. 2013). Dabei konzentriert er sich auf die Bedeutung von fiktiven Erwartungen, die Akteure in sozialer Interaktion und unter Abgleich mit ihrem Kontext bilden. Vorstöße dieser Art sind noch zu selten und noch zu unsystematisch. Eine unerschlossene Ressource bleiben überdies die teils weitreichenden Erkenntnisse aus der Verhaltensökonomie zu kognitiven Prozessen von Entscheidungs- und Präferenzfindung (vgl. Kahneman und Tversky 1979), da diese bisher im II weitgehend unbeachtet bleiben. Vergegenwärtigt man sich die Kritik von historischen und ideenorientierten Institutionalisten an dem ökonomistischen VoC-Ansatz, ist die Aussparung dieser ausgesprochen nichtrationalistischen ökonomischen Literatur durchaus erstaunlich. Auch wenn eine allumfassende Mikrofundierung im Sinne des II noch ein unrealistisches Unterfangen darstellt, könnte ein zumindest ‚mikro-informiertes' Konzept sozialen Wandels unser Verständnis der zugrunde liegenden Prozesse von ideell-institutionellem Wandel bereichern.

In der Hinwendung zur Mikrofundierung menschlichen Handelns treffen sich aber die scheinbar entgegengesetzten Stränge des RCI und II. In einer ironischen Wendung fordern immer mehr (wenn auch nicht unbedingt den neoklassischen Mainstream verkörpernde) prominente Rational-Choice-Ökonomen wie Douglass North (vgl. 2010), Dani Rodrik (vgl. 2014) oder Avner Greif (vgl. 2006) eine stärkere Auseinandersetzung mit Ideen als Kausalfaktoren (Blyth et al. 2016, S. 155). North verkündete, was als ein durchaus konstruktivistisches Manifest für die institutionalistische Ökonomie bezeichnet werden kann:

> The ‚reality' of a political-economic system is never known to anyone, but humans do construct elaborate beliefs about the nature of that ‚reality.' [...] The dominant beliefs [...] over time result in the accretion of an elaborate structure of institutions that determine economic and political performance (North 2010, S. 2).

Dies zeigt deutlich, dass sich aus einer thematisch-inhaltlichen Begegnung zwischen ökonomischen und politikwissenschaftlichen Institutionalist*innen Synergien ergeben können, die einem interdisziplinären Diskurs um eine Plurale Ökonomie bereichern könnten. Gerade das Ziel einer endogenen Theorie von Wandel scheint diese zu einen.

4 Fazit

Dieser Beitrag hat gezeigt, dass insbesondere Konzepte aus der Rational-Choice-Theorie Einzug in die institutionalistische KPÖ gefunden und eine weitreichende Diskussion ausgelöst haben. Ausgangspunkt für diese Betrachtung war der VoC-Ansatz, dem aufgrund seines rational-funktionalistischen Fundaments Unzulänglichkeiten bei der Erklärung endogenen Wandels vorgeworfen werden können. Insbesondere die Debatte um

Komplementarität als Kausalmechanismus bietet eine überzeugende Kritik funktionaler Annahmen institutioneller Effizienz: Weder kann die Entstehung von Institutionen anhand ihrer Funktionen abgelesen werden, noch sind pure institutionelle Arrangements unbedingt die effizientesten. Die Auseinandersetzung mit strategischer Koordination als Form institutionalistisch-spieltheoretischer Mikrofundierung macht die epistemologischen Unterschiede zwischen einer monistisch-rationalistisch orientierten Ökonomie und einer theorienpluralistischen Politikwissenschaft deutlich und zeigt, wie apolitisch Erklärungen von institutionellem Wandel durch derartige Annahmen werden können.

Der HI als alternative Perspektive aus dem neo-institutionalistischen Theorienfächer ist demgegenüber deutlich stärker im Erklären von Stabilität als von Wandel. Zwar eloquent in der Kritik des rationalistischen VoC-Ansatzes und im Zuge einer marginalen Revolution mit verfeinertem analytischen Handwerkszeug ausgestattet, stehen die ebenfalls aus der Ökonomie importierten Mechanismen (z. B. Skalenerträge und Rückkoppelungseffekte) aber einer dynamischen Analyse von inkrementellem, endogenem Wandel im Wege. Insbesondere das Komplementaritätspostulat des VoC-Ansatzes hat bei historisch ausgerichteten Institutionalist*innen dazu geführt, ihre eigenen Konzeptionen institutioneller Morphologie zu überdenken. Wenn auch konzeptionell immer ausgefeilter, ringen sie weiterhin mit der Vereinbarung von konzertiertem institutionellen Design und evolutionärem Zufall. Das stark strukturorientierte Fundament, hinsichtlich des Einflusses von Institutionen auf menschliches Verhalten, steht außerdem einem dynamischeren Konzept von eigenständigem Akteurshandeln im Wege. In einer interessanten Reaktion auf den Import rationalistischer Annahmen in den Spielarten-Ansatz, haben sich historische Institutionalist*innen einer Hinwendung zu Ideen als Kausalfaktoren noch nicht als hinreichend offen präsentiert.

Demgegenüber ist das Ziel des II, auf der Mikroebene Erklärungen für institutionellen Wandel und Akteursverhalten zu liefern, die sich jenseits der gängigen ökonomischen Rationalmodelle bewegen. Überzeugend in seiner Kritik von rationalistischen wie strukturalistischen Annahmen zu Akteursverhalten, stecken die Beiträge zu einer holistischeren Analyse institutioneller Morphologien und einer konstruktivistisch inspirierten Mikrofundierung menschlichen Handelns allerdings noch ‚in den Kinderschuhen'. Dennoch konnten zumindest erste Wege aufgezeigt werden, wie der II historische Ansätze zur Untersuchung von Wandel zwischen Sphären komplementieren kann.

Die Erkenntnisse dieses Beitrags sind für die Debatte um eine plurale(re) Ökonomie vielversprechend. Nicht erst seit der globalen Finanzkrise, steht der ökonomischen Mainstream in der Kritik: Reduktionismus, Geschichtsvergessenheit und disziplinäre Scheuklappen sind wohl die gängigsten Vorwürfe, die sich die reine Ökonomie gefallen lassen muss. Eine Disziplin wie die KPÖ, die vom Grunde her empirisch komplexer, geschichtsbewusster und interdisziplinär ist, kann daher einen wichtigen Beitrag zu einer holistischeren Ökonomie leisten. Insbesondere der große Stellenwert, den institutionalistischen Ansätzen innerhalb der KPÖ beigemessen wird, kann hier als Ansatzpunkt für einen neuen ökonomischen Diskurs gesehen werden. Studierende der Politikwissenschaft wissen: Der Neo-Institutionalismus besteht aus mehreren Institutionalismen, deren Aussagen zu institutionellem Wandel und Akteursverhalten sich grundlegend unterscheiden. Deshalb sind Studierende bereits während des Erlernens seiner einzelnen Varianten (RCI, HI und II) darauf angewiesen, sich intellektuell offen zu zeigen. Gerade diese Akzeptanz eines theoretischen Pluralismus ist essenziell, wenn es darum geht, alternative ökonomische Handlungsmodelle präzisieren zu wollen. Die Zusammenführung verschiedener Handlungsmodelle und die damit einhergehende Möglichkeit zur Analyse unterschiedlicher Wirkungszusammenhänge politisch-ökonomischer Institutionen kann dazu beitragen, zu einem ganzheitlichen Verständnis gesellschaftlicher, politischer und ökonomischer Zusammenhänge zu gelangen; ein Gedanke, dem sich die Vertreter einer wirklichen Politischen Ökonomie verpflichtet fühlen sollten.

Allerdings sind einseitiges Lob für die KPÖ und überschwänglicher Optimismus noch fehl am Platz. So sehr ihre Kritik am ökonomischen Mainstream auch fundiert und überzeugend sein mag, so bleibt die institutionalistische KPÖ-Literatur bisher noch konkrete Alternativmodelle schuldig, die den Spagat zwischen analytischer Schärfe und empirischer Komplexität schaffen. Das kurzfristige Ziel muss daher auch weiterhin ein interdisziplinärer Dialog sein, um dem Fernziel einer umfassenden Theorie endogenen Wandels näher zu kommen. Institutionalistische Theorien können hierfür als gemeinsame Sprache dienen, die über Fach- und Ländergrenzen verstanden wird. Jüngste Arbeiten namhafter Ökonom*innen stimmen hoffnungsvoll, dass ein solcher Austausch mittelfristig Früchte tragen kann. An diesem Punkt lässt sich daher mit Elinor Ostrom schließen, die in ihrer Rede zur Verleihung des Alfred-Nobel-Gedächtnispreis für Wirtschaftswissenschaften anmahnte:

> When the world we are trying to explain and improve, however, is not well described by a simple model, we must continue to improve our frameworks and theories so as to be able to understand complexity and not simply reject it (Ostrom 2010, S. 436).

Literatur

Aglietta, Michel. 1976. *Régulation et crises du capitalisme. L'expérience des États-Unis*. Paris: Calmann-Levy.

Albert, Michel. 1991. *Capitalisme contre capitalisme*. Paris: Seuil.

Alchian, Armen, und Harold Demsetz. 1973. The property right paradigm. *The Journal of Economic History* 33 (1): 16–27.

Alparslan, Adem, Hrsg. 2006. *Strukturalistische Prinzipal-Agent-Theorie. Eine Reformulierung der Hidden-Action-Modelle aus der Perspektive des Strukturalismus*. Wiesbaden: Deutscher Universitäts-Verlag.

Alston, Lee J., Thrainn Eggertsson, und Douglass C. North, Hrsg. 1996. *Empirical studies in institutional change*. Cambridge: Cambridge University Press.

Amable, Bruno. 2005. Dialogue on 'Institutional complementarity and political economy'. *Socio-Economic Review* 3 (2): 359–382.

Aoki, Masahiko. 1994. The Japanese firm as a system of attributes: A survey and research agenda. In *The Japanese firm: Sources of competitive strength*, Hrsg. Masahiko Aoki und Ronald Dore, 11–40. Oxford: Clarendon Press.

Arthur, W. Brian. 1994. *Increasing returns and path dependence in the economy*. Ann Arbor: University of Michigan Press.

Beck, Stefan, und Christoph Scherrer. 2013. Varieties of Capitalism. In *Theorien der Internationalen Politischen Ökonomie*, Hrsg. Joscha Wullweber, Antonia Graf, und Maria Behrens, 151–166. Wiesbaden: Springer VS.

Becker, Joachim. 2002. *Akkumulation, Regulation, Territorium: Zur kritischen Rekonstruktion der französischen Regulationstheorie*. Marburg: Metropolis.

Beckert, Jens. 2013. Capitalism as a system of expectations: Toward a sociological microfoundation of political economy. *Politics & Society* 41 (3): 323–350.

Berman, Sheri. 2001. Ideas, norms, and culture in political analysis. *Comparative Politics* 33 (3): 231–250.

Beyer, Jürgen. 2015. Pfadabhängigkeit. In *Handbuch Policy-Forschung*, Hrsg. Georg Wenzelburger und Reimut Zohlnhöfer, 149–171. Wiesbaden: Springer Fachmedien.

Blyth, Mark. 1997. 'Any more bright ideas?' The ideational turn of comparative political economy. *Comparative Politics* 29 (2): 229–250.

Blyth, Mark. 2002. *Great transformations*. Cambridge: Cambridge University Press.

Blyth, Mark. 2003. Structures do not come with an instruction sheet: Interests, ideas, and progress in political science. *Perspectives on Politics* 1 (4): 695–706.

Blyth, Mark. 2013. Paradigms and paradox: The politics of economic ideas in two moments of crisis. *Governance* 26 (2): 197–215.

Blyth, Mark, Oddny Helgadóttir, und William Kring. 2016. Ideas and historical institutionalism. In *The Oxford handbook of historical institutionalism*, Hrsg. Karl O. Fioretos, Tulia G. Falleti, und Adam Sheingate, 142–162. Oxford: Oxford University Press.

Bönker, Frank. 2008. Interdependenzen zwischen Politikfeldern – Die vernachlässigte sektorale Dimension der Politikverflechtung. In *Die Zukunft der Policy-Forschung. Theorien, Methoden, Anwendungen*, Hrsg. Frank Janning und Katrin Toens, 315–330. Wiesbaden: VS Verlag.

Boyer, Robert. 2005. Coherence, diversity, and the evolution of capitalisms. The institutional complementarity hypothesis. *Evolutionary and Institutional Economics Review* 2 (1): 43–80.

Buhr, Daniel, und Josef Schmid. 2016. Wirtschaftspolitik in der Vergleichenden Politikwissenschaft. In *Handbuch Vergleichende Politikwissenschaft*, Hrsg. Hans-Joachim Lauth, Marianne Kneuer, und Gert Pickel, 717–731. Wiesbaden: Springer VS.

Cafruny, Alan, Gonzalo Pozo Martin, und Leila Simona Talani. 2016. Introduction. In *The Palgrave handbook of critical international political economy*, Hrsg. Alan Cafruny, Leila Simona Talani, und Gonzalo Pozo Martin, 1–6. London: Palgrave Macmillan.

Campbell, John L. 2004. *Institutional change and globalisation*. Princeton: Princeton University Press.

Carlsson, Bo, und Gunnar Eliasson. 2003. Industrial dynamics and endogenous growth. *Industry and Innovation* 10 (4): 435–455.

Carstensen, Martin B. 2011. Ideas are not as stable as political scientists want them to be: A theory of incremental ideational change. *Political Studies* 59 (3): 596–615.

Carstensen, Martin B. 2015. Bringing ideational power into the paradigm approach: Critical perspectives on policy paradigms in theory and practice. In *Policy paradigms in yheory and practice discourses, ideas and anomalies in public policy synamics*, Hrsg. John Hogan und Michael Howlett, 295–318. New York: Palgrave Macmillan.

Carstensen, Martin B., und Nils Röper (im Druck). Invasion from within: Ideas, power and the transmission of institutional logics between policy domains, comparative political studies.

Clift, Ben, Hrsg. 2014. *Comparative political economy. States, markets and global capitalism*. Basingstoke: Palgrave Macmillan.

Coleman, James S. 1986. Social theory, social research, and a theory of action. *American Journal of Sociology* 91 (6): 1309–1335.

Collier, Ruth Berins, und David Collier. 1991. *Shaping the political arena. Critical junctures, the labor movement, and regime dynamics in Latin America*. Princeton: Princeton University Press.

Crouch, Colin, Hrsg. 2005. *Capitalist diversity and change. Recombinant governance and institutional entrepreneurs*. Oxford: Oxford University Press.

Crouch, Colin. 2010. Complementarity. In *The Oxford handbook of comparative institutional analysis*, Hrsg. Glenn Morgan, John Campbell, Colin Crouch, Ove Kay Pedersen, und Richard Whitley, 117–137. Oxford: Oxford University Press.

Culpepper, Pepper. 2005. Institutional change in contemporary capitalism: Coordinated financial systems since 1990. *World Politics* 57 (2): 173–199.

Dahrendorf, Ralf. 2006. *Homo Sociologicus. Ein Versuch zur Geschichte, Bedeutung und Kritik der Kategorie der sozialen Rolle*, 16. Aufl. Wiesbaden: VS Verlag.

David, Paul A. 1985. Clio and the economics of QWERTY. *The American Economic Review* 75 (2): 332–337.

Deeg, Richard. 2007. Complementarity and institutional change in capitalist systems. *Journal of European Public Policy* 14 (4): 611–630.

Demirović, Alex, und Thomas Sablowski. 2013. Finanzdominierte Akkumulation und Krise in Europa. In *Fit für die Krise? Perspektiven der Regulationstheorie*, Hrsg. Roland Atzmüller, Joachim Becker, Ulrich Brand, Lukas Oberndorfer, Vanessa Redak, und Thomas Sablowski, 187–238. Münster: Westfälisches Dampfboot.

Downs, Anthony. 1957. *An economic theory of democracy*. New York: Harper.

Eibl, Thomas. 2015. Und plötzlich war Zahltag. Eine regulationstheoretische Analyse der Europäischen Finanz- und Staatsverschuldungskrise und der stabilisierungspolitischen Konsequenzen. In *Europäische Integration. Beiträge zur Europaforschung aus multidimensionaler Analyseperspektive*, Hrsg. Daniel Göler, Alexandra Schmid, und Lukas Zech, 119–148. Baden-Baden: Nomos.

Esping-Andersen, Gøsta. 1990. *The three worlds of welfare capitalism*. Cambridge: Polity Press.

Falleti, Tulia G., und Julia F. Lynch. 2009. Context and causal mechanisms in political analysis. *Comparative Political Studies* 42 (9): 1143–1166.

Finlayson, Alan. 2004. Political science, political ideas and rhetoric. *Economy and Society* 33 (4): 528–549.

Fioretos, Karl O., Tulia G. Falleti, und Adam Sheingate. 2016. Historical institutionalism in political science. In *The Oxford handbook of historical institutionalism*, Hrsg. Karl O. Fioretos, Tulia G. Falleti, und Adam Sheingate, 3–28. Oxford: Oxford University Press.

Furubotn, Eirik G., und Rudolf Richter. 1991. The new institutional economics: An assessment. In *The new institutional economics. A collection of articles from the Journal of Institutional and Theoretical Economics*, Hrsg. Eirik G. Furubotn und Rudolf Richter, 1–32. Tübingen: Mohr.

Furubotn, Eirik G., und Svetozar Pejovich. 1972. Property rights and economic theory: A survey of recent literature. *Journal of Economic Literature* 10 (4): 1137–1162.

George, Alexander L., und Andrew Bennett. 2005. *Case studies and theory development in the social sciences*. Cambridge: MIT Press.

Greif, Avner. 2006. *Institutions and the path to the modern economy: Lessons from medieval trade*. Cambridge: Cambridge University Press.

Groth, Markus. 2009. Transaktionskosten und die Gestaltung Ökonomischer Austauschbeziehungen. Zum Nobelpreis an Oliver E. Williamson. *Wirtschaftsdienst* 89 (11): 770–776.

Hacker, Jacob S. 2004. Privatizing risk without privatizing benefits: Path dependence, policy drift, and welfare-state reform in the United States. *American Political Science Review* 98 (2): 243–260.

Hall, Peter A., Hrsg. 1986. *Governing the economy. The politics of state intervention in Britain and France*. New York: Oxford University Press.

Hall, Peter A., Hrsg. 1989. *The political power of economic ideas. Keynesianism across nations*. Princeton: Princeton University Press.

Hall, Peter A. 1992. The movement from Keynesianism to Monetarism: Institutional analysis and British economic policy in the 1970s. In *Structuring politics. Historical institutionalism in comparative politics*, Hrsg. Sven Steinmo, Kathleen Thelen, und Frank Longstreth, 90–113. Cambridge: Cambridge University Press.

Hall, Peter A. 1993. Policy paradigms, social learning and the state: The case of economic policymaking in Britain. *Comparative Politics* 25 (3): 275–296.

Hall, Peter A. 2005. Dialogue on 'Institutional complementarity and political economy'. *Socio-Economic Review* 3 (2): 359–382.

Hall, Peter A. 2006. Stabilität und Wandel in den Spielarten des Kapitalismus. In *Transformationen des Kapitalismus. Festschrift für Wolfgang Streeck zum sechzigsten Geburtstag*, Hrsg. Jens Beckert, Bernhard Ebbinghaus, Anke Hassel, und Philip Manow, 181–204. Frankfurt: Campus.

Hall, Peter A. 2010. Historical institutionalism in rationalist and sociological perspective. In *Explaining institutional change: Ambiguity, agency, and power*, Hrsg. James Mahoney und Kathleen Thelen, 204–224. Cambridge: Cambridge University Press.

Hall, Peter A., und Daniel W. Gingerich. 2009. Varieties of capitalism and institutional complementarities in the political economy. An empirical analysis. *British Journal of Political Science* 39 (3): 449–482.

Hall, Peter A., und David Soskice. 2001. An introduction to varieties of capitalism. In *Varieties of capitalism the institutional foundations of comparative advantage*, Hrsg. Peter A. Hall und David Soskice, 1–68. Oxford: Oxford University Press.

Hall, Peter A, und Rosemary C.R. Taylor. 1996. Political science and the three new institutionalisms. *Political Studies* 44 (5): 936–957.

Hancké, Bob. 2009. *Debating varieties of vapitalism: A reader*. Oxford: Oxford University Press.

Hart, Oliver. 1989. An economist's perspective on the theory of the firm. *Columbia Law Review* 89 (7): 1757–1774.

Hay, Colin. 2001. The "Crisis" of Keynesianism and the Rise of Neoliberalism in Britain. In *The rise of neoliberalism and institutional analysis*, Hrsg. John L. Campbell und Ove K. Pedersen, 1–25. Woodstock: Princeton University Press.

Hay, Colin. 2005. Two can play at that game… Or can they? Varieties of capitalism, varieties of institutionalism. In *Varieties of capitalism, varieties of approaches*, Hrsg. David Coates, 106–121. Basingstoke: Palgrave Macmillan.

Hay, Colin. 2008. Constructivist institutionalism. In *The Oxford handbook of political institutions*, Hrsg. Roderick A.W. Rhodes, Sarah A. Binder, und Bert A. Rockman, 57–70. Oxford: Oxford University Press.

Hay, Colin, und Daniel Wincott. 1998. Structure, agency and historical institutionalism. *Political Studies* 46 (5): 951–957.

Heclo, Hugh. 1974. *Modern social politics in Britain and Sweden: From relief to income maintenance*. New Haven: Yale University Press.

Herrigel, Gary, und Volker Wittke. 2005. Varieties of vertical disintegration. The global trend toward heterogenous supply relations and the reproduction of difference in US and German manufacturing. In *Changing capitalisms? Internationalization, institutional change, and systems of economic organization*, Hrsg. Glenn Morgan, Richard Whitley, und Eli Moen, 312–351. Oxford: Oxford University Press.

Hirsch, Joachim. 2005. *Materialistische Staatstheorie: Transformationsprozesse des kapitalistischen Staatensystems*. Hamburg: VSA.

Höpner, Martin. 2005. What connects industrial relations and corporate governance? Explaining institutional complementarity. *Socio-Economic Review* 3 (2): 331–358.
Howell, Chris. 2003. Varieties of capitalism: And then there was one? *Comparative Politics* 36 (1): 103–124.
Immergut, Ellen M. 1990. Institutions, veto points, and policy results: A comparative analysis of health care. *Journal of Public Policy* 10 (4): 391–416.
Jabko, Nicolas. 2006. *Playing the market. A political strategy for uniting Europe, 1985–2005*. Ithaca: Cornell University Press.
Jackson, Gregory. 2005a. Dialogue on 'Institutional complementarity and political economy'. *Socio-Economic Review* 3 (2): 359–382.
Jackson, Gregory. 2005b. Contested boundaries: Ambiguity and creativity in the evolution of German codetermination. In *Beyond continuity: Institutional change in advanced political economies*, Hrsg. Wolfgang Streeck und Kathleen Thelen, 229–254. New York: Oxford University Press.
Jackson, Gregory, und Richard Deeg 2006. How many varieties of capitalism? Comparing the comparative institutional analyses of capitalist diversity. MPIfG Discussion Paper, Heft 6, 2.
Jackson, Gregory, und Richard Deeg. 2008. From comparing capitalisms to the politics of institutional change. *Review of International Political Economy* 15 (4): 680–709.
Jacobs, Alan M. 2008. How do ideas matter? Mental models and attention in German pension politics. *Comparative Political Studies* 42 (2): 252–279.
Kahneman, Daniel, und Amos Tversky. 1979. Prospect theory: An analysis of decision under risk. *Econometrica* 47 (2): 263–291.
Kenworthy, Lane. 2006. Institutional coherence and macroeconomic performance. *Socio-Economic Review* 4 (1): 69–91.
Korpi, Walter. 2006. Power resources and employer-centered approaches in explanations of welfare states and varieties of capitalism: Protagonists, consenters, and antagonists. *World Politics* 58 (2): 167–206.
Krasner, Stephen D. 1988. Sovereignty an institutional perspective. *Comparative Political Studies* 21 (1): 66–94.
Kuhn, Thomas S. 1970. *The structure of scientific revolutions*. Chicago: Chicago University Press.
Lehmbruch, Gerhard. 2001. The institutional embedding of market economies: The German "Model" and its impact on Japan. In *The origins of nonliberal capitalism Germany and Japan in comparison*, Hrsg. Wolfgang Streeck und Kozo Yamamura, 39–93. Ithaca: Cornell University Press.
Lieberman, Robert C. 2002. Ideas, institutions, and political order: Explaining political change. *The American Political Science Review* 96 (4): 697–712.
Lipietz, Alain. 1985. *The enchanted world inflation, credit and the world crisis*. London: Verso.
March, James G., und Johan P. Olsen. 1984. The new institutionalism: Organizational factors in political life. *The American Political Science Review* 78 (3): 734–749.
Milgrom, Paul, und John Roberts. 1988. Economic theories of the firm: Past, present, and future. *The Canadian Journal of Economics* 21 (3): 444–458.
Moran, Michael. 2006. Economic Institutions. In *The Oxford handbook of political institutions*, Hrsg. Roderick A.W. Rhodes, Sarah A. Binder, und Bert A. Rockman, 144–162. Oxford: Oxford University Press.
Neck, Reinhard, und Friederich Schneider. 2013. *Wirtschaftspolitik*. München: Oldenbourg.
Niskanen, William A. 1971. *Bureaucracy and representative government*. London: Aldine Transaction.
North, Douglass C. 1990. *Institutions, institutional change and economic performance*. Cambridge: Cambridge University Press.

North, Douglass C. 1998. Economic performance through time. In *Institutionalism in sociology*, Hrsg. Mary C. Brinton und Victor Nee, 247–257. Stanford: Stanford University Press.
North, Douglass C. 2010. *Understanding the process of economic change*. Princeton: Princeton University Press.
Olson, Mancur. 1965. *The logic of collective action. Public goods and the theory of groups*. Cambridge: Harvard University Press.
Orren, Karen, und Stephen Skowronek. 1994. Beyond the iconography of order: Notes for a new institutionalism. In *The dynamics of American politics: Approaches and interpretations*, Hrsg. Lawrence C. Dodd und Calvin Jillson, 311–330. Boulder: Westview Press.
Ostrom, Elinor. 2010. Beyond markets and states: Polycentric governance of complex economic systems. In *The nobel prizes 2009*, Hrsg. Karl Grandin, 408–444. Stockholm: Nobel Foundation.
Peters, B. Guy. 1999. *Institutional theory in political science. The 'New institutionalism'*. London: Pinter.
Pierson, Paul. 2000. Increasing returns, path dependence, and the study of politics. *American Political Science Review* 94 (2): 251–268.
Pierson, Paul. 2004. *Politics in time. History, institutions, and social analysis*. Princeton: Princeton University Press.
Pontusson, Jonas. 2005. Varieties and commonalities of capitalism. In *Varieties of capitalism, varieties of approaches*, Hrsg. David Coates, 163–188. Basingstoke: Palgrave Macmillan.
Posner, Richard A. 1993. The new institutional economics meets law and economics. *Journal of Institutional and Theoretical Economics* 149 (1): 73–87.
Rhodes, Roderick A.W., Sarah A. Binder, und Bert A. Rockman, Hrsg. 2006. *The Oxford handbook of political institutions*. Oxford: Oxford University Press.
Rodrik, Dani. 2014. When ideas trump interests: Preferences, worldviews, and policy innovations. *Journal of Economic Perspectives* 28 (1): 189–208.
Röper, Nils. 2018. German finance capitalism: The paradigm shift underlying financial diversification. *New Political Economy* 23 (3): 366–390.
Scharpf, Fritz W. 1997. *Games real actors play: Actor-centered institutionalism in policy research*. Boulder: Westview Press.
Schmalz-Bruns, Rainer. 1989. *Ansätze und Perspektiven der Institutionentheorie. Eine bibliographische und konzeptionelle Einführung*. Wiesbaden: Deutscher Universitäts-Verlag.
Schmidt, Vivienne A. 2002. Does discourse matter in the politics of welfare state adjustment? *Comparative Political Studies* 35 (2): 168–193.
Schmidt, Vivienne A. 2007. Bringing the state back into the varieties of capitalism and discourse back into the explanation of change. Working paper series center for European studies program for the study of Germany and Europe, Heft 07/3.
Schmidt, Vivienne A. 2008. Discursive institutionalism: The explanatory power of ideas and discourse. *Annual Review of Political Science* 11 (1): 303–326.
Schmidt, Vivienne A. 2010. Taking ideas and discourse seriously: Explaining change through discursive institutionalism as the fourth 'New institutionalism'. *European Political Science Review* 2 (1): 1–25.
Schmitter, Philippe C., und Gerhard Lehmbruch, Hrsg. 1979. *Trends toward corporatist intermediation*. Beverly Hills: SAGE.
Schröder, Martin. 2014. *Varianten des Kapitalismus. Die Unterschiede liberaler und koordinierter Marktwirtschaften*. Wiesbaden: Springer VS.
Schulze, Holger. 1997. Neo-Institutionalismus. Ein analytisches Instrument zur Erklärung gesellschaftlicher Transformationsprozesse. Arbeitspapiere des Bereichs Politik und Gesellschaft. Heft 4/1997. Berlin: Osteuropa-Institut der Freien Universität.

Shepsle, Kenneth A. 2006. Rational-choice institutionalism. In *The Oxford handbook of political institutions*, Hrsg. Roderick A.W. Rhodes, Sarah A. Binder, und Bert A. Rockman, 23–38. Oxford: Oxford University Press.

Shonfield, Andrew. 1965. *Modern capitalism. The changing balance of public & private power*. Oxford: Oxford University Press.

Stark, Rodney. 2007. *Sociology*, 10. Aufl. Belmont: Thomson Higher Education.

Steinmo, Sven. 1989. Political institutions and tax policy in the United States, Sweden, and Britain. *World Politics* 41 (4): 500–535.

Steinmo, Sven, Kathleen Thelen, und Frank Longstreth, Hrsg. 1992. *Structuring politics. Historical institutionalism in comparative analysis*. Cambridge: Cambridge University Press.

Streeck, Wolfgang. 2001. Introduction: Explorations into the origins of nonliberal capitalism in Germany and Japan. In *The origins of non-liberal capitalism: Germany and Japan in comparison*, Hrsg. Wolfgang Streeck und Kozo Yamamura, 1–38. Ithaca: Cornell University Press.

Streeck, Wolfgang. 2005. Dialogue on institutional complementarity and political economy. *Socio-Economic Review* 3 (2): 359–382.

Streeck, Wolfgang. 2009. *Re-Forming capitalism: Institutional change in the German political economy*. Oxford: Oxford University Press.

Streeck, Wolfgang. 2010. E Pluribus Unum? Varieties and commonalities of capitalism. MPIfG discussion paper, Heft 10/12. Köln: Max-Planck-Institut für Gesellschaftsforschung.

Streeck, Wolfgang, und Kathleen Thelen. 2005. Introduction: Institutional change in advanced political economies. In *Beyond continuity: Institutional hange in advanced political wconomies*, Hrsg. Wolfgang Streeck und Kathleen Thelen, 1–39. Oxford: Oxford University Press.

Taylor, Mark Z. 2004. Empirical evidence against varieties of capitalism's theory of technological innovation. *International Organization* 58 (3): 601–631.

Thelen, Kathleen. 1999. Historical institutionalism in comparative politics. *Annual Review of Political Science* 2 (1): 369–404.

Thelen, Kathleen. 2004. *How institutions evolve: The political economy of skills in Germany, Britain, the United States, and Japan*. Cambridge: Cambridge University Press.

Thelen, Kathleen, und Sven Steinmo. 1992. Historical institutionalism in comparative politics. In *Structuring politics. Historical institutionalism in comparative analysis*, Hrsg. Sven Steinmo, Kathleen Thelen, und Frank Longstreth, 1–32. Cambridge: Cambridge University Press.

Tietzel, Manfred. 1981. Die Ökonomie der Property Rights: Ein Überblick. *Zeitschrift für Wirtschaftspolitik* 30 (3): 207–243.

Tsebelis, George. 1995. Decision making in political systems: Veto players in presidentialism, parliamentarism, multicameralism and multipartyism. *British Journal of Political Science* 25 (3): 289–325.

Willke, Gerhard. 2006. *Kapitalismus*. Frankfurt a. M.: Campus.

Wullweber, Joscha, Antonia Graf, und Maria Behrens. 2013. Theorien der Internationalen Politischen Ökonomie. In *Theorien der Internationalen Politischen Ökonomie*, Hrsg. Joscha Wullweber, Antonia Graf, und Maria Behrens, 7–30. Wiesbaden: Springer VS.

Finanzialisierung als monetäre Zeitreise

Eine zeitsoziologische Betrachtung intertemporaler Abhängigkeiten

Manuel Schulz

Zusammenfassung
Wirtschaftstheoretische Modellierungen sind häufig durch temporale Leerstellen gekennzeichnet. Der Beitrag versucht die gesellschaftspolitische Relevanz dieses Desiderats mittels einer soziologischen Perspektive zu veranschaulichen. Zu diesem Zweck wird zunächst davon ausgegangen, dass an Kreditmärkten Produktivitätsfiktionen in der Warenform des Eigentumstitels gegen Zahlungsfähigkeit veräußert werden. Eigentumstitel werden hierbei als Zeichensysteme verstanden, die auf ökonomische Materialität rekurrieren und zukünftige Besitzverhältnisse vorstrukturieren. Dementsprechend gerät die zeitliche Dimension in den Fokus der Untersuchung. Nach einer werttheoretischen Ausdifferenzierungfolgt eine kritische Betrachtung der Genese finanzökonomischen Wissens über die Zukunft. Im Verlauf der Analyse kristallisiert sich schließlich eine Dynamik intertemporaler Abhängigkeiten heraus, welche eine drastische Einengung individueller und kollektiver Handlungsoptionen zur Folge haben kann. Somit rückt nicht nur eine Depotenzialisierung politökonomischer Möglichkeitshorizonte ins Blickfeld, sondern auch die Frage nach den strukturellen Hindernissen, welchen sich gesellschaftspolitische Transformationsbestrebungen ausgesetzt sehen.

M. Schulz (✉)
Friedrich-Schiller-Universität Jena, Jena, Deutschland
E-Mail: manuel.schulz@uni-jena.de

D. J. Petersen et al. (Hrsg.), *Perspektiven einer pluralen Ökonomik,* Wirtschaft + Gesellschaft, https://doi.org/10.1007/978-3-658-16145-3_13

1 Einleitung

Auf lange Sicht sind wir alle tot (Keynes 1924, S. 83, H. i. O.)

Diese bereits in den 1920er Jahren von John Maynard Keynes formulierte Aussage ist ein ironisches Zeugnis für die Tatsache, dass in den Wirtschaftswissenschaften seit geraumer Zeit ein kritikwürdiges Verhältnis zu temporalen Kategorien konstatiert wird. Der von Keynes formulierte Vorwurf eines unreflektierten und für die Lösung empirischer Probleme wenig hilfreichen Umgangs mit Kurz- und Langfristperspektiven richtete sich insbesondere gegen die Quantitätstheorie Irving Fishers und deren Weiterentwicklung.[1] Das aus neoklassischer Sicht problematische Verhältnis kurzfristiger Volatilität und langfristiger Markteffizienz wurde schließlich in jüngerer Vergangenheit mittels einer Adaption der zugrunde liegenden Rationalitätsannahmen modelltheoretisch wegdefiniert (Langenohl 2007, S. 80). Geblieben ist jedoch der unspezifizierte, weil hinsichtlich seiner Dauer nicht näher definierte, Umgang mit kurzen und langen Fristen in der Geld- und Finanzmarkttheorie. Das Operieren mit mehr oder weniger willkürlich dichotomisierten Zeitstrukturen in der Volkswirtschaftslehre steht sinnbildlich für die wenig ausdifferenzierten Betrachtungen temporaler und intertemporaler Zusammenhänge innerhalb der Disziplin (Giacovelli und Langenohl 2017, S. 33; Esposito 2010, S. 10, 28).

Dies möchte ich zum Anlass nehmen, eine zeitsoziologisch inspirierte Betrachtung des Finanzsystems vorzunehmen.[2] Zeitsoziologisch meint hierbei eine sozialwissenschaftliche Analyse der kollektiv hervorgebrachten Zeitstrukturen und der resultierenden gesellschaftspolitischen Dynamiken. Insbesondere spielen in diesem Zusammenhang die Transformation kollektiver Zeitwahrnehmung sowie das interdependente Verhältnis von Gegenwart und Zukunft als Folge zunehmender Kreditfinanzierung eine zentrale Rolle. Die wirtschaftstheoretisch eher unorthodoxe Herangehensweise dieses Beitrages hat zum Ziel, die vielerorts postulierte Dominanz des Finanzmarktes und die durch ihn provozierten sozioökonomischen Verwerfungen in ihrer zeitlichen Strukturdimension ursächlich zu verstehen.

In Übereinstimmung mit der Neoklassik begreife ich dabei im vorliegenden Aufsatz jedes Kreditverhältnis als einen Vorausgriff auf erst in der Zukunft zu erwirtschaftende Zahlungsfähigkeit. Aber „[d]a die politische Ökonomie Robinsonaden liebt, erscheine zuerst Robinson auf seiner Insel." (Marx und Engels 1973a, S. 90). Aufgrund dieser, insbesondere in der Geldtheorie, verbreiteten Neigung ist es kein Zufall, dass auch uns im Folgenden das wohl berühmteste Opfer eines Schiffbruchs durch die unruhige See der Finanzwelt begleiten wird. So dient eine eben solche Robinsonade z. B. Peter Bofinger

[1]Die Keynes provozierende Annahme der Quantitätstheorie bestand darin, dass fiskalpolitische Maßnahmen wenig hilfreich seien, da eine Veränderung der zirkulierenden Geldmenge auf lange Sicht lediglich eine Anpassung der Preise und Löhne nach sich zöge und keinerlei wirtschaftspolitischen Nutzen habe.

[2]In Anlehnung an Axel Paul (2012, S. 182) werde ich mich dabei hinsichtlich des Finanzmarktes auf Kreditmärkte fokussieren, da ihm zufolge alle Finanzprodukte gewissermaßen als ‚Kredite x-ter Ordnung' und damit als Derivate des Kredits betrachtet werden können.

(2011, S. 174–176) zur Veranschaulichung der Grundfunktionen von Finanztransaktionen. In Bofingers Inselwelt bietet der Nachbarinsulaner namens Mittwoch Robinson einen intertemporalen und verzinsten Handel mit Kokosnüssen, also einen Kreditvertrag an. In klassisch mikroökonomischer Manier merkt Robinson schnell, dass ein solcher intertemporaler Handel eine Nutzensteigerung verspricht. Zu diesem Modell werde ich im weiteren Verlauf zwecks Veranschaulichung meiner Argumentation regelmäßig zurückkehren, wobei ich im Folgenden zwei kleinere, aber sehr folgenreiche Änderungen an der Modellwelt[3] vornehme.

Zunächst sei aber darauf hingewiesen, dass ein intertemporaler Handel zwischen Robinson und Mittwoch nur unter der Voraussetzung stattfinden kann, dass beide Wirtschaftssubjekte relativ zuverlässig vorhersagen können, wie die kommende Kokosnussernte aussehen wird. Ist dies der Fall, so kann Robinson problemlos eine Verhaltensweise berechnen, die ihn mit Kredit besserstellt als ohne. Da jedoch weder unsere beiden Beispielinsulaner*innen, noch sonst irgendjemand über ein exaktes Wissen über die Zukunft verfügt – diese also kontingent bleibt –, benötigt jeder intertemporale Handel eine Form der Kontingenzbewältigung. Aus soziologischer Sicht sind solche Bewältigungsformen stets kulturell geprägt und schlagen sich in individuellen und kollektiven Handlungspraktiken nieder. Wo in religiösen Zusammenhängen die Prophetie für die Vorhersage der Zukunft als adäquates Mittel erscheint, gilt bezogen auf die Ökonomie die (finanz-)mathematische Prognostik als legitime und glaubwürdige Praxis der Kontingenzbewältigung (Weidner und Willer 2013, S. 9–23).

Im vorliegenden Beitrag vertrete ich die These, dass Finanzmärkte als Handelsplätze für die Produkte dieser Prognosepraktiken verstanden werden können. Nach dem schöpferischen Akt des Prognostizierens werden diese Wertschöpfungsfantasien anschließend im Tausch gegen Zahlungsfähigkeit am Kreditmarkt veräußert. Auf diese Weise erhält das sozial konstruierte Wissen über die Zukunft warenförmigen Charakter.

Nun zu den erwähnten Adaptionen des neoklassischen Modells: Die empirischen Probleme beginnen dort, wo es Robinson als fraglos besitzendes Wirtschaftssubjekt mit regelmäßigem Kokosnusseinkommen entwirft. So kann sein Inselhaushalt im Modell lediglich Nettosparer oder Nettogläubiger sein (Bofinger 2011, S. 172) und die gewählte Konsumentscheidung hängt ausschließlich von der individuellen Zeitpräferenzrate[4] ab.

Dementsprechend ist die erste Modifikation der Modellwelt, dass ich Robinson kurzerhand zum Schuldner mache. Die zweite von mir vorgenommene Adaption besteht darin, dass ich ihn aus der Isolation seiner romantischen Inselidylle herausreiße und ihn gemeinerweise gesellschaftlichen Makrozusammenhängen aussetze. Gemein deshalb,

[3]Eine dritte Modifikation besteht darin, dass Mittwoch in der hier entwickelten Modellwelt zu einer Frau wird. Auf diese Weise möchte ich versuchen, die wirtschaftswissenschaftliche Debatte für Genderfragen zu sensibilisieren.

[4]Die Zeitpräferenzrate bringt das Austauschverhältnis von gegenwärtigem und zukünftigem Konsum zum Ausdruck und stellt prinzipiell eine subjektendogene Variable dar.

weil er nun leider nicht mehr unbeeindruckt von sozialen Rahmenbedingungen auf seiner Insel in Ruhe ausrechnen kann, bei welchem Verhältnis von gegenwärtigem und zukünftigem Konsum die Budgetgerade von der Indifferenzkurve tangiert und sein Nutzen maximiert wird.

Diese Modelladaptionen sind notwendig, um empirische Gesellschaftskonstellationen abzubilden, in denen leider nicht alle Wirtschaftssubjekte besitzend und in der Wahl der Vertragsmodalitäten so frei sind, wie es in Robinsons Inselwelt der Fall ist. Was aus modelltheoretischer Sicht eine freiwillig und rational zu treffende Konsumentscheidung ist, präsentiert sich, so meine These, in der Empirie oft als eine Form struktureller Zwänge. In solchen regelmäßig zu beobachtenden Situationen scheint es weniger um eine Optimierungsentscheidung, denn viel mehr um die Vermeidung bzw. den Aufschub des finanziellen Kollapses zu gehen.[5]

Zunächst bietet sich durch den intertemporalen Handel für Robinson ebenso wie für andere Privathaushalte, Regierungen und Unternehmen gleichermaßen die Möglichkeit, sich je nach individueller Zeitpräferenzrate von gegenwärtigen Budgetrestriktionen zumindest zum Teil zu emanzipieren. Dies setzt aber voraus, dass mithilfe der oben erwähnten mathematischen Prognosetechniken eine stabile und profitverheißende Zukunftsperspektive in quantifizierbarer Form geschaffen wird (Steuerschätzungen, Konjunkturprognosen etc.). Anders formuliert: Gelingt es z. B. Robinson, glaubhaft anhand von Erntestatistiken der vergangenen Jahre und daraus abgeleiteten Renditeerwartungen zu versichern, dass die Kokosnüsse in seinen Händen gut angelegt sind, wird ihm seine mikroökonomisch gebildete Nachbarinsulanerin Mittwoch einen Teil ihres Budgets zur Verfügung stellen.

Wie ich in diesem Aufsatz zeigen möchte, kann dieser intertemporale Handel jedoch unter Umständen zu einem gesellschaftlich problematischen Abhängigkeitsverhältnis führen. Angesichts linearer Wachstumsaussichten scheinen die Akteur*innen häufig dazu geneigt, den gegenwärtigen monetären Handlungsspielraum weiter und weiter auszuweiten, sprich angesichts niedriger Zinsen und hoher Renditeerwartungen mehr Schulden aufzunehmen. Übertragen auf Robinsons Inselhaushalt: Lassen seine Erntestatistiken beeindruckende Erträge vermuten, so wird es ihm möglicherweise gelingen, sich zusätzlich noch Kokosnüsse von den anderen Nachbar*innen Dienstag und Donnerstag zu leihen. Hyman P. Minsky (2011b, S. 75–139) stieß bereits in den 1960er Jahren bei der Untersuchung ökonomischer Konjunkturzyklen auf solche euphorischen Boomphasen

[5]Zwar ist Insolvenzverschleppung in den meisten Rechtssystemen verboten, jedoch zeichnen sich gerade finanzialisierte Gesellschaften dadurch aus, dass die Grenzen zwischen gesundem Unternehmenswachstum und Zahlungsunfähigkeit verschwimmen (siehe Abschn. 6 dieses Beitrages). Letztlich hängt das Label Solvenz oder Insolvenz von einer erfolgreichen Fristentransformation der Kreditkontrakte und dementsprechend einem gelingenden Management von monetären Zeithorizonten ab. So betrachtet, ist die Insolvenzerklärung eher eine reputationsgefährdende Exitstrategie aus einer ökonomisch weit verbreiteten Praxis, bei der strukturell defizitäre Bilanzen die Regel statt der Ausnahme darstellen.

und machte sie als Ursache finanzieller Instabilität in kapitalistischen Gesellschaften aus. Im mikroökonomischen Modell würde sich diese ansteigende Zeitpräferenz durch eine stark nach rechts verschobene Budgetrestriktionsgerade und eine abnehmende Negativsteigung derselben bemerkbar machen. Im theoretischen Extremfall ließe sich das gegenwärtige Budget durch den intertemporalen Vorausgriff ins Unendliche steigern und eine quasi unbegrenzte Ausweitung des Gegenwartskonsums wäre angesichts euphorischer Zukunftsprognosen denkbar.

Entwickeln sich nun aber die Steuereinnahmen, die Unternehmensgewinne oder die Kokosnussernte anders als vorhergesagt, werden die fälligen Verbindlichkeiten schnell die laufenden Einnahmen übersteigen. Der einsetzende Zeit-Stress entzieht den Wirtschaftssubjekten angesichts falsch prognostizierter Produktivitätsaussichten die intertemporale Handlungsfreiheit, sodass schließlich eine sukzessive Externalisierung der Zeitpräferenzrate beginnt. Als einzige Alternative zur Insolvenz bleibt dann lediglich der Versuch einer stetigen Fristentransformation, indem der aus den Verbindlichkeiten entstandene Verteilungskonflikt stetig in die Zukunft verlagert wird. In dieser Situation muss Robinson Kokosnüsse (zu einem rasant steigenden Zinssatz) bei Samstag leihen, um seine Schulden bei Dienstag, Mittwoch und Donnerstag zurückzuzahlen. Selbiges gilt für Regierungen und Unternehmen, die vor dem Hintergrund sich verschlechternder Kapitalmarktbedingungen versuchen müssen, die Verbindlichkeiten durch neue Kredite zu bedienen.

Mit dieser fraglos schematisierten Darstellung möchte ich hier zunächst lediglich für Formen kreditvermittelter Abhängigkeitsstrukturen sensibilisieren und auf diese Weise die analytische Leitidee des Beitrages verdeutlichen. Um den geschilderten Dynamiken nachzugehen, bediene ich mich unter Abschn. 2 des vorliegenden Beitrages zunächst des Ansatzes einer wirtschaftssoziologischen Werttheorie nach Jens Beckert. Das hieraus entlehnte Konzept des imaginativen Gebrauchswertes von Gütern erweitere ich schließlich durch eine kategoriale Zweiteilung in eine primäre und eine sekundäre Ebene. Die entwickelten Kategorien wende ich anschließend in Abschn. 3 auf die finanzmarktspezifische Ware Eigentumstitel an. Auf diese Weise untermauere ich die oben formulierte These des Finanzmarktes als Handelsplatz für kommodifizierte Wertschöpfungsprognosen. Zwecks einer Akkumulationslogik, die den gegenwärtigen gesellschaftlichen Produktivkräften vorauseilt, bedarf es der eingangs angesprochenen Praxis der kontingenzbewältigenden Wissensproduktion, der ich in Abschn. 4 nachgehe. Abschn. 5 rekonstruiert daran anknüpfend die Grundstruktur eines in der zeitlichen Dimension angesiedelten Verteilungskonfliktes auf dem Finanzmarkt am Beispiel von Staatsverschuldung. Die temporalstrukturelle Konfliktlinie verläuft eben dort, wo zinstragende Eigentumstitel als Zeichensysteme verstanden werden, welche auf ökonomische Materialität rekurrieren und zukünftige Besitzverhältnisse vorstrukturieren. Die Umverteilung des kollektiven Wohlstands ist dabei jedoch nur eine von vielen Folgen einer Depotenzialisierung der jeweils gegenwärtigen Handlungsspielräume. In Abschn. 6 wird letzteres gewissermaßen als Grundproblem intertemporaler Handelsverflechtungen diagnostiziert. Diese Einengung gegenwärtiger Optionen hat wiederum zur

Folge, dass nicht alle Formen denkbarer Zukünfte gleichermaßen die Gelegenheit haben, ihre eigene Existenz in der Gegenwart vorzubereiten. Abschn. 7 widmet sich dementsprechend einem Phänomen, das man als finanzgetriebene Dynamik sozioökonomischer ‚Verunmöglichung' bezeichnen könnte und welches kurz anhand der finanziellen Schwierigkeiten postwachstumsorientierter Projekte konkretisiert wird. Das Fazit unter Abschn. 8 fasst die Erkenntnisse abschließend zusammen und stellt die Frage nach denkbaren Entwicklungsperspektiven.

2 Die temporale Dimension einer soziologischen Werttheorie

Zunächst möchte ich an dieser Stelle einige werttheoretische Vorüberlegungen vornehmen, bevor diese im Weiteren auf das Finanzsystem angewendet werden. Klassischerweise definiert man in der Volkswirtschaftslehre den Finanzsektor als ein „Transportgewerbe für Finanzaktiva" (Gischer et al. 2012, S. 2). Wenn auf dem Finanzmarkt also mit Finanzaktiva bzw. mit mehr oder weniger liquider Zahlungsfähigkeit gehandelt wird, bleibt allerdings die Frage offen, was in diesem Falle den Platz eines für jede Transaktion tauschtheoretisch benötigten Wertäquivalents einnimmt. Oder anders formuliert: Worin besteht beim Handel auf Finanz- und insbesondere Kreditmärkten die spezifische Ware, die gegen Zahlungsfähigkeit veräußert wird? Vor dem Hintergrund dieser tauschtheoretischen Perspektivenverkehrung geraten Eigentumstitel auf künftige Zahlungsfähigkeit als spezifische Warenform in den Blick. Dieser werttheoretische Umweg erscheint, wie wir gleich sehen werden, sinnvoll, da sich auf diese Weise relativ anschaulich die temporalstrukturellen Zusammenhänge rekonstruieren lassen.

Zwecks der Analyse dieser auf Geld- und Finanzmärkten gehandelten Warenform bediene ich mich im Folgenden zunächst des Ansatzes einer soziologischen Werttheorie nach Jens Beckert. Mittels theoretischer Anleihen aus der Religionssoziologie Émile Durkheims nimmt er eine Ausdifferenzierung des durch Waren verkörperten (Gebrauchs-)Wertes in drei Kategorien vor:

> First, goods can be valued for the difference they make in the physical world. Second, they can be valued for the differences they make in the social world when they position actors in the social space. Third and finally, they can make a difference in the consciousness of the individual who owns or consumes them, in the form of the fantasies that they evoke, and hence make a difference in the imaginative world (Beckert 2010, S. 5).[6]

[6]Beckert fokussiert sich angesichts der Frage nach kapitalistischen Wachstumsdynamiken hauptsächlich auf die letzteren beiden Wertformen, „because positional and imaginative value have much higher potenzial for growth than goods valued only for their physical performance" (Beckert 2010, S. 5). Für die hier vorzunehmende Analyse der Ware Eigentumstitel erscheint dagegen eine Schwerpunktsetzung auf den Zusammenhang von physischen und imaginativen Wertsubstanzen sinnvoll.

Die erste Kategorie des physischen Wertes bezieht sich dementsprechend klassisch (wie schon beispielsweise bei Karl Marx) auf den stofflich materiellen Nutzen, der aus dem Konsum des Gutes erwächst. Die zweite Ebene, die positionale Wertdimension betrachtet Güterkonsum als ein Instrument der sozialen Distinktion und die dritte lässt sich als eine individuumszentrierte, fantasierte Bewusstseinserweiterung betrachten.

Im Folgenden gehe ich davon aus, dass es sich bei Eigentumstiteln, wie sie im (Giral-)Geld- und Finanzsektor produziert und gehandelt werden, um eine Mischform dieser drei Kategorien handelt.[7] Die physische Dimension des Wertes von Eigentumstiteln besteht in der Eigenschaft, ein juristisch verbriefter Anspruch auf Zahlungsfähigkeit zu sein. Dieser Anspruch kann in der Regel selbst als Tauschmittel genutzt werden und ermöglicht somit Verfügungsmacht über die materielle Güterwelt. Positionale als auch imaginative Werte siedelt Beckert analytisch dagegen auf einer symbolischen Ebene an, wobei ihr Unterschied im jeweiligen Bezugsrahmen (intersubjektive Anerkennung vs. subjektive Zuschreibung) liegt (Beckert 2010, S. 5–6). Wenn auch, wie Beckert selbst betont, die imaginative Wertdimension nicht unabhängig von ihrer sozialen Einbettung in intersubjektive Sinnwelten betrachtet werden kann,[8] möchte ich diesen Gedanken zwecks analytischer Trennschärfe wie folgt ausdifferenzieren: Während der imaginative Wert durch eine auf der Subjektebene zu verortende verheißungsvolle Fiktion entsteht, ist diese stets in ein intersubjektives Narrativ eingebettet.

Im Verlauf dieses Aufsatzes werde ich dementsprechend zwischen den Begriffen *Narrativ* und *Fiktion* folgendermaßen unterscheiden: Die Narratio begreife ich als ein diskursiv erzeugtes Makrophänomen, sprich als eine übergeordnete Kollektiverzählung wachsender Wirtschaftsleistung oder eines stabilen Bankensektors. Diese bleibt relativ abstrakt und bildet gewissermaßen den mehr oder weniger verheißungsvollen Nährboden für Fiktionen. Die Fiktion wiederum ist das von den handelnden Wirtschaftssubjekten konkret quantifizierte Investitionsprojekt, welches am Markt in seiner Warenform Eigentumstitel feilgeboten wird. Kehren wir zur Veranschaulichung kurz gedanklich zu Robinson und seiner atomisierten Inselgesellschaft zurück: Würden die Insulaner*innen mehrheitlich die Überzeugung hegen, dass sich die Anbaubedingungen im Inselstaat für Kokosnüsse in Zukunft stetig verbessern (Narratio), so würde ein Anheben der langfristig erwarteten Erntemenge in einem konkreten Umfang (z. B. 20 %) durch Robinson als glaubwürdig und eine Anlage in seine Plantage als profitabel erscheinen (Fiktion). Auf die Produktionsbedingungen solcher Wertschöpfungsfiktionen werde ich in Abschn. 4 näher eingehen.

[7] „Note that this is not an essentialist distinction between goods, but between the sources of value that goods have; two or all three types can be – and often are – simultaneously present in any concrete good" (Beckert 2010, S. 7).

[8] Aus wissenssoziologischen Erwägungen heraus betrachtet er im Grunde alle drei Dimensionen des Gebrauchswertes als wissensbasiert und damit soziokulturell bedingt.

Zurück zur Beckertschen Gebrauchswertdifferenzierung: Da Eigentumstitel in der Regel mit ökonomischem Wert gleichgesetzt betrachtet werden, liegt es auf der Hand, dass der Besitz solcher Waren in kapitalistischen Gesellschaften eine positionale Wirkung bzw. einen Distinktionsgewinn entfaltet. Das imaginative Element von Eigentumstiteln liegt dagegen in ihrem fiktionalen Charakter, indem sie die mehr oder weniger berechtigte Illusion erzeugen, die risikoreiche Kontingenz kommender Ereignisse in einem gewissen Rahmen (und bestenfalls profitabel) beherrschen zu können. „The good performs as an arbitrator or bridge between the subject and a desired but [more or less] (Anm. d. Verf.) intangible ideal" (Beckert 2010, S. 9).

Während sich der physische Wert eines Eigentumstitels auf die gegenwärtige Verfügungsmacht über materielle Ressourcen bezieht, kommt der imaginative Wert dementsprechend in der zeitlichen Dimension zum Tragen. Nach Lohoff und Trenkle (2012, S. 129) kann der (imaginative) Gebrauchswert in eine primäre und eine sekundäre Ebene weiter ausdifferenziert werden. Sie veranschaulichen diese Unterscheidung beispielhaft am Gebrauchswert des Mietverhältnisses von Wohneigentum. Dieser besteht einerseits in der Möglichkeit, diese zu bewohnen (primärer Gebrauchswert), und andererseits darin, am Gebrauch des Wohnens mittels der Mieteinnahmen zu partizipieren (sekundärer Gebrauchswert). Anders formuliert bezahlt der Mensch, der die Wohnung benutzt, nicht direkt die Wohnung, sondern lediglich das in der zeitlichen Dimension angesiedelte Nutzungsrecht.

Übertragen auf finanzielle Eigentumstitel kann diese Unterscheidung wie folgt vorgenommen werden: Der *primäre* imaginative Gebrauchswert besteht in der Möglichkeit, auf Basis kollektiver[9] Produktivitätsfiktionen die hieraus resultierenden Gewinne praktisch aus der Zukunft in die Gegenwart zu transferieren. Der *sekundäre* imaginative Gebrauchswert des Eigentumstitels resultiert im beckertschen Sinne aus der Möglichkeit, an den fiktiven Produktivitätserwartungen der „fantasies based on symbolic associations with desired events" (Beckert 2010, S. 9) mittels zinsbasierter Kapitalrendite teilzuhaben. Im Rahmen des mikroökonomischen Modells bedeutet diese Überwindung monetärer Gegenwartsbegrenzung (primärer Gebrauchswert), dass eine tendenzielle Entkoppelung von Gegenwarts- und Zukunftskonsum möglich scheint. Dementsprechend kann das Wirtschaftssubjekt mittels Kredit, also der Miete fremden Kapitals für einen bestimmten Zeitraum, die Steigung seiner Budgetrestriktionsgeraden verändern.

Nimmt also Robinson einen Kredit von Mittwoch an, so erhält er den primären imaginativen Gebrauchswert der Kokosnüsse. Dieser besteht in der produktiven Verwendung der geliehenen Nüsse und wird mittels Zins bezahlt. Mittwoch dagegen behält den sekundären Teil des imaginären Gebrauchswertes, indem sie rechtlich verbriefte Ansprüche auf Teile der kommenden Ernte erhält. Imaginativ sind die beiden Ebenen des

[9]Um auf einem hochgradig anonymisierten Markt mit künftiger Produktivität handeln zu können, müssen die Produktivitätsfiktionen notwendigerweise intersubjektiv nachvollziehbar sein (Sinclair 2011, S. 187).

Gebrauchswertes im Beckertschen Sinne schließlich deshalb, da weder Robinson noch Mittwoch wissen, was die Zukunft bringen wird. Allen Narrativen wie Erntestatistiken und Wettervorhersagen zum Trotz, kann die Fiktion steigender Kokosnusserträge sich am Ende als Irrtum herausstellen. „Stets besteht die Möglichkeit, dass wir feststellen, eine andere Zukunft geplant zu haben als diejenige, die sich schließlich einstellt" (Esposito 2010, S. 12). Genau an dieser Stelle etabliert sich ein Verteilungskonflikt, der, wie wir sehen werden, nicht nur Robinson und seine Nachbarinsulaner*innen betrifft.

3 Der Finanzmarkt als Handelsplatz von Wertschöpfungsprognosen

Im Folgenden möchte ich die bis hierher vorgenommenen werttheoretischen Überlegungen weiterführend auf die finanzmarktspezifische Ware Eigentumstitel anwenden. Zwecks der analytischen Annäherung gehe ich zunächst von einer Weiterentwicklung der Marxschen Werttheorie aus, bevor ich auf Beckerts wirtschaftssoziologische Ansätze zurückkomme. Die an Kreditmärkten gehandelten Eigentumstitel lassen sich aufgrund ihrer möglichen Verzinsung als eine spezifische Kapitalform begreifen. Dementsprechend gehe ich zunächst auf das Konzept des fiktiven Kapitals nach Marx ein, um mich der Frage nach der Wertsubstanz dieser Warenform anzunähern. Marx selbst betrachtet im dritten Band des *Kapitals* den Wert fiktiver Kapitalgüter wie Schuld- und Eigentumstitel, Aktien usw. zunächst als „illusorisch" (Marx und Engels 1973b, S. 485), wechselt allerdings zur Erklärung der Wertsubstanz sogleich in die zeitliche Dimension: „Alle diese Papiere stellen in der Tat nichts vor als akkumulierte Ansprüche, Rechtstitel, auf künftige Produktion […]" (Marx und Engels 1973b, S. 486).[10]

Fiktive Kapitalgüter wie Schuld- oder Eigentumstitel finden Marx zufolge demnach ein zwar illusorisches, aber dennoch sie deckendes Äquivalent in der Erwartung, dass die verschuldete Person bzw. Institution die Zahlungsfähigkeit im Rahmen des vereinbarten Zeithorizontes produktiv nutzen wird. Die hier im Fokus stehende fiktive, weil auf Zukunft rekurrierende, Ware Eigentumstitel gelangt also mittels der beschriebenen Transaktion durch die Schaffung eines Kreditkontraktes in die Welt. Solche Eigentumstitel, die von Lohoff und Trenkle (2012, S. 120) als „Waren zweiter Ordnung" bezeichnet werden, lassen sich im Gegensatz zu den übrigen Waren werttheoretisch durch die noch nicht erfolgte, sondern erst zukünftig zu verausgabende menschliche Arbeitskraft charakterisieren.

[10]Dies deckt sich gewissermaßen auch mit Keynes, der konstatiert, „[…] daß der Zinssatz die Belohnung für die Aufgabe der Liquidität für einen bestimmten Zeitabschnitt ist." (Keynes 2009, S. 141).

> Bei den Waren, die auf den Gütermärkten gehandelt werden, stellt der Markt lediglich eine Realisationsinstanz dar. Dagegen entstehen Waren zweiter Ordnung in der Beziehung von Geldkapitalkäufer und Geldkapitalverkäufer im Moment der Markthandlung (Lohoff und Trenkle 2012, S. 127).

Somit produzieren die kreditgebende und die kreditnehmende Instanz gemeinsam eine fiktive Ware, indem sie sich auf eine gemeinschaftlich antizipierte Form zukünftig wahrscheinlicher Produktivität einigen und so ein immaterielles Wertäquivalent konstruieren. Die Produktion von Waren zweiter Ordnung wie Eigentumstiteln ist dabei, wie oben erwähnt, stets in ein mehr oder weniger vielversprechendes gesamtgesellschaftliches Narrativ eingebettet. Im Rahmen dieses Erwartungsklimas werden Produktivitätsfiktionen konstruiert, welche zwecks der Akquise von Zahlungsfähigkeit mittels Kredit veräußert werden. Anders formuliert, muss Robinson zur Ausweitung seines Gegenwartskonsums durch Kredit fiktive Ernteaussichten konstruieren und am Inselmarkt feilbieten. Nur indem er einen solch immateriellen Wert am Markt anbietet, kann er Mittwoch dazu bringen, ihm ihre Kokosnüsse zu produktiven Zwecken zu überlassen. Ergebnis dieses Tauschhandels ist, dass die beiden durch den Tauschakt eine spezifische Ware, einen Eigentumstitel auf Teile der kommenden Ernte, hervorbringen.

> Diese Transaktion ermöglicht Liquidität in einer Risikosituation, sie gibt mit anderen Worten einem Teil (dem Kreditnehmer) die Möglichkeit, in der Gegenwart auf die Zukunft zuzugreifen, während der Gegenpart die eigene Gegenwart (in Form von Liquidität) zugunsten einer erwarteten Zukunft (in der die Raten eingenommen werden) zur Verfügung stellt (Esposito 2010, S. 227).

Entscheidend ist an dieser Stelle, dass die mittels solcher Transaktionen produzierte Ware zweiter Ordnung ihren fiktiven Wert aus den von Robinson vorgelegten Erntestatistiken und den Daten über Ertragsaussichten seiner Plantage bezieht. „An der Basis der Transaktion steht ein künftiger Reichtum […]“ (Esposito 2010, S. 227). Für das Entstehen jedes Kreditverhältnisses bedarf es demnach einer Art immateriellen Rohstoffs für die Produktion von Eigentumstiteln. Dieser Rohstoff besteht in der gesellschaftlichen Konstruktion eines Wissens darüber, wie sich die kommende Wertschöpfung gestalten wird. Die hierfür als legitim geltende soziale Praxis ist die (Finanz-)Mathematik, welche auf Basis von Stochastik und Annahmen über Normalverteilungen den Versuch unternimmt, Zukunft plan- und beherrschbar zu machen (siehe Abschn. 4).

Abschließend kann bis hierher festgehalten werden, dass Eigentumstitel ihren primären Gebrauchswert aus der Überwindung monetärer Gegenwartsbeschränkungen beziehen. Da es sich hierbei jedoch um den Handel mit vorab kommodifizierter Wertschöpfung handelt, ist dieses Potenzial eng an die Glaubwürdigkeit der zugrunde liegenden Erwartungen geknüpft. Wie oben erwähnt, entstehen solche Erwartungen auf Basis eines Narratives (z. B. konjunktureller Aufschwung, Stabilität des volkswirtschaftlichen Wachstumspfades etc.), welches die Produktivitätsfantasien solide erscheinen lässt. Das Vertrauen in diese Fiktionen, welches die Grundlage für den sekundären Gebrauchswert darstellt, muss demzufolge mittels legitimer Techniken hergestellt werden. Im Folgenden werde ich daher auf die Grundmuster finanzökonomischer Wissensformen eingehen, welche für die Produktion imaginativer Werte benötigt werden.

4 Das Wissen über die Zukunft als Rohstoff imaginativer Werte

Wie wir gesehen haben, bestehen die auf Finanzmärkten gegen Zahlungsfähigkeit veräußerten Eigentumstitel in kommodifiziertem „Wissen" über künftige Ereignisse. Die Produktion solcher Wissensformen setzt kollektiv geteilte Wahrnehmungs- und Deutungsschemata voraus und sorgt auf diese Weise für die Legitimität der gehandelten Werte. Ein Markt für kommodifizierte Wertschöpfungsprognosen, wie ich ihn oben rekonstruiert habe, erfordert dementsprechend unbedingt plausible Formen der Kontingenzbewältigung.

> Diese Plausibilität aber ist eine narratio, eine Erzählung wünschenswerter Zukünftigkeit, deren Eintritt gewisse Kontingenzen beibehält, die wir durch unsere Entscheidung nicht eliminieren können (Priddat 2014, S. 260).

Die hier thematisierte Narratio stützt sich auf die (nicht nur) in der Ökonomik weit verbreitete Unterteilung in zwei Kontingenzkategorien, namentlich unvorhersehbare Unsicherheiten und berechenbare Risiken (Diaz-Bone 2012, S. 70; Stäheli 2007, S. 82). Die Kontingenzkategorie des Risikos bietet dabei die Möglichkeit, unbekannte Zukünfte nach einem legitimen Muster strukturiert zu erschließen und scheint im Rahmen finanzgetriebener Akkumulation an Bedeutung zu gewinnen.

> Risk refers to hazards that are actively assessed in relation to future possibilities. It only comes into wide usage in a society that is future-oriented – which sees the future precisely as a territory to be conquered or colonised (Giddens 1999).

Um die Zukunft zu kolonialisieren, wie Anthony Giddens es hier nennt, werden stochastische Techniken angewendet, mittels derer „[…] für unzugängliche Objekte messbare Symptome gefunden […]" (Link 2013, S. 22) werden können.[11] „Die Wahrscheinlichkeitsrechnung ist in diesem Zusammenhang ein funktionales Äquivalent divinatorischer Praktiken" (Cevolini 2014, S. 188). Diese divinatorische Praxis ist zwar mit erkenntnistheoretischen Problemen[12] belastet, hilft aber dennoch mittels ihres narrativen Charakters

[11]Eine zentrale Rolle spielt dabei die in der Wahrscheinlichkeitsrechnung grundlegende Annahme stochastischer Normalverteilung, weshalb Link (2013) auch bei einem in Krisensituationen einsetzenden Vertrauensverlust von einer „Denormalisierung" spricht.

[12]So lässt sich stets nur ex post beurteilen, ob es sich tatsächlich um ein berechenbares Risiko oder um eine der Kontingenz unterworfene Unsicherheit handelte, was den Erkenntnisgehalt dieser Unterscheidung gegen Null tendieren lässt.

angesichts kontingenter Zukunft, überhaupt Entscheidbarkeit herzustellen (Priddat 2014, S. 260, 2016, S. 14). „These ‚fictions' provide parameters for decision-making and thereby provide orientation despite the uncertainty inherent in the situation" (Beckert 2011, S. 5).

Aus diesen Ausführungen wird deutlich, dass ein Markt, auf dem kommodifizierte Wertschöpfungsprognosen unter Gesichtspunkten der Profitabilität konstruiert und gehandelt werden, notgedrungen zweierlei bedarf: Zum einen wird eine qualitative Komponente benötigt, sprich ein gesellschaftliches Narrativ, wie beispielsweise ein konjunktureller Aufschwung. Dieses Narrativ bietet eine gesellschaftliche Erzählung, die den relativ abstrakten Inhalt der konstruierten Zukunft darstellt. Dieser Inhalt bekommt schließlich mittels der stochastischen Vorhersagepraktiken eine gesellschaftlich verarbeitbare Form. Ergebnis dessen ist eine konkrete und quantifizierbare Produktionsfiktion, welche in ihrer Warenform des Eigentumstitels gegen Zahlungsfähigkeit am Finanzmarkt veräußert werden kann.

Ohne an dieser Stelle detaillierter auf die beiden Aspekte eingehen zu können, bleibt doch hervorzuheben, dass sich im Falle des Finanzmarktes ein Geflecht von profitgenerierenden Akkumulationsmythen und zahlenmäßiger Formgebung als modernes Instrument der Prophetie etabliert hat. Treffenderweise bezeichnet Jürgen Link (2013, S. 93) diese soziale Praxis der Kontingenzbewältigung metaphorisch als „Brücke in die Zukunft". Ungeachtet ihres durchaus mangelhaft erscheinenden Potenzials hinsichtlich einer tatsächlichen Bewältigung von zeitlicher Kontingenz,[13] genießt diese Praxis jedoch eine enorme Legitimität. Im Folgenden möchte ich zunächst die Genese des von mir postulierten temporalstrukturellen Verteilungskonfliktes in den Blick nehmen, welchen ich am Beispiel der Staatsverschuldung rekonstruiere. Die sich darin abzeichnenden Tendenzen zusammenschrumpfender Handlungsoptionen ganzer Volkswirtschaften veranschauliche ich anschließend unter Punkt 6.

5 Der temporalstrukturelle Konfliktherd und seine distributiven Folgen

Wir haben nun bis hierher gesehen, auf welche Weise spezifische Wissensformen über kommende Wertschöpfungswahrscheinlichkeiten konstruiert werden und die Warenform Eigentumstitel annehmen. Das gesellschaftspolitische Konfliktpotenzial dieser vorauseilenden Kommodifizierungslogik soll nun zunächst rekonstruiert und anschließend am Beispiel der Staatsverschuldung veranschaulicht werden. Die durch den Tauschakt hervorgebrachten Waren zweiter Ordnung bestehen werttheoretisch, wie oben gezeigt, aus einer primären und sekundären Ebene. Das Verhältnis dieser beiden Dimensionen des Gebrauchswertes von Eigentumstiteln zeichnet sich durch eine Art Nutzensymbiose aus.

[13] „Sie ‚versichert' Entscheidbarkeit, nicht aber die jeweiligen Entscheidungen" (Priddat 2016, S. 14).

Reisen wir noch einmal in Robinsons Inselwelt: Gilt die Wertschöpfungsfiktion als glaubwürdig, so gelingt ihre Kommodifizierung und ermöglicht Robinson als Schuldner die Ausweitung des Gegenwartskonsums mittels Kredit (primärer Gebrauchswert). Diese temporal-monetäre Dienstleistung lässt sich Mittwoch mit dem juristisch verbrieften Anspruch auf Teile der kommenden Wertschöpfung in Form von Zinsforderungen vergelten (sekundärer Gebrauchswert). Auf Basis des vorherrschenden Wachstumsnarrativs und den Fiktionen konjunkturellen Aufschwungs, verspricht dieser intertemporale Handel allen Beteiligten eine Nutzensteigerung. „Man hat also beschlossen, sich der Zukunft (so wie sie von der Gegenwart aus gesehen wird) anzuvertrauen, um festzulegen, welche Gegenwart man braucht" (Esposito 2010, S. 234).

In dem Augenblick, wo sich die vorab kommodifizierten Wertschöpfungsfiktionen im Zeitverlauf jedoch als unzutreffend herausstellen – die Gegenwart also nicht die benötigte Form annimmt – etabliert sich nun ein Verteilungskonflikt. Robinson ist in der misslichen Situation, dass er gleichzeitig mit einem Ernteausfall und den fälligen Zinsforderungen gegenüber Mittwoch konfrontiert ist. Als er ein Schreiben des von Mittwoch beauftragten Inkassobüros erhält, bleiben ihm nur zwei Möglichkeiten: Entweder kann er bei der Inselverwaltung Insolvenz anmelden oder, wozu er sich als moralisch gefestigter und verantwortungsbewusster Inselbürger entschließt, neue Kredite aufnehmen. Den Verlust, so hofft er, wird er mit der nächsten oder übernächsten Ernte wieder reinholen und dann auch die Zinsforderungen gegenüber den neuen Kreditgeber*innen Dienstag und Donnerstag bedienen können.

Er ist in dieser Situation aufgrund seines defizitären Kokosnusshaushaltes nicht mehr frei in der Wahl seiner Handlungsoptionen. Im Gegenteil zeichnet sich die einleitend angesprochene Transformation von einer mikroökonomischen Optimierungsentscheidung hin zur Vermeidung bzw. dem stetigen Aufschub des finanziellen Kollapses ab. Getrieben von der Angst vor einer Insolvenz beginnt Robinson dauerhaft, die Dienstleistung des intertemporalen Handelssektors in Anspruch zu nehmen, und begibt sich damit in ein strukturelles Abhängigkeitsverhältnis.

Fassen wir zusammen: Aufgrund des beidseitig unzutreffend prognostizierten Verlaufs sozioökonomischer Entwicklung hat sich ein Verteilungskonflikt zwischen den Inhaber*innen des primären und des sekundären Gebrauchswertes von Eigentumstiteln etabliert. Zurück in der empirischen Sozialwelt finden wir eben jenen Konflikt am Beispiel der Staatsverschuldung zwischen Bürger*innen und den Eigentümer*innen von Staatsanleihen. Zeichnet sich ein Staatshaushalt durch ein strukturelles Haushaltsdefizit aus und ist dementsprechend dauerhaft auf die intertemporale Dienstleistung des Finanzsektors angewiesen,[14] ist die Situation vergleichbar: Auch hier bestehen die denkbaren Handlungsoptionen nur in der Insolvenz oder einer stetigen, kreditvermittelten Verlagerung des Konfliktes in die Zukunft. Sofern die stetige Fristentransformation als

[14]Zum Prozess einer Finanzialisierung, welcher hierfür als ursächlich betrachtet werden kann, siehe Abschn. 6.

Konfliktregelungsform gewählt wird, lassen sich empirisch einerseits machtpolitische Verschiebungen (Schulz 2016, S. 107–120) und andererseits teils erhebliche Umverteilungsdynamiken beobachten. Der finanzielle Ressourcenpool, aus dem im Falle der Staatsverschuldung die vorauseilend generierten Ansprüche bedient werden müssen, setzt sich aus demjenigen Teil des kollektiven Wohlstandes zusammen, der mittels Steuereinnahmen sozialisiert wird. Angesichts einer gegenwärtig stets prekären Bilanzstruktur findet dementsprechend kontinuierlich eine zinsbedingte Aneignung eines zum Teil erheblichen Anteils des kollektiven Wohlstandes seitens privater Akteursgruppen statt (Streeck 2013, S. 30–34; Altvater 2009, S. 11; Lietaer 1999, S. 137).

Der Verteilungskonflikt entzündet sich hinsichtlich der Staatsverschuldung also zwischen dem aus Bürger*innen bestehenden „Staatsvolk“ und dem aus Gläubiger*innen zusammengesetzten „Marktvolk“ (Streeck 2013, S. 118). Sofern ein strukturelles Haushaltsdefizit vorliegt, nutzt das Staatsvolk kontinuierlich den primären imaginativen Gebrauchswert von Eigentumstiteln, um die monetäre Begrenztheit der Gegenwart zu überwinden. Die Narrative makroökonomischen Wachstums ermöglichen im besten Falle also eine Nutzensymbiose zwischen Staatsvolk und Marktvolk und erlauben es auf diese Weise, den vorhandenen Verteilungskonflikt temporalstrukturell zu verarbeiten. Die Kehrseite solcher performativen Erzählungen ist jedoch, dass sie ebenso schnell in ihr Gegenteil umschlagen können und der Konflikt aus der zeitlichen in die materielle Dimension zurückkehrt. Erscheinen nämlich die Produktivitätsfiktionen der Schuldnerinstanz (Staat) nicht mehr glaubwürdig, so gerät damit der sekundäre Teil des imaginativen Gebrauchswertes – mittels Zins an der kommenden Mehrwertproduktion zu partizipieren – ins Wanken. Temporalstrukturell betrachtet wurde in diesem Fall beim Abschluss des Kreditkontraktes aus der prinzipiell unendlichen Bandbreite möglicher Zukünfte eine spezifische, mehrwertgenerierende Variante ökonomischer Entwicklung quasi vorab festgeschrieben und Teilerträge in der Gegenwart privatisiert. In dieser Situation verfolgt das Marktvolk das Ziel der Sicherung oder Steigerung des Bondholder Value, also des Wertes der von ihnen gehaltenen Staatsanleihen. Auf der anderen Seite pocht das Staatsvolk auf die Aufrechterhaltung der bisherigen staatlichen Dienstleistungen, wie beispielsweise die öffentliche Gesundheitsversorgung und einen freien Zugang zu Bildungsinstitutionen.

So betrachtet sind die Auseinandersetzungen um die Austeritätspolitik als Kristallisationspunkt einer Wiederkehr der in die Zukunft verlagerten Auseinandersetzung um den kollektiven Wohlstand zu begreifen. Der auf diese Weise in jüngerer Vergangenheit in einigen Ländern Südeuropas entstandene Verteilungskonflikt scheint dabei ein enormes Machtungleichgewicht zu Tage gefördert zu haben. Unter Androhung der Verweigerung einer Anschlussfinanzierung, welche angesichts struktureller Haushaltsdefizite wirkmächtig zu sein versprach, ist es dem Marktvolk gelungen, seinen Interessen erfolgreich Gehör zu verschaffen. Die Folge dessen war und ist die oben geschilderte Externalisierung der Zeitpräferenzrate, da staatliche Akteur*innen in dieser Situation nicht mehr in der Lage sind, den Umfang ihres Gegenwartskonsums unter Berücksichtigung ihrer subjektiven Indifferenzkurve zu wählen. Die Unmöglichkeit der

Nutzenmaximierung kommt im erwähnten Zusammenschrumpfen intertemporaler Handlungsoptionen[15] zum Ausdruck. Diese Konstellation struktureller Handlungsrestriktionen mündete beispielsweise im Falle Südeuropas in einer gläubiger*innenorientierten Austeritätspolitik, welche so rigorose Züge annahm, dass eine explodierende Massenarbeitslosigkeit, rasant ansteigende Armutsquoten und der Zusammenbruch der gesamten Gesundheitsversorgung einiger Länder als unvermeidbar erschien (Kentikelenis 2011; McKee et al. 2012; Link 2013, S. 218–224). Diese gesellschaftspolitische Virulenz der Verteilungsdynamik resultiert aus einer Konstellation, in der die Zinsforderungen oberhalb des volkswirtschaftlichen Gesamtwachstums liegen. In dieser Situation müssen die aus der Zukunft zurückwirkenden Forderungen gewissermaßen aus der gegenwärtig vorhandenen Substanz bedient werden, was wiederum bereits existierende Umverteilungsdynamiken verfestigt (Piketty 2014; Hickel 2009, S. 48; Huffschmid 2009, S. 109; Lietaer 1999, S. 136).

6 Die Depotenzialisierung der Gegenwart

Die geschilderten Formen einer strukturellen Verengung kollektiv denkbarer Verhaltensweisen möchte ich nun näher in den Blick nehmen. Gemeinhin wird in der Ökonomik wie in der Soziologie das Sparen, also der gegenwärtige Verzicht auf die Verfügung über Zahlungsfähigkeit, als ein Verhalten begriffen, aus dem eine künftige Steigerung von monetären Möglichkeitshorizonten resultiert (Keynes 2009, S. 57; Bofinger 2011, S. 174–178; Cevolini 2014, S. 179). Der Prozess einer kreditvermittelten Transformation künftig wahrscheinlicher Produktivität in gegenwärtige Zahlungsfähigkeit kehrt dieses Verhältnis jedoch um. Aus dem heutigen Gewinn monetärer Handlungsspielräume erwachsen künftige Verpflichtungen. „Man entdeckt dann, dass man die Zukunft bereits aufgebraucht hat" (Esposito 2010, S. 220). Anders formuliert, kann der primäre imaginative Wert von Eigentumstiteln, welcher die Budgetrestriktionsgerade nach rechts verschiebt und einen höheren Nutzen verspricht, als Kehrseite eine künftige Beschränkung von Möglichkeitshorizonten mit sich bringen. Wenn es sich hierbei, wie bei Robinson im mikroökonomischen Ursprungsmodell, um eine freiwillige Optimierungsentscheidung handelt und die prognostizierten Produktivitätsfiktionen wie erwartet eintreten, scheint dieses Umkehrungsverhältnis unproblematisch. Im Gegenteil ermöglicht es tatsächlich das Erlangen eines Nutzenniveaus, welches ohne intertemporalen Handel nicht erreicht werden könnte.

Wie das Beispiel der Staatsverschuldung gezeigt hat, können diese Verpflichtungen jedoch im Rahmen einer sogenannten Finanzialisierung weitreichende Folgen zeitigen. Hiermit wird ein Prozess bezeichnet, durch welchen „Unternehmen, Haushalte und der

[15]Diese finanzialisierungsbedingte Depotenzialisierung von Handlungsspielräumen wird im folgenden Abschn. 7 ausführlicher betrachtet.

Staat materiell, institutionell und diskursiv stärker an die Entwicklung der Kapitalmärkte gebunden werden" (Heires und Nölke 2011, S. 42). Temporalstrukturell betrachtet ist Finanzialisierung demnach als ein Prozess zu verstehen, während dessen Wirtschaftsakteur*innen in steigendem Maße mittels Kredit auf noch nicht geleistete Wertschöpfung vorausgreifen. Wie einleitend erwähnt, untersuchte Hyman P. Minsky in den 1960er Jahren die finanzialisierungsbedingten Verflechtungsstrukturen, welche für euphorische Boomphasen[16] charakteristisch sind und sukzessive eine zunehmend riskante Relation von Eigen- zu Fremdkapital hervorbringen (Minsky 2011a, S. 54). Um diese empirischen Beobachtungen im neoklassischen Modell abzubilden, müsste Robinson als erstes seine Kokosnüsse nicht für den Eigenbedarf, sondern für den Markt produzieren. Setzt angesichts großartiger Konjunkturprognosen eine Euphorie im Inselstaat ein, so wäre es durchaus rational, mehrere bzw. sehr hohe Kredite zum Zwecke einer Produktionssteigerung aufzunehmen. Da alle Nachbarinsulaner*innen vor derselben Optimierungsentscheidung stünden, wäre (neben einem künftig sehr wahrscheinlichen Preisverfall für Kokosnüsse) eine zunehmende Kreditverflechtung zwischen den Inseln zu beobachten. Folgt man der Empirie, hat diese Dynamik subjektiver Nutzenmaximierung höchst anfällige bilanzielle Verflechtungsstrukturen zur Folge (Minsky 2011b, S. 124). Die Instabilität resultiert aus der nur scheinbar bewältigten Kontingenz kommender Ereignisse (siehe Abschn. 4). Je euphorischer die Narrative gestrickt werden, desto größer die Wahrscheinlichkeit, dass die vorab kommodifizierten Wertschöpfungsfiktionen nicht eintreten. Würde also entgegen aller Euphorie im Inselstaat ein flächendeckender Ernteausfall einsetzen, so entstünde eben jener in Abschn. 5 veranschaulichte Verteilungskonflikt zwischen Gläubiger*innen und Schuldner*innen.

Zurückübersetzt in die Terminologie der werttheoretischen Eingangsüberlegungen, lässt sich diese konfliktive Struktur aus der sich umkehrenden Nutzensymbiose von primärem und sekundärem imaginativem Gebrauchswert von Eigentumstiteln erklären. Aus soziologischer Perspektive kann diese Konfliktdynamik als Folge einer „kapitalistischen Landnahme" (Dörre 2011) betrachtet werden, wobei sich die zugrunde liegende Akkumulationslogik in den vergangenen Dekaden weitestgehend auf die zeitliche Dimension verlagert zu haben scheint. Die auf diese Weise provozierte Instabilität bilanzieller Verflechtungsstrukturen, die Minsky zufolge für kapitalistische Volkswirtschaften symptomatisch ist, verursacht spezifische Verhaltensrestriktionen. Ab einem gewissen Ausmaß der Finanzialisierung macht sich, wie angedeutet, ein zeitlich zirkulärer Rückkopplungseffekt bemerkbar, der nicht nur die künftigen Handlungsspielräume, sondern sukzessive auch die gegenwärtigen zu depotenzialisieren vermag.

[16]Eben solche Euphorie findet ihre Ursache in spezifischen kollektiv geteilten Narrativen, wie sie oben erwähnt wurden. Minsky (2011b, S. 73) führt als Beispiel ein in der Mitte der 1960er Jahre durch Ökonom*innen erzeugtes Stabilitäts- und Wachstumsnarrativ an, welches voller Euphorie ein Ende rezessiver Dynamiken und das Zukunftsszenario einer immerwährenden Expansion postulierte.

Als ursächlich hierfür können finanzialisierte Bilanzstrukturen betrachtet werden, deren stets drohende Insolvenz immer kleinere Zeitfenster zur Refinanzierung gestatten. „Die Macht der Zukunft wird dringlich, sie insistiert in der Gegenwart und macht sich bemerkbar als Verpfändung gelebter und lebbarer Fristen" (Vogl 2010, S. 173).

Joseph Vogl bringt hier prägnant auf den Punkt, dass es sich bei der Zeitpräferenzrate, wie oben gezeigt, oft *nicht* um eine unabhängige, ausschließlich den subjektiven Präferenzen unterworfene Variable handelt. Die Wirtschaftssubjekte sind teilweise mit strukturellen Handlungsrestriktionen (Wettbewerbszwänge, Bankenkrise etc.) konfrontiert, welche das erreichbare Nutzenniveau stark beeinträchtigen können. An dieser Stelle zeigt sich nun die einleitend zu diesem Abschnitt erwähnte Paradoxie des imaginativen Wertes von Eigentumstiteln. Wo diese gerade noch die Aufhebung gegenwärtiger Handlungsbeschränkungen versprachen, können aus der Inanspruchnahme solcher intertemporalen Dienstleistungen eben diejenigen Restriktionen resultieren, die man hoffte, überwunden zu haben.

So mag es viele Jahre funktioniert haben, dass Robinson mittels Kredit seine Ernte und mit ihr seinen Nutzen gesteigert hat. Aus Gier oder schlicht, um dem Wettbewerb standzuhalten, hat er sich in unserem Beispiel nun jedoch angesichts euphorisierender Anbauprognosen in eine Situation manövriert, die ihm nicht viele Wahlmöglichkeiten lässt. Sind die Ertragsaussichten seiner Plantage, entgegen der bereits kommodifizierten Produktionsfiktionen, für die nächsten Jahre dauerhaft schlecht, sieht er sich stetig mit Forderungen konfrontiert, ohne dass er ein nennenswertes Einkommen vorzuweisen hat. Er müsste nun versuchen, einen so hohen Kredit aufzutreiben, dass er die fälligen Verbindlichkeiten gegenüber Dienstag, Mittwoch und Donnerstag bedienen kann. Samstag, der letzte liquide Kapitaleigner des kleinen Inselstaates, würde Robinsons Anfrage nach einem Blick auf die Wetterprognose und einer kurzen Nutzenkalkulation jedoch sicher mit einem entschuldigenden Lächeln ablehnen.

Wäre nun die Modellwelt genauso kompromisslos, wie es die Empirie zu sein scheint, könnte der pflichtbewusste Robinson zunächst anbieten, all sein Hab und Gut zu verkaufen. Dies würde neben der Entäußerung seiner Hütte und des Bootsanlegers auch eine Privatisierung der gesamten Süßwasservorkommen, der begehbarsten Fußwege und der schönsten Strandabschnitte seiner Insel bedeuten. Nachdem er schließlich noch seine dürftigen Ersparnisse für Krankheitsfälle und die Altersvorsorge zur Insolvenzvermeidung eingebracht hat, könnte er der ursprünglichen Gläubigerin Mittwoch letztlich nur noch anbieten, in Zukunft so lange unentgeltlich auf deren Kokosnussplantage zu arbeiten, bis seine Schuld zurückgezahlt ist.

Was Robinson hier durchlebt, wird dem/der aufmerksamen Beobachter*in der europäischen ‚Rettungspolitik' der letzten Jahre zumindest in Teilen bekannt vorkommen. Eben jene Dynamik ließ sich anschaulich in den krisengeschüttelten Ländern Südeuropas, allen voran in Griechenland, beobachten: Der griechischen Regierung gelang es angesichts des herrschenden Krisennarratives nicht, überzeugende Produktivitätsfiktionen zu generieren, die ihr am Finanzmarkt den Erwerb neuer monetärer Zeithorizonte ermöglicht hätten. Während Griechenland in dieser Situation dementsprechend keinen Rückgriff mehr auf künftige Zahlungsfähigkeit gewährt wurde, nahm der Druck, der aus vergangenen Verbindlichkeiten resultierte, massiv zu. Ohne die Möglichkeit, den primären Gebrauchswert von Eigentumstiteln nutzen zu können, schrumpften die politischen Gestaltungsspielräume dramatisch. Die sogenannte Troika forderte zur Gewährung einer Anschlussfinanzierung die umfassende Privatisierung öffentlichen Eigentums (Energie- und Trinkwasserversorgung, Infrastruktur etc.) sowie massive Einschnitte im Gesundheits- und Rentensystem. Nicht zuletzt war hier, neben dem sich verlagernden Ausgangspunkt politischer Machtausübung, auch eine Transformation hinsichtlich des Regierungsstils zu beobachten. Die kolportierte Langsamkeit und im wahrsten Sinne des Wortes Un*berechenbarkeit* demokratischer Entscheidungsprozesse führte im Falle Griechenlands 2011 zu einer technokratisch zusammengestellten Regierungskonstellation[17] und zeitigte die in Abschn. 5 erwähnten gesellschaftspolitischen Folgen.

Kristallisationspunkt der hier aufgezeigten Konfliktlinie ist die bereits gegenwärtig vorgenommene Teilprivatisierung erst zukünftig zu erwirtschaftender Wertschöpfung mittels des Zinses. Die zugrunde liegende vorauseilende Kommodifizierung finanzialisierter Gesellschaften ist dabei gewissermaßen die konsequente Fortsetzung kapitalistischer Verwertungslogik. Die stetige „Erschließung lebensweltlicher Ressourcen für weitere Produktivitätssteigerungen" (Rosa 2009, S. 102) kann sich dabei in räumlicher, sozialer oder zeitlicher Dimension vollziehen. Eine expansive Landnahme in der räumlichen Dimension unterliegt angesichts mangelnder Mobilität über den Erdball hinaus allerdings natürlichen Limitierungen[18] und stößt zunehmend an seine akkumulativen Grenzen. Die vorherrschenden Wachstumsimperative scheinen insbesondere nach der Fordismuskrise in den vergangenen Dekaden neben der sozialen[19] vor allem die zeitliche Dimension in das Zentrum kapitalistischer Vernutzungsbestrebungen gestellt zu haben. Diese ‚temporalstrukturelle Landnahme', wie ich sie nennen möchte, scheint insofern plausibel, da sie sich vor dem Hintergrund modern linearer Zeitvorstellungen (Assmann 2013, S. 25; Rosa 2005, S. 27) prinzipiell unbegrenzt in die Zukunft ausweiten lässt.

[17]Link (2013, S. 214–218) unterstreicht, dass eine krisenbedingte Denormalisierung von stochastisch ermittelten (Produktivitäts-)Erwartungen in der Tat imstande sei, die Ausübung von Herrschaft grundlegend zu verändern. Mit Blick auf die technokratische Krisenpolitik in Europa spricht er sogar von einer „Normalisierungsdiktatur", deren Ziel die mit allen Mitteln herbeizuführende Wiederherstellung dessen ist, was vor der Krise als normal galt.

[18]Eine akkumulationsgetriebene Expansion über die Grenzen der Erde hinaus, ist natürlich durchaus denkbar, erscheint aber angesichts der technischen Herausforderungen, zumindest gegenwärtig, unrealistisch. Solche Utopien können aber ganz im Sinne eines „Wachstums der Grenzen" (Altvater 2009, S. 22) ein künftiges Narrativ für imaginierbare Produktivitätsfiktionen entfalten.

[19]Die Ökonomisierung der sozialen Sphäre, beispielsweise in Form von Privatisierungen vormals öffentlicher Dienstleistungen, wurde oben im Zusammenhang mit der europäischen Austeritätspolitik bereits kurz erwähnt.

Nachdem wir bis hierher gesehen haben, wie sich aus dieser temporalstrukturellen Landnahme gegenwärtige Handlungsrestriktionen ergeben können, werde ich im folgenden Abschnitt den Blick auf die daraus resultierende Depotenzialisierung möglicher Zukünfte richten.

7 Die Depotenzialisierung der Zukunft

Während ich in Abschn. 6 gezeigt habe, wie sich aus einer Kommodifizierungslogik kommender Wertschöpfung eine Depotenzialisierung gegenwärtiger Handlungsspielräume bemerkbar machen kann, möchte ich mich an dieser Stelle abschließend dem umgekehrten Fall widmen. Die ursächlichen zeitlich zirkulären Rückkopplungseffekte sind nämlich nicht richtungsgebunden, wirken also nicht lediglich aus der Zukunft in die Gegenwart hinein. Zeitsoziologisch muss vielmehr von intertemporalen Performativitätseffekten gesprochen werden, welche stetig zwischen den verschiedenen Zeitebenen oszillieren. Anders formuliert: Was eben noch als Depotenzialisierung gegenwärtiger Handlungsoptionen erschien, stellt sich in einem nächsten Schritt wiederum als Begrenzung des künftigen Möglichkeitsuniversums dar. Dementsprechend führt die gegenseitige Verschränkung der Zeitebenen zu einer Bindung künftig möglicher Realitäten an die gegenwärtig vorgenommenen Handlungen. „Liquidität ermöglicht, in der Gegenwart eine Zukunft zu schaffen, die sich ansonsten nicht verwirklichen ließe, dann aber real existiert" (Esposito 2010, S. 239).

Es geht hier also nicht lediglich um die Frage, was individuellen oder kollektiven Akteur*innen als Handlungsspielraum für die Gestaltung ihrer Gegenwart verbleibt, sondern im umfassenden Sinne darum, welcher Form gesellschaftlicher Selbstfortschreibung es angesichts der restriktiv wirkenden Gegenwart gelingt sich durchzusetzen.

> Numerische Prognosen gelten in diesem Sinne nicht mehr als objektive Repräsentationen oder neutrale Mittel, sondern als transformative Vermittlungsinstanzen gesellschaftlichen Wandels. Sie erschaffen ein Gefüge aus Objektivationen, das kontinuierlich zwischen gesellschaftlicher Realität und möglichen Zukünften vermittelt (Schubert 2014, S. 218).

Eben jene Vermittlung zwischen gesellschaftlicher Realität und möglichen Zukünften findet in weitestgehend finanzialisierten Gesellschaften maßgeblich auf der Cashflow-Ebene, also auf der Ebene finanzieller Verflechtung, statt. Die Tatsache, dass gegenwärtig als relevant geltende Bewertungskriterien über das Gelingen oder Misslingen der am Markt feilgebotenen unternehmerischen Fiktionen entscheiden, ließe sich meiner Argumentation folgend als Kolonialisierung zukünftiger sozioökonomischer Verhältnisse bezeichnen. Insbesondere wirtschaftliche Unternehmungen, welche nicht primär auf quantifizierbare Mehrwerterzeugung ausgerichtet sind, dürften es vor diesem Hintergrund in einem zinstragenden Schuldgeldsystem schwer haben, ihre künftige Existenz in der Gegenwart vorzubereiten.

Stellen wir uns Robinson für einen Moment als Anhänger einer Postwachstumsgesellschaft vor. Anstatt die Kredite von Mittwoch immer nur zur Produktion von marktförmig auszutauschenden Gütern zu nutzen, denkt er neben dem Bau einer nichtkommerziellen Reparaturwerkstatt nun über einige Verschönerungsmaßnahmen auf seiner Insel nach. In diesem Falle würde es ihm höchstwahrscheinlich nicht gelingen, einen Kokosnusskredit zu akquirieren. Der umweltschonende Umgang mit Ressourcen und die beabsichtigte, nicht materielle Steigerung von Lebensqualität durch Verschönerungsmaßnahmen sind schwerlich quantifizier- oder kommodifizierbar. Dementsprechend müsste Mittwoch als rationale Nutzenmaximiererin schon bei Robinsons Frage nach diesem Kredit an dessen geistiger Verfassung zweifeln. Um in die oben verwendete Terminologie von Narrativ und Fiktion zurückzukehren, interessiert sich Mittwoch nur sehr bedingt für die konkrete Fiktion, die Robinson als Tauschäquivalent gegen Zahlungsfähigkeit anbietet. Es scheint für sie (wie für jeden anderen Kreditgebenden) jedoch Ausdruck eines gesunden Menschenverstandes zu sein, dass sich diese Fiktion im Rahmen eines materiellen Wachstumsnarrativs bewegt.[20] Schließlich würde das Projekt einer nicht primär profitorientierten Unternehmung im Inselstaat – zumindest unter der Annahme finanzialisierter Haushalte – auf Dauer, wenn schon nicht Utopie, dann zumindest ein Randphänomen bleiben.

„Jede Idee einer kommenden sozialen Realität muss, will sie nicht auf Dauer Utopie bleiben, bereits gegenwärtig um (auch finanzielle) Legitimation ringen" (Schubert 2014, S. 224). Für die Idee einer Postwachstumsgesellschaft ist dies im Rahmen des herrschenden Finanzsystems eher unwahrscheinlich, da es, wie auch Robinson erfahren musste, kaum denkbar erscheint, für derartige Konzepte finanzielle Mittel zu akquirieren (Jackson 2013, S. 57). Hierin begründet sich in vielen Fällen eine konzeptionelle Verwandtschaft von postwachstums- und solidarökonomischen Wandlungsbestrebungen mit geldreformerischen Ansätzen wie der Vollgeldreform (Binswanger et al. 2013) oder der Einführung von Alternativ- und Komplementärwährungen (Thiel 2011; Gigold und Embshoff 2008; Müller-Plantenberg 2007).

Bevor ich in einem Fazit die zentralen Thesen meiner Argumentation zusammenfasse, erscheint es mir jedoch an dieser Stelle unerlässlich, folgendes zu betonen: Die hier umrissenen Tendenzen einer politischen und sozioökonomischen Depotenzialisierung von Gegenwart und Zukunft stellen *in keiner Weise* einen alternativlosen Sachzwang dar. Aus soziologischer Perspektive muss in diesem Zusammenhang viel mehr, wie oben

[20]Robinson bliebe bezüglich der Verschönerungsmaßnahmen lediglich die Möglichkeit, mit einer Rentabilitätssteigerung seines Humankapitals durch mehr Zufriedenheit im Alltag zu argumentieren. Dieser Kommodifizierungsversuch seiner Lebensqualität bliebe jedoch zahlenmäßig sehr vage und würde einen kühlen Kopf wie Mittwoch wohl nicht zur Herausgabe ihrer Kokosnüsse bewegen. Dagegen ließe ihr die Abänderung seines Businessplanes von einer nichtkommerziellen in eine gebührenpflichtige Reparaturwerkstatt eventuell eine detailliertere Marktanalyse lohnenswert erscheinen.

angedeutet, von einem performativ wirkenden Kolonialisierungsprozess gesprochen werden. Zentrales Element dieser offensichtlich politisch höchst relevanten Konstellation ist die stetige Ausweitung einer (finanz-)ökonomischen Rationalität auf vormals fremde gesellschaftliche Räume bzw. Zeitstrukturen (akkumulative Landnahme). Dieser Prozess weist legitimatorisch eine vielschichtige Tiefenstruktur auf, wobei die zugrunde liegende Soziodizee[21] neben der juristischen nicht zuletzt auch eine moralisch-religiöse Komponente zu haben scheint (Graeber 2012).

8 Fazit

Meine Absicht in diesem Beitrag war es, eine sozialwissenschaftliche Analyse des herrschenden Finanzsystems vorzulegen, welche einige der temporalen Leerstellen der mikroökonomisch fundierten Modellbildung aufzeigt. Dabei bin ich davon ausgegangen, dass die Beschaffenheit der Geld- und Finanzordnung gesellschaftliche Austauschverhältnisse und damit Sozialität insgesamt in spezifischer Weise formt.

Der Fokus bestand in der soziologischen Betrachtung der zugrunde liegenden intertemporalen Abhängigkeitsstrukturen und des dadurch beeinflussten gesellschaftlichen Selbstverhältnisses hinsichtlich sozioökonomischer Entwicklungspfade. Aus zeitsoziologischer Perspektive ist dabei insbesondere die performativ wirkende Verschränkung von Gegenwart und Zukunft sowie deren wechselseitige Depotenzialisierung in kreditgetriebenen Wirtschaftssystemen hervorzuheben. Des Weiteren ergeben sich finanzialisierungsbedingt Akkumulationsdynamiken, die angesichts kontingenter Zukunft das Potenzial einer schubweisen Vermögensumverteilung zugunsten der kreditgebenden Partei bergen. Der Beitrag hat darüber hinaus deutlich illustriert, dass der methodologische Individualismus, insbesondere als Grundlage für volkswirtschaftliche Makroanalysen, in weiten Teilen ungeeignet ist und die schlichte Aggregation rationalistischen Individualverhaltens der sozialen Empirie nicht gerecht wird. Die atomistischen Gesellschaftskonzeptionen, wie sie in den üblichen Robinsonaden zum Ausdruck kommen, erscheinen eher als ein in Wissenschaftlichkeit gehüllter und marktidealisierender Beitrag eines politischen Projektes, denn als ein adäquates Analysewerkzeug komplexer sozialer Zusammenhänge.

Der soziologische Blick erlaubte es dagegen, die gesellschaftspolitischen Verwerfungen und Distributivkräfte einer spezifischen Akkumulationslogik finanzialisierter Gesellschaften näher in den Blick zu nehmen. Abschließend lässt sich festhalten, dass eine zinsgetriebene, der Gegenwart vorauseilende Kommodifizierung kommender Wertschöpfung strukturell soziale, ökologische und ökonomische Krisenpotenziale

[21]Mit dem Begriff Soziodizee bezeichnet Pierre Bourdieu (1991, S. 81) in Anlehnung an die Theodizee ein Legitimationssystem, welches mittels sinnstiftender Zuschreibungen die Soseinheit der Welt legitimiert und damit erheblich zur Aufrechterhaltung von Herrschaftsverhältnissen beiträgt.

hervorbringt und verstärkt. Die systemimmanente Steigerungslogik kapitalistischer Produktionsverhältnisse wird, wie deutlich geworden ist, auf dem Finanzsektor noch über die materiell gegenwärtige Sozialwelt hinaus gesteigert und äußert sich in der von mir postulierten temporalstrukturellen Landnahme. Letztere ist vor dem Hintergrund dieser Betrachtungen als ein Versuch zu interpretieren, den sozial konstruierten Imperativen eines unbegrenzten exponentiellen Wachstums in einer räumlich begrenzten Welt durch die Kommodifizierung der Zukunft zu begegnen. Die seit Jahrzehnten diskutierte Übernutzung der ökologischen Ressourcen findet, so könnte man sagen, gewissermaßen ihr ökonomisches Pendant auf der sozial-zeitlichen Ebene. Während die Entnahmegeschwindigkeit der Rohstoffe aus dem Ökosystem bei weitem dessen Regenerationszyklen übersteigt, lassen viele Anzeichen vermuten, dass die gesellschaftspolitischen Verteilungsdynamiken auf dem Weg sind, ähnliche Züge anzunehmen. Auch hier scheinen die An- und Enteignungsdynamiken aus dem kollektiven Ressourcenpool die Reproduktionsgeschwindigkeit gesellschaftlichen Wohlstands bei weitem zu übersteigen.

Besondere Relevanz muss hierbei der sich wechselseitig verstärkenden Dynamik dieser beiden Prozesse zugeschrieben werden. Zeitigt die ökologische Übernutzung Folgen wie beispielsweise Umweltkatastrophen und daraus resultierende Migrationsbewegungen, so wirken sich diese verschärfend auf globale Verteilungskonflikte aus. Im Rahmen des vorherrschenden ökonomischen Systems erscheint deren Bewältigung jedoch wiederum nur mittels einer Intensivierung der landnehmenden Akkumulationsdynamik in zeitlicher, sozialer und räumlicher Dimension denkbar.

Abschließend kann angesichts dieser Analyse die Frage aufgeworfen werden, wie einer Gesellschaftsformation, welche die Gegenwart wie auch die Zukunft stets nur als totalitär kapitalistisch zu vernutzende Ressource betrachtet, eine sozial und ökologisch tragfähige Selbstfortschreibung gelingen soll?

Literatur

Altvater, Elmar. 2009. Über vielfältige Ursachen der kapitalistischen Krisen und einfältige Politik. In *Krisen Analysen*, Hrsg. Elmar Altvater, Joachim Bischoff, Rudolf Hickel, Joachim Hirsch, Dierk Hirschel, Jörg Huffschmid, und Karl Georg Zinn, 7–27. Hamburg: VSA.

Assmann, Aleida. 2013. *Ist die Zeit aus den Fugen? Über den Aufstieg und Fall des Zeitregimes der Moderne*. München: Hanser.

Beckert, Jens. 2010. The transcending power of goods. Imaginative value in the economy. MPIfG discussion paper, No. 10/4, Max-Planck-Institut für Gesellschaftsforschung, Köln.

Beckert, Jens. 2011. Imagined futures fictionality in economic action. MPIfG discussion paper, No. 11/8, Max-Planck-Institut für Gesellschaftsforschung, Köln.

Binswanger, Hans Christoph, Joseph Huber, Philippe Mastronardi, und Mark Joób. 2013. *Die Vollgeld-Reform. Wie Staatsschulden abgebaut und Finanzkrisen verhindert werden können*. Darmstadt: Edition Zeitpunkt.

Bofinger, Peter. 2011. *Grundzüge der Volkswirtschaftslehre Eine Einführung in die Wissenschaft von Märkten*. München: Pearson Studium.

Bourdieu, Pierre. 1991. *Die Intellektuellen und die Macht*. Hamburg: VSA.

Cevolini, Alberto. 2014. Der Preis der Hoffnung. In *Die Ordnung des Kontingenten. Beiträge zur zahlenmäßigen Selbstbeschreibung der modernen Gesellschaft*, Hrsg. Alberto Cevolini, 177–209. Berlin: Springer VS.

Diaz-Bone, Rainer. 2012. Die Autoreferentialität der Finanzmärkte. Die Perspektive der ‚Economie des conventions' auf die Börsenwelt. In *Soziologie der Finanzmärkte*, Hrsg. Herbert Kalthoff und Uwe Vormbusch, 63–87. Bielefeld: transcript.

Dörre, Klaus. 2011. Landnahme und die Grenzen kapitalistischer Dynamik. Eine Ideenskizze. *Berliner Debatte Initial* 22 (4): 56–72.

Esposito, Elena. 2010. *Die Zukunft der Futures. Die Zeit des Geldes in Finanzwelt und Gesellschaft*. Heidelberg: Auer.

Giacovelli, Sebastian, und Andreas Langenohl. 2017. Temporalitäten in der wirtschaftswissenschaftlichen Modellbildung. In *Die Innenwelt der Ökonomie. Wissen, Macht und Performativität in der Wirtschaftswissenschaft*, Hrsg. Jens Maeße, Hanno Pahl, und Jan Sparsam, 33–54. Berlin: Springer VS.

Giddens, Anthony. 1999. Lecture 2. Risk. Hong Kong. Reith Lectures BBC-Radio 4. http://www.bbc.co.uk/radio4/reith1999/lecture2.shtml. Zugegriffen: 30. Aug. 2016.

Gigold, Sven, und Dagmar Embshoff, Hrsg. 2008. *Solidarische Ökonomie im globalisierten Kapitalismus*. Hamburg: VSA.

Gischer, Horst, Bernhard Herz, und Lukas Menkhoff, Hrsg. 2012. *Geld, Kredit und Banken. Eine Einführung*. Heidelberg: Springer VS.

Graeber, David. 2012. *Schulden. Die ersten 5000 Jahre*. Stuttgart: Klett-Cotta.

Heires, Marcel, und Andreas Nölke. 2011. Finanzkrise und Finanzialisierung. In *Die internationale politische Ökonomie der Weltfinanzkrise*, Hrsg. Oliver Kessler, 37–53. Wiesbaden: Springer VS.

Hickel, Rudolf. 2009. Plädoyer für einen regulierten Kapitalismus. Wirtschafts- und Finanzmarktkrisen. Ursachen und Lehren. In *Krisen Analysen*, Hrsg. Elmar Altvater, Joachim Bischoff, Rudolf Hickel, Joachim Hirsch, Dierk Hirschel, Jörg Huffschmid, und Karl Georg Zinn, 45–75. Hamburg: VSA.

Huffschmid, Jörg. 2009. Europäische Perspektiven im Kampf gegen die Wirtschafts- und Finanzkrise. In *Krisen Analysen*, Hrsg. Elmar Altvater, Joachim Bischoff, Rudolf Hickel, Joachim Hirsch, Dierk Hirschel, Jörg Huffschmid, und Karl Georg Zinn, 105–119. Hamburg: VSA.

Jackson, Tim. 2013. *Wohlstand ohne Wachstum. Leben und Wirtschaften in einer endlichen Welt*. Berlin: Heinrich-Böll-Stiftung.

Kentikelenis, Alexander. 2011. Economic crisis, austerity and the Greek public health system. *European Journal of Public Health* 22 (1): 4–5.

Keynes, John Maynard. 1924. *Ein Traktat über Währungsreform*. München: Duncker & Humblot.

Keynes, John Maynard. 2009. *Allgemeine Theorie der Beschäftigung, des Zinses und des Geldes*, 11., erneut verbesserte Aufl. Berlin: Duncker & Humblot (Erstveröffentlichung 1936).

Langenohl, Andreas. 2007. *Finanzmarkt und Temporalität. Imaginäre Zeit und die kulturelle Repräsentation der Gesellschaft*. Qualitative Soziologie, Bd. 7. Stuttgart: Lucius & Lucius.

Lietaer, Bernard A. 1999. *Das Geld der Zukunft. Über die destruktive Wirkung des existierenden Geldsystems und die Entwicklung von Komplementärwährungen*. München: Riemann.

Link, Jürgen. 2013. *Normale Krisen? Normalismus und die Krise der Gegenwart (mit einem Blick auf Thilo Sarrazin)*. Paderborn: Konstanz University Press.

Lohoff, Ernst, und Norbert Trenkle. 2012. *Die große Entwertung. Warum Spekulation und Staatsverschuldung nicht die Ursache der Krise sind*. Münster: Unrast.

Marx, Karl, und Friedrich Engels. 1973a. *Das Kapital. Kritik der politischen Ökonomie*, Bd. 1 (Werke, Band 23). Berlin: Dietz.

Marx, Karl, und Friedrich Engels. 1973b. *Das Kapital. Der Gesamtprozess der kapitalistischen Produktion*, Bd. 3 (Werke, Band 25). Berlin: Dietz.

McKee, Martin, Marina Karanikolos, Paul Belcher, und David Stuckler. 2012. Austerity. A failed experiment on the people of Europe. *Clinical Medicine* 12 (4): 346–350.

Minsky, Hyman P. 2011a. Die Hypothese der finanziellen Instabilität. Kapitalistische Prozesse und das Verhalten der Wirtschaft. In *Instabilität und Kapitalismus*, Hrsg. Hyman P. Minsky und Joseph Vogl, 21–67. Zürich: Diaphanes.

Minsky, Hyman P. 2011b. Finanzielle Instabilität. Die Ökonomie der Katastrophe. In *Instabilität und Kapitalismus*, Hrsg. Hyman P. Minsky und Joseph Vogl, 67–139. Zürich: Diaphanes.

Müller-Plantenberg, Clarita, Hrsg. 2007. *Solidarische Ökonomie in Europa. Betriebe und regionale Entwicklung*. Kassel: Kassel University Press.

Paul, Axel T. 2012. *Die Gesellschaft des Geldes. Entwurf einer monetären Theorie der Moderne*, 2., erweiterte Aufl. Wiesbaden: Springer VS.

Piketty, Thomas. 2014. *Das Kapital im 21. Jahrhundert*. München: Beck.

Priddat, Birger. 2014. Prognose als plausible Narratio. In *Die Ordnung des Kontingenten. Beiträge zur zahlenmäßigen Selbstbeschreibung der modernen Gesellschaft*, Hrsg. Alberto Cevolini, 251–281. Wiesbaden: Springer VS.

Priddat, Birger. 2016. Prognose als plausible Narratio. In *Erwartung, Prognose, Fiktion, Narration. Zur Epistemologie des Futurs in der Ökonomie*, Hrsg. Birger Priddat, 9–65. Marburg: Metropolis.

Rosa, Hartmut. 2005. *Beschleunigung. Die Veränderung der Zeitstrukturen in der Moderne*. Frankfurt a. M.: Suhrkamp.

Rosa, Hartmut. 2009. Kapitalismus als Dynamisierungsspirale. Soziologie als Gesellschaftskritik. In *Soziologie. Kapitalismus. Kritik*, Hrsg. Klaus Dörre, Stephan Lessenich, und Hartmut Rosa, 87–126. Frankfurt a. M.: Suhrkamp.

Schubert, Cornelius. 2014. Zukunft sui generis? Computersimulationen als Instrumente gesellschaftlicher Selbstfortschreibung. In *Die Ordnung des Kontingenten. Beiträge zur zahlenmäßigen Selbstbeschreibung der modernen Gesellschaft*, Hrsg. Alberto Cevolini, 209–232. Berlin: Springer VS.

Schulz, Manuel. 2016. *Die Privatisierung der Zukunft. Zur Genese finanzmarktinduzierter Herrschaftsverhältnisse*. München: AVM.

Sinclair, Timothy. 2011. Im Inneren der Weltfinanzkrise. Eine kritische Analyse zum Problem des Interessenkonflikts. In *Die Internationale politische Ökonomie der Weltfinanzkrise*, Hrsg. Oliver Kessler, 183–199. Wiesbaden: Springer VS.

Stäheli, Urs. 2007. *Spektakuläre Spekulation. Das Populäre der Ökonomie*. Frankfurt a. M.: Suhrkamp.

Streeck, Wolfgang. 2013. *Gekaufte Zeit. Die vertagte Krise des demokratischen Kapitalismus*. Berlin: Suhrkamp.

Thiel, Christian. 2011. *Das bessere Geld. Eine ethnographische Studie über Regionalwährungen*. Wiesbaden: Springer VS.

Vogl, Joseph. 2010. *Das Gespenst des Kapitals*. Zürich: Diaphanes.

Weidner, Daniel, und Stefan Willer. 2013. Fürsprechen und Vorwissen zum Zusammenhang von Prophetie und Prognostik. In *Prophetie und Prognostik, Verfügungen über Zukunft in Wissenschaften, Religionen und Künsten*, Hrsg. Sigrid Weigel und Karlheinz Barck, 9–23. München: Fink.

Complexity Economics as Heterodoxy

A New Integrative Paradigm Beyond Market Equilibrium and Optimality

Wolfram Elsner

Zusammenfassung

Das nicht-komplexe und daher simplistische Modell einer perfekten Marktwirtschaft in einem einzigen determinierten Gleichgewicht ist weitgehend unbrauchbar und forscherisch unergiebig. Es kann endogene Krisen nicht systematisch erfassen, besitzt wenig praktische Verwertungsmöglichkeiten und findet in den verschiedensten Praxisbereichen daher auch kaum Wertschätzung. Dennoch beherrscht der neoklassische „Mainstream" weiterhin die ökonomische Disziplin, v. a. in Lehre und Politikberatung, da er in letzter Instanz Alltagsrhetorik und Ideologie der herrschenden Zustände und Interessenkonstellation liefert. Wenngleich auch in der Mainstream-Forschung zunehmend ähnliche Fragen untersucht werden wie in den großen „heterodoxen" Paradigmen und in den neueren komplexen Systemwissenschaften, so werden komplexe Ergebnisse durch den Mainstream, zumindest für Lehre und Politikberatung, doch meist wieder markt-, gleichgewichts- und optimalitäts-konform uminterpretiert. Die moderne Komplexitätsökonomik bricht mit simplistischen Sichtweisen und kann daher als eine umfassende Alternative zur „Mainstream"-Ökonomik verstanden werden. In taucht eine „gleichgewichtige, stabile und optimale Marktwirtschaft" bestenfalls als ein extremer Spezialfall auf. Das Schulen-übergreifende Paradigma der Komplexitätsökonomik, das faktisch alte Fragestellungen und Sichtweisen der „Heterodoxien" weiterentwickelt und in das die großen „Heterodoxien" heute konvergieren, zeigt mit ihren modernen Analysetechniken auch, wie sich Heterodoxien offensiv weiterentwickeln können. Exemplarisch wird dies anhand der evolutionären Institutionenökonomik, konvergenter System- und Netzwerkanalysen, theoretischer „Selbstorganisations-"Mechanismen und von Politikimplikationen thematisiert.

W. Elsner (✉)
Universität Bremen, Bremen, Germany
E-Mail: welsner@uni-bremen.de

D. J. Petersen et al. (Hrsg.), *Perspektiven einer pluralen Ökonomik*, Wirtschaft + Gesellschaft, https://doi.org/10.1007/978-3-658-16145-3_14

1 Introduction

This section is about a relatively young, potentially overarching paradigm in economics, which shares with virtually all other modern scientific disciplines a view at its object as a dynamic, evolving, and adapting complex system (cf. Buchanan 2008). This perspective also corresponds with views held by classical political economy and has been embraced for long by most of the current heterodox economic orientations, be it Marxian Political Economy,, Veblenian Evolutionary-Institutional Economics, Post-Keynesian Economics, Feminist or Ecological Economics, Social Economics, Neo-Schumpeterian or Austrian (Elsner et al. 2015, pp. 307–357, 363–416).[1]

The neoclassical economic mainstream, however, does not share this view.[2] Its proponents, rather, rely on extremely specific assumptions. Such assumptions include a simple maximizing and isolated (representative) agent, perfectness or relative optimality of her information endowment, optimal decisions (under some restrictions), as well as only decreasing margins in relevant functions (convexities) and thus only stabilizing negative feedbacks. These components were all designed to apply the mathematics inspired by early 19th-century (mechanical) physics, the mathematics of constrained Lagrange maximization and differential equation systems (of just prices and quantities), custom-made to generate a unique, optimal and stable equilibrium benchmark (a static point, later also a dynamic path) of what has been coined an ideal market economy. The latter, however, has rarely been clearly defined other than as some spontaneous individualistic decentralized system with no explicit social, institutional or network structure.

With this, as famous physicist and economist Mark Buchanan said, the economic mainstream is the only non-modern science today, as it is non-complex (cf. 2008; for more details, cf. Mirowski 1989; Foster 2005, 2006).[3]

---

[1]Cf. Elsner et al. (2015) may serve as an introductory text, overview and enhancement to this chapter.

[2]We are aware that the terms 'heterodox', 'neoclassical', and 'mainstream' have been discussed for long, scrutinizing whether the mainstream still is a mainstream, whether it still is neoclassical or whether neoclassicism is always necessarily neoliberal. We will, however, for pragmatic reasons, stick to the terms, will explain why and qualify them, wherever appropriate.

[3]We will not mainly criticize modern mainstream's research, modelling, and theorization, which have tended to become more complex, but its tendencies to reinterpret all of its research results against that benchmark and towards their historical thrust of suggesting an unconditional superiority of such market economy as the crown of human evolution and end of history—which is flawed in many respects. In fact, modern complex findings are often transformed, on their way to applications and policy recommendations, to reiterate the simplistic market conception. This, by the way, is done on the basis of an opaque positive-normative methodological mixture falsely suggesting that conclusions from an ideal market are basically valid in reality and vice versa (cf. Kapeller 2013).

In this section, we will illustrate that *complexity economics* (CE),[4] in contrast, provides the space for, and in fact has emerged together with, an unprecedented interdisciplinary cooperation, not only with other social sciences (sociology, psychology, or anthropology), but also with evolutionary biology, physics (and physical statistics), computer science and modern cognitive, neuro and brain sciences. Nowadays, these disciplines stand in the long traditions of systems theory (cf. Valentinov 2012), contributing to a comprehensive real-world science of complex, adaptive, individual behavior and decision of components in evolving social systems, i.e., to an integrative systems and behavioral science (cf. Gintis 2007; Henrich et al. 2004).

Further, it will be argued that CE provides—with its corresponding analytical and methodological advances, its multi-agent and evolutionary modelling, simulations, and computation—a new integrative framework for existing heterodoxies. This includes cutting-edge analytical tools for their old and long-standing themes, questions and issues, particularly agent-based modelling (ABM), evolutionary game-theoretic modelling (EGT), social network analyses (SNA), and agent-based computational economics (ACE)—in all, a "different framework for economic thought"(than the mainstream) (cf. Arthur 2015; also Fontana 2010). CE, thus, appears to be a cross-paradigm rather than just another (heterodox) school of thought.

CE mirrors and qualifies issues of those long-standing heterodoxies by opening the black box of the (perfect) market and envisaging, by acknowledging direct interactions among agents, socio-economies in general. Among these old issues are individual search and experimentation, relative power and social status, social organization, ongoing structural change, self-organization mechanisms[5] as well as struggle and adaptation in an ever-changing social and natural ecology. Hence, CE goes beyond perfect knowledge and transparency, short-run (hyper-) rationality, optimality and equilibrium. It also may help heterodoxies to continue shaping cutting-edge research questions for the entire discipline, while the neoclassical mainstream—with its research program of proving the optimality and finality of markets—has obvious limits to provide such themes (cf. Elsner 2013, 2017).

We will illustrate instances of paradigmatic proximity, mutual benefit and potential convergence among CE and heterodoxies. Exemplary issues discussed will be the conceptualization of individual behavior, network structures (rather than markets) and systemic effects of real-world socio-economic systems (at meso and macro levels, including distributional structures, power dynamics and crisis proneness).

[4]For some introductions and overviews, cf. Arthur et al. (1997); Mitchell (2009); Colander et al. (2011); Kirman (2011); Arthur (2015).

[5]It seems peculiar that we do not have another term for processes of complex dynamics than 'mechanism', a reference to old mechanics. There still is no such term as an 'evolutionism' or 'complexism'.

The great financial crisis (from 2008 onwards) and the statistical network analyses of the speculation sector before and after it made obvious that a serviceable real-world economics, which is able to conceive and anticipate such crises, must be a complexity science. This then can deal with the self-organization mechanisms in the deep structures of the system, which in turn determine their visible meso and macro structures and dynamics. Among them are recursive interactions and mutual adaptations of multiple and heterogeneous agents that operate under fundamental uncertainty, on different networks, and in manifold, more or less intricate decision structures, as well as ongoing diversification and selection.[6] This still ongoing crisis, which the mainstream did not even recognize, even when it was already in full effect, triggered the latest upswing of CE.

Hereafter, we will first briefly discuss some flaws of the neoclassical mainstream, as relevant in our context (Sect. 2), then review CE with the critical conceptions of self-organization mechanisms as well as initial and emergent structures and dynamics (Sect. 3), refer to the 'evolution of cooperation' approach as an example for institutional implications (Sect. 4), briefly consider the place of network structures in CE (Sect. 5), indicate some policy implications (Sect. 6) and then conclude (Sect. 7).

2 The Never-Ending 'End' of the Neoclassical Mainstream

The mainstream's historical effort to become an exact 'social physics', *the* definitive authority and scientific basis for economies, was effected by drawing analogies to the analytical, deterministic, but little complex and simple Newtonian mechanical physics of the early 19th century, with its few (typically two) interactive components, and later to the stochastic analysis of still non-organized complex systems (cf. Weaver 1948). Here, the motions of many, but identical, components, such as the molecules of a gas in a container under static parameter conditions, average each other out. Thus, one can easily work with normal distributions and some other comfortable distributions of the interrelations and motions of the components, e.g., with existing and comfortable means and variances. This still allows for models with pre-determined unique and stable equilibria. Such non-organized complexity applied the famous Brownian motion (of Botanist R. Brown, who observed blossom pollen 'randomly' moving on a water surface in 1827), the idea of a random process, thus basically using Gaussian distributions of component properties and motions. This justified the assumption of a representative agent in economics, and in this way aggregation as summation, resulting in simple linear characteristics

[6] Cf. Weaver (1948); Kauffman (1993); Schelling (2005); Mandelbrot and Hudson (2006); Beinhocker (2007); Taleb (2007b); Keen (2011); Wilson and Kirman (2016). For the financial sector: cf. Lux and Marchesi (1999); Chen (2010); Tang and Chen (2015); Battiston et al. (2015). Note that some complex financial-sector models and other evolutionary macro models deal with interactive aggregate components, while we are focusing on individual human (micro-)agents.

of the system. This implies that individualistic rationality is always conform to collective rationality, so that individual maximization leads to social maximization.

However, such simplistic assumptions rarely hold for real socio-economies. There, we rather find differently motivated and behaving (heterogeneous), aspiring, anticipating, learning, adapting and interacting human agents, who, in addition, are located and often adaptively move on different complex networks, facing various more or less intricate common and collective decision structures.

Particularly after the neoliberal turn in economics since the late 1970s, with its de-regulation and disembedding of markets, individual agents have faced stronger social dilemmas, more opacity, uncertainty, volatility, more perceived over-turbulence and over-complexity, strengthening myopic hyper-rationality and winner-takes-it-all cultures (cf. Aspara et al. 2014)—rather than simplified transparent structures as promised. But the flawed rationality assumptions, resulting in apparently plausible means of distributions (of individual properties and behaviors), justifying rational expectations, and convenient variances, justifying calculable risk, still underpinned simple financial sector models up to 2008. These equilibrium models, in fact, contributed to the increasing crisis-proneness of financial capitalism (cf. Taleb 2007a; Mandelbrot and Hudson 2006; Chen 2010).

Already in the early 1970s, Hugo Sonnenschein, Rolf Mantel and Gérard Debreu had, independently of each other, demonstrated that the lean and simplistic assumptions about individual agents in neoclassical theory could not even determine the aggregate supply and demand functions as required for a predetermined unique equilibrium. Thus, no unique general equilibrium of a market economy could be derived this way (unless all individual goal functions were identical; cf. Sonnenschein 1973), an impossibility that was also considered by some to stem from too little social structure of the modeled agent. These proofs were often understood to represent the exhaustion and end of the neoclassical research program. This exhaustion, however, is all but common sense in the discipline and not realized by many.

But the diverse critiques of the neoclassical approach have been permanent, fundamental and comprehensive, co-evolving with a revival of the great heterodox paradigms. Alternative approaches to model, analyze, simulate and compute decentralized economies under more realistic assumptions showed the computational infeasibility of a unique optimal market equilibrium (cf. Epstein and Axtell 1996; Keen 2009, 2011). For instance, if we let ideal neoclassical agents directly interact on some explicit network structure, with no centralized Walrasian auctioneer preventing the individuals from exchanging before he had determined the equilibrium price vector (trading at 'false prices'),[7] the result will already be fundamentally different from the neoclassical

[7]Note that a unique, optimal neoclassical general equilibrium cannot analytically be made feasible other than through such a central authority, which negates real-world direct bargaining and exchanging among agents.

prediction (cf. Albin and Foley 1998). In particular, an uneven distribution will emerge, which indeed reflects an essential property of deregulated real capitalist market systems.

In fact, many ambitious mainstreamers have helped developing CE in their research ever since such proofs and critiques (for instance analyzing markets as complex networks, which then have provided them more scientific reputation) came up. They then often converge with heterodox theories and results, such as fundamental uncertainty, evolutionary process, systemic idiosyncrasies, network structures, rules-of-thumb decision-making and social institutions, agent-based modeling etc. Often, however, they do so without being aware of it, and, thus, unwittingly reinvent the wheel. But on top of that, they mostly also subject their results to a market-conform ex-post reinterpretation, saving the mainstream's predominance in official ideology and public rhetoric, still proclaiming that the simplistic market model somehow basically resembles the economy 'out there' and vice versa (cf. Elsner 2016).[8]

The mainstream, in spite of such increasing diversification in research, still imposes the application of its particular equilibrium-oriented methodology and often naïve positivist epistemology (cf. Kapeller 2013) as the norm of academic progress. On this basis, it tends to exert an ideological 'cleansing' in academia (cf. Elsner and Lee 2010). Therefore, the discussion, whether there still is a neoclassical mainstream and how far it is changing, diversifying or even dissolving (cf. Davis 2008; Colander et al. 2004, 2011), is still open. As it looks, the mainstream's shortcomings and much criticized paradigm will not suffice to dethrone it from its dominant societal and academic position.

On the other hand, CE is insofar critical and more real-world socio-economics, because it cannot easily be used to provide a rhetoric and ideology for neoliberal financialized capitalism. Also, it will have little chance to replace the neoclassical/neoliberal mainstream rhetoric in dominant media, policy and governmental practice.

3 Complexity Economics in a Nutshell

3.1 Overview

Since the 1980s, climbing onto the shoulders of some early giants (in economics, among them Herbert Simon, Nicolas Georgescu-Roegen or Thomas Schelling), an upsurge in CE became obvious. As said, the crisis of 2008 then caused another push, with some focus on financial network structures and their dynamics and corresponding statistical analyses.

[8]For the topicality of this critique of the neoclassical mainstream, focusing on its ideological and rhetorical function, also cf. Arnsperger and Varoufakis (2006); Milonakis (2017); O'Boyle and McDonough (2017).

Economic complexity (Greek πλέκω: to weave, plait, entwine), and with it CE, are characterized through their object being a complex adaptive system (CAS), which is

- consisting of multiple and (potentially) heterogeneous agents,
- which are directly interacting with each other in a population,
- in different and diverse, more or less intricate decision structures,
- on different network structures, with different spatial and/or social distances, often including particular neighborhoods as well as long-distance relations,
- acting, re-acting and adapting to each other and/or to the average states of their observable neighborhoods or to information on the whole system (depending on their respective information endowments and capacities),
- across real (historical) time (and sequentiality),
- with evolutionary dynamics among individuals, strategies or groups, clusters, sub-networks or other spatially, socially or strategically defined sub-populations, resulting,
- and with such dynamics leading, through non-linear aggregation (no simple summing up), to emerging structural properties (persistent distributions and social institutions), where the properties and the behavior of the system (at meso and macro levels) cannot be traced back (reduced) to the properties and behaviors of the micro units,[9]
- and an interaction between micro behavior and meso/macro behaviors (an upward emergence and a reconstitutive downward causation) resulting.

In other words, in decentralized informal economies (ideally with no formal collective/centralized rationality and mechanisms), which of course are CAS, many and heterogeneous agents interact with each other. They do so, depending on their usually non-perfect or non-complete information, in non-trivial and system(at)ic ways, while they may cumulatively reinforce or undermine each other's actions, with individual rationality often contradicting collective rationality.

Particularly in de-regulated, individualized and culturally individualistic economies with little institutional-cooperative structure, considerable (perceived) (over-)complexity comes to prevail, and similarly (perceived) (over-)volatility, opacity, and ubiquitous radical uncertainty. Combined with high incentives to obtain short-run extra gains through defection, exploitation of others and redistribution, agents usually come to interact and adapt myopically and with destabilizing cumulative positive feedback loops (like in herd behavior; cf. Veblen 1899; today, cf. Helbing 2013; Vega-Redondo 2013; Aspara et al. 2014).

[9]Note that the property of 'emergence' (also called 'morphogenesis', 'autopoiesis' etc.) is considered the defining element of complex systems and complexity sciences. Non-linearities of aggregation prevent the tracing-back of macro properties to the micro properties. Emergence should not have a positive connotation as emerging system properties, structural or dynamic, must not relate to some desirable state of order, problem-solving capacity, or smooth development and change.

The capacity of CAS of structural emergence is indicative of some self-organization mechanism. Self-organization is a reflection of systematic, non-trivial and non-random interactions among agents and may be good or bad, may reflect an adequate collective problem-solving (e.g., Veblen's so-called instrumental dimension of institutions) or some highly inadequate dominance of vested interests and 'petrified' institutionalized behavior, reflecting differential status and power (Veblen's ceremonial dimension of institutions). The latter may be, e.g., a formerly problem-solving institution that lost their relation to the basic problem and degenerated into abstract norms (more below).

CAS then exhibit typical dynamic system properties, such as

a) Path dependence: In nonlinear, cumulative processes, the system's path and historical sequence from one state to another matters ('history matters'—P. David).
b) Non-ergodicity: Empirical time series of system motions then typically show 'inhomogeneities' (structural breaks) over time (Keynes in an argument against early econometrics); i.e., data of stochastic process of the system exhibit some 'non-stationarity', which reflects the fact that the distribution of states that the system assumes in any process over time will not be identical with the distribution of states that the system basically could assume given its structure.[10]
c) Critical probabilities (surprise, 'black swans' etc.): In close connection with the non-ergodicity property, the system states do not occur with probabilities that follow a normal distribution; rather, rare, improbable or unexpected events and system motions (incl. major crises) do occur more frequently than under random process and normal-distribution expectations (cf. Taleb 2007a, b).
d) Idiosyncrasies: Continuous marginal (exogenous) parameter shifts and endogenous variable change may cumulate in a path history to sudden effects ('butterfly effects'), so that heavy motions occur, again apparently surprising. Even relatively simple structures (relatively simple constituting mathematical equations) at the micro level (e.g. simple behavioral rules) may cumulatively generate unpredictable systemic dynamics at critical transitions (tipping points or phase transitions). In situations of so-called deterministic chaos, the heavy system motions that will occur cannot be exactly predicted in the short run (not even stochastically) and the system may go into different directions (bifurcations), then, e.g., shifting the system into potential multiple

[10]Non-ergodicity has been extensively discussed in complexity sciences. In economics, the idea, conception and axiom of (non-)ergodicity were adapted from statistical physics and the stochastic processes of physical systems (namely, dynamics of gases under different pressure and temperature). Post-Keynesians have discussed the issue in connection with Keynes's conception of 'fundamental uncertainty' (cf. Davidson 1982–1983). Rosser (2015–2016) showed that non-ergodic systems may be stationary as, e.g., in a periodic cyclical orbit.

attractors (multiple equilibria), perhaps one after the other (sequentially) and perhaps periodically among them (system orbits).[11]

e) Rigidities: Sometimes the opposite of idiosyncratic volatility holds, e.g., when the system has entered so-called 'basins of attraction' and after having settled at an attractor (or a fixed point, usually an unstable one), then phases of stasis prevail, where the system absorbs changes of its environment, even if only transitorily (some 'resilience', 'homeostasis' or 'equifinality', or a 'hysteresis'/ratchet effect; including cases, when agents stick to certain institutional arrangements and return to them repeatedly, although circumstances have changed or when policy measures face some evasion behavior).

f) Self-organized criticality: CAS usually display multiple equilibria and which one the system assumes at a particular time depends on its path and the specific region it is in (when it enters a basin of attraction, it will be drawn to the attractor point). But the system's dynamic may be constituted by self-organization mechanisms, so that there may be a major, dominant (meta-)attractor that the system then repeatedly attains. The process then will display repeated phase transitions, when the system repeatedly returns to that attractor. The system will, e.g., after a crisis, by its very self-organization mechanisms, build conditions again, which will lead to another phase transition, which in turn leads the system to that attractor again. This phenomenon has been analyzed as self-organized criticality.[12] For socio-economic CAS, the financial sector with its return, after a crisis, to the differential growth of firm-sizes, similar wealth, centrality and power distributions as before, i.e., to business as usual and a new crisis-path after a crisis, provides a prominent example.

In all, the system's volatility widely varies over time, often hard to point-predict, deterministically or stochastically, particularly in the short-run.[13] CAS in that sense may meander between building up some order along some stationary growth path and, at

[11]We will give simple examples below, which could be reproduced by own calculation exercise.

[12]A physical example is the famous 'sand pile model' (cf. Bak et al. 1987), where sand grains continuously drip on the top of the pile and the system thus moves away from its critical attractor. But sooner or later, a minor or major phase transition, or 'system crisis', occurs, in that case an avalanche, and the parameter changes (the dripping grains) contribute to the return of the system to that dominant attractor (the critical equilibrium slope of the sides of the pile). Self-organized criticality may be generated in socio-economic CAS by 'institutional arrangements'. While in the sand pile model, the self-organization mechanism of the grains is triggered by external change, a socio-economic system's dynamics will endogenously attain its dominant attractor, when the same self-organization mechanism still prevails.

[13]As an illustration of these relatively abstract conceptions, see for instance Keen, who cites the famous Lorenz weather-forecast model (2011, pp. 189–195). It's an early, relatively simple model, which, from the interrelation of three simple differential equations, generated a surprisingly complex model behavior and, in particular, under certain parameter constellations, a deterministically-chaotic behavior. So, the famous Lorenz attractor became the prototype of particularly surprising attractors. It displays an orbit that is aperiodic, i.e., does not repeats itself identically, in a certain

points, entering some volatile randomness. Consequently, economic CAS tend to operate in states called the onset or edge of chaos, i.e., their self-organization mechanisms may build up some order and complexity through their metabolic process in some dynamic stability, which then however leads towards a critical phase transition. In general, both systems that are not complex enough and that are overly complex and turbulent entering crises too frequently, ideally would not survive in the long run.

3.2 The Example of Persistent Right-Skewed Distributions

Particularly in, but not limited to, decentralized and individualistic, little regulated and little cooperative systems, where individual agents fiercely rival on an envious basis, emulate those considered superior, and distinguish from those considered inferior, a social (self-organization) mechanism of predation, emulation, invidious distinction, and conspicuous consumption, a fight for relative social position, will predominate, according to the critical evolutionary-institutional Veblenian theory of the capitalist economy (cf. Veblen 1899).

A self-organization mechanism then works such that the rich tend to get richer, the central more central and the powerful more powerful. If you have many relations, you will get more, a cumulative reinforcement. The 'rich-get-richer' self-organization mechanism has been brought to the fore upon modelling systems as network topologies, i.e., networks of a geometric dimension, not only in economics but in most scientific disciplines (cf. Barabási and Albert 1999). For many empirical networks in all kinds of fields, some persistent system structure turned out to exist. For many empirical network variables, including those measuring the systems' dynamics, such network structures display surprisingly persistent right-skewed statistical distributions (heavy-, long- or fat-tail distributions). Those distributions were measured for:

- income and wealth (initially found already by V. Pareto in 1897),
- city sizes (Zipf's Law, 1949),
- firm sizes (Gibrat's Law, 1931; cf. Simon and Bonini 1958),
- asset prices and financial returns, price changes (B. Mandelbrot in 1962),
- scientific citation networks and site centrality in the internet,

parameter space. For economics, Keen already developed a relatively simple formalization of the financial-sector in the 1990s (2011, pp. 331–337), with only three variables and eight parameters in three (even linear) equations, with which he was not only able to forecast the crisis 2008+ but, more generally, quite sudden phase transitions of the capitalist economic and financial system between phases of moderate order and sudden crises. An even simpler case, a (quadratic) one-equation system, is the well-known example of the *logistics function* and its famous bifurcation diagram (cf. May 1976).

- occurrence of words in languages,
- sand-pile and snow avalanche sizes (cf. Bak et al. 1987),
- forest fire sizes in relation to sizes of natural forest patches (P. Bak in 1990),
- earthquake sizes, and many more.

In decentralized, little regulated and little cooperative socio-economic systems (namely, neoliberal market systems), right-skewed distributions of size, power or centrality positions are ubiquitous, with higher probabilities of the occurrence of system-relevant agents in the tail, than would show up in a normal distribution. With individual crises of those 'tail risks', the entire system will get into a major crisis. And major crises then typically occur with higher probabilities than predicted under the presumption of normal distributions, which do virtually not even measure such risks. The most central or powerful agents (or the biggest motions in similar motion-size distributions) have a recognizable positive probability to occur in fat-tail distributions, but would hardly be perceived in normal distributions.

Specifically, so-called Pareto distributions, which Pareto detected as persistent empirical social phenomena from analyses of data on wealth and income distributions across long time periods and across many countries, display the property of power-law distributions or scale invariance. Power-law distributions follow functional forms that display the same curvature at all scales and in a log-log mapping display linear (usually falling) graphs. In this sense, they are scale-free, an indication for a self-organization process similarly working at all scales of the socio-economy and society, such as the Veblenian mechanism mentioned.[14]

After the financial meltdown, SNA has come to be commonly applied to the analysis of the speculation sector, measuring shock propagation, failure cascades, systemic risk and network vulnerability.

3.3 Self-Organization Mechanisms and Heterodox Microfoundations

The theoretical research program of CE, then, comes to look for socio-economic theories and approaches of self-organization mechanisms. A look at the rich history of complex economic thought beyond the neoclassical mainstream provides some long-standing insights. We will pick one example here.[15]

---

[14]Note that such functional forms have gradual parametrical transitions to log-normal and exponential functions, and the distinction is often not clear-cut from empirical data. All those even may be gradually derived from normal distributions, by successively changing parameters. It is therefore unsurprising that the empirical relevance of power-law distributions is under discussion within and across the social and natural sciences.

[15]For a more detailed history of economic complexity thought, cf. Elsner (1986); Elsner et al. (2015, pp. 307–361).

Thorstein Veblen laid the foundations of evolutionary-institutional heterodoxy with his article 'Why is economics not an evolutionary science?' (cf. 1898) and with his million seller 'The Theory of the Leisure Class. An Economic Study of Institutions' (cf. 1899). He developed a, then, cutting-edge psychology of instincts and habits (dispositions) as motives, with the resulting perspective of a large array of options of culturally learned, habituated (or institutionalized) behaviors between different 'predatory' and 'social' motives and a surprising human biological, physical and behavioral plasticity (very similar to A. Smith's Theory of Moral Sentiments (1976). This perspective has been corroborated since through cutting-edge genetic and brain sciences that indicate a huge array of corporeal and behavioural opportunities of humans ('human proteanism') that are possible due to the working of certain DNA (formerly considered useless 'junk DNA'). The latter are now known to function as 'genetic switches', multiplying the possibilities of a given gene set (cf. Kauffman 1993; Mitchell 2009).

In Veblen's view, we historically received mainly predatory cultures. And with predatory self-organization mechanisms dominating, the socio-economy is characterized by dominating 'invidious distinction', 'conspicuous consumption', and 'pecuniary business' motives (rather than 'serviceable industrial' functions) as indicated. While agents then practice invidious distinction vis-à-vis their own social layer and socially lower-ranks, they would at the same time emulate upper ranks, resulting in a general struggle for relative social positioning, well-known in the biological, anthropological and social sciences. Veblen, thus, concluded on a trickle-down mechanism, which (paradoxically in the face of invidious distinction) leads to a great uniformity of norms and behaviors, i.e., a herd/flocking behavior. If all try to get relatively better, a paradoxical decreasing social upward mobility, system performance and system resilience usually result. This has been corroborated since then both in modeling and empirical research. Note the relation of inequality and social immobility with scale-free distributions.

Similarly, increasingly negative non-intended consequences of more ubiquitous and fiercer social dilemmas do occur under individualistic rationality and the emergence of instrumental institutional solutions will be undermined. With regard to social dilemmas in a population, we may speak of a complex system, the self-organization mechanisms of which generate negative unintended consequences or fallacies of aggregation: Individual hyper-rationalities will not aggregate to a collective rationality. Negative unintended consequences play a prominent role not only in modern economic heterodoxies, as, e.g., theories of lock-in (some classics are cf. David 1985; Arthur 1989; Schelling 1971). Modern social sciences are full of examples of populations with dominant behaviors that are myopically (or hyper-) rationally maximizing and 'improving themselves to extinction' (more in Sect. 4).

The underlying self-organization mechanism has been termed the 'rich-get-richer'- or 'preferential-attachment'-mechanism (cf. Barabási and Albert 1999). Veblenian evolutionary institutionalism, however, had already gone a step beyond just self-organization, by distinguishing emerged and evolved institutional structures and their motivational value bases into either problem-solving (instrumental) or problem-aggravating, i.e., power- and status-preserving (ceremonial). This has allowed evolutionary institutionalism to develop critical empirical analyses of socio-economic reality.

3.4 Social Institutions as Emergent Structures and Complexity-Reducing and Stabilizing Devices

Self-organization mechanisms characterize a central property of socio-economic CAS. They typically generate social behavioral rules and institutions (both emergent and relatively persistent) as a systemic structure and collectively learned tools for the reduction of the perceived complexity of the decision structure. Institutions may be stabilizing, reflecting system attractors, but their evolution also may further change the system. The evolution of social institutions in this way may generally reflect the evolution of socio-economic CAS (cf. Rosser 2017).

Behavioral structures that are based on emergent, i.e., interactively learned and habituated institutionalizations, then gain an existence of their own, independent of individual agents, and thus become more or less persistent, evolving only through many individual interactions. They then exert, as mentioned, some (reconstitutive) downward causation on individual behaviors (cf. Hodgson 2002), shaping micro-behaviors and interactions, from which they originally emerged. In complex systemic dynamics, we thus gain an understanding of real-world microfoundations of meso and macro (which the neoclassical mainstream, in contrast to its myth, never could provide) and of the macro-foundations of micro (which never was an issue for the mainstream, except as formal state-decreed restrictions of individual maximization).

Informal rules and institutions typically emerge from interactions in pursuit of complexity reduction, whether problem-solving or ceremonial. Such self-organization, thus, has nothing in common with a natural order, an overarching tendency towards some unique equilibrium, or any optimality.

With such theoretical core mechanisms of self-organization, CE approaches and resembles long-standing issues of heterodoxies, namely behavioral and micro-structural foundations. These appear in dealing with fundamental uncertainty, common to most heterodoxies, with search, experimentation and trial & error behavior, with attempts of agents to reduce perceived (over-)complexity, volatility and turbulence through socially learned and emergent social rules and institutions. The latter may be considered 'animal spirits' (according to Keynes), class or gender cultures (Marxian or feminist economics), regional, local, sectoral, professional or other meso-level cultures or 'common patterns of thought' (Veblen).

The roles of institutions in CAS as emergent structural phenomena, with their function as both the individual behavioral dimension and (if problem-solving) policy-design targets, have therefore been a major theme in CE with regard to microeconomic complexity reduction, but also systemic idiosyncrasy reduction and stabilization, potentially shifting systems into smoother paths and into superior attractors (cf. Room 2011; Page 2012; Clement and Puranam 2017).

Note however that, while individual agents and groups of agents may coevolve with institutions in their struggle for complexity reduction, even if they are successful in doing so, the complexity of the entire system may remain unchanged or even increase at the same time (more below).

3.5 An Interim Conclusion: Complementarities and Synergies Between CE and Heterodoxies

CE, thus, analyses real-world systems without a teleological prejudice, provides socio-economic mechanisms, allows for ubiquitous more or less intricate decision structures taking place on many different network structures, for widespread unintended negative consequences of individualistic action and for idiosyncratic dynamics. In all, CE is enabling socio-economic analyses to be critical against reality and simplistic everyday ways of thinking. In this, it has obvious complementarities with long-standing heterodoxies. Both could learn from each other: Cutting-edge methods and their far-reaching implications, on the one hand, can be learned by heterodoxies from CE, whereas the rich history of thought, epistemological experience and value awareness, on the other, can be learned by CE from heterodoxies. Both (groups of) paradigms are aware of the difficult contingencies of any structure or dynamic, thus also any policy options and recommendations. This has always been an ingredient of heterodox socio-economic paradigms and their epistemologies, but has been too long pushed aside by a naïve T-i-n-a world-view and policy (T-i-n-a: 'There is no alternative' to marketization, de-regulation, privatization and financialisation), based on simplistic models, pretending to be able to make point-predictions.

In the following, we will provide, with a simple formalism, an early standard example of evolutionary game-theoretic models, applied to one of the first complex computer simulations of strategies for social dilemmas in populations, the evolution-of-cooperation approach.

4 Economic Complexity and the Role of Social Institutions: An Example

As indicated, it is well-established in complex theorizing, modeling, simulation and experimentation that (1) institutions may be devices of agents in CAS to reduce the complexity of their decision situation, that (2) they are central elements of systemic configurations that may stabilize CAS and lead them into (superior) attractors, and that (3) proper institutional design and institutional policy ('top-down') in complex economies and organizations is feasible. The latter can harness appropriate systemic complexity, shape behavioral process and attain targeted emergent structures, networks, distributions, and evolving new institutions, something that the traditional literature on mechanism design, with its focus on equilibrium benchmarks, is incapable to cope with (cf. Room 2011; Page 2012; Gilles et al. 2015; Clement and Puranam 2017).

4.1 The Game-Theoretic Perspective on the Evolution of Cooperation

Let us briefly consider, in a game-theoretic example, the connection between CAS, their evolutionary dynamics and social institutions. A clear-cut definition of institutions, traceable back to a clearly defined game-theoretic problem structure—in particular a social dilemma—is that institutions are interactively learned and habituated social rules for individual behavior in repeated social dilemmas/collective-good problems. Such decision structures require the sacrifice, on the part of the individuals, of a potential short-run maximization, and it is therefore attained, among (initially) individualistic agents, only by an endogenous sanction. This social rule has gained general approval and has been endowed with, and thus is itself stabilized by a credible threat of reactive defection in case of own defection (then all being worse off than with common compliance), the very endogenous sanction.

In an effort to solve ubiquitous social dilemmas (prisoners' dilemmas, in short: PD) and to reduce the strategic uncertainty and perceived over-complexity of the decision problems of individual agents, in a population with different existing strategies, agents may, under conditions, interactively learn problem-solving through informal institutional arrangements, i.e., behavioral regularities that will have to be obeyed habitually (as they cannot come into existence hyper-rationally, see below), in a cumulatively interactive process. These then may stabilize behavior and expectations in favor of a basic cooperation in order to solve the problem in the longer-run, which otherwise is insolvable (cf. Elsner 2012; Gilles et al. 2015). These elements of institutions will be explained in more detail below.

Institutions may also, of course, through their very habitual character, over time lock-in to ceremonial abstract norms, after conditions changed and new institutions would be instrumental, the old ones then just serving to uphold differential status and power structures (the Veblenian criterion of ceremonialism). For instance, in organizations, some superiors may benefit more than others from a collective cooperative solution attained earlier, and thus the game type may change imperceptibly. Alternatively, the investment to learn a new, proper instrumental institution may make the new institution more costly in the short-run than the established (but now petrified) one, so that a new instrumental institution will not come into being and the old one will remain, getting ever more ceremonially warranted (cf. Elsner 2012; Heinrich and Schwardt 2013).

We briefly illustrate this in the well-known evolution-of-cooperation approach to institutional emergence with its related group of models and simulations (cf. Axelrod 2006; Bendor and Swistak 1995; Lindgren 1997; Watts 1999, p. 199 ff.; Traulsen and Nowak 2006; Kendall et al. 2007; Charness and Yang 2014; Kao and Couzin 2014), which provides conditions for the superiority of longer-run institutionalized instrumental cooperation in face of a short-run dominant incentive to defect. The PD is repeated indefinitely (a so-called supergame, in short: SG), an assumed infinite payoff stream then discounted (with a discount factor δ) into comparative present capital values of the respective strategies, the so-called single-shot solution. This is reflected by an EGT approach, a simple analytical depiction that was applied in early complex computer simulations among many strategies for a PD-SG in a population.

The PD normal form is well-known:

$$\begin{matrix} a, a & d, b \\ b, d & c, c \end{matrix}$$

$$\text{with } b > a > c > d \text{ and } a > (d + b)/2.$$

In a well-ordered population, agents are randomly matched playing 2×2-PD-SGs. The approach to the superiority of cooperation here follows a certain criterion of an evolutionary stable strategy (ESS), i.e., in this case, a non-invadability of a population of cooperators by defectors. The approach then applies one of the usual conditions of EGT, comparing defectors' (always defecting, i.e., playing ALL-D) yields (P) against tit-for-tat-cooperators (TFT) with what TFT-cooperators attain playing against their kind:[16]

$$\begin{aligned} P_{TFT/TFT} &= a + \delta a + \delta^2 a + \ldots \\ &= \frac{a}{1-\delta}; \\ P_{ALL\text{-}D/TFT} &= b + \delta c + \delta^2 c + \ldots \\ &= \frac{c}{1-\delta} + b - c. \end{aligned}$$

In order not to be invaded, incumbent cooperators must fare better with each other than invading defectors against cooperators:[17]

[16]TFT starts cooperating and then does what the other agent did last interaction. It is the simplest cooperative strategy in a PD-SG that does reflect the sequence of interactions (with a one-period memory), thus is responsive and not always strictly dominated (as ALL-C would be).

[17]Note that the reverse (and more demanding, but perhaps also more realistic) problem of invadability of a defective population of ALL-Ds by TFT-cooperators is not symmetric to this approach. TFT according to this criterion would not be an ESS, since TFT-cooperators lose in the first interaction and then perform as bad as ALL-Ds, so lose in total. They can only play better than incumbent defectors through a 'minimal critical mass' of their kind that makes them meet their own kind often enough in order to fare better overall (Axelrod 2006), or, alternatively, may be considered to play longer or with a higher probability (a higher discount factor) with each other than all others (cf. also Axelrod). With k the number of cooperators in a population n:

$$\begin{aligned} &(k/n)[a/(1-\delta)] + [(n-k)/n][c/(1-\delta) + d - c] \\ &\quad >!(k/n)[c/(1-\delta) + b - c] + [(n-k)/n][c/(1-\delta)]. \end{aligned}$$

$$P_{TFT/TFT} >! P_{ALL\text{-}D/TFT},$$
$$\text{thus } a/(1-\delta) >! c/(1-\delta) + b - c$$
$$\delta >! (b-a)/(b-c).$$

The result is a logical condition for the longer-run superiority of a learned informal institution of cooperation to prevail in a population, reflecting Axelrod's and many others' simulation results. Note that the condition will have to be embedded in a proper evolutionary-institutional narrative, so that it is not used (as in mainstream textbooks) as another rescue for simple mainstream rationality, but to reflect the procedural emergence of an institution in a complex differential replication process in an evolving population. The longer-run rationality required, for instance, i.e., a high expectation of meeting again in the future and then being retaliated upon for earlier defection, is not just given, it is a most central social-cultural condition of emerging cooperative problem-solving (a collective-good production problem). The emergence and coevolution of this is not an *explanans* in a simple formalism, but itself an *explanandum* in a complex evolutionary theorizing.

First, such cooperative solution and socio-economic improvement not only is infeasible under hyper-rationality, i.e., if the usual one-shot maximization, even if repeated, remains, as would be the case in a dominant culture of short-termism. Then, just a series of one-shots would follow, and the agents would not learn anything. But also conditional cooperation alone would not be an ESS in regular EGT, even if it were the incumbent strategy. However, it may attain ESS status (if incumbent) through SGs with a proper δ, in relation to the payoff structure, according to the above inequality condition; or, if the invading strategy, through a critical minimum mass. In all, it requires proper cognitive conditions (expectations: agents coming to expect a cooperative partner next interaction).

The discount factor δ is equivalent indeed with the expectation, in any interaction, of meeting the same agent again in the next interaction. In a strategically structured population, the same agent may extend to (1) a knowing agent, who may be informed about the agent's earlier behavior through a own monitoring or a reputation chain, and, more generally, (2) a cooperator according to some experienced average probability as evolved in the population. In a full-fledged evolutionary process, this would require a social learning and cultural acquisition of a longer-run perspective, as only futurity and long-termism makes the solution possible. It may be shown in a formal replicator analysis, how, under favorable conditions, cooperation can gradually expand its population share and take over.

Conditional cooperators may be successful overall, then, if they (1) are sufficiently many (*k*), (2) play relatively successful with each other (a large *a*), (3) play relatively longer with each other than defectors (generate a relatively large δ for themselves), while defectors against each other are relatively unsuccessful (relatively low payoff *c*).

Second, the solution is only possible as a habituated behavior, as agents must irrationally sacrifice their short-run maximum b, in order to in the long run receive a (their sacrifice then would in fact be b−a). If however, both are equally clever, they would rather receive c, and in that case, their sacrificing the defection strategy would in fact be gain: c−a>0. As an active sacrifice is involved in the long-run wellbeing of agents, we are talking of a collective problem and solution here. This is different from less intricate, e.g., coordination games, where coordination is in the immediate interest of all individuals, so just a common problem and a solution attained by a simple social rule. An institution thus is a social rule plus an endogenous sanction mechanism to generate the sacrifice, exerted, in turn, through the credible threat of a trigger strategy, such as TFT, which will be triggered to defect upon defection, and in this way punish the defector in response, making both worse-off in a PD than with collective cooperation.[18] This then may prevent agents from hyper-rationally chasing after their short-run maximum, which is achievable only through free-riding and exploiting others, but probably will lead into the dilemma (then commonly receiving c). As said, the institution must become habituated and pursued semi-consciously, i.e., pursued as long as there is no reason to expect that in the next interaction the partner will intend to exploit. So agents are 'rational fools' then, as A. Sen once coined it with some irony to hyper-rationality.

Note that the solution depends on the futurity parameter (δ) in relation to the fierceness of the social dilemma in terms of its incentive structure. A higher culturally acquired general attitude to consider (or perhaps even to calculate) a longer future and a less fierce PD together may fundamentally change the behavior compared to initial short termism.

The great financial crisis might be used in this frame to demonstrate that we cannot expect basic dilemma problems to be solved in a short-term culture of the-winner-takes-it-all and under extremely fierce PDs. For potentially huge incentives to defect (b) and a potentially huge time preference (short-termism, a low δ), speculators even took all kinds of illegal action to exploit others (e.g. fraud, bribery), and a solution of the PDs would be virtually infeasible. Thus, incentive structures and the reach of individual expectations and planning horizons also deeply relate to each other: Extreme incentives for short-run one-shot extra gains (extremely high bs) will usually lead to extreme short-termism (very low δ) and in this way can hardly be compensated in order to make the condition of the above inequality feasible. Societies with a more even distribution usually have less fierce social dilemmas and thus lower levels of exploitation and conflict, in this way generally making socio-economies more culturally far-sighted and more effective. Institutions of instrumental cooperation then may emerge easier, faster and stronger.

[18]On the terminology of PDs vs. coordination games, collective cooperation vs. common coordination solutions, and institution vs. rules as solution devices, and this definition of institutions: cf. Schotter (1981); Elsner (2012).

4.2 Another Heterodox Embedding

The culturally acquired level of futurity of a socio-economy has always been an evolutionary-institutional issue (for the classic, cf. Commons 1990; more recently, cf. Jennings 2005). In this perspective, an increasing culturally acquired perception of futurity, for instance, depends on:

- a smaller relevant population (smaller interaction arenas, neighborhoods, firm clusters etc.) or sub-systems at meso-levels, perhaps horizontally overlapping and vertically layered, which support cognitive conditions and expectations to 'meet again' (the same, a 'knowing', or a generally cooperative one). Note that smaller societies that are highly structured in staged and overlapping clusters or networks (like Scandinavia) thus display relatively high levels of commitment, trust and, therefore, institutionalized cooperation. Here, old heterodox knowledge converges with game-theoretic modeling and with related lab experiments (cf. Elsner and Heinrich 2009; Charness and Yang 2014; Kao and Couzin 2014);
- less enforced, disembedding and uprooting ways of mobility, which often are experienced under neoliberal globalization; and less uprooting mobility, therefore higher probabilities and expectations to meet again might come into being again, so that stronger trust, commitment or social capital and institutions of cooperation may emerge (cf. Glaeser et al. 2002; Solari and Gambarotto 2014).[19]

Analytically, also particular agency capacities are required: For instance, behavioral innovators starting cooperation in (or invading) a defective social environment, in sequential interaction processes, must not be risk-averse, as they may be exploited at least once, which they cannot compensate later; and non-envious, as the defector, even when learning cooperation from the second interaction onwards, will have a greater payoff than the cooperator at the end of the day, as shown. Further favorable conditions would include group or arena sizes; some partner selection, preferential mixing, or strategic differentiation towards different agents; some improving movements in the network topology into more appropriate neighborhoods, if possible, depending on one's relative performance. Furthermore, they may include some group selection according to the gradually different multiple degrees of cooperation and effectiveness that are feasible to groups. It may also include developing ever more intelligent cooperative strategies and improving the structure of networks towards more effective ones (with some clustering and some long-range relations, so-called small-world networks), etc. (cf. Bendor and

[19] As a topical example, see the global refugee migrations (enforced and uprooting), which obviously mirror, and reinforce, collapsing (destroyed) institutional structures ('failing states'), hence increasing turbulence, short-termism, and decreasing trust, commitment and cooperation, let alone deteriorating cultures of voluntary contributions to collective goods, in both impacted source regions and new host regions.

Swistak 1995; Lindgren 1997; Watts 1999, pp. 199–222; Traulsen and Nowak 2006; Charness and Yang 2014; Kao and Couzin 2014).

Evolutionary-institutional heterodoxy may also provide proper theory and narratives for agent motivations to develop such capacities. For instance, agents may be searching for individual and socio-economic improvement (getting [a, a] rather than [c, c]), motivated by repeated frustration from negative unintended consequences (repeated one-shot interactions, where they aspire b but receive only c) or by an instinct of workmanship (Veblen), i.e., the benefit we experience from getting a problem solved together (collectively, in that case). Moreover, they may be motivated just by idle curiosity (Veblen), i.e., trying to find out, in a received predatory culture of mutual defection (where [a, a] may even never have been experienced and realized before), whether we can gain some improvement through some behavioral innovation. Veblen's instinct psychology and behavioral economics may contribute considerably here (cf. Veblen 1914). It relates to both modern anthropologically based naturalistic economics of gene-culture evolution (cf. Boyd and Richerson 2005) and the well-known formal proofs for evolutionary PDs of infinitely multiple feasible degrees of cooperation (multiple equilibria of iterated PDs, the so-called Folk-Theorem for the PD-SG).

Finally, if solved by an instrumental institution, the PD transforms into a less intricate coordination structure (a coordination game with now two, but Pareto-different Nash equilibria), solvable, as said, by a learned, but less demanding, social rule. Here, the remaining intricacy of the situation is the well-known fact that, under cumulative technological and/or behavioral conditions (technological network effects and/or imitation and herding, i.e., ceremonial institutional behavior), the inferior solution may come about by an idiosyncratic and path-dependent historical process with the same probability as the superior one (cf. Arthur 1989; David 1985). The problem then is to make the superior solution a 'focal point' (Schelling) for agents to orient themselves towards. If there is no obvious focal point, public policy may be required to provide one, as, for instance, some public assurance that all will choose a strategy to contribute to the Pareto-superior coordination, as in Sen's famous development-policy example (his 'assurance game', cf. Sen 1967).

5 Networks Rather Than Markets—Complexity and Networks

As indicated in Sect. 3, network structures are fundamental to CAS. Thus, we will take an exemplary closer look at their practical relevance and policy implications.

As said, the neoclassical mainstream is institutionally monistic, focusing on ideal models of markets that serve as equilibrium and welfare benchmarks for evaluating reality and policy: The possible state spaces that economic systems may exist in are reduced to a unique stable configuration by defining reduced equilibrium conditions, where agents decide and act in isolated and optimal ways, which then allows to generate the benchmark equilibrium of the system. It appears as a flawed theory and methodology, for which the Walrasian auctioneer metaphor has been quite appropriately used and which allows applying a certain type of mathematics.

If we, however, consider real-world markets as interactional arenas, we quickly recognize their infinitely many different possible network structures, out-of-equilibrium dynamics and transitional equilibria.[20] But ideal neoclassical (textbook) markets have little or no such social and/or spatial structure and resulting out-of-equilibrium dynamics. Moreover, they nearly exclusively model negative feedback loops, i.e., equilibrating processes, except perhaps for some oligopoly models that of course have to use game theory and then might end up in infinitely instable processes. Cournot-Nash oligopolies, for instance, eventually have to be considered markets usually off optimality or equilibrium. Taken seriously as ongoing instable processes, their welfare distance to the perfect competitive market will no longer be measurable (cf. Elsner et al. 2015, pp. 181–185).

Considering an ideal market in its spatial/social dimensionality, it turns out that it, implicitly, is either (1) dimensionless (a point in social space) or (2) a complete network, in which each agent is connected with each other (through unique equilibrium prices and exchange quantities) or (3) in the case of a Walrasian general-equilibrium market economy, a most centralized, hierarchical star network, according to the (required) Walrasian mechanism of an auctioneer. None of those resembles reality and appears fruitful for a research program.

Real markets, in fact, may vary from being some useful arrangement supporting human aims somehow to the greatest social nightmare, as long as not specified by their institutional (dis)embedding, their concrete incentive structure (qualitative game structure and quantitative payoff structure) and their specific network structure (inter-agent relations).

SNA, rooting in both physical and social systems (for sociology, cf. Granovetter 1985; Powell 1990) has not only generated ample statistical knowledge of network structures, their distributional and their dynamic properties, but also algorithms for the generation of certain network structures with aspired such properties. Synthetically generated networks then can be compared with empirical networks, which provides a better understanding of networks in general and would also allow their better political design. Networks and SNA, thus, open up much wider theoretical and empirical research options than the market ideal, as networks have an infinite range of properties (cf. Acemoglu et al. 2016; Jackson et al. 2016).

As mentioned, many empirical socio-economic networks, particularly under de-regulated and highly individualistic cultural conditions, have evolved, under corresponding self-organization mechanisms, into fat-tail distributions of income, wealth, firm size, settlement size, centrality and power. We may infer that related network structures are composed of sub-graphs that display central agents, which control clusters of less central agents and connect them. Networks that generate particularly scale-free distributions, i.e., 'scale-free networks', have been intensely analyzed (cf. Barabási and Albert 1999), including algorithms for their emergence, transition and synthetic generation starting from random networks (cf. Erdõs and Rényi 1959).

---

[20] Again, you might wish to refer to the article → 'Märkte als transaktionale Netze' in this anthology.

More generally, many real-world networks have developed a rather strong clustering through some self-organization mechanism to favor proximity, more intense and longer-lasting interaction and thus eventually commitment, trust, greater futurity, institutionalized cooperation and higher performance. They combine such clustering with a relatively small diameter or small mean path-length from any vertice to any other across the entire network (entire population), which requires some long-distance relations among central cluster members, in order to make information diffuse quickly through the whole population. Such a network type has been analyzed as small-world networks (cf. Watts and Strogatz 1998; Watts 1999), since any agent would be away from any other only through a surprisingly low number of 'handshakes'.

Such network properties would also be relevant for a policy designing the deep structure (interaction arenas and other conditions of emerging cooperation platforms) of a socio-economy or 'shaping the connective geometry' (Room 2011, pp. 237–246) of the socio-economy. For instance, successful and sustainable, less turbulent and less crisis-prone networks would have to avoid long-tail distributions of agents' centrality and power.

6 Some Implied Policy Orientations

Central functions in networks may have to be reduced in power or the positions regularly exchanged among persons to avoid a cumulative increase of centralities. As an example, Mauro Gallegati et al. derived some policy recommendations from their analysis of power-law distributed firm sizes and they identified an 'idiosyncratic volatility' of the very big ones, termed tail risks (cf. 2007). Public policy should no longer protect their exclusive information rights (intellectual property rights), as has been done in all developed countries since the late 1990s.

Also remember that we have mentioned the tail risks in the financial sector above. Based on the analytical and methodological sophistication CE has gained during recent decades, there was a natural upsurge since the great financial crisis in deriving policy implications of economic complexity (cf. Salzano and Colander 2007; OECD 2009; Chen 2010; Geyer and Rihani 2010; Room 2011; Fontana 2012; Loasby 2012; Colander and Kupers 2014; Geyer and Cairney 2015).

Regarding the often idiosyncratic dynamics of CAS, with their self-organization mechanisms, a complexity policy would have to design critical factors, including distributional and institutional structures that explain and may help to control overly complex, turbulent and inferior system properties. Sometimes the system's lock-in in inferior attractors, including petrified institutional arrangements, is to be unlocked and the system pushed beyond thresholds into a superior basin of attraction or a superior path.

Given general properties of CAS, we will always have to expect different impacts of the same policy measures in different phases of the system, be it in tranquility or turbulence, in proximity to or remoteness from attractors. Thus, often a persistent massive intervention into framework conditions is to be expected (e.g., when there is some policy evasion), but sometimes only nudges will suffice.

Some implications that are surprisingly distinct from what we know from neoliberal policies and narratives may be briefly mentioned (cf. Elsner 2001, 2017; Elsner et al. 2015, S 499–525).

Behavioral innovators (the first conditional cooperators) should be supported in their specific risk-taking[21] and being not too envious, as they might be exploited at least once and score worse than the ones who defect longer, as explained, although initial cooperators may improve above their own score, that they would have attained in case of continuing mutual defection. This is to generate a minimum critical mass of cooperators, e.g., through a credible public assurance of all contributing to the collective good.

It is obvious that in terms of the incentive structures for agents, the relative incentives to defect should be reduced (reduce b, increase a, i.e., reduce $b-a$, increase the potential frustration, $b-c$, so drastically reduce c), i.e., obtainable short-run maximum profits, attenuating the culture of the 'winner-takes-all' and making social dilemmas less fierce—not necessarily in pecuniary terms and not dissolving the PD-structure as such (which might be costly for the policy agent).

The awareness of a general interdependence as well as of the importance of futurity should be strengthened in order support a culture of longer-run rationality and planning. This may include strengthening memory, reputation chains, clustering and networking. As said, agents should be drawn into projects overlapping in time so that they always know that there will be some meeting again.

Enough time for social interaction process and a reduced speed and volatility should generate the proper space for required interactive learning, habituation, stabilizing expectations and building longer-run relations (social capital). As an important part of this, as explained above, enforced uprooting or disembedding forms of (spatial) mobility (migration) should be reduced to improve the cognitive and expectational conditions (meeting again) (cf. Glaeser et al. 2002; Solari and Gambarotto 2014)—very much in contrast to the conventional wisdom of an always productivity-enhancing mobility.

Effective network sizes and structures, mainly of some small-world type, while caring for rotating central positions (cf. Prabhu et al. 2016) and a properly overlapping and layered structure of arenas and network platforms, reflecting the social-spatial structure of the basic societal goods and functions would have to be shaped in the deep structure of the CAS.

In all, such orientations, how far away from current policy conception and practice and how apparently abstract they may be, should be able to de-block (unlock), stabilize and accelerate processes of learning and habituating a culture of interdependence, futurity, trusting expectations, reputation building and cooperation. Such a new kind of

[21]Note that this is taking the risk of being exploitable and vulnerable, rather than taking the risk of the daredevil, when exploiting others or being caught in cheating.

framework-shaping policy for institution-building has to constantly, but flexibly, interact with the interaction system of the private, thus, it is a 'double-interactive' and institutional policy. Among others, it has to independently evaluate the process and outcomes of the private target CAS. This in turn, requires a strong, qualified state, which must at least have the same degree of complexity than the socio-economic target system (so-called Ashby's Law of control theory) and a considerable computational capacity (cf. Elsner 2017).

Notably, as CE necessarily implies a permanent learning and adaptation attitude about the ever-changing and non-trivial structures and dynamics of its object (the target CAS of the private), there is no space for a static T-i-n-a attitude for policy. Rather, the different and always changing outcomes, and namely the shortcomings, of the target system need to be anticipated, computed and evaluated, which implies not only an increased computational capacity, but also transparent socio-economic evaluations for policy. Thus, there are no natural prices, wages, growth paths, investment ratios etc. All prices, wages and other values, rather, need to be societally reasonable and instrumental in a broad sense (cf. Commons 1990). We have called this new Meritorics, as related to the older conception of a 'merit good' (Musgrave 1959, p. 13).

These policy orientations are equivalent, as indicated, with older heterodox policy-reform conceptions of the pragmatist-instrumentalist philosophical tradition, which led to the policy conception of negotiated economies, guiding the institutionalist building of welfare states in a number of US-states in the 1920s and of the New Deal in the 1930s (cf. Commons 1990). Therefore, CE turns out to be consistent with heterodoxies in many respects, how unconsciously ever (so far).

7 Conclusion and Research Perspectives

This paper has illustrated that CE may provide an integrative socio-economic 'cross-paradigm' that offers cutting-edge analytical and methodological perspectives for the plurality of different economic heterodoxies (integrating the neoclassical mainstream usually as an extreme special case in formal models). CE, however, can also learn from long-standing heterodox theoretical explanations of socio-economic self-organization mechanisms, their experienced policy conceptions and their critical epistemologies, which include the role of values and valuing. CE has developed into a mature, but cutting-edge paradigm, an overall alternative to the neoclassical and neoliberal mainstream. CE is non-teleological and real-world oriented, prepared to analyze permanent learning and adaptation of its agents and evolutionary dynamics of its system. Both its own research methods and its policy orientations must therefore be prepared to match its complex adaptive object (cf. Witt 2003). CE thus embraces critical socio-economic theories and is interdisciplinary in broad and manifold new ways. It empirically and through synthetic system-building analyzes computation, simulation, real-world systems and networks. In addition to that, CE implies a new policy paradigm, also simulating and evaluating alternative policy measures. Thus, it should be considered by current heterodoxies and should itself acknowledge their rich knowledge stocks.

A common future research agenda, which may provide new qualities of knowledge to the plurality of the existing heterodox schools of thought, micro- as well as macro-oriented, will have to include, within integrated efforts

1. formal analyses of dynamical systems (fixed-point existence and stability, attractor analysis, periodicity of the system's dynamics),
2. modeling and analyzing evolutionary networks, including games on networks, replication dynamics and their multiple vanishing points (equilibria) or dynamic populations,
3. stochastic analyses of properties (distributional and institutional structures, evolutionary dynamics) of different networks,
4. agent-based modeling, computation and simulation,
5. theorizing socio-economic self-organization mechanisms, while building on the rich theoretical bodies in evolutionary-institutional, radical, socio-economic, post-Keynesian, feminist, ecological etc. paradigms,
6. pushing into ever-more real-world applications and
7. into an increasing experience in terms of real-world complexity policies.

A whole new world will open up here, and the perspectives for a more plural economic discipline will then be more favorable.

References

Acemoglu, Daron, Asuman Ozdaglar, and Alireza Tahbaz-Salehi. 2016. Networks, shocks and systemic risk. In *The oxford handbook on the economics of networks*, eds. Yann Bramoullé, Andrea Galeotti, and Brian Rogers. Oxford: Oxford University Press.

Albin, Peter, and Duncan Foley. 1998. *Barriers and bounds to rationality. Essays on economic complexity and dynamics in interactive systems*. Princeton: Princeton University Press.

Arnsperger, Christian, and Yanis Varoufakis. 2006. What is neoclassical economics? The three axioms responsible for its theoretical oeuvre, practical irrelevance and thus, discursive power. *Panoeconomicus* 53 (1): 5–18.

Arthur, W. Brian. 1989. Competing technologies, increasing returns and lock-in by historical events. *Economic Journal* 99 (394): 116–131.

Arthur, W. Brian. 2015. *Complexity and the economy*. Oxford: Oxford University Press.

Arthur, W. Brian, Steven Durlauf, and David Lane, eds. 1997. *The economy as an evolving complex system II*. Reading: Addison-Wesley.

Aspara, Jaakko, Kalle Pajunen, Henrikki Tikkanen, and Risto Tainio. 2014. Explaining corporate short-termism. Self-reinforcing processes and biases among investors, the media and corporate managers. *Socio-Economic Review* 12 (4): 667–693.

Axelrod, Robert. 2006. *The evolution of cooperation*. New York: Basic Books (First publication 1984).

Bak, Per, Chao Tang, and Kurt Wiesenfeld. 1987. Self-organized criticality. An explanation of 1/f noise. *Physical Review Letters* 59 (4): 381–384.

Barabási, Albert-László, and Réka Albert. 1999. Emergence of scaling in random networks. *Science* 286 (5439): 509–512.

Battiston, Stefano, Guido Caldarelli, Robert May, Tarik Roukny, and Joseph E. Stiglitz. 2015. The price of complexity in financial networks. Columbia Business School Research Paper No. 15–49, Columbia University, New York.

Beinhocker, Eric, ed. 2007. *The origin of wealth. Evolution, complexity and the radical remaking of economics*. London: Random House.

Bendor, Jonathan, and Piotr Swistak. 1995. Types of evolutionary stability and the problem of cooperation. *Proceedings of the National Academy of Science* 92 (8): 3596–3600.

Boyd, Robert, and Peter J. Richerson. 2005. *The origin and evolution of cultures*. Oxford: Oxford University Press.

Buchanan, Mark. 2008. This economy does not compute. *The New York Times*. http://www.nytimes.com/2008/10/01/opinion/01buchanan.html. Accessed 3 Feb 2017.

Charness, Gary, and Chun-Lei Yang. 2014. Starting small towards voluntary formation of efficient large groups in public goods provision. *Journal of Economic Behavior & Organization* 102 (C): 119–132.

Chen, Ping, ed. 2010. *Economic complexity and equilibrium illusion. Essays on market instability and macro vitality*. New York: Routledge.

Clement, Julien, and Phanish Puranam. 2017. Searching for structure: Formal organization design as a guide to network evolution. *Management Science* (forthcoming). https://papers.ssrn.com/sol3/papers.cfm?abstract_id=2974436. Accessed 3 Sep 2017.

Colander, David, and Roland Kupers, eds. 2014. *Complexity and the art of public policy. Solving society's problems from the bottom up*. Princeton: Princeton University Press.

Colander, David, et al. 2004. The changing face of mainstream economics. *Review of Political Economy* 16 (4): 485–499.

Colander, David, Richard P.F. Holt, and J.Barkley Rosser. 2011. The complexity era in economics. *Review of Political Economy* 23 (3): 357–369.

Commons, John R. 1990. *Institutional economics. Its place in political economy*. New York: Macmillan & Transaction (First publication 1934).

David, Paul A. 1985. Clio and the economics of QWERTY. *American Economic Review* 75 (2): 332–337.

Davidson, Paul. 1982–1983. Rational expectations: A fallacious foundation for studying crucial decision-making processes. *Journal of Post Keynesian Economics* 2 (2): 182–198.

Davis, John. 2008. Heterodox economics, the fragmentation of the mainstream and embedded individual analysis. In *Future directions for heterodox economics*, eds. John T. Harvey and Robert F. Garnett, 53–72. Ann Arbor: University of Michigan Press.

Elsner, Wolfram. 1986. *Ökonomische Institutionenanalyse. Paradigmatische Entwicklung der ökonomischen Theorie und der Sinn eines Rückgriffs auf die ökonomische Klassik am Beispiel der Institutionenanalyse ('Property Rights')*. Berlin: Duncker & Humblot.

Elsner, Wolfram. 2001. Interactive economic policy: Toward a cooperative policy approach for a negotiated economy. *Journal of Economic Issues* 35 (1): 61–83.

Elsner, Wolfram. 2012. The theory of institutional change revisited. The institutional dichotomy, its dynamic, and its policy implications in a more formal analysis. *Journal of Economic Issues* 46 (1): 1–43.

Elsner, Wolfram. 2013. State and future of the 'Citadel' and of the heterodoxies in economics: Challenges and dangers, convergences and cooperation. *European Journal of Economics and Economic Policies* 10 (3): 286–298.

Elsner, Wolfram. 2016. The dichotomy, inconsistency, and peculiar outmodedness of the 'Mainstream' textbook. The example of institutions. MPRA Paper No. 70471, LMU, München.

Elsner, Wolfram. 2017. Policy and state in complexity economics. In *Handbook of government intervention* (forthcoming), eds. Nikolaos Karagiannis and John E. King. https://papers.ssrn.com/sol3/papers.cfm?abstract_id=2975484. Accessed 11 Sep 2017.

Elsner, Wolfram, and Torsten Heinrich. 2009. A simple theory of "meso". On the co-evolution of institutions and platform size—With an application to varieties of capitalism and "medium-sized" countries. *Journal of Socio-Economics* 38 (5): 843–858.

Elsner, Wolfram, and Fred Lee. 2010. Editors' introduction to 'Evaluating Economic Research in a Contested Discipline Rankings, Pluralism, and the Future of Heterodox Economics'. *Studies in Economic Reform and Social Justice, Special Issue of the American Journal of Economics and Sociology* 69 (5): 1–12.

Elsner, Wolfram, Torsten Heinrich, and Henning Schwardt. 2015. *The microeconomics of complex economies. Evolutionary, institutional, neoclassical, and complexity perspectives*. Oxford: Academic Press.

Epstein, Joshua, and Robert Axtell. 1996. *Growing artificial societies: Social science from the bottom up*. Cambridge: MIT Press.

Erdős, Paul, and Alfréd Rényi. 1959. On random graphs I. *Publicationes Mathematicae* 6:290–297.

Fontana, Magda. 2010. Can neoclassical economics handle complexity? The fallacy of the oil spot dynamic. *Journal of Economic Behavior & Organization* 76 (3): 584–596.

Fontana, Magda. 2012. Policy in complex social systems. In *Good government, governance, human complexity*, eds. Paolo Heritier and Paolo Silvestri, 221–233. Firenze: L.S. Olschki.

Foster, John. 2005. From simplistic to complex systems in economics. *Cambridge Journal of Economics* 29 (6): 873–892.

Foster, John. 2006. Why is economics not a complex systems science? *Journal of Economic Issues* 40 (4): 1069–1091.

Gallegati, Mauro, et al. 2007. Implications of scaling laws for policy-makers. In *Complexity hints for economic policy*, eds. Massimo Salzano and David Colander, 291–302. Milan: Springer.

Geyer, Robert, and Paul Cairney, eds. 2015. *Handbook on complexity and public policy*. Cheltenham: Elgar.

Geyer, Robert, and Samir Rihani. 2010. *Complexity and public policy. A new approach to twenty-first century politics, policy and society*. London: Routledge.

Gilles, Robert, Emiliya A. Lazarova, and Pieter H.M. Ruys. 2015. Stability in a network economy. The role of institutions. *Journal of Economic Behavior & Organization* 119:375–399.

Gintis, Herbert. 2007. A framework for the unification of the behavioral sciences. *Behavioral and Brain Sciences* 30 (1): 1–61.

Glaeser, Edward, David Laibson, and Bruce Sacerdote. 2002. An economic approach to social capital. *Economic Journal* 112 (483): 437–458.

Granovetter, Mark. 1985. Economic action and social structure: The problem of embeddedness. *American Journal of Sociology* 91 (3): 481–510.

Heinrich, Torsten, and Henning Schwardt. 2013. Institutional inertia and institutional change in an expanding normal-form game. *Games* 4 (3): 398–425.

Helbing, Dirk. 2013. Globally networked risks and how to respond. *Nature* 497: 51–59.

Henrich, Joseph, Robert Boyd, Samuel Bowles, Colin Camerer, Ernst Fehr, and Herbert Gintis. 2004. *Foundations of human sociality. Economic experiments and ethnographic evidence from fifteen small-scale societies*. Oxford: Oxford University Press.

Hodgson, Geoffrey. 2002. Reconstitutive downward causation. Social structure and the development of individual agency. In *Intersubjectivity in economics. Agents and structures*, ed. Edward Fullbrook, 159–180. New York: Routledge.

Jackson, Matthew, Brian W. Rogers, and Yves Zenou. 2016. The economic consequences of social network structure. IFN Working Paper No. 1116, Research Institute of Industrial Economics, Stockholm.

Jennings, Frederic. 2005. How efficiency/equity trade-offs resolve through horizon effects. *Journal of Economic Issues* 39 (2): 365–373.

Kao, Albert, and Lain Couzin. 2014. Decision accuracy in complex environments is often maximized by small group sizes. *Proceedings of the Royal Society* 281 (1784): 1–8.

Kapeller, Jakob. 2013. 'Model Platonism' in economics. On a classical epistemological critique. *Journal of Institutional Economics* 9 (2): 199–221.

Kauffman, Stuart, ed. 1993. *The origins of order. Self-organization and selection in evolution*. Oxford: Oxford University Press.

Keen, Steve. 2009. A pluralist approach to microeconomics. In *The handbook of pluralist economics education*, ed. Jack Reardon, 120–150. London: Routledge.

Keen, Steve. 2011. *Debunking economics. The naked emperor dethroned?* 2nd Ed. London: Zed Books (First publication 2001).

Kendall, Graham, Chong Siang Yew, and Xin Yao, eds. 2007. *The iterated prisoner's dilemma. 20 years on*. Singapore: World Scientific.

Kirman, Alan, ed. 2011. *Complex economics. Individual and collective rationality*. London: Routledge.

Lindgren, Kristian. 1997. Evolutionary dynamics in game-theoretic models. In *The economy as an evolving complex system II*, eds. Brian Arthur, Steven N. Durlauf, and David Lane, 337–367. Reading: Addison-Wesley.

Loasby, Brian. 2012. Building systems. *Journal of Evolutionary Economics* 22 (4): 833–846.

Lux, Thomas, and Michele Marchesi. 1999. Scaling and criticality in a stochastic multi-agent model of a financial market. *Nature* 397: 498–500.

Mandelbrot, Benoit, and Richard Hudson, eds. 2006. *The misbehavior of markets. A fractal view of financial turbulence*. New York: Basic Books.

May, Robert. 1976. Simple mathematical models with very complicated dynamics. *Nature* 261 (5560): 459–467.

Milonakis, Dimitris. 2017. Formalising economics. Social change, ideology and mathematics in economic discourse. *Cambridge Journal of Economics* 41 (5): 1367–1390.

Mirowski, Philip. 1989. *More heat than light: Economics as social physics, physics as nature's economics*. Cambridge: Cambridge University Press.

Mitchell, Melanie. 2009. *Complexity. A guide*. Oxford: Oxford University Press.

Musgrave, Richard. 1959. *The theory of public finance*. New York: McGraw-Hill.

O'Boyle, Brian, and Terrence McDonough. 2017. Bourgeois ideology and mathematical economics. A reply to Tony Lawson. *Economic Thought* 6 (1): 16–34.

OECD. 2009. *Applications of complexity science for public policy. New tools for finding unanticipated consequences and unrealized opportunities*. Paris: OECD.

Page, Scott. 2012. A complexity perspective on institutional design. *Politics, Philosophy & Economics* 11 (1): 5–25.

Powell, Walter. 1990. Neither market nor hierarchy. Network forms of organization. In *Research in organizational behavior*, eds. Barry M. Staw and Larry L. Cummings, 295–336. Connecticut: JAI Press.

Prabhu, Boselin, N. Balakumar, and S. Sophia. 2016. Biologically inspired clustering mechanisms in dense distributed wireless sensor networks. *International Journal of Engineering Studies and Technical Approach* 2 (7): 1–11.

Room, Graham. 2011. *Complexity, institutions and public policy. Agile decision-making in a turbulent world*. Cheltenham: Elgar.

Rosser, Barkley. 2015–2016. Reconsidering ergodicity and fundamental uncertainty. *Journal of Post-Keynesian Economics* 38 (3): 331–354.

Rosser, Barkley. 2017. Complexity and institutional evolution. *Evolutionary and Institutional Economics Review* 14 (2): 415–430.

Salzano, Massimo, and David Colander, eds. 2007. *Complexity hints for economic policy. New economic windows*. Mailand: Springer.

Schelling, Thomas. 1971. Dynamic models of segregation. *Journal of Mathematical Sociology* 1 (2): 143–186.

Schelling, Thomas. 2005. Social mechanisms and social dynamics. In *Social mechanisms. An analytical approach to social theory*, eds. Peter Hedström and Richard Swedberg, 332–344. Cambridge: Cambridge University Press.

Schotter, Andrew. 1981. *The economic theory of social institutions*. Cambridge: Cambridge University Press.

Sen, Amartya. 1967. Isolation, assurance and the social rate of discount. *Quarterly Journal of Economics* 81 (1): 112–124.

Simon, Herbert, and Charles Bonini. 1958. The size distribution of business firms. *American Economic Review* 46 (4): 607–617.

Smith, Adam. 1976. The theory of moral sentiments. Ed. by D.D. Raphael and A. Macfie. Oxford: Oxford University Press (First publication 1759).

Solari, Stefano, and Francesca Gambarotto. 2014. Territorial rooting as an element of well-being. *Review of Social Economy* 72 (4): 504–522.

Sonnenschein, Hugo. 1973. Do Walras' identity and continuity characterize the class of community excess demand functions? *Journal of Economic Theory* 6 (4): 345–354.

Taleb, Nassim. 2007a. *Fooled by randomness. The hidden role of chance in life and in the markets*. London: Penguin (First publication 2004).

Taleb, Nassim. 2007b. *The Black Swan. The impact of the highly improbable*. London: Penguin.

Tang, Yinan, and Ping Chen. 2015. Transition probability, dynamic regimes, and the critical point of financial crisis. *Physica A: Statistical Mechanics and its Applications* 430 (C): 11–20.

Traulsen, Arne, and Martin Nowak. 2006. Evolution of cooperation by multilevel selection. *PNAS* 103 (29): 10952–10955.

Valentinov, Vladislav. 2012. System-environment relations in the theories of open and autopoietic systems. Implications for critical systems thinking. *Systemic Practice and Action Research* 25 (6): 537–542.

Veblen, Thorstein. 1898. Why is economics not an evolutionary science? *Quarterly Journal of Economics* 12 (4): 373–397.

Veblen, Thorstein. 1899. *The theory of the leisure class. An economic study of institutions*. New York: Macmillan.

Veblen, Thorstein. 1914. *The instinct of workmanship and the state of industrial arts*. New York: Macmillan.

Vega-Redondo, Fernando. 2013. Network organizations. *Journal of Complex Networks* 1 (1): 72–82.

Watts, Duncan. 1999. *Small worlds. The dynamics of networks between order and randomness*. Princeton: Princeton University Press.

Watts, Duncan, and Steven Strogatz. 1998. Collective dynamics of 'small-world' networks. *Nature* 393 (6684): 440–442.
Weaver, Warren. 1948. Science and complexity. *American Scientist* 36 (4): 536–544.
Wilson, David, and Alan Kirman, eds. 2016. *Complexity and evolution. Toward a new synthesis for economics*. Cambridge: MIT Press.
Witt, Ulrich. 2003. Economic policy-making in evolutionary perspective. *Journal of Evolutionary Economics* 13 (1): 77–94.

Die Care-Abgabe

Ein Instrument Vorsorgenden Wirtschaftens?

Anna Saave-Harnack

Zusammenfassung
Die aktuell festzustellende Krisenhaftigkeit von Care-Arbeit verweist auf die Notwendigkeit einer Neuorganisation und Neubewertung solcher Tätigkeiten. Diese Erkenntnis ist, zumindest in der Pluralen Ökonomik, zunehmend und, insbesondere in der Feministischen Ökonomik, ein Kristallisationspunkt für zahlreiche wissenschaftliche Auseinandersetzungen. In Bezugnahme auf Erkenntnisse aus der Pluralen Ökonomik, sollen Lösungsansätze aus der konventionellen Umweltökonomik herangezogen und miteinander verknüpft werden. Aufgegriffen wird hierfür der Politikvorschlag einer ‚Care-Abgabe'. Er soll die gesellschaftliche Finanzierung der privaten, freiwilligen und bezahlten Care-Arbeit für andere Menschen verbessern und so die Probleme der Unterbezahlung bzw. fehlenden Bezahlung von Care-Arbeit und damit einhergehende Missstände lösen (wie z. B. Überlastung, Zeitmangel und eine schwindende Qualität). Als Orientierung für die Weiterentwicklung eines solchen Politikvorschlags dient die Ökologische Steuerreform. Im Anschluss an diese Weiterentwicklung wird die Care-Abgabe aus der Perspektive Vorsorgenden Wirtschaftens evaluiert sowie abschließend ihr potenzielles Lösungs- und Umsetzungspotenzial wie auch eine mögliche Finanzierung diskutiert. Vorsorgendes Wirtschaften wird dabei als normative Beurteilungsgrundlage herangezogen und als plurales Ökonomie-Konzept eingeführt.

Ich möchte mich bei all denjenigen bedanken, die mich während der Anfertigung dieses Beitrags unterstützt haben, insbesondere bei Barbara Muraca und Tilman Reitz sowie den anonymen Reviewer*innen für ihre wertvollen Hinweise.

A. Saave-Harnack (✉)
Friedrich-Schiller-Universität Jena, Jena, Deutschland
E-Mail: anna.saave-harnack@uni-jena.de

D. J. Petersen et al. (Hrsg.), *Perspektiven einer pluralen Ökonomik*, Wirtschaft + Gesellschaft, https://doi.org/10.1007/978-3-658-16145-3_15

1 Einleitung: Krisen als Ausgangspunkte für eine Reorientierung der Ökonomik

Die heutzutage im ökonomischen Mainstream verwendeten und gelehrten Theorien und Modelle werden vielfältig kritisiert. Oft wird Kritik an ihrer mangelnden Erklärungskraft in Krisensituationen, wie etwa bei der Finanzkrise nach 2007, geäußert. Auch über die Finanzmärkte hinaus werden jedoch in der aktuellen ökonomischen Theorie zahlreiche weitere volkswirtschaftliche Krisenpotenziale nicht abgebildet oder gar berücksichtigt, wie Adelheid Biesecker und Sabine Hofmeister innerhalb ihres Theorieansatzes ‚Vorsorgendes Wirtschaften' argumentieren (2013, S. 145).

Eines dieser weiteren Krisenpotenziale zeigt sich in der *Care-Ökonomie*[1], also überall dort, wo Menschen bezahlte oder unbezahlte Arbeit zur Sorge und Fürsorge für andere Menschen leisten, die nur eingeschränkt autonom handeln können, wie etwa Kinder oder kranke Menschen (vgl. Folbre 2001; Jochimsen 2003), aber auch für erwachsene Personen im Haushalt (vgl. Folbre 2008). *Care-Arbeit* findet teilweise bezahlt statt (etwa in der Kinderbetreuung oder in der Krankenpflege) oder unbezahlt im Haushalt (beispielsweise bei der Pflege eines kranken Kindes oder von Partner*innen) oder innerhalb eines ehrenamtlichen Engagements (wie etwa in der ehrenamtlichen Jugendarbeit). In industrialisierten Gesellschaften wie in Deutschland leisten viele Menschen diese Care-Arbeit unter hohem Spar- und/oder Zeitdruck (vgl. Himmelweit 2007). Deshalb sprechen einige Autor*innen in diesem Zusammenhang auch von einer *Care-Krise* (vgl. Gubitzer und Mader 2011). Menschen mit Care-Verantwortung, besonders Frauen, die traditionell Care-Arbeit leisteten und leisten (Statistisches Bundesamt 2016), treten vermehrt in den Arbeitsmarkt ein. Ihnen bleibt daher wenig(er) Zeit, um für andere Menschen zu sorgen. Andere Care-Arbeiter*innen werden bezahlt, aber ihre Bezahlung ist überwiegend niedrig (Folbre 2001, S. 44–45). Feministische Ökonom*innen betonen, dass die Erledigung von Care-Arbeit durch Frauen von großen Teilen der Gesellschaft noch immer als selbstverständlich oder gar ‚natürlich' angesehen wird (Biesecker und Hofmeister 2006, S. 145). Die *Feministische Ökonomik*[2] zeigt außerdem, dass die traditionellen wirtschaftswissenschaftlichen Theorien Care-Arbeit ausblenden, z. B. in ihrem Menschenbild des homo oeconomicus oder in der klassischen Mikroökonomie des Arbeitsmarktes (vgl. Hoppe 2002).

---

[1]Das Wort Ökonomie soll hier im Gegensatz zum volkswirtschaftlich geprägten Wort Sektor unterstreichen, dass Care-Arbeit sowohl auf dem Markt als auch außerhalb von Märkten geleistet wird.

[2]Die Feministische Ökonomik dekonstruiert die Dimensionen Geschlecht, Rasse, Ethnie und Klasse, welche in der zeitgenössischen Ökonomik oftmals unhinterfragt eingeschlossen sind, und entwirft neue theoretische Zugänge und empirische Methoden, welche feministische Erkenntnisse einbeziehen (Code 2004, S. 157). Ein Anliegen der Feministischen Ökonomik ist es daher, die soziale Konstruktion der Wirtschaftswissenschaften und ihre Verbindungen zur sozialen Konstruktion von Gender aufzudecken (vgl. Ferber und Nelson 1997).

Probleme, wie die Arbeitsbelastung oder Erschöpfung von Care-Arbeiter*innen werden in der Öffentlichkeit oder aus Perspektive der Neoklassik häufig als individuelle Probleme portraitiert, welche aus der Unfähigkeit resultieren, Beruf und Familie zu vereinbaren, oder eine Folge individueller Karriereentscheidungen und Präferenzen sind. Im Gegenteil dazu, beschreibt die Feministische Autorinnengruppe[3] die Probleme des permanenten Zeitmangels in Haushalten und des stetigen Verlusts von Qualität in bezahlter und unbezahlter Care-Arbeit als ökonomischen „*Landnahme*-Prozess" (2013, S. 116), welcher unterbrochen werden muss. Der Begriff *Landnahme* verweist auf Rosa Luxemburgs Argument, dass Karl Marx' Konzept der ursprünglichen Akkumulation nicht ausschließlich bei der Entstehung kapitalistischer Gesellschaften eine Rolle spiele, sondern vielmehr einen kontinuierlichen Prozess darstelle (vgl. Luxemburg 1981).[4] Es geht dabei um Kapitalakkumulation mittels des Entziehens von Ressourcen aus nicht-marktlichen Bereichen, wie der unbezahlten Care-Arbeit oder den nicht-kommodifizierbaren Anteilen bezahlter Care-Arbeit, welche in kapitalistischen Aktivitäten auf dem Markt verwertet werden und als Basis zur Erwirtschaftung von Profiten auf Märkten dienen.

Andere Autorinnen, die das Konzept Vorsorgendes Wirtschaften vertreten, beschreiben die heutige Situation der Care-Arbeit als eine *Externalisierung des Kapitalismus* (vgl. Biesecker und von Winterfeld 2014). Dabei spaltet die Marktökonomie stetig die Bereiche ‚traditionell weibliche Arbeit' und ‚Leistungen der Umwelt' von ‚der Wirtschaft' ab, wobei sie diese abwertet und sich gleichzeitig aneignet. Dieser Externalisierungsbegriff unterscheidet sich von der engeren Verwendung des Begriffs ‚externe Effekte', der beispielsweise aus der Umweltökonomik bekannt ist (vgl. Perman et al. 2011; siehe Abschn. 3.1). Sowohl die Perspektive der Externalisierung bzw. Abspaltung als auch die *Landnahme*-Perspektive stellen die Annahme infrage, dass die Organisation von Care-Arbeit nur ein Problem individuellen Könnens ist, und zeigen stattdessen, dass sie ein Resultat der gesellschaftlich-ökonomischen Rahmenbedingungen wirtschaftlichen Handelns ist.

Vorsorgendes Wirtschaften geht allerdings über die Analyse der Care-Arbeit hinaus, indem der Ansatz auf die Parallelität von zwei der genannten Krisenfelder eingeht: Krisen in den Bereichen Umwelt und Care bzw. natürlicher und sozialer Reproduktion (vgl. Netzwerk Vorsorgendes Wirtschaften 2013). In beiden Krisenfeldern gibt es Krisensymptome bzw. praktische Probleme: Aufseiten der Umwelt z. B. das Artensterben, den Klimawandel oder die Übernutzung von Ökosystemdienstleistungen (vgl. Millennium Ecosystem Assessment 2005). In der Care-Ökonomie treten die bereits skizzierten Probleme auf. Biesecker spricht daher von einer die beiden Felder umfassenden

[3]Die Gruppe ist ein Kollektiv von Frauen, das in der Schweiz zum Themenbereich Geschlechterverhältnisse im Neoliberalismus forscht.

[4]Luxemburgs Theorie der Akkumulation wird heute in Deutschland u. a. von Klaus Dörre (vgl. 2013) weiterentwickelt.

„Krise des Reproduktiven“ (2009, S. 34). Der Ansatz Vorsorgendes Wirtschaften stellt so eine Gegenkonzeption zum Mainstream der ökonomischen Theorie dar und nimmt die unzureichende Thematisierung der wirtschaftlich-relevanten Bereiche soziale und natürliche Reproduktion bzw. Care und Umwelt als theoretischen und politischen Ausgangspunkt.

Aus den gesellschaftlichen Herausforderungen in der Care-Ökonomie ergibt sich nun die Frage, wie Care-Arbeit in kapitalistischen, industrialisierten Gesellschaften finanziert und dauerhaft ohne Krisensymptome organisiert werden kann. Dieser Beitrag sucht dabei nach Möglichkeiten der veränderten Organisation und Finanzierung von Care-Arbeit innerhalb und außerhalb des Haushalts, sodass Care-Arbeit zukünftig ohne schädliche Rahmenbedingungen (wie eine geringe Bezahlung, Doppelbelastung oder Zeitdruck) geleistet werden kann.[5]

Eine Möglichkeit der Neuorganisation von Care-Arbeit stellt die *Care-Abgabe* dar. Tove Soiland schlägt dieses wirtschaftspolitische Instrument in einem kurzen Interview in der Zeitschrift ‚Wir Frauen‘ vor (vgl. Aigner 2014). Angesichts dessen, dass der Vorschlag zur Care-Abgabe bisher nur knapp skizziert ist, muss er ausgearbeitet und weiterentwickelt werden. Nur so kann geklärt werden, ob eine Care-Abgabe eine bessere Organisation von Care-Arbeit ermöglichen könnte. Das Veränderungspotenzial der Care-Abgabe soll hier auf Grundlage des Vorsorgenden Wirtschaftens bewertet werden.

Daraus ergibt sich die Frage: Kann eine konkretisierte Care-Abgabe Vorsorgendes Wirtschaften ermöglichen? Dieser Beitrag greift Soilands Vorschlag der Care-Abgabe auf, konkretisiert ihn und reflektiert ihn anschließend anhand des Ansatzes Vorsorgendes Wirtschaften. Der Beitrag möchte damit nicht nur Vorsorgendes Wirtschaften als bestehende theoretische Alternative zur Mainstream-Ökonomik bzw. als eine Plurale Ökonomik[6] benennen, sondern fragt auch nach den realpolitischen Umsetzungsmöglichkeiten dieser. Ich beziehe mich dabei auf den politischen Kontext in Deutschland, wenngleich die Idee einer Care-Abgabe auch auf andere Volkswirtschaften übertragen werden könnte.

---

[5]Dies mag möglicherweise den Anschein erwecken, als sei bereits geklärt, dass eine krisenfreie Organisation von Care-Arbeit innerhalb kapitalistischer Gesellschaften überhaupt möglich ist. Eine solche Annahme kann grundsätzlich bezweifelt werden (vgl. Mies 2009; Müller 2013). Darüber hinaus stellen sich auch grundsätzliche Fragen: Beispielsweise, ob in Zukunft alle Care-Arbeit bezahlt werden sollte oder lediglich Teile davon. Dies sind berechtigte und wichtige Fragen, die allerdings nicht im Fokus dieses Beitrages liegen.

[6]Plurale Ökonomik betrachte ich als Überbegriff, der verschiedene Plurale Ökonomiken umfasst. Plurale Ökonomik umfasst Wirtschaftstheorien, die nicht den neoklassischen Wirtschaftstheorien entsprechen oder diese auf bisher weniger theoretisierte Bereiche, wie Umwelt oder Care, anwenden.

2 Theoretischer Hintergrund

Im Folgenden wird zunächst der Vorschlag der Care-Abgabe eingeführt. Im Anschluss werden zwei Gründe für die Notwendigkeit eines solchen Instruments vorgestellt, bevor ein Reflexionsrahmen für die Weiterentwicklung der Care-Abgabe aus dem Vorsorgenden Wirtschaften abgeleitet wird.

2.1 Ein Ansatz zur Bewältigung der Krisen: Die Care-Abgabe

Die Care-Abgabe soll eine veränderte gesamtgesellschaftliche Organisation von Care-Arbeit ermöglichen. Soiland schlägt dafür eine Umverteilung der gesamtgesellschaftlichen finanziellen Ressourcen vor und argumentiert: „Man könnte – ähnlich wie CO_2-Abgaben – Care-Abgaben oder eine Care-Steuer für diese wirtschaftsstarken Sektoren einführen. […] Wenn man Ökoabgaben machen kann, kann man auch Care-Abgaben machen" (Aigner 2014, S. 15). Soiland schlägt weiter vor, dass der Staat Profite umverteilen solle, die in wirtschaftsstarken Sektoren mit einer hohen Produktivität entstehen. Der Care-Sektor[7] mit einer vergleichsweise geringen Produktivität soll von dieser finanziellen Umverteilung profitieren. Als Begründung erklärt Soiland, dass unsere Gesellschaften die Organisation von Care-Arbeit als kollektive Aufgabe betrachten sollten, da alle Menschen Care-Arbeit benötigen (vgl. Aigner 2014). In anderen Worten zielt die Care-Abgabe darauf, die finanziellen Probleme unbezahlter oder unterbezahlter Care-Arbeit, welche sich auch in Zeitknappheit äußern, durch eine Umverteilung von Profiten zu lösen.[8]

Die Care-Abgabe war bisher kaum Gegenstand einer wissenschaftlichen Debatte.[9] Das Instrument hat somit bisher nur den Charakter einer ersten vagen Idee, die einer

---

[7]Soiland spricht vom Care-Sektor, wobei das Wort Sektor volkswirtschaftlich für einen klar beschreibbaren Teilbereich einer Volkswirtschaft steht. Allerdings wurde von manchen Staaten (z. B. dem Vereinigten Königreich) bisher nur Hausarbeit, also ein Teil von Care-Arbeit, volkswirtschaftlich auf Satellitenkonten für den Haushaltssektor erfasst. Die Feministische Ökonomik legitimiert die volkswirtschaftliche Erfassung der gesamten Care-Arbeit: Ihre Monetarisierung steht allerdings noch aus, weshalb noch nicht von der Etablierung eines solchen volkswirtschaftlichen Care-Sektors gesprochen werden kann (vgl. Folbre 2001; Madörin 2011a, b). Daher wird im Folgenden die gesamte bezahlte und unbezahlte Care-Arbeit mit dem Begriff Care-Ökonomie bezeichnet.

[8]Mit größeren finanziellen Mitteln könnten Menschen, die im Haushalt unbezahlt Care-Arbeit leisten und unter Zeitdruck leiden, z. B. weniger Erwerbsarbeit zugunsten von mehr Care-Arbeit tauschen. Oder sie könnten mehr Care-Arbeit einkaufen, wodurch sie mehr Zeit für Erwerbsarbeit zur Verfügung hätten (vgl. Himmelweit 2007). Bezahlte Care-Arbeiter*innen könnten z. B. durch die Aufstockung des Personals von Zeitdruck entlastet werden.

[9]Die Care-Abgabe findet in dem Memo ‚Die Pflege ist weiblich' von Kerstin Scharfenberg (vgl. 2014) von der Gewerkschaft ver.di und im Zukunftsdossier ‚Auf der Suche nach einem neuen Wohlstandsmodell' des österreichischen Bundesministeriums für Land- und Forstwirtschaft, Umwelt und Wasserwirtschaft (vgl. 2015) Erwähnung.

Präzisierung bedarf. So ist beispielsweise die Art der Umverteilung durch eine Care-Abgabe noch unklar. Soiland zufolge soll die Care-Abgabe analog zu Instrumenten wie CO_2-Abgaben oder einer Ökoabgabe gestaltet sein. Diese Begriffe bezeichnen jedoch keine konkreten Politikinstrumente, sondern werden eher als Schlagworte für eine finanzielle Umverteilung zugunsten des Umweltschutzes verwendet. Eine konkrete Umverteilung zugunsten der Umwelt leistet die *Ökologische Steuerreform* (ÖSR) in Form einer Besteuerung von fossilen Energieträgern. Die ÖSR ist ein wirtschaftspolitisches Instrument, welches einerseits als konkretes Instrument in Deutschland existiert und andererseits mit Soilands Vorschlag korrespondiert. Es soll daher als Grundlage zur Umsetzung von Soilands Vorschlag und als Basis des Transfers eines umweltpolitischen Instruments auf die Care-Ökonomie dienen. Bevor der Transfer gewagt werden kann, ist jedoch ein Blick auf die Gründe für die Notwendigkeit einer Care-Abgabe sinnvoll.

2.2 Zwei Gründe für die Notwendigkeit einer Care-Abgabe

Die Volkswirtin Mascha Madörin hebt in ihren Arbeiten die große, aber bisher vernachlässigte volkswirtschaftliche Relevanz von Care-Arbeit und auch die Größenordnungen unbezahlt geleisteter Arbeit in Haushalten hervor (vgl. Madörin 2011a, b). Nach ihren Berechnungen für die Schweiz, umfasste im Jahr 2000 die unbezahlt in Haushalten geleistete Arbeit 41 % des erweiterten BIP[10] (Madörin 2007, S. 145). Die bezahlte und zusätzlich von Madörin monetär bewertete Care-Arbeit wies im Jahr 2004 sogar einen etwas höheren Wert als die gesamten Steuereinnahmen der Schweiz auf (Madörin 2011b, S. 68). Dieser Wert ist überraschend hoch trotz der im europäischen Vergleich relativ niedrigen Steuern in der Schweiz. Madörins Arbeit legitimiert eine gesamtwirtschaftliche Betrachtung und legt zugleich eine staatliche Intervention hinsichtlich der Care-Ökonomie nahe. Die Monetarisierung unbezahlter Arbeit (also eines Teils von Care-Arbeit) wurde in Deutschland vom Statistischen Bundesamt durchgeführt. Diese Studie ergab, dass der Wert der unbezahlten Arbeit[11] im Jahr 2013 insgesamt 826 Mrd. EUR betrug. Dabei wurden Arbeitsstunden mit dem Nettolohn einer Hauswirtschafterin bzw. eines Hauswirtschafters bewertet (Statistisches Bundesamt 2016, S. 35–51). Eine Monetarisierung der gesamten Care-Arbeit, die bezahlte und unbezahlte Anteile einschließt, steht für Deutschland allerdings noch aus.

Ein besonderes Problem der bezahlten Care-Arbeit bildet die *Kostenkrankheit,* ein Begriff, der auf William Baumol zurückgeht (Donath 2000, S. 118). Die zentrale These der Kostenkrankheit ist, dass es in „reifen Volkswirtschaften" (Madörin 2011a, S. 57)

[10]Das erweiterte BIP schließt den Wert der Produktion und der Dienstleistungen in Haushalten ein.

[11]Dies umfasst Haus- und Gartenarbeit, Bauen und handwerkliche Tätigkeiten, Pflege und Betreuung sowie Ehrenamt und informelle Hilfen (Statistisches Bundesamt 2016, S. 47).

auseinanderdriftende Arbeitsproduktivitäten gibt. Im Vergleich zum produzierenden Sektor existieren bei Care-Arbeit relativ klare Grenzen der Produktivitätssteigerung, sodass auseinanderdriftende Arbeitsproduktivitäten auch Care-Arbeit betreffen. Denn die Dienstleistungen in der arbeitsintensiven Care-Ökonomie können nicht beliebig produktiver oder effizienter gestaltet werden, da beispielsweise das Füttern von Kindern oder das Baden von Kranken immer eine gewisse Zeit benötigt und eine Subjekt-Subjekt-Beziehung nötig ist. Diese Charakteristik macht es schwer, Care-Arbeit zu entpersonalisieren oder zu automatisieren und damit zu rationalisieren (Folbre 2001, S. 48–49). Wird die Zeit für personennahe Dienstleistungen verkürzt, so leidet darunter deren Qualität (Donath 2000, S. 118–120) – und damit letztlich auch Menschen. Dahingegen kann im produzierenden Sektor die Arbeitszeit für gewisse Tätigkeiten durch technischen Fortschritt immer weiter verkürzt und die Arbeitsproduktivität scheinbar unbegrenzt erhöht werden.[12]

Im Vergleich driften darum die Produktivitäten verschiedener Tätigkeiten auseinander (Madörin 2006, S. 57). Aufgrund dieser Entwicklung kann Arbeit in der Care-Ökonomie vergleichsweise weniger Wertschöpfung generieren und ist im Vergleich zu Arbeit in der Industrie teuer.[13] Wenn Care-Arbeit teuer ist und ihr Preis weiter steigt, können es sich jedoch nur wenige Menschen leisten, diese auf dem Markt einzukaufen (Himmelweit 2007, S. 591–593). In manchen Fällen führt dies zu geringen Löhnen für Care-Arbeit oder dem Widerstand gegenüber Lohnerhöhungen aus Arbeitgeber*innensicht. In anderen Fällen führt dies zu einer Intensivierung der Care-Arbeit, beispielsweise indem Arbeiter*innen schneller oder in geringerer Besetzung arbeiten müssen (Himmelweit 2007, S. 586). Der Druck, produktiver zu werden, betrifft bezahlte wie unbezahlte Care-Arbeit (Donath 2000, S. 119). Soiland reagiert auf eben dieses Phänomen der auseinanderdriftenden Produktivitäten mit dem Vorschlag einer Care-Abgabe.

Mit diesen Gründen für die Notwendigkeit einer Care-Abgabe kann kein Urteil darüber getroffen werden, ob Care-Arbeit per se auf dem Markt eingekauft werden bzw. eine Ware sein soll. Der Vorschlag der Care-Abgabe bearbeitet das Problem, dass Care-Arbeit – unabhängig davon, ob sie warenförmig organisiert ist oder nicht – aktuell unterfinanziert ist. Jedes Vorhaben in diesem Bereich kann Gefahr laufen, in die Fallstricke der Kommodifizierung von zuvor unbezahlten Leistungen[14] zu geraten. Aber auch wenn

[12]Ökologische Ökonom*innen merken kritisch an, dass solche Produktivitätssteigerungen letztlich eine Intensivierung des Energieverbrauchs verursachen und dies in der Beurteilung der vermeintlichen Effizienz einer Tätigkeit berücksichtigt werden müsse (vgl. Sorrell 2010).

[13]Diesen Umstand interpretieren einige Autorinnen auch als Grund für die Auslagerung der Care-Arbeit aus der kapitalistischen Produktionsweise (vgl. Biesecker und von Winterfeld 2014; Feministische Autorinnengruppe 2013).

[14]Vgl. Chorus (2013) für eine kritische Betrachtung der Kommodifizierung von Care-Arbeit.

negative Folgen von Kommodifizierung verhindert werden sollen, muss die Frage der Finanzierung von Care-Arbeit beantwortet werden. Denn selbst wenn Care-Arbeit nicht lohnförmig oder warenförmig gestaltet werden soll, müssen die Menschen, welche Care-Arbeit leisten und empfangen, eine Finanzierung für ihren Lebensunterhalt erhalten.

2.3 Vorsorgendes Wirtschaften als theoretisch-normativer Rahmen

Vorsorgendes Wirtschaften dient in diesem Beitrag als theoretisch-normativer Rahmen für die Untersuchung der Care-Abgabe. Aus der Literatur zum Vorsorgenden Wirtschaften lassen sich Qualitätskriterien für die Entwicklung und Evaluation eines care-politischen Instruments ableiten. Diese Qualitätskriterien sollen auf die Care-Abgabe angewendet werden.

Vorsorgendes Wirtschaften rückt die vermeintlich reproduktiven Bereiche ins Zentrum der Betrachtung. Die reproduktiven Bereiche sind demnach besonders häufig von Krisen betroffen und weisen einen gleichen Ursprung auf: die strukturelle Trennung zwischen der produktiven Sphäre der Märkte und den vermeintlich reproduktiven und oftmals als unproduktiv verstandenen Sphären.[15] Der *reproduktiv* genannte Bereich umfasst Care-Arbeit, respektive soziale Reproduktionsarbeit sowie die Produktivität der Natur, respektive die natürliche Reproduktion (Biesecker und Hofmeister 2008, S. 445). Eine solche Trennungsstruktur findet sich in der Mehrheit ökonomischer Theorien und Praktiken (Biesecker und Hofmeister 2013, S. 145). Dabei bezieht die Marktökonomie zwar durchaus Leistungen aus sozial weiblicher Arbeit und Umwelt ein, jedoch werden diese Leistungen verwendet, ohne ihnen einen Preis zu geben oder ihnen explizit einen Wert zuzuschreiben:

> In der ökonomischen Bewertung wird wieder getrennt und aufgespalten in ‚Natur' und ‚Nicht-Natur' – nur was das Ökonomische als seine eigene Produktivität (Kapital- und warenförmige Arbeitsproduktivität) erkennt und anerkennt, geht in die Wertrechnung ein (Biesecker und Hofmeister 2008, S. 445).

Auf der praktischen Ebene erzeugt die Trennungsstruktur eine sozial-ökologische Krise (Biesecker und Hofmeister 2008, S. 438–439). Auf der Theorieebene hat die Abtrennung des Reproduktiven zur Folge, dass nur unzureichendes Wissen über die Möglichkeiten nachhaltigen Wirtschaftens vorhanden ist (Biesecker und Hofmeister 2010a, S. 1703).

---

[15]Innerhalb dieses Ansatzes gilt als das Produktive, was ökonomisch in Wert gesetzt wurde, und als das Reproduktive, was Teil der ökonomisch nicht bewerteten Prozesse und Leistungen ist. Jedoch ließen sich „weder in der sozialen Lebenswelt noch in der ökologischen Natur produktive von reproduktiven Prozessen trennen, da alle lebendige Tätigkeit produktiv und ihre Trennung dagegen eine bewertende Erzählung" sei (Hofmeister 2013, S. 129–130).

Die beiden Krisenfelder Care und Umwelt werden dabei oft als getrennt wahrgenommen und bearbeitet – in umweltfreien feministisch-ökonomischen Diskursen (vgl. Hoppe 2002) sowie in Umweltdiskursen ohne die Thematisierung von Geschlechterverhältnissen (vgl. Perman et al. 2011). Es lohnt sich daher, nach Gemeinsamkeiten der beiden reproduktiven Bereiche zu fragen (Biesecker und Hofmeister 2006, S. 19).

2.3.1 Die Kategorie (Re)Produktivität

Angesichts solcher Probleme entwickeln die Vertreter*innen des Vorsorgenden Wirtschaftens ein theoretisches und zugleich normativ-politisches Programm mit der zentralen Forderung, die Trennung zwischen den sogenannten produktiven, männlich konnotierten, marktförmig organisierten Bereichen[16] und den oft als unproduktiv oder reproduktiv bezeichneten anderen Bereichen aufzudecken und aufzuheben. Dafür wird eine eigene Produktivitätstheorie mit der Kernkategorie *(Re)Produktivität* entwickelt, die sich von der bisher vorherrschenden quantitativen und marktbezogenen Verwendung des Wortes produktiv abgrenzt (vgl. Hofmeister 2013). Die Wortneuschöpfung (Re) Produktivität ist ein Schlüsselbegriff dieser Theorie. Der Begriff bezeichnet die „nicht durch Abwertungen getrennte Einheit aller produktiven Prozesse in Natur und Gesellschaft, bei gleichzeitiger Unterschiedenheit" (Biesecker und Hofmeister 2006, S. 19). (Re)Produktivität soll verdeutlichen, dass in jedem Produktionsprozess Leistungen von Wiederherstellung und Erneuerung durch soziale oder natürliche Reproduktion bereits inbegriffen sind (Biesecker und Hofmeister 2013, S. 140). Als ein Teil einer Problemlösung kann (Re)Produktivität beschreiben, was die Verbesserung der Wirtschaftsweise im Vorsorgenden Wirtschaften ausmacht: die Integration reproduktiver Bereiche als nicht-abzuwertende Bestandteile in eine Einheit produktiver Prozesse (Biesecker und Hofmeister 2006, S. 19). Wenn hier also von produktiven Prozessen gesprochen wird, bedeutet dies bereits eine Erweiterung des Produktionsbegriffs, der „in das Gestalten das Erhalten der produktiven Kräfte der menschlichen Arbeit einschließlich der sorgenden Tätigkeiten und der ökologischen Natur einbezieht" (Biesecker und Hofmeister 2006, S. 19). Biesecker spricht daher vom *(Re)Produktionsprozess* statt vom einem Produktionsprozess (2009, S. 39–42). Auch der Gleichzeitigkeit von Verwertung und Nichtbewertung wird damit ein Ende gesetzt, da die Produktivitäten der Natur und der sozial weiblichen Arbeit mitbewertet werden (Biesecker und Hofmeister 2010b, S. 52). So soll verhindert werden, dass die menschlichen Lebensgrundlagen durch Ausblendung und Nichtbewertung reproduktiver Bereiche quasi unwissentlich getilgt werden.

---

[16]Ergebnisse aus der Frauenforschung sowie der feministischen Geschichtswissenschaft und Ökonomik zeigen, dass die ökonomische Ideengeschichte eng mit der Zuordnung der Attribute männlich und weiblich verbunden sind (z. B. Produktivität). Das Begriffspaar produktiv versus reproduktiv ist Teil einer Reihe geschlechtlich kodierter Dualismen (vgl. Hoppe 2002). Dualismen und ihre oftmals verschleierte Fortsetzung in scheinbar neutralen wirtschaftswissenschaftlichen Theorien waren beispielsweise ein zentrales Thema der Hausarbeitsdebatte der 70er und 80er Jahre (vgl. Bock und Duden 1977).

Damit ist die Kategorie (Re)Produktivität sowohl ein Gegenentwurf zum gängigen Ökonomieverständnis, die zu einer anderen Art des Denkens über das Ökonomische anregt, als auch ein Kriterium, das zur Beurteilung von Veränderungen in Bezug auf Vorsorgendes Wirtschaften als perspektivisches Ziel dient (Biesecker und Hofmeister 2008, S. 434). Der Begriff verdeutlicht, auch sprachlich, dass die Trennung zwischen produktiven und reproduktiven Bereichen eine künstliche Trennung ist. Anders als eine Fortführung der Trennung schließt (Re)Produktivität die „Mitgestaltungsaufgabe" des Ökonomischen in den Bereichen „ökologischer Natur und sozialer Lebenswelt" ein (Hofmeister 2013, S. 133). Dies bedeutet, im Gegensatz zur Ökologischen Ökonomik, dass Gesellschaft und Wirtschaft nicht nur in die ökologische Sphäre eingebettet sind, sondern dass diese lebendige Natur mitproduzieren (Biesecker und Hofmeister 2008, S. 437). Ein weiteres Ziel Vorsorgenden Wirtschaftens ist es, den „Zusammenhang zwischen Ökonomie, Ökologie und Sozialem sichtbar, verstehbar und damit gesellschaftlich gestaltbar zu machen" (Biesecker und Hofmeister 2008, S. 435). So sollen „geschlechtsspezifische Zuordnungen und Abwertungen" (Biesecker 2011, S. 81) überwunden werden.

Trotz der Analysen und Neukonzeptionierungen, die vonseiten des Vorsorgenden Wirtschaftens präsentiert werden, kritisiert Dingler allerdings eine mangelnde Ausführung des Verhältnisses der produktiven und der reproduktiven Ökonomie im Vorsorgenden Wirtschaften (vgl. Dingler 2003). Auch Hofmeister bemängelt: „Das Verhältnis zwischen ökonomischem und (ethisch fundiertem) politischem Handeln in einer (re)produktiv verfassten Gesellschaft bleibt undeutlich" (2013, S. 134). Die Frage, wie wirtschaftliche und gesellschaftliche Prozesse im Vorsorgenden Wirtschaften genau organisiert werden sollen, wird somit eher allgemein beantwortet, nämlich mit den Handlungsregeln „Kooperation, Partizipation und Diskursivität für die dafür vorgesehenen demokratisch verfassten gesellschaftlichen Aushandlungsprozesse" (Hofmeister 2013, S. 135).

Obgleich Vorsorgendes Wirtschaften somit an einigen Stellen zu konkretisieren bleibt, existieren durchaus Anhaltspunkte, wie nicht nur die Theorie, sondern auch das Wirtschaften selbst in Richtung des Vorsorgenden Wirtschaftens verändert werden können. Um die Verwertung und gleichzeitige Nichtbewertung reproduktiver Tätigkeiten zu verhindern, schlagen Biesecker und Hofmeister beispielsweise vor, den „bisher geltenden abstrakten, quantitativen Produktivitätsbegriff auch qualitativ zu fassen und um sozial-ökologische Kriterien zu erweitern" (2008, S. 448). Drei Handlungsprinzipien sollen dabei handlungsleitend sein: Vorsorge, Kooperation und Orientierung am für ein gutes Leben Notwendigen (vgl. Theoriegruppe Vorsorgendes Wirtschaften 2000). Vorsorgendes Wirtschaften verdeutlicht so das Defizit der neoklassischen Ökonomik, welche die drei Handlungsprinzipien vernachlässigt (Hoppe 2002, S. 114). Ein feministischer Charakter der Ökonomiekritik Vorsorgenden Wirtschaftens zeigt sich darin, dass die Handlungsprinzipien als primäre Praxis und Erfahrung von Frauen aufgefasst werden. Dies mache hier die Perspektive von Frauen (Jochimsen und Knobloch 1997, S. 108) bzw. das feministische Standpunktdenken (Hoppe 2002, S. 131) im Vorsorgenden Wirtschaften aus, was nicht mit einer ‚essenzialistischen'[17] Herangehensweise zu verwechseln ist.

Vorsorgendes Wirtschaften entsteht in Form vielfältiger sozialer Experimente (Biesecker 2009, S. 43). Um zu überprüfen, ob ein Projekt oder eine Initiative ein Experiment in Richtung des Vorsorgenden Wirtschaftens ist, muss verifiziert werden, ob die Kategorie (Re)Produktivität praktisch umgesetzt wird. Die Autorinnen des Vorsorgenden Wirtschaftens behalten sich insgesamt eher vor, schon bestehende Experimente und Projektideen zu evaluieren anstatt neue Vorschläge zu entwickeln. Vorsorgendes Wirtschaften wird dabei auf bereits bestehende Alternativökonomien angewendet und liefert Bewertungsgrundlagen für eine gelebte Plurale Ökonomie (vgl. Netzwerk Vorsorgendes Wirtschaften 2013).

2.3.2 Transformation zu Vorsorgenden Wirtschaften

Der Übergang vom heutigen Zustand zum Vorsorgenden Wirtschaften wird unter dem Stichwort der Transformation beschrieben (Biesecker und Hofmeister 2010b, S. 74). Die Vorschläge zum Transformationsprozess sind vielfältig (vgl. Biesecker 2009; Biesecker und Hofmeister 2013), sodass hier nur die Transformationsmöglichkeiten für die Care-Ökonomie[18] erwähnt werden können. In einer nicht abschließenden Aufzählung fordern Biesecker und Gottschlich (2013, S. 188–189): gleiche und gleichwertige Beteiligung von Männern und Frauen in allen Arbeitsbereichen, radikale Arbeitszeitverkürzung, Umverteilung der Erwerbs- und Sorgearbeit zwischen Männern und Frauen, Gestaltung aller Arbeitsbereiche und Arbeitsprodukte nach sozial-ökologischen Kriterien, Aufwertung der Sorgearbeit durch eine unterstützende soziale Infrastruktur, gutes Leben sichernde Löhne, sowie ein Grundeinkommen. Außerdem weisen von Winterfeld und Biesecker darauf hin, dass es „einer grundsätzlich anderen Rahmung der Gesellschaft" bedarf (2013, S. 385). Zusätzlich hebt Biesecker (2011, S. 83) folgende care-relevante Empfehlungen für den Transformationsprozess hervor: solidarische Care-Arbeit in Familie und Nachbarschaft, Sorgende Netze als neue Kooperationsform (z. B. für das Aufwachsen von Kindern im Stadtteil), kooperative Wohnprojekte, zeitgestützte Alterssicherung und Frauennetzwerke in Ländern des globalen Südens.

Diese Forderungen, die im Vergleich zum theoretischen Programm mit der Kategorie (Re)Produktivität konkreter sind, folgen keiner expliziten Agenda oder Systematik. Teilweise sind die angeführten Beispiele noch immer wenig greifbar (z. B. unterstützende

[17]Die ‚nicht-essenzialistische' Herangehensweise meint, dass die drei Handlungsprinzipien aufgrund von Sozialisation bzw. Erfahrung als weiblich aufgefasst werden statt als weiblich aufgrund von Geburt oder biologischem Determinismus (Hoppe 2002, S. 114).

[18]In Publikationen zu Vorsorgendem Wirtschaften wird häufiger von sozialer Reproduktion als von Care-Arbeit gesprochen. Vgl. Biesecker und Gottschlich (2013) für eine kritische Diskussion der Begrifflichkeiten innerhalb Vorsorgenden Wirtschaftens. Vgl. Heck (2011) für eine generelle Abgrenzung der Begriffe.

soziale Infrastruktur zur Aufwertung der Sorgearbeit). Dies weist erneut auf die Kritik am hohen Abstraktionsgrad der Theorie und ihrer Forderungen hin, welche auch von den Autorinnen selbst anerkannt wird (Hofmeister 2013, S. 134). Knobloch bestätigt, dass bisher von Vorsorgendem Wirtschaften lediglich „Anhaltspunkte für eine zukunftsfähige Gestaltung der Rahmenordnung" (2013, S. 36) gegeben werden konnten. Besonders die weniger konkreten Forderungen, welche über die Hervorhebung bereits bestehender Best-Practice-Beispiele hinausgehen, sorgen hier für weiteren Forschungsbedarf. Allerdings begründen die Vertreter*innen Vorsorgenden Wirtschaftens genau diese Offenheit bezüglich konkreter Forderungen damit, dass die genauen Schritte des Transformationsprozesses nur demokratisch, diskursiv, partizipativ und kooperativ zu beschließen sind (Biesecker und Hofmeister 2013, S. 147). Denn, welche „gesellschaftliche Organisationsform (z. B. Markt, Netzwerk, Selbstorganisation, Staat) jeweils am besten passt, muss gesellschaftlich bestimmt werden" (Biesecker und Gottschlich 2013, S. 189).

2.3.3 Leitlinien zur Evaluation von Politikinstrumenten für die Care-Ökonomie

Auch wenn Vorsorgendes Wirtschaften selten selbst konkrete Schritte vorschlägt und Konzepte entwickelt hat, um bestehende Instrumente zu evaluieren, lässt sich die Frage stellen: Welche Anforderungen stellt Vorsorgendes Wirtschaften an wirtschaftspolitische Instrumente? Zunächst kann festgehalten werden, dass das Ziel politischer Maßnahmen und weiterer Anstrengungen im Sinne Vorsorgenden Wirtschaftens sein muss, die Trennungsstruktur in der Ökonomie zu überwinden. Reproduktive Tätigkeiten müssen sichtbar werden und dürfen nicht mehr ohne Wertschätzung und Kompensation verwertet werden.

Bieseckers Analyse der ‚Bürgschaftsbank für Sozialwirtschaft' macht jedoch deutlich, dass politische Instrumente nicht immer zugleich Probleme aus den beiden reproduktiven Bereichen Umwelt und Care verhindern müssen (Biesecker 1997, S. 67–72). Neue Institutionen für Vorsorgendes Wirtschaftens sollen Veränderungen in bestimmten Bereichen bewirken, dabei müssen sie jedoch nicht zwangsläufig alle Herausforderungen, die im Kontext des Vorsorgenden Wirtschaftens hervorgehoben werden, gleichzeitig angehen. Dies bedeutet, dass es auch ausreicht, wenn Politikmaßnahmen nur einen reproduktiven Bereich (also soziale Reproduktion oder natürliche Reproduktion) adressieren. Diese Feststellung unterstreichen von Winterfeld und Biesecker, wenn sie schreiben, dass Praxisbeispiele für Vorsorgendes Wirtschaften „eine oder mehrere […] Qualitäten" (von Winterfeld und Biesecker 2013, S. 397) erfüllen müssen. Einige dieser Qualitäten sind: die Handlungsprinzipien Vorsorge, Kooperation und Orientierung am für ein gutes Leben Notwendigen, Langfristorientierung, Blick auf das Ganze der Ökonomie und das Ganze der Arbeit, neue Bewertungen der Leistungen der Natur und der Leistungen der vor allem sozial weiblichen unbezahlten Sorgearbeit, neue Formen solidarischer sozialer Sicherung oder kooperativer Daseinsvorsorge sowie eine neue Rationalität der Besonnenheit statt der Gewinnmaximierung.

Die verschiedenen konkreten und konzeptionellen Vorschläge möchte ich hier anhand der folgenden drei Qualitätsansprüche an carepolitische Instrumente aus der Perspektive des Vorsorgenden Wirtschaftens herausarbeiten und thesenhaft zusammenfassen:

1. Daseinsvorsorge soll solidarisch und kooperativ erfolgen.
2. Maßnahmen sollen das Ganze der Ökonomie und der Arbeit adressieren, also auch bisher als reproduktiv bezeichnete Bereiche.
3. Unbezahlte und bezahlte Sorgearbeit sollen neu bewertet und kompensiert werden.

Die Analyse der Literatur zum Vorsorgenden Wirtschaften zeigt, dass die Frage, wie eine Gesellschaft zu Vorsorgendem Wirtschaften gelangen könnte, durch theoretische und einige praktische Vorschläge beantwortet wird (vgl. Netzwerk Vorsorgendes Wirtschaften 2013), die aber oftmals abstrakt sind. Anhand der aus den Vorschlägen abgeleiteten Qualitätsansprüche soll, nach der Weiterentwicklung der Care-Abgabe, das resultierende Instrument evaluiert werden.

3 Entwicklung der Care-Abgabe

Die Care-Abgabe soll eine finanzielle Umverteilung zugunsten der Care-Arbeit ermöglichen. Soiland schlägt dazu ein Instrument in Anlehnung an die Oberbegriffe CO_2-Abgaben oder Umweltsteuern vor. Daraufhin wurde die Ökologische Steuerreform (ÖSR) als konkretes Vergleichsinstrument bestimmt, um den vagen Vorschlag zur Care-Abgabe zu konkretisieren. Bevor die Care-Abgabe anhand der Qualitätsansprüche für Vorsorgendes Wirtschaften beurteilt werden kann, muss daher zunächst die ÖSR auf die Care-Ökonomie übertragen werden. Die ÖSR wird nun nicht im Detail, sondern mit dem Ziel vorgestellt, den auf die Care-Ökonomie zu übertragenden Wirkungsmechanismus des Instruments herauszuarbeiten.

Die ÖSR ist ein wirtschaftspolitisches Instrument, welches maßgeblich auf Hans Binswanger zurückgeht und durch ein entsprechendes Gesetz aus dem Jahre 1999 wirksam wurde (vgl. Bach et al. 2003, S. 223–224). Es soll eine fiskalische Umverteilung zugunsten der Umwelt implementieren, indem über eine Konsumsteuer vor allem CO_2-Emissionen reduziert werden sollen.[19] Ihre intendierte Wirkung ist es, eine *doppelte Dividende* zu erreichen (Hettich et al. 1996, S. 14). Einerseits sollen wirtschaftlich bedingte Umweltschäden eingeschränkt bzw. negative externe Effekte aus Energieverbrauch internalisiert werden. Der Staat besteuert, was umweltbelastend oder -schädlich ist; in diesem Fall die Emission klimaschädlicher Gase über eine Verbreiterung und Erhöhung der Energiebesteuerung (Ewringmann und Kohlhaas 2004, S. 684). Das

[19] Vgl. Hettich et al. (1996); Knigge und Görlach (2005) für eine kritische Diskussion der Ziele und Umsetzung der ÖSR.

Instrument möchte einen Anreiz geben, mit Energie sparsamer umzugehen, was die ökologische Komponente der doppelten Dividende darstellt. Andererseits soll eine soziale Dividende durch die Verbilligung des Produktionsfaktors Arbeit erzielt werden. Die Verbilligung wird durch die Verwendung der Steuereinnahmen aus der Energiesteuer zur Senkung der Sozialversicherungsabgaben „als Staatszuschuss an die Rentenversicherung" erreicht (Ewringmann und Kohlhaas 2004, S. 684). Die soziale Dividende ergibt sich demnach aus einer Umverteilung der Finanzierung der Rentenversicherung, die nun zu einem relativ größeren Anteil aus Steuern und zu einem relativ geringeren Anteil aus Beiträgen finanziert wird. So kommt es zu einer Entlastung der Beitragszahler*innen bei bereits bestehenden Abgaben und zu potenziell neuen Arbeitsplätzen.

Wirtschaftstheoretisch betrachtet gründet die Idee der ÖSR auf der Annahme, dass die Märkte für Öl und Energie negative externe Effekte aufweisen, welche die Wohlfahrt schmälern (vgl. Ewringmann und Kohlhaas 2004). Diese externen Effekte sind nicht mit dem Externalisierungsbegriff von Biesecker und von Winterfeld zu verwechseln. Sie resultieren aus einem punktuellen Marktversagen und können durch die Einführung einer Pigou-Steuer[20] internalisiert bzw. behoben werden.

3.1 Transfer der ÖSR auf die Care-Ökonomie

Ausgehend von dem Ziel der Internalisierung externer Effekte und der Umverteilung des daraus entstehenden Steueraufkommens muss zunächst gefragt werden, ob bzw. wie das Denken über *externe Effekte* auf Care-Arbeit übertragen werden kann. Gemäß der mikroökonomischen Theorie, wie sie in der Umweltökonomik Anwendung findet (vgl. Perman et al. 2011), gibt es bei einem externen Effekt zwei Wirtschaftssubjekte. Ein Subjekt leidet unter einem gewissen Arrangement bzw. einer wirtschaftlichen Beziehung oder erfährt keinen Nutzen, ein anderes Wirtschaftssubjekt profitiert davon finanziell oder erfährt keinen Schaden. Zwischen den beiden Subjekten findet keine Kompensation statt. Diese Gegenspieler*innen, Profitierende und Geschädigte, gibt es auch in der Care-Ökonomie. Allerdings wird die Übertragung externer Effekte auf die Care-Ökonomie dadurch kompliziert, dass oft mehr als zwei Subjekte[21] teilhaben: In der Care-Ökonomie gibt es *Care Giver* (Menschen, die Care-Arbeit leisten), *Care Receiver* (Menschen, die Care-Arbeit benötigen) und *Provider,* welche die (finanziellen) Ressourcen für die Beziehung zwischen Care Giver und Care Receiver bereitstellen (Jochimsen 2003, S. 80–82).

---

[20]Eine Pigou-Steuer, benannt nach dem Ökonomen Arthur Cecil Pigou, ist eine Steuer pro Einheit emittierter Emissionen (Perman et al. 2011, S. 165–168).

[21]Eine derartig komplexe Akteur*innenkonstellation könnte auch im Umweltbereich die Regel darstellen.

Sowohl negative als auch positive externe Effekte könnten in der Care-Ökonomie auftreten, was zu unterschiedlichen Wegen der Internalisierung und zu verschiedenen Versionen einer Care-Abgabe führen muss. Die Feministische Ökonomik kennt zahlreiche Beispiele für positive externe Effekte von Care-Arbeit (Folbre 2001, S. 89); beispielsweise, dass bezahlte und unbezahlte Care Giver dafür sorgen, dass Arbeitskräfte für die Marktwirtschaft erstmals oder wieder einsatzbereit werden. Ein Gewinn besteht folglich in Form bereitgestellter Arbeitskräfte. Hiervon profitieren unter anderem Arbeitgeber*innen, welche Arbeitskraft für ihr Unternehmen benötigen. Ein weiterer positiver externer Effekt könnte darin bestehen, dass Arbeitskräfte eben nur für ihre Arbeit, nicht aber entsprechend dem zusätzlichen Wert der Care-Arbeit für ihre Bereitstellung entlohnt werden, da der Lohn der Beschäftigten nicht die Care-Tätigkeiten als Vorleistungen abdeckt. Andere Wirtschaftssubjekte, z. B. Arbeitgeber*innen, können so Arbeitnehmer*innen entlohnen, ohne den Wert der vorangegangenen oder begleitenden Care-Arbeit zu berücksichtigen, und profitieren davon finanziell. Diese und viele weitere positive externe Effekte können identifiziert werden, da sowohl das wertschaffende Subjekt (Care Giver) als auch die wertschaffende Tätigkeit (Care-Arbeit) bekannt sind. Im Gegensatz zur ÖSR gibt es in der Care-Ökonomie erwünschte Tätigkeiten, nämlich die Care-Arbeit, welche einen positiven externen Effekt hervorruft, und daher gefördert werden sollte.

Die ÖSR internalisiert jedoch einen negativen externen Effekt, der in der Ausübung einer Tätigkeit besteht, welche die Wohlfahrt eines anderen Wirtschaftssubjekts schmälert. Auch negative externe Effekte scheinen in der Care-Ökonomie vorstellbar. Die durch externe Effekte geschädigten Wirtschaftssubjekte lassen sich leicht identifizieren: Es sind die Care Giver und die Care Receiver. Care Giver leiden generell unter dem Zeitdruck, welcher in der privatwirtschaftlichen bezahlten Care-Arbeit aus dem Druck hervorgeht, Gewinne zu erzielen und Kosten zu sparen. Bezahlte Care-Arbeiter*innen erhalten zudem typischerweise aufgrund auseinanderdriftender Produktivitäten einen vergleichsweise geringen Lohn[22], der es ihnen erschwert, ihr eigenes Leben zu finanzieren (Himmelweit 2007, S. 593–596). Die gleiche Situation zeigt sich in der bezahlten Care-Arbeit im staatlichen Sektor. Gerade dort ist der Zeit- und Spardruck auf Care Giver und Provider vergleichsweise groß (Riegraf 2013, S. 140). Aber auch unbezahlte Care Giver leiden unter Zeitdruck, der sich oftmals dadurch ergibt, dass Menschen nicht nur Care-Arbeit, sondern auch Erwerbsarbeit (möglicherweise sogar in der gering bezahlten Care-Arbeit) leisten (müssen). Dies wirkt sich auch auf die Qualität der Care-Arbeit aus, weshalb nachfolgend auch Care Receiver zu leiden haben (z. B. aufgrund von Vernachlässigung oder

[22]Neben diesem Effekt stellt die Feministische Ökonomik weitere Erklärungsansätze für geringe Löhne in der Care-Arbeit zur Verfügung. Beispielsweise, dass Care-Arbeiter*innen deshalb einen so geringen Lohn empfangen, weil Care-Arbeit als typisch weiblich klassifiziert wird und es allein deshalb weniger Lohn bedürfe, oder weil nur eine geringe Qualifikation nötig sei, um Care-Arbeit auszuüben; oder weil Care-Arbeit gewerkschaftlich schlecht vertreten werde (vgl. Folbre 2001).

unzureichender Versorgung). Darüber hinaus bewirkt die Zuschreibung unbezahlter Care-Arbeit zu Frauen oftmals eine Benachteiligung von Frauen am Erwerbsarbeitsmarkt. Die Verlierer negativer externer Effekte in der Care-Ökonomie sind also bekannt.

Für die Internalisierung eines negativen externen Effekts wird jedoch eine schädigende Handlung benötigt, die von einem schädigenden Subjekt ausgeht und durch Besteuerung eingeschränkt werden kann. Gemäß der Logik der externen Effekte müssten also auch Menschen bzw. andere Wirtschaftssubjekte von dieser Situation profitieren. Im Vergleich zur ÖSR, bei der unerwünschte bzw. mit Wohlfahrtsverlusten verbundene Aktivitäten besteuert wurden, fallen hier eher erwünschte Tätigkeiten (die Care-Arbeit) auf. Bezogen auf die Care-Ökonomie kann demnach geurteilt werden, dass hier die Ausübung von erwünschten Dienstleistungen aufgrund ihrer Unterbezahlung und Unterfinanzierung und den daraus resultierenden negativen Konsequenzen Wohlfahrtsverluste bedingt. Das schädigende Wirtschaftssubjekt scheint also ‚verborgen' zu sein.

Übt die Arbeitgeberin im Pflegeheim eine schädigende Handlung aus, wenn sie ihr Personal zu einer Verkürzung der Pflegezeit pro Patient*in drängt? Oder handelt die Mutter schädigend, welche aufgrund von Doppelbelastung die Care-Arbeit für ihre Kinder auf das Nötigste beschränkt? Die Arbeitgeberin kann nicht alleine als Verursacherin von Zeitdruck verstanden werden, denn sie sieht sich gezwungen, profitabel zu wirtschaften. Dies gilt auch für die Mutter, denn sie kann Care-Verantwortung und Erwerbsarbeit nicht gleichzeitig ausüben und kann beide Verantwortlichkeiten doch nicht abgeben. Auch die Profiteure können nicht per se für den negativen externen Effekt auf Care Giver verantwortlich gemacht werden (z. B. im Fall der Mutter, deren Kinder profitieren). Zwar begründen die Kinder die Notwendigkeit für Care-Arbeit, sie sind jedoch nicht für die gesellschaftliche Situation verantwortlich, die bei der Mutter zu einer Doppelbelastung führt. Auch die Arbeitgeberin im Pflegeheim ist nicht allein dafür verantwortlich, ihren Betrieb wirtschaftlich führen zu müssen – selbst wenn sie als Unternehmerin von der Möglichkeit profitiert, Care Giver zu einem geringen Lohn zu beschäftigen.

Warum ist es so schwierig, ein schädigendes Subjekt zu benennen? Das Problem liegt darin begründet, dass in einer kapitalistischen Wirtschaft ständige Effizienzsteigerung belohnt, und diese vielleicht sogar verlangt wird, auch in der Care-Arbeit.[23]

[23]In Anlehnung an Marx, erklärt Rosa, dass sich Zeitgewinne in überlebensnotwendige Profite übersetzen lassen und somit Zeit im „Wirtschaftssystem der Moderne" ein entscheidender Wettbewerbsfaktor ist, der „in hohem Maße die […] Beschleunigungsimperative der Moderne" (Rosa 2006, S. 91–92) verstehen lässt. Dieser Imperativ ist auch in der protestantischen Ethik, wie sie Max Weber darstellt, mit der „Verpflichtung, die Zeit so intensiv wie möglich zu nutzen" (Rosa 2006, S. 93), erkennbar. Diese Ethik ist für Weber Teil eines grundlegenden Rationalisierungsprozesses, der auf Effizienzsteigerung zielt. Die Effizienzsteigerung zeichnet nach Weber „die rationalen abendländischen Organisations- und Herrschaftsformen der Bürokratie, des Rechtsstaates und der kapitalistischen Wirtschaftsorganisation" (Rosa 2006, S. 94) aus. Somit betrifft das Prinzip der Effizienzsteigerung jeden Menschen in einer abendländischen Gesellschaft, sofern er oder sie in die Bürokratie, den Rechtsstaat oder die Wirtschaft eingebunden ist.

Der Vorstellung bzw. dem Anspruch, immer produktiver werden zu können, sind alle Wirtschaftssubjekte ausgesetzt. Dabei handelt es sich um eine gesellschaftliche Struktur, wie sie auch Marx in seiner Werttheorie aufdeckt, wenn er feststellt, dass Individuen ihre eigene Ware teuer verkaufen und fremde Ware billig einkaufen wollen, weil ihnen „nichts anderes übrigbleibt" (Heinrich 2005, S. 44). Dieser Struktur müssen die Individuen folgen, „egal was sie sich dabei denken" bzw. weil sie „gerade nicht wissen, was sie da eigentlich tun" und ihr Verhalten „vielleicht sogar selbst als ‚natürlich'" empfinden (Heinrich 2005, S. 44).

Daher können der Ursprung und die Durchsetzung des Drucks zur ständigen Effizienzsteigerung nicht allein auf eine einzelne Person zurückgeführt werden. Diejenigen, die profitieren, können demnach nicht allein als Verursacher bezeichnet werden. Zwar führt beispielsweise die Arbeitgeberin im Pflegeheim eine schädigende Handlung aus, wenn sie den Lohn ihrer Care-Arbeiter*innen kürzt. Allerdings kann sie nicht dafür verantwortlich gemacht werden, dass die gesellschaftlichen Rahmenbedingungen für die Ausübung von Care-Arbeit eine solche Lohnkürzung in Form von Profit belohnen bzw. in Form von knappen Budgets nötig erscheinen lassen. Diese Überlegungen legen nahe, dass für die Untersuchung eines negativen externen Effekts in der Care-Ökonomie eine Unterscheidung zwischen Profiteur*innen und Verursacher*innen negativer externer Effekte sinnvoll sein könnte. Dies bedeutet, dass ein einzelner Mensch, der eine schädigende Handlung nicht nur ausübt, sondern auch veranlasst bzw. zu verantworten hat, sich nicht findet. Allerdings gibt es eine vorherrschende Vorstellung, die schadet: Es handelt sich um den Anspruch der Effizienzsteigerung an nicht immer effizienter zu gestaltende Arbeit, wie die Care-Arbeit, und die damit verbundenen auseinanderdriftenden Produktivitäten.

Im Vergleich zur ÖSR gibt es in der Care-Ökonomie also keine klar identifizierbare unerwünschte Tätigkeit, wie beispielsweise die Emission klimaschädlicher Gase. Wird versucht, den externen Effekt in der Care-Ökonomie als einen negativen externen Effekt zu denken, so wird der Versuch dadurch erschwert, dass kein schädigendes Wirtschaftssubjekt als Gegenspieler*in bzw. als Verursacher*in des negativen externen Effekts ausgemacht werden kann.

3.2 Eine Konzepterweiterung: Die Internalisierung eines gesamtgesellschaftlichen Prozesses

Die Herausforderung, die Vorstellung von externen Effekten auf die Care-Ökonomie zu übertragen, lässt sich anschließend an diese Überlegungen in zweierlei Hinsicht aufnehmen. Einerseits könnte der Versuch unternommen werden, positive externe Effekte in der Care-Ökonomie zu internalisieren. Aus Platzgründen kann dieser Gedankengang hier nicht weiterverfolgt werden. Zwei Möglichkeiten einer solchen Internalisierung sollen lediglich kurz benannt werden: 1) eine Subvention von Care-Arbeit, wobei die Mittel hierfür aus einer Steuer auf diejenigen Wirtschaftssubjekte bereitgestellt werden, die von den positiven externen Effekten der Care-Arbeit profitieren; oder 2) eine Subvention von

Care-Arbeit in enger Anlehnung an die ÖSR, deren Mittel aus einer Steuer auf umweltschädigende Tätigkeiten bezogen werden, die ihrerseits einen negativen externen Effekt hervorrufen.

Andererseits kann in Bezug auf Care-Arbeit der Versuch unternommen werden, negative externe Effekte zu internalisieren, so wie es die ÖSR für klimaschädliche Emissionen im Umweltbereich umsetzt. In diesem Beitrag wird eine solche Weiterentwicklung der Care-Abgabe im Fokus liegen. Bisher erschien eine Internalisierung als negativer externer Effekt jedoch wenig aussichtsreich, da kein einzelnes schädigendes Subjekt als Verursacher des negativen externen Effekts ausgemacht werden konnte. Allerdings könnte eine Internalisierung auch ohne die Identifikation eines Verursachers erfolgen, nämlich wenn das mikroökonomische Konzept der externen Effekte erweitert wird. Zwar gibt es kein verantwortliches schädigendes Subjekt bzw. keinen eigentlichen Verursacher, doch es existiert ein schädigender Prozess: den der auseinanderdriftenden Produktivitäten. Dieser wird hier als Verursacher des Preisdrucks und damit der Prekarisierung der Care-Arbeit betrachtet, welche sich in geringen Löhnen und hohem Zeitdruck äußert. Für eine Internalisierung muss demnach der Prozess der auseinanderdriftenden Produktivitäten eingeschränkt oder beeinflusst werden.

Wenn dieser Gedanke vertieft werden soll, wird jedoch der Bereich einer systemimmanenten Lösung innerhalb der mikroökonomischen Theorie verlassen. Wenn auseinanderdriftende Produktivitäten beeinflusst werden, entspricht diese Internalisierung nicht mehr der Lösung aus der ÖSR. Denn dort wurde die Internalisierung eines negativen externen Effekts aus dem Umweltbereich über die Reduktion einer wettbewerbsverzerrenden Besteuerung von Arbeit in Form von Rentenversicherungsbeiträgen erreicht. Die Entwicklung der Care-Abgabe löst sich damit von der ÖSR, welche auf mikro- bzw. umweltökonomischer Theorie basiert und Ausgangspunkt des Transfers war. Eine Ablösung vom Ursprungsinstrument ist notwendig, da innerhalb des umweltökonomischen Theorierahmens zu externen Effekten lediglich Wirtschaftssubjekte beeinflusst werden können, nicht aber Prozesse. Innerhalb dieses Theorierahmens ist es undenkbar, Prozesse wie die Entwicklung von Preisen, anhand derer auseinanderdriftende Produktivitäten deutlich werden, zu beeinflussen, da diese Prozesse als quasi-natürlich gelten. So ist auch die Besteuerung von wirtschaftlichen Sektoren mit (hohen) Produktivitätssteigerungen nicht mit der herkömmlichen Logik der Internalisierung eines negativen externen Effekts begründbar. Mithilfe einer konzeptionellen Erweiterung auf schädigende Prozesse könnte der Staat jedoch auch auf eben diese Prozesse Einfluss nehmen, um die gesellschaftliche Wohlfahrt zu fördern und einen Beitrag zu einer organisierten Beziehung zwischen der Marktwirtschaft einerseits sowie der bezahlten und unbezahlten Care-Arbeit andererseits zu leisten. Im Zentrum der Weiterentwicklung der Care-Abgabe steht damit die Beeinflussung von Prozessen: Der Vorschlag der Care-Abgabe lässt sich auf Basis der hier angestellten Überlegungen folglich als eine Besteuerung von Profiten aus Produktivitätssteigerungen und deren Umverteilung zur Care-Arbeit konkretisieren.

Mit der Umverteilung von Profiten ist die Hoffnung verbunden, dass eine erhöhte Finanzierung nicht nur die direkten Arbeitsbedingungen der Care Giver und die Lebensbedingungen der Care Receiver verbessern könnte. Sie könnte auch bestehende Machtverhältnisse in der Care-Ökonomie, die durch niedrige Löhne verstetigt werden, aufbrechen. Ein Finanzierungsinstrument, wie die Care-Abgabe, führt jedoch nicht automatisch zur Bearbeitung von Machtverhältnissen oder zu einer Umverteilung von Care-Arbeit. Damit die Care-Abgabe ein feministisches Instrument wird und Geschlechterverhältnisse zugunsten von Care Givern und Care Receivern bearbeitet werden, müssen Themen wie Macht, Zugang zu Einkommen, Umverteilung von Arbeit usw. stärker in den Fokus rücken.

Die Feministische Autorinnengruppe schlägt für ein solches Vorhaben entsprechende Unternehmenssteuern vor (2013, S. 115). Auch Madörin argumentiert, dass mithilfe von Unternehmenssteuern „die öffentliche respektive kollektive Finanzierung der kostenkranken und unbezahlten Leistungen massiv" (2011a, S. 64) ausgebaut werden könnte. Diese Vorschläge zur Besteuerung von Unternehmen könnten auch für die konkrete Umsetzung der Care-Abgabe, also für die konkrete Umsetzung der Besteuerung von Profiten aus Produktivitätssteigerungen aufgegriffen werden. An dieser Stelle können jedoch nur erste Ideen zur Umsetzung der Care-Abgabe und einer solchen Unternehmenssteuer genannt werden. Um herauszufinden, was genau besteuert werden kann, sind letztlich Statistiken über die Wertschöpfungsstärke und Produktivitätsentwicklungen aller volkswirtschaftlichen Sektoren sowie die Höhe der maximal möglichen Besteuerung verschiedener Größen (z. B. Umsatz, Gewinn, Finanztransaktionen) nötig. Da ein enormer Finanzierungsbedarf für Care-Arbeit besteht, muss die Wahl der zu besteuernden Größe gut abgewägt werden. Der Finanzierungsbedarf hängt allerdings auch davon abhängt, wie viel Care-Arbeit eine Gesellschaft zu monetarisieren oder zu kompensieren beschließt.

Einige Herausforderungen dieser Care-Abgabe sollen gleich vorweggenommen werden: In einer kapitalistischen Ökonomie könnte das Instrument an die Grenzen der politischen Durchsetzbarkeit geraten, da es z. B. zulasten der Durchschnittsprofitrate geht oder als Strafe für Produktivitätssteigerungen aufgefasst werden könnte. Bestimmte gesellschaftliche Gruppen mit traditionell großem politischen Einfluss könnten befürchten, unter solchen möglichen Folgen des Instruments zu leiden, und hätten daher vermutlich ein starkes Interesse, die Umsetzung einer solchen Care-Abgabe zu verhindern. Und selbst wenn eine erfolgreiche Implementierung in Deutschland möglich würde, muss als eventuelle Folge der Implementierung bedacht werden, dass Probleme in den globalen Reproduktionsketten lediglich verlagert werden könnten.

3.3 Evaluation der Care-Abgabe anhand der Qualitätsansprüche Vorsorgenden Wirtschaftens

Anhand der bisherigen Ausführungen, lässt sich in Bezug auf die drei formulierten Qualitätsansprüche an carepolitische Instrumente aus Abschn. 2.3.3 die eingangs gestellte Frage beantworten: Ist Care-Abgabe geeignet, um Vorsorgendes Wirtschaften zu ermöglichen?

Zunächst erfüllt die Care-Abgabe den Qualitätsanspruch, eine solidarische und kooperative Daseinsvorsorge zu bieten. Denn wenn der Prozess der auseinanderdriftenden Produktivitäten verändert wird, und somit finanzielle Ressourcen umverteilt werden, dann wären Care Giver in Bezug auf ihre Finanzierung nicht mehr auf sich selbst zurückgeworfen. Durch die Umverteilung kann das Wirtschaften als Ganzes kooperativer werden, da wirtschaftliche Aktivitäten mit verschiedenen Produktivitäten stärker ineinandergreifen würden. Allerdings wird dieser Qualitätsanspruch eher abstrakt erfüllt, da eine Kooperation im Sinne verständiger Kooperation zwischen einzelnen Menschen (vgl. Theoriegruppe Vorsorgendes Wirtschaften 2000, S. 51) nicht erreicht wird. Dennoch kann die Care-Abgabe als solidarisches Instrument verstanden werden, im Sinne einer Solidarität, die über individuelle Betroffenheitslagen und zwischenmenschliche Involviertheit hinausgeht und auf einer gesellschaftsübergreifenden Umverteilung beruht.

Zudem erfüllt die hier entwickelte Care-Abgabe den Anspruch, das Ganze der Ökonomie und das Ganze der Arbeit zu adressieren, da sie explizit produktives respektive marktbasiertes Wirtschaften und die Care-Arbeit aufeinander bezieht, wobei Care-Arbeit nur teilweise über den Markt vermittelt wird und als reproduktiv gilt. Die Care-Abgabe leistet einen Eingriff in den Prozess der auseinanderdriftenden Produktivitäten und kann so die wirtschaftlich oftmals unsichtbare oder abgewertete Care-Arbeit fördern und betonen. Dies trägt zur Sichtbarkeit des Ganzen der Arbeit, nämlich auch der unbezahlten oder unterbezahlten und darum weniger sichtbaren Arbeit, sowie des Ganzen der Ökonomie – auch dem Wirtschaften im Haushalt oder im ehrenamtlichen Engagement – bei. Dieser Eingriff geht mit der Neubewertung bezahlter und unbezahlter Care-Arbeit einher. Diese soll mit der Care-Abgabe schließlich einer grundlegend anderen Finanzierung unterzogen werden, weshalb die Care-Abgabe auch den dritten Qualitätsanspruch der Neubewertung oder Kompensation von Care-Arbeit erfüllt. Mit dem Eingriff der Care-Abgabe in den Prozess der auseinanderdriftenden Produktivitäten schöpft dieses wirtschaftspolitische Instrument Gewinne aus Produktivitätssteigerungen ab, verteilt diese um und löst so das Finanzierungsproblem von Care. Der Eingriff scheint angesichts der zu Beginn dargestellten Krisen in der Care-Ökonomie sinnvoll, selbst wenn herkömmliche Verständnisse von Produktivität beibehalten werden. Allerdings weisen die Autorinnen Vorsorgenden Wirtschaftens darauf hin, wie notwendig es ist, das gesamtgesellschaftliche Verständnis von Produktivität zu verändern und somit auch reproduktive Bereiche als produktiv zu erkennen (Biesecker und Hofmeister 2010a, S. 1703).[24]

Kann auch die Ablösung des herkömmlichen, eng gefassten Produktivitätsbegriffs durch die Care-Abgabe gelingen? Der eng gefasste Produktivitätsbegriff muss sogar abgelöst werden, denn bevor die Care-Abgabe implementiert wird, muss bereits ein

---

[24]Hierbei legen die Autorinnen ihr Konzept der (Re)Produktivität zugrunde und beziehen sich nicht auf die mehrwerttheoretische Bedeutung produktiver Arbeit im Marx'schen Sinne (vgl. Biesecker und Hofmeister 2013).

Verständnis für die gesamtgesellschaftliche Finanzierungsverantwortung reproduktiver Care-Tätigkeiten vorhanden sein. Die Idee der Besteuerung von Produktivitätszuwächsen zugunsten scheinbar wenig produktiver Tätigkeiten muss zunächst denkbar werden. Es muss für möglich gehalten werden, dass weniger produktive Tätigkeiten doch wertvoll bzw. produktiv im Verständnis Vorsorgenden Wirtschaftens sind, unabhängig davon, ob sie einen finanziellen Mehrwert generieren. Eine Veränderung des Produktivitätsverständnisses ist demnach Grundvoraussetzung für die Care-Abgabe. Darum ist sie eng mit der Neuformulierung des Produktivitätsbegriffs verknüpft. Im Hinblick auf die Kategorie (Re)Produktivität, welche ebenfalls eine Neuformulierung des Begriffs der Produktivität zum Ziel hat, stellt sich die Care-Abgabe folglich als vielversprechend für die Umsetzung Vorsorgenden Wirtschaftens dar.

Zudem ermöglicht die Care-Abgabe, dass Care-Tätigkeiten trotz ihrer ‚schwachen Wertschöpfung' (Aigner 2014, S. 15) ausgeführt werden können, und nicht an bestehende kapitalistische Rahmenbedingungen, wie dem Anspruch an Effizienzsteigerung, angepasst werden müssen. Dieses neue carepolitische Instrument ermöglicht so eine Offenlegung des Landnahme-Verhältnisses zwischen Kapitalinteressen und Care-Tätigkeiten bzw. zwischen Mehrwertproduktion und Reproduktion.

Zusammenfassend betrachtet, hat die Care-Abgabe das Potenzial, den herkömmlichen Produktivitätsbegriff aufzubrechen und durch ein neues Verständnis (re)produktiver Prozesse abzulösen. So könnte das Verhältnis von Produzieren und Reproduzieren in der Care-Ökonomie neu bestimmt und Vorsorgendes Wirtschaften ermöglicht werden. Dieses Potenzial bekräftigt Biesecker[25], in dem sie die Care-Abgabe als ‚trojanisches Pferd' hervorhebt:

> Wir setzen in diesem System an, bleiben bei diesem Produktivitätsbegriff, schöpfen da etwas ab, ermöglichen damit Care-Prozesse, besser bezahlte Care-Prozesse, die aber […] einer eigentlich ganz anderen Logik folgen.

Die Care-Abgabe schließt somit außerdem eine Lücke im Hinblick auf Vorsorgendes Wirtschaften, welche sich aus den wenigen konkreten Empfehlungen zur Gestaltung der Rahmenordnung der sozialen Reproduktion ergab, wie in Abschn. 2.3.2 dargestellt.

4 Fazit

Der Beitrag verfolgte das Ziel, Soilands Vorschlag für eine Care-Abgabe zu konkretisieren und zu evaluieren. Die Care-Abgabe ist ein noch nicht existierendes wirtschaftspolitisches Instrument und soll das gesellschaftliche Problem mangelnder finanzieller Ressourcen für die adäquate Bereitstellung von Care-Arbeit in industrialisierten

[25]Das Interview wurde am 25.04.2015 von der Autorin dieses Beitrags mit Adelheid Biesecker im Rahmen einer Abschlussarbeit durchgeführt.

Gesellschaften, insbesondere in deutschsprachigen Ländern, durch eine Umverteilung finanzieller Ressourcen lösen. Das Ziel der Care-Abgabe ist eine dauerhafte staatliche Finanzierungslösung für die Bereitstellung bezahlter sowie unbezahlter Care-Arbeit, da die Sorge füreinander keine individuelle, sondern eine gesellschaftliche Herausforderung ist.

Als theoretischer Rahmen für die Weiterentwicklung der Care-Abgabe wurde Vorsorgendes Wirtschaften eingeführt. Es kann als Alternative zur Mainstream-Ökonomik betrachtet werden und vereint Erkenntnisse aus Feministischer und Ökologischer Ökonomik. Vorsorgendes Wirtschaften hebt sich, z. B. mit der Kategorie (Re)Produktivität und der Analyse einer der Trennungsstruktur in Ökonomie und Ökonomik, deutlich von der Neoklassik ab. Es rückt die Parallelität von Krisen in den Bereichen Umwelt und Care in den Mittelpunkt, welche beide oft als reproduktiv verstanden werden.

Soiland verweist mit dem Vorschlag für eine Care-Abgabe auf einen möglichen Transfer umweltökonomischer Lösungen für Probleme im Umweltbereich auf Finanzierungsprobleme von Care-Arbeit. Ausgehend davon, dass der Vorschlag zwar mögliches Lösungspotenzial enthält, aber bisher nur skizzenhaft vorliegt, musste er zu einem konkreteren wirtschaftspolitischen Instrument weiterentwickelt werden. Diese Weiterentwicklung gelang durch den Transfer eines umweltorientierten wirtschaftspolitischen Instruments auf die Care-Ökonomie, wie im Vorschlag angelegt. Als Basis des Transfers diente die ÖSR, welche auf die Internalisierung negativer externer Effekte zielt. Die ÖSR entspringt dem Mainstream der umweltökonomischen Literatur. Bei der Weiterentwicklung der Care-Abgabe sorgte eine Evaluation anhand von Qualitätsansprüchen an carepolitische Instrumente aus der Perspektive Vorsorgenden Wirtschaftens dafür, dass das resultierende Instrument sowohl das Finanzierungsproblem von Care-Arbeit angehen würde als auch eine größere Vision für die Überwindung multipler ökonomischer Krisen unterstützten könnte, anstatt die Ausblendungen der neoklassischen Literatur sowohl im Umweltbereich als auch in der Care-Ökonomie zu wiederholen. Die Beurteilung der Care-Abgabe wurde dabei von der Frage geleitet: Ermöglicht das wirtschaftspolitische Instrument, welches aus dem Transfer eines umweltpolitischen Instruments auf die Care-Ökonomie resultiert, Vorsorgendes Wirtschaften?

Die hier entwickelte Care-Abgabe könnte eine Teillösung für die Überwindung von Krisen in der Care-Ökonomie darstellen. Sie verfolgt das Ziel, die gesellschaftliche Organisation der Bereitstellung von Care durch eine neue Form der Finanzierung zu verbessern, was angesichts der eingangs dargestellten Herausforderungen dringend nötig ist. Hierbei wird davon ausgegangen, dass Care-Arbeit heute sowohl als marktvermittelter als auch als nicht-marktbasierter Wirtschaftsbereich zu verstehen ist, welcher von negativen externen Effekten betroffen ist. Von diesem Szenario ausgehend, stellte sich die Identifikation des Verursachers einer schädlichen Aktivität, welche negative externe Effekte hervorruft, als schwierig dar. Statt einer einzelnen Person erwies sich der Prozess der auseinanderdriftenden Produktivitäten als geeigneterer Anker für die Internalisierung negativer externer Effekte in der Care-Ökonomie. Die Care-Abgabe steht somit für eine

Umverteilung von Profiten aus Wirtschaftssektoren, die Produktivitätssteigerungen verzeichnen können, zur Care-Arbeit. Damit birgt die Care-Abgabe auch Herausforderungen in Bezug auf ihre politische Durchsetzbarkeit, da Kapitalinteressen in Deutschland große politische Macht besitzen und einer solidarischen Finanzierung von Care-Arbeit entgegenstehen könnten.

Die Evaluation dieses hier entwickelten Instruments ergab, dass die Care-Abgabe zur Umsetzung Vorsorgenden Wirtschaftens geeignet ist. Allerdings erscheint dieses Instrument nur sinnvoll, wenn zuvor die gängige Vorstellung von Produktivität durch ein anderes Konzept abgelöst werden kann, welches sowohl produktive als auch reproduktive Sphären als wertschaffende Teile unserer Ökonomie begreift, wie es auch die Kategorie (Re)Produktivität aus dem Vorsorgenden Wirtschaften nahelegt. Mittels der Beurteilung der weiterentwickelten Care-Abgabe durch die Perspektive Vorsorgenden Wirtschaftens wird auch sichtbar, was wirtschaftstheoretische Zugänge des Mainstreams nicht geleistet haben, nämlich beispielsweise einen Produktivitätsbegriff zu entwickeln, der reproduktive Tätigkeiten einschließt. Somit kann einerseits deutlich gemacht werden, warum es (in gewissen Bereichen) sinnvoll ist, eine andere Ökonomik statt den Mainstream der (Umwelt)Ökonomik anzuwenden. Andererseits bietet Vorsorgendes Wirtschaften zwar eine sehr ausgearbeitete alternativ-ökonomische Weltsicht an, jedoch werden dabei nicht alle Zugänge anderer Pluraler Ökonomiken zur Care-Ökonomie abgebildet. Die Erkenntnisse Vorsorgenden Wirtschaftens ließen sich daher mit Theorien zu auseinanderdriftenden Produktivitäten und Überlegungen zu Landnahme komplementieren, welche diejenigen ökonomischen Verhältnisse in der Care-Ökonomie besser verstehen lassen, die ausschlaggebend für die Notwendigkeit einer Care-Abgabe sind.

Die hier vorgestellte Entwicklung der Care-Abgabe ist durch ihren Fokus auf die der Ökologischen Steuerreform unterliegende Logik Internalisierung externer Effekte und auch durch den Fokus auf die Suche nach möglichen Finanzierungen für Care-Arbeit limitiert. Daher blieb die Frage unbeantwortet, wie finanzielle Mittel zu Care Givern, Care Receivern und Providern verteilt werden können. Andere Autor*innen haben diese Frage bereits bearbeitet (vgl. Himmelweit 2007). Insbesondere bleibt zu klären, wie Care Giver auch in Haushalten mit geringem Einkommen von Umverteilung profitieren können, vor allem wenn diese sich selbst keine bezahlte Haushaltshilfe bzw. Care-Arbeit leisten können und keinen Zugang zu öffentlichen Care-Einrichtungen haben. Mit dieser Konkretisierung der Care-Abgabe soll dabei ausdrücklich nicht die Bereitstellung von Care-Arbeit über den Ausbau ihrer Finanzierung gegen eine andere (z. B. nicht geldvermittelte) mögliche Bereitstellung von Care-Arbeit ausgespielt werden.[26] Stattdessen wurde nach Möglichkeiten gesucht, die Finanzierung von Care-Arbeit in Deutschland zu verbessern, sowie nach einer möglichen Begründung für diese Veränderung unter der Annahme, dass eine adäquatere Finanzierung von Care-Arbeit die Situation der

[26]Andere Autorinnen weisen darauf hin, dass es mehrere Formen der Bereitstellung von Care-Arbeit geben kann und soll (vgl. z. B. Madörin 2011a, S. 66).

beteiligten Akteur*innen verbessern würde. Der Finanzierungsaspekt ist neben der Verteilung von Vermögen, von Arbeitszeit in der Care-Arbeit und von Chancen auf dem Erwerbsarbeitsmarkt nur ein Teilbereich, welcher für eine (geschlechter)gerechte Organisation von Care-Arbeit bedacht werden muss.

Die Untersuchung der Care-Abgabe und der dazugehörige Transfer der Ökologischen Steuerreform auf die Care-Ökonomie zeigen, dass umweltpolitische und carepolitische Instrumente sich nicht ausschließen müssen, sondern dass die Kombination der ihnen zugrunde liegenden Ideen und ihr Vergleich neue Lösungsmöglichkeiten für Probleme aus den beiden Bereichen eröffnen können. Der Transfer mündete hier in die Ausweitung des Konzepts der externen Effekte auf wirtschaftliche Prozesse, insbesondere auf auseinander driftende Produktivitäten. Dies könnte die Beziehung zwischen der Marktökonomie und der (teils ebenfalls marktvermittelten) Care-Ökonomie neu strukturieren. Die hier genutzte feministische und umweltökonomische Literatur haben als Forschungsfelder beide das Potenzial, die Auslassungen der Neoklassik zu korrigieren und zu einer pluraleren Ökonomik beizutragen. Statt die Spaltung dieser Forschungsfelder voranzutreiben, suchte dieser Beitrag nach Möglichkeiten für vereinte Auflösungen bestehender Herrschaftsverhältnisse und nach einem gemeinsamen neuen Paradigma in Ökonomie und Ökonomik, das sowohl Care als auch (Re)Produktivität einschließt, und diese als ökonomisch relevante Teile für das Gute Leben begreift. Der Beitrag verbindet die hier aufgegriffenen Strömungen Pluraler Ökonomik mit der Suche nach konkreten transformativen Instrumenten, um zu einer gelebten pluralen Ökonomie zu finden.

Literatur

Aigner, Isolde. 2014. Ein Auto kann man stehen lassen, wenn Feierabend ist, aber nicht ein Kind, das nicht abgeholt wird. *Wir Frauen* 1: 14–15.

Bach, Stefan, Michael Kohlhaas, Bernd Meyer, Barbara Praetorius, und Heinz Welsch. 2003. Auswirkungen und Perspektiven der Ökologischen Steuerreform in Deutschland: Eine modellgestützte Analyse. *Perspektiven der Wirtschaftspolitik* 4 (2): 223–238.

Biesecker, Adelheid. 1997. Für eine vorsorgende Wirtschaftsweise notwendige (neue?) Institutionen. In *Ökonomie weiterdenken! Beiträge von Frauen zu einer Erweiterung von Gegenstand und Methode*, Hrsg. Diskussionkreis Frau und Wissenschaft, 53–77. Frankfurt a. M.: Campus.

Biesecker, Adelheid. 2009. Vorsorgendes Wirtschaften als Alternative. In *Antworten aus der feministischen Ökonomie auf die globale Wirtschafts- und Finanzkrise*, Hrsg. Adelheid Biesecker, Gabriele Michalitsch, Sabine Reiner, Barbara Stiegler, und Brigitte Young, 32–48. Bonn: Friedrich-Ebert-Stiftung.

Biesecker, Adelheid. 2011. Vorsorgendes Wirtschaften. Ökonomie für gutes Leben statt für Wachstum. In *Ausgewachsen! Ökologische Gerechtigkeit. Soziale Rechte. Gutes Leben. Ein Projekt von Attac*, Hrsg. Werner Rätz, Tanja von Edan-Krieger, Barbara Muraca, Alexis Passadakis, Matthias Schmelzer, und Andrea Vetter, 75–84. Hamburg: VSA-Verlag.

Biesecker, Adelheid, und Daniela Gottschlich. 2013. Wirtschaften und Arbeiten in feministischer Perspektive – Geschlechtergerecht und nachhaltig? In *Geschlechterverhältnisse und Nachhaltigkeit. Die Kategorie Geschlecht in den Nachhaltigkeitswissenschaften*, Hrsg. Sabine Hofmeister, Christine Katz, und Tanja Mölders, 178–194. Berlin: Barbara Budrich.

Biesecker, Adelheid, und Sabine Hofmeister. 2006. *Die Neuerfindung des Ökonomischen. Ein (re) produktionstheoretischer Beitrag zur sozial-ökologischen Forschung*. München: Oekom.

Biesecker, Adelheid, und Sabine Hofmeister. 2008. Die Neuerfindung des Ökonomischen: Ein (re)produktionstheoretischer Beitrag. In *Fruchtbarkeit unter Kontrolle? Zur Problematik der Reproduktion in Natur und Gesellschaft*, Hrsg. Gabriele Herzog-Schröder, Franz-Theo Gottwald, und Verena Walterspiel, 433–454. Frankfurt a. M.: Campus.

Biesecker, Adelheid, und Sabine Hofmeister. 2010a. Focus: (Re)productivity. *Ecological Economics* 69 (8): 1703–1711.

Biesecker, Adelheid, und Sabine Hofmeister. 2010b. Im Fokus: Das (Re)Produktive. Die Neubestimmung des Ökonomischen mithilfe der Kategorie (Re)Produktivität. In *Gender and economics*, Hrsg. Christine Bauhardt und Gülay Caglar, 51–80. Wiesbaden: VS Verlag.

Biesecker, Adelheid, und Sabine Hofmeister. 2013. (Re)Produktivität als Kategorie Vorsorgenden Wirtschaftens. In *Wege Vorsorgenden Wirtschaftens*, Hrsg. Netzwerk Vorsorgendes Wirtschaften, 137–158. Marburg: Metropolis-Verlag.

Biesecker, Adelheid, und Uta von Winterfeld. 2003. Extern? Weshalb und inwiefern moderne Gesellschaften Externalisierung brauchen und erzeugen. *Working Papers der DFG-KollegforscherInnengruppe Postwachstumsgesellschaften* 2:1–16.

Bock, Gisela, und Barbara Duden. 1997. Arbeit aus Liebe – Liebe aus Arbeit. Zur Entstehung der Hausarbeit im Kapitalismus. In *Frauen und Wissenschaft. Beiträge zur Sommeruniversität der Frauen im Juli 1976*, Hrsg. Gruppe Berliner Dozentinnen, 118–119. Berlin: Courage.

Bundesministerium für Land- und Forstwirtschaft, Umwelt und Wasserwirtschaft, Hrsg. 2015. *Zukunftsdossier No 5. Auf der Suche nach einem neuen Wohlstandsmodell*. Wien: Bundesministerium für Land- und Forstwirtschaft, Umwelt und Wasserwirtschaft.

Chorus, Silke. 2013. *Care-Ökonomie im Postfordismus. Perspektiven einer integralen Ökonomietheorie*. Münster: Westfälisches Dampfboot.

Code, Lorraine, Hrsg. 2004. *Encyclopedia of feminist theories*. London: Routledge.

Dingler, Johannes, Hrsg. 2003. *Postmoderne und Nachhaltigkeit. Eine diskurstheoretische Analyse der sozialen Konstruktion von nachhaltiger Entwicklung*. München: Oekom.

Donath, Susan. 2000. The other economy. A suggestion for a distinctively feminist economics. *Feminist Economics* 6 (1): 115–123.

Dörre, Klaus. 2013. Landnahme und die Grenzen sozialer Reproduktion. Zur gesellschaftlichen Bedeutung Rosa Luxemburgs. In *Rosa Luxemburgs ‚Akkumulation des Kapitals': Die Aktualität von ökonomischer Theorie, Imperialismuserklärung und Klassenanalyse*, Hrsg. Ingo Schmidt, 82–116. Hamburg: VSA Verlag.

Ewringmann, Dieter, und Michael Kohlhaas. 2004. Perspektiven der ökologischen Steuerreform in Deutschland. *WSI Mitteilungen* 57 (12): 683–689.

Feministische Autorinnengruppe. 2013. Das Theorem der Neuen Landnahme. Eine feministische Rückeroberung. In *Jahrbuch Denknetz 2013. Care statt Crash. Sorgeökonomie und die Überwindung des Kapitalismus*, Hrsg. Hans Baumann, Iris Bischel, Michael Gemperle, Ulrike Knobloch, Beat Ringger, und Holger Schatz, 99–118. Zürich: Edition 8.

Ferber, Marianne A., und Julie A. Nelson. 1997. Die soziale Konstruktion der Wirtschaftswissenschaften und die soziale Konstruktion von ‚gender'. In *Ökonomische Theorien und Geschlechterverhältnis. Der männliche Blick der Wirtschaftswissenschaft*, Hrsg. Ulla Regenhard, Friederike Maier, und Andrea-Hilla Carl, 151–162. Berlin: Fachhochschule für Wirtschaft Berlin.

Folbre, Nancy. 2001. *The invisible heart: Economics and family values*. New York: The New Press.

Folbre, Nancy. 2008. Reforming care. *Politics & Society* 36 (3): 373–387.

Gubitzer, Luise, und Katharina Mader. 2011. Care-Ökonomie. Ihre theoretische Verortung und Weiterentwicklung. *Kurswechsel* 4: 7–21.

Heck, Stephanie. 2011. Von ‚Reproduktion' zu ‚Care' – Zentrale Verschiebung in der feministischen Ökonomie-Debatte? *Das Argument* 292 (3): 408–412.

Heinrich, Michael. 2005. *Kritik der politischen Ökonomie. Eine Einführung*. Stuttgart: Schmetterling Verlag.

Hettich, Frank, Sebastian Killinger, und Peter Winker. 1996. *Die ökologische Steuerreform auf dem Prüfstand. Zur Kritik am Gutachten des Deutschen Instituts für Wirtschaftsforschung*. Konstanz: Universität Konstanz.

Himmelweit, Susan. 2007. Prospects for caring. Economic theory and policy analysis. *Cambridge Journal of Economics* 33: 581–599.

Hofmeister, Sabine. 1997. (Re)Produktivität: Adelheid Biesecker und Sabine Hofmeister. In *Geschlechterverhältnisse und Nachhaltigkeit. Die Kategorie Geschlecht in den Nachhaltigkeitswissenschaften*, Hrsg. Sabine Hofmeister, Christine Katz, und Tanja Mölders, 129–136. Berlin: Barbara Budrich.

Hoppe, Hella. 2002. *Feministische Ökonomik – Gender in Wirtschaftstheorien und ihren Methoden*. Berlin: Edition Sigma.

Jochimsen, Maren A. 2003. *Careful economics. Integrating caring activities and economic science*. Boston: Kluwer.

Jochimsen, Maren, und Ulrike Knobloch. 1997. Making the hidden visible. The importance of caring activities and their principles for any economy. *Ecological Economics* 20: 107–112.

Knigge, Markus, und Benjamin Görlach. 2005. *Die Ökologische Steuerreform – Auswirkungen auf Umwelt, Beschäftigung und Innovation*. Berlin: Ecologic Institut für Internationale und Europäische Umweltpolitik.

Knobloch, Ulrike. 2013. Versorgen – Fürsorgen – Vorsorgen. Normative Grundlagen einer Sorgeökonomie als allgemeine Wirtschaftstheorie und die Ethik des Vorsorgenden Wirtschaftens. In *Wege Vorsorgenden Wirtschaftens*, Hrsg. Netzwerk Vorsorgendes Wirtschaften, 21–42. Marburg: Metropolis-Verlag.

Luxemburg, Rosa. 1981. Gesammelte Werke, Bd. 5. *Ökonomische Schriften*. Ostberlin: Dietz (Erstveröffentlichung 1913).

Madörin, Mascha. 2006. Plädoyer für eine eigenständige Theorie der Care-Ökonomie. In *Geschlechterverhältnisse in der Ökonomie*, Hrsg. Torsten Niechoj und Marco Tullney, 227–297. Marburg: Metropolis-Verlag.

Madörin, Mascha. 2007. Neoliberalismus und die Reorganisation der Care-Ökonomie. In *Jahrbuch Denknetz 2007. Zur politischen Ökonomie der Schweiz. Eine Annäherung*, Hrsg. Denknetz, 141–162. Zürich: Edition 8.

Madörin, Mascha. 2011a. Das Auseinanderdriften der Arbeitsproduktivitäten: Eine feministische Sicht. In *Jahrbuch Denknetz 2011. Gesellschaftliche Produktivität jenseits der Warenform*, Hrsg. Denknetz, 56–70. Zürich: Edition 8.

Madörin, Mascha. 2011b. Weltmarkterfolg auf Kosten der Frauen. Akkumulations-, Care- und Genderregimes in der Schweiz. *Kurswechsel* 4: 64–74.

Mies, Maria. 2009. Hausfrauisierung, Globalisierung, Subsistenzperspektive. In *Über Marx hinaus*, Hrsg. Marcel van der Linden und Karl Heinz Roth, 255–290. Hamburg: Assoziation A.

Millennium Ecosystem Assessment. 2005. *Ecosystems and human well-being. Synthesis*. Washington DC: Island Press.

Müller, Beatrice. 2013. Wert-Abjektion als konstituierende und strukturierende Kraft von Care-Arbeit im patriarchalen Kapitalismus. *Femina politica* 22 (1): 31–43.

Netzwerk Vorsorgendes Wirtschaften. 2013. *Wege Vorsorgenden Wirtschaftens*. Marburg: Metropolis-Verlag.

Perman, Roger, Yue Ma, Michael Common, David Maddison, und James McGilvray. 2011. *Natural resource and environmental economics*. Harlow: Addison Wesley & Pearson.

Riegraf, Birgit. 2013. New Public Management, die Ökonomisierung des Sozialen und (Geschlechter)Gerechtigkeit. Entwicklungen in der Fürsorge im internationalen Vergleich. In *Gesellschaft. Feministische Krisendiagnosen*, Hrsg. Erna Appelt, Brigitte Aulenbacher, und Angelika Wetter, 127–143. Münster: Westfälisches Dampfboot.

Rosa, Hartmut. 2006. *Beschleunigung. Die Veränderung der Zeitstrukturen in der Moderne*. Frankfurt a. M.: Suhrkamp.

Scharfenberg, Kerstin. 2014. Die Pflege ist weiblich. Verdi. http://mittelfranken.verdi.de/gruppen/frauen/++co++84c268be-3210-11e4-813b-525400248a66. Zugegriffen: 19. Okt. 2016.

Sorrell, Steven. 2010. Energy, economic growth and environmental sustainability: Five propositions. *Sustainability* 2 (6): 1784–1809.

Statistisches Bundesamt. 2016. Entwicklung der unbezahlten Arbeit privater Haushalte. *WISTA Wirtschaft und Statistik* 2: 35–51.

Theoriegruppe Vorsorgendes Wirtschaften. 2000. Zur theoretisch-wissenschaftlichen Fundierung Vorsorgenden Wirtschaftens. In *Vorsorgendes Wirtschaften. Auf dem Weg zu einer Ökonomie des Guten Lebens*, Hrsg. Adelheid Biesecker, Maite Mathes, Susanne Schön, und Babette Scurrell, 27–69. Bielefeld: Kleine.

von Winterfeld, Uta, und Adelheid Biesecker. 2013. Es geht nicht allein. Vorsorgendes Wirtschaften braucht neue Gesellschaftsverträge. In *Wege Vorsorgenden Wirtschaftens*, Hrsg. Netzwerk Vorsorgendes Wirtschaften, 385–401. Marburg: Metropolis-Verlag.

Bedingungsloses Grundeinkommen und Postwachstum

Hanna Ketterer

Zusammenfassung

Inwiefern macht ein Grundeinkommen eine Postwachstumsgesellschaft möglich? Diese Frage steht im Zentrum des Beitrags, der verschiedene Grundeinkommensmodelle daraufhin befragt, ob sie Ursache und Voraussetzungen des Wachstumszwangs beheben. Auf Basis der einschlägigen Grundeinkommensliteratur und unter besonderer Berücksichtigung empirischer Studien, wird folgende These entwickelt: Ein teilhabesicherndes Grundeinkommen würde zunächst nicht an der Ursache, jedoch an einer wichtigen Voraussetzung des Wachstumszwangs ansetzen: dem Geld-Arbeitskraft-Nexus. Indem das teilhabesichernde Grundeinkommen menschliche Arbeitskraft partiell dekommodifiziert, birgt es ein Potenzial für Postwachstumsgesellschaften, da potenziell die Wiederaneignung und Demokratisierung der Produktionsverhältnisse möglich wird und zugleich die kapitalistische Eskalationsdynamik eingeschränkt werden könnte.

An dieser Stelle möchte ich allen danken, die mich bei diesem Beitrag mit ihren Denkanstößen, Kritiken und Nachfragen unterstützt haben, insbesondere David J. Petersen, Anna Landherr und den anonymen Gutachter*innen

H. Ketterer (✉)
DFG-Kolleg Postwachstumsgesellschaften, Friedrich-Schiller-Universität Jena, Jena, Deutschland
E-Mail: hanna.ketterer@uni-jena.de

D. J. Petersen et al. (Hrsg.), *Perspektiven einer pluralen Ökonomik*, Wirtschaft + Gesellschaft, https://doi.org/10.1007/978-3-658-16145-3_16

1 Einleitung: Aktuelle Grundeinkommensdiskurse – Postwachstum im Blick?

Die Debatte zum Grundeinkommen hat Hochkonjunktur. Mit der Schweizer Volksabstimmung über die Einführung eines bedingungslosen Grundeinkommens am 5. Juni 2016 konnte erstmalig ein Land über die Einführung eines Grundeinkommens entscheiden. Eine vielfach als Utopie degradierte Idee wurde so zur Realutopie. Dies trug wohl dazu bei, dass auch jenseits der Schweizer Grenzen neuer Schwung in die Debatten und Politiken um das Grundeinkommen kam. Die Schweizer Initiative fand einen breiten medialen Widerhall. Selbst in den Vereinigten Staaten berichteten die Financial Times (vgl. 2016) und der vgl. New Yorker (vgl. 2016) im Vorlauf der Abstimmung über Vor- und Nachteile eines Grundeinkommens. In Deutschland gewinnt die Idee insbesondere durch die Berliner Crowdfunding Plattform ‚Mein Grundeinkommen' an steter Öffentlichkeit. Über das Projekt wurde bislang an 159 Personen ein monatliches Einkommen von 1000 € (jeweils für den Zeitraum eines Jahres) verlost, welches über die Spenden von 92.778 Unterstützer*innen finanziert wurde.[1] Während in Finnland im Januar 2017 der erste europäische Grundeinkommenspilot lanciert wurde und in einigen weiteren europäischen Staaten aktuell auf ähnliche Experimente hingearbeitet wird, trat zur deutschen Bundestagswahl 2017 mit dem Bündnis Grundeinkommen erstmals eine politische Partei an, die sich in ihrem Programm alleine dem Grundeinkommen widmet.

Das gegenwärtige öffentliche Interesse am Grundeinkommen ist jedoch keineswegs neu. Vielmehr handelt es sich um die Wiederbelebung einer Debatte, die in Deutschland schon in den 1980er-Jahren im Kontext säkularer Massenarbeitslosigkeit geführt wurde (vgl. Opielka und Vobruba 1986; Franzmann 2010). Bereits damals wurde das Grundeinkommen als potenzielle Antwort auf die Strukturprobleme des Wohlfahrtsstaats (vgl. Offe 1992) diskutiert und damit in die Debatte um die Krise des Sozialstaats (vgl. Pierson 1994) eingebracht. Das Grundeinkommen wird, heute wie damals, als potenzielle Lösung für die fortwährende Krise westlicher Wohlfahrtsstaaten diskutiert. Im Zentrum der Debatten geht es um die Zukunft der Sozialsysteme, welche aufgrund paralleler Entwicklungen unter anhaltendem politischen und fiskalischen Druck stehen: Globalisierung, Alterung der Gesellschaft, neue Automatisierungspotenziale, die Auflösung traditioneller Familienstrukturen und der Strukturwandel des Arbeitsmarkts fordern eine Erneuerung der bestehenden Sozialen Sicherungssysteme (vgl. Werner et al. 2017; Straubhaar 2017; Offe 1992). Insbesondere die negative Bilanz der aktivierenden Sozialpolitik der Hartz I-IV-Gesetze (vgl. Dingeldey 2015; Launov und Wälde 2013),

[1] Stand am 08.04.2018, abgerufen über www.mein-grundeinkommen.de. Es ist mir wichtig klarzustellen, dass, im Gegensatz zu einem nationalstaatlich eingeführten Grundeinkommen für alle, die Verlosung von 1000 € an einzelne Individuen die gegebenen gesellschaftlichen und wirtschaftlichen Strukturen wohl kaum verändert.

die bislang weder Armutsfallen[2] beseitigt noch eine nachhaltige Integration von Langzeitarbeitslosen in den ersten Arbeitsmarkt bewirkt hat, bilden den Hintergrund für das gegenwärtige staatliche Interesse am Grundeinkommen.

In der öffentlichen Debatte um ein Grundeinkommen existieren sehr unterschiedliche Rechtfertigungen für dessen Notwendigkeit und jeweils entsprechende Modellvorschläge. Daher ist es genau genommen nicht richtig von dem Grundeinkommen im Singular zu sprechen. Zum einen muss kritisch hinterfragt werden, ob das Grundeinkommen, wie in der Schweizer Initiative vorgesehen, allen oder aber nur spezifischen Personengruppen und unter Umständen nur bei Gegenleistungen zuteilwerden soll.[3] Zum anderen müssen Grundeinkommensmodelle nach ihrer politisch-ideologischen Ausgestaltung und den einhergehenden Rechtfertigungen differenziert werden. In der deutschsprachigen Debatte können mindestens vier grundlegende Ansätze identifiziert werden: ein neoliberales, ein humanistisch-linksliberales, ein sozialistisches und ein ökologisches Grundeinkommensmodell. Wie Reuter (vgl. 2016) andeutet, verfolgen diese womöglich nicht ein- und denselben Traum. Bei neoliberalen Ansätzen stehen funktionale Argumente im Vordergrund. Das Grundeinkommen soll Arbeitslosigkeit beseitigen, die Flexibilisierung des Arbeitsmarkts zum Zwecke der Produktivitätssteigerung vorantreiben, Kosten einsparen[4] sowie eine Antwort anbieten auf die Herausforderungen von Automatisierung und Industrie 4.0 (Straubhaar 2017, S. 161–165). Beim humanistisch-linksliberalen Ansatz ist die Forderung nach individueller Selbstbestimmung (Werner 2012, S. 74–80) und der Demokratisierung der Gesellschaft (vgl. Liebermann 2015) zentral. Beim sozialistischen Grundeinkommen hingegen wird dem Grundeinkommen gar ein gesellschaftlich humanisierender Effekt zugeschrieben (vgl. Blaschke et al. 2012) und eine umfassende Transformation in eine postkapitalistische Gesellschaft (vgl. Srnicek und Williams 2015; Mason 2016) angestrebt. Im Zentrum ökologischer Ansätze wird die dreifache Zielsetzung aus sozialer Absicherung, individueller Freiheit und Reduzierung des Ressourcenverbrauchs verfolgt (vgl. Schachtschneider 2014a; Blaschke 2017a).

Gleichzeitig nehmen alle Varianten prinzipiell an, dass ein Grundeinkommen kompatibel sei mit dem gegenwärtigen Kapitalismus. Außer beim sozialistischen und ökologischen Grundeinkommen scheint es nicht relevant, inwieweit ein Grundeinkommen

---

[2]Als Armutsfalle wird diejenige Situation bezeichnet, bei der Bezieher*innen von Arbeitslosengeld aufgrund hoher Transferentzugsraten auf die Aufnahme einer Erwerbstätigkeit verzichten.

[3]Vgl. die Pläne für Pilotprojekte in den Niederlanden. Hier soll mit einem differenzierten Kontrollgruppendesign untersucht werden, welche Ausgestaltung der aktuellen Sozialhilfe das individuelle Erwerbsarbeitsangebot maximieren könnte. Hierfür werden auch Varianten der bestehenden Sozialhilfe getestet, welche einen monetären Anreiz für die Aufnahme einer gemeinnützigen Tätigkeit setzen bzw. bei ausbleibendem Engagement Sanktionen verwenden (vgl. Groot 2015).

[4]Hiermit sind Einsparungen, z. B. personelle Kosten gemeint, die im Zuge der Zusammenlegung heutiger Sozialtransfers entstünden. In neoliberalen Modellvorschlägen (siehe Abschn. 4) kämen zusätzliche Einsparungen hinzu, da hier das Grundeinkommen als Vehikel zum (weiteren) Abbau der Sozialen Sicherungssysteme benutzt würde (Straubhaar 2017, S. 100–101).

system-transzendierende und wachstumshemmende Konsequenzen für die kapitalistische Arbeitsgesellschaft hätte.

Der vorliegende Beitrag greift die Wachstumsproblematik auf und untersucht dabei die Forschungsfrage, inwiefern ein Grundeinkommen eine Postwachstumsgesellschaft möglich macht. Hierfür wird eine konzeptionelle Unterscheidung zwischen Ursache (erweiterte Reproduktion des Kapitals) und Voraussetzungen des Wachstumszwangs (Wettbewerbsprinzip, Landnahmen, Privateigentum an Produktionsmitteln, Wachstumssubjektivität) entwickelt. Ein besonderes Augenmerk wird dabei auf die habituelle Wachstumsorientierung sozialer Akteur*innen gelegt, welche als eigenständige Wachstumsvoraussetzung diskutiert wird (siehe Abschn. 3). Im Zentrum steht dabei das Konzept der *Wachstumssubjektivität*. Es weist darauf hin, dass ökonomisches Wachstum nicht nur auf institutionellen und materiellen Infrastrukturen (wie der Allverfügbarkeit von Ressourcen oder dem Vorhandensein von Autobahnen), sondern auch auf *mentalen Infrastrukturen* des Wachstums beruht (vgl. Welzer 2011). Dies bedeutet, dass Menschen über habituelle Dispositionen verfügen, die Wachstum zu einem zentralen Bezugspunkt in ihrem Handeln werden lässt. Ob jedoch ein Grundeinkommen Wachstumssubjektivitäten selbst hinterfragen könnte, soll an empirischen Befunden der Grundeinkommensforschung exploriert werden (siehe Abschn. 4.4). Um die Fragestellung im Rahmen dieses Beitrags bearbeitbar zu machen, fokussiert die Analyse die Produktionsseite. Die Konsumptionsseite sowie die politökonomischen Effekte eines Grundeinkommens können in die Untersuchung nicht zusätzlich aufgenommen werden.

Methodologisch stützt sich der Beitrag auf ein Review einschlägiger Arbeiten der deutschsprachigen Grundeinkommensdebatte und exponierter internationaler Beiträge sowie auf die Auswertung von empirischen Befunden der Grundeinkommensforschung, die für die Fragestellung relevant sind. Ich beziehe mich vorwiegend auf die deutschsprachige Postwachstumsdebatte, insbesondere auf Arbeiten der Jenaer Soziologen Klaus Dörre, Hartmut Rosa und Stephan Lessenich, die sich mit Postwachstum aus dem Blickwinkel notwendiger institutioneller *„Trans-Formation"* (Adler 2015, S. 120) befassen.

Es wird die These aufgestellt, dass ein Grundeinkommen zunächst nicht an der Ursache des Wachstumszwangs ansetzt. Insofern ein Grundeinkommen menschliche Arbeitskraft partiell *dekommodifiziert*[5] – dies geschieht erst dann, wenn es ausreichend hoch, das heißt existenz- und teilhabesichernd ist[6] –, wirkt es jedoch auf eine wichtige

[5]Unter Dekommodifizierung (von englisch ‚commodity') wird der Prozess der Entmarktlichung der (Ware) Arbeitskraft verstanden (vgl. Polanyi 2014). Im Fall des Grundeinkommens würde Arbeitskraft weniger warenförmig, da Menschen aufgrund der marktexternen Existenzsicherung weniger gezwungen wären, ihre Arbeitskraft am Markt anzubieten.

[6]Ein existenz- *und* teilhabesicherndes Grundeinkommen würde neben dem Lebensunterhalt auch die Teilhabe an öffentlichen Gütern, wie z. B. die Nutzung des öffentlichen Nahverkehrs, einen Besuch im Museum oder städtischen Freibad demokratisieren. Hierfür muss es mindestens an der Armutsrisikogrenze (auch Armutsgrenze genannt) liegen, die nach EU-Definition bei 60 % des mediangemittelten Nettoäquivalenzeinkommens der Gesamtbevölkerung liegt. Im Jahr 2013 lag

Voraussetzung, unter der sich der Wachstumszwang überhaupt nur realisieren kann: Dadurch dass ein existenz- *und* teilhabesicherndes Grundeinkommen soziale Akteur*innen in und von Erwerbsarbeit befreite, würde menschliche Kreativität in und jenseits des Arbeitsmarkts freigesetzt und die Transition in eine Postwachstumsgesellschaft ermöglicht werden.

2 Zur Wachstumsabhängigkeit moderner Gesellschaften und Postwachstum

Moderne[7] kapitalistische Gesellschaften sind Wachstumsgesellschaften. Nicht etwa, weil kapitalistische Ökonomien fortwährend wachsen würden – ein Blick auf Japan (stagnierende Wachstumsraten) oder das gegenwärtige Griechenland (sinkende Wachstumsraten) genügt, um diese These zu widerlegen –, sondern weil sie strukturell auf Wirtschaftswachstum angewiesen sind, um ihre sozialen Strukturen zu erhalten (vgl. Dörre et al. 2009). Das heißt: Die moderne Gesellschaft ist auf ein wachsendes Bruttoinlandsprodukt angewiesen, alleine, um ihren Status quo sicherzustellen. Ein Beispiel für strukturelle Wachstumsabhängigkeit ist der Wohlfahrtsstaat, der sich in Folge massiver Wachstumsschübe nach dem Zweiten Weltkrieg überhaupt erst entfalten konnte und dessen Aufgabe darin besteht, Wachstum in gesellschaftliches Wohlergehen zu übersetzen bzw. das Mehrprodukt in Form von Sicherungsleistungen umzuverteilen (Lessenich 2015, S. 15). Umgekehrt wächst demnach soziale Ungleichheit besonders stark infolge stagnierenden oder schrumpfenden Wirtschaftswachstums, da dies mit dem Abbau von Arbeitsplätzen, steigender Arbeitslosigkeit und Armut einhergeht (Dörre 2017a, S. 37).

Die Art und Weise, auf welche gegenwärtige Wachstumsgesellschaften ihre relative Stabilität herstellen, kann als *Modus der dynamischen Stabilisierung* bezeichnet werden (vgl. Rosa et al. 2016). Dabei wurde der Dynamisierungsimperativ immer wieder erfolgreich in spezifische soziale Ordnungen (vgl. Streeck 2009) integriert, was dazu geführt hat, dass der Kapitalismus in verschiedenen historischen Phasen jeweils relativ stabile Sozialformationen[8] schuf. Diese vermochten sich immer wieder von Krisen zu erholen

---

die Armutsgrenze in Deutschland, je nach Berechnungsgrundlage, zwischen 978 € (Mikrozensus) und 1189 € (Einkommen- und Verbraucherstichprobe EVS).

[7]Im Gegensatz zur Moderne als einer spezifisch europäischen Entwicklung, die mit der Aufklärung ihren Anfang nimmt, verwende ich modern weder normativ noch im Sinne klassischer Modernisierungstheorien als Triade von Rationalisierung, Differenzierung und Individualisierung, sondern in einem strukturlogischen Sinn. Dies bedeutet, dass dynamische Stabilisierung zum definitorischen Kriterium für moderne Gesellschaften wird, was den Vorteil mit sich bringt, Elemente moderner Gesellschaften nicht nur im Globalen Norden lokalisieren zu können (Rosa 2016, S. 674).

[8]Mit der Bezeichnung des Kapitalismus als Sozialformation verweise ich darauf, dass ich den Kapitalismus nicht als eine Wirtschaftsweise im engen Sinne, sondern mit Nancy Frasers als

und gegen Kritik zu immunisieren (vgl. Boltanski und Chiapello 2007). Das Charakteristische jenes Modus ist die Stabilisierung „in und durch Bewegung" (Rosa 2016, S. 673), die mit einem rollenden Fahrrad zu vergleichen ist:

> Capitalist systems in all varieties resemble a bicycle that gains in stability with the speed of its forward motion, while it easily tips when slowing down or coming to a halt (Rosa et al. 2016, S. 3–4).

Jene Bewegung, genauer, jene Steigerungsbewegung, mündet in eine Eskalationsspirale, die dazu führt, dass unabhängig davon wie hoch das Bruttoinlandsprodukt in Jahr 1 ist, es in Jahr 2 größer sein muss, da ansonsten eine ökonomische Rezession mit ihren sozialen und politischen Krisenerscheinungen einsetzt.

Dass die Logik der dynamischen Stabilisierung heute in vielfacher Weise ihre Grenzen erreicht, zeigt sich an ökologischen, sozialen und politischen Krisenphänomenen. In ökologischer Hinsicht setzt die dynamische Stabilisierung die permanente Ausbeutung von Natur voraus, insbesondere die Verwertung von Energie und natürlichen Ressourcen, die für eine stetige Steigerung der Produktionsraten notwendig ist. Dieser Prozess droht zur Erschöpfung der endlichen natürlichen Ressourcen wie Erdöl, Kohle, Gas usw. zu führen (vgl. Foster 2010; Altvater 2015). Denn auch der Einsatz neuer (grüner) Technologien führt allenfalls zu einer relativen, jedoch nicht zu einer absoluten Entkoppelung von Stoffdurchsatz und Output (Jackson 2009, S. 227).[9] Darüber hinaus reproduzieren sich natürliche Ressourcen nicht in dem Maße, in dem sie vom Menschen verbraucht werden (Mahnkopf 2015, S. 62). Das heißt: Natur lässt sich nicht beliebig dynamisieren (Rosa et al. 2016, S. 10). Umweltfolgen wie Klimawandel, Wasserknappheit, die Erosion fruchtbarer Böden usw., welche insbesondere den Globalen Süden ungleich stärker treffen als den Globalen Norden, können zudem in soziale Phänomene wie Migrationsbewegungen umschlagen (Lessenich 2016, S. 154–164).

In sozialer Hinsicht korrespondiert die dynamische Stabilisierung mit der stetigen Aktivierung sozialer Energien (Rosa et al. 2016, S. 7–8). Dies bedeutet, dass Menschen immerfort auf verschiedene Weise (juristisch, politisch, diskursiv usw.) gesteuert und aufgefordert werden, ihre Potenziale in allen Lebensbereichen voll auszuschöpfen (vgl. Lessenich 2008). Mit der sich ausbreitenden Prekarisierung von Arbeits- und Lebensverhältnissen, der Verdichtung und Entgrenzung der Arbeit und der Krise der sozialen

‚institutionalized social order' begreife. Die kapitalistische Gesellschaft ist charakterisiert durch die institutionelle Trennung von Sozialer Reproduktion, Natur und politischer Sphäre auf der einen Seite und ökonomischer Produktionssphäre auf der anderen Seite (Fraser 2014, S. 17).

[9]Beispielsweise zeigen Daten der amerikanischen Energy Information Association (EIA 2008, Tab. 1.8 und Tab. H_1CO_2 in Jackson 2009, S. 227, Fußnote 9), dass global, trotz sinkender Kohle- und Energieintensitäten in der Produktion, CO_2-Emissionen aus fossilen Energieträgern seit den 1970er-Jahren um 80 % gestiegen sind.

Reproduktion (vgl. Aulenbacher 2015) stößt das kapitalistische System jedoch an seine sozialen Belastungsgrenzen. Letzteres lässt sich am Anstieg psychosomatischer Erkrankungen festmachen. Laut WHO könnten Depression und Burnout im Jahr 2020 die zweitmeist verbreitetsten Krankheiten weltweit darstellen. Für EU-Länder zeigen schon jetzt Daten des Labor Force Survey (vgl. 2007), dass Stress, Depression und Angst nach Muskel-Skelett-Erkrankungen die häufigsten arbeitsplatzbezogenen Krankheiten sind. Zudem bahnt sich mit dem Phänomen des „jobless growth" (Daly 2014, S. 214) – Wachstum ohne oder mit nur unterproportionalen Beschäftigungseffekten – eine Verschiebung zum Modus der dynamischen *De*stabilisierung an (Rosa et al. 2016, S. 11).

Auf politischer Ebene erzeugt die dynamische Stabilisierung ebenfalls Destabilisierung. Dies lässt sich zum einen an politischen Konflikten um den Ressourcenextraktivismus und seinen sozial-ökologischen Folgen in Ländern des Globalen Südens festmachen (Rosa et al. 2016, S. 11). Zum anderen scheint die gegenwärtige situative Politik die Suche nach tragfähigen gesellschaftlichen Alternativen zu verunmöglichen. Letztere werden insbesondere dadurch erschwert, dass ein grundsätzliches Spannungsverhältnis existiert zwischen der Geschwindigkeit, in der alltägliche Ereignisse und soziale Entwicklungen sich vollziehen, und dem Zeitaufwand (vgl. Rosa 2009, 2012, S. 123), der notwendig wäre, um in demokratischen Verfahren tragfähige Alternativen zu erarbeiten. Im Globalen Norden hat dies dazu geführt, dass rechtspopulistische Parteien und neue rechte Bewegungen zunehmend Kritik an den Institutionen und Politiken der etablierten repräsentativen Demokratie üben: mit nationalistischen Abschottungs- und Ausgrenzungspolitiken soll das westliche Wohlstandsmodell gegen die Bedrohung durch ‚die Anderen' verteidigt werden. Gleichzeitig tragen auch innerstaatliche Politiken in Europa zunehmend repressive und autoritäre Züge (vgl. Dörre 2017b).

Vor dem Hintergrund dieser Krisenkonstellation drängt sich die Frage geradezu auf, wie eine Gesellschaft aussehen könnte, die nicht länger strukturell von Wirtschaftswachstum abhängig wäre und durch welche institutionellen Reformen sie entstehen könnte. Eine solche Gesellschaft wird im Folgenden als *Postwachstumsgesellschaft* (→ ‚Zur Konzeptualisierbarkeit einer Postwachstumsökonomie' in diesem Sammelband) verhandelt und mit Rosa ex negativo (gegen die Bestimmung der Wachstumsgesellschaft) definiert:

> ‚Postwachstumsgesellschaft' bezeichnet mithin eine Sozialformation *jenseits des Modus dynamischer Stabilisierung*, die jederzeit *in der Lage* ist zu wachsen, zu beschleunigen oder Innovationen hervorzubringen, um den Status quo in eine gewünschte Richtung zu *verändern* (also etwa eine Knappheit oder ein auftretendes Problem zu überwinden), die aber nicht *zur Steigerung gezwungen* (oder verdammt) ist, um den institutionellen Status quo *aufrechtzuerhalten* und sich strukturell zu reproduzieren (Rosa 2016, S. 727, H. i. O.).

Im Kern soll eine Postwachstumsgesellschaft hier also als eine Gesellschaft definiert werden, deren Reproduktion und Stabilität nicht strukturell von Wirtschaftswachstum abhängen.[10] Eine Postwachstumsgesellschaft kann, aber muss nicht, permanent wachsen. Dies impliziert, dass Postwachstum ein gesellschaftlicher Zustand ist, bei dem der Wachstumszwang, der kapitalistischen Ökonomien inhärent ist, zumindest teilweise überwunden wird. Um zu analysieren, inwiefern ein Grundeinkommen die Entstehung einer solchen Postwachstumsgesellschaft ermöglicht, wird im Folgenden der analytische Fokus weniger darauf gerichtet, das Jenseits des Modus der dynamischen Stabilisierung, als vielmehr die Ursachen und Voraussetzungen des Wachstumszwangs zu bestimmen.

3 Über Ursachen und Voraussetzungen des Wachstumszwangs

Kapitalismus ohne Wachstumszwang scheint ein Wunschtraum bzw. Widerspruch in sich selbst zu sein, da der Wachstumszwang kapitalistischen Gesellschaften inhärent ist (vgl. Deutschmann 2014). Um produzierte Güter auf dem Markt abzusetzen, bedarf es einer entsprechenden Nachfrage der Konsument*innen; primär geht der Wachstumszwang jedoch vonseiten der Produktion aus (Deutschmann 2014, S. 516; Vobruba 2000, S. 80). Im Anschluss an Deutschmann (vgl. 2004, 2014) lässt sich menschliche Arbeit als unendliche *Kreativität* definieren. Dabei meint Kreativität nicht erst die intelligente Lösung eines neuen Problems, sondern beschreibt auf grundsätzliche Weise die menschliche Fähigkeit zur Erkennung, Gestaltung und Sinnstiftung (vgl. Popitz 1997). Es geht also um das menschliche Vermögen, Probleme zu identifizieren, zu definieren, konkrete Lösungen zu erarbeiten und zu deuten bzw. zu rechtfertigen. Kreativität, so verstanden, fußt auf überliefertem gesellschaftlichen Wissen (Deutschmann 2004, S. 4) und ist selbstverständlich nicht auf den Bereich der Erwerbsarbeit beschränkt, sondern ist ebenso in reproduktiver Arbeit (z. B. Sorgearbeit, Kindererziehung), Eigenarbeit (z. B. Gärtnern) oder ehrenamtlicher Tätigkeit bedeutsam. Mit Blick auf die Frage des Wachstumszwangs folgt aus einem solchen Verständnis, dass der Tausch von Kapital und Arbeitskraft am Markt nie gänzlich aufgehen kann:

> Einlösbar ist der Eigentumsanspruch auf lebendige Arbeit nur als nie zu vollendender Prozess, das heißt durch die Verwandlung des Geldes in Kapital und durch die kapitalistisch organisierte Verwertung der innovativen Potenziale der Arbeit. Der Widerspruch zwischen

[10]Ich verwende diese Postwachstumsdefinition, da sie Wirtschaftswachstum nicht per se negativ bewertet und mir in Bezug auf ihre praktischen Implikationen für Transitionsstrategien um einiges realitätsnäher erscheint als beispielsweise suffizienzorientierte Postwachstumspositionen (vgl. Paech 2012). Problematisch ist die Definition jedoch in der Weise, als dass sie die materielle und energetische Dimension von Postwachstum nicht elaboriert. Wenn die ökologische Dimension im vorliegenden Beitrag vergleichsweise wenig entwickelt wird, ist dies daher auch der theoretisch-konzeptionellen Rahmung geschuldet. Gleichzeitig besteht mein Anliegen in diesem Beitrag in erster Linie auch in einer empirisch fundierten Untersuchung der Rolle von Wachstumssubjektivitäten bezüglich des Zusammenhangs von Grundeinkommen und Postwachstum.

dem quantitativ fixierten Charakter jeder Geldsumme und der Unbestimmbarkeit der kreativen Potenziale der Arbeit kann nur dynamisch überwunden werden (Deutschmann 2014, S. 515).

Aber worin genau bestehen Ursache und Voraussetzungen des Wachstumszwangs? Die Ursache des ökonomischen Wachstumszwangs liegt im Prozess der *erweiterten Reproduktion* des Kapitals, welche die Fortsetzung der Kapitalakkumulation auf stets erweiterter Produktivitätsstufe beschreibt und auf einer komplexen Metamorphose des Kapitals beruht. Sowohl die Verwandlung des Kapitals als auch der in diesem Prozess erzeugte Überschuss ist bereits in der Grundformel des Kapitals angelegt ‚G(eld)-W(are)-G'(eld)'. Geld wird als Kapital eingesetzt, um Waren für Produktionszwecke zu kaufen. Dabei muss am Ende der Transaktion mehr Geld als zu Anfang stehen, damit ein neuer Zyklus beginnen kann. Die eigentliche Ursache des Wachstumszwangs besteht nun in dem Sachverhalt, dass der in der erweiterten Reproduktion des Kapitals generierte Mehrwert nicht gänzlich vom Kapitalisten für den privaten Luxuskonsum angeeignet werden kann, sofern die Reproduktion des Kapitals sichergestellt werden soll. Folglich muss ein Teil des generierten Mehrwerts in die Erneuerung und die Neuanschaffung von Produktionsmitteln (Arbeit und Kapital) reinvestiert und damit dem Kapital zugefügt bzw. kapitalisiert werden (Dörre 2012, S. 107). Dabei hat die erweiterte Reproduktion mehrere Voraussetzungen: Zunächst ist sie bedingt durch die Konkurrenzsituation am Markt bzw. das Wettbewerbsprinzip, das Unternehmen zu permanenten Innovationen und Rationalisierungen zum Zweck der Produktivitätssteigerung zwingt.[11] Eine wichtige Rolle spielen in diesem Kontext zum einen Skaleneffekte[12] und zum anderen das Kreditwesen, welches Kapitalvorschüsse ermöglicht (vgl. Deutschmann 2008; Binswanger 2010). Des Weiteren sind fortwährende kapitalistische Landnahmen[13] nicht-kommodifizierter Lebensbereiche eine grundlegende Voraussetzung für die Kapitalakkumulation, weil die Metamorphose des Kapitals nur gelingt, wenn ausreichend Ressourcen (Rohstoffe, Transportmittel, Konsument*innen, Maschinen, Arbeitskräfte usw.) zur Verfügung stehen (vgl. Dörre 2012). Historisch betrachtet war die Wachstumsexplosion, die sich im

[11]Der Wachstumszwang kann für einzelne Unternehmer*innen zeitweise sowie produkt- und sektorenspezifisch ausgeschaltet sein (vgl. Dörre 2012).

[12]Skaleneffekte bezeichnen das Phänomen, bei welchem die Ausweitung der Produktionsmenge zu sinkenden Stückkosten führt.

[13]Klaus Dörre verwendet das Landnahmetheorem im Anschluss an die Arbeiten von Luxemburg (vgl. 1975) und Lutz (vgl. 1984). Landnahmeprozesse beschreiben die erweiterte Reproduktion des Kapitals auf Grundlage expansiver Kommodifizierung von zuvor nicht-kommodifizierten sozialen Beziehungen sowie von Natur. Als Symptom der aktuellen finanzmarktkapitalistischen Landnahme deutet Dörre die sinkenden bzw. stagnierenden Wachstumsraten in den Zentren der kapitalistischen Produktion. Zur Beschreibung seiner Zeitdiagnose verwendet Dörre die Begriffe Postwachstumsgesellschaft und Postwachstums-Kapitalismus (vgl. Dörre 2017a), wohingegen ich Postwachstumsgesellschaft nicht zeitdiagnostisch, sondern als normativen Gegenentwurf zur Wachstumsgesellschaft verstehe.

19. Jahrhundert von Europa über den Globus ausbreitete (vgl. Maddison 2001), überhaupt nur möglich gewesen aufgrund einer Verkettung von mehreren Faktoren: Bürgerliche Reformen hatten, wegen des massiven Bevölkerungswachstums (Deutschmann 2014, S. 518) und des Übergangs von der Nutzung präfossiler Energieträger (Holz, Wasserkraft, -energie) zur industriell-fossilen Revolution (vgl. Altvater 2015; Mitchell 2011), eine umfassende Vermarktlichung von Land, Produktionsmitteln und Arbeitskräften eingeläutet.

Darüber hinaus ist die erweiterte Reproduktion nur möglich, wenn Arbeitskraft und Produktionsmittel unabhängig voneinander als Lohnarbeit und Kapital auf den Markt treten. Dort wird Arbeitskraft gegen entsprechende Entlohnung getauscht, das heißt es wird eine Beziehung des Äquivalententauschs hergestellt. Dies setzt voraus, dass es Nicht-Eigentümer*innen und Eigentümer*innen an Produktionsmitteln und Land gibt. Im Kapitalismus äußert sich das private im Gegensatz zum kollektiven Eigentum an den Produktionsmitteln wiederum in Asymmetrien zwischen Arbeit und Kapital. Die Geschichte des Kapitalismus hat verschiedene Kontrollregime über die Ware Arbeitskraft hervorgebracht: von paternalistischen Unternehmenshierarchien des 19. Jahrhunderts hin zu aktuellen Ausprägungen subjektivierter Leistungskontrolle (vgl. Böhle 2003; Voß und Pongratz 1998).

Nicht zuletzt müssen soziale Akteur*innen – Individuen, Gewerkschaften, Parteien und Ähnliche – als Träger*innen von Wachstumszwängen in den Blick genommen werden. Wie Dörre (2012, S. 103) ausführt, ist der Wachstumszwang keine ausschließlich ökonomische Dynamik. Im Gegenteil, kapitalistische Landnahmen vollziehen sich gerade deswegen, weil sie sich soziale Akteur*innen erfolgreich einverleiben, die, vermittelt über hegemoniale Ideologien und Politiken, systemkonform handeln. Nach Welzer (vgl. 2011) finden sich materielles und institutionelles Wachstum auch in den mentalen Infrastrukturen[14] der Menschen wieder und machen sich bemerkbar als Notwendigkeit und subjektives Bedürfnis, „in sich, soviel Welt als möglich zu ergreifen" (von Humboldt 1903, S. 32 in Welzer 2011). Historisch betrachtet wären ab dem 17. Jahrhundert mit dem Zerfall feudaler Strukturen und dem Beginn der Industrialisierung Dynamiken der sozialen Mobilität entfacht worden, die dazu geführt hätten, dass sich endlose Steigerung zum zentralen Bezugspunkt für das Selbstverständnis und den Lebensvollzug der Subjekte herausgebildet hat (Welzer 2011, S. 18–20.). In seiner aktuellen Ausprägung geht dieses Steigerungsphänomen mit Selbstzwängen

[14] Ähnlich ist auch die Idee der ‚Dekolonisierung des Imaginären' bei Serge Latouche (vgl. 2005). Er argumentiert, dass Wachstum, Entwicklung und Fortschritt zu religiösen Glaubenssätzen geworden seien, und es nun darauf ankäme, unsere Imagination von jener ideellen ‚Besatzung' zu befreien. Welzer begreift individuelle Wachstumsorientierungen zwar auch als mentale Überzeugungen, stellt jedoch heraus, dass die eigentliche Schwierigkeit darin besteht, dass diese in die habituellen Praktiken der Menschen inkorporiert worden seien. Daher setzt Welzers Transformationsansatz auch nicht an der kognitiven Ebene an, sondern an den ritualisierten, leiblichen Erfahrungen von Menschen, welche in der Konfrontation mit nachhaltigen Alternativen hinterfragt werden müssten.

(Welzer 2011, S. 15–17), dem Zwang zur Selbstthematisierung (Rosa 2012, S. 240–243) und subjektivierten Formen der Leistungskontrolle einher (vgl. Voß und Pongratz 1998). Moderne Arbeitskraftunternehmer (vgl. Voß und Pongratz 1998) sind als ‚Unternehmende ihrer selbst' stets auf Produktivität und Aktivität aus. Sie versuchen, ihre kreativen Potenziale in der Erwerbsarbeitskarriere zu maximieren. Zudem reicht der Zwang zur Leistungssteigerung weit hinein in alle anderen Lebensbereiche. Dies kann als eine ständige Selbstökonomisierung bezeichnet werden (Lessenich 2008, S. 96). Eversberg weist in diesem Zusammenhang darauf hin, dass Wachstumsregime ihre jeweils eigenen, der Output-Steigerung dienlichen Subjekte erzeugen. Das Handeln Letzterer als Wachstumssubjektivitäten[15] ist somit habituell an einer Steigerungslogik orientiert. Die innere Verfasstheit der Subjekte weist jedoch immer auch über das jeweilige historisch-geografische Wachstumsregime sowie das idealtypische kapitalistische Subjekt hinaus, welches sich zu jedem Zeitpunkt der produktivistischen Verwertungslogik unterordnen würde (vgl. Eversberg 2014a, b).

4 Konsequenzen des Grundeinkommens für Ursache und Voraussetzungen des Wachstumszwangs

Wenn ein Grundeinkommen tatsächlich „die Brücke zwischen einer notwendigen institutionellen Reform und einer Veränderung des kulturellen Daseinsmodus" schlägt (Rosa 2016, S. 730), wie steht es dann um die Chancen eines Übergangs von einer kapitalistischen Erwerbsarbeitsgesellschaft in eine Postwachstumsgesellschaft? Zunächst scheint das Grundeinkommen nicht mehr und nicht weniger als ein monetäres Mittel. Diskutiert wird es als konkrete Lösung einer Vielzahl gesellschaftlicher Herausforderungen wie Armut, Arbeitslosigkeit, Automatisierung im Kontext von Industrie 4.0, aber auch als umfassendere Maßnahme zum Zwecke der Demokratisierung und Humanisierung der Gegenwartsgesellschaft. Dabei offeriert es kein alternatives Wirtschaftsmodell, sondern fügt sich in die bestehende Wirtschaftsordnung ein: Das Grundeinkommen verändert zunächst nichts an dem Prozess der Kapitalakkumulation und der Gültigkeit des Wettbewerbsprinzips. Es zielt auch nicht (an und für sich) auf die soziale Wiedereinbettung entgrenzter Märkte ab. Von daher setzt es weder an der Ursache des Wachstumszwangs, noch an der Voraussetzung des Wettbewerbsprinzips an. Jedoch, so die These, scheint es mir ein transformatorisches Potenzial in Bezug auf weitere Voraussetzungen zu besitzen. Genauer: Es geht mir um ein mögliches transformatorisches Potenzial, welches von einer Entkoppelung von Einkommen und Erwerbsarbeit ausgehen könnte. Indem also der für

[15] Wenn ich von *der* Wachstumssubjektivität spreche, gehe ich davon aus, dass Menschen in modernen Gesellschaften in der Regel wachstumsorientiert handeln. Die empirische Einzelfallbetrachtung macht selbstverständlich Abweichungen, Brüche und verschiedene Ausprägungen jener Wachstumsorientierung sichtbar.

den Kapitalismus konstitutive „Geld-Arbeitskraft-Nexus" aufgehoben würde (Deutschmann 2008, S. 9), nähme jene Kontrolle, die im Kapitalismus Geld über Arbeitskraft ausübt, ab. Da benötigtes Einkommen jenseits der Existenzgrenze weiterhin über den Arbeitsmarkt besorgt werden müsste, handelte es sich um eine teilweise oder partielle Dekommodifizierung von menschlicher Arbeitskraft. Letztere ist der Dreh- und Angelpunkt, von welchem aus – so möchte ich argumentieren – möglicherweise weitreichende Veränderungen ausgehen. Denn die Dekommodifizierung setzt direkt an den als Wachstumssubjektivitäten verfassten Akteur*innen einer Transformation an und eröffnet diesen neue Handlungsspielräume. Werden letztere ausgeschöpft, könnte dies alle weiteren Voraussetzungen des Wachstumszwangs – das Wettbewerbsprinzip, fortschreitende Landnahmen und das Privateigentum an den Produktionsmitteln – unterlaufen und so die kapitalistische Eskalationsdynamik einschränken. In den folgenden Abschnitten werden die jeweiligen Effekte eines Grundeinkommens auf die oben genannten Voraussetzungen diskutiert. Referenzpunkt dabei ist das *idealtypische*[16] *Grundeinkommen* (vgl. Netzwerk Grundeinkommen), das sich über folgende Kriterien definiert: Es ist a) existenzsichernd und ermöglicht gesellschaftliche Teilhabe, b) stellt einen individuellen Rechtsanspruch dar, c) wendet keine Bedürftigkeitsprüfung an und d) wird ohne Zwang zu Arbeit oder Gegenleistungen gewährt. Neben der idealtypischen Definition des Grundeinkommens werden im Folgenden konkrete politische Modellvorschläge (siehe Tab. 1) genauer betrachtet und wesentliche Befunde aus der empirischen Grundeinkommensforschung untersucht, um die Bedingungen zu beleuchten unter denen ein Grundeinkommen emanzipativ wirken könnte.

4.1 Partielle Dekommodifizierung von Arbeitskraft

Eine Befreiung vom Zwang zur Erwerbsarbeit kann ein Grundeinkommen (vgl. Gorz 1998; Standing 2014) zum einen nur sein, wenn es ausreichend hoch ist, das heißt mindestens an der Armutsgrenze liegt. Zum anderen müssen sich Subjekte langfristig auf eine garantierte Grundsicherung verlassen können. Eine solche Sozialdividende, die de facto allen Mitgliedern eines demokratischen Gemeinwesens ohne Bedürftigkeitsprüfung und Arbeitszwang ausgezahlt und jährlich neu an das Preisniveau angepasst würde, steht der Negativen Einkommensteuer, wie sie bereits Milton Friedman (vgl. 1962) vordachte, diametral gegenüber. Die Negative Einkommensteuer ist im Gegensatz zum bedingungslosen Grundeinkommen keine unabhängige Einkommensgarantie, die nicht mit anderen Einkommen verrechnet wird, sondern eine Steuergutschrift, die Personen

[16]Ich verwende den Begriff des Idealtypus, den Weber (1988, S. 191) als wertneutrales, theoretisches Konzept geprägt hat, welches der Orientierung der wissenschaftlichen Analyse dient. Ein Idealtypus verdichtet, generalisiert und steigert einseitig einen oder alle der Gesichtspunkte eines Phänomens.

Tab. 1 Übersicht über Modelle des Grundeinkommens im aktuell politischen deutschsprachigen Diskurs

Ideologie	Neoliberal	Humanistisch-linksliberal	Sozialistisch	Ökologisch
Impulsgebende	Solidarisches Bürgergeld nach Althaus und Straubhaar, Hohenleitner	Schweizer Volksinitiative für ein Grundeinkommen	BAG Die Linke	Schachtschneider
Diagnose	Sozialsysteme sind unzeitgemäß, produzieren hohe Kosten und sind ineffizient	Gegenwartsgesellschaft ermöglicht individuelle Entfaltung und Freiheit unzureichend	Folgen kapitalistischer Produktion (Armut, Arbeitslosigkeit und soziale Ungleichheit) bekämpfen	Sozial-ökologische Ungerechtigkeiten beheben
Form	Negative Einkommensteuer (NES)	Sozialdividende (SD)	SD oder NES	SD
Höhe	600 € + 200 € Gesundheitsgutschrift	Keine Angabe im Initiativtext, andernorts Erwachsener 2500 CHF, Kind 625 CHF	Erwachsener 1080 €, Kind 540 €	z. B. 600–800 €, finale Höhe ist Gegenstand demokratischer Aushandlung
Weitere Ausgestaltung	Arbeitslosen-, Pflege-, Rentenversicherung werden substituiert, Deregulierung des Arbeitsmarkts	Keine Angaben	Umstrukturierung der Sozialversicherungen zur Bürgerversicherung, Arbeitszeitverkürzung, höherer Mindestlohn	Keine Angaben
Finanzierung	Nettozahler 50 %, Nettoempfänger 25 % auf Erwerbseinkommen	Abschöpfung von Erwerbseinkommen, weitere Vorschläge einzelner Initiant*innen: Mikrotransaktions-, Konsumsteuer	Progressive Einkommen-, Sachkapital-, Luxuskonsumsteuer, Primärenergieabgabe	Paritätisch rückgezahlte Ökosteuer

Quelle: Eigene Darstellung, basierend auf Reuter (2016) mit eigenen Erweiterungen

erhalten, deren Einkommen eine festgelegte Mindestgrenze unterschreitet. Die Negative Einkommensteuer setzt eine differenzierte Bedürftigkeitsprüfung voraus und wird nach Einkommensbezug (aus Erwerbsarbeit, Vermögen usw.) berechnet. Ein bedingungsloses Grundeinkommen hingegen fragt nicht nach den Einkommensverhältnissen und besitzt folglich am ehesten das Potenzial, die Vorrangstellung der Erwerbsarbeit infrage zu stellen und zur Entstigmatisierung von Erwerbsarbeitslosigkeit beizutragen.

Eines der im Umlauf befindlichen neoliberalen Grundeinkommensmodelle ist das *Solidarische Bürgergeld*, welches vor allem auf eine Initiative des ehemaligen CDU-Politikers und thüringischen Ministerpräsidenten Dieter Althaus zurückzuführen ist (Borchard 2007, S. 19), und in Kooperation mit dem Ökonomen Straubhaar, dem ehemaligen Leiter des Hamburger Weltwirtschaftsinstituts, weiterentwickelt wurde (vgl. Hohenleitner und Straubhaar 2008). Das Modell sieht eine monatliche Grundsicherung von 600 € netto für Erwachsene (bei einem monatlichen Einkommen von bis zu 1600 € bzw. 200 € bei einem monatlichen Einkommen von über 1600 €) zuzüglich einer Gesundheitsgutschrift von jeweils 200 € sowie 300 € als Kindergrundeinkommen vor. Der Grundeinkommensbetrag liegt damit unter dem 2017er Hartz-IV-Regelsatz von 751 € für eine alleinstehende Person (vgl. Blaschke 2017b). Verbunden wird das Solidarische Bürgergeld mit der Abschaffung sämtlicher weiterer Sozialleistungen, wie der gesetzliche Arbeitslosen-, Kranken- und Rentenversicherung sowie dem Arbeitslosengeld II, Wohn- und Kindergeld. Lediglich Zusatzleistungen wie z. B. Wohnkostenzuschläge sind im Bedarfsfall noch vorgesehen. Wirtschaftspolitisch soll das Solidarische Bürgergeld von der Deregulierung des Arbeitsmarkts, der Abschaffung von Mindestlöhnen sowie von individuellen und betrieblichen Regelungen für den Kündigungsschutz und Flächentarifverträge flankiert werden. Insgesamt wird eine Gesellschaft angestrebt, für welche individuelle Selbstbestimmung ohne staatliche Bevormundung zentral ist. Es wird angenommen, dass das Solidarische Bürgergeld alleine diese einlösen würde (vgl. Fischer 2016).

Analog zum Konzept von Althaus und Straubhaar stützt sich auch das seit 1. Januar 2017 laufende finnische Experiment auf ein partielles Grundeinkommen, welches aufgrund seiner Höhe nicht existenz- und teilhabesichernd ist. Es handelt sich zudem um ein kategoriales Grundeinkommen (van Parijs und Vanderborght 2017, S. 158), da es alleine einer Kategorie oder Gruppe von Menschen ausbezahlt wird: Für das Experiment wurden 2000 Personen im Alter von 25–58 Jahren, die im November 2016 Arbeitslosenunterstützung bezogen, per Zufallsstichprobe ausgewählt, um für zwei Jahre ein monatliches Grundeinkommen von 560 € pro Person zu erhalten (vgl. Kela 2017). Gleichzeitig haben Teilnehmer*innen des Pilotversuchs weiterhin Anspruch auf Wohn- und Kindergeld und, im Gegensatz zum Modell von Althaus, auf einkommensbasierte Sozialleistungen. Anlass für das Experiment sind persistent hohe Arbeitslosenzahlen[17], nicht zuletzt als Langzeitfolge der Rezession von 2008 und des steigenden fiskalischen

[17]Diese lagen im Mai 2016 bei 10,8 % (vgl. Statistics Finland-Labor Force Survey 2016).

Drucks auf die finnischen Sozialkassen. Das Grundeinkommensexperiment soll darüber Aufschluss geben, inwiefern ein Grundeinkommen durch die Vereinheitlichung verschiedener Sozialleistungen den Abbau von Armutsfallen verbessern würde (vgl. Pulkka 2016). Daher interessiert am Pilotprojekt mit dem partiellen Grundeinkommen primär, ob dieses das Erwerbsarbeitskräfteangebot verbessern kann. Unterdessen hat die finnische Regierung ihre Aktivierungspolitiken verschärft, wodurch Leistungen gekürzt und an strengere Leistungskontrollen geknüpft wurden (vgl. Finnisches Ministerium für Soziale Angelegenheiten und Gesundheit 2017).

Die Analyse der bis hierhin dargestellten Grundeinkommensmodelle zeigt, dass ein Grundeinkommen nicht pauschal befreiend wirkt: Sowohl die Höhe als auch die konkrete Ausgestaltung des Grundeinkommens (welche Sozialleistungen und Sozialversicherungen ersetzt das Grundeinkommen? Welche bleiben erhalten? Was für eine flankierende Wirtschafts- und Sozialpolitik wird verfolgt?) dürften entscheidend dafür sein, ob ein Grundeinkommen in der Lage ist, vom Zwang zur Erwerbsarbeit zu befreien, und für wen dies zutrifft. Wenn ein Grundeinkommen dazu genutzt würde, insbesondere Sozialleistungen abzubauen, die heute für den Mehrbedarf im Fall der Betreuung eines behinderten Kindes, in einer Schwangerschaft, bei Alleinerziehenden usw. aufgebracht werden, würde es gar benachteiligte Personengruppen noch schlechter stellen (vgl. Krätke 2008; Hofmann et al. 2013).

Einen Alternativvorschlag hinsichtlich Höhe und konkreter Ausgestaltung stellt das *humanistisch-linksliberale Grundeinkommen* dar, welches durch die Schweizer Volksinitiative „für ein bedingungsloses Grundeinkommen“ vertreten wird. Im Jahr 2006 aus einer Basler Initiative um den Unternehmer Daniel Häni, den Künstler Enno Schmidt und einige Intellektuelle entstanden, wurde die Initiative nach erfolgreicher Unterschriftensammlung im Juni 2016 der Schweizer Wahlbevölkerung zur Abstimmung vorgelegt. Im Initiativtext wurde ein Grundeinkommen gefordert, welches ein menschenwürdiges Dasein und Teilnahme am öffentlichen Leben garantieren würde. Hinsichtlich des konkreten Betrages und der Ausgestaltung der Sozialversicherungen machte der Initiativtext keine Ausführungen. Konkretere (wenngleich unverbindliche) Angaben sind der Website und weiterführenden Dokumenten der Initiative zu entnehmen: Hier wird spezifiziert, dass anspruchsberechtigt sein soll, wer die Schweizer Staatsbürgerschaft bzw. eine permanente Aufenthaltsgenehmigung besitzt. Zudem werden 2500 CHF für eine erwachsene Person[18] und 625 CHF für ein Kind vorgeschlagen. Den Initiant*innen zufolge würde ein Grundeinkommen die Menschen zum einen von staatlicher Bevormundung befreien sowie zur Entfaltung individueller Potenziale[19] beitragen.

---

[18]Würde ein Grundeinkommen mit derselben Kaufkraft in Deutschland eingeführt, entspräche es 1100 € (vgl. Reuter 2016).

[19]Der Annahme liegt ein humanistisches Menschenbild zugrunde, das von einer starken intrinsischen Arbeitsmotivation ausgeht. Dieses teilt u. a. auch Götz Werner, der Gründer der Drogeriemarktkette dm. Er hat sich vielfach für ein über eine 50 %-Mehrwertsteuer finanziertes

Zum anderen wäre es gemeinwohndienlich, da Menschen frei wären, auch jenseits des Arbeitsmarkts das öffentliche Leben mitzugestalten. Kurz: im Grundeinkommen verschmelzen die der Schweiz innewohnenden konträren Strömungen des Liberalismus und Republikanismus auf nahezu perfekte Weise (vgl. Patry 2010). Das Grundeinkommen konnte sich an der Urne nicht durchsetzen[20], was jedoch nicht weiter verwunderlich war, u. a. aufgrund der in der Schweiz ausgeprägten (calvinistischen) Leistungsethik (vgl. Ketterer et al. 2013). Nichtsdestotrotz wird weiter an Schweizer Pilotprojekten gearbeitet. Einen Vorstoß für ein Pilotprojekt mit Sozialhilfebezieher*innen (des finnischen Typs) machte die Stadt Luzern (vgl. Neue Zürcher Zeitung 2017a). Außerdem fordert die demokratische Partei (SP) im Zürcher Gemeinderat einen Testversuch für die Stadtkreise 4 und 5, welche mehrheitlich für die Einführung eines Grundeinkommens abgestimmt hatten (vgl. Neue Zürcher Zeitung 2017b).

Ein umfassenderes Alternativmodell ist das *sozialistische Grundeinkommen* der Bundesarbeitsgemeinschaft (BAG) Grundeinkommen der Partei Die Linke (vgl. BAG Die Linke 2016). Das Modell sieht 1080 € für Erwachsene und 540 € für Kinder vor. Im Gegensatz zum Solidarischen Bürgergeld sollen Arbeitslosen-, Pflege-, Kranken- und Rentenversicherung nach Umstrukturierungen als Erwerbslosenversicherung und als solidarisch gesetzliche Bürgerversicherung bestehen bleiben, in die alle bei Auflösung der Beitragsbemessungsgrenzen einzahlen. Das Versicherungs- bzw. Äquivalenzprinzip bleibt damit erhalten, sodass eine erwerbsarbeitslos gewordene Person weiterhin Anspruch auf 60 % ihres letzten Nettoeinkommens hätte. Zudem zielt das Modell explizit auf die Verbesserung von Arbeitsbedingungen, Arbeitszeitverkürzung und einen höheren Mindestlohn. Darüber hinaus wird eine präventive Sozialpolitik, das heißt Investitionen in Bildung und soziale Infrastrukturen, als essenziell für eine emanzipative Sozialpolitik bzw. einen gesamtgesellschaftlichen Wandel betrachtet (vgl. Blaschke et al. 2012). Der Modellvorschlag findet gegenwärtig, vermutlich aufgrund der Kostenintensivität und der Teilfinanzierung über Kapitalabgaben und Steuern auf Luxusgüter wenig Berücksichtigung in den öffentlichen Debatten. Auch die günstigere Staatsquote der Negativen Einkommensteuer (ca. 56 %) im Vergleich zur Sozialdividende (ca. 72 %) (BAG Die Linke 2016, S. 46) scheint an der Debattenlage nichts wesentlich zu ändern.

Darüber hinaus wird ein *ökologisches Grundeinkommen* vorgeschlagen. Bereits in den älteren Diskussionen zum Grundeinkommen wurde ein Vorschlag über eine europaweite, harmonisierte Besteuerung von Energie aus Kohle, Öl, Gas und Elektrizität zur Diskussion gestellt und reaktualisiert (vgl. Genet und van Parijs 1992; van Parijs und Vanderborght 2017).

Grundeinkommen in Höhe von 1000 € bzw. 1500 € ausgesprochen. Es ist davon auszugehen, dass diese Finanzierungsvariante über einer Verteuerung von Alltagsgütern einkommensarme Haushalte ungleich stärker belasten würde als einkommensstarke Haushalte.

[20] 77 % der Wahlbürger*innen stimmten dagegen, 23 % dafür (vgl. Bundeskanzlei 2016).

Der elaborierteste Vorschlag findet sich aktuell bei Schachtschneider (vgl. 2014a), der ein Grundeinkommen vorschlägt, das über eine Ökosteuer auf CO_2-Emissionen, den Verbrauch fossiler Brennstoffe, die Deponierung von Baustoffen, Stickstoffeinträge usw. finanziert werden soll. Nach dem Prinzip des ‚tax and share' würden alle Konsument*innen zunächst in Abhängigkeit des individuellen Verbrauchs umweltschädlicher Substanzen besteuert. Die Ökosteuer würde höhere Einkommensgruppen stärker belasten als niedrigere Einkommensgruppen, da der CO_2 -Verbrauch in niedrigen Einkommensgruppen aufgrund des verfügbaren ökonomischen Kapitals in der Regel geringer ausfällt (vgl. Deutsches Institut für Wirtschaftsforschung 2009). Die Steuereinnahmen würden dann paritätisch in Form eines Grundeinkommens oder Ökobonus ausgeschüttet. Das grüne Grundeinkommen nach Schachtschneider soll existenz- und teilhabesichernd sein und könnte bei 600–800 € für Erwachsene liegen (Schachtschneider 2014b, S. 14). Nach Schachtschneider (vgl. 2014a) bemühe sich das ökologische Grundeinkommen gleichermaßen um die ökologische wie die soziale Frage. Es fördere individuelle Sicherheit und Freiheit, führe zum Abbau gesellschaftlicher Hierarchien und würde Freiräume zum Experimentieren jenseits von umweltschädlichem Konsumismus und Produktivismus führen. Womöglich überschätzt Schachtschneider allerdings die Wirkung seines Grundeinkommensmodells hinsichtlich der Egalität einer Grundeinkommensgesellschaft. Obschon alle Mitglieder mit einem Grundbetrag ausgestattet wären, bedeutete dies keineswegs, dass private Vermögensanhäufung nicht mehr möglich wäre. Zudem wäre eine diversifizierte Finanzierung des Grundeinkommens vorzuziehen: Eine Ökosteuer, die ihr Ziel erreicht, würde die Finanzierungsbasis des auszuzahlenden Grundeinkommens gefährden. Nichtsdestotrotz bildet dieses stoffsensible Grundeinkommensmodell einen wichtigen Referenzpunkt für die Postwachstumsdebatte.

Im Fortgang der Überlegungen ziehen wir außerdem ein idealtypisches Grundeinkommen heran, welchem abstrakte Kriterien anstelle konkreter Kennzahlen zugrunde liegen und welches beispielsweise vom Netzwerk Grundeinkommen repräsentiert wird (siehe Abschn. 4). Das idealtypische Grundeinkommen kennzeichnet sich dadurch, dass es ohne Bedürftigkeitsprüfung und Anspruch auf Gegenleistung ausbezahlt wird, und nicht alleine existenzsichernd, sondern auch *teilhabe*sichernd ist. In Deutschland ist das Recht auf gesellschaftliche Teilhabe verankert in Artikel 2 des Grundgesetzes, welches den Anspruch auf Persönlichkeitsentfaltung rechtlich zu gewährleisten sucht. Bei einem solchen idealtypischen Grundeinkommen sollte in der Entkoppelung von Erwerbsarbeit und Einkommen ein emanzipatives Moment liegen. Emanzipativ deshalb, weil das Grundeinkommen damit bricht, dass Einkommen an Erwerbsarbeit gebunden sein muss, und somit nicht-Erwerbsarbeit-zentrierte Lebensläufe ermöglichen würde. Die Marxsche Vision des „heute dies, morgen jenes zu tun, morgens zu jagen, nachmittags zu fischen, abends Viehzucht zu treiben, nach dem Essen zu kritisieren, wie ich gerade Lust habe, ohne je Jäger, Fischer, Hirt oder Kritiker zu werden" (Marx 1969, S. 333) könnte dadurch Realität werden. Inwiefern jedoch Subjekte jenes emanzipative Moment tatsächlich in ihrer Alltagspraxis und Lebensplanung für sich nutzen würden, wird für die Frage der Transformation entscheidend. So muss neben der Höhe und Ausgestaltung des Grundeinkommens in den Blick genommen werden, was Subjekte mit dem Geld – der ‚geschenkten' Zeit – tun oder nicht tun würden. Wie in den folgenden Abschnitten gezeigt wird, spielen habitualisierte Praktiken in diesem Zusammenhang eine Schlüsselrolle; sowohl für die Möglichkeit einer Befreiung *in* als auch *von* Erwerbsarbeit.

4.2 Befreiung in Erwerbsarbeit

Im Sinne einer zweiten Welle der Humanisierung der Arbeit, wie sie erstmals in den 1970er- Jahren stattfand (vgl. Kern und Schumann 1984; Neubauer und Oehlke 2009), kann ein Grundeinkommen Befreiung *in* Arbeit bedeuten. Wenn Arbeit zur Mangelware wird, bedient weniger Kapital als vielmehr Arbeit den politischen Hebel (vgl. Srnicek und Williams 2015; Wright 2006). Bereits 1943 wies der Ökonom Michael Kalecki in einem Aufsatz mit dem Titel „The political aspects of full employment" darauf hin, dass Nicht-Vollbeschäftigung instrumentell für politische Kontrolle und Machtausübung ist. Denn wenn alle tatsächlich erwerbstätig wären, würde Erwerbsarbeit ihren disziplinierenden Charakter verlieren und Arbeitnehmende würden kollektiv in eine machtvollere Position versetzt. Ähnlich vorstellbar wäre die Wirkung eines Grundeinkommens. Insofern es die Kriterien eines idealtypischen Grundeinkommens erfüllt, gäbe ein Grundeinkommen den Arbeitnehmenden die Freiheit, darüber zu entscheiden, wie viel ihres Arbeitsvermögens sie auf dem Arbeitsmarkt anbieten wollten. Erwerbsarbeit würde tatsächlich freiwillig und könnte dadurch ihr Angebot selbst regulieren, wodurch es erstmals legitim würde, von einem Arbeits*markt* zu sprechen (Vobruba 2007a, S. 115). Die strukturelle Asymmetrie zwischen Arbeit und Kapital würde folglich abgeschwächt. Nicht nur individuell könnte Arbeitskraft verweigert werden, sondern auch kollektiv wären Arbeitnehmende in einer besseren Verhandlungsposition über Löhne und Arbeitsbedingungen. Ein Grundeinkommen würde Gewerkschaften stärken, nicht schwächen (Wright 2006, S. 8–9). Zugleich muss eine solche Entwicklung vor dem Hintergrund der realpolitischen Schwäche und des geringen Organisationsgrades europäischer Gewerkschaften betrachtet werden (Dörre 2017a, S. 54).

Das Grundeinkommen nimmt die Anliegen der Humanisierungsdebatten der 1970er-Jahre auf. Dort ging es um Gegenentwürfe zu fordistisch-tayloristischen Produktionskonzepten, um eine menschengerechtere Arbeitsplatzgestaltung und um mehr Mitbestimmung für Arbeitnehmer*innen (vgl. Neubauer und Oehlke 2009). Gleichzeitig ist das Grundeinkommen insbesondere anschlussfähig an die vom Deutschen Gewerkschaftsbund forcierte neuere Diskussion um ‚gute Arbeit': Im Mittelpunkt steht hier das Subjekt in der Arbeit und die subjektive Bewertung von Arbeit, das heißt auch die Problematisierung von zunehmend entgrenzter Arbeit. Ein Grundeinkommen würde eine selbstbestimmte und flexible Arbeitszeitgestaltung ermöglichen, die sich nach den persönlichen und familiären Bedürfnissen richtete (vgl. Srnicek und Williams 2015) und Risiken der Flexibilisierung der Arbeit auffangen würde (Vobruba 2007b, S. 105).

Die Verschiebung der Machtverhältnisse zugunsten von Arbeitnehmenden könnte außerdem die Social Economy[21] befördern:

> Basic income can be viewed as potentially a massive transfer of social surplus from the capitalist market sector to the social economy, from capital accumulation to what might be termed social accumulation – the accumulation of the capacity of society for self-organization of needs-oriented economic activity (Wright 2006, S. 4–5).

Auf individueller Ebene würde das Grundeinkommen folglich die Zeit und Energie zur Verfügung stellen, die Menschen für Tätigkeiten jenseits des kapitalistischen Wirtschaftens für politisches und gemeinwohlorientiertes Engagement benötigen. Genossenschaftlich organisierte Organisationen, die in der Regel eher arbeitsintensiv sind, und zugleich auf einem geringeren Stoffumsatz basieren, könnten durch die Zusammenlegung der Grundeinkommen ihrer Mitglieder profitieren. Dies ermöglichte ihnen größere Infrastrukturinvestitionen.

Wrights Ansatz schreibt ‚human agency' eine bedeutende Rolle in der Wiedereinhegung des krisenhaften Kapitalismus zu (vgl. Wright 2010). Andere Ansätze, welche die Möglichkeit politischer Regulierung tendenziell vernachlässigen (vgl. Artner 2015), würden die Anpassungsfähigkeit des globalen Kapitals in den Vordergrund rücken. Ein möglicher Rückgang im Erwerbsarbeitsangebot[22] nach Einführung eines Grundeinkommens könnte auf nationalstaatlicher Ebene zwei Effekte haben: Zum einen könnte es in einer global entgrenzten Ökonomie zur (weiteren) Aus- und Verlagerung von arbeitsintensiven Prozessen in Länder mit niedrigeren Arbeitskosten führen. Zum anderen könnte ein Rückgang im Erwerbsarbeitsangebot durch Automatisierung, das heißt durch den erhöhten Einsatz von konstanten Kapitalanteilen, kompensiert werden. In der Regel führt Automatisierung nicht nur zu einer erhöhten Produktivität und einem erhöhten stofflichen Durchsatz, sondern auch zu niedrigeren Warenpreisen. Wenn letztere dazu führten, dass sich die Nachfrage langfristig auf einem erhöhten Niveau stabilisierte, stünde dies im Widerspruch zu einer Postwachstumsperspektive[23]. Ein weiterer Widerspruch könnte sich in sozialer Hinsicht ergeben. Denn, wie Lessenichs (vgl. 2016) Analyse der Externalisierungsgesellschaft herausarbeitet, existieren in einer Weltgesellschaft nur Binnenverhältnisse, wodurch die Produktions-, Lebensweisen und Entwicklungsmöglichkeiten der Menschen des Globalen Nordens direkt verknüpft sind mit denjenigen

[21]Zur Social Economy zählen für Erik O. Wright ein breites Spektrum an sozialen Dienstleistungen, welche maßgeblich von zivilgesellschaftlichen Akteur*innen organisiert und kontrolliert werden und weniger auf Profitmaximierung als auf die Erfüllung menschlicher Bedürfnisse abzielen (vgl. Wright 2006, 2010).

[22]In diesem Beitrag verwende ich den Begriff Erwerbsarbeitsangebot, wo im Alltagsgebrauch, wie in der Mainstream-Ökonomik, von Arbeitsangebot gesprochen wird, um die eindimensionale Verwendung des Begriffs herauszustellen.

[23]In der hier vertretenen Auffassung von Postwachstum kann eine Postwachstumsgesellschaft temporär ökonomisches Wachstum hervorbringen. Im Gegensatz zur gegenwärtigen Wachstumsgesellschaft dürfen Wachstumsschübe jedoch nicht in einen linearen Anstieg des Produktionsniveaus über die Zeit resultieren.

der Menschen im Globalen Süden. So müsste dann gefragt werden, auf Kosten welcher Anderer westliche Grundeinkommensbezieher*innen von einer Befreiung in und von Erwerbsarbeit profitieren würden.

4.3 Befreiung von Erwerbsarbeit

Ob ein Grundeinkommen Befreiung von Erwerbsarbeit bedeutet, ist nicht nur eine Frage seines Betrages und seiner konkreten Ausgestaltung, sondern bedarf im Kern auch einer Auseinandersetzung mit den normativen Grundlagen der Arbeitsgesellschaft:

> Denn es ist ja eine Arbeitsgesellschaft, die von den Fesseln der Arbeit befreit werden soll, und diese Gesellschaft kennt kaum noch vom Hörensagen die höheren und sinnvolleren Tätigkeiten, um derentwillen die Befreiung sich lohnen würde (Arendt 1981, S. 81).

Befreit wären Sie mit einem Grundeinkommen von Existenzsorgen, aber wären Sie tatsächlich frei, sich Tätigkeiten und Muße jenseits der Erwerbsarbeitssphäre hinzugeben? In der Gegenwartsgesellschaft stellt Erwerbsarbeit das Normalmodell dar, an welchem sich individuelle Lebensvollzüge orientieren und worüber gesellschaftliche Anerkennung generiert wird. Damit sind andere Lebensformen nicht nur schwer vorstellbar, sondern sind, wenn sie existieren, in der Regel auf nicht-verallgemeinerbare Nischen verwiesen. Eine Gesellschaft, die sich selbst als Erwerbsarbeitsgesellschaft versteht, und in der die Arbeitsethik quasi-religiösen Charakter besitzt (vgl. Weber 1988; Franzmann 2014), sozialisiert Subjekte geradezu in ein Recht und eine Pflicht auf Arbeit. Ein Grundeinkommen, das die individuelle Lösung von Erwerbsarbeit praktisch möglich macht, wirft die Sinnfrage radikal auf (vgl. Oevermann 1983; Franzmann 2010) und hinterfragt zugleich die Arbeitsweise und Ausrichtung bestehender Institutionen wie Bildung, Schule und Familie. Jede lebenspraktische Abweichung[24] vom Normalmodell der (Vollzeit-)Erwerbsarbeit in Form einer individuellen Arbeitszeitverkürzung bzw. eines ‚patch–work–Arrangements' ist höchst voraussetzungsvoll. Sie erfordert zum einen die gesellschaftliche Durchsetzung eines weiten Arbeitsbegriffs, der bezahlte Arbeit wie unbezahlte, reproduktive Arbeit sowie gemeinwohl-orientiertes Engagement und Eigenarbeit einschließt. Zum anderen erfordert eine solche Abweichung die Problematisierung der gegenwärtigen geschlechterstrukturierten Arbeitsteilung und eine Neubemessung des Werts von Arbeit nicht an ihrer Profitabilität, sondern an ihrer Natur (Srnicek und Williams 2015, S. 121), und nicht zuletzt erfordert sie die Wiederentdeckung der Muße (Lessenich 2014, S. 26–28).

Das Grundeinkommen ist Geld und damit „gespeicherte Zeit" (Deutschmann 2008, S. 46), die nicht zur Besorgung des Lebensnotwendigen verwendet werden muss.

[24]Hierunter verstehe ich nicht erst und in erster Linie die vollständige Aufgabe von Erwerbsarbeit, da ich davon ausgehe, dass Erwerbstätigkeit für Menschen sehr viel mehr als nur Einkommenserzielung bedeutet. Erwerbsarbeit fungiert als zentrale Quelle sozialer Anerkennung und sozialen Status, sie ist identitäts- und sinnstiftend, ermöglicht Sozialkontakte und strukturiert Zeit (vgl. Jahoda 1982).

Das heißt aber nicht, dass diese Zeit automatisch in Tätigkeiten jenseits der Erwerbsarbeit, in Zeit mit der Familie, in Eigenarbeit, ehrenamtliches und politisches Engagement oder in Nichtstun übersetzt wird. Auch wird diese Zeit nicht notwendig Mußepotenziale in sich tragen, das heißt zu einer intensiven und bloßen Wahrnehmung der Umgebung bzw. einer neugierigen Beschäftigung mit einem Gegenstand um seiner selbst willen führen (Oevermann 2004, S. 176). Zeit erlangt erst dann Mußequalität, wenn sie „entsprechend sozial strukturiert und legitimiert" (Franzmann 2014, S. 2) ist. Dieser Zusammenhang tritt am Leiden von Erwerbsarbeitslosen besonders deutlich zum Vorschein. Sieht man von den Stellenbewerbungen ab, die Erwerbsarbeitslose bei Hartz-IV-Bezug leisten müssen, verfügen Erwerbsarbeitslose über relativ viel erwerbsarbeitsfreie Zeit. Dennoch hat jene Zeit wenig bis nichts mit Muße zu tun. Im Gegenteil, zahlreiche Studien belegen, dass erwerbsarbeitslose Menschen an dem Mangelzustand der Nicht-Erwerbstätigkeit psychisch und physisch erkranken (Franzmann 2014, S. 2).

Die Überwindung der Erwerbsarbeitszentrierung hat außerdem mit der Normativität von Zeit bzw. mit den in Institutionen geronnenen Definitionen von normaler Zeit zu tun (Lessenich 2014, S. 22–24). Letztere wird nicht etwa an den Mustern sowohl bezahlter als auch unbezahlter Arbeit bemessen, sondern alleine an den Strukturen der Erwerbsarbeit und der gesellschaftlichen Anerkennung, die letzterer zuteilwird. Da reproduktive Tätigkeiten wie Sorge-, Pflege- und Hausarbeit in der Regel unentgeltlich von Frauen geleistet werden, wird das Grundeinkommen auch aus feministischer Perspektive kontrovers diskutiert. Während Kritiker*innen monieren, dass das Grundeinkommen, eine Herdprämie sei, die zur Repatriarchalisierung der Gesellschaft führe, sehen Befürworter*innen das Grundeinkommen als wichtigen Schritt hin zu größerer Geschlechtergerechtigkeit (vgl. Shulevitz 2016; Weeks 2011). Befürworter*innen argumentieren, dass ein Grundeinkommen tradierte Geschlechterrollen erodieren könne. Im Gegensatz zum gegenwärtigen Sozialsystem sei es nicht auf die Kernfamilie ausgerichtet, sondern könnte als gender-neutrales Bürgerrecht eine Pluralisierung der Lebensformen fördern. Wohlwollend-skeptische Stimmen plädieren daher für ein Grundeinkommen in Kombination mit sozialstaatlichen Reformen (z. B. der Abschaffung des Ehegatten-Splittings), einer intensiven gesellschaftlichen Auseinandersetzung mit geschlechtsspezifischen Erwartungshaltungen, dem Ausbau öffentlicher Betreuungs- und Pflegeeinrichtungen usw. (vgl. Pimminger 2008; Robeyns 2007). In einer feministisch-positiven Lesart wird die Bedeutung des individuellen Rechtsanspruchs auf Grundsicherung sowohl für Mann als auch für Frau[25] hervorgehoben und argumentiert, dass ein Grundeinkommen Männern ermöglichte, sich mehr an Sorgearbeit und Frauen sich mehr an Erwerbsarbeit zu beteiligen (vgl. Shulevitz 2016; Robeyns 2007). Skeptiker*innen hingegen gehen davon aus, dass Männer seltener ihre Erwerbsarbeit aufgäben oder reduzieren würden als Frauen (vgl. Gheaus 2008).

[25]Im auf männliche Vollzeiterwerbsarbeit zentrierten Sozialstaat besitzen nicht-erwerbstätige verheiratete Frauen abgeleitete Rechtsansprüche. Zum Beispiel kann dies im Fall von Scheidung für die Frau den Verlust oder eine empfindliche Reduktion von Rentenansprüchen im Alter bedeuten.

Darüber hinaus betrachten einige Feminist*innen die Forderung nach Recht auf Erwerbsarbeit im Zusammenhang mit dem Grundeinkommen kritisch, da diese Forderung die kapitalistische Arbeitsgesellschaft und geschlechterstrukturierte Arbeitsteilung schlichtweg reproduzieren würde (vgl. Weeks 2011). Im Gegensatz zur Lohn-für-Hausarbeit-Kampagne der 1970er-Jahre, die sowohl die materielle als auch die symbolische Aufwertung von Hausarbeit forderte, bliebe das Grundeinkommen nicht im produktivistischen Paradigma verhaftet. Es ginge einen Schritt weiter, indem es die Willkürlichkeit der monetären Bewertung von Tätigkeiten überhaupt (Weeks 2011, S. 143) ebenso wie die moderne Arbeitsethik infrage stellte (Weeks 2011, S. 145–146). In letzter Konsequenz könnte das Grundeinkommen eine Distanz zum Lohnarbeitsverhältnis herstellen und ein Experimentieren mit Lebensentwürfen jenseits der Erwerbsarbeit ermöglichen (Weeks 2011, S. 145).

4.4 Wachstumssubjektivitäten und Grundeinkommen

Die langfristigen Folgen der Einführung eines (teilhabesichernden) Grundeinkommens für die gesellschaftliche Verteilung von (un-)bezahlter Arbeit sind aufgrund der Komplexität von Gesellschaft kaum vorhersehbar. Die zur Verfügung stehenden ökonomischen Simulationsstudien stützen sich auf statische Modelle, welche die dynamischen Wechselwirkungen zwischen dem Grundeinkommen und den Entwicklungen der Wirtschaft, des Arbeitsmarkts und einer langfristig zu erwartenden Veränderung von habituellen Dispositionen wie von Humankapital nicht einfangen können (vgl. Spermann 2012; Lucas 1976). Gleichzeitig sind Experimentaldaten zur Negativen Einkommensteuer sowie Arbeitseinstellungsstudien vermutlich mehr Ausdruck der Arbeitsgesellschaft, in der sie erhoben wurden, als einer sich langfristig entwickelnden Grundeinkommensgesellschaft. Kurz: Die empirische Befundlage innerhalb der Grundeinkommensforschung ist eher dünn und oftmals methodisch defizitär. Im Wissen um diese Limitierungen werden in diesem Abschnitt dennoch einige wesentliche empirische Befunde herangezogen, um die kurzfristigen Folgen eines in eine Wachstumsgesellschaft eingeführten Grundeinkommens für das Erwerbsarbeitskräfteangebot abzuschätzen. Das Ziel dieses Abschnitts besteht darin, die Rolle und Bedeutung von Wachstumssubjektivitäten als potenziellen Akteur*innen einer Transformation auszuloten.

Fünf Studien zu den in den 1970/1980er-Jahren in den USA[26] und in Kanada durchgeführten Negative-Einkommensteuer-Experimenten[27] stellen heraus, dass sich eine

[26] Vgl. das New Jersey Graduated Work Incentive Experiment in New Jersey und Pennsylvania (1968–1972), das Rural Income-Maintenance Experiment in Iowa und North Carolina (1970–1972), die Seattle/Denver Income-Maintenance Experimente (1970–1976, einige bis 1980) sowie das Gary Indiana Experiment (1971–1974).

[27] Obgleich ich ein Grundeinkommen in Form der Negativen Einkommensteuer nicht für ein vollwertiges bedingungsloses Grundeinkommen halte, ziehe ich die Experimentaldaten hier aus

Grundsicherung in Form der Negativen Einkommensteuer nur sehr gering auf das individuelle Erwerbsarbeitsangebot auswirkt (vgl. Widerquist 2005; Hum und Simpson 1993). Drei Metastudien (vgl. Robins 1985; Burtless 1986; Keeley 1981) über die vier im Zeitraum von 1968 bis 1981 durchgeführten amerikanischen Experimente finden für verheiratete Männer einen sehr geringen durchschnittlichen Erwerbsarbeitsrückgang (gemessen in Stunden pro Jahr) von respektive 5 %, 7 % und 7.9 %, wobei 5 % einer Wochenarbeitsstundenreduzierung von 2 h und 20 min entspricht.[28] Noch kleiner fällt der Effekt (1 % für Männer und 3 % für verheiratete Frauen) für das MINCOME Experiment (1974–1979) in der kanadischen Provinz Manitoba aus. Eine wichtige Einflussgröße auf das Erwerbsarbeitsangebot ist die Präsenz von Kindern im Vorschulalter (vgl. Hum und Simpson 1993). In Haushalten mit Vorschulkindern vergrößerten verheiratete Männer ihr Erwerbsarbeitsangebot, während Frauen das Erwerbarbeitsangebot ungefähr im selben Umfang reduzierten. Generell stellen die Metastudien der amerikanischen Experimente für Frauen größere Effekte auf das Erwerbsarbeitsangebot fest als für männliche Hauptverdiener. Verheiratete Frauen reduzierten ihre jährlichen Erwerbsarbeitsstunden um bis zu 27 % und alleinstehende Mütter um 15–30 %. Genauere Untersuchungen zeigen jedoch, dass der durchschnittliche Rückgang im Erwerbsarbeitsangebot weniger mit der Reduzierung des wöchentlichen Erwerbsarbeitspensums als mit der Ausdehnung von Phasen außerhalb des Arbeitsmarkts zusammenhängt (vgl. Robins et al. 1980a, b; Tuma und Robins 1980). Bei Müttern wurde beispielsweise festgestellt, dass diese bei Bezug der Negativen Einkommensteuer häufig Mutterschaftsurlaub verlängerten (vgl. Forget 2011). Allgemein wurde der Befund der längeren Phasen außerhalb des Arbeitsmarkts dahin gehend interpretiert, dass mehr Zeit in die Stellensuche und in ein besseres Matching von Stellenanforderungen und individuellen Fähigkeiten investiert wurde (vgl. Widerquist 2005; Forget 2011). Im Fall von (männlichen) Jugendlichen, die ihre schulische Ausbildung verlängerten, wurden unterschiedliche Motive zur Erklärung herangezogen: als Mittel, um von einem unmittelbaren Übergang in die Grundsicherung (ab dem 18. Lebensjahr) zu profitieren oder als Imitierung des unmittelbaren Umfelds (vgl. Forget 2011).

Der beobachtete Rückgang im Erwerbsarbeitskräfteangebot in den US-amerikanischen und kanadischen Experimenten wird als sehr gering eingeschätzt (vgl. Widerquist

mehreren Gründen heran: 1) in Ermangelung besseren Datenmaterials für westliche Wohlfahrtsstaaten; 2) weil in den Experimenten die Absicherung des Existenzminimums und damit zumindest ein Kriterium eines vollwertigen Grundeinkommen erfüllt wird; 3) weil es mir hier in erster Linie um eine genauere Betrachtung von Wachstumssubjektivitäten geht; 4) weil ich eine kritische wissenschaftliche Rezeption der Experimente für sinnvoll halte angesichts der großen Aufmerksamkeit, die sie in der Öffentlichkeit gegenwärtig erfahren.

[28]Eigene Berechnung auf Grundlage der Zusammenstellung der Daten von Widerquist (2005, S. 61–62). Es wird von einer Vollzeitstelle im Umfang von 45 Wochenarbeitsstunden und 40 Arbeitswochen im Jahr ausgegangen.

2005). Zu einer anderen Einschätzung kann man gelangen, stellt man die Befunde der Entwicklung des Erwerbsarbeitskräfteangebots in Pilotprojekten im Globalen Süden wie in Namibia und Indien gegenüber. Für das Pilotprojekt Otjivero-Omitara in Namibia, bei dem alle Einwohner des Ortes bis zum 60. Lebensjahr im Zeitraum 2008–2009 100 N$ Dollar (7 €) monatlich erhielten, wurden folgende positive Effekte[29] festgestellt: eine Reduzierung der Erwerbslosigkeit, einen Anstieg unternehmerischer Tätigkeit durch die Gründung kleiner Gewerbe z. B. in der Ziegelherstellung oder Kleiderproduktion sowie einen Anstieg der Haushaltseinkommen weit über die Höhe des Grundeinkommens und eine substanzielle Armutsreduzierung (vgl. Haarmann et al. 2009).

Des Weiteren wurde 2011 eine randomisierte kontrollierte Studie in Madhya Pradesh in Indien durchgeführt. Über 18 Monate hinweg wurden Haushalte beobachtet, in denen jede*r Erwachsene 200 Rs (3 €) und jedes Kind 100Rs (1,50 €) bedingungslos erhielten. Guy Standing berichtet einen positiven Einfluss des Grundeinkommens auf das Erwerbsarbeitsangebot und eine Verschiebung von lohnabhängiger Arbeit hin zu selbstständig erwerbender Tätigkeit (vgl. Standing 2013).

Arbeitseinstellungsstudien zum Erwerbsarbeitsangebot bei (hypothetischem) Grundeinkommensbezug[30] bestätigen eher die Ausrichtung an der herrschenden Erwerbsarbeitsnorm, als dass sie die populäre Annahme eines drastischen Rückgangs im Erwerbsarbeitsangebot empirisch unterfüttern könnten. Zum Beispiel zeigt eine repräsentative Einstellungsstudie für Deutschland, dass das nationale Gesamterwerbsarbeitsangebot nach Einführung eines Grundeinkommens vergleichbar wäre mit dem heutigen; es ergäben sich lediglich Verschiebungen hinsichtlich des Erwerbsarbeitsvolumen zwischen Personengruppen (vgl. Haigner et al. 2012). Diejenigen Personengruppen, die gegenwärtig nicht erwerbstätig sind (Erwerbslose, Hausfrauen, Rentner*innen) geben an, ihr Erwerbsarbeitspensum bei Grundeinkommensbezug um 6–18 Wochenstunden (Wst) erhöhen zu wollen, während Vollzeit Erwerbstätige (>35 Wst) berichten, ihr Erwerbsarbeitspensum durchschnittlich um 5 Wst bzw. halbtags Erwerbstätige um 2 Wst reduzieren zu wollen. Der Wunsch nach Reduzierung fällt im Niedriglohnsektor, zum Beispiel im Gastgewerbe, in der Landwirtschaft oder dem Baugewerbe am deutlichsten aus (Haigner et al. 2012, S. 205). Auch eine repräsentative Bevölkerungsumfrage in der

---

[29]Für eine Kritik u. a. an fehlender Kontrollgruppe, Defizite im Datenbericht und eine potenzielle Überschätzung des Effekts des Grundeinkommens, weil staatliche Maßnahmen zur Armutsbekämpfung, die parallel zum Grundeinkommen implementiert wurden, nicht in der Auswertung berücksichtigt wurden, vgl. Osterkamp 2013.

[30]Hier wird normalerweise das Item „Was würden Sie tun, wenn für Ihr Einkommen gesorgt wäre?" eingesetzt. Es ist von einer geringen Reliabilität der Aussagen auszugehen, da das Item hochgradig abstrakt ist (ist der Bezugsrahmen morgen, ein Jahr, lebenslang?) und von Antworten auszugehen ist, die unmittelbar an spezifische Sozialisationserfahrungen in Erwerbsarbeit rückgebunden sind. Das kann zum einen bedeuten, keine anderen Präferenzen als Erwerbsarbeit anzugeben, zum anderen aber auch, Bedürfnissen Ausdruck zu geben, die eher akut und deshalb kein Indiz sind für langfristige Anpassungen der individuellen Lebensführung an ein Grundeinkommen.

Schweiz, die im Vorlauf zur Volksabstimmung veröffentlicht wurde, berichtet, dass nur 2 % der Befragten ihre Erwerbsarbeit nach Erhalt eines Grundeinkommens aufgeben würden (8 % erwägen dies unter Umständen zu tun). Gleichzeitig gibt mehr als die Hälfte der Befragten an, mehr Zeit für Familie und für persönliche Weiterbildung verwenden zu wollen und 40 % der Befragten würde sich stärker ehrenamtlich engagieren wollen (vgl. DemoSCOPE 2016).

Schließlich liefert auch eine Untersuchung von Gewinner*innen des belgischen Lotteriespiels ‚Win for Life' keine Hinweise, dass Menschen, die lebenslänglich 1000 € monatlich gewinnen, in großer Zahl ihren Job aufgäben oder ihre Erwerbsarbeitszeit reduzieren würden (vgl. Marx und Peeters 2008). Unter 55 untersuchten Haushalten (14 Einpersonen- und 41 Paarhaushalte) wurde nur in vier Paarhaushalten und einem Einpersonenhaushalt die Erwerbsarbeitsstelle komplett aufgegeben. Es fand zudem kein Wechsel in die Selbstständigkeit statt und nur drei Paare reduzierten ihre Erwerbsarbeitszeit (Marx und Peeters 2008, S. 1647). Die Lotteriestudie zeigt gleichwohl, dass Lotteriegewinner*innen weniger Zukunftsängste hatten und entspannter waren (Marx und Peeters 2008, S. 1648).

Die hier aufgeführten empirischen Befunde müssen allerdings aus mehreren Gründen kritisch reflektiert werden. Abgesehen davon, dass in den Negative-Einkommensteuer-Experimenten eine einkommensbasierte, nicht-universelle Grundsicherung getestet wurde, bestehen einige methodische und konzeptionelle Limitationen: Erstens wurden die Experimente ohne die *a priori* Bestimmung eines Referenzpunkts konzipiert, anhand welchem die Größe des Rückgangs im Erwerbsarbeitsangebot hätte bewertet werden können. Zweitens wurde einseitig nach dem Erwerbsarbeitsangebot anstelle der dynamischen Wechselwirkungen von Erwerbsarbeitsangebot und -nachfrage geforscht (Widerquist 2005, S. 58–61). Drittens generieren Experimente grundsätzlich verzerrte Resultate, da die begrenzte Laufzeit sich auf Erwerbsarbeitsangebot und Einstellungen der Teilnehmenden auswirkt. Bei der Analyse des Erwerbsarbeitsangebots wurde zudem ein enger Arbeitsbegriff zugrunde gelegt und Tätigkeiten jenseits der Erwerbsarbeitssphäre nicht erfasst.[31] Des Weiteren bestehen Übertragbarkeitsprobleme insbesondere im Fall der Lotteriestudie, da ein Grundeinkommen im Unterschied zum Lotteriegewinn nicht in einem institutionellen und gesellschaftlichen Vakuum implementiert würde, sondern mit anderen arbeitsmarkt- und wirtschaftspolitischen Maßnahmen sowie gesellschaftlichen Veränderungen interagieren würde. Darüber hinaus wurden Lotteriegewinner*innen nur einmal zwischen sechs Monaten und sechs Jahren nach dem Gewinn zu ihrem Erwerbsarbeitsstatus befragt, woraus keine Schlüsse für langfristige dynamische Entwicklungen im Erwerbsarbeitsangebot gezogen werden können. Auch die Ergebnisse von Arbeitseinstellungsstudien haben wegen ihres hypothetischen Charakters und des Einflusses der Sozialisierung in Erwerbsarbeit eine geringe Reliabilität und externe Validität.

[31] Eine Ausnahme bildet eine aktuelle Studie von Calnitsky und Latner (vgl. 2017), welche für das kanadische MINCOME-Projekt eine Zunahme an Sorgearbeit unter Frauen feststellt.

Nichtsdestoweniger verdeutlichen die Befunde die habitualisierte Orientierung an Erwerbsarbeit in den Praktiken und Orientierungen von Menschen, die als Wachstumssubjektivitäten verfasst sind. Obwohl gegenwärtig ein großes Bedürfnis nach Zeitsouveränität unter Arbeitnehmenden (vgl. IG Metall 2014) festzustellen ist, wird dieses Bedürfnis im Kontext westlicher Wohlfahrtsstaaten nicht in Forderungen nach individueller Arbeitszeitverkürzung bzw. reduktiven oder Muße-Lebensstilen übersetzt. Der Vergleich der wirtschaftlichen Aktivität von Akteur*innen in Namibia und Indien auf der einen und den USA und Kanada auf der anderen Seite zeigt eine Zunahme der wirtschaftlichen Aktivität bei Ersteren und ein leicht rückgängiges Erwerbsarbeitsangebot bei Letzteren. Der Befund lässt sich als eine an das jeweilige Wachstumsregime angepasste Coping-Strategie deuten, das heißt als unterschiedliche Bewältigungsstrategien im Kontext von Armut versus Wohlstandsüberfluss oder dem Leiden an Steigerungsphänomenen.

Der empirischen Untersuchung des Grundeinkommens, insbesondere seiner Folgen für die Verteilung gesellschaftlich notwendiger Arbeit, sind aufgrund der Natur des Forschungsgegenstands Grenzen gesetzt. Solange kein teilhabesicherndes Grundeinkommen politisch eingeführt wird, müssen alle empirischen Studien grobe Annäherungen bleiben und Limitationen explizit gemacht werden. Alternativ wären empirische Zugänge sinnvoll, welche die Sozialisationsprozesse einer homogenen Kohorte im Längsschnitt untersuchten, beispielsweise von Hochschulabsolvent*innen, die ein teilhabesicherndes Grundeinkommen direkt nach Hochschulabgang und zu Beginn einer neuen, noch zu organisierenden Lebensphase erhielten. Oder breit angelegte qualitative Studien, die nach den subjektiven Alltagserfahrungen derjenigen fragen würden, die bereits in der gegenwärtigen Arbeitsgesellschaft in Situationen leben, in denen Erwerbsarbeit und Einkommen voneinander entkoppelt sind.

5 Fazit

In diesem Beitrag wurde die These entwickelt, dass ein teilhabesicherndes Grundeinkommen, indem es menschliche Arbeitskraft partiell dekommodifiziert und hierüber menschliche Kreativität von Erwerbsarbeit löst, eine wichtige Voraussetzung des Wachstumszwangs modifiziert und somit den Grundstein für eine Postwachstumsgesellschaft legen könnte. Entscheidend ist jedoch, ob das emanzipative Moment, das in jener Befreiung liegt, von den Subjekten *ergriffen* wird. Das heißt, ob Subjekte die Freiräume, die durch den Zugewinn an Zeit und Verhandlungsmacht im Arbeitsmarkt entstehen, tatsächlich im Sinn einer nicht an Steigerung und Erwerbsarbeit orientierten Lebensführung nutzen. Inwiefern dies gelingt, ist auch abhängig davon, in welchem Maße die Vergeschlechtlichung gesellschaftlicher Arbeitsteilung abgebaut wird, mit welchen Ressourcen Individuen ausgestattet sind und ob Wachstumssubjektivitäten und produktivistische Erwerbsarbeitsorientierungen selbst reflektiert und transformiert werden. In diesem Zusammenhang verweisen die empirischen Befunde der

Grundeinkommensforschung auf die Schwierigkeiten, mit denen die Durchsetzung jeglicher alternativ-hegemonialer Lebensform konfrontiert sein dürfte: Die suchtförmige Liebe der Arbeit unter den Arbeiter*innen, die schon Lafargue (1883 in Lessenich 2014, S. 31) kritisierte, erscheint hierbei als eines der größeren Hindernisse der Transformation kapitalistischer Vergesellschaftung. Gelänge eine solche „Kulturrevolution" (Lessenich 2014, S. 15), könnte sich diese auf alle Voraussetzungen bis hin zur Ursache des Wachstumszwangs auswirken. Menschen würden sich nicht nur auf Lebensentwürfe jenseits der Erwerbsarbeitsbiografie einlassen und in gewerkschaftlichen und politischen Zusammenhängen nicht länger einseitig ‚für alles, was Arbeit schafft' kämpfen (vgl. Wahlkampfspruch der CDU/CSU 2005), sondern auch ökologisch nachhaltiger produzieren *wollen* und bestehende Produktionsformen und Eigentumsverhältnisse in bedürfnisorientierte Produktions- und Organisationsformen umstrukturieren *können*.

Unter gegebenen (neoliberalen) Kräfteverhältnissen scheint es um die Umsetzbarkeit eines teilhabesichernden (idealtypischen) Grundeinkommensmodells jedoch eher schlecht bestellt. Im Wachstumsparadigma verhaftet sind die Interessen relevanter wirtschafts- und arbeitsmarktpolitischer Akteur*innen, von Parteien (insbesondere, aber nicht exklusiv, klassische Arbeitnehmer*innen-Parteien wie die SPD) über Verwaltungsapparate bis hin zu Gewerkschaften auf seite des Markts und der Erwerbsarbeitsbeschaffung angesiedelt. Ein Grundeinkommen, das den Ausstieg aus dem Arbeitsmarkt ermöglicht, wird von diesen Akteur*innen als ein Angriff auf zentrale, historisch erkämpfte, arbeitspolitische Errungenschaften und damit auch auf die je eigene institutionelle Legitimationsgrundlage gedeutet. Selbst wenn aktuell ein Grundeinkommen politisch hegemoniefähig werden würde, deutet Vieles auf ein eher neoliberales Modell hin, welches in erster Linie als Marktreparaturmechanismus denn als transformatorisches Instrument gerechtfertigt würde.

Nichtsdestotrotz gilt es in emanzipatorischer Absicht zunächst, eine Situation zu schaffen, in der zwischen Alternativen entschieden werden kann. Dies wiederum setzt Zeitwohlstand voraus. Was dies konkret bedeutet, haben Dalla Costa und James 1973 im Kontext der Hausarbeitsdebatte auf den Punkt gebracht: „to ‚have time' means to work less". Ein teilhabesicherndes (idealtypisches) Grundeinkommen macht zunächst genau dies möglich. Indem es die Möglichkeit bietet, nein zu einer Arbeitsstelle oder zu deren Bedingungen zu sagen, eröffnet es eine wichtige Exit-Option aus der kapitalistischen Verwertungsmaschinerie. Es macht Zeit frei, die notwendig ist, um eine andere, nicht-erwerbsarbeitszentrierte Postwachstumsgesellschaft zu gestalten und zu leben. Zeit, die auch in Räumen zugebracht werden kann, in denen Wachstumssubjektivitäten nicht nur explizit infrage gestellt werden, sondern auch alternative Subjektivitäten geschaffen werden, welche einem neuen sozialen Reproduktionsregime entsprächen (vgl. Srnicek und Williams 2015). Hier bieten zum einen die innerhalb der Postwachstumsbewegung versammelten Initiativen – von solidarischer Ökonomie, über Transition Town bis hin zur Commons-Bewegung – einen praktischen Raum zum Experimentieren mit anderen Lebens- und Produktionsformen, in welchem habitualisierte Praktiken durch alternatives Handeln und in kritischer Selbstreflexion herausgefordert werden. Zum anderen liefert das von einer Arbeitsgruppe von Attac Deutschland ausgearbeitete Konzept des Grundeinkommens als öffentliche Daseinsvorsorge sowie eine der Kernforderungen der französischen Décroissance-Bewegung nach dem Ausbau öffentlicher Dienstleistungen Anhaltspunkte für institutionelle und infrastrukturelle Alternativen zu gegenwärtigen Wachstumsinstitutionen. Mit dem Ausbau von gratis Allgemeingütern wie öffentlich garantierter Mobilität, Wohnraum, Energieversorgung, Kulturangeboten usw. soll die Voraussetzung dafür geschaffen werden, dass gesellschaftlich notwendige Arbeit gut verrichtet und soziale Teilhabe für alle garantiert werden kann (vgl. Attac o. J.). Diese Vorschläge gehen davon aus, dass das monetäre Grundeinkommen in dem Maße verringert werden kann, in welchem öffentliche Infrastrukturen und Dienstleistungen ausgebaut werden. Darüber hinaus könnte das dekommodifizierende Potenzial des Grundeinkommens durch weitere institutionelle Erneuerungen gestärkt werden, zum Beispiel durch ein soziales Recht auf eine „basic time" (Rosa et al. 2016, S. 15), das heißt Zeit, über die Menschen selbst bestimmen könnten, aufgrund einer radikalen Arbeitszeitkürzung.

Zusammengefasst: Nicht von jedem Grundeinkommen, das aktuell zur Debatte steht, sind befreiende, dekommodifizierende Effekte zu erwarten. Kein Grundeinkommen ist ein Allheilmittel für die aktuellen Herausforderungen westlicher Wohlfahrtsstaaten. Veränderte Subjektivitäten vorausgesetzt, birgt das Grundeinkommen jedoch sehr wohl Potenzial für eine tiefergehende Transformation der kapitalistischen Arbeitsgesellschaft.

Literatur

Adler, Frank. 2015. ‚Postwachstum' als radikal kritische und konkret-utopische Transformationsperspektive. In *Lasst uns über Alternativen reden*, Hrsg. Michael Brie, 77–129. Hamburg: VSA.

Altvater, Elmar. 2015. Der Grundwiderspruch des 21. Jahrhunderts. In *Weniger wird mehr. Der Postwachstumsatlas*, Hrsg. Atlas der Globalisierung, 16–19. Berlin: Le Monde Diplomatique.

Arendt, Hannah. 1981. *Vita activa oder Vom tätigen Leben*, 3. Aufl. München: Piper.

Artner, Annamaria. 2015. The relevance and dilemmas surrounding unconditional basic income under capitalism. *USBIG Discussion Paper Series* 268: 1–23.

Attac. o. J. Bedingungsloses Grundeinkommen als Teil öffentlicher Daseinsvorsorge. Attac AG Genug für Alle. http://www.grundeinkommen-attac.de/fileadmin/user_upload/AGs/AG_Genug_fuer_Alle/Grundeinkommen/Position_gfa_GE2017druck.pdf. Zugegriffen: 10. Apr. 2018.

Aulenbacher, Brigitte. 2015. Unentbehrlich, unterbezahlt – Und viel zu wenig anerkannt. In *Weniger wird mehr. Der Postwachstumsatlas*, Hrsg. Atlas der Globalisierung, 38–41. Berlin: Le Monde Diplomatique.

BAG Die Linke. 2016. Unser Konzept eines bedingungslosen Grundeinkommens. Die Linke BAG Grundeinkommen. https://www.die-linke-grundeinkommen.de/fileadmin/lcmsbaggrundeinkommen/PDF/BAG_Brosch2016.pdf. Zugegriffen: 10. Apr. 2018.

Binswanger, Hans Christoph. 2010. *Vorwärts zur Mäßigung: Perspektiven einer nachhaltigen Wirtschaft*, 2. Aufl. Hamburg: Murmann.

Blaschke, Ronald. 2017a. Grundeinkommensbewegung: Keine nachhaltige ökologische Transformation ohne bedingungslose soziale Sicherung aller Menschen. In *Degrowth in Bewegung(en)*, Hrsg. Konzeptwerk Neue Ökonomie, DFG-Kolleg Postwachstumsgesellschaften, 200–211. München: Oekom.

Blaschke, Ronald. 2017b. Wie hoch muss ein Grundeinkommen sein? Oder: Das Regelsatzdesaster. Netzwerk Grundeinkommen. https://www.grundeinkommen.de/27/01/2017/wie-hoch-muss-ein-grundeinkommen-sein-oder-das-regelsatzdesaster.html. Zugegriffen: 10. Apr. 2018.

Blaschke, Ronald, Adeline Otto, und Norbert Schepers, Hrsg. 2012. *Grundeinkommen. Von der Idee zu einer europäischen politischen Bewegung*. Hamburg: VSA.

Böhle, Fritz. 2003. Vom Objekt zum gespaltenen Subjekt. In *Subjektivierung von Arbeit*, 2. Aufl, Hrsg. Manfred Moldaschl und Voß Günter G, 23–52. München: Hampp.

Boltanski, Luc, und Ève Chiapello. 2007. *The new spirit of capitalism*. London: Verso Books.

Borchard, Michael, Hrsg. 2007. *Das Solidarische Bürgergeld – Analysen einer Reformidee*. Stuttgart: Lucius & Lucius.

Bundeskanzlei. 2016. Vorlage Nr. 601.Volksinitiative vom 04.10.2013 „Für ein bedingungsloses Grundeinkommen". https://www.bk.admin.ch/ch/d/pore/va/20160605/det601.html. Zugegriffen: 9. Apr. 2018.

Burtless, Gary. 1986. The work response to a guaranteed income. A survey of experimental evidence. In *Lessons from the income maintenance experiments*, Bd. 30, Hrsg. Alicia H. Munnell, 22–59. Boston: Federal Reserve Bank of Boston.

Calnitsky, David, und Jonathan P. Latner. 2017. Basic income in a small town: Understanding the elusive effects on work. *Social Problems* 64 (3): 373–97.

Dalla Costa, Mariarosa, und Selma James. 1973. *The power of women and the subversion of the community*. Bristol: Falling Wall.

Daly, Herman. 2014. *From uneconomic growth to a steady-state economy*. Cheltenham: Edward Elgar.

DemoSCOPE. 2016. Innovation Grundeinkommen. Die SchweizerInnen würden weiterarbeiten. Eine repräsentative Umfrage in der Schweiz zum bedingungslosen Grundeinkommen. https://www.demoscope.ch/fileadmin/files/documents/BGE_Pressemitteilung_final.pdf. Zugegriffen: 10. Apr. 2018.

Deutsches Institut für Wirtschaftsforschung. 2009. *Zehn Jahre ökologische Steuerreform. Wochenbericht*. Berlin: Deutsches Institut für Wirtschaftsforschung (DIW).

Deutschmann, Christoph. 2004. Kreativität als Verheißung und Verhängnis. *epd-Dokumentation* 46: 4–12.

Deutschmann, Christoph. 2008. *Kapitalistische Dynamik: Eine gesellschaftstheoretische Perspektive*. Wiesbaden: Springer VS.

Deutschmann, Christoph. 2014. Moderne Ökonomie ohne Wachstumszwang. Ein Wunschtraum? *WSI-Mitteilungen* 7: 513–521.

Dingeldey, Irene. 2015. Bilanz und Perspektiven des aktivierenden Wohlfahrtsstaates. *Aus Politik und Zeitgeschichte* 65 (10): 33–40.

Dörre, Klaus. 2012. Landnahme, das Wachstumsdilemma und die ‚Achsen der Ungleichheit'. *Berliner Journal für Soziologie* 22 (1): 101–128.

Dörre, Klaus. 2017a. Nach dem schnellen Wachstum: Große Transformation und öffentliche Soziologie. In *Öffentliche Soziologie. Wissenschaft im Dialog mit der Gesellschaft*, Hrsg. Brigitte Aulenbacher, Michael Burawoy, Klaus Dörre, und Johanna Sittel, 34–71. Frankfurt a. M.: Campus.

Dörre, Klaus. 2017b. ‚Stunde des Raubtiers'. Pierre Bourdieu, der Landnahme-Staat und die gefährlichen Klassen. In *Symbolische Gewalt. Politik, Macht und Staat bei Pierre Bourdieu*, Hrsg. Michael Hirsch und Rüdiger Voigt, 167–96. Baden-Baden: Nomos.

Dörre, Klaus, Stephan Lessenich, und Hartmut Rosa. 2009. *Soziologie – Kapitalismus – Kritik: Eine Debatte*. Frankfurt a. M.: Suhrkamp.

Eversberg, Dennis. 2014a. Die Erzeugung kapitalistischer Realitätsprobleme: Wachstumsregimes und ihre subjektiven Grenzen. *WSI-Mitteilungen* 7: 528–535.

Eversberg, Dennis. 2014b. *Dividuell aktiviert: Wie Arbeitsmarktpolitik Subjektivitäten produziert*. Frankfurt a. M.: Campus.

Financial Times. 2016. Universal basic income: Money for nothing. https://www.ft.com/content/7c7ba87e-229f-11e6-9d4d-c11776a5124d. Zugegriffen: 10. Apr. 2018.

Finnisches Ministerium für Soziale Angelegenheiten und Gesundheit. 2017. Activation model for unemployment security. Gesetz zur Aktivierung. http://stm.fi/en/unemployment/activation-model-for-unemployment-security. Zugegriffen: 9. Apr. 2018.

Fischer, Ute. 2016. Das Bedingungslose Grundeinkommen – Drei Modelle. https://www.bpb.de/dialog/netzdebatte/223286/das-bedingungslose-grundeinkommen-drei-modelle. Bundeszentrale für politische Bildung. Zugegriffen: 10. Apr. 2018.

Forget, Evelyn L. 2011. The town with no poverty: The health effects of a Canadian guaranteed annual income field experiment. *Canadian Public Policy* 37 (3): 283–305.

Foster, John Bellamy. 2010. *The ecological rift: Capitalism's war on the earth.* New York: Monthly Review Press.

Franzmann, Manuel. 2010. *Bedingungsloses Grundeinkommen als Antwort auf die Krise der Arbeitsgesellschaft.* Weilerswist: Velbrück Wissenschaft.

Franzmann, Manuel. 2014. Arbeitsethik in der Gegenwart. *Liberale Perspektiven* 2: 35–40.

Fraser, Nancy. 2014. Behind Marx's hidden abode. For an expanded conception of capitalism. *New Left Review* 86: 55–72.

Friedman, Milton. 1962. *Capitalism and freedom.* Chicago: University of Chicago Press.

Genet, Michel, und Philippe van Parijs. 1992. The eurogrant. *BIRG Bulletin* 15: 4–7.

Gheaus, Anca. 2008. Basic income, gender justice and the costs of gender-symmetrical lifestyles. *Basic Income Studies* 3: 1–8.

Gorz, André. 1998. *Kritik der ökonomischen Vernunft: Sinnfragen am Ende der Arbeitsgesellschaft*, 2. Aufl. Hamburg: Rotbuch.

Groot, Loek. 2015. *Utrecht's welfare support experiment.* Utrecht: Unveröffentlichtes Manuskript.

Haarmann, Claudia, Dirk Haarmann, Herbert Jauch, Hilma Shindondola-Mote, Nicoli Nattrass, Ingrid van Niekerk, und Michael Samson. 2009. Der entscheidende Unterschied. Das Grundeinkommen in Namibia. Basic Income Grant Pilot Forschungsbericht. http://www.bignam.org/Publications/BIG_Assessment_report_08b_german.pdf. Zugegriffen: 10. Apr. 2018.

Haigner, Stefan D., Stefan Jenewein, Friedrich Schneider, und Florian Wakolbinger. 2012. Ergebnisse der ersten repräsentativen Umfrage in Deutschland zum bedingungslosen Grundeinkommen. In *Das Grundeinkommen Würdigung – Wertungen – Wege*, Hrsg. Götz W. Werner, Werner Eichhorn, und Lothar F. Firedrich, 195–210. Karlsruhe: KIT Scientific Publ.

Hohenleitner, Ingrid, Thomas Straubhaar. 2008. Bedingungsloses Grundeinkommen und Solidarisches Bürgergeld – Mehr als sozialutopische Konzepte. In Thomas Straubhaar (Hrsg.), *Bedingungsloses Grundeinkommen und Solidarisches Bürgergeld – Mehr als sozialutopische Konzepte,* 9–127. Hamburg: Hamburg Universitätsbibliothek. http://hup.sub.uni-hamburg.de/volltexte/2008/69/chapter/HamburgUP_HWWI_01_HohenleitnerStraubhaar.pdf. Zugegriffen: 10. Apr. 2018.

Hofmann, Jens, Rosa Grieser, Jonas Hässig, Jennifer Beyen, Monika Berger-Lenz, und Max Mann. 2013. *Bedingungsloses Grundeinkommen. Allheilmittel für soziale Probleme? Pros und Contras.* München: Science Factory.

Hum, Derek, und Wayne Simpson. 1993. Economic response to a guaranteed annual income: Experience from Canada and the United States. *Journal of Labor Economics* 11 (1): 263–96.

IG Metall. 2014. Arbeit: Sicher und fair! Ergebnisse der Beschäftigtenbefragung. Beschäftigtenbefragung IG Metall 2013. https://www.igmetall.de/docs_13_6_18_Ergebnis_Befragung_final_51c49e134f92b4922b442d7ee4a00465d8c15626.pdf. Zugegriffen: 10. Apr. 2018.

Jackson, Tim. 2009. *Prosperity without growth: Economics for a finite planet.* London: Earthscan.

Jahoda, Marie. 1982. *Employment and unemployment: A social-psychological analysis.* Cambridge: Cambridge University Press.

Kalecki, Michael. 1943. Political aspects of full employment. *The Political Quarterly* 14 (4): 322–30.

Keeley, Michael C. 1981. *Labor supply and public policy: A critical review*. New York: Academic Press.

Kela. 2017. Objectives and implementation of the basic income experiment. Kansaneläkelaitos – The social insurance institution of Finland. http://www.kela.fi/web/en/basic-income-objectives-and-implementation. Zugegriffen: 9. Apr. 2018.

Kern, Horst, und Michael Schumann. 1984. *Das Ende der Arbeitsteilung? Rationalisierung in der industriellen Produktion: Bestandsaufnahme, Trendbestimmung*. München: Beck.

Ketterer, Hanna, Evi Bossard, Max Neufeind, Theo Wehner. 2013. Gerechtigkeitseinstellungen und Positionen zum Bedingungslosen Grundeinkommen. Zürcher Beiträge zur Psychologie der Arbeit. Eine Schriftenreihe des Zentrums für Organisations- und Arbeitswissenschaften der ETH Zürich, Heft 2. http://docplayer.org/18299475-Zuercher-beitraege-zur-psychologie-der-arbeit-eine-schriftenreihe-des-zentrums-fuer-organisations-und-arbeitswissenschaften-der-eth-zuerich.html. Zugegriffen: 9. Apr. 2018.

Krätke, Michael. 2008. Grundeinkommen, Waren und öffentlicher Sektor. Über den Zusammenhang von Grundeinkommen und Kapitalismus. *Utopie kreativ* 218: 1073–1083.

Labor Force Survey. 2007. Health and safety at work. Results of the labour force survey 2007 ad hoc module on accidents at work and work-related health problems. Eurostat. http://ec.europa.eu/eurostat/documents/1978984/6037334/Evaluation-Report-AHM-2007.pdf. Zugegriffen: 10. Apr. 2018.

Latouche, Serge. 2005. *L'invention de l'économie*. Paris: Albin Michel.

Launov, Andrey, und Klaus Wälde. 2013. Estimating incentive and welfare effects of nonstationary unemployment benefits. *International Economic Review* 54 (4): 1159–1198.

Lessenich, Stephan. 2008. *Die Neuerfindung des Sozialen. Der Sozialstaat im flexiblen Kapitalismus*. Bielefeld: Transcript.

Lessenich, Stephan. 2014. *Stephan Lessenich zu Paul Lafargue: Das Recht auf Faulheit*. Hamburg: Laika.

Lessenich, Stephan. 2015. Ein Rückblick auf den Wachstumsstaat. Nach dem Zweiten Weltkrieg begann in Europa die Ära des Wohlstands. In *Weniger wird mehr. Der Postwachstumsatlas*, Hrsg. Atlas der Globalisierung, 14–15. Berlin: Le Monde Diplomatique.

Lessenich, Stephan. 2016. *Neben uns die Sintflut*. München: Hanser Berlin.

Liebermann, Sascha. 2015. *Aus dem Geist der Demokratie. Bedingungsloses Grundeinkommen*. Frankfurt a. M.: Humanities Online.

Lucas, Robert E. 1976. Econometric policy evaluation: A critique. *Carnegie-Rochester Conference Series on Public Policy* 1: 19–46.

Lutz, Burkart. 1984. *Der kurze Traum immerwährender Prosperität*. Frankfurt a. M.: Campus.

Luxemburg, Rosa. 1975. Die Akkumulation des Kapitals. In *Rosa Luxemburg – Gesammelte Werke* 5, 5–412. Berlin: Dietz.

Maddison, Angus. 2001. *The world economy*. Paris: OECD Publishing and OECD Development Centre.

Mahnkopf, Birgit. 2015. Peak 'Everything', das gefährliche Maximum. In *Weniger wird mehr. Der Postwachstumsatlas*, Hrsg. Atlas der Globalisierung, 62–63. Berlin: Le Monde Diplomatique.

Marx, Karl. 1969. *Deutsche Ideologie*, Bd. 3., MEW. Berlin: Dietz.

Marx, Axel, und Hans Peeters. 2008. An unconditional basic income and labor supply. Results from a survey of lottery winners. *The Journal of Socio-Economics* 37: 1636–1659.

Mason, Paul. 2016. *Postcapitalism. A guide to our future*. London: Penguin Books.

Mitchell, Timothy. 2011. *Carbon democracy. Political power in the age of oil*. London: Verso Books.

Neubauer, Günter, und Paul Oehlke. 2009. Gesellschaftliche Knotenpunkte arbeitspolitischer Programmentwicklung in Deutschland. *Zeitschrift für Arbeitswissenschaften* 63 (2): 92–103.

Neue Zürcher Zeitung. 2017a. Lausanne wagt den Testlauf. Neue Zürcher Zeitung. https://www.nzz.ch/schweiz/bedingungsloses-grundeinkommen-lausanne-wagt-den-testlauf-ld.13985. Zugegriffen: 9. Apr. 2018.

Neue Zürcher Zeitung. 2017b. Zürcher Parlament will bedingungsloses Grundeinkommen testen. Neue Zürcher Zeitung. https://www.nzz.ch/zuerich/alles-anders-oder-doch-nicht-ld.1331551. Zugegriffen: 9. Apr. 2018.

Oevermann, Ulrich. 1983. Kann Arbeitsleistung weiterhin als basales Kriterium der Verteilungsgerechtigkeit dienen? Frankfurt a. M.: Goethe Universitätsbibliothek. http://publikationen.ub.uni-frankfurt.de/frontdoor/index/index/docId/4945. Zugegriffen: 13. Apr. 2018.

Oevermann, Ulrich. 2004. Sozialisation als Prozess der Krisenbewältigung. In *Sozialisationstheorie interdisziplinär. Aktuelle Perspektiven*, Hrsg. Dieter Geulen und Hermann Veith, 155–181. Stuttgart: Lucius & Lucius.

Offe, Claus. 1992. A non-productivist design for social policies. In *Arguing for basic income: Ethical foundations for a radical reform*, Hrsg. Philippe van Parijs, 3–46. London: Verso Books.

Opielka, Michael, und Georg Vobruba. 1986. *Das garantierte Grundeinkommen: Entwicklung und Perspektiven einer Forderung*. Frankfurt a. M.: Fischer.

Osterkamp, Rigmar. 2013. The basic income grant pilot project in Namibia. A critical assessment. *Basic Income Studies* 8 (1): 71–91.

Paech, Nico. 2012. *Befreiung vom Überfluss*. München: Oekom.

Patry, Eric. 2010. *Das bedingungslose Grundeinkommen in der Schweiz: Eine republikanische Perspektive*. Bern: Haupt.

Pierson, Paul. 1994. *Dismantling the welfare state? Reagan, thatcher, and the politics of retrenchment*. Cambridge: Cambridge University Press.

Pimminger, Irene. 2008. *Bedingungsloses Grundeinkommen aus einer geschlechterpolitischen Perspektive. WISO direkt*. Bonn: Friedrich-Ebert-Stiftung.

Polanyi, Karl. 2014. *The Great Transformation. Übersetzt von Heinrich Jelinek*, 12. Aufl. Berlin: Suhrkamp.

Popitz, Heinrich. 1997. *Wege der Kreativität*. Tübingen: Mohr Siebeck.

Pulkka, Ville-Veikko. 2016. From idea to experiment. Notes on the Finnish basic income experiment study. Vortrag an der Universität Tampere. https://basicincometampere2016.files.wordpress.com/2016/05/uta_bi2016_pulkka.pdf. Zugegriffen: 10. Apr. 2018.

Reuter, Timo. 2016. Drei Modelle, ein Traum. Zeit Online. http://www.zeit.de/politik/2016-04/bedingungsloses-grundeinkommen-schweiz-volksinitiative-neoliberalismus-humanismus. Zugegriffen: 10. Apr. 2018.

Robeyns, Ingrid. 2007. Will a basic income do justice to women? In *Die Zukunft sozialer Sicherheit*, Hrsg. Heinrich Böll Stiftung. Berlin: Heinrich-Böll-Stiftung.

Robins, Philip K. 1985. A comparison of the labor supply findings from the four negative income tax experiments. *Journal of Human Resources* 20 (4): 567–582.

Robins, Philip K., Robert G. Spiegelman, Samuel Weiner, und Joseph G. Bell, Hrsg. 1980a. *A guaranteed annual income: Evidence from a social experiment*. New York: Academic Press.

Robins, Philip K., Nancy B. Tuma, und K.E. Yeager. 1980b. Effects of SIME/DIME on changes in employment status. *The Journal of Human Resources* 15 (4): 545–573.

Rosa, Hartmut. 2009. Kapitalismus als Dynamisierungsspirale. Soziologie als Gesellschaftskritik. In *Soziologie – Kapitalismus – Kritik: Eine Debatte*, Hrsg. Klaus Dörre, Stephan Lessenich, und Hartmut Rosa, 87–125. Frankfurt a. M.: Suhrkamp.

Rosa, Hartmut. 2012. *Weltbeziehungen im Zeitalter der Beschleunigung. Umrisse einer neuen Gesellschaftskritik*. Berlin: Suhrkamp.

Rosa, Hartmut. 2016. *Resonanz. Eine Soziologie der Weltbeziehung*. Berlin: Suhrkamp.

Rosa, Hartmut, Klaus Dörre, und Stephan Lessenich. 2016. Appropriation, activation and acceleration: The escalatory logics of capitalist modernity and the crises of dynamic stabilization. *Theory, Culture & Society* 34 (1): 53–73.

Schachtschneider, Ulrich. 2014a. *Freiheit, Gleichheit, Gelassenheit. Mit dem Ökologischen Grundeinkommen aus der Wachstumsfalle*. München: Oekom.

Schachtschneider, Ulrich. 2014b. Ökologisches Grundeinkommen. Eine Beschleunigungsbremse. Ein Beitrag zur Degrowth-Konferenz in Leipzig. http://www.ulrich-schachtschneider.de/resources/DEGROWTH+2014-+$C3$96kologisches+Grundeinkommen+als+Beschleunigungsbremse.pdf. Zugegriffen: 10. Apr. 2018.

Shulevitz, Judith. 2016. It's payback time for women. The New York Times. http://www.nytimes.com/2016/01/10/opinion/sunday/payback-time-for-women.html?_r=0. Zugegriffen: 10. Apr. 2018.

Spermann, Alexander. 2012. Die ökonomischen Effekte des Bedingungslosen Grundeinkommens sollten durch Feldexperimente erforscht werden. In *Das Grundeinkommen Würdigung – Wertungen – Wege*, Hrsg. Götz W. Werner, Werner Eichhorn, und Lothar F. Firedrich. Karlsruhe: KIT Scientific Publ.

Srnicek, Nick, und Alex Williams. 2015. *Inventing the future. Postcapitalism and a world without work*. New York: Verso Books.

Standing, Guy. 2013. India's experiment in basic income grants. *Guy Standing, Global Dialogue: Newsletter for the International Sociological Association* 3 (4): 24–26.

Standing, Guy. 2014. *The precariat. The new dangerous class*. London: Bloomsbury.

Statistics Finland. 2016. Unemployment rate 10.8 per cent in May. Labor force survey. http://www.stat.fi/til/tyti/2016/05/tyti_2016_05_2016-06-21_tie_001_en.html. Zugegriffen: 9. Apr. 2018

Straubhaar, Thomas. 2017. *Radikal gerecht. Wie das bedingungslose Grundeinkommen den Sozialstaat revolutioniert*. Hamburg: Körber-Stiftung.

Streeck, Wolfgang. 2009. *Re-forming capitalism: Institutional change in the German political economy*. Oxford: Oxford University Press.

The New Yorker. 2016. The case for free money. The New Yorker. http://www.newyorker.com/magazine/2016/06/20/why-dont-we-have-universal-basic-income. Zugegriffen: 10. Apr. 2018.

Tuma, Nancy B., und Philip K. Robins. 1980. A dynamic model of employment behavior. An application to the Seattle and Denver income maintenance experiments. *Econometrica* 48 (4): 1031–1052.

van Parijs, Philippe, und Yannick Vanderborght. 2017. *Basic income. A radical proposal for a free society and a sane economy*. Cambridge: Harvard University Press.

Vobruba, Georg. 2000. *Alternativen zur Vollbeschäftigung. Die Transformation von Arbeit und Einkommen*. Frankfurt a. M.: Suhrkamp.

Vobruba, Georg. 2007a. Der Arbeitsmarkt – Ein Markt? In *Entkoppelung von Arbeit und Einkommen. Das Grundeinkommen in der Arbeitsgesellschaft*, Hrsg. Georg Vobruba, 2., erw. Aufl., 109–116. Wiesbaden: Springer VS.

Vobruba, Georg. 2007b. Wege aus der Flexibilisierungsfalle. Die Verbindung von Arbeitszeit-verkürzung, Flexibilisierung und garantiertem Grundeinkommen. In *Entkoppelung von Arbeit und Einkommen. Das Grundeinkommen in der Arbeitsgesellschaft*, Hrsg. Georg Vobruba, 2., erw. Aufl., 95–110 Wiesbaden: Springer VS.

Voß, G. Günter, und Hans J. Pongratz. 1998. Der Arbeitskraftunternehmer. Eine neue Grundform der Ware Arbeitskraft? *Kölner Zeitschrift für Soziologie und Sozialpsychologie* 50 (1): 131–158.

von Humboldt, Wilhelm. 1903. Theorie der Bildung des Menschen. In: *Werke*. Hrsg. von A. Leitzmann, Bd. I, S. 283. Berlin.

Weber, Max. 1988 [1920]. *Gesammelte Aufsätze zur Religionssoziologie*. UTB für Wissenschaft Uni-Taschenbücher, Bd. 1, 9. Aufl. Tübingen: Mohr.

Weeks, Kathi. 2011. *The problem with work: Feminism, marxism, antiwork politics, and postwork imaginaries*. Durham: Duke University Press.
Welzer, Harald. 2011. *Mentale Infrastrukturen. Wie das Wachstum in die Welt und in die Seelen kam*. Schriften zur Ökologie, Bd. 14. Berlin: Heinrich-Böll-Stiftung.
Werner, Götz W. 2012. *Einkommen für alle: Der dm-Chef über die Machbarkeit des bedingungslosen Grundeinkommens*, 6. Aufl. Köln: Bastei Lübbe.
Werner, Götz W., Matthias Weik, und Marc Friedrich. 2017. *Sonst knallt's. Warum wir Wirtschaft und Politik radikal neu denken müssen*. Köln: Eichborn.
Widerquist, Karl. 2005. A failure to communicate. What (if anything) can we learn from the negative income tax experiments? *The Journal of Socio-Economics* 34 (1): 49–81.
Wright, Erik Olin. 2006. Basic income as a socialist project. *Basic Income Studies* 1 (1): 1–11.
Wright, Erik Olin. 2010. *Envisioning real utopias*. London: Verso Books.

Nachwort: „Mehr als ein Buch"

Persönliche Schlussbetrachtungen. Projektbilanz – Introspektion – Mutmacher für die Zukunft[1]

Sie befinden sich nun am Ende unseres Buches und zugleich möchten wir hier nicht stehen bleiben. Mit diesem Sammelband möchten wir Sie einladen, sich in eine kritisch-konstruktive Auseinandersetzung über plurale Ökonomik zu begeben. Denn wenn wir eines bei diesem Projekt besonders eindrücklich gelernt haben, dass mensch stets dazu lernen kann. Wir hoffen daher mit diesem Buch einige spannende und weiterführende Impulse in der Debatte um neues ökonomisches Denken aussenden zu können und sind auf die Reaktionen gespannt.

Doch hinter den Inhalten steckt immer auch eine ganz eigene Geschichte. In unserem Fall – so finden wir jedenfalls – eine besonders lehrreiche. Die Konfrontation und Auseinandersetzung mit unterschiedlichen Herausforderungen in diesem Projekt, das Entdecken und das Ausprobieren war zumindest für uns eindrucksvoll. Wir[2] möchten Ihnen aber nicht nur Einblicke in die Entstehung und Kontexte dieses Projektes bieten, sondern auch Inspirationen für ähnliche Vorhaben zur Verfügung stellen. Dazu werden wir ausdrücklich die gewohnte wissenschaftliche Ebene verlassen müssen. Unsere

[1]Ein großer Dank gilt an dieser Stelle Sebastian Thieme für seine hilfreichen Anmerkungen der finalen Fassung. Ebenso gilt ein Dank an all jene, die im Entstehungsprozess ihre Gedanken und Rückmeldungen mit uns geteilt haben – namentlich sei an dieser Stelle insbesondere Christian Resch, Felix Vala, Fabian Steenken, Carolina Ortega Guttack, Danilo Gajic und Johannes Schubert gedankt. Zudem geht abschließend ein allgemeiner Dank an unsere Eltern, Familie und Freunde, die stets Basis und Rückzugsort boten, auch um Kraft zu tanken.

[2]Die folgenden Ausführungen sind Ergebnisse einer Nachbetrachtung unserer Projektkontexte, auf die sich innerhalb des Herausgebenden-Teams verständigt wurde. Das Nachwort wurde federführend von David J. Petersen verfasst, weshalb seine Eindrücke und Gedanken besonders prägend waren. Als Basis dienten Auswertungen des Prozesses, Rückmeldungen aus den Teams sowie persönliche Eindrücke und Erfahrungen, die im Laufe des Buchprojektes erfolgten. In keinster Weise wird damit eine Vollständigkeit oder Abgeschlossenheit beansprucht.

D. J. Petersen et al. (Hrsg.), *Perspektiven einer pluralen Ökonomik*, Wirtschaft + Gesellschaft, https://doi.org/10.1007/978-3-658-16145-3

Motivation beruht einerseits darauf, dass wir all jene Interessierten – insbesondere, die in Bezug auf Publikationsprojekte noch Unerfahrenen – einige spannende Erfahrungen aus unserem Projekt mitgeben möchten. Anderseits ist unser Eindruck, dass über solche Entstehungsprozesse allgemein zu wenig berichtet wird; insbesondere gilt dies für Herausforderungen, Fehler oder gar Misserfolge, die nur selten selbst transparent gemacht werden. Vielleicht mag es an einer Angst vor Reputationsverlust, an einem gewissen Leistungsdruck oder einem allgemeinen Gefühl liegen, dass eine solche Transparenz die Aussagekraft oder gar die Qualität der eigenen Arbeit infrage stellen würde. Wir hingegen sind überzeugt, dass es eine Qualität darstellt. Zumindest werden ein vollständigerer Eindruck sowie eine Bearbeitung ermöglicht. In diesem Sinne, möchten wir Sie zu einem persönlichen Bericht und einer fragmentarischen Reise in den Kosmos der Fragen des WAS WAR? WAS BLEIBT? und WAS KOMMT? einladen. Atmen Sie tief ein und lassen Sie uns gemeinsam eintauchen.

WAS WAR?

Zahlen sind das ‚must-have' einer jeden Bilanz, ein guter Ausdruck für einen ersten Eindruck. Daher voilà:

- Unser Herausgebenden-Team umfasste letztlich 7 Mitglieder; in unserem Redaktionsteam wirkten bis zu 21 aktive Mitglieder mit. Während des Projektzeitraum traten zwei Redaktionsmitglieder von ihrer Funktion zurück. Darunter ein Mitglied, welches aus zeitlichen Gründen nie den Einstieg in unser Projekt schaffte.
- Unser wissenschaftlicher Beirat wuchs von anfänglich 16 auf insgesamt 40 Mitglieder.[3] Insgesamt fünf Wissenschaftler*innen zogen sich aus zeitlichen Gründen aus dem Projekt zurück.
- Auf unseren Call for Papers erhielten wir insgesamt 46 Exposés. Daraus wurden siebzehn Beiträge ausgewählt und letztlich 16 Beiträge veröffentlicht. Ein Beitrag zur erkenntnistheoretischen Dimension von Pluralismus wurde leider nicht abgeschlossen. Insgesamt waren 29 Autor*innen involviert.
- Das Gender-Verhältnis aller Projektmitglieder lag bei 70 % Männern und 30 % Frauen (siehe Erläuterungen unter „Was bleibt?").
- Für Planungen, Absprachen und Entscheidungen trafen wir uns als Redaktionsteam 13× zu einer Online-Redaktionskonferenz sowie insgesamt 3× offline zu Redaktionstreffen

[3]Ein besonders großer Dank gilt dabei Arne Heise, Birger P. Priddat, Theo Wehner, Bettina Zurstrassen, Ulrich Thielemann und Adelheid Biesecker für ihre herausragende Unterstützung sowie Athanasios Karathanassis, Maria Daskalakis, Robert Lepenies und Tino Heim.

inkl. einem öffentlichen Kolloquium mit rund 50 Teilnehmenden.[4] Hinzu kamen über 60 Herausgebendentreffen, bei denen anstehende Aufgaben besprochen, Prozesse koordiniert sowie die Kommunikation mit allen Beteiligten organisiert wurde.

- Finanziell wurde unser Projekt mit insgesamt 12.906,15 € gefördert. Die Fördermittel ermöglichten uns die Durchführung unserer Teamtreffen, das Kolloquium und ein professionelles Lektorat.[5] Das Projekt selbst wurde ehrenamtlich gestemmt.
- Bis zur Manuskripterstelltung dauerte es rund 3 Jahre, statt dem anfänglich von uns angedachten einem Jahr.

Diese ausgewählten Zahlen können nur andeuten, was allein aus unserer Perspektive alles an Arbeit geleistet wurde. Der Blick auf unseren dynamischen Meilensteinplan (siehe Abb. 1.) gibt darüber hinaus einen zeitlichen Eindruck von den einzelnen Arbeitsschritten.[6] Viele Stunden bleiben dennoch weiterhin unsichtbar. Ebenso wie die Tatsache, dass diese Arbeit sehr unterschiedlich in unseren Teams verteilt war. Dies stellte zugleich eine wesentliche Vereinbarung in unserem Projekt dar: Jede*r so, wie er*sie wollte und letztlich auch konnte. So gab es Teammitglieder, die sich durchgängig sehr stark engagierten. Andere waren phasenweise sehr engagiert und andere wiederum beteiligten sich eher konstant niedrigschwellig oder konzentrierten sich auf einzelne ausgewählte Aufgaben.[7] Allgemein waren wir bemüht, Hierarchien möglichst flach zu halten. Unsere Eingangsvereinbarung sah sogar ausdrücklich vor, dass ein fluider Übergang bzw. Wechsel zwischen Herausgebenden und Redaktionsteam (und umgekehrt!) möglich blieb. In der Praxis fand

[4]An dieser Stelle gilt ein besonderer Dank der Jugendkirche Hannover bzw. Pastor Torsten Pappert, für die unkomplizierte Nutzung der Räumlichkeiten und Unterstützung, die uns uns einen gelungenen Projektstart ermöglichte. Ebenfalls danken wir dem Team des Gleisdreiecks Hannover sowie der Burg Warberg.

[5]Wir danken der finanziellen Förderung durch die Leibniz Universität Hannover in Höhe von 8.691,57 €. Für das entgegengebrachte Vertrauen in unsere Arbeit, möchten wir uns bei den Mitgliedern des zuständigen Gremiums bedanken sowie namentlich insbesondere bei Jenny Pennig und Sandra Cohrs für die reibungslose Zusammenarbeit. Die Young Scholars Initiative des Institute for New Economic Thinking unterstützte uns mit insgesamt 2.814,58 €. Ein besonderer Dank geht dabei an Audra Aucoin, Jay Pocklington und Thomas Vass. Die GLS Treuhand e. V. Stiftung stellte uns zudem dankenswerterweise 1,400.00 € zur Verfügung.

[6]Den Entstehungsprozess unseres Buchprojekts haben wir ausführlich unter www.plural-hannover.de/sammelband transparent gemacht. Dort werden ausgewählte Arbeitsschritte und Vorgehensweisen näher erläutert und dokumentiert.

[7]Die namentliche Auflistung des Redaktionsteams in der Danksagung ist das Ergebnis einer Reflexion des relationalen und subjektiv empfunden Involvements. Die Betonung liegt auf relational, da dies nicht als ein Ranking missverstanden werden darf. Mittels einer anonymen Einschätzung der Eigen- und Fremdwahrnehmungen durch jedes Teammitglied wurde zum Projektende versucht, transparent zu machen, wie die Involviertheit untereinander gesehen wurde und sich auf die Reihenfolge gemeinsam verständigt. Grundsätzlich hat jedes Teammitglied einen wertvollen Beitrag zum Gelingen des Projekts geleistet!

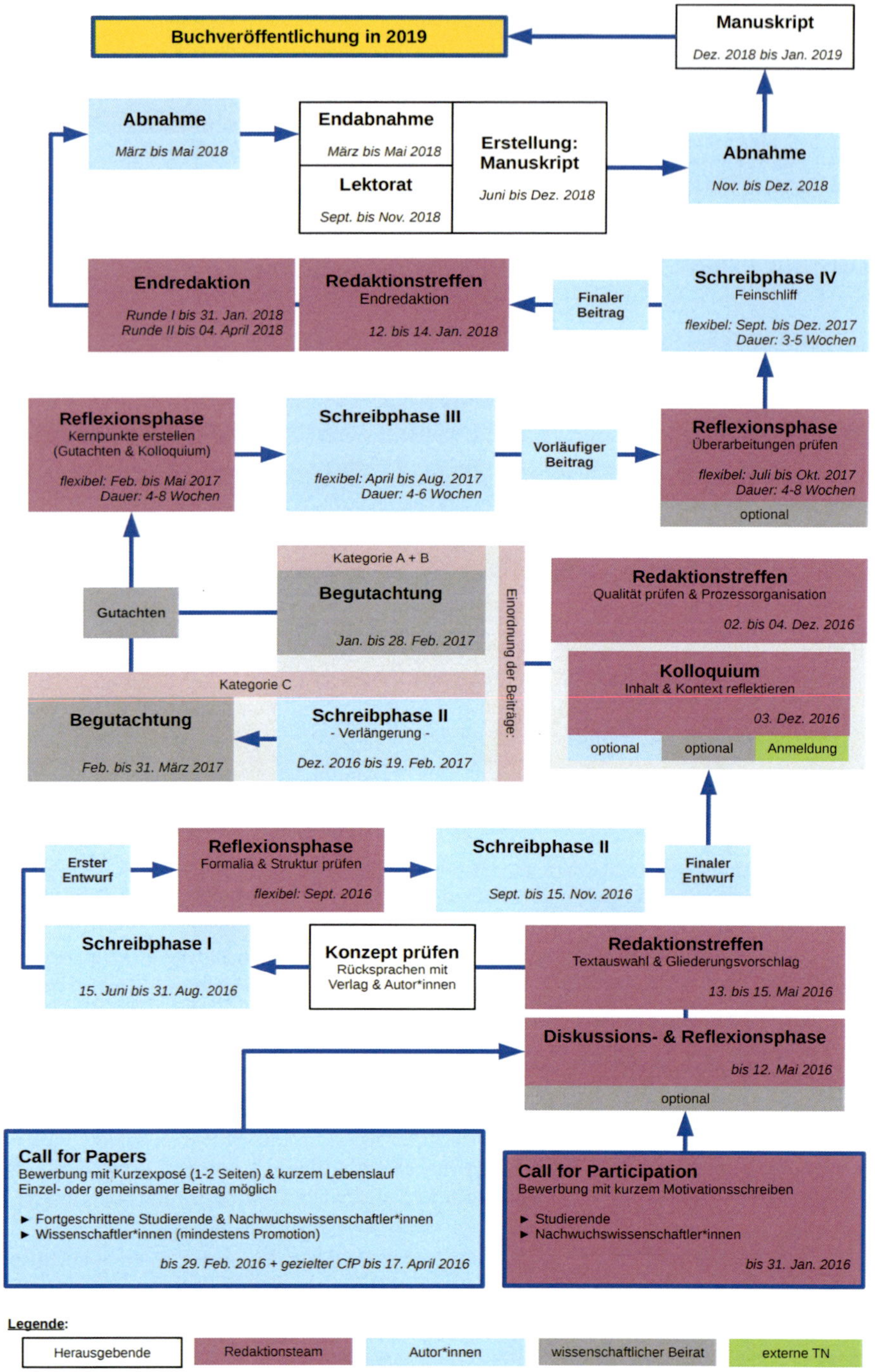

Abb. 1 Ablauf und dynamischer Meilensteinplan unseres Buchprojektes („organisch gewachsen"). (Quelle: Eigene Darstellung, © Petersen 2019)

dies allerdings nur zweimal statt (dabei auch nur nur in Richtung der Herausgebenden). Vermutlich hatten wir uns zu wenig mit den Voraussetzungen und Konsequenzen dessen befasst. Gleichwohl zeichnete sich durch ein konstantes Engagement und eine relativ hohe Beteiligung in den Teams ein insgesamt gut funktionierender Modus ab. Dabei bestand anfangs eine der größten Herausforderungen darin, dass unser Redaktionsteam im wahrsten Sinne des Wortes bunt zusammengewürfelt war – rekrutiert über das Internet. Untereinander kannten sich die Wenigsten von uns. Dabei trafen nicht nur unterschiedliche fachliche Perspektiven aufeinander, sondern auch verschiedenste Motivationen und Vorstellungen einer pluralen Ökonomik, räumliche Entfernungen und unterschiedliche Lebensphasen. Unser Team einte zunächst vor allem das Interesse an einer pluralen Ökonomik. Darüber hinaus teilten wir miteinander die kaum bis nicht vorhandenen Erfahrungen mit Publikationsprojekten.

So empfanden wir unsere drei Redaktionswochenenden am eindrücklichsten, da hier ein Großteil unseres Teams physisch zusammenkam: Innerhalb kürzester Zeit gelang es uns dort, eine sehr wertschätzende, ehrliche und konstruktive Atmosphäre zu schaffen. Selbst (inhaltlich) größere Dispute wurden mit der nötigen Geduld sowie konstruktiv geführt. Wir fanden den ‚Flow'! Unvergessen bleibt für uns, als wir z. B. vor dem ersten Redaktionstreffen unser Konzept mit der Moderatorin Vera[8] besprachen und sie nur befand, was für eine äußerst ambitionierte Agenda wir uns vorgenommen hatten. Unter den genannten Bedingungen erschien es kaum zu schaffen. Am Ende jedoch bestanden keine Zweifel: Zeitlich hatte alles wunderbar geklappt und nicht nur die Ergebnisse stimmten, auch der Weg dahin war geprägt von Wertschätzung und einem großen Interesse an der Sache. Dies sollte nicht als Selbstbeweihräucherung verstanden werden, denn auch die nervenaufreibenden Momente werden im Folgenden nicht verschwiegen. Gleichwohl steht es, unserer Meinung nach, sinnbildlich für unsere Erfahrungen mit diesem Projekt: Die vielen unterstützenden und ineinandergreifenden Hände sowie ein gewisser struktureller Rahmen, bildeten das notwendige stabile Gerüst für ein solch anspruchsvolles Vorhaben. Es ermöglichte uns (anfangs eher unbewusst) eine Offenheit und ein zunehmendes Grundvertrauen in uns als Team sowie allgemein für den Publikationsprozess zu entwickeln.

Rückblickend lässt sich sagen: Nicht mal in unseren kühnsten Träumen hätten wir uns all dies damals ausgemalt. Und selbst wenn, dann hätten wir uns dies zu dem Zeitpunkt wahrscheinlich niemals zugetraut. So aber begannen wir im Kleinen und waren oft im Ausprobiermodus unterwegs, während unser Projekt stetig an Form gewann und schrittweise der Umfang wuchs. Wir wurden somit eines Besseren belehrt.

Lassen Sie uns an dieser Stelle aber noch einmal zum ursprünglichen Initial unserer Motivation zurückkehren: Die Weltwirtschaftskrise ab 2007 erschütterte nicht nur die globale Wirtschaft und später mit Hinblick auf die EU auch das ‚europäische Projekt',

[8]Dank gilt Vera Quitmann, die bei unseren ersten beiden Redaktionstreffen mit ihrer professionellen Moderation zu einer fantastischen sowie für uns unverzichtbaren, weil auch entlastenden Arbeitsatmosphäre beigetragen hat.

sondern ebenso die wirtschaftswissenschaftliche Disziplin. In dieser Zeit wurde allgemein, auch in Deutschland, ein diffuses Unbehagen verstärkt sichtbar: Dass etwas nicht stimmt mit unserer Wirtschaftsweise. Dass etwas grundsätzlich schiefläuft. Dass zu wenig in der Politik passiert. Dass alles irgendwie ganz anders laufen müsste und Alternativen dringend gebraucht würden. Akteure wie das Netzwerk Plurale Ökonomik gewannen an Mitstreiter*innen und Unterstützung, organisierten und vernetzen sich zunehmend – auch international. Denn schon damals wurde versucht, dieses diffuse Unbehagen umzuwandeln in eine Ermächtigung, in ein gemeinsames Handeln, eine Gegenbewegung zum vermeintlichen Status quo. Einige unserer Beiträge verweisen dabei auch explizit auf jenen spezifischen Diskurs, der im Zuge dessen ebenfalls an Relevanz gewann: die Debatte um eine Postwachstumsgesellschaft. Doch spätestens heute wissen wir, dass unter anderem auch reaktionäre Akteure und Netzwerke erstarkten, die im Wesentlichen auf Angst bzw. Ressentiments, Autoritarismus und nationale Abschottungspolitiken setzen. Wir werden im persönlichen Ausblick darauf zurückkommen.

Unsere Reaktion war hingegen, dass wir 2015 in Hannover – kurz nach unserer Lokalgruppengründung – eine selbst organisierte Ringvorlesung auf die Beine stellten. Wir wollten Wirtschaft und jene Krise besser verstehen, weshalb das Motto „Zur Krise der Ökonomie. Eine Auseinandersetzung mit Kritik und Perspektiven" lautete. Das öffentliche Interesse überraschte und motivierte uns gleichermaßen: Nicht nur wir wollten besser verstehen: Bis zu hundertdreißig Personen lauschten regelmäßig den Vorträgen unserer Referent*innen. Darunter befand sich auch eine Vorlesung mit Prof. Dr. Andrea Maurer, die mit „Bringing social factors back" in den wirtschaftssoziologischen Blick einführte.[9] Sie war es, die uns nach Ende unserer Ringvorlesung den Vorschlag unterbreitete, die spannenden Inhalte doch in einem Buch schriftlich festzuhalten und aufzuarbeiten. Wir fühlten uns geehrt sowie überfordert zugleich. Nach einigem Hadern unsererseits siegte aber schließlich unsere Neugier. Im September 2015 begannen Robert Birnbaum, Daniel Willers, Jan H. E. Meyerhoff, Sebastian Gießler und David J. Petersen diese Idee immer mehr mit ihren Vorstellungen zu füllen und damit einen Rahmen zu schaffen, der uns plausibel und machbar erschien. Im weiteren Verlauf kamen dann noch Benjamin Roth und Esther M. Schmitt als Herausgebende hinzu. Schnell war uns klar, dass es mehr als nur eine bloße Reproduktion der Vorlesungsinhalte werden sollte. Da wir uns dies nicht alleine zutrauten, beschlossen wir, uns Unterstützung zu suchen. Es entstand die Idee für ein Redaktionsteam sowie, den inhaltlichen Reflexionsprozess durch einige Wissenschaftler*innen fachlich zu unterstützen.

[9] Dokumentation: Videoaufzeichnungen finden sich unter http://plural-hannover.de/veranstaltungsarchiv.

Unser Anspruch an das Projekt wurde dabei schnell deutlich:

- Wir wollten nicht bloß über Interdisziplinarität reden, sondern diese aktiv ausprobieren und aufzeigen, dass dies gut gelingen kann.
- Die Beiträge sollten kritisch-konstruktive Impulse für eine vielfältige und reflexive ökonomische Lehre sowie für neues ökonomisches Denken liefern.
- Wir wollten insbesondere (angehenden) Nachwuchswissenschaftler*innen eine Plattform für ihre Forschungen schaffen. Darüber hinaus verstehen wir unser Projekt auch als einen wissenschaftspolitischen Appell, solche und ähnliche Projekte von Studierenden und Nachwuchswissenschaftler*innen verstärkt zu ermöglichen – ob mit Publikationsangeboten, finanziellen Fördermöglichkeiten bis hin zu einer gewissen Institutionalisierung. Uns geht es hierbei nicht nur um Möglichkeiten frühzeitig Einblicke in die Wissenschaftspraxis zu bekommen, sondern auch um einen interessanten Baustein für eine stärkere Mitgestaltung von Lehre und Forschung.

Somit war der Geist unseres Buchprojektes aus der Flasche…

Etwa drei Monate später starteten wir mit einem *Call for Participation* für unser Redaktionsteam sowie einen *Call for Papers,* den wir im März 2016 noch einmal um einen Monat und mit einem spezifischen inhaltlichen Fokus verlängerten. Nach einer Lese- und Diskussionsphase erreichten wir im Mai 2016 unseren ersten großen Meilenstein: Bei einem ersten physischen *Redaktionstreffen* wurden die Einreichungen abschließend diskutiert und wir wählten die Beiträge für den Sammelband aus. Es folgten mehrere Schreib- und Reflexionsphasen. Höhepunkt dessen war ein *Kolloquium* während unserem zweiten Redaktionstreffen im Dezember 2016, bei dem wir gemeinsam die finalen Entwürfe diskutierten. Auch einige Autor*innen nahmen teil und konnten sich so direkt einer inhaltlichen Auseinandersetzung stellen. Es war für uns ein sehr motivierendes Erlebnis, das auch bei den teilnehmenden Autor*innen viel positives Feedback auslöste. Danach gingen die ersten Beiträge in den *Peer-Review.* Die Entscheidung für eine Begutachtung führte dabei zur Notwendigkeit, den Beirat noch einmal zu vergrößern. 2017 folgten zwei weitere *Schreibphasen,* bei denen die inhaltlichen Anmerkungen und Reflexionen durch die Autor*innen verarbeitet wurden. Gegen Ende des Jahres lagen uns dann fast alle Beiträge in ihrer finalen Version vor, sodass wir uns mit dem Redaktionsteam im Januar 2018 zur großen *Endredaktion* verabreden konnten. Nach einigen Verzögerungen und Prozessanpassungen befanden wir uns also endlich auf der Zielgeraden. So dachten wir zumindest zum damaligen Zeitpunkt. Doch unser Projekt sollte noch erheblich ins Stocken geraten. Der Grund war, dass es in unserem Herausgebenden-Team seit Herbst 2016 zu mehreren größeren persönlichen Umbrüchen gekommen war: Wegzüge aus Hannover und neue berufliche Abschnitte sollten sich immer stärker in unserer Zusammenarbeit bemerkbar machen. Dies stellte das Projekt auf die größte Probe. Doch der vorliegende Band belegt, es sollte uns dennoch gelingen.

WAS BLEIBT?

Das Buchprojekt hat für uns viele schöne, überraschende wie auch nervenaufreibende Momente beschert. Unsere Entscheidung für dieses Buch haben wir dennoch nie bereut. Ganz im Gegenteil. Wir möchten alle Interessierten geradezu ermuntern: Trauen Sie sich! Dies war jedenfalls auch unser Startpunkt. Im Folgenden möchten wir Ihnen vier zentrale Erkenntnisse präsentieren, die wir aus unseren Erfahrungen und Reflexionen destilliert haben.

1. „Es lebe der Prozess! Was mensch (noch) nicht kennt, kann nur bedingt geplant werden."

Unsere Neugier war stark, der Mut zum Ausprobieren anfangs jedoch gehemmt. Unsere Unsicherheit eine überzeugende Publikation sicherstellen zu können, war am Anfang mindestens genauso riesig, wie unsere Unwissenheit über eine adäquate Herangehensweise. Also tasteten wir uns schrittweise heran und stellten erste Überlegungen für ein Konzept an. Erst im späteren Verlauf des Projektes fiel uns auf, dass wir in unserer grundlegenden Arbeitsweise eine starke Prozessorientierung entwickelt hatten. Dies ist ausdrücklich nicht mit Planlosigkeit oder gar Beliebigkeit gleichzusetzen: Unser Gestaltungsanspruch war stets groß und beruhte immer auf einer konkreten Entscheidung für ein bestimmtes Vorgehen. Es gab also durchaus Strukturen (wie z. B. Fristen). Doch einen funktionierenden Modus fanden wir für uns, indem wir zuließen, dass sich Strukturen im Prozess laufend verändern oder auch neu herausbilden konnten. Strukturen verstanden wir also nur als einen groben Orientierungsrahmen, um das jeweilige Ziel nicht aus den Augen zu verlieren sowie eine ungefähre Einschätzung davon zu bekommen, was uns voraussichtlich noch erwarten würde. Unser Meilensteinplan war also dynamisch angelegt (siehe Abb. 1.). Die Konkretisierung der Zwischenschritte erfolgte hingegen häufig erst, sobald diese in unmittelbarer Reichweite rückten. Sobald wir merkten, dass wir beispielsweise bestimmte Fristen zu ambitioniert gesetzt hatten oder Zwischenschritte angepasst werden mussten, versuchten wir zu reagieren. Das Ziel jedoch blieb stets unverändert, aber die Wegabschnitte konnten sich verändern. So war das Kolloquium ursprünglich zur Endreflexion der vorläufigen Beiträge angedacht. Die Idee eines Peer-Reviews[10] hatten wir anfangs überhaupt nicht in Erwägung gezogen, auch weil uns dies anfangs noch gar nicht vorstellbar schien. Doch im Prozess merkten wir, dass eine solche Möglichkeit greifbar wurde. Das Kolloquium wurde daraufhin zu einer wichtigen Zwischenreflexion der finalen Entwürfe umfunktioniert und fand kurz vor der Begutachtung statt. Um einem breiten Verständnis von Ökonomie

[10]Das bedeutet, dass eine unabhängige Begutachtung durch zwei Mitglieder aus unserem wissenschaftlichen Beirat erfolgte. Ausnahmefall: Wenn beide Gutachten untereinander größere Differenzen aufwiesen, wurde von uns noch ein Drittgutachten eingeholt.

gerecht zu werden, entschieden wir uns für eine interdisziplinäre Zusammensetzung des wissenschaftlichen Beirats. Wir waren neugierig, inwiefern die Beiträge den teils unterschiedlichen Sprachen und Herangehensweise der Disziplinen gerecht wurden und wollten austesten, ob uns eine gewisse Verständigung gelang. Interessant war für uns, wie unterschiedlich die Gutachten teils ausfielen. Viele Gutachten schienen uns allgemein sehr reichhaltig, mit spannenden Anmerkungen und Kritiken, die gute Impulse für eine Schärfung der Beiträge lieferten. Gleichwohl gab es aber auch eine Handvoll Gutachten, in denen die Begutachtenden relativ stark der eigenen Perspektive verhaftet blieben. Unserem Eindruck nach schien dies eine Folge, wenn zu vorschnell bis teils sehr harsch geurteilt wurde, anstatt sich erst einmal wertschätzend und fragend (sprich: kritisch-konstruktiv) dem jeweils begutachteten Beitrag zu nähern. Die Bereitschaft uns fachlich zu unterstützen, haben wir selbstverständlich auch dort sehr geschätzt. Für uns verweist es vielmehr auf eine allgemeine Herausforderung, die in einer pluralen Ökonomik eine zentrale Herausforderung darstellt: Nämlich sich stets auch der eigenen Voreingenommenheit gegenüber anderen wissenschaftlichen Disziplinen oder auch bestimmten ökonomischen Perspektiven bewusst zu werden und nicht zuletzt seine eigenen Prämissen stets selbstkritisch zu reflektieren.[11]

2. „Es lebe die Reflexion! Ein transparenter und ehrlicher Umgang mit Fehlern hilft Dir und auch den Anderen."

Für die ersten Schritte unseres Projektes war es wichtig, ein gemeinsames Verständnis von Zielen sowie vom Weg dahin zu schaffen. Wir selbst waren damit konfrontiert, dass aufgrund mangelnder konkreter Erfahrungen im Publizieren vieles von uns ausprobiert werden musste. Doch wir waren nicht nur mit Nicht-Wissen, sondern auch mit unseren eigenen hohen Ansprüchen konfrontiert – beispielsweise bezüglich gelebter Interdisziplinarität, sich genügend Zeit für Reflexionen zu nehmen sowie einen wertschätzenden Umgang untereinander zu pflegen. Das Zusammenspiel dieser Ansprüche führte, insbesondere am Anfang, teils zu Irritationen innerhalb der Teams. Beispielsweise unter den erfahreneren Autor*innen, da diese in der Regel andere Abläufe und Umgänge gewohnt waren. Umso erfreulicher war, dass die Offenheit und Toleranz aller Beteiligten gegenüber unserem eher experimentellen Vorgehen tendenziell hoch war, obwohl nicht alles reibungslos verlief. Eine wesentliche Fehlerquelle fand sich in der Kommunikation untereinander. Größtenteils wurde per E-Mail, zum Teil über die Online-Plattform basecamp und per Online-Austausch kommuniziert. Durch diese eingeschränkte Form der Begegnung konnten unterschiedliche Verständnisse manchmal nur bedingt geklärt werden. Die unterschiedliche Involvierung der Projektbeteiligten hat dies an der einen oder anderen Stelle noch einmal verstärkt. So ist es uns beispielsweise ein paar Mal passiert, dass eine zu große Konzentration auf die eigene Rolle im Prozess passierte und dabei

[11] Adelheid Biesecker und Stefan Kesting sprechen in diesem Zusammenhang und in Anlehnung an Schumpeter auch von einer sogenannten ‚preanalytic vision' (2003, S. 2–4).

die anderen Rollen und Prozesse (z. B. die Lebens- und Arbeitsumstände der Autor*innen oder des wissenschaftlichen Beirats) nicht ausreichend mitgedacht wurden. Dies hat teils zu Prozessverzögerungen geführt und manchmal auch zu Missmut oder Abwehrreaktionen (seitens der Autor*innen z. B. „Die müssen grundsätzlich alles so furchtbar kompliziert machen" oder innerhalb des Redaktionsteams „Der Autor meint wohl, er kann sich alles erlauben"). Unsere wesentliche Vereinbarung hierbei war, Konflikte möglichst direkt anzusprechen, sich dabei ehrlich und zugleich wertschätzend zu begegnen. Missmut und Kritik zu äußern, war also ausdrücklich erwünscht. Denn abgesehen davon, dass dies zu einer guten Zusammenarbeit gehört, war es für uns zugleich auch ein wichtiges Feedback für die weitere Prozessplanung.

Wir haben also gelernt: Wenn etwas anders läuft als gedacht, dann muss dies nicht unbedingt problematisch sein, sondern kann auch mit wertvollen Erkenntnissen einhergehen. Ein Prozess ist eben nie alternativlos. Dies herauszufinden, gelingt aber nur, wenn mensch sich diesem Aspekt bewusst stellt und solche Momente offenlegt. Das ist nicht immer einfach. Die bewusste Infragestellung von vermeintlich Gewohnten, von bestimmten Entscheidungen und Erwartungen kann auch auch irritieren und frustrieren – insbesondere, wenn eigene Unsicherheiten und Unzulänglichkeiten oder auch weitere Möglichkeiten und Perspektiven aufgedeckt werden. Reflexivität ist daher nicht nur ein wichtiges wissenschaftliches Werkzeug. In unserem Buchprojekt hat der offene Umgang mit Unsicherheiten und Fehlern auch Vertrauen schaffen können sowie Verständnis und Wertschätzung untereinander gefördert. Nicht zuletzt können Diskrepanzen zwischen eigenem Anspruch und Handeln offengelegt und somit bearbeitbar gemacht werden. Herausfordernd bleibt allerdings auch, dass Reflexionen grundsätzlich unerschöpflich sind und damit in einem Spannungsverhältnis zum Gestaltungsanspruch stehen. Reibungen dieser Art gab es auch innerhalb unseres Projektes. Beispielsweise, wenn schnelle und einfache Entscheidungen gewünscht waren oder sich mit konkreten Inhalten und weniger mit organisatorischen Planungsmöglichkeiten befassten werden wollte. Nicht selten zeigt sich dann die allgemeine Tendenz, Reflexionen aufzuschieben oder dafür erst gar nicht die nötige Zeit einzuräumen. Möglicherweise, weil der zeitliche Rahmen zu knapp scheint oder es als eher unproduktiv empfunden wird. Wir haben uns hingegen vermutlich vergleichsweise viel Zeit für Reflexionen eingeräumt – sowohl für den Prozess an sich, wie auch für die Inhalte.

Versäumt haben wir dennoch eine vertiefende Auseinandersetzung mit dem Genderverhältnis. Ein Anliegen, für das in unserem Team allgemein eigentlich ein großes Bewusstsein vorherrschte. So wurde z. B. die Entscheidung für die *-Schreibweise einstimmig getroffen.[12] Unser Herausgebendenteam selbst bestand anfangs nur aus männlichen

[12]Sollten bei Ihnen diesbezüglich Irritationen aufgekommen sein, so nehmen wir dies bewusst in Kauf. Wirtschaft neu denken, bedeutet eben auch für Geschlechterdiskrimierungen zu sensibilisieren. Nicht zuletzt finden sich diese auch im aktuellen Denken über Wirtschaft wieder (siehe z. B. Care-Tätigkeiten u. ä.). Eine Irritation kann ein wichtiger Impuls für eine Auseinandersetzung und die nötige Reflexion sein.

Mitgliedern. Trotz unserer fluiden Wechselvereinbarung ändert sich daran erst im Januar 2017 geringfügig etwas, als Esther M. Schmidt begann uns in unserem Team tatkräftig zu unterstützen. Hingegen war unser Redaktionsteam gendermäßig (wenn auch ohne unser zu Tun) gut ausbalanciert. Aufgrund gezielter Anfragen unserseits betrug der Frauenanteil im wissenschaftlichen Beirat rund ein Drittel. Interessant wird es vor allem beim Verhältnis der (potenziellen) Autor*innen: Bei den Einreichungen lag das Genderverhältnis mit Blick auf die Einzelbeiträge noch bei rund 73,3 % Männer zu 26,7 % Frauen sowie mit Blick auf die Gruppenbeiträge bei rund 74,2 % Männer zu 25,8 % Frauen. Nach der Beitragsauswahl wandelte sich dieses Verhältnis wie folgt: Einzelbeiträge bei 62,5 % Männer zu 37,5 % Frauen sowie Gruppenbeiträge bei rund 85,7 % Männer zu 14,3 % Frauen. Dabei hatten wir unseren Auswahlprozess bewusst so gestaltet, dass die Exposés erst einmal anonymisiert wurden (weder Name, Funktion oder Geschlecht waren somit den Redaktionsmitgliedern bekannt). Daraufhin wurde ein erstes Online-Stimmungsbild eingeholt. Auf unserem Redaktionstreffen wurde dann die Info hinzugefügt, inwiefern es sich bei den Autor*innen um eine Professor*in oder Nachwuchswissenschaftler*in handelte. Damit wollten wir sicherstellen, dass die Beiträge von Nachwuchswissenschaftler*innen in den Entscheidungsphasen hinreichend Berücksichtigung fanden. Name und Geschlecht blieben weiterhin ungenannt. Letztlich haben wir erst in der Endauswahlphase die Anonymisierung der Autor*innen komplett aufgehoben.[13] Diese Befunde allein lassen noch keine profunden Rückschlüsse zu, warum es uns z. B. nicht gelang mehr Frauen für das Schreiben eines Beitrags zu motivieren oder woran es konkret lag, dass durch die Auswahl kein ausgleichenderes Genderverhältnis geschaffen werden konnte. Eine vertiefende Reflexion hätte möglicherweise sogar einige Stellschrauben identifizieren können, die bei zukünftigen Vorhaben verstärkt Berücksichtigung finden sollten. Es ist ein gutes Beispiel dafür, dass es nicht unbedingt am Bewusstsein mangeln muss. Eine Auseinandersetzung durch uns wurde dennoch versäumt. Dies gilt es, aufgrund unseres eigenen hohen Anspruches, an dieser Stelle ehrlich festzuhalten.

3. „Irgendwann ist Schluss! Bedenke, dass sich Kontexte immer auch verändern.“

Grundsätzlich haben wir uns immer Zeit genommen, wenn wir das Gefühl hatten, dass dies dem Prozess und den Inhalten guttun würde. Zumal gilt, dass eine plurale Auseinandersetzung (also das Einlassen auf andere Perspektiven und zu versuchen, erst einmal zu verstehen) an sich natürlich Zeit verlangt. Insbesondere, wenn zudem fachlich ‚unterschiedliche‘ Sprachen gesprochen werden. Allerdings läuft ein solch ambitioniertes Projekt auch Gefahr, einem gewissen Perfektionismus zu verfallen. Das war bei uns vor allem in der Abschlussphase der Fall. Einerseits bestand ein hoher Anspruch an sich selbst und die Qualität dieses Buches – zusätzlich verstärkt dadurch, dass wir schon viel

[13] Siehe Prozessbericht: http://plural-hannover.de/blog/2016/06/16/sammelband-auswahlprozess.

Arbeit und Zeit in dieses Buchprojekt hineingesteckt hatten. So gelang es uns beispielsweise gegen Ende sogar noch ein Lektorat zu organisieren. Unbestritten gewannen die Texte dadurch noch an formaler Qualität. Allerdings hatten wir dies gar nicht mehr eingeplant, weswegen wir eigentlich im Prozess selbst schon weiter fortgeschritten waren. Als Folge dessen mussten wir den Endredaktionsprozess neu ausrichten. Hinzu kam, dass sich bei vielen von uns mittlerweile die Lebenskontexte (persönlich wie beruflich) erheblich verändert hatten, sodass Kopf und Zeit für dieses Projekt nur noch in reduzierter Form zur Verfügung standen. So unterschätzten wir den Aufwand der Manuskripterstellung (Zusammenführung und Überprüfung der Formalia/Einleitung, Nachwort und Stichwortverzeichnis anfertigen) erheblich. Im Ergebnis produzierte dies viele unnötige Verzögerungen, teils auch doppelte Arbeit. Es dauerte leider bis wir Herausgebende einen neuen Modus fanden damit umzugehen. Schließlich nahmen wir uns nur noch Zeit für das Notwendige und versuchten zugleich die verfügbare Zeit ehrlich zu benennen. Wir splitteten die noch ausstehenden Aufgaben in kleine und überschaubare Arbeitspakete auf und vereinbarten wöchentlich einen kurzen Online-Austausch, bei um den Stand der Dinge zu besprechen und zeitnahe Fristen zu setzen. Dennoch blieb der Projektabschluss teamtechnisch leider insgesamt eine zähe Angelegenheit.

4. „Engagement braucht einen Raum! Doch nicht nur Du bist gefragt."

Dieses Buchprojekt wäre vermutlich nie entstanden, wenn Andrea Maurer nicht den Anstoß dazu gegeben hätte und wir nicht auf so viel tatkräftige Unterstützung gestossen wären. Jenes bildete das Fundament unseres Projektes.

Die Teamarbeit stellte dabei ein wesentlichen Pfeiler dar. Wir lernten dabei auch die Grenzen der Onlinekommunikation kennen. Nach etwa einer Stunde, so unser grober Erfahrungswert, wurde es tendenziell anstrengend. Selbst bei Nutzung eines Online-Konferenzsystems, einer guten Vorbereitung und Moderation sowie mit Platz für lockeren Austausch. Der häufigste Grund dafür waren technische Probleme, wie zu langsame Internetverbindungen, Probleme mit dem Programm sowie eine allgemein störanfällige Kommunikation. Letzteres war meist durch mangelhafte technische Ausstattung der Teammitglieder sowie dem unterschiedlichen persönlichen Umgang mit Technik bedingt. Anfangs hatten wir uns zudem zu wenig mit Voraussetzungen, Möglichkeiten und den Kosten dessen auseinandergesetzt. Die physischen Redaktionstreffen lernten wir umso mehr als ein unverzichtbares Element zu schätzen, da diese maßgeblich zur Teambildung, dem gemeinsamen Projektverständnis und somit zum Gelingen unseres Projektes beitrugen. Die Arbeit mittels einer Online-Plattform (Forum, Kalender und Cloud) war als Unterstützung für die Organisation und Dokumentation gleichwohl hilfreich. Allerdings wurde auch die Online-Plattform von den Redaktionsmitgliedern höchst unterschiedlich intensiv genutzt. Eine wesentliche Herausforderung der Teamarbeit bestand somit darin, dennoch sicherzustellen, dass das grundlegende Projektwissen möglichst alle erreicht bzw. sich alle hinreichend einbezogen sowie befähigt fühlten mitwirken zu können.

Darüber hinaus ist die institutionelle Unterstützung als ein weiterer unverzichtbarer Pfeiler unseres Projektes zu benennen. Beispielsweise die Mitnutzung der Infrastruktur des Netzwerks Plurale Ökonomik und nicht zuletzt die finanzielle Unterstützung durch verschiedene Institutionen. Insbesondere hat es unsere Arbeit erheblich erleichtert, dass Strukturen existierten, die verlässlich arbeiteten und relativ niedrigschwellige Möglichkeiten der Förderungen anboten. An der Universität Hannover können sich Studierende beispielsweise jedes Semester auf eine Förderung durch sogenannte Studienqualitätsmittel bewerben. Das Entscheidungsgremium ist mehrheitlich studentisch besetzt. Zugleich war Planungssicherheit und Verlässlichkeit gewährleistet, da eine professionelle Abwicklung über die Universitätsverwaltung erfolgte.

All das nützt allerdings nur bedingt, sofern Institutionen und etablierte Fachvertreter*innen nicht auch selbst aktiv Angebote an Studierende und Nachwuchswissenschaftler*innen formulieren und so Möglichkeiten für ein Engagement aufzeigen. Das Bachelor- und Mastersystem, welches die Studienzeit allgemein eher kurz und meist nicht minder intensiv strukturiert, verstärkt diese Notwendigkeit. Dabei kommt eine lebendige Studierenschaft auch der Universität selbst zugute. Sie lässt fachliche Impulse und Auseinandersetzungen entstehen, schafft Einblicke in und praktische Erfahrungen mit Wissenschaft. Selbstverständlich sind darüber hinaus weiterhin auch Studierende gefragt, selbst aktiv zu werden und sich Handlungsspielräume zu schaffen und mitzugestalten.

Im Prinzip haben wir mit diesem Buchprojekt – so würden wir mit dem Blick von heute sagen – im Kleinen versucht ein Stück plurale Ökonomik zu leben. Wir haben dabei Momente der Unsicherheit und Ungewissheit, manchmal auch kurze Momente der Ohnmacht gespürt sowie stets viele Irritationen zu verarbeiten gehabt. Doch nicht diese Konfrontationen waren entscheidend, sondern der *Umgang* damit. Dies hat letztlich funktioniert, weil wir Laufe des Projektes immer mutiger wurden und begannen, mit einer gewissen Offenheit in den Prozess zu gehen; wir versucht haben mit Unsicherheiten und Fehlern transparent umzugehen und dennoch stets einen Gestaltungsanspruch zu formulieren; wir uns gemeinsam ein Umfeld bzw. einen Raum schufen, in dem wir die Dinge nicht alleine stemmen mussten. Dabei haben wir viel lernen können. Manches würden wir zukünftig sicherlich auch anders angehen und gestalten. Für uns verweist all dies auf eine wichtige Paralelle, die wir letztlich als fundamental für die Begründung einer pluralen Ökonomik sehen würden: Unsere Welt ist komplex, dynamisch und plural. Selbst im Kleinen unseres Buchprojekts sind uns viele solcher Momente begegnet. Doch eine Konfrontation damit findet natürlich nicht nur dort statt, sondern wird stets auch eine wesentliche Herausforderung im Persönlichen, von Gesellschaften wie auch im speziellen von Wissenschaft, Politik und Wirtschaft darstellen. Die Engführungen in den Wirtschaftswissenschaften muten uns daher nicht nur äußerst seltsam an; die ökonomische Disziplin ist in ihrem jetzigen Zustand kaum fähig adäquate Antworten auf die Krisen unserer Zeit zu liefern. Dies zeigt sich aktuell mal wieder deutlich im Umgang mit der Klimakrise. Dabei benötigen wir mehr denn je Wege hin zu einer nachhaltigen Lebens- und Wirtschaftsweise. Nicht nur hier in Deutschland, sondern weltweit. Die hier versammelten Beiträge verweisen daher nicht nur auf die Vielfalt ökonomischer Perspektiven, die alles andere als alternativlos sind, sondern es birgt auch die Hoffnung auf ein anderes Wirtschaftsverständnis. Wir meinen: Dieses Potenzial sollte sich auch endlich in der ökonomischen Bildung und Lehre wiederfinden, sodass letztlich auch der Komplexität, der Dynamik und Pluralität von Welt mehr Rechnung getragen würde.

WAS KOMMT?

Das ist eine gute Frage, wenngleich die Antwort ein Stück weit auch in unser aller Händen liegt. Natürlich können wir nicht in die Zukunft schauen, aber bei allen Herausforderungen und bei aller Kritik können wir unseren Blick immer auch ein Stück weit nach vorne richten. Doch wohin wird sich gerichtet? Es folgt abschließend ein persönlicher Ausblick.

Die Lage der Wirtschaftswissenschaften ist aktuell zweischneidig. In Bezug auf eine plural-ökonomische Ausrichtung gibt es eher einigen Anlass zur Ernüchterung.[14] Institutionell schreitet die Marginalisierung heterodoxer Perspektiven jedenfalls weiter voran.[15] Hinzu kommt, dass grundlegende Veränderungen in der wirtschaftswissenschaftlichen Lehre offenbar eher zähe und langwierige Prozesse darstellen. Dies kritisch-konstruktiv und permanent zu begleiten, dafür reicht in der Regel kein reguläres Studierendenleben. Selbstverständlich gibt es vereinzelt auch lobenswerte Ansätze und Initativen an einigen deutschen Universitäten, die durch engagierte Studierende, Nachwuchswissenschaftler*innen und einige Professor*innen verfolgt werden. Manche verweisen auf ein wachsendes kritisches Bewusstsein unter den Studierenden und Nachwuchswissenschaftler*innen oder meinen gar, dass die Notwendigkeit für Pluralität in der Ökonomik mittlerweile weitgehend anerkannt würde. Und dennoch würden wir urteilen: Im Ganzen betrachtet lässt sich das Erreichen einer ‚kritischen Masse' für eine notwendige Trendwende bzw. Transformation in den Wirtschaftswissenschaften derzeit nicht erkennen. Erschwerend kommt nun auch noch aktuell ein gesellschaftspolitisches Klima hinzu, dass zunehmend von Angst bzw. Ressentiments, Hass und Verachtung überlagert scheint. Dies könnte den Weg hin zu einer pluralen Ökonomik zusätzlich erschweren. So bereitet uns zunehmend Sorge, sollten jene reaktionären Akteure[16] versuchen auf den Zug einer pluralen Ökonomik aufzuspringen – immerhin wird von diesen ebenso eine Marginalisierung beklagt sowie meist auch eine andere Ökonomie eingefordert. Die Frage

[14]Aktuelle Studien und Untersuchungen siehe beispielsweise Heise et al. (2017), Graupe (2017), Beckenbach et al. (2016), Schweitzer-Krah und Engartner (2018), Peukert (2018), Rebhan (2017), van Treeck und Urban (2016), Fricke (2017).

[15]Exemplarisch z. B. der aktuelle Konflikt an der HWR Berlin (Vgl. Kühne 2018).

[16]In Bezug auf Deutschland ist vor allem das Spektrum um Rechtspopulisten und -extremisten gemeint. Wilhelm Heitmeyer spricht von einem ‚autoritären Nationalradikalismus' (Vgl. 2018).

nach einem angemessenen Umgang damit, ist derzeit innerhalb der pluralen Ökonomik noch ungeklärt. Dabei droht zugleich, dass genau jene reaktionären Akteure versuchen könnten, den Handlungsspielraum für eine freie und plurale Wissenschaft aus ideologisch-verbohrten Gründen massiv einzuschränken. Die Prekarität von heterodoxen Perspektiven, z. B. feministische und marxistische Ansätze, und allgemein jener kritischen Wissenschaft könnte sich massiv verschärfen.

Dabei zeigt die plurale Ökonomik eindrücklich, dass Ökonomik wie auch Wirtschaftspolitik niemals alternativlos ist. Nicht selten steckt hinter einer solchen Behauptung der Versuch, andere (darunter auch faktenbasierte) Lesarten und alternative Perspektiven zu marginalisieren sowie zugleich eine argumentative Auseinandersetzung zu meiden. Umso irrsinniger wäre es, eine vermeintliche Alternativlosigkeit durch eine neue Alternativlosigkeit zu ersetzen. Denn Pluralität verlangt grundsätzlich:

- eine Offenheit und Anerkennung der Vielfalt in unserer Welt. Dazu gehört maßgeblich das Zulassen von Ungewissheiten und die Weckung einer Neugier auf bisher Unbekanntes sowie auf andere Perspektiven. Die Wissenschaftsfreiheit ist daher ein hohes Gut.[17] Doch ein Verweis darauf ist zu wenig. Es gilt auch die Spannungsverhältnisse zu bearbeiten, z. B. zwischen Fakten und Nicht-Wissen; bei Fragen der Ethik und Verantwortung oder auch der Streitfrage, wie ein solch hohes Gut in einem demokratischen System tatsächlich gewährleistet werden kann.
- die Anerkennung des vermeintlich Ganzen; der Komplexität und Dynamiken von Welt. Die Klimakrise ist dafür nur ein prägnantes Beispiel. Die Notwendigkeit global zu denken, ist für die Lösung heutiger Herausforderungen wichtiger denn je. Das gilt nicht nur, aber insbesondere auch für die heutige Wirtschaftswissenschaft. Interdisziplinäre Zusammenarbeit wie auch heterodoxe Perspektiven und unterschiedliche Herangehensweisen sind entscheidende Komponenten, um sich einem solchen Anspruch adäquater stellen zu können.

Für uns wirft dies zahlreichen Fragen auf, welche auch die Wirtschaftswissenschaften direkt betreffen. Es stimmt uns nachdenklich, wie beispielsweise in Bezug auf die Klimakrise oder auch, wie in der Mindestlohn- und Sozialstaatsdebatte von einigen Ökonom*innen mit fundamentalen Fragen um Existenz und Selbsterhaltung von Menschen umgegangen wird. Allgemein sorgt es uns, wenn in politischen Debatten der Eindruck entsteht, dass die einzige Lösung z. B. im Abstraktum des Marktes oder auch des ökonomischen Leistungsprinzips zu finden wäre (nicht selten wir zugleich vermeintliche „Gleichmacherei", „Sozialschmarotzertum" oder „Neiddebatten" beklagt). Das ist, unserer Meinung nach, problematisch. Mindestens aber ist es erklärungsbedürftig. Ebenso,

[17]Siehe beispielsweise Artikel 5 des Grundgesetzes für die Bundesrepublik Deutschland oder auch die Resolution der 77. Hauptversammlung der Deutschen UNESCO-Kommission vom 30. Juni 2017 in Bonn.

wenn Wirtschaftswachstum zur alles entscheidenden Zielgröße ausgerufen wird und nicht selten zu einer bloßen Chiffre verkommt, weil der konkrete Wohlfahrtsgewinn abstrakt und theoretisch bleibt. Wirtschaft ist aber zu essenziell, als dass wir uns eine Wirtschaftswissenschaft leisten könnten, die so eindimensionale Lösungen propagiert.

Eine plurale Ökonomik bedeutet hingegen, sich mit verschiedenen ökonomischen Perspektiven, sozioökonomisch und interdisziplinär, mit Institutionen und Herrschaft, Ideengeschichte, Wirtschaftsethik und den gesellschaftlichen Wirkungen von Ökonomie sowie mit der Rolle und Verantwortung von Ökonom*innen aktiv auseinanderzusetzen. Ihr Erfolg hängt aber auch von ihren Fürsprecher*innen und Unterstützer*innen ab. Es wird sich noch zeigen müssen, inwiefern es gelingen wird, nicht bei Missverständnissen und Trugschlüssen stehen zu bleiben. In der Begegnung zwischen Standard-Ökonom*innen sowie pluralen und heterodoxen Ökonom*innen sei hier nur exemplarisch der Konflikt um ein konkretes Pluralismusverständnis genannt oder auch die Konfliktlinie um eine rein formal-mathematische Orientierung versus einer sozialwissenschaftlichen Ausrichtung. Der Grad der Offenheit gegenüber anderen (heterodoxen) Ansätzen sowie die Bereitschaft sich Kritik zu stellen, ist momentan auch innerhalb der pluralen Ökonomik durchaus unterschiedlich stark ausgeprägt. Entscheidend scheint uns hierbei, was letztlich für (explizite oder auch implizite) Vorstellungen von der Erneuerung der ökonomischen Disziplin existieren. In Anlehnung an Arne Heise (vgl. 2014; detailierter 2018) lassen sich beispielsweise grob vier wesentliche Transformationspfade identifizieren: a) eine Aufwertung nichtformal-mathematischer Konzepte,[18] b) eine Pluralisierung unter Beibehaltung des Positivismus als allgemein akzeptierte Methodologie,[19] c) eine Pluralisierung mit weitreichender methodologischer Öffnung oder d) eine Pluralisierung, die einen starken gesellschaftlichen und ethischen Gestaltungsanspruch[20] formuliert. Hinzu kommt noch die Frage nach der geeigneten Transformationsstrategie. Die entscheidende Frage ist, inwiefern es gelingen wird – trotz dieser unterschiedlichen Vorstellungen und Herangehensweisen – nicht nur Kritiken aneinander zu formulieren, sondern bei wachsender Gestaltungsmacht auch einen gemeinsamen Raum zu schaffen, indem sich diese unterschiedlichen Perspektiven weiterhin begegnen können und eben nicht versuchen sich gegenseitig auszuschließen. Dies wird vermutlich auch noch einige Auseinandersetzungen auf einer eher abstrakteren bzw. Metaebene erfordern. Wir möchten Sie dazu ermuntern, sich ebenso diesem – zugegebenermaßen nicht sehr einfachen – Diskurs zu stellen. Wir meinen aber, dass der Ausgang dessen maßgeblich beeinflussen

[18]Beispielsweise das Wirtschaftsstil-Denken, die Économie des conventions, eine Sozialökonomik im Sinne von Mikl-Horke oder Andrea Maurer sowie verschiedene wirtschaftsethische Konzepte (vgl. Thieme 2018).

[19]Vgl. beispielsweise Mäki et al. (2017).

[20]Beispielsweise Konzepte wie Vorsorgendes Wirtschaften (vgl. Netzwerk Vorsorgendes Wirtschaften 2014), Transformative Wirtschaftswissenschaft (vgl. Priem et al. 2017) oder ‚Donut-Ökonomie' (vgl. Ratworth 2018).

wird, inwiefern es gelingen wird die Idee einer pluralen Ökonomik als eine wirkungsvolle Alternative zum Status quo zu positionieren. Es wird wahrscheinlich außerdem beeinflussen, wie plurale Ökonomik letztlich in der Praxis ausgestaltet sein wird (z. B. in Hinblick auf die Besetzung von Lehrstühlen, Ausgestaltung der Lehrpläne und -bücher). Es bleibt abzuwarten, inwiefern die plurale Ökonomik dann noch ihrem eigens formulierten Anspruch gerecht werden wird.

Doch die bisher geschilderte Lage ist in dieser Form bislang zu einseitig problematisiert. Es gibt auch all jene lichten Momente, die aktuell auf konkrete positive Entwicklungen für ein neues Verständnis von Wirtschaft hinweisen. Beispielsweise wurde in Schleswig-Holstein erstmals in einem Koalitionsvertrag die Einrichtung einer Professur für Plurale Ökonomik festgeschrieben. Andernorts ist man aktuell schon weiter: An der Universität Duisburg-Essen wurde kürzlich ein neues Institut für Sozioökonomik mit einem Schwerpunkt auf Plurale Ökonomik gegründet. An der Universität Siegen wird mittlerweile sogar ein Masterstudiengang Plurale Ökonomik angeboten und auch die Gründung der Cusanus Hochschule sowie die des Instituts für zukunftsfähige Ökonomien (ZOE) verweisen auf ein wachsendes Potenzial einer möglichen Verstetigung bzw. Institutionalisierung. Hinzu kommt ein steter Zulauf an Engagierten für eine Plurale Ökonomik sowie das Engagement all jener hier ungenannten Personen und Institutionen, die schon seit längerer Zeit in diesem Bereich agieren oder zumindest thematische Überschneidungen dazu aufweisen. Ob diese letztlich die nötige Trendwende anzustoßen vermögen, bleibt aktuell nur zu hoffen. Doch all jener Einsatz für eine plurale Ökonomik sollte auch nicht zu gering- oder gar unterschätzt werden. Im Kleinen gab es auch in unserem Projekt immer wieder Momente bei denen wir aus dieser wachsenden Vernetzung sowie einem schon jetzt beeindruckenden Wissenspool schöpfen konnten.

Deswegen – liebe Leserinnen und Leser – sind auch Sie gefragt: Ob als Wissenschaftler*in, Student*in, Politiker*in, Arbeitnehmer*in oder Unternehmer*in: Ganz egal, in welcher Rolle und wie groß oder klein Ihr persönlicher Handlungsspielraum auch scheinen mag, engagieren Sie sich mit uns für eine plurale Ökonomik. Was Sie tun könn(t)en:

- Unterstützen Sie das Anliegen der Hochschulgruppen des Netzwerks Plurale Ökonomik vor Ort. Darüber hinaus existieren noch viele andere spannende Initiativen, die sich für ein neues Verständnis von Wirtschaft sowie für eine Erneuerung der Wirtschaftswissenschaften einsetzen. Die Möglichkeiten eines Engagements sind oftmals zahlreicher als mensch im ersten Moment so denkt.
- Finanzielle Mittel sind entscheidend für die Gestaltungsfähigkeit von Handlungsspielräumen. Das gemeinnützige Netzwerk Plurale Ökonomik freut sich daher sowohl über einmalige Spenden wie auch über neue Fördermitglieder. Mit dem Kauf des Buches haben Sie übrigens auch schon eine kleine Tat vollbracht: Unser Honorar wird nämlich dorthin gespendet.

- Unterstützen Sie die institutionelle Verankerung einer pluralen Ökonomik. Erkunden und nutzen Sie Angebote wie die Online-Plattform ‚Exploring Economics' und helfen Sie bei dessen Aufbau mit. Oder wie wäre es mit einem Studium an einem Universitätsstandort, an denen sich offen gegenüber der Idee einer pluralen Ökonomik gezeigt oder wo ein solcher Ansatz schon in der Praxis erprobt wird? Wenn Sie selbst im Wissenschaftsbetrieb arbeiten, dann könnten Sie versuchen in ihrer Lehre neue Elemente einzubauen oder/und Sie suchen erst mal den Austausch mit all jenen, die sich daran möglicherweise schon versuchen.

Schauen Sie auf www.plurale-oekonomik.de! Dort finden Sie zu allen genannten Aspekten die nötigen Informationen (inkl. einer Auflistung von interessanten Studiengängen).

Mit diesem Abschlussappell möchten wir nicht nur unseren persönlichen Ausblick, sondern auch das Nachwort beenden. Es markiert den erfolgreichen Abschluss unseres Buchprojektes. Doch wie so oft bietet es zugleich den Anfang für Neues. In diesem Sinne: Fühlen Sie sich eingeladen, sich in diese spannende Debatte einzubringen!

Hannover, den 08.01.2019
Die Herausgebenden

Literatur

Beckenbach, Frank, Maria Daskalakis, und David Hofmann. 2016. *Zur Pluralität der volkswirtschaftlichen Lehre in Deutschland. Eine empirische Untersuchung des Lehrangebotes in den Grundlagenfächern und der Einstellung der Lehrenden*. Marburg: Metropolis.

Biesecker, Adelheid, und Stefan Kesting. 2003. *Mikroökonomik. Eine Einführung aus sozial-ökologischer Perspektive*. München: De Gruyter & Oldenbourg.

Fricke, Thomas. 2017. *Altes Einheitsdenken oder neue Vielfalt? Eine systematische Auswertung der großen Umfragen unter Deutschlands Wirtschaftswissenschaftler_innen. FGW-Studie*. Düsseldorf: Forschungsinstitut für gesellschaftliche Weiterentwicklung.

Graupe, Silja, Hrsg. 2017. *Beeinflussung und Manipulation in der ökonomischen Bildung. Hintergründe und Beispiele FGW-Studie*. Düsseldorf: Forschungsinstitut für gesellschaftliche Weiterentwicklung.

Heise, Arne. 2017. Wirtschaftswissenschaften. Kein Raum für Dogmen an Unis. http://www.fr.de/politik/meinung/gastbeitraege/wirtschaftswissenschaften-kein-raum-fuer-dogmen-an-unis-a-1506364. Zugegriffen: 22. Sept. 2018.

Heise, Arne. 2018. Reclaiming the university. Transforming economics as a discipline. *The Journal of Philosophical Economics* 11 (2): 37–66.

Heise, Arne, Henrike Sander, und Sebastian Thieme. 2017. *Das Ende der Heterodoxie? Die Entwicklung der Wirtschaftswissenschaften in Deutschland*. Wiesbaden: Springer VS.

Heitmeyer, Wilhelm. 2018. *Autoritäre Versuchungen. Signaturen der Bedrohung*. Berlin: Suhrkamp.

Kühne, Anja. 2018. HWR Berlin. „Die Hochschule wird aus politischen Gründen ruiniert". https://www.tagesspiegel.de/wissen/hwr-berlin-die-hochschule-wird-aus-politischen-gruenden-ruiniert/23248088.html. Zugegriffen: 18. Dez. 2018.

Mäki, Uskali, Adrian Walsh, und Manuela F. Pinto, Hrsg. 2017. *Scientific imperialism. Exploring the boundaries of interdisciplinarity*. Abingdon: Routledge Studies in Science, Technology and Society.

Netzwerk Vorsorgendes Wirtschaften, Hrsg. 2014. *Wege Vorsorgenden Wirtschaftens*, 2. Aufl. Marburg: Metropolis.

Peukert, Helge. 2018. *Ideologisch einseitig und didaktisch zweifelhaft. Eine Analyse vorherrschender mikro- und makroökonomischer Lehrbücher. FGW-Studie*. Düsseldorf: Forschungsinstitut für gesellschaftliche Weiterentwicklung.

Pfriem, Reinhard, Uwe Schneidewind, Jonathan Barth, Silja Graupe, und Thomas Korbun, Hrsg. 2017. *Transformative Wirtschaftswissenschaft im Kontext nachhaltiger Entwicklung*. Marburg: Metropolis.

Ratworth, Kate. 2018. *Donut-Ökonomie. Endlich ein Wirtschaftsmodell, das den Planeten nicht zerstört*. Leipzig: Hanser.

Rebhan, Christian. 2017. *Einseitig oder plural? Eine quantitative Analyse der wirtschaftswissenschaftlichen Einführungslehrbücher an deutschen Hochschulen*. Marburg: Metropolis.

Schetsche, Michael, und Ina Schmied-Knittel, Hrsg. 2018. *Heterodoxie. Konzepte, Traditionen, Figuren der Abweichung*. Köln: Halem.

Schweitzer-Krah, Eva, und Tim Engartner. 2018. Students' perception of the pluralism debate in economics: Evidence from a quantitative survey among German universities. *International Review of Economics Education* (im Druck).

Thieme, Sebastian. 2018. Zehn Jahre Pluralismus-Debatte in der Ökonomik – Eine Zwischenbilanz. https://makronom.de/zehn-jahre-pluralismus-debatte-in-der-oekonomik-eine-zwischenbilanz-26201. Zugegriffen: 22. Sept. 2018.

van Treeck, Till, und Janina Urban, Hrsg. 2016. *Wirtschaft neu denken. Blinde Flecken der Lehrbuchökonomie*. Berlin: iRights Media.

Kolibri 360 GmbH
Ferdinand-Jühlke-Straße 7
99095 Erfurt, Deutschland
produktsicherheit@kolibri360.de